Fluchtweg Bulgarien

Studien des Forschungsverbundes SED-Staat an der Freien Universität Berlin

Herausgegeben von Klaus Schroeder
und Jochen Staadt

Band 26

Zu Qualitätssicherung und Peer Review der vorliegenden Publikation

Die Qualität der in dieser Reihe erscheinenden Arbeiten wird vor der Publikation durch beide Herausgeber der Reihe geprüft.

Notes on the quality assurance and peer review of this publication

Prior to publication, the quality of the work published in this series is reviewed by both editors of the series.

Stefan Appelius

Fluchtweg Bulgarien

**Die verlängerte Mauer an den Grenzen
zur Türkei, Jugoslawien und Griechenland**

PETER LANG

Bibliografische Information der Deutschen Nationalbibliothek
Die Deutsche Nationalbibliothek verzeichnet diese Publikation
in der Deutschen Nationalbibliografie; detaillierte bibliografische
Daten sind im Internet über http://dnb.d-nb.de abrufbar.

Recherchen zu diesem Buch wurden mit Mitteln der
Bundesstiftung Aufarbeitung gefördert.

Covergestaltung: Stefan Appelius
Bildnachweis Cover: Stefan Appelius

Gedruckt auf alterungsbeständigem, säurefreiem Papier.
Druck und Bindung: CPI books GmbH, Leck

ISSN 0946-9052
ISBN 978-3-631-78832-5 (Print)
E-ISBN 978-3-631-78882-0 (E-PDF)
E-ISBN 978-3-631-78883-7 (EPUB)
E-ISBN 978-3-631-78884-4 (MOBI)
DOI 10.3726/b15612

© Peter Lang GmbH
Internationaler Verlag der Wissenschaften
Berlin 2019
Alle Rechte vorbehalten.

Peter Lang – Berlin · Bern · Bruxelles · New York ·
Oxford · Warszawa · Wien

Diese Publikation wurde begutachtet.

www.peterlang.com

Dieses Buch ist den vergessenen Opfern der verlängerten Mauer und ihren Angehörigen gewidmet. Das Titelbild (Bild: Stefan Appelius) zeigt die Grabstätte des 23 jährigen Gunter Pschera, der im Sommer 1967 in der Volksrepublik Bulgarien erschossen und anschließend als „unbekannter ostdeutscher Bürger" in Bourgas begraben wurde. Die Kenntnis über die Hintergründe dieses Falls löste die langjährigen Recherchen des Verfassers über getötete DDR-Flüchtlinge in Bulgarien aus.

Vorwort

Seit dem Bau der Berliner Mauer im Sommer 1961 suchten DDR-Bürger nach alternativen, möglichst gefahrlosen Fluchtwegen in die Bundesrepublik. Dabei entwickelte sich der Fluchtweg über die damalige Volksrepublik Bulgarien mit ihren Grenzen zur Türkei, Griechenland und Jugoslawien bereits nach kurzer Zeit zu einer Hauptfluchtroute. Die überwiegend jungen Leute glaubten, über das rückständige Bulgarien „ganz einfach" in den Westen gelangen zu können. Stefan Appelius hat seit fünfzehn Jahren über den Fluchtweg Bulgarien gearbeitet, und das Thema in der Bundesrepublik erstmals einer großen Öffentlichkeit bekanntgemacht. Er wertete mehrere tausend Archivquellen aus und führte seit zwölf Jahren mehrere hundert Interviews mit Flüchtlingen, Angehörigen von Todesopfern, mit Grenzern, DDR-Diplomaten und Staatssicherheitsleuten. Dieses Buch enthält die wichtigsten Ergebnisse seiner Recherchen über an den bulgarischen Grenzen gelungene und tragisch gescheiterte Fluchten sowie über die Kooperation des DDR-Staatssicherheitsdienstes mit den bulgarischen Sicherheitsbehörden zur Verhinderung von „Republikfluchten".

Die Studie „Fluchtweg Bulgarien" ist der zweite Begleitband zu dem abgeschlossenen Forschungsprojekt über das DDR-Grenzregimes an der innerdeutschen Grenze, als dessen Ergebnis 2017 das biografisches Handbuch „Die Todesopfer des DDR-Grenzregimes 1949–1989" in der Reihe Studien des Forschungsverbundes SED-Staat als Band 24 erschienen ist. Die 2. Auflage des Handbuches liegt seit Dezember 2018 vor. Der erste Begleitband des biografischen Handbuches befaßt sich mit den Begleitumständen des DDR-Grenzregimes. Er ist 2018 unter dem Titel „Die Grenze des Sozialismus in Deutschland" als Band 25 der Studien des Forschungsverbundes SED-Staat erschienen und enthält Beiträge von Stefan Appelius, Kerstin Eschwege, Joachim Heise, Ralph Kaschka, Gerhard Schätzlein, Angela Schmole, Enrico Seewald, Klaus Schroeder und Jochen Staadt zu den historischen, regional- und alltagsgeschichtlichen Auswirkungen des DDR-Grenzregimes, zu seiner Vorgeschichte von 1945 bis 1949 und zu seiner juristischen Aufarbeitung nach der Wiedervereinigung.

Die mit diesem zweiten Begleitband des Projektes vorliegende Untersuchung von Stefan Appelius über den „Fluchtweg Bulgarien" ist zugleich eine Vorstudie des im November 2018 begonnenen Forschungsprojektes über „Todesfälle von DDR-Bürgern bei Fluchtversuchen über Ostblockstaaten". Dieses Forschungsprojekt ist Teil eines vom Bundesministerium für Bildung und Forschung finanzierten Forschungskonsortiums, dem neben der Freien Universität Berlin auch die Universitäten Greifswald und Potsdam angehören. Das Forschungsteam der Universität Greifswald untersucht unter Leitung von Hubertus Buchstein die Todesfälle von DDR-Bürgern bei Fluchtversuchen über die Ostsee, die Forschungsgruppe der Universität Potsdam unter der Leitung von Manfred Görtemaker die Funktion des DDR-Justizministeriums im SED-Staat und seine Mitwirkung an Rechtsbeugungen gegen Ausreisewillige und wegen „versuchter Republikflucht" bestrafter DDR-Bürger.

Stefan Appelius hat für diese Studie umfangreiche Aktenbestände in der BStU, im Politischen Archiv des Auswärtigen Amtes sowie im Bundesarchiv (Berlin) ausgewertet und darüber hinaus zahlreiche Interviews mit Zeitzeugen insbesondere mit Angehörigen von getöteten Flüchtlingen geführt. Dadurch konnte die bisherige Datenbasis erheblich erweitert werden. Im Verlauf der Recherche konnten im Bundesarchiv (Berlin) in den gesperrten und bisher nicht erschlossenen Beständen der „Generalstaatsanwaltschaft der DDR" brisante und für die Rekonstruktion von Todesfällen an der verlängerten Mauer relevante Akten ausgewertet werden, unter anderem zum Fall Engelmann / Gammisch (1966), der auf diese Weise umfassend aufgeklärt wurde.

Geplante Reisen in auswärtige Archive und die Befragung auswärtiger Zeitzeugen konnten leider nicht im ursprünglich geplanten Umfang realisiert werden, da der beantragte Zuschuß für diese Studie durch die Bundesstiftung zur Aufarbeitung der SED-Diktatur aus unerfindlichen Gründen um 50 Prozent gekürzt wurde. Statt der beantragten 30.000,- € gewährte die Bundesstiftung für den Abschluß der Untersuchung nur einen Zuschuß von 15.000,- €. Die ausstehenden Recherchen zum „Fluchtweg Bulgarien" wird Stefan Appelius nun als Wissenschaftlicher Mitarbeiter des Forschungsverbundes SED-Staat im Forschungsprojekt über „Todesfälle von DDR-Bürgern bei Fluchtversuchen über Ostblockstaaten" zum Abschluß bringen.

Klaus Schroeder   Jochen Staadt

Einleitung

Es herrschte große Unruhe, als die bürgerliche Abgeordnete Virginia Veltcheva 1992 im bulgarischen Parlament von Innenminister Sokolov und von Verteidigungsminister Ludschev während einer Fragestunde die genaue Anzahl der in der Volksrepublik Bulgarien bei versuchten illegalen Grenzübertritten getöteten Menschen wissen wollte. Darüber hinaus sollten die beiden Ressortminister der Abgeordneten auch beziffern, in wie vielen dieser Fälle es sich um „Morde aus politischen Gründen" gehandelt habe. Die Abgeordnete erklärte, alleine aus ihrem Wahlkreis drei solcher Fälle zu kennen, in denen Menschen einfach zur Grenze gebracht und dort erschossen wurden, um ein Gerichtsverfahren zu umgehen. Während Frau Veltcheva ihre Fragen stellte, reagierten viele Abgeordnete der mittlerweile zu „Sozialisten" umbenannten früheren Bulgarischen Kommunistischen Partei (BKP) mit Unmutsäußerungen. Doch Frau Veltcheva ließ sich davon nicht beirren. Sie wolle auch, dass die genaue Anzahl bulgarischer und ausländischer Staatsangehöriger genannt werde, weil – wörtlich – „in den letzten Jahren ein beträchtlicher Teil der Staatsangehörigen der ehemaligen DDR gerade unser Land als einen leichteren Weg für die Auswanderung benützen". Da die Abgeordnete Veltcheva die Minister auch danach fragte, wie viele Personen beim Versuch, das Land illegal zu betreten, getötet wurden, wusste sie offenbar, dass bulgarische Grenzsoldaten während der kommunistischen Diktatur nicht nur Flüchtlinge, die in den Westen wollten, sondern auch Armutsflüchtlinge töteten, die über Bulgarien nach Europa zu gelangen versuchten.

Die Antwort von Verteidigungsminister Dimitar Ludschev lautete, dass man nicht für alle Jahre über Erkenntnisse verfüge[1] und dass in den Jahren, über die es Akten gebe, 339 Menschen an den bulgarischen Grenzen ums Leben gekommen seien. In den Archiven des Verteidigungsministeriums seien keine Dokumente aufbewahrt worden, aus denen man ersehen könne, ob der Grenzübertritt in bestimmten Fällen als „Tarnung für die Liquidierung aus politischen Gründen ohne gerichtliches Urteil benutzt worden sei". Innenminister Jordan Sokolov ergänzte, dass bei der Grenztruppenverwaltung seit 1962 Registerbücher mit Rechenschaftsangaben geführt worden seien, aus denen die Tötung von 105 Personen, darunter 36 Ausländern ersehen werden könne. Sokolov erklärte in seinem kurzen Statement, dass man im Innenministerium „kein Normativdokument"

---

1 Keine Angaben lagen Minister Ludschev für die Jahre 1969, 1973, 1979 sowie für den Zeitraum von 1986 bis 1989 vor.

entdeckt habe, dass die Grenztruppen verpflichtete, über die beim Versuch des illegalen Übertritts der Staatsgrenze getöteten Personen Rechenschaft abzulegen, was auf eine beträchtliche Dunkelziffer derartiger Fälle schließen lässt. Die tatsächliche Zahl der Menschen, die bei Fluchtversuchen über Bulgarien im dortigen Grenzgebiet getötet wurden, war mit Sicherheit wesentlich höher. Ob diese Zahl jemals zu rekonstruieren ist, darf allerdings bezweifelt werden, denn die Leichen der betreffenden Personen wurden jahrzehntelang nach den dortigen Gepflogenheiten direkt im Grenzgebiet verscharrt. Außerdem ist der Zugang zu den Akten des Shivkov-Regimes extrem kompliziert – große Teile der betreffenden Dokumente wurden offenbar vernichtet, etliche Geheimdienstdossiers gerieten nach dem Untergang des Ostblocks in die Hände dubioser Geschäftsleute, die sie zu Zwecken der Erpressung nutzten. Weitere wichtige Dokumente, die wie die Obduktionsberichte der Grenztoten im Sofioter Militärkrankenhaus für die hier untersuchte Fragestellung höchst relevant wären und zumindest vor einigen Jahren noch im Sofioter Militärkrankenhaus existierten, dürfen nicht eingesehen werden. Dem Verfasser wurde nach einer Anfrage vom ehemaligen bulgarischen Außenminister mündlich mitgeteilt, diese Obduktionsprotokolle, die sich damals in einem speziellen Büro des Sofioter Militärkrankenhauses befanden, existierten überhaupt nicht.

Zeithistorische Forschungen über das volksbulgarische Grenzregime führen in Bulgarien stets zu Gegenfragen, warum man sich für diese Thematik interessiere und – bezogen auf den Verfasser – zu der Vermutung vieler bulgarischer Gesprächspartner, der Verfasser müsse, wenn er sich für derart „geheime" Fragestellungen interessiere, wohl selbst im Auftrag eines ausländischen Geheimdienstes unterwegs sein. Reaktionen wie diese gehören zu den Nachwirkungen jahrzehntelanger Propaganda einer kommunistischen Diktatur. Dass auch das frühere Grenzregime selbst inzwischen über eine eigene Tradition verfügt, belegen Berichte der ARD aus dem Sommer 2016, nach dem sich im bulgarisch-türkischen Grenzgebiet private, mit Panzern ausgerüstete Bürgerwehren gegründet haben, um das Eindringen von Armutsflüchtlingen auf bulgarisches Territorium zu verhindern.[2]

Das Interesse für Bulgarien entstand, als der Verfasser 2001/2002 als Akademischer Direktor am Zentrum für Deutschland- und Europastudien der Universität Sofia arbeitete und nach der Rückkehr nach Deutschland im Politischen Archiv des Auswärtigen Amtes bei einer Aktenrecherche auf den Fall eines jungen Man-

---

2 http://www.zdf.de/auslandsjournal/buergerwehren-in-bulgarien-auslandsjournal-vom-08.06.2016-43851980.html, Link abgerufen am 29.07.2016.

nes aus Sachsen stieß, der in Bulgarien 1967 bei einem Fluchtversuch mehrere Kilometer vor der türkischen Grenze erschossen worden war. Nach ersten Ver-öffentlichungen über den Fluchtweg Bulgarien wurde der Verfasser damals durch einen Staatsanwalt, der sich kurz nach dem Mauerfall im Auftrag der Zentralen Ermittlungsstelle für Regierungs- und Vereinigungskriminalität (ZERV) mit dem Schicksal ostdeutscher Bulgarienflüchtlinge beschäftigt hatte, auf Akten in der Berliner Staatsanwaltschaft hingewiesen. In diesen Akten stieß der Verfasser auf die Namen und Daten weiterer Menschen, die an den bulgarischen Grenzen bei Fluchtversuchen ums Leben gekommen waren.

Der Verfasser will mit diesem Buch an die Zeit der deutschen Teilung und einen vergessenen Fluchtweg von Ost nach West erinnern. Dieses Buch soll an die Flüchtlinge erinnern und ihre Motive erklären. Darüber hinaus soll beleuchtet werden, welche Rolle die Mitarbeiter der Untersuchungsabteilung des MfS, die Mitglieder der in Bulgarien stationierten Operativgruppe des MfS, die Mitarbeiter der DDR-Botschaft in Sofia und des DDR-Konsulats, des Ost-Berliner „Ministeri-um für Auswärtige Angelegenheiten" (MfAA) und der Generalstaatsanwaltschaft der DDR bei diesen Fällen spielten. Der Verfasser sichtete im Rahmen der Arbeit an diesem Projekt diverse Aktenbestände in der Stasi-Unterlagenbehörde, im Bundesarchiv und im Politischen Archiv des Auswärtigen Amtes, er setzte sich mit zahlreichen Zeitzeugen in Verbindung und reiste mehrmals nach Bulgarien, um durch Einträge in Friedhofsregistraturen und in Gesprächen mit bulgarischen Gerichtsmedizinern zu weiteren Erkenntnissen zu gelangen.

Dieses Buch wäre ohne die sachkundige, geduldige und sehr engagierte Unter-stützung von Astrid Möser (BStU) nicht möglich gewesen. In einer Vielzahl von „Montagsgesprächen" konnte der Verfasser das Bulgarien-Thema mit ihr reflek-tieren und die Recherche nach Akten immer weiter verfeinern. Dank gilt auch ihrem Mitarbeiter, Herrn Ziegler. Wesentliche Unterstützung in der Recherche erhielt der Verfasser von Dr. Martin Kröger (Politisches Archiv des Auswärti-gen Amtes) und dem Politikwissenschaftler Christoph Stamm (Berlin). Aus der Gruppe der Zeitzeugen seien Herta Otto, die das Erscheinen dieses ursprünglich für den Sommer 2007 angekündigten Buches leider nicht mehr miterleben konn-te, Stefan Pschera, Olaf Schachtschneider, Gerhard Breitinger, Maria Frank, Dr. Günter Möstl und Helmut Schulze (Cottbus) besonders erwähnt.

Dr. Jochen Staadt vom Forschungsverbund SED-Staat der Freien Universität Berlin unterstützt die Forschungen des Verfassers über die verlängerte Mauer bereits seit Jahren und setzte sich mit Erfolg als Antragsteller für das Projekt bei der Bundesstiftung zur Aufarbeitung der SED-Diktatur ein. Peter Erler, von der Gedenkstätte im ehemaligen Stasigefängnis Berlin-Hohenschönhausen hat dem

Verfasser wertvolle Informationen aus dem Haftkrankenhaus des MfS zugänglich gemacht. Dank schuldet der Verfasser auch Ilija Iliev (Sofia), der bei den Grenztruppen arbeitete und Personenrecherchen auf dem Friedhof Bakarena Fabrika durchführte, der Gerichtsmedizinerin Dr. Maria Grozeva (Sofia), Vera Avramova (Sofia), die als Dolmetscherin in der DDR-Botschaft beschäftigt war, Renate Ude (Varel) und Gretel Verhoek (Berlin).

Anmerkungen zur Sekundärliteratur

- Monika Tantzscher. Die verlängerte Mauer. Die Zusammenarbeit der Sicherheitsdienste der Warschauer-Pakt-Staaten bei der Verhinderung von „Republikflucht". Berlin 1998 (Neuauflage: 2001)

Die Diplom-Slawistin und spätere BStU-Mitarbeiterin Monika Tantzscher war eine der ersten, die sich in der Abteilung BF der damaligen „Gauck-Behörde" mit dem Schicksal jener Menschen befasste, die zu Zeiten des Eisernen Vorhangs versucht hatten, über eines der Bruderländer in den Westen zu gelangen. Allen diesen Fluchtversuchen ging die Annahme voraus, dass es „einfacher" und „weniger gefährlich" sein müsse, über die weniger stark bewachte Außengrenze eines Bruderlandes in den Westen zu fliehen. Das seinerzeit von Frau Tantzscher verfasste, in der „Reihe B" der Abteilung BF veröffentlichte Werk beschäftigt sich allerdings nicht mit den Flüchtlingen selbst, sondern versucht die Strukturen zu erklären, durch die derartige Fluchten von staatlichen Stellen – insbesondere dem MfS – verhindert werden sollten. Sie belegt, dass die Deutsche Volkspolizei mit ihrer geheimdienstlich aktiven Linie VP/K1 bereits im Vorfeld maßgeblich in die Beobachtung verdächtiger DDR-Bürger involviert war. Sie stellt die verschiedenen Rechtshilfeabkommen der DDR-Regierung mit den Regierungen der betreffenden Bruderländer vor, auf deren Basis die Festnahme und Rückführung der Flüchtlinge und Fluchtverdächtigen über viele Jahre hinweg erfolgte, beleuchtet aber auch die ebenfalls – ohne Vertrag – in dieses System involvierten Regime in Rumänien und im blockfreien Jugoslawien, dass bis Anfang der 1980er Jahre mit der DDR eine heimliche Kooperation betrieb. Die Arbeit zeigt auf, dass die HA VI des MfS in Zusammenarbeit mit der HA IX/9 bzw. HA IX/10 die beiden maßgeblichen geheimdienstlichen Instanzen waren, die den Fluchtweg über die Außengrenzen für das SED-Regime unter Kontrolle bringen sollten. Dabei stützt sich die Verfasserin durchweg auf Quellen des MfS, ohne diese kritisch zu hinterfragen oder einzuordnen. Das von ihr vorgelegte Zahlenmaterial aus unterschiedlichen Linien des MfS ist unvollständig und deshalb mit Vorsicht zu genießen.

- Stoyan Raichevsky / Fanna Kolarova. Flucht aus der DDR über den „Eisernen Vorhang" Bulgariens. Wege, Methoden, Opfer. Berlin 2016

Eine bemerkenswerte Veröffentlichung zweier Bulgaren erschien 2016 unter der Schirmherrschaft der Berliner „Gedenkbibliothek für die Opfer des Stalinismus" und einem Vorwort von Dr. Anna Kaminsky, der Geschäftsführerin der Bundesstiftung zur Aufarbeitung der SED-Diktatur. Bemerkenswert ist an der

Veröffentlichung, dass darin fast ausschließlich umfangreiche Dokumente ost-deutscher und volksbulgarischer staatlicher ungeprüft und unkontrolliert abge-druckt werden. Es ist die Art von Täterakten, in der die Opfer des bulgarischen Grenzregimes nun auch posthum und unkommentiert kriminalisiert werden. Die Verfasser haben, wie die Fußnoten zeigen, auch keineswegs primär bulgarische Akten veröffentlicht, sondern sich lediglich in den MfS-Akten der BStU mit den Kopien dort recht zahlreich abgelegter bulgarischer Dokumente begnügt. Im his-torischen Bogen bedienen sich die Autoren in dem 2006 von Appelius vorgelegten Band „Bulgarien – Europas Ferner Osten", freilich jedoch ohne ihre Quelle korrekt anzugeben. So wird auf S. 378 eine bei Appelius (2006, S. 252) veröffentlichte Opferliste wiedergegeben, in der der Name Peter Nötzel aufgrund damals noch nicht aufgefundener Akten von Appelius falsch als „Nöser" angegeben wurde. Die Autoren haben diese Angabe einfach abgeschrieben, und dann auch noch falsch („Noser"). Aus dem in Bulgarien getöteten Eberhard Melichar wird bei Raichevsky/Kolarova „Melicher". An anderer Stelle heißt es, ein gewisser Bernd Carnehl sei im Oktober 1965 „an der Grenze" getötet worden (S. 383). Das ist jedoch Unsinn. Carnehl, der aus Westdeutschland stammte und seine ostdeutsche Verlobte treffen wollte, verunglückte mit seinem Mietwagen auf dem Weg vom Flughafen zum Hotel. Er war in keine Flucht verwickelt. Doch dieses Buch ist nicht nur das Werk von Trittbrettfahrern, die sich aus Veröffentlichungen bedien-ten, ohne die Herkunft ihres Wissens kenntlich zu machen. Es ist eine Ansamm-lung von unkommentierten Dokumenten zweier verbrecherischer Regime, in der die Opfer noch nachträglich mit Füßen getreten werden. Dass ausgerechnet die Gedenkbibliothek und die Bundesstiftung ein derartiges Veröffentlichungsvor-haben unterstützen ist wahrlich kein Ruhmesblatt für diese beiden Institutionen. Den Angehörigen der Opfer ist zu empfehlen, von dieser Veröffentlichung größt-möglichen Abstand zu halten.

• Christopher Nehring. Tödliche Fluchten über Bulgarien. Die Zusammenarbeit von bulgarischer und DDR-Staatssicherheit zur Verhinderung von Fluchtver-suchen. Berlin 2017

Der Titel dieser Broschüre – die als eine Fortsetzung und notwendige Ergänzung der Arbeit von Frau Tantzscher gedacht war – ist eine Entlehnung aus dem Titel der kurz zuvor abgeschlossenen Dissertation von Nehring über die Zusammen-arbeit der in Bulgarien personell mit zahlreichen Mitarbeitern vertretenen HV A mit dem bulgarischen Innenministerium („Die Zusammenarbeit der DDR-Aus-landsaufklärung mit der Aufklärung der Volksrepublik Bulgarien. Regionalfilialen des KGB?", Erstgutachter Joachim Rogall, 2016) und führt gleichzeitig in die Irre. Tatsächlich hatte der DDR-Geheimdienst nämlich nur in einem bisher bekannten

Sonderfall (Kühnle / Sandner 1972) direkt mit dem Tod von DDR-Flüchtlingen zu tun. Die beiden mutmaßlich darin verwickelten MfS-Offiziere – die im Übrigen nicht der HV A angehörten – sind mittlerweile selbst verstorben. Für alle anderen Todesfälle an den bulgarischen Grenzen trugen hingegen bulgarische Grenzsoldaten die Verantwortung.

Die Publikation des zeitweilig in der Forschungsabteilung der BStU beschäftigten Nehring fasst die langjährigen Recherchen von Stefan Appelius über das bulgarische Grenzregime und die Schicksale der bisher bekannten deutschen Grenzopfer zusammen. Nehring hat die verschiedenen Veröffentlichungen von Appelius genommen, dazu die Akten bestellt und eine kleine Schrift daraus gebastelt. Im Fall des im Frühsommer 1965 an der griechischen Grenze erschossenen Werner Gambke ergänzt Nehring eine Akten-Signatur zu einem „namenlosen" Opfer, die Appelius, der jahrelang in der BStU über diese Thematik forschte, nicht vorgelegt wurde. Es ist eine der wenigen neuen Erkenntnisse in dieser Publikation der sogenannten Prioritätenforschung geschuldet, nach der Mitarbeiter der Abteilung BF der BStU gegenüber externen Wissenschaftlern bei der Akteneinsicht in der BStU bevorzugt werden. Zu Gambke finden sich in der BStU nämlich keinerlei Akten, Appelius spürte die wenigen Dokumente in der Familie des Opfers auf. Wer nur von Tätern verfasste Akten liest und Medienveröffentlichungen – mit all ihren Fehlern – zur Erschließung dieses äußerst sensiblen Themas heranzieht, kann den tatsächlichen Sachverhalten nicht gerecht werden. Dieser Herangehensweise liegt die vor allem von westdeutschen Historikern vertretene Auffassung zugrunde, was Schwarz auf Weiß in den Akten stehe, müsse „die Wahrheit" sein und den tatsächlichen Sachverhalten entsprechen. In den Akten aber heißt es stets, dass sich die Vorfälle unter strenger Einhaltung aller Vorschriften ereignet haben. Dabei ist die Manipulation dieser Dokumente durchaus erkennbar. Auf den Fotos getöteter DDR-Flüchtlinge ist zum Beispiel oft zu sehen, dass einer Leiche nachträglich ein Messer in die geöffnete Handfläche gelegt wurde.

Wenn Nehring beispielsweise behauptet, die DDR-Botschaft habe 1989 den Eltern des erschossenen Michael Weber die Leichenschau verwehrt (S. 92), zeigt sich die Problematik dieser Arbeitsweise. Tatsächlich fand diese Leichenschau im Fall Michael Weber statt, beide Eltern durften den toten Teenager – wenn auch nur durch eine Glasscheibe – mit Einverständnis des DDR-Konsuls Richter noch einmal sehen. Während sich Appelius mit der Mutter des getöteten Teenagers in Verbindung setzte, referiert Nehring die Fragestellung von seinem damaligen Schreibtisch in der Abteilung BF der BStU.

Sein Hinweis, dass die Operativgruppen des MfS in Bulgarien nicht die vorrangige Aufgabe der Fluchtbekämpfung hatten, ist keine Überraschung und wurde

15

von Appelius auch zu keiner Zeit behauptet. Die Operativgruppen hatten ein breites Aufgabenspektrum und arbeiteten im Bereich der Spionage und Spionageabwehr sowohl mit der HA II als auch der HV A zusammen.

Berichte von Flüchtlingen

- Christa Wiesenberg. Boat People aus Leipzig. Eine abenteuerliche Flucht von Deutschland nach Deutschland.

Böblingen 1990

Sehr früh nach der Wende veröffentlichte Xing-Hu Kuo in seinem „Anita Tykve Verlag" die Fluchtgeschichte der aus Leipzig stammenden Medizinerin Dr. Christa Wiesenberg, die mit einem Teil ihrer Familie 1973 per Schlauchboot über das Schwarze Meer in die Türkei entkam. Dort angekommen unternahm sie verzweifelte Bemühungen, ihre in Bulgarien auf sie wartende Mutter und den kleinen Sohn auf gleichem – lebensgefährlichen – Wege hinterher zu holen. Doch die Behörden erlaubten es nicht. Ihre Mutter wurde schließlich von bulgarischen Sicherheitskräften festgenommen, das Kind kam in der DDR in ein Heim. Das Buch von Frau Wiesenberg, die in der DDR nicht hatte studieren dürfen, ist die erste ausführliche Darstellung des Fluchtwegs über die Volksrepublik in den Westen. Es hat, da in Wendezeiten veröffentlicht, nie die Aufmerksamkeit erfahren, die es verdient gehabt hätte. In Deutschland war man zu sehr mit der Wiedervereinigung beschäftigt, um sich für die Verlängerte Mauer zu interessieren.

- Helga Priester. Fluchtweg Bulgarien. 1963 – dritter Versuch. Berlin 2008

Der Fall der bereits am 15. Juli 1963 in Bulgarien im Zusammenhang mit einem geplanten Fluchtversuch im Raum Pamporovo verhafteten Helga Priester (BStU MfS HA VIII/RF/1776/9) ist in mehrerer Hinsicht interessant. Zum einen dokumentiert er, dass es bereits kurz nach dem Mauerbau die ersten Fluchtversuche von DDR-Bürgern via Bulgarien gab. Das war eine Phase, in der das SED-Regime noch nicht ahnte, dass die Entwicklung des Massentourismus in den osteuropäischen Bruderländern noch erhebliche Probleme verursachen würde. Interessant ist der Fall Priester aber auch, weil die Verfasserin nach ihrer Überführung in die DDR von der Staatssicherheit angeworben (BStU MfS AIM 2064/68) und nach Unterzeichnung der Verpflichtungserklärung sofort „zur Bewährung" aus der Haft entlassen wurde. Leider wird in der Veröffentlichung nicht darüber berichtet.

- Dorothea Ebert / Michael Proksch. Und plötzlich waren wir Verbrecher. Geschichte einer Republikflucht. 2010

Vergleichsweise wenig spektakulär verlief der Fluchtversuch, den Dorothea Ebert und Michael Proksch im August 1983 an der bulgarisch-jugoslawischen Grenze unternahmen (BStU MfS AU 14976/85). Zwar kam es auf Seiten der bulgarischen Grenzer zum Gebrauch der Schusswaffen, obwohl sich die Flüchtlinge sofort ergaben. Doch die drei jungen Leute, die ihre Flucht ursprünglich in Ungarn hatten realisieren wollen, blieben immerhin am Leben. Nach der Festnahme wurden die Flüchtlinge von den Grenzsoldaten ausgeraubt, ein kostbares historisches Musikinstrument ging für immer verloren. Dass Grenzer oder andere Angehörige des bulgarischen Innenministeriums MWR gefasste oder getötete Flüchtlinge beraubten, konnte Appelius im Rahmen seiner Forschungen über den Fluchtweg Bulgarien an vielen Beispielen dokumentieren.

Berichte von Fluchthelfern

- Rüdiger von Fritsch. Die Sache mit Tom. Eine Flucht in Deutschland.
- Wolfgang Welsch. Ich war Staatsfeind Nummer 1. Der Stich des Skorpion. Als Fluchthelfer auf der Todesliste der Stasi.

Fluchthelfer und Passfälscher machten in Deutschland bis 1989 mit dem Leid der Teilung gute Geschäfte. Auch westliche Geheimdienste waren in diese Geschäfte aktiv verwickelt, denn die Destabilisierung des Ostblocks gehörte über viele Jahre hinweg zu ihrem Kerngeschäft. Da Fluchten über die verlängerte Mauer als weniger gefährlich galten, wurde dieser Weg häufig gewählt. Während sich immer wieder Menschen beim Versuch der illegalen Überwindung der grünen Grenze größter Gefahr durch schießwütige Grenzer aussetzen, konnten kommerzielle Fluchthelfer wie Wolfgang Welsch durch den Einsatz falscher Papiere auf dem Luftweg über Jahre hinweg zahlende Kundschaft aus dem Osten in den Westen transportieren und dabei alle Grenzposten austricksen. Es gab allerdings auch private Fluchthelfer, die für das Herausholen von Freunden oder Familienangehörigen ein hohes Risiko eingingen und die selber keine finanziellen Motive hatten. In diese Kategorie gehört Rüdiger von Fritsch, der 1974 seinem Vetter und mehreren seiner Freunde bei einem gemeinsamen Fluchtversuch via Bulgarien zur Seite stand.

Auch der gelernte Schauspieler Wolfgang Welsch, der 1971 in die Bundesrepublik freigekauft und von Gießen aus als professioneller Fluchthelfer tätig wurde, hat Erinnerungen an seine damaligen Aktivitäten verfasst. Diese sind jedoch an vielen Stellen übertrieben. Eine Aktennotiz des verstorbenen Journalisten Lutz-Peter Naumann über ein Gespräch, dass er am 8. Dezember 1974 mit Welsch führte, zeigt, welcher Art die zeithistorischen Erinnerungen des Fluchthelfers schon damals waren. Naumann erfuhr, dass Welsch im Lager X (Hohenschönhausen) den „früheren Leibarzt von Ulbricht" kennengelernt habe. Dieser Dr.

Raue habe als Kieferspezialist für den BND gearbeitet, habe Ulbricht eine Plombe mit Mikrophon einoperiert und sei anschließend zu zweimal lebenslänglich verurteilt worden, notierte Naumann in seinen Aufzeichnungen. Der Zahnarzt Gerd Raue war weder der Leibarzt von Ulbricht, noch implantierte er ihm eine Plombe mit Mikrophon. Raue, dessen wahre Geschichte in Appelius Buch „Die Spionin" (Reinbek 2018) erzählt wird, war auch nicht für den BND tätig und wurde ebenso wenig zu „zweimal lebenslänglich" verurteilt. Allein dieses kleine Beispiel zeigt, dass der Wahrheitsgehalt der Memoiren und diverser Fernsehinterviews von Welsch mit Vorsicht zu genießen ist.

Inhaltsverzeichnis

1. Ein exotisches Urlaubsziel

Niemand konnte am 14. Oktober 1958 ahnen, welche weitreichenden Folgen die an jenem Tag einberufene Sitzung des Politbüros des ZK der SED haben würde. Die Machthaber in Ost-Berlin diskutierten an diesem Tag im Zentralhaus der Einheit am Prenzlauer Tor über die Bildung einer Kommission für Chemie beim Politbüro, sie besprachen den bevorstehenden 60. Geburtstag des in den „Arbeiter- und Bauernstaat" geflüchteten KPD-Vorsitzenden Max Reimann, sie debattierten über die Ergebnisse der Leipziger Herbstmesse und die Fortsetzung der Bebauung der Stalinallee. Nicht mehr als das übliche Tagesgeschäft. Doch gleich zu Beginn der Sitzung hatte Walter Ulbricht über Gespräche mit einer bulgarischen Partei- und Regierungsdelegation berichtet. Der Erste Sekretär des ZK der SED mit dem markanten Kinnbärtchen war kurz zuvor von einem Staatsbesuch aus Sofia zurückgekehrt, an dem auch Ministerpräsident Otto Grotewohl teilgenommen hatte und in dessen Verlauf die Verstärkung der technisch-wirtschaftlichen Zusammenarbeit beider Länder beschlossen worden war.[1]

Ein paar Monate zuvor hatte sich das staatliche bulgarische Reisebüro „Balkantourist" mit einem sehr großen Ausstellungsstand an der Leipziger Frühjahrsmesse beteiligt und auf großformatigen Fotos für die Schwarzmeerküste geworben. Allerdings mit wenig Erfolg. Der von beiden Parteiführungen daraufhin vereinbarte verstärkte Urlauberaustausch kam nicht zustande, weil das Ost-Berliner Finanzministerium die Devisenzuweisung an das staatliche Reisebüro der DDR kürzte.

Nun sollte an jenem 14. Oktober ein neuer Anlauf gestartet werden. Walter Ulbricht kündigte dem Politbüro mit seiner näselnden Stimme in breitem Sächsisch an, die „Zahl der Touristen aus der DDR, die ihren Sommerurlaub in der Volksrepublik Bulgarien verbringen", solle signifikant erhöht werden.[2] Die Planung sah vor, jährlich zwischen 10.000 und 15.000 DDR-Urlauber während der Sommermonate ans Schwarze Meer zu schicken.[3] Dass dieses neue Urlaubsziel schon ein paar Jahre später um einen als Geheimtipp gehandelten Fluchtweg von Ostdeutschland nach Westdeutschland werden würde, konnte selbst Walter Ulbricht damals nicht ahnen.

---

1 DDR/VRB, 1958, Bundesarchiv (Berlin) Bestand DY 30 IV 2/20/112, S. 254 f.
2 Bundesarchiv (Berlin) Bestand DY 30 J IV 2/2/614, Protokoll 42/58, S. 3.
3 Bulgarischer Protokoll-Entwurf, April 1958, Bundesarchiv (Berlin) Bestand DY 30 IV 2/20/111.

Bulgarien war seit der Befreiung von der türkischen Besetzung im späten 19. Jahrhundert auf vielfältige Weise mit Deutschland verbunden. An diese Beziehungen, die im Kaiserreich und während der NS-Diktatur besonders stark gewesen waren, hatte nach dem Untergang der Monarchie (1944) und der Machtergreifung der Kommunisten naturgemäß zunächst die DDR angeknüpft. Bereits im September 1950 waren Walter Ulbricht und Otto Grotewohl erstmals nach Sofia gereist.[4] Doch auch viele Menschen in Westdeutschland hegten Sympathien für das Land auf dem Balkan, das, obwohl es im Westen als „Moskaus Musterschüler" galt, seinen Charme nicht gänzlich verloren zu haben schien, wie auch der Besuch dreier SPD-Bundestagsabgeordneter im Mai 1959 in Bulgarien belegt. Wieder in Bonn angekommen forderten sie – freilich erfolglos – die Aufnahme diplomatischer Beziehungen mit der Volksrepublik. Als ein Journalist des konservativen *Münchner Merkur* die Volksrepublik im Sommer 1961 besuchte, schrieb er, die kommunistische Propaganda wirke auf ihn in Bulgarien menschlicher.[5] Die Menschen seien aufgeschlossener und freundlicher als in anderen Ostblockländern.

Wie in den anderen Ostblockländern, die an den Westen grenzten, gab es den Eisernen Vorhang auch in der Volksrepublik. Während die innerdeutsche Grenze erst im August 1961 hermetisch abgeriegelt wurde, hatte Bulgarien mit der Schaffung unüberwindlicher, scharf bewachter Demarkationslinien bereits langjährige Erfahrung. Das hing auch damit zusammen, dass der Balkan, der bis zum Ausbruch des Zweiten Weltkriegs aufgrund zahlreicher Konflikte als „Pulverfass" galt, weiterhin als europäischer Spannungsherd eingeschätzt wurde. Bulgarien hatte seit Jahrzehnten schlechte Beziehungen zu den Regierungen in Istanbul und Athen, die nun zum westlichen, kapitalistischen Lager gehörten. Zwar versuchte das Regime in Sofia Ende der 1950er Jahre sowohl auf den türkischen Regierungschef Adnan Menderes als auch auf den in Athen regierenden Konstantinos Karamanlis zuzugehen, doch grundlegende Vereinbarungen kamen nicht zustande. Die Griechen beharrten auf der Erfüllung der Vereinbarungen der Pariser Friedenskonferenz von 1946, die Reparationszahlungen in Höhe von 45 Millionen US-Dollar und eine Reduzierung der bulgarischen Truppenstärke vorsahen. Nicht viel besser sah es mit den bulgarisch-türkischen Beziehungen aus. Türkische Behörden erlaubten bulgarischen Fischereifahrzeugen auch bei Stürmen nicht, ihre Häfen anzulaufen oder „unter der türkischen Küste Schutz

---

4   DDR/VRB, 1958, Bundesarchiv (Berlin) Bestand DY 30 IV 2/20/112, S. 254.
5   Kiehl, Dieter Kiehl: Die „große Welt" am Goldstrand. In: „Münchner Merkur" vom 16.09.1961, PIA.

zu suchen". Andererseits ließen auch die Bulgaren, keine Möglichkeit ungenutzt, an die „Schmach" der türkischen Besetzung zu erinnern. Als das Regime in Sofia den 80. Jahrestag der Schlacht um den Shipka-Pass zelebrierte, mit dem die Osmanen aus Bulgarien vertrieben worden waren, lehnte Ankara die Teilnahme mit der Bemerkung ab, man beabsichtige nicht, an einer Feier mitzuwirken, die sich „gegen das türkische Volk" richte.

Während es in den Beziehungen zwischen Bulgarien und Griechenland neben Fragen der militärischen Aufrüstung vor allem um ausstehenden bulgarischen Reparationszahlungen ging, spielte in den Beziehungen zwischen Bulgarien und der Türkei von Anfang an das Problem der türkischstämmigen Minderheit in Bulgarien eine wesentliche Rolle. Istanbul warf Sofia vor, die türkischstämmige Bevölkerungsgruppe würde von den staatlichen Organen der Volksrepublik daran gehindert, ihre Glaubenshandlungen auszuüben.[6] Diese Spannungen wurden verstärkt, als der Stadtvolksrat von Sofia in den 1950er Jahren beabsichtigte, die Große Moschee von Sofia im Zuge der Neugestaltung des Stadtzentrums abzureißen. Das historische Gebäude blieb schließlich nach einem heftigen Protest der türkischen Gesandtschaft beim bulgarischen Außenministerium erhalten.

Entsprechend gut befestigt waren die Grenzen nach Griechenland und zur Türkei. Ihnen war eine 15 Kilometer breite Sperrzone vorgelagert, die ohne eine staatliche Sondergenehmigung nicht betreten werden durfte.[7] Nach Durchquerung dieser Sperrzone gelangte man an einen zehn Meter breiten, gepflügten Kontrollstreifen, dem sich eine 2,50 Meter hohe Grenzsignalanlage vom Typ "S – 100" anschloss, die, neben Stacheldraht und „Abweisern", mit elektrischen Signaldrähten durchsetzt war. Diese lösten bei Berührung Alarm aus.[8] Dem Kontrollstrei-

6   Bericht über die außenpolitische Tätigkeit der VRB, 1957, Bundesarchiv (Berlin) Bestand DY 30 IV 2/20/112, S. 15.
7   Über die Tiefe der verschiedenen Sperrzonen in der VRB war selbst das MfS nicht korrekt im Bilde, wie sehr unterschiedliche und durchweg aus den 1980er Jahren stammende Angaben der Hauptabteilungen I und II belegen. Definitiv falsch ist die Angabe, dass sich die bulgarische Staatsgrenze bereits 50 bis 250 Meter hinter der Grenzsignalanlage befunden habe. BStU MfS HA I (= Bewaffnete Organe / NVA) 13041, S. 46 u. HA II (= Spionageabwehr) 38262, S. 25. An anderer Stelle heißt es in den MfS-Akten, die Grenzzone zur Türkei und Griechenland sei 30 Kilometer tief gewesen und die in Richtung Jugoslawien zehn Kilometer. BStU MfS HA II Nr. 38262, S. 5. In einer Übersicht der HA I heißt es hingegen, die Sperrzone an der griechischen Grenze sei lediglich zehn Kilometer tief gewesen. MfS HA I (Bewaffnete Organe / NVA) 13041.
8   „Entlang des Grenzsicherungszaunes sind in bestimmten Abständen an den Zaunpfählen Steckdosen zur Herstellung der Sprachverbindung mit den Führungspunkten, Beobachtungstürmen und den anderen Postenbereichen der Grenzsicherungskräfte

fen vorgelagert befanden sich in einigen Grenzabschnitten acht bis zwölf Meter hohe Beobachtungstürme, die untereinander Sicht- und Nachrichtenverbindung hatten. Die eigentliche Grenze befand sich jedoch erst etwa drei bis fünf Kilometer hinter dieser Absperrung. Zwar gab es im bulgarischen Grenzgebiet keine Erd- und Splitterminen und auch keine Selbstschussanlagen, dafür aber in den gewaltigen Sperrzonen beiderseits der auf den ersten Blick wenig imposanten Grenzsignalanlage umso mehr Grenzsoldaten.

Viele Fluchtversuche, von denen hier erzählt werden soll, ereigneten sich deshalb an den wenigen Grenzübergangsstellen, an denen Menschen mit Papieren und Visa unbehelligt ins Nachbarland gelangen konnten. Ende der 1950er Jahre hatten Bulgarien und das Königreich Griechenland ein Abkommen über die Verhütung von Grenzverletzungen und Regelung von Grenzzwischenfällen beschlossen, in dessen Rahmen die Öffnung des bulgarisch-griechischen Grenzübergangspunktes „Kulata" vereinbart wurde.[9] Es war der einzige Grenzübergang zwischen beiden Ländern, eine Art Nadelöhr, während es zwischen Bulgarien und der Türkei neben dem großen und vor allem vom Transitverkehr genutzten Übergang „Kapitan Andreevo" mit „Malko Tarnovo" noch eine zweite Öffnung im Eisernen Vorhang gab.

Doch es gab noch eine weitere Möglichkeit, um über Bulgarien in den Westen zu gelangen. Dieser Weg führte über die Sozialistische Föderative Republik Jugoslawien, mit der die Bulgaren im Großen und Ganzen ungeachtet historischer Zwistigkeiten gute Beziehungen pflegten.[10] Bulgarische Staatsbürger durften mit behördlicher Genehmigung nach Jugoslawien reisen, während ihnen die Ausreise in die Türkei und nach Griechenland im Normalfall verwehrt war. In den bulgarisch-jugoslawischen Beziehungen galt, wie es in einem Ost-Berliner Kurzbericht über die bulgarische Außenpolitik hieß, das Prinzip der gegenseitigen Achtung, der Gleichberechtigung und – last but not least – der „Nichteinmischung in die inneren Angelegenheiten". Beide Länder hatten Ende der 1950er Jahre bereits mehr als 30 Abkommen vereinbart, darunter auch ein gegenseitiges Rechtshilfeabkommen. Differenzen bestanden lediglich hinsichtlich der Frage, ob Belgrad auch „politische Verbrecher" an Sofia ausliefern solle, wie von Bulgarien gefor-

---

vorhanden. Die Versorgung der Signalanlagen erfolgt durch Schwachstrom." Zitiert nach: BStU MfS HA II (=Spionageabwehr) 38262, S. 25.

9 Bericht über die außenpolitische Tätigkeit der VRB, 1957, Bundesarchiv (Berlin) Bestand DY 30 IV 2/20/112, S. 12.

10 Während Griechenland und die Türkei nur durch Gesandtschaften in Bulgarien vertreten waren, hatte die Föderative Volksrepublik Jugoslawien eine Botschaft in Sofia eröffnet.

dert.[11] Um es gleich vorweg zu sagen: DDR-Flüchtlinge wurden von Belgrad nicht als politische Flüchtlinge angesehen, sie wurden über viele Jahre hinweg quasi routinemäßig nach Bulgarien abgeschoben. Es war eine Praxis, an der indirekt auch die Bundesrepublik beteiligt war. Bonn hatte nämlich im Herbst 1957 unter Anwendung der Hallstein-Doktrin die diplomatischen Beziehungen mit Belgrad beendet, nachdem die Jugoslawen diplomatische Beziehungen mit der DDR aufgenommen hatten.

Die wichtigste einer Reihe von Grenzübergangsstellen zwischen Bulgarien und Jugoslawien trug den Namen Kalotina und befand sich an der viel befahrenen Fernverkehrsstraße zwischen Sofia und Nis.

Die Rolle des MfAA und der DDR-Generalstaatsanwaltschaft

Kaum war die innerdeutsche Grenze geschlossen, kam es in Jugoslawien zu einem Vorfall, der in gewisser Weise den Auftakt für viele tausend, bis heute unerforschte Auslandsfluchtversuche aus dem von Walter Ulbricht beherrschten „Arbeiter- und Bauernstaat" bedeutete. Der in Leipzig lebende, 33-jährige Rechtsanwalt Günter Kröber, den der DDR-Geheimdienst für einen Freund des gestürzten und inhaftierten ehemaligen Vorsitzenden der Liberaldemokratischen Partei (LDPD), Karl Otto Hamann hielt, verbrachte nur 14 Tage nach dem Mauerbau seinen Jahresurlaub im Badeort Herceg Novi an der jugoslawischen Adriaküste.

Während dieser Ferienzeit fühlte sich der junge Anwalt, der bereits seit Jahren im Visier des MfS stand, von einem Mitglied seiner ostdeutschen Reisegruppe bedrängt und belästigt. Nicht nur, dass der Mann ihn recht offensichtlich ständig in Gespräche über den Mauerbau zu verwickeln suchte, er folgte ihm auch auf Schritt und Tritt. Als die Reisegruppe am Ende der Ferien nach Belgrad zurückkehrte, beobachtete Kröber, dass sein Bewacher in einer Limousine der DDR-Botschaft hockte und mit den anderen Insassen tuschelte. Vor dem Hintergrund dieser Beobachtungen ist es nicht verwunderlich, dass der Rechtsanwalt, je näher die Abreise nach Ost-Berlin rückte, nichts Gutes ahnte. Kurz vor der Heimreise entschloss sich Kröber, die Behörden in Belgrad um Asyl zu bitten.

Was sich als Fehler erwies, denn Belgrad hatte kein Interesse an ihm und informierte seinerseits die DDR-Behörden, die den Juristen – gegen seinen Willen – in die Linienmaschine nach Schönefeld bugsierten.[12] In der DDR wartete dann schon

---

11 Kurzbericht über die Außenpolitik der VRB, 1958, Bundesarchiv (Berlin) Bestand DY 30 IV 2/20/112, S. 71.
12 Jugoslawen verweigerten politisches Asyl: Gefängnis. In: „B.Z." (Berlin) vom 09.03.1962. In: BStU MfS ZAIG 9305, Bd. 4, S. 137. Die Rückführung von im Ausland gefassten

ein Haftbefehl auf ihn, denn Kröbers Asylantrag wurde als ein Vergehen nach § 8 des DDR-Passgesetzes eingestuft. Das Bezirksgericht Leipzig verurteilte den Rechtsanwalt schließlich wegen versuchten illegalen Verlassens zu zwei Jahren Gefängnis.[13]

An vielen Fluchtversuchen von DDR-Bürgern, die über ein sogenanntes Bruderland in den Westen zu fliehen versuchten, waren auf die eine oder andere Weise Bundesbürger beteiligt. Dabei handelte es sich ganz überwiegend um Familienangehörige und Freunde der Flüchtlinge. Insoweit ist wichtig, dass im März 1962, sieben Monate nach dem Mauerbau und kurz nach Kröbers Verurteilung, in der Bundesrepublik bekannt wurde, dass Bulgarien als einziges Ostblockland Einreisevisa für West-Touristen direkt an den Grenzübergängen erteilte und außerdem auf den Nachweis von Buchungsbestätigungen verzichtete.[14]

Es war für Bundesbürger also sehr unkompliziert nach Bulgarien zu reisen, während Reisen zu ihren Lieben in die DDR nach dem Mauerbau erst einmal völlig unmöglich waren. Es waren Familien, vor allem aber Liebespaare, die durch den Eisernen Vorhang getrennt worden waren und die – ohne jedes politische Motiv – eine private Wiedervereinigung anstrebten. Dass diese Menschen Bulgarien und seine Geschichte bestenfalls aus Reiseprospekten kannten, ist keine Überraschung. Fehlende Kenntnisse historischer und kultureller Besonderheiten erklären, warum in den ersten Jahren der deutschen Teilung hinter vorgehaltener Hand ausgerechnet die scharf bewachte bulgarisch-türkische Grenze als besonders attraktiver Fluchtweg galt. Ganz sicher hat die unkomplizierte Einreiseprozedur – mit der Sofia westliche Devisen ins Land lockte – in Verbindung mit dem freundlich-ärmlichen Urlaubsflair dazu beigetragen, den rätselhaften Mythos des „Fluchtwegs Bulgarien" auch in der Bundesrepublik entstehen zu lassen.

Flüchtlingen nach Ost-Berlin oblag den jeweiligen DDR-Konsuln. In Belgrad amtierte vom 4. August 1961 bis Februar 1963 Josef (Jupp) Liebisch (1914–2014) als DDR-Konsul, zu dessen Aufgaben auch die erweiterte Grenzsicherung zählte: „Im Kollektiv der Vertretung wurde er […] wiederholt darauf aufmerksam gemacht, den staatlichen Stellen des Einsatzlandes z.b. bei der Klärung der Ursachen von Republikfluchten entschiedener aufzutreten, um sie dadurch zur aktiveren Arbeit zu veranlassen." Archivierte Personendossiers: BStU MfS AP 3553/65, S. 5.

13 Archivierter Untersuchungsvorgang: BStU MfS BV Leipzig AU 1412/72, Archivierter Operativer Vorgang: BStU MfS BL Leipzig AOP 441/62. Kröber wurde bereits im August 1962 begnadigt und seine Strafe vorzeitig aus dem Strafregister der DDR getilgt.

14 Ohne „Voucher" nach Bulgarien. In: „Frankfurter Allgemeine Zeitung" vom 20.03.1962, PIA.

Bulgarien zog allerdings nicht nur von der Mauer getrennte Familien und Liebespaare aus beiden Teilen Deutschlands geradezu magisch an. Es gab auch schon damals eine nennenswerte Zahl reiselustiger westdeutscher Urlauber mit Interesse für exotische Ziele. Und davon offenbar genügend, um die in Würzburg erscheinende *Deutsche Tagespost* im Frühjahr 1962 zu veranlassen, auf das Risiko hinzuweisen, dass westdeutsche Urlauber vom bulgarischen Staatssicherheitsdienst angeheuert werden könnten.[15] Ein derartiges Risiko bestand tatsächlich, aber nicht nur in diese eine Richtung. Denn die bulgarische Schwarzmeerküste entwickelte sich in den folgenden Jahren und Jahrzehnten zu einem wahren Eldorado für die unterschiedlichsten Nachrichtendienste. Und zwar nicht nur jedweder östlicher, sondern auch einer stattlichen Palette westlicher Nachrichtendienste.

Dass man im Frühjahr 1962 in Ost-Berlin noch nicht mit dem „Fluchtweg Bulgarien" gerechnet hat, lässt sich daran erkennen, dass die vergleichsweise wenigen westdeutschen Urlauber die es in jenem Sommer an die „Rote Riviera" verschlug, noch relativ einfach mit ihren Freunden und Verwandten aus dem Osten in Verbindung treten konnten. Und das, obwohl bereits im Januar 1958 ein Rechtshilfeabkommens zwischen der DDR und der Volksrepublik Bulgarien[16] in Kraft getreten war, zu dessen Ratifizierung keine Geringere als die DDR-Justizministerin Hilde Benjamin persönlich nach Sofia reiste.

Nach Artikel 70 (Absatz 2) dieses Rechtshilfeabkommens konnten in Bulgarien DDR-Bürger, die der „Republikflucht" verdächtigt wurden, in Haft genommen werden, ohne das zum Zeitpunkt der Festnahme ein förmliches Auslieferungsersuchen der DDR oder sonst eine Mitteilung von DDR-Behörden vorlag, da es sich bei „Republikflucht" nach den Strafvorschriften beider Länder um eine Auslieferungsstraftat gemäß Artikel 63 des Abkommens handelte. Die DDR-Behörden waren in einem derartigen Fall unverzüglich aus Sofia von der Verhaftung zu unterrichten. Entstand der Verdacht, ein DDR-Bürger beabsichtige zu fliehen, genügte das zu seiner Festnahme durch die bulgarische Miliz, da „Republikflucht" auch in Bulgarien streng bestraft wurde.

Dass man auf Todesfälle von DDR-Flüchtlingen an der bulgarischen Grenze zum Zeitpunkt der Ratifizierung des Abkommens noch nicht eingestellt war, zeigt Artikel 45, in dem es hieß, die jeweilige Ortsbehörde – also nicht das bulgarische Innenministerium – habe die diplomatische oder konsularische Vertretung un-

---

15 Am Goldstrand von Varna. In: „Deutsche Tagespost" (Würzburg) vom 30.05.1962, PIA.

16 Bundesarchiv (Berlin) Bestand DC 20 I/4/283 (Bestand Ministerrat der DDR).

verzüglich über „Todesfälle von DDR-Bürgern" zu informieren und dem DDR-Konsulat, soweit möglich, Angaben über Erben, deren Wohnsitz, den Wert des Nachlasses und das Testament in Kenntnis zu setzen. Diese Regelung bezog sich offensichtlich auf Urlauber, die beim Baden oder Wandern ums Leben gekommen waren und auf DDR-Bürger, die ihren Wohnsitz zeitweilig in Bulgarien hatten. Sie wurde aber, wie wir noch sehen werden, unter Umgehung des MfS mindestens bis Ende der 1960er Jahre auch auf jene DDR-Bürger angewendet, die an der sogenannten grünen Grenze bei Fluchtversuchen von bulgarischen Grenzern erschossen worden oder auf andere Weise ums Leben gekommen waren.

Recherchen des Verfassers über die bisher bekannten Todesfälle von DDR-Flüchtlingen in Bulgarien belegen ganz eindeutig, dass die Hauptabteilung Konsularische Beziehungen im MfAA der DDR nach dem Mauerbau eine Schlüsselrolle in der systematischen Vertuschung dieser Vorkommnisse spielte. An der Spitze der Hauptabteilung Konsularische Beziehungen im MfAA stand der gelernte Schneider Hans Böhm.[17] Ein Mann, der bereits 1927 in die KPD eingetreten war, der über beste Verbindungen in die Führungsetage der SED verfügte und der sich mit seinem „Funktionärsdeutsch" im MfAA bei seinen Untergebenen, die diese Sprache für „unangebracht" hielten, unbeliebt gemacht hatte. Er war einer, auf den sich die Führung der Staatspartei im entscheidenden Moment verlassen konnte, wie Böhm am 13. August 1961 eindrucksvoll unter Beweis gestellt hatte, als er Sonntagmorgens in aller Frühe aus Köpenick ins Ministerium eilte und nach der Teilnahme an einer eilends einberufenen Parteiaktivtagung der Bezirksleitung der SED eine Besprechung der verantwortlichen Mitarbeiter seiner Hauptabteilung einberief, um „sofort einzuleitende Maßnahmen" zu verkünden.

Neben dem MfAA war auch die Generalstaatsanwaltschaft der DDR sowohl mit den Festnahmen von DDR-Auslandsflüchtlingen als auch mit der Bearbeitung der Fallakten in „Bruderländern" bei Fluchtversuchen getöteter DDR-Flüchtlinge befasst. Diese Fälle galten nämlich unisono als „Staatsverbrechen" und fielen damit in den Zuständigkeitsbereich der gleichnamigen Abteilung I A der DDR-Generalstaatsanwaltschaft, die sowohl für die Erledigung der Todesfälle als auch für die Ausstellung von Haftbefehlen, die Durchführung von Wohnungsdurchsuchungen bis hin zur Einleitung der Anklagen verantwortlich war. Als Leiter der Abteilung I A („Staatsverbrechen") der Generalstaatsanwaltschaft der DDR amtierte seit 1961 Gernot Windisch.

Beide Dienststellen – das MfAA und die Generalstaatsanwaltschaft der DDR – werden uns mit ihren verschiedenen Akteuren in der Geschichte des „Fluchtwegs

---

17 Archiviertes Personendossier: BStU MfS AP 7687/73.

Bulgarien" bis zum Mauerfall im Herbst 1989 immer wieder begegnen. Doch zurück zum Anfang.

Der erste Flüchtling und der erste Stasi-Offizier

Wer als erster DDR-Bürger im Zusammenhang mit einem Fluchtversuch in Bulgarien festgenommen wurde, ist auch nach der Durchsicht vieler tausend Seiten Akten nicht ganz einfach zu beantworten. Denn Festnahmen durch die staatlichen Organe erfolgten auch wegen geplanter Fluchtversuche, es genügte bereits die bloße Absicht. Zu den ersten Personen, die versuchten, über Bulgarien in den Westen zu fliehen, zählte ein 17-jähriger Betriebsschlosser aus Dresden.[18] Der Jugendliche war 1960 beim Versuch, nach West-Berlin zu gelangen, das erste Mal auffällig geworden. Größere Aufmerksamkeit widmeten die staatlichen Organe Rudolf M.* aber erst, als er im Herbst 1961 kurz nach dem Mauerbau einen Brief an US-Präsident John F. Kennedy schrieb, in dem er sich über das „Zonenregime" beklagte und zugleich erkundigte, wie er in die USA gelangen könne und ob die Möglichkeit bestünde, dort US-Soldat zu werden.

Nachdem er keine Antwort aus dem Weißen Haus erhalten hatte, wandte sich Rudolf M.* zunächst an US-Außenminister Dean Rusk und ein paar Wochen später an den deutschstämmigen US-Sicherheitspolitiker Paul Nitze. Doch erneut blieben seine Briefe unbeantwortet. Woraufhin Rudolf M.* dem US-Konsulat in West-Berlin schrieb. Nachdem ihm das Konsulat brieflich mitgeteilt hatte, er könne in die USA einwandern und anschließend Soldat werden, teilte der Jugendliche postwendend mit, dass er eine Reise nach Bulgarien gebucht habe und in der dortigen US-Botschaft um Asyl bitten wolle. Das genügte. Wenige Tage später wurde der Teenager vom Staatssicherheitsdienst wegen „staatsfeindlicher Hetze" in Dresden verhaftet. Zwar wurde das Verfahren gegen den Jugendlichen eingestellt, nachdem man ihm in einer Nervenklinik „mangelnde Reife" attestiert hatte. Das MfS behielt den jungen Mann jedoch vorsichtshalber trotzdem im Auge. Der Vorgang wurde erst zehn Jahre später, im Herbst 1972, archiviert.

Wenn man den ersten gefassten Flüchtling schon nicht zweifelsfrei benennen kann, so doch zumindest den ersten Stasi-Offizier, der in Bulgarien zum Einsatz kam. Im Sommer 1962 stationierte das MfS den 25-jährigen Oberleutnant Kurt Krüger[19] von der HA IX/1 in der Volksrepublik. Die Untersuchungsabteilung

---

18 BStU MfS BV Dresden ASt A 4582.
19 Der Diplom-Kriminalist Oberstleutnant Krüger, der im späteren Verlauf seiner Karriere jahrelang Referatsleiter in der HA IX/5 („Entlarvung spezifisch ausgebildeter in die DDR eingeschleuster Agenturen") war, wurde von Mai bis Oktober 1980 vom

des MfS (HA IX) kam zur Aufklärung sogenannter Staatsverbrechen zum Einsatz, wozu auch Fluchtversuche über den Eisernen Vorhang zählten. Krüger hatte im Sommer 1961 an der Festnahme eines wichtigen Agenten des Bundesnachrichtendienst (BND) mitgewirkt und war deshalb vorzeitig – also vor Erreichung der Mindestdienstzeit – zum Oberleutnant befördert worden. Der wichtigere Mann zur Bearbeitung der Bulgarienfluchten war aber der 42-jährige Major Horst Asbach, der als Offizier im besonderen Einsatz (OibE) von der HA II/5 (Arbeitsgruppe Sicherung des Reiseverkehrs) am 1. Juli 1962 mit seiner Frau (IM und ebenfalls als Botschaftsangestellte legendiert) nach Sofia entsandt worden war. Als 3. Sekretär der DDR-Botschaft legendiert, war Asbach einer der einflussreichsten Männer in der diplomatischen Vertretung. Asbach, der seit Sommer 1952 für die Staatssicherheit arbeitete, hatte sehr gute Referenzen und schien eine gute Besetzung zu sein, um die Vielzahl ostdeutscher Fluchtversuche, die sich 1962 in der Volksrepublik ereigneten, zu bearbeiten. Dass es sich nicht nur um viele, sondern (bezogen auf den Zeitraum bis zum 13. Juli 1962 als Stichtag) sogar um mehr Fluchtversuche als in Ungarn, Rumänien und der ČSSR zusammen handelte, war erstmals als „Geheime Regierungssache" in der Präsidiumssitzung des Ministerrats der DDR am 13. September 1962 auch der Führungsetage der SED bekannt geworden.[20] Daraufhin beschloss die DDR-Regierung, dass die zuständigen Volkspolizeikreisämter zukünftig Anträge auf Touristenreisen nach Bulgarien, Ungarn, Rumänien und in die ČSSR dahingehend überprüfen, ob die Antragsteller zuvor durch Übersiedlungsanträge aufgefallen waren, ob einer seiner Familienangehörigen aus der DDR geflüchtet war oder ob er enge Beziehungen Personen unterhielt, die ihrerseits unter Verdacht standen, die DDR illegal verlassen zu wollen. Mit anderen Worten: Die DDR-Regierung beschloss, ihre Bürger vor den wenigen noch genehmigten Auslandsreisen geheimdienstlich genau durchleuchten zu lassen.

Die 19-jährige Erika B.*[21] lebte in einer Kleinstadt im Südharz, die 1945 zunächst von den Amerikanern besetzt, später aber in die Sowjetische Besatzungszone eingegliedert worden war. Ihr Freund Heinz G.* (23), war zwei Jahre zuvor in

---

MfS als Offizier für Sonderaufgaben der HA IX/9 für sechs Monate nach Nicaragua entsandt, um verhaftete Söldner zu „bearbeiten" und die Sandinisten beim Aufbau „revolutionärer Untersuchungsorgane" zu unterstützen. Kaderakte: BStU MfS KS 6599/90.

20 Bundesarchiv (Berlin) Bestand DC 20-I/4 /604.

21 Nach Stasi-Unterlagengesetz ist der Verfasser verpflichtet, die Vor- und Nachnamen von Flüchtlingen und deren Helfern, soweit keine ausdrückliche Freigabe vorliegt, zu ändern. Im Text werden deshalb zu deren Schutz durchgängig mit * gekennzeichnete geänderte Vornamen und geänderte, abgekürzte Nachnamen verwendet.

den Westen geflüchtet und hatte Arbeit als Kfz-Mechaniker in einer schwäbischen Kreisstadt gefunden. Durch den Mauerbau auseinandergerissen hatte das Paar sich nach monatelanger Trennung Anfang Juni 1962 brieflich zum gemeinsamen Urlaub an der bulgarischen Schwarzmeerküste verabredet.[22] Ein erster Versuch, die Partnerin bei einer Dampferfahrt in die türkische Hauptstadt Istanbul mitzunehmen, scheiterte. Solche Ausflugsfahrten wurden nur für Urlauber aus dem Westen angeboten. Bulgarische Sicherheitsorgane kontrollierten den Zugang zu den Schiffen.

Zunächst erkundigte sich das deutsch-deutsche Paar beim staatlichen bulgarischen Reisebüro „Balkantourist" danach, ob es eine Möglichkeit zur kurzfristigen Heirat in Bulgarien gebe. Jedoch ohne Erfolg. Schließlich buchten die beiden jungen Leute einen Inlandsflug von Bourgas in die bulgarische Hauptstadt Sofia. Hier suchten sie zunächst die amerikanische Botschaft auf. Sie baten um Asyl und um Hilfe bei der Ausreise in die Bundesrepublik. Der US-Handelsattaché, der sich ihr Anliegen angehört hatte, schickte sie mit Bedauern, man sei für einen solchen Fall nicht zuständig, in die französische Botschaft, die damals, als es noch keine diplomatischen Beziehungen zwischen Bonn und Sofia gab, bevollmächtigt war, den in Bulgarien ansässigen Deutschen ihre Einreisegenehmigung in die Bundesrepublik auszuhändigen.[23] Dort eingetroffen erfuhren sie von einer Mitarbeiterin der französischen Gesandtschaft, sie könne leider nichts machen. Sie könne ihnen nur raten, nicht zu lange im Botschaftsgebäude zu bleiben, sonst müssten sie draußen mit einer Kontrolle rechnen. Auch die Dame, die sie anschließend im Garten der österreichischen Botschaft um Asyl baten, brachte das Vorhaben nicht voran. Sie könne in keiner Weise helfen, es hätten „schon öfters" Leute bei ihr vorgesprochen, hieß es. Nach zehn Minuten gab sie dem Paar schließlich den Rat, wieder nach Hause zu fahren, die Bemühungen seien „zwecklos".[24]

Als das Paar diese Auskunft erhielt, war es mittlerweile 19 Uhr. Jetzt flog kein Flugzeug mehr zurück an die Schwarzmeerküste. Da es sich ausrechnen konnte, dass ein nächtliches Fernbleiben von der Reisegruppe für Erika B.* sehr ungünstig verlaufen würde, nahmen sie sich ein Taxi, um an den Sonnenstrand zurückzukehren. Vermutlich überlegten sie sich im Verlauf der nun folgenden elfstündigen Autofahrt, welche Möglichkeiten sie nun noch hatten. Tatsächlich hatte der Reiseleiter von Erika B.*, von Beruf Lehrer an der Höheren Volkspolizeischule in Berlin-Kaulsdorf, kein Verständnis für das nächtliche Fehlen der jungen Frau. Ein

---

22 Archivierter Untersuchungsvorgang: BStU MfS BV Halle AU 403/63.
23 Brief Zentrale Rechtsschutzstelle (Bonn) vom 16.01.1963 an Dr. R. Poschar. In: Sammlung F. W. Hoffmann (AdA).
24 Archivierter Untersuchungsvorgang: BStU MfS BV Halle AU 403/63, Bd. 1, S. 138–144.

paar Tage zuvor hatte Heinz G.* einen bulgarischen Musiker kennengelernt, der etwas Deutsch sprach und sich bereit erklärte, ihnen einen Weg in die Türkei zu zeigen. Erika B.*, aufgeschreckt durch die Standpauke ihres Reiseleiters, Heinz G.* und der bulgarische Musiker verabredeten sich bereits am selben Nachmittag an der Bushaltestelle. Zwischenzeitlich war noch ein weiterer junger Mann zu ihnen gestoßen, der bemerkt hatte, dass Erika B.* und Heinz G.* in den Westen fliehen wollten. Wolfgang F.* (24), ein Mechaniker aus Halle, wollte auch nach Drüben, genauer gesagt zu seiner in der Bundesrepublik lebenden Verlobten.

Die Gruppe fuhr mit dem Bus nach Bourgas, wo sie sich ein Taxi nahm. Angeblich wollten sie zu einer Familienfeier in der Nähe der türkischen Grenze. Inzwischen hatte aber der bulgarische Fluchthelfer kalte Füße bekommen, wie aus einem handschriftlichen Geständnis des Mannes hervorgeht: „Als ich allein blieb, begann ich zu zaudern. Ich verstand, dass ich meine Heimat liebe, die Schönheiten von Sonnenstrand, ich dachte ernst nach über das Schicksal meiner Eltern. Mit allen diesen zauderhaften Gefühlen erschien ich an der Haltestelle bei Sonnenstrand. Sie waren schon dort – G.*, Erika* u. die mir unbekannte Person. Wir stiegen zusammen ein. Fünf Minuten vor der Abfahrt des Busses, er fährt um 16 Uhr ab, sah ich den Genossen Boschkov vom Innenministerium. Ich beschloss, dass ich ihm alles sagen muss und stieg aus. Ich sagte ihm nur schnell und nur mit einigen Worten: Ich habe eine Dummheit gemacht, ließ mich von ihnen überreden und fliehe zusammen mit ihnen nach der Türkei, retten sie mich, u. stieg sofort wieder ein. [...] Der Grund, dass ich trotzdem die Fahrt fortsetzte ist dies, dass sie im Bus waren u. ich hatte Angst, dass sie mir etwas tun werden. [...] Irgendwo in der Grenzzone, ich weiß nicht genau wo, da ich diese Gegend nicht kenne, hielt uns ein Grenzposten an zur Kontrolle, und wurden festgenommen. Ob das Ergebnis meiner Mitteilung war od. zufälliger Grenzposten hielt uns an weiß ich nicht. Ich bedaure aufs Tiefste u. bereue, dass ich unter den Einfluss der Deutschen fiel, aber das Tatsache, dass ich Kräfte in mir gefunden habe, wenn auch im letzten Moment, den Organen des Innenministeriums mitzuteilen."[25]

Ob sich der Bulgare mit der Denunziation retten konnte, oder ob er ebenfalls wegen Beihilfe angeklagt worden ist, geht aus der Akte nicht hervor. Vermutlich blieb er unbehelligt. Der in Bulgarien stationierte Oberleutnant Krüger notierte: „Bei Ihnen befand sich ein inoffizieller Mitarbeiter der bulgarischen Sicherheitsorgane, der die Festnahme veranlasst hatte und zeugenschaftlich vernommen wurde."[26] Tatsächlich erfolgte die Festnahme der drei Deutschen nämlich, weil sie

---

25 Archivierter Untersuchungsvorgang: BStU MfS BV Halle AU 403/63, Bd. 7, S. 40.
26 Archivierter Untersuchungsvorgang: BStU MfS BV Halle AU 403/63, Bd. 1, S. 10.

bei einer Passkontrolle am Rande des Sperrgebiets auf der Straße in Richtung Malko Tarnovo keinen Passierschein des Innenministeriums bei sich geführt hatten.

Im Sommer 1962 waren die Haftbedingungen für in Bulgarien verhaftete Ausländer noch recht angenehm. Die drei Gefangenen wurden mit der Eisenbahn aus Bourgas nach Sofia transportiert und zwar so, dass sie sich während der gesamten Fahrt miteinander unterhalten konnten. In Sofia wurden sie anschließend nicht in einem regulären Gefängnisgebäude, sondern in einem Anbau in zwei nebeneinander liegenden Zimmern mit geöffneten Fenstern einquartiert, über die sie sich auch weiterhin über ihren Fluchtversuch und andere Dinge miteinander austauschen konnten. Oberleutnant Krüger versuchte die Haftbedingungen seiner Landsleute zu verschärfen, er protestierte und berichtete seiner Dienststelle in Ost-Berlin – aber vergeblich. Denn zu diesem Zeitpunkt galt – noch – eine Anweisung des bulgarischen Innenministeriums (MWR) über die Unterbringung von Ausländern. „Noch", weil der Protest des Stasi-Offiziers tatsächlich schon wenig später bewirkte, dass sich die Haftbedingungen erheblich verschlechterten.

Bemerkenswert ist der Fall der 19-jährigen Erika B.* aber noch unter einem anderen Aspekt. Nicht nur sie und der 24-jährige Wolfgang F.* wurden im August 1962 in die DDR transportiert. Auch der bundesdeutsche Fluchthelfer Heinz G.* wurde dem MfS übergeben. Die Anklage gegen ihn lautete auf „dringenden Verdacht der Verleitung zum illegalen Verlassen der DDR" und „Spionage". Oberleutnant Krüger hatte ihn im Verdacht, im Auftrag westlicher Geheimdienststellen gehandelt zu haben, was G.* energisch bestritt. Während seine Verlobte und der Mechaniker aus Halle mit Bewährungsstrafen davon kamen, wurde G.* schließlich vom Bezirksgericht Halle wegen Passvergehen und Beihilfe zum Passvergehen zu zwei Jahren und vier Monaten Gefängnis verurteilt. Er kam erst Ende August 1965 wieder auf freien Fuß.

Noch schlimmer erging es dem 28-jährigen Feuerwehrmann Gerd-Rainer E.* aus München, der Ende August 1962 beim Versuch, seine Mutter mit einem falschen Pass über den Grenzübergang „Kapitan Andreevo" in den Westen zu schmuggeln, festgenommen wurde. Er hatte bis kurz nach dem Mauerbau als Fahrdienstleiter am Bahnhof Friedrichstraße gearbeitet, als ihm die Flucht in den Westen gelang. Obwohl er nur seine 69-jährige Mutter herausholen wollte, lautete die Anklage gegen ihn, „mehrere Bürger der DDR mittels Versprechungen zum illegalen Verlassen der DDR verleitet zu haben".[27] E.* hatte den bulgarischen Einreisestempel mit einem hartgekochten Ei in den manipulierten Reisepass sei-

---

27 Hauptabteilung VIII (Untersuchung / Beobachtung): BStU MfS HA VIII RF 1776/8, Bd. 1, S. 14.

ner Tante gestempelt. Eine Methode, von der er laut Vernehmungsprotokoll im Hamburger Nachrichtenmagazin *Der Spiegel* gelesen hatte. Auch Gerd-Rainer E.* wurde von den Bulgaren an die DDR ausgeliefert – wobei man in solchen Fällen so verfuhr, dass die betreffende Person zwangsweise in einen Direktflug nach Berlin-Schönefeld gesetzt wurde, wo dann direkt am Flughafen die Verhaftung durch das MfS erfolgte. Die Flugkosten musste E.* mit dem bei ihm beschlagnahmten Westgeld selbst bezahlen. Der Feuerwehrmann wurde vom Bezirksgericht Cottbus zu zwei Jahren Gefängnis verurteilt, die er voll absitzen musste. Seinen Saab hatten die DDR-Behörden ebenfalls eingezogen. In der Haft erfuhr er, dass seine Münchner Verlobte zwischenzeitlich einen anderen geheiratet hatte. Die DDR-Behörden entließen ihn daraufhin zu seiner Mutter nach Rahnsdorf, da es nun ja keinen Grund mehr für seine Übersiedlung in die Bundesrepublik gebe, wie es zynisch hieß.

Schwerwiegende Folgen hatte sein Aufenthalt in der Volksrepublik Bulgarien auch für den 36-jährigen Armin F.* Der Elektro-Ingenieur, langjähriges SED-Mitglied und Leiter des Entwicklungslabors im renommierten Ost-Berliner Transformatorenwerk „Karl Liebknecht" (TKL), war kurz nach dem Mauerbau im September 1961 über die ČSSR in den Westen geflohen. Der Grund war, dass er seit Jahren eine tschechische Freundin hatte, die jedoch partout keine Zuzugserlaubnis in die DDR erhielt. F.* hoffte, mit ihr zusammen im Westen leben zu können. Der Ingenieur, der inzwischen die Staatsbürgerschaft der Bundesrepublik hatte, arbeitete mittlerweile in leitender Position für den Schweizerischen Elektrotechnikkonzern Brown, Boveri & Cie. Nachdem er in der Schweiz erfahren hatte, dass die US-Botschaft in Sofia angeblich auch die Interessen der Bundesrepublik vertrete, hatte sich F.* Mitte Juni 1962 mit der Tschechin Milada M. in Varna verabredet. Ihre Idee war, in der US-Botschaft zu heiraten und anschließend legal in die Schweiz auszureisen.

Am Morgen des 21. Juni 1962 traf das Pärchen aus Varna kommend in der bulgarischen Hauptstadt ein. In der US-Botschaft erfuhren sie vom Vizekonsul, dass man sich in solchen Angelegenheiten als Bundesbürger an die französische Botschaft zu wenden habe. In der französischen Botschaft hieß es dann, man vertrete zwar westdeutsche Interessen, sei aber nicht zur Durchführung einer Trauung westdeutscher Bürger befugt.[28] Nach einigem Hin und Her wurde das Pärchen schließlich von einem französischen Diplomat mit dessen Dienstwagen erneut in die US-Botschaft gebracht. Doch an der ablehnenden Haltung der Amerikaner hatte sich nichts geändert. Dafür war das Pärchen den vor der

---

28 Archivierte Personenablage: BStU MfS AP 5566/68, S. 55.

US-Botschaft lauernden Aufpassern des bulgarischen Staatssicherheitsdienstes aufgefallen, die überzeugt waren, der Mann müsse ein Agent der Amerikaner sein. Ihren Verdacht meldeten sie sofort nach Ost-Berlin.[29] Wenige Tage später forderte das MfS die Bulgaren zur Festnahme des Bundesbürgers auf, der bereits kurz nach seiner Auslieferung vom 1. Strafsenat des Bezirksgerichts Dresden zu zwei Jahren Zuchthaus wegen Nachrichtenübermittlung und Verstoß gegen das Passgesetz verurteilt wurde.[30] Dabei hatte es weder eine Nachrichtenübermittlung noch einen Fluchtversuch gegeben.

Am 18. Juli 1962 erschien im *Spiegel* eine große Reportage über das Urlaubsland Bulgarien[31], wobei der Akzent der Geschichte darauf lag, dass sich hier Deutsche aus Ost und West sehen konnten, was in Deutschland zu diesem Zeitpunkt selbst besuchsweise noch nicht möglich war. Der Autor thematisierte die eingeschränkte Bewegungsfreiheit der DDR-Touristen, die sich ohne Genehmigung nicht von ihrer Reisegruppe entfernen, nicht an den Schiffsausflügen ins türkische Istanbul teilnehmen und das benachbarte Jugoslawien ebenso wenig besuchen durften. Trotzdem mag mancher Leser gedacht haben, ein guter Platz, um einen Fluchtversuch zu unternehmen. Jedenfalls stieg die Zahl der Festnahmen im Sommer 1962 deutlich an. Bereits am 9. Juni 1962 hatten bulgarische Grenzer im Kofferraum eines 24-jährigen Kfz-Schlossers aus Mülheim an der Ruhr dessen 20-jährige Verlobte aus Dresden entdeckt. Da der Mann erst im Mai des Vorjahres aus der DDR in den Westen geflohen war, wurde er mit Hilfe der bulgarischen Sicherheitsorgane ebenfalls in die DDR ausgeflogen, wo das MfS ihn bereits erwartete.

Erste Erfahrungen mit dem Fluchtweg Jugoslawien sammelte ein 24-jähriger Diplom-Chemiker aus Berlin-Niederschöneweide, dem es in der Nacht zum 20. Juni 1962 gelang, die bulgarisch-jugoslawische Grenze unbemerkt zu überqueren. Er war – nach dem bisherigen Forschungsstand – vermutlich der erste DDR-Bürger, dem dieses Kunststück gelang. Bereits am nächsten Morgen meldete er sich selbst bei der jugoslawischen Grenzpolizei und gab sich als Anhänger des dortigen Staatschefs Tito zu erkennen: „Ich glaubte, dass der jugoslawische Weg zum Sozialismus besser sei als der in der DDR."[32] Doch die Annahme, man würde ihm Asyl gewähren, stellte sich als Irrtum heraus. Gerhard W.* wurde nach einem Zwischenstopp in der nächstgelegenen Polizei-

---

29 BStU MfS AU (= Archivierter Untersuchungsvorgang) 1586/63, Bd. 1, (ohne Paginierung) S. 6.
30 BStU MfS BV Magdeburg AIM (= Archivierter IM-Vorgang) 685/65 P1.
31 Brügge, Peter: Das ganze Deutschland liegt im Sand. In: „Der Spiegel" (Hamburg) vom 18.07.1962.
32 Hauptabteilung XX (Sicherung des Staatsapparats): BStU MfS HA XX 5329, S. 19.

station zunächst in die „Haftanstalt für Ausländer" in der Nähe von Skopje verbracht, wo er erfuhr, er könne nicht bleiben, da er „kein Ausreisevisum der DDR nach Jugoslawien" besitze. Nach knapp vier Wochen Haft schickte man den jungen Deutschen in Anwendung des bilateralen Rechtshilfeabkommens wieder „auf bulgarisches Territorium" zurück, wo er bereits von der Miliz erwartet wurde.[33] Beim Rücktransport in die DDR saß er mit Henning G.* in einer Maschine. Der 25-jährige Diplom-Ingenieur aus Rüdersdorf bei Berlin war Ende Juni 1962 im Hafen von Nessebar an Bord eines zur Ausfahrt in die Türkei bereit liegenden Touristendampfers gestiegen. Doch die Miliz hatte ihn beobachtet und holte ihn wieder von Bord.

Dass schon die Absicht bzw. die Vorbereitung eines Fluchtvorhabens unter Strafe stand, erfuhr der 18-jährige DDR-Urlauber Martin C.* im südbulgarischen Nessebar. Er hatte einem westdeutschen Urlauber einen Brief an einen Herrn in Mannheim mitgegeben, von dem er sich Hilfe versprach. In dem Brief hieß es: „Es geht darum, dass ich von der sogenannten ‚DDR' in die Bundesrepublik möchte. […] Es ist uns jetzt allen nach dem 13. August unerträglich geworden. […] Das schlimmste bei uns ist das Misstrauen untereinander der Menschen. Es kann einem das Leben sehr schwer machen. Ein falsches Wort und schon wandert man ab. […] Diesen Brief schreibe ich Ihnen aus Bulgarien, einen Tag vor unserer Abreise. Ich bin hier zum Urlaub. […] Dabei war es äußerst schwer für mich, diesen Platz zu bekommen. […] Schlange stehen vor den Läden ist bei uns ja nie aus der Mode gekommen. So schlimm aber wie es jetzt ist, war es noch nie. Kartoffeln, Obst, Gemüse ist gleich Null. Um Ihnen zu schildern, was bei uns alles verbesserungsbedürftig, mit anderen Worten, also miserabel ist, bedarf es Bücher. Diesen Brief kann ich auch nur Westdeutschen mitgeben, da unsere Post kontrolliert wird."[34] Beide Männer wurden festgenommen, der Brief als Beweisstück konfisziert. Zur Erklärung hieß es, es sei verboten „unfrankierte Briefe" mitzunehmen. Den jungen Mann aus der DDR erwartete nach seiner Heimkehr eine Anklage wegen „Vorbereitung zum Republikverrat". Auch er wurde – wie zu diesem Zeitpunkt noch üblich – nur zu einer Bewährungsstrafe verurteilt, die er nutzte, um sich bereits im Januar 1963 mit einem Trawler des Fischereikombinats Rostock über Göteborg in den Westen abzusetzen.

Waren die bis hier geschilderten Fälle noch hinter verschlossenen Türen geschehen, ohne dass die Menschen in der Bundesrepublik etwas davon erfuhren,

---

33 Er wurde vom Kreisgericht Frankfurt (Oder) am 18.03.1963 wegen Passvergehens zu zwei Jahren Gefängnis verurteilt. Archivierter Untersuchungsvorgang: BStU MfS AU 20838/62, Bd. 2, S. 130.
34 Hauptabteilung XX (Sicherung des Staatsapparats): BStU MfS HA XX 5329, S. 56–63.

so änderte sich dies bereits Mitte September 1962. Damals berichteten mehrere bundesdeutsche Zeitungen[35] über einen Zwischenfall, der sich am 14. September 1962 an der Grenzübergangsstelle „Kapitan Andreevo" an der bulgarisch-türkischen Grenze ereignet hatte. Ein 25-jähriger Ingenieur aus der DDR, der kurz vor dem Mauerbau in den Westen geflüchtet war, wollte seine Ehefrau und seine fünfjährige Tochter nachholen. Sie hatten sich zuvor in Varna getroffen und waren dann mit seinem Wagen in Richtung der türkischen Grenze gefahren. Einige Kilometer vor der Grenze versteckte er seine Frau und das Kind im Kofferraum. „Als die Zollformalitäten schon abgeschlossen waren, öffneten die bulgarischen Grenzsoldaten den Kofferraum und entdeckten seine Familie."[36] Im anschließenden Handgemenge riss er sein Kind an sich und brachte es auf das wenige Meter entfernte türkische Gebiet. Doch damit nicht genug. Er kehrte nochmals zurück, um auch seine Frau zu holen. Dabei erhielt er von einem Grenzer einen Schuss in die Brust. Doch es gelang den Bulgaren nicht, ihn festzunehmen. Er schleppte sich erneut über die Grenze und musste zusehen, wie seine Frau von den Bulgaren abgeführt wurde.

Was medial für die bulgarischen Tourismusentwickler eine ziemlich unangenehme Sache war, wollte man doch Westurlauber keineswegs verschrecken. Zwar wurde die Frau des Ingenieurs nicht dem „sowjetzonalen Staatssicherheitsdienst übergeben"[37], wie es fälschlich im *Kölner Stadt-Anzeiger* hieß, dessen Berichterstatter die Volksrepublik als „sonnenüberstrahlte[s] Freiluft-Gefängnis" charakterisierte.[38] Wovon sich bundesdeutsche Urlauber allerdings damals ebenso wenig wie heute abschrecken ließen, solange ihre Pauschalreise in sonnige Gefilde nur preisgünstig genug war. Die Frau jedenfalls blieb – vermutlich wegen der westdeutschen Presseberichterstattung – in Bulgarien. Die bulgarische Justiz ging nämlich im Spätsommer 1962 dazu über, festgenommene DDR-Flüchtlin-

---

35 Dramatischer Fluchtversuch missglückt. In: „Der Tag" (Berlin) vom 16.09.1962. In: BStU MfS ZAIG (= Zentrale Auswertungs- und Informationsgruppe) 10346 S. 301.

36 Flüchtlingstragödie an der bulgarischen Grenze. In: „Die Welt" (Hamburg) vom 17.09.1962. In: BStU MfS ZAIG (= Zentrale Auswertungs- und Informationsgruppe) 9305 Bd. 1, S. 57.

37 Eickelmann Helmut: Selbst die Badenden bewacht der „Stasi" – Zonen Agenten verhindern in Bulgarien Fluchtversuche. In: „Kölner Stadt-Anzeiger" vom 22.09.1962, PIA.

38 Eickelmann, Helmut: Westzeitung geht von Hand zu Hand. In: „Kölner Stadt-Anzeiger" vom 26.09.1962, PIA. Nach einer Aktennotiz vom 02.01.1963 aus dem Büro von Dr. Poschar wurde die Frau in Bulgarien zu drei Jahren Gefängnis verurteilt, durfte jedoch im Zuge der Weihnachtsfamilienzusammenführung bereits im Dezember 1962 zu Mann und Tochter nach München. In: Sammlung F. W. Hoffmann (AdA).

ge, jedenfalls soweit sie gemeinsam mit westdeutschen Fluchthelfer aufgegriffen wurden, selbst abzuurteilen und im eigenen Lande zu inhaftieren, wie an einem nachfolgenden Fallbeispiel illustriert werden kann.

Tod eines Reiseleiters

Bereits am 12. September 1962 war es in Varna zu einer weiteren Ausländerfestnahme gekommen. Der Hamburger Studienrat Dr. Friedrich Wilhelm Hoffmann (35) hatte geplant, seinen in Ost-Berlin lebenden jüngeren Bruder Emil*, einen Diplom-Ingenieur, der im VEB Berlin Projekt unter Hermann Henselmann an der Errichtung des „Hauses des Lehrers" mitwirkte, mittels eines falschen Passes über Bulgarien in den Westen „mogeln" zu können. Hoffmann[39] ließ sich in Reinbek einen Reisepass für seinen Bruder ausstellen, den er selbst unterschrieb. Mit diesem Reisepass im Gepäck reiste er dann an die bulgarische Schwarzmeerküste. Was er nicht wusste: Ein westdeutscher Reisepass ohne den dazugehörigen bulgarischen Einreisestempel nutzte ihm rein gar nichts. Schlimmer noch: Einen solchen Pass bei sich zu führen, war höchst gefährlich und konnte zur sofortigen Festnahme führen. Deshalb gab Hoffmann das Dokument einem ihm bekannten westdeutschen Reiseleiter namens Wolfgang Jahn.[40] Dass Jahn wegen Spionageverdachts bereits seit mehr als zwei Monaten intensiv vom bulgarischen Staatssicherheitsdienst beobachtet wurde, konnte Hoffmann nicht ahnen. Nach dessen Festnahme entdeckten die Bulgaren das Hoffmansche Reisepapier.[41] Was dann prompt zur Festnahme der beiden Brüder führte.

Nachdem der Pädagoge nach den Schulferien nicht von seiner Reise zurückgekehrt war, erstattete der Hamburger Rechtsanwalt Rudolf Poschar im Auftrag von Hoffmanns Eltern bei der Kriminalpolizei Vermisstenanzeige. Doch es vergingen noch mehrere Wochen, bevor man in Hamburg ein Fernschreiben von „Balkantourist" erhielt, in dem es hieß, Hoffmann sei wegen gesetzwidriger Handlungen festgenommen worden.[42] Auf weitere Nachfragen bei „Balkantourist" hieß es dann, Hoffmann habe sich nach Sofia begeben, ein Flugticket nach Ost-Berlin

---

39 Dr. Friedrich Wilhelm Hoffmann (Reinbek) setzte sich 2006 mit dem Verfasser in Verbindung und unterrichtete ihn schriftlich, telefonisch und im Rahmen eines Interviews detailliert über seine Erlebnisse in Bulgarien.
40 Hauptabteilung XX (Sicherung des Staatsapparats): BStU MfS HA XX 5329, S. 86 f.
41 Hauptabteilung XX (Sicherung des Staatsapparats): Bericht Oltn. Krüger (Sofia), 08.10.1962. In: BStU MfS HA XX 5329, S. 86 f.
42 Aktenvermerk Dr. Rudolf Poschar, 22.10.1962. In: Sammlung F. W. Hoffmann (AdA).

gebucht, wo man ihn festgenommen habe.[43] Die Westdeutschen seien in ihren Reiseentschlüssen schließlich frei. Man habe keine Handhabe, jemand, der nach Ost-Berlin zu reisen wünsche, davon abzuhalten. Das könne sich Bulgarien in Anbetracht des „erwünschten" Reiseverkehrs mit der Bundesrepublik Deutschland „gar nicht erlauben".

Es war ein reines Märchen, an dem nur stimmte, dass man Hoffmann nach Sofia transportiert hatte. Auf die Idee, nach Ost-Berlin zu fliegen, wäre er im Traum nicht gekommen. Der einzige DDR-Bezug den Hoffmann damals erlebte bestand darin, dass er zu dieser Zeit im Sofioter Gefängnis vom ostdeutschen Oberleutnant Krüger verhört wurde, obwohl es noch gar keine Vereinbarungen gab, die der Stasi derartige Hoheitsrechte im Bruderland gestatteten.[44]

Auch Friedrich Wilhelm Hoffmann befand sich im Sofioter Zentralgefängnis. Schon bald hatte er herausgefunden, dass sich neben ihm und seinem Bruder zahlreiche andere Landsleute aus Ost und West in den benachbarten Zellen befanden.[45] Sie sahen jeweils gruppenweise ihrer Bestrafung durch das Sofioter Stadtgericht entgegen, wobei die westdeutschen Häftlinge vor allem eine spätere Abschiebung in die DDR befürchteten, die in westdeutschen Häftlingskreisen nur als „Ulbrichts KZ" firmierte. Es war keine ganz unbegründete Befürchtung, wie etwa der Fall des 25-jährigen Studenten Werner A.* aus West-Berlin belegt, der drei Wochen nach dem Mauerbau mit einem Seil aus einem Wohnhaus in der Bernauer Straße geflohen war. Werner A.* hatte geplant, seine Verlobte via Bulgarien in den Westen zu holen. Sie war jedoch bereits in Ost-Berlin verhaftet worden. A.* wurde trotzdem festgenommen und – obwohl er die Staatsangehörigkeit der Bundesrepublik Deutschland hatte – unverzüglich von den Bulgaren nach Ost-Berlin verbracht.[46] Das MfS Groß-Berlin hatte ihn nach dem Bekanntwerden des Fluchtplans in Bulgarien zur „Festnahme-Fahndung" ausgeschrieben.[47]

Die Haftbedingungen für Ausländer hatten sich – offenbar infolge Krügers Protest – im Vergleich zum Sommer erheblich verschlechtert. Wochenlang musste Dr. Hoffmann bei starkem Frost in einer ungeheizten Einzelzelle auf einem Strohsack verbringen, zuletzt gemeinsam mit einem etwa 60-jährigen Bulgaren, bevor man ihn im Dezember 1962 überraschend in einen gut geheizten Raum mit Betten und

---

43 Archiviertes Personendossier: BStU MfS AP 3883/68, S. 46–51. Hoffmann, F. W.: Die Teller, S. 26–30. In: „Waldhorn 10.1962. In: Sammlung F. W. Hoffmann (AdA).

44 Archiviertes Personendossier: BStU MfS AP 3883/68, S. 46–51.

45 Hoffmann, F. W.: Die Teller.

46 Vermerk Dr. R. Poschar, 24.10.1962. In: Sammlung F. W. Hoffmann (AdA).

47 Archivierter Operativer Vorgang: BStU MfS AOP 3695/63, S. 88 ff.

Decken umquartierte, der sogar über ein großes Fenster verfügte.[48] Vermutlich handelte es sich dabei um jene besseren Räumlichkeiten für Ausländer, in denen Erika B.* und ihre Begleiter im Sommer eingesperrt worden waren. Man kann vermuten, dass diese Maßnahme bewirken sollte, dass sich Hoffmann vor Gericht freundlicher und in besserem Gesundheitszustand präsentieren sollte.

Ende Oktober 1962 erhielt der Rechtsanwalt Rudolf Poschar einen Anruf aus dem Sekretariat des bulgarischen Außenhandelsbüros in Frankfurt am Main. Darin hieß es, Dr. Hoffmann werde vor Gericht gestellt. Über den Verbleib seines Bruders Emil*, den Poschar ebenfalls vertrat, könne man hingegen nichts sagen. Immerhin wurde Poschar gestattet, nach Bulgarien zu reisen und dort als Beobachter an dem Gerichtsverfahren gegen seinen Mandanten und dessen Bruder teilzunehmen. Inzwischen vertrat Poschar auch zwei weitere in Bulgarien verhaftete bundesdeutsche Fluchthelfer, die ebenfalls in Sofia auf ihren Prozess warteten. Dabei verstand es der Jurist mit der Bemerkung, er sei nicht nur um das Schicksal „der Deutschen", sondern auch über die zukünftige Entwicklung des bundesdeutschen Touristenverkehrs an die Schwarzmeerküste „besorgt"[49], die bulgarischen Behörden genau an der Stelle zu treffen, die am ehesten eine Wirkung zeigen würde. In einem wenig später verfassten Schreiben an den Leiter des bulgarischen Außenhandelsbüros in Frankfurt am Main, Penko Penkov, wurde Poschar noch deutlicher: „Wie Ihnen wohl nicht entgangen sein dürfte, läuft in der Bundesrepublik Deutschland das Gerücht, dass man nicht mehr nach Bulgarien reisen könnte, ohne Gefahr zu laufen, an die DDR ausgeliefert zu werden."[50] Wenn Reisepässe der Bundesrepublik Deutschland in Bulgarien nicht als vollgültig anerkannt würden, drohe der vollständige Abbruch des Touristenverkehrs. Nur wenn er der Bundesrepublik berichten könne, dass allen Inhaftierten „menschliches Entgegenkommen gezeigt" werde und sie nach Verbüßung ihrer Strafe wieder in die Bundesrepublik zurückkehren können, werde er in der Öffentlichkeit ein gutes Wort für Bulgarien einlegen.

Das Verfahren gegen die Brüder Hoffmann fand schließlich am 23. und 24. Januar 1963 vor handverlesenem Publikum im Städtischen Gericht Sofia statt, darunter befand sich auch Major Asbach, der Chef der Operativgruppe der HA II. Der zusammen mit den Hoffmann-Brüdern angeklagte Reisebüro-Mitarbeiter Wolfgang Jahn, der den falschen Pass versteckt hatte, wurde wegen an-

48 Hoffmann, F. W. Hoffmann: Kehrt mit seinem Segen… , S. 26–30, MS, o. J. u. o. O. n:
    Sammlung F. W. Hoffmann (AdA).
49 Dr. Rudolf Poschar an die Zentrale Rechtsschutzstelle, 12.11.1962. In: Sammlung F. W.
    Hoffmann (AdA).
50 Brief Dr. Rudolf Poschar an Penko Penkov, 20.11.1962. In: Sammlung F.W. Hoffmann
    (AdA).

geblicher Spionage zu zwölf Jahren Zuchthaus verurteilt. Das Urteil für Friedrich Wilhelm Hoffmann und seinen Bruder fiel erheblich milder aus. Beide Männer wurden nach Zahlung einer Geldstrafe und Verbüßung der viermonatigen Untersuchungshaft auf freien Fuß gesetzt. Sofia wollte offensichtlich ein Signal in die Bundesrepublik senden, denn zu diesem Zeitpunkt wurden auch mehrere andere inhaftierte DDR-Flüchtlinge und deren westdeutsche Helfer auf freien Fuß gesetzt. Friedrich Wilhelm Hoffmann konnte zurück in die Bundesrepublik reisen. Sein Bruder Emil* allerdings wurde erneut verhaftet. Er hatte zwar ein gültiges bulgarisches Ausreisevisum „nach allen Ländern" erhalten, doch in seinem Pass war keine Ausreisegenehmigung der DDR-Botschaft vermerkt.[51] „Heute [...] erschien Emil* Hoffmann auf dem Flugplatz von Sofia und versuchte von neuem, die Heimat zu verraten"[52], berichtete der bulgarische Innenminister Dikov dem Stasi-Chef Erich Mielke: „Dieser Versuch wurde allerdings von unseren Organen verhindert."

Der Ingenieur wurde bei seiner Rückkehr auf dem Flughafen Schönefeld bereits von vier Stasi-Mitarbeitern erwartet, die ihn in die Untersuchungshaftanstalt nach Pankow transportierten. Als Wiederholungstäter verurteilte man ihn zu einer Haftstrafe von neun Monaten Gefängnis.[53] Interessant ist, wie der Richter dieses Urteil begründete. Weil Hoffmann „seinen versuchten Grenzdurchbruch nicht unmittelbar an der Nahtstelle der beiden Weltlager versuchte und dadurch die Gesundheit und das Leben unserer Grenzsicherungskräfte nicht unmittelbar gefährdet wurden"[54], fiel das Strafmaß für DDR-Verhältnisse sehr niedrig aus.

Die anderen aus der bulgarischen Haft entlassenen DDR-Flüchtlinge waren zu diesem Zeitpunkt bereits freiwillig in die DDR zurückgekehrt. Sie wurden nach ihrer Rückkehr von der HA V des MfS unter „operative Kontrolle" genommen.

Weniger gut endete die Geschichte für den wegen Spionage in Sofia einsitzenden Wolfgang Jahn.[55] Denn die DDR wollte sich die Chance nicht entgehen lassen,

---

51 Brief Dr. Rudolf Poschar an Dr. Friedrich Wolff, 25.04.1963, S. 4. In: Sammlung F. W. Hoffmann (AdA).

52 Archiviertes Personendossier: BStU MfS AP 3883/68, S. 72.

53 Brief F. W. Hoffmann an N. Kolev (Sofia), 04.01.1964. In: Sammlung F. W. Hoffmann (AdA). Emil* Hoffmann, der seit 1966 die legale Ausreise aus der DDR beantragt hatte, wurde Ende 1969 bei einem erneuten Fluchtversuch auf dem Flughafen Budapest verhaftet. Das Stadtgericht Groß-Berlin verurteilte ihn im Juli 1970 zu vier Jahren Gefängnis wegen „staatsfeindlicher Verbindungsaufnahme". 1973 durfte er in die Bundesrepublik ausreisen.

54 Archivierter Untersuchungsvorgang: BStU MfS AU 13295/63, Bd. 2, S. 99.

55 Jankov, B./Slavtschev, S.: Was suchte Wolfgang Jahn in Varna?. In: Die Presse der Sowjetunion vom 27.02.1963 (Nachdruck aus „Rabotnischesko Delo"). In: BStU MfS HA IX 12400, MfS 7556/65, Bd. 2, S. 12–14.

den 53-jährigen BND-Agenten auch selbst zu vernehmen. Und so beantragte der Generalstaatsanwalt der DDR, Werner Funk, im Juli 1963 unter Berufung auf Artikel 81 (1) des Vertrages über den Rechtsverkehr in Zivil-, Familien- und Strafsachen[56] bei seinem bulgarischen Amtskollegen die „vorübergehende" Überführung Jahns in die DDR.

Und zwar als Zeuge im Fall eines 18-jährigen ostdeutschen Kellners[57], den man Ende September 1962 an der jugoslawischen Grenze festgenommen hatte und der angeblich von Jahn zu seinem Fluchtversuch „überredet"[58] worden war. Es war eine absurde Begründung, denn Jahn befand sich zum fraglichen Zeitpunkt längst in Haft. Aber Funks Antrag genügte den Bulgaren, um Jahn im September 1963 in die DDR zu transportieren.[59]

Im Verlauf monatelanger Verhöre wurde daraufhin auch in der DDR ein Ermittlungsverfahren gegen Jahn wegen Spionage und Verleitung von Bürgern zum illegalen Verlassen der DDR eröffnet. Dieses Verfahren, mit dem man Jahn „umfangreiche[r] Verbrechen gegen die DDR" überführen wollte, zog sich allerdings in die Länge, da auch „Untersuchungen" in Westdeutschland notwendig waren, wie es in einem Entwurf des MfS hieß.[60] Jahn hat die Ergebnisse dieser Ermittlungen nicht mehr miterlebt. Er starb am 25. März 1964 in der Haftanstalt des MfS in Berlin-Hohenschönhausen, ohne dass man in West-Berlin etwas davon erfuhr. Angeblich erlag er einer Lungenembolie mit Oberschenkelvenenthrombose.[61] Bis

---

56 Gesetz über den Vertrag zwischen der Deutschen Demokratischen Republik und der Volksrepublik Bulgarien vom 27. Januar 1958 über den Rechtsverkehr in Zivil-, Familien- und Strafsachen. In: Bundesarchiv (Berlin) Bestand DC 20 I/4/283 (Ministerrat der DDR). Vgl. auch: Gesetz über den Konsularvertrag zwischen der Deutschen Demokratischen Republik und der Volksrepublik Bulgarien vom 18. April 1958, ebenda.
57 Archivierter Untersuchungsvorgang: BStU MfS BV KMS AU 3912/63, Bd. 1.
58 Bulgaren verhafteten deutschen Vertreter. In: Kölnische Rundschau, 21.01.1963, PIA.
59 Brief Erich Mielke an Diko Dickov (Innenminister VRB), 14.01.1963. In: BStU MfS AS (= Allgemeine Sachablage) 99/85, S. 26 (Ermittlungsergebnisse zum Vorgang Wolfgang Jahn).
60 Archivierter Untersuchungsvorgang: BStU MfS BV KMS AU 3912/63, Beiakte, S. 18.
61 Ebd., S. 28. Vgl. auch: Sterbeurkunde Standesamt Berlin-Lichtenberg Nr. 918/1964, BStU MfS BV KMS AU 3912/63, Beiakte, S. 32. In einer Aktennotiz (ebd., S. 31) von Staatsanwalt Max Erben (1923–1986, 1963–1976 Stellv. Abteilungsleiter in der I A der GSTA) vom 15.04.1964 hieß es: „Der Vorgang [Jahn] ist beim Gen. Nienkirchen im Panzerschrank zur Ablage zu bringen." Erich Nienkirchen (1927–1986) war vom 01.11.1958 bis zum Eintritt in den Ruhestand (30.09.1985) Staatsanwalt der Abt. I A („Staatsverbrechen") der Generalstaatsanwaltschaft der DDR. Der bulgarische Militäroberstaatsanwalt und stellvertretende Generalstaatsanwalt (Abt. Staatsverbrechen), Dimitar Kapitanov, wurde lediglich mündlich über Jahns Todesumstände in Kenntnis gesetzt, Jahns Leiche im Krematorium Baumschulenweg als Nr. 067/1964 verbrannt

zum heutigen Tag mag man beim Bundesnachrichtendienst noch immer nicht bestätigen, ob Wolfgang Jahn tatsächlich für den bundesdeutschen Geheimdienst tätig war.[62]

Die Operativdienststelle Varna

Mitte Januar 1963 meldete der „Untersuchungsausschuss freiheitlicher Juristen" (UfJ) in West-Berlin, im Vorjahr seien „mehr als hundert Deutsche" in Bulgarien im Zusammenhang mit Fluchthilfedelikten zu Zuchthaus zwischen drei und zehn Jahren verurteilt worden.[63] Wie die antikommunistische Menschenrechtsorganisation zu diesen Zahlen gelangt war, ist unklar. Tatsächlich hatten die Bulgaren in den nach heutigem Forschungsstand durch Akten belegbaren Fällen deutlich niedrigere Strafen verhängt. Der vom Untersuchungsausschuss verkündete Strafrahmen von drei bis zehn Jahren galt für Bulgaren, er kam aber gegen Bundesbürger nicht zur Anwendung.

Die umfangreiche und für das Urlaubsland wenig erfreuliche Medienberichterstattung erfüllte sofort ihren Zweck. Laut einer Meldung der *Kölnischen Rundschau* entließ die Volksrepublik Bulgarien (VRB) bereits im Frühjahr 1963 alle in Bulgarien bei Fluchtversuchen festgenommenen DDR-Bürger und ihre westdeutschen Fluchthelfer im Rahmen einer „Generalamnestie".[64] Der Direktor von „Balkantourist" erklärte in einem Pressegespräch, die Bulgaren hätten „nichts dagegen", wenn sich Ost- und Westdeutsche anlässlich eines Urlaubs an der bulgarischen Schwarzmeerküste träfen. Wer allerdings „die geltenden Gesetze des Landes" verletze, indem er versuche, illegal Menschen über die Grenze in die Türkei zu bringen, müsse damit rechnen, „zur Rechenschaft gezogen zu werden".[65]

Das MfS reagierte auf die Fluchtwelle via Bulgarien durch die Aufstellung einer Operativgruppe der Spionageabwehr (HA II/5). Diese Operativgruppe, die ihren

---

und in der Grabstelle 1124–110 VI auf dem alten Teil des Friedhofs in der Kiefholzstraße beigesetzt.

62 „Die im BND-Archiv durchgeführte Recherche zur angefragten Person ergab keinerlei Erkenntnisse." E-Mail Forschungs- und Arbeitsgruppe Geschichte des BND vom 31.08.2015 an den Verfasser.

63 Weitere Deutsche in Bulgarien amnestiert. In: „Die Welt" (Hamburg) vom 22.02.1963, PIA.

64 Entlassen. In: „Kölnische Rundschau" vom 19.05.1963, PIA.

65 Ganz anders als Ulbricht. Bulgarien: Nichts gegen Treffen Deutscher am Schwarzen Meer. In: *Telegraf* (Berlin) vom 20.02.1963; Verständnis für Ost- und Westdeutsche. In: *Trierischer Volksfreund* vom 21.02.1963; Gnadenakt Sofias. In: *Aachener Nachrichten* vom 22.02.1963, PIA.

Sitz in Varna hatte, bestand aus drei Offizieren und wurde von dem bereits seit dem Vorjahr in Sofia stationierten Stasi-Major Horst Asbach geleitet. Zu den Aufgaben des Leiters der Operativgruppe zählte allerdings nicht nur die Urlauberüberwachung, um Fluchten zu verhindern, sondern auch die Bespitzelung in Sofia lebender DDR-Bürger. Dabei handelte es sich vor allem um ostdeutsche Medizinstudenten. Wie deren Überwachung funktionierte, kann am Beispiel eines früheren Oberleutnants der Kasernierten Volkspolizei illustriert werden, der Ende Januar 1963 als Leiter der Studentenabteilung in Sofia eingesetzt wurde. Der betreffende Funktionär erfuhr bereits vor seiner Abreise in Ost-Berlin durch einen MfS-Mitarbeiter, dass sich in der Botschaft ein Genosse Asbach mit „Grüßen vom Genossen Wilfert" bei ihm melden würde. Wenig später wurde der Ex-Offizier in der DDR-Botschaft in Sofia von Asbach als Geheimer Informator „Fritz" angeworben.[66] In dessen Berichtsakte ging es neben dem verbotenen Empfang westlicher Radiosender vor allem um den Fall eines bereits reiferen Genossen aus der Handelspolitischen Abteilung, der einer – nicht mit ihm verheirateten – Genossin beim Tanzen in den Ausschnitt gefasst hatte und die nötige Selbstkritik vermissen ließ („Das war die schönste Sünde meines Lebens!").

Im Bereich der Fluchtverhinderung konzentrierte sich das MfS darauf, die in Reisegruppen nach Bulgarien kommenden DDR-Touristen noch gründlicher zu überwachen. Diese Aufgabe oblag zu diesem Zeitpunkt vor allem den Reiseleitern, bei denen es sich in aller Regel um zuverlässige SED-Genossen oder sogar um Angehörige der bewaffneten Organe handelte. Wie straff diese Gruppen organisiert waren, erlebte der *Welt*-Redakteur Valentin Polcuch im Mai 1963. Im Speisesaal seines Hotels in Bulgarien beobachtete er eine Reisegruppe aus der DDR. Nach dem Essen hob deren Reiseleiter „mit schnarrender Stimme" zu einer Tischrede an: „Da haben drei Mann von uns über die Grenze in die Türkei wegmachen wollen, verkündet er, aber wir haben die Republikflüchtigen gefasst. Sie werden der gerechten Strafe zugeführt werden. In Zukunft hat sich jeder von euch abzumelden. Um zehn Uhr abends ist alles in den Betten, verstanden? Wer sich weiter als zehn Kilometer von unserem Hotel entfernt, wird nach Hause geschickt, und was dann kommt, wisst ihr."[67]

---

66 Archivierter IM-Vorgang: BStU MfS AIM 8429/66 T P, S. 55 u. 58. Hptm. Grunert beendete 1964 die Zusammenarbeit mit Püchel, weil dieser inzwischen zum Abteilungsleiter in der Botschaft aufgestiegen war: „Notwendige Fragen werden offiziell mit ihm besprochen." 1975 amtierte Püchel als SED-Parteisekretär in der DDR-Botschaft in Sofia.

67 Polcuch, Valentin: Bei uns, meint sie, weht der Wind kühl. In: *Die Welt* (Hamburg) vom 16.05.1963, PIA.

Etwa aus der gleichen Zeit stammen die undatierten Erinnerungen von Heinz R. Ockler, einem Lehrling aus Rostock, der eine Bulgarienreise zur Flucht in die Türkei nutzen wollte: „Ich hätte mir nie vorstellen können, dass der Reiseleiter, der selbstverständlich SED-Mitglied war, unsere Gruppe so eisern zusammenhalten würde, wie er es vom ersten Tag an tat. Selbst im Urlaubsdorf ließ er uns selten allein [...] und immer wieder hämmerte er uns beim Morgen- und Abendappell ein, dass wir über der Erholung nicht die Gesetze des sozialistischen Brudervolkes vergessen sollten."[68]

Rechtshilfe in Strafsachen

Inzwischen wurde in der DDR mit Hochdruck an einem „Vertrag über die Gewährung gegenseitiger Rechtshilfe in Strafsachen" gearbeitet, der in wesentlichen Teilen bereits im März 1963 formuliert worden war.[69] Es handelte sich um die Fortführung einer bilateralen Vereinbarung über den „Rechtsverkehr in Zivil-, Familien- und Strafsachen" vom 27. Januar 1958, die nun an die „verlängerte Mauer" angepasst wurde. In Artikel 1 des Abkommens wurde vereinbart, dass sich die Vertragspartner DDR und Bulgarien bei Verbrechen, die „der besonderen Gesellschaftsgefährlichkeit wegen von den Organen der Staatssicherheit bearbeitet" wurden, zur „beschleunigten Aufklärung" direkte Hilfe gewährten. In Artikel 5 wurde festgelegt, dass der Minister für Staatssicherheit, Mielke, direkt mit dem bulgarischen Innenminister zu verkehren habe. In der täglichen operativen Arbeit der Sicherheitsdienste wurde diese Regelung allerdings nicht durch die Minister, sondern auf der Ebene von Hauptabteilungsleitern realisiert. Artikel 6 Absatz 2 erlaubte es dem ersuchenden Vertragspartner, auf dessen Territorium selbst Ermittlungshandlungen durchzuführen, wovon beide Vertragspartner auch Gebrauch machten.[70]

Auslieferungsstraftaten waren zwar schon im Abkommen von 1958 enthalten, doch gab es zu diesem Zeitpunkt noch keine Mauer. Weder DDR-Flüchtlinge noch westdeutsche Fluchthelfer versuchten, über Bulgarien Wege in den Westen zu finden. Dieses Problem wurde von der DDR mit Artikel 8 erledigt. Der Ver-

---

68 Hauptabteilung XX (Sicherung des Staatsapparats): Ockler, Heinz R.: Flucht über See. Wie ich aus der Zone nach Kanada entkam, herausgegeben von Gertrud Rumpf (Böblingen), o.J. In: BStU MfS HA XX 9328, S. 8 (5).

69 Hauptabteilung IX (Untersuchungsabteilung): BStU MfS HA IX 13696, S. 91 ff.

70 Auch das Bulgarische Innenministerium (MdI) stellte eine Operativgruppe auf, die ebenfalls bis Ende 1989 auf dem Gebiet der DDR für die Kontrolle bulgarischer Bürger zum Einsatz kam.

tragstext legalisierte die Auslieferungshaft für gefasste Republikflüchtlinge und sah in Abschnitt 2 sogar ausdrücklich vor, dass die Berechtigung sich auch auf „Angehörige nichtsozialistischer Staaten erstrecken" könne, womit praktisch vor allem westdeutsche Fluchthelfer gemeint waren. Diese beiden Personengruppen waren grundsätzlich in Einzelhaft zu halten (Artikel 16 Absatz 1) und ihre Effekten und Kraftfahrzeuge herauszugeben (Artikel 17 Absatz 1). Dieser zuletzt genannte Artikel bildete auch die rechtliche Grundlage für die Beschlagnahme des Eigentums jener Flüchtlinge, die in Bulgarien getötet worden waren und solcher, die bei ihrer Flucht zum Beispiel einen Pkw zurückließen.

In den dem Vertragsentwurf anliegenden Ausführungsbestimmungen heißt es, bezogen auf die Gruppe der „Grenzverletzer", dass Mitarbeiter des MfS berechtigt waren, in Bulgarien „faktisch im Auftrag der bulgarischen Sicherheitsorgane" DDR-Bürger in bulgarischer Auslieferungshaft zu vernehmen. Ihre tatsächliche „vorläufige Festnahme" fand erst nach Ankunft in der DDR, beim Betreten des Flugplatzes Berlin-Schönefeld statt.[71]

Festgenommene DDR-Flüchtlinge – zumindest soweit sie keine mit ihnen gemeinsam festgenommenen westdeutschen Fluchthelfer hatten (für diese Personen galt, wie noch erläutert wird, eine andere Regelung) – wurden nun also nicht mehr in Bulgarien verurteilt, sondern zur Verurteilung in die DDR überstellt. Wo die Gerichte zu diesem Zeitpunkt noch nicht auf das neue Delikt eingestellt waren, wie der bereits erwähnte Fall des im September 1962 an der jugoslawischen Grenze festgenommenen 18-jährigen Kellners aus Karl-Marx-Stadt zeigt. Das zuständige Gericht hatte den gegen den Teenager erlassenen Haftbefehl am 4. Februar 1963 aufgehoben, da er von Jahn „verführt" worden sei.

Diese Entscheidung wurde jedoch von der Generalstaatsanwaltschaft der DDR kassiert, mit dem Ergebnis, dass der junge Mann erneut in Untersuchungshaft kam und schließlich am 19. April 1963 zu einem Jahr Gefängnis auf Bewährung verurteilt wurde. Doch die Staatsanwaltschaft legte Berufung gegen dieses Urteil ein, woraufhin am Tag nach der Urteilsverkündung erneut ein Haftbefehl gegen den Kellner erging. In einem weiteren Prozess, der Anfang August 1963 stattfand, wurde er daraufhin wegen Pass- und Devisenvergehen zu einem Jahr Gefängnis verurteilt, diesmal aber ohne Bewährung.[72]

---

71 Hauptabteilung IX (Untersuchungsabteilung): BStU MfS HA IX 13696, S. 108. Zur Ratifizierung des Vertragswerks reiste Walter Ulbricht im September 1964 nach Bulgarien. Die Medien in der Bundesrepublik schenkten diesem Staatsbesuch kaum Beachtung.
72 Archivierter Untersuchungsvorgang: BStU MfS KMST AU 3912/63.

Der Fall belegt, dass es eine staatliche Einflussnahme auf die Rechtsprechung gab, um höhere Strafen für Fluchtversuche über „Bruderländer" durchzusetzen. Zugleich wurden die Sicherheitsvorschriften bei Fahrten mit den Urlauberschiffen „Völkerfreundschaft" und „Fritz Heckert" verstärkt. Nachdem es acht Reisenden gelungen war, in Ufernähe von Bord zu springen, durften diese Dampfer fortan nicht mehr die Hoheitsgewässer nichtsozialistischer Staaten anlaufen, nicht in deren Häfen einfahren und weder den Bosporus noch die Straße von Messina passieren. Die Motivlage der Flüchtlinge hatte sich im Vergleich zum Vorjahr kaum geändert. Ein signifikanter Anteil der Flüchtlinge wollte entweder zu Familienangehörigen im Westen oder hatte einen Partner auf der anderen Seite der Mauer. Der ganz überwiegende Teil dieser Fluchten, die unter dem Motiv Liebe subsummiert werden können, wurde von Frauen begangen. Und zwar in der Regel, nachdem sich die Paare bereits vor der Flucht verlobt hatten.

In diese Gruppe gehört auch die 22-jährige Näherin Gretel G.* aus Ost-Berlin, die am 11. Juni 1963 mit ihrem westdeutschen Verlobten an der türkischen Grenze festgenommen wurde. Die Besonderheit an ihrem Fluchtversuch bestand darin, dass man sie bis zu ihrer Rückkehr nach Schönefeld auf freiem Fuß beließ. Um eine Verlobung ging es auch beim Fluchtversuch von Helga R.*aus Weißenfels bei Leipzig. Sie gelangte am 30. September 1963 im Pkw-Versteck ihres Verlobten unbemerkt über die Grenzübergangsstelle „Kapitan Andreevo" in die Türkei.[73] Die junge Frau, die sich mit einer Reisegruppe am Goldstrand aufhielt, gelangte im umgebauten Tankraum eines hellgrauen Citroen „JD 19" über die Grenze. Der Verlobte hatte mit einem Freund im Vorfeld der Flucht herausgefunden, dass die bulgarischen Grenzer Autos sehr gründlich untersuchten. Und dass sich hinter dem bulgarischen Schlagbaum eine drei Meter lange und schätzungsweise 20 cm tiefe Senke befand. Ein gewaltsamer Pkw-Durchbruch hätte hier zum Achsbruch geführt.

Dagegen spielten bei einer der ersten Arztfluchten in Bulgarien eher berufliche Gründe eine Rolle.[74] Der 45-jährige Dr. Karl W.* war Facharzt im Städtischen Krankenhaus Prenzlauer Berg. Er wollte nach dem Tod seines Cousins dessen Praxis in Düsseldorf übernehmen. Der Arzt war mit seiner Frau und den beiden heranwachsenden Söhnen in einem Hotel in Nessebar untergebracht. Laut Gerichtsakten sagte er seiner Familie – zur großen Freude seiner Kinder – eines Tages, er plane eine „Nachtwanderung" mit ihnen. Nachdem zwei Kompasse,

73 Curth, Erik: Varna Goldstrand – Tagebuch einer Republikflucht, 2008.
74 Archivierter Untersuchungsvorgang: BStU MfS AU 1756/64.

Schokolade, belegte Brote, Wasser und Schmalzfleisch als „Marschverzehrung" besorgt worden waren, fuhr die Familie gegen 21 Uhr mit dem Bus nach Bourgas. Von dort ließ sie sich noch ein Stück per Anhalter mitnehmen, bevor die Nachtwanderung Richtung Süden begann. Der Arzt wollte auf diesem Weg nach Istanbul gelangen, wie er seiner Familie nun sagte, um von dort die Weiterreise nach Düsseldorf antreten zu können. Es gelang der Familie, vier Tage unentdeckt zu bleiben. Es muss eine ungeheuer beschwerliche Wanderung gewesen sein, zumal den Arzt bereits am zweiten Tag heftige Magenkrämpfe plagten. Erst dann tauchte ein bulgarischer Bauer auf, der ihnen in Zeichensprache den Weg zur türkischen Grenze erklärte, bevor er auf seinem Pferd davon ritt. Ein paar Stunden später erfolgte die Verhaftung. Während die Ehefrau mit den beiden 13 und neun Jahre alten Söhnen mit der Reisegruppe zurückkehren durfte und nicht inhaftiert wurde, erhielt Dr. Karl W.* acht Monate wegen Passvergehens.

In vielen Fällen war die Landbevölkerung in den grenznahen Gebieten in die Verhinderung von Fluchtversuchen von DDR-Bürgern in Bulgarien verwickelt. Diese Bevölkerungsgruppe war vom Regime in Sofia schon lange vor dem Mauerbau auf ihre politische Zuverlässigkeit hin überprüft und – soweit nicht zuverlässig – umgesiedelt worden. Den jetzt im grenznahen Gebiet lebenden Menschen war eingeschärft worden, verdächtige Personen, insbesondere Ausländer, die ihnen begegneten, sofort bei den staatlichen Organen anzuzeigen. Das erlebte im Juni 1963 auch das Ehepaar Karl* und Inge W.* aus Ost-Berlin, das sich kurz vor ihrer Festnahme bei einem Pferdewagenführer im Grenzgebiet nach Jugoslawien nach dem Weg erkundigt hatte. Die 9 000 Mark Ersparnisse, die Herr W.* an jenem Tage bei sich führte, wurden von den bulgarischen Behörden eingezogen.

Im Fall der 56-jährigen Charlotte W.* aus Merseburg kam zur Denunziation auch noch eine Gaunerei hinzu. Ihr Fall illustriert aber auch, dass das Sicherungssystem des MfS zwei Jahre nach dem Mauerbau stellenweise noch sehr lückenhaft war. Charlotte W.*, seit 36 Jahren kinderlos verheiratet, war mit den Wohnverhältnissen unzufrieden und wollte zu ihren Geschwistern in Westdeutschland, sie hatte mehrfach erfolglos Reisen zu ihnen beantragt. Ob sie fliehen oder nur eine verbotene West-Besuchsreise machen wollte, ist unklar. Sie war alleine – ohne ihren Ehemann – an den Sonnenstrand gereist: „Ich konnte meine Urlaubstage in Bulgarien so verleben, wie ich es für richtig hielt und unterlag keiner Kontrolle."[75] Charlotte W.* war fest davon überzeugt, die bulgarisch-türkische Grenze müsse leicht zu überwinden sein. Und anfangs verlief ihre Flucht auch völlig problemlos. Sie fuhr mit dem Bus nach Bourgas und von dort in die nur wenige Kilometer

---

75 Archivierter Untersuchungsvorgang: BStU MfS BV Halle AU 3798/63, Bd. 1, S. 84.

entfernte Ortschaft Marinka, ein Vorort von Bourgas. Dort fiel sie als Ausländerin allerdings sofort auf. Mehrere Menschen sprachen sie auf der Straße an, fragten auf Deutsch, ob sie Wäsche zu verkaufen hätte. Schließlich sagte sie einem jungen Mann, dass sie in die Türkei wolle. Er bot sich an, sie zur Grenze fahren. Nachdem sie ein Stück gefahren waren, hielt er an und verlangte Wäsche und ihre Armbanduhr. Charlotte W.* war erstaunt, da die Grenze noch nicht in Sicht war und gab ihm nur fünf Lewa und ein neues Unterkleid. Daraufhin wurde die Fahrt noch ein kurzes Stück mit dem Motorrad fortgesetzt. Anschließend gingen beide zu Fuß die Landstraße in Richtung Süden. Auf der Höhe von Bosna sahen sie einen Kontrollposten der Miliz. Der junge Mann ging zu den Uniformierten, sprach kurz mit ihnen. Anschließend wurde Charlotte W.*, die kein Wort verstanden hatte, festgenommen. In der Anklageschrift hieß es später, sie habe versucht, „bulgarische Bürger zu bestechen".[76] Das Kreisgericht Merseburg verurteilte sie am 21. November 1963 wegen Passvergehen zu acht Monaten Gefängnis.[77]

Die Besonderheit am Fall der 27-jährigen Laborleiterin Helga Priester aus Rostock und des sie begleitenden Studenten Max Aust (26) bestand darin, dass die Motivlage weder in Richtung Familienzusammenführung noch auf die Wiederherstellung einer Partnerschaft zielte. Zwischen den beiden Flüchtlingen bestand keine Beziehung.[78] Auch gab es bis zu diesem Zeitpunkt erst verhältnismäßig wenig Fluchtversuche in Richtung Griechenland. Neben der Türkei hatte sich Jugoslawien als wichtiger Fluchtweg entwickelt. Priester und Aust, die sich erst kurze Zeit vor der Flucht kennengelernt hatten, waren unzufrieden über ihre Zukunftsperspektiven in der DDR. Aust war überzeugt, der dichte Wald in Bulgarien könne nicht lückenlos bewacht werden.[79] Bei ihrer Ankunft in Pamporovo wurde die gesamte Reisegruppe davor gewarnt, sich im Sperrgebiet an der griechischen Grenze aufzuhalten, weil es „gefährlich" sei. Doch Priester und Aust ließen sich davon nicht beirren und setzten sich während eines großen Festes Mitte Juli 1963 unbemerkt von ihrer Reisegruppe ab. Sie fanden dann allerdings mit ihrem Fernglas heraus, dass die griechische Grenze weit besser bewacht wurde, als sie vermutet hatten. Nachdem sie im Wald übernachtet hatten, wurden sie am nächsten Tag an einem Berghang durch zwei Grenzsoldaten festgenommen. Anschließend wurden die beiden jungen Leute von den Grenzsoldaten in ihr Hotel in Pamporovo gebracht und dort zur Abschreckung den Mitgliedern ihrer Reisegruppe vorgeführt. Helga Priester erinnert sich, dass ihr der bulgarische Dolmetscher

76 Archivierter Untersuchungsvorgang: BStU MfS BV Halle AU 3798/63, Bd. 3, S. 6.
77 Archivierter Untersuchungsvorgang: BStU MfS BV Halle AU 3798/63, Bd. 1, S. 146.
78 Archivierter Untersuchungsvorgang: BStU MfS BV Rostock AU 2954/63.
79 Priester, Helga: Fluchtweg Bulgarien. Berlin 2007.

ihrer Reisegruppe bei dieser Gelegenheit sagte, wäre er an der Grenze gewesen, hätte er sie erschossen.[80]

Ob Major Horst Asbach und seine „Operativgruppe Varna" an den hier geschilderten Festnahmen beteiligt waren, lässt sich nach dem bisherigen Forschungsstand nicht sagen. Sie tauchen in den betreffenden Fallakten nicht auf. Im Ministerium für Staatssicherheit hatte man keine sehr hohe Meinung von Asbachs Truppe, zumal die Zahl der Fluchtversuche von DDR-Bürgern in Bulgarien 1963 im Vergleich zum Vorjahr weiter anstieg. Gänzlich untergraben wurde der Stand des Majors aber, nachdem sich der einige Monate zuvor neu ernannte Botschafter Johannes Keusch über den vermeintlichen Diplomaten beschwert hatte. Asbach meine sich aufgrund der „Besonderheit seiner Tätigkeit" auch in anderen Fragen der Botschaft über den Botschafter stellen zu können und selbständig Weisungsbefugnisse gegenüber den bulgarischen Behörden zu besitzen, die mit seinem Arbeitsgebiet nichts zu tun hätten, beklagte Keusch.[81] Auch mit der Konspiration nahm es Asbach nicht so genau. Laut Keusch habe selbst das „Hausfrauenaktiv" der Botschaft gewusst, dass er kein Diplomat, sondern Offizier der Staatssicherheit war.

Bereits im Herbst 1962 hatte man in der Normannenstraße durch einen IM erfahren, dass Asbach seinen Panzerschrank in der Botschaft mit einer Petschaft des MfS abzusiegeln pflegte.[82] Nachdem er zweimal dienstliche Unterlagen nicht wie vorgeschrieben über das bulgarische Innenministerium, sondern durch seine Tochter per Linienflug in die DDR bringen ließ, hatte der Major bereits etliche Minuspunkte gesammelt. Das Konto wuchs weiter, als Asbach Ende Juni 1963 nicht an einer Besprechung mit dem bulgarischen Innenminister Dikov teilnahm und nirgends erreichbar war, weil er, wie sich dann herausstellte, ins Kino gegangen war.

Ende November 1963 wurde Asbach zum Rapport in die Normannenstraße bestellt, wo ihm Generalmajor Bruno Beater ungebührliches, überhebliches und anmaßendes Auftreten gegenüber Botschafter Keusch, ungenügende Zusammenarbeit mit den bulgarischen Sicherheitsorganen, ungenügende Durchführung der ihm übertragenen Aufgaben und intrigenhaftes Verhalten gegenüber den Mitgliedern der Operativgruppe samt Ehefrauen vorwarf. Beater kritisierte, Asbach sei den Aufgaben als Leiter der Operativgruppe in Varna nicht gerecht worden und machte ihn darüber hinaus zum Sündenbock für alle bisher entstandenen

---

80 Zitiert nach: https://www.zeitgut.com/shop/product_info.php?products_id=344, abgerufen am 13.07.2015.
81 Kaderakte Horst Asbach: BStU MfS KS II 66/71, Bd. 2, S. 44.
82 Kaderakte Horst Asbach: BStU MfS KS II 66/71, Bd. 2, S. 60.

Probleme hinsichtlich der Festnahmen und Ausweisungen von DDR-Bürgern aus Bulgarien. Was den Major derart verärgerte, dass er sein Ausscheiden aus dem MfS anbot. Asbachs Abberufung wegen „grober Fehler" war gleichzeitig das Ende der „Operativgruppe Varna".[83]

---

83 Der der „Operativgruppe Varna" angehörende Oberleutnant Rolf Meyer (Kaderakte: BStU MfS KS 24733/90; BStU MfS DOS 5897/92) wurde nach seiner Rückkehr aus Bulgarien aus der HA II in die Abt. II der BV Halle versetzt. In den 1980er Jahren arbeitete er als Offizier für Sonderaufgaben (Arbeitsgruppe „S" der HA II) mit der Militärabwehr des KGB in geheimen Sonderaktionen zusammen. Der ebenfalls zur „Operativgruppe Varna" gehörende Oberleutnant Gerhard Kaulfuß (Kaderakte: BStU MfS KS 28125/90) wurde nach der Rückkehr in die DDR an die JHS nach Potsdam delegiert und brachte es zum Oberst in der HA II/20. Er war zuletzt für den Schutz der Botschaft der UdSSR in Ost-Berlin verantwortlich.

53

2. Die Operativgruppe Bulgarien des MfS

„Wie die bisherigen Ergebnisse der Abwehrarbeit zeigen, besteht die Tendenz, den Reise- und Touristenverkehr von DDR-Bürgern mit den befreundeten sozialistischen Ländern für die Organisierung des Menschenhandels auszunutzen"[84], hieß es in einer 1964 entstandenen Expertise der HA V des MfS. Zwar dürfe es keine Gefährdung oder Beschränkung des Touristenverkehrs in die „Bruderländer" geben, denn – daran konnte keine Zweifel bestehen – noch weniger Reiseziele würden sich ungünstig auf die Stimmungslage der Bevölkerung auswirken. Und ein zweiter Volksaufstand sollte unter allen Umständen vermieden werden. Doch sei es erforderlich, den „Menschenhandel über das sozialistische Ausland" zu bekämpfen. Die Fluchthilfe an der innerdeutschen Grenze hatte seit dem Mauerbau und der Entdeckung der Tunnelfluchten nach Einschätzung des MfS an Bedeutung verloren, während der Auslandsfluchtweg zunehmend an Bedeutung gewann, „da die betreffenden Personen annahmen, auf diesem Wege leichter und gefahrloser republikflüchtig werden zu können, als in der Deutschen Demokratischen Republik unter Durchbruch der Staatsgrenze".[85]

Wenig überraschend ist die bereits in diesem Papier enthaltene Erkenntnis, dass Personen, die die Unterstützung professioneller Fluchthelfer hatten, weit höhere Aussichten hatten, erfolgreich in den Westen zu gelangen, als solche, die es auf eigene Faust versuchten: „Bei den [1963] gelungenen Republikfluchten sind in einem weit stärkeren Maße solche Personen, die den Gegner speziell interessieren, wie Angehörige der Intelligenz, Spezialisten u. a. zu verzeichnen, als bei den versuchten Republikfluchten."[86] In den Westen schafften es Ärzte, Ingenieure und Spitzensportler wie der DDR-Meister im Biathlon, dem 1963 die Flucht via Bulgarien in die Bundesrepublik gelungen war. Im Gefängnis landeten dagegen die große Mehrzahl jener, die es ohne professionelle Hilfe versucht hatten: „Bei den versuchten Republikfluchten liegt der Anteil von Angehörigen der Intelligenz und Studenten bei weniger als 25 Prozent. Die Mehrzahl der angefallenen Personen sind Arbeiter und Angestellte und sonstige. [...] Durchbruchsziel in den meisten Fällen war die türkische Grenze. Relativ stark traten auch Versuche an der Grenze

---

84 Hauptabteilung XX (Sicherung des Staatsapparats): BStU MfS HA XX Nr. 232, S. 5.
85 Ebd., S. 7
86 Hauptabteilung XX (Sicherung des Staatsapparats): BStU MfS HA XX Nr. 232, S. 7.

nach Griechenland in Erscheinung, während bei der bulgarisch-jugoslawischen Grenze nur relativ wenig DDR-Bürger als Grenzverletzer bekannt wurden."[87] Zur Gruppe der Intelligenz zählte der 28-jährige Jens-Uwe R.* aus Ost-Berlin. Der Hochfrequenz-Ingenieur versuchte Ende Juli 1964 per Faltboot mit seiner Ehefrau, einer Oberstufenlehrerin, und der dreijährigen Tochter über das Schwarze Meer in die Türkei zu gelangen. Die Familie war spät am Abend in der Nähe des Internationalen Jugendlagers Primorsko losgefahren und hatte die erhebliche Entfernung bis zur türkischen Grenze unterschätzt. Als sie am nächsten Morgen an Land ging, erkundigte sie sich bei den Uniformierten, ob sie bereits in der Türkei sei. Unglücklicherweise war die Familie jedoch nur bis in die Nähe der Ortschaft Rezovo gelangt, wo sie von bulgarischen Grenzsoldaten festgenommen wurden.

Die *Kölnische Rundschau* griff Anfang Juni 1964 einen Aufsatz eines BKP-Kreisparteisekretärs aus der Zeitschrift *Narodna Mladez* auf, in dem dieser den „verderblichen Einfluss" westlicher Touristen auf junge Bulgaren thematisierte. In der Hafenstadt Bourgas sei die Situation besonders gefährlich. Es bestünden alle Voraussetzungen für eine feindselige ideologische Beeinflussung der Jugend. Immer mehr Jugendliche verbrächten ihre Zeit in Caféhäusern und kleideten sich westlich, bemängelte der Funktionär: „Gewisse Jungen und Mädchen haben jedes Gefühl der nationalen Würde verloren."[88]

Ob die bulgarische KP-Führung allerdings, wie die Nachrichtenagentur dpa damals vermutete, den gesamten Urlauberverkehr aus dem Westen am liebsten sofort wieder eingestellt hätte[89], scheint wenig glaubhaft. Man befand sich vielmehr in einer Zwickmühle. Auf der einen Seite war Sofia ökonomisch auf die Deviseneinnahmen aus dem sich entwickelnden Massentourismus zwingend angewiesen, um die Lebensverhältnisse der eigenen Bevölkerung zu verbessern und den Abstand zu den anderen Ostblockländern zu verringern. Anderseits galt das Regime in Sofia aber auch nicht zu Unrecht als „Russland en miniature".[90] Das Komitee für Staatssicherheit hatte ein gewaltiges Spitzelnetz in der Bevölkerung aufgebaut. Die Grenzanlagen waren zwar nicht auf dem modernsten Stand, aber die Grenzen, und zwar insbesondere zur Türkei und nach Griechenland, waren streng abgeriegelt. Und das blockfreie Jugoslawien lieferte DDR-Flüchtlinge, die

---

87 Ebd., S. 10 f
88 Bulgarische KP jammert über westliche Touristen. In: „Kölnische Rundschau" vom 04.06.1964, PIA.
89 Immer Ärger mit den „Westlern". In: dpa-Brief – Aktuelles aus dem Ausland vom 28.07.1964, PIA.
90 Kley, H.D.: „Russland en miniature". In: „Hannoversche Allgemeine Zeitung" vom 04.07.1964, PIA.

es geschafft hatten, die weniger stark gesicherte bulgarisch-jugoslawische Grenze zu überwinden und die den dortigen Behörden in die Hände fielen, umgehend nach Bulgarien aus.

Wer es sich wie Kurt Rackelmann leisten konnte, setzte auf professionelle Fluchthelfer. Der DEFA-Filmschauspieler hielt sich im Sommer 1964 zu Dreharbeiten in Varna auf. Die Flucht gelang ihm, als er während einer zweitägigen Drehpause nach Nessebar fuhr, wo er sich mit westdeutschen Fluchthelfern traf, die ihn in einem präparierten Personenwagen außer Landes brachten. In West-Berlin sagte Rackelmann: „Nochmal hielte ich das nicht aus. Glauben Sie mir, ich habe das Drehbuch nicht sehr genau gelesen. Der Gedanke, endlich herauszukommen, ließ mir keine Ruhe."[91] Der bekannte Charakterdarsteller hatte sich kurz vor der türkischen Grenze hinter dem Rücksitz des Wagens versteckt. „Nach elf Stunden Fahrt hielten wir, ich hörte die Miliz über mir rumoren. Mir war zu elend, sonst hätte ich geschrieen. Acht Tage lang hat mich dann noch die türkische Abwehr festgehalten."

Wie wenig die Staatssicherheit der DDR auf den Fluchtweg Bulgarien eingestellt war, mag auch daraus ersichtlich werden, dass es den Sicherheitskräften 1963 nur in insgesamt sechzehn Fällen geglückt war, fluchtverdächtige Bulgarien-Urlauber bereits im Vorfeld durch geheimdienstliche Bearbeitung zu erkennen.

Während man in Ost-Berlin daran arbeitete, Hinweise auf fluchtverdächtige DDR-Bürger bereits vor deren Reiseantritt zu gewinnen, um „eine Republik-fluchtmöglichkeit unter Missbrauch des Touristenverkehrs" möglichst schon dort per „operativer Kontrolle" zu verhindern und die entsprechenden Personen in Haft zu nehmen, bestand die Aufgabe der 1964 neu geschaffenen Operativgruppe des MfS in Bulgarien darin, die organisierte Fluchthilfe vor Ort zu bekämpfen, fluchtverdächtige Urlauber unter „operative Kontrolle" zu nehmen, „illegale" Kontakte zwischen DDR-Urlaubern und Westdeutschen zu beobachten, eigene Spitzelnetze aufzubauen und zwar insbesondere in Zusammenarbeit mit dem „Reisebüro der DDR" – vor allem aber auch darin, die in Bulgarien festgenommenen DDR-Bürger, die bis dato in Bulgarien inhaftiert wurden, zu übernehmen und deren Rückführung zur Verurteilung in die DDR zu veranlassen.

Das waren viele Aufgaben für eine neue Einsatzgruppe des MfS, die als Operativgruppe der HA XX/5 im Mai 1964 die Nachfolge der „Operativgruppe Varna" übernahm.[92] Das Kommando das neben dem Einsatzleiter, dem Stasi-Hauptmann

---

91 Über die Türkei ins Bundesgebiet – Defa-Filmschauspieler flüchtete bei Außenaufnahmen in Bulgarien. In: „Frankfurter Rundschau" vom 09.09.1964.

92 Kaderakte Herbert Grunert: BStU MfS KS II 489/89, S. 81 (Operativer Einsatz von Genossen im sozialistischen Ausland).

Herbert Grunert (34), nur aus dem 42-jährigen Oberleutnant Heinz Müller und dessen für Schreibarbeiten zuständigen gleichaltrigen Ehefrau bestand, sollte den Reise- und Touristenverkehr in die Volksrepublik absichern.

Heinz Müller war mehrere Jahre als Instrukteur in der zentralen Leitung der Sportvereinigung SDAG Wismut Aue beim damaligen DDR-Fußballmeister tätig, bevor er ins Sachgebiet „Grenzprovokationen und Menschenhandel" in der HA XX/5 versetzt wurde. Während des Zweiten Weltkriegs war er drei Jahre als Soldat an der Ostfront, Träger des EK I und II, der Nahkampfspange und des Verwundetenabzeichens.

Was Grunert für die spezielle Mission befähigte, lässt sich nur vermuten. Er war schon im Jahr 1945, kurz nach Kriegsende und frisch von der Volksschulbank – mit gerade einmal 14 Jahren – in die Sächsische KPD eingetreten, bevor er 1950 erst bei der Volkspolizei und wenig später dann beim DDR-Geheimdienst Verwendung fand. Dank erfolgreicher operativer Tätigkeit gegen Oppositionelle war Grunert schnell die Karriereleiter emporgeklettert. Sprachkenntnisse besaß Grunert nicht, trotzdem schlug man den jungen Stasi-Hauptmann in Ost-Berlin bereits nach zweimonatigem Einsatz für eine Geldprämie vor. Weil es ihm schon kurz nach seiner Ankunft an der Schwarzmeerküste gelungen war, „eine Reihe von Republikfluchten zu verhindern, sowie wichtige operative Hinweise über den Menschenhandel zu erarbeiten".[93] Drei Tage zuvor war dem Hauptmann ein jordanischer Fluchthelfer an der türkischen Grenze ins Netz gegangen, der versucht hatte, ausgerechnet eine Reiseleiterin und eine weitere derselben Reisegruppe angehörende DDR-Touristin mit gefälschten jordanischen und türkischen Papieren in den Westen zu transportieren.[94]

Tatsächlich konnte Grunert allein im Zeitraum bis Ende August 1964 insgesamt 39 Fluchtversuche zu verhindern, deutlich mehr als im gesamten Vorjahr – wobei sich über 50 Prozent der registrierten Fluchtversuche an der türkischen Grenze ereigneten, während die Zahl von Fluchtversuchen an der griechischen und jugoslawischen Grenze deutlich niedriger lag.[95] In einer im September 1964 verfassten Einschätzung des Einsatzes seiner Einheit berichtete Grunert darüber hinaus von mehreren hundert Kontaktaufnahmen zwischen Bürgern beider deutscher Staaten, häufig Familienangehörigen, die er mit seinen Spitzeln beobachtet und für die „Abwehrorgane des MfS ausgewertet" hatte. Allerdings war es auch ihm nicht gelungen, die Anzahl der dem MfS bekannt gewordenen geglückten Flucht-

---

93 Kaderakte Herbert Grunert: BStU MfS KS II 489/89, S. 82.
94 Hauptabteilung XX (Sicherung des Staatsapparats): BStU MfS HA XX Nr. 232, S. 18.
95 Ebd., S. 30

versuche im Vergleich zum Vorjahr zu reduzieren.[96] Was der Hauptmann darauf zurückführte, dass sich im Vergleich zum Vorjahr weniger Familienangehörige (Grunert: „Privatschleuser") und dafür mehr professionelle Fluchthilfeorganisationen in Bulgarien tummelten, deren „Raffiniertheit" den Stasi-Hauptmann mit seinen Helfershelfern ein ums andere Mal ins Hintertreffen geraten ließ.[97]

Clever war auch der Fluchtplan der 21-jährigen Köchin Andrea L.* aus Dresden.[98] Die junge Frau, die zu ihrem Bruder nach Westdeutschland wollte, hielt sich seit Mitte Mai 1964 zur beruflichen Qualifizierung in Varna auf, gehörte also nicht zur Gruppe der Urlauber. Wenige Tage vor der Rückreise in die DDR beantragte sie einige Tage Urlaub für eine Bulgarienrundfahrt mit ihrem Motorroller. Dies erregte den Verdacht des MfS, weil sie einen solchen Plan ursprünglich nicht geäußert hatte. Nachdem auch das Bulgarische Komitee für Staatssicherheit auf ihre mögliche Fluchtabsicht hingewiesen hatte, wurde Andrea L.* von Grunerts Operativgruppe „bearbeitet". Man nahm sie schließlich am 5. Oktober 1964 vier Kilometer vor Dospat bei einer Erkundungsfahrt in der Sperrzone nach Griechenland fest. Bei einer Durchsuchung stießen die Grenzer unter ihrem Büstenhalter auf einen in Geheimschrift geschriebenen Brief ihres Bruders, der einen Bekannten hatte, der sich in der besagten Gegend bestens auskannte und ihr mehrere konkrete Vorschläge gemacht hatte: „Du hast Geld, die Bulgaren sind arm vor allem an der Grenze, also versuche einen Führer gegen Bezahlung zu bekommen. Du sprichst schon gut bulgarisch, suche einen Mann, zu dem man Vertrauen haben kann, möglichst aus Nevrokop, aber sprich nur allein mit ihm, sage Dein Roller sei kaputt, wenn er Dir dann helfen will, dann sage ihm, meine Schwester ist heute und morgen in Levkogia ich will sie besuchen, führe mich bis zur Grenze […]. Was Du dafür ausgibst ist Deine Sache, je mehr desto besser. Aber eines sag ich Dir dieser Vorschlag ist Glückssache. […] So nun mach dass Du wegkommst, bevor es zu spät ist, es wird sowieso von Jahr zu Jahr gefährlicher. […] In Deutschland würde ich es deshalb nicht versuchen. Da unten sind schon viele rausgekommen, aber Ihr erfahrt das ja nicht in Eurer freien Presse."[99]

Für welchen Weg sich Andrea L.* zum Zeitpunkt ihrer Festnahme entschieden hatte, geht aus den Akten nicht hervor. Ohne die Denunziation durch einen

---

96 Allerdings widersprechen sich die von Grunert vorgelegten Zahlen für das Jahr 1964 in diesem Punkt. Vgl. ebd., S. 18 u. 30.
97 Ebd., S. 15–25.
98 BStU MfS BV Dresden ASt 6527.
99 Hauptabteilung XX (Sicherung des Staatsapparats): BStU MfS HA XX 9297, S. 69 f.

Arbeitskollegen[100] wäre ihr die Flucht möglicherweise gelungen. Obwohl sie gänzlich unbescholten war, wurde Andrea L.* am 22. Januar 1965 vom Kreisgericht Dresden zu einem Jahr Gefängnis verurteilt. Ihre Revision wurde als unbegründet abgewiesen, die Köchin gelangte erst nach zehn Monaten wieder auf freien Fuß. Ihr Motorroller verschwand in Bulgarien, obwohl ihr die Rücksendung des nicht konfiszierten Gefährts versprochen worden war.

Auch in einem anderen, nicht weniger gut vorbereiteten Fall von Fluchthilfe gelang Grunert die Festnahme eines DDR-Bürgers und zweier westdeutscher Fluchthelfer. Walter H.* (28), Tänzer am Dresdener Staatstheater, hatte sich im Sommer 1964 in Varna mit seinem in Westdeutschland lebenden Stiefvater verabredet, der ihn im Pkw-Versteck in den Westen bringen wollte. Das hatte die Bezirksverwaltung Dresden des MfS bereits vor Reisebeginn herausgefunden und per Fernschreiben nach Ost-Berlin gesendet. Von dort aus wurde sofort die Operativgruppe des MfS in Varna auf Sohn und Stiefvater aufmerksam gemacht. Die Anweisung aus Dresden lautete ausdrücklich beide, also auch den in Westdeutschland lebenden Stiefvater, den man der Spionage verdächtigte, in die DDR auszuliefern: „Bei illegalem Grenzübertritt sind beide Personen festzunehmen und dem MfS BV Dresden zuzuleiten."[101] Um den fluchtverdächtigen Tänzer unter Kontrolle zu halten, war ihm als Reiseleiter seiner Reisegruppe ein hauptamtlicher Mitarbeiter des MfS zuteil geworden. Darüber hinaus setzte Grunert den IM „Geyer" auf den jungen Mann an, nachdem tatsächlich auch der Vater des Tänzers in Varna eingetroffen war. Der war allerdings nicht so dumm, sich selbst am Fluchtversuch zu beteiligen, sondern kehrte nach einem Gespräch mit seinem Sohn per Flugzeug wohlbehalten in die Bundesrepublik zurück, so dass Hauptmann Grunert (Festnahme wäre „noch nicht gerechtfertigt gewesen") ihn nicht zu fassen bekam. Die Spitzel behielten den Tänzer allerdings trotzdem auch weiterhin im Auge und beobachteten, wie er am nächsten Tag um 14 Uhr mit einem Koffer sein Hotelzimmer verließ und mit dem Autobus in den benachbarten Ferienort Druschba fuhr, in dem ausschließlich westliche Urlauber untergebracht waren. Dort wartete ein Opel „Kapitän" mit westdeutschem Nummernschild auf ihn, in dem sich ein Paar befand, beobachtete das MfS. Der Wagen fuhr mit hohem Tempo zunächst Richtung Sofia, machte dann jedoch kehrt in Richtung türkischer Grenze, die Verfolger in ihrem Wartburg immer im Nacken. Der Rest verlief wie bei den meisten professionellen Pkw-Fluchten an der verlängerten

100 Hauptabteilung XX (Sicherung des Staatsapparats): Festnahmebericht von Hptm. Grunert, 13.10.1964. In: BStU MfS HA XX 9297, S. 72 f.
101 Hauptabteilung XX (Sicherung des Staatsapparats): BStU MfS HA XX 8897, S. 16.

Mauer. Einige Kilometer vor der Grenze hielt der Opel an und täuschte eine Panne vor. Hier stieg H.* in das Kofferraumversteck um. Als der Opel um 23 Uhr an der bulgarisch-türkischen Grenzübergangsstelle „Kapitan Andreevo" eintraf, hatten die Verfolger schon abgedreht. Denn sowohl der Wagen als auch seine Insassen waren längst zur Fahndung ausgeschrieben. Im Festnahmebericht von Hauptmann Grunert hieß es: „Eine intensive Durchsuchung des Wagens mit Hilfe der inzwischen eingetroffenen Genossen von der Beobachtung erbrachte, dass sich H.* in der hinteren Rückenlehne versteckt hielt. [...] Alle drei Personen wurden festgenommen und am 24.7.64 der Untersuchungsabteilung in Sofia zugeführt. [...] Der Wagen wurde zum Zwecke der Schleusung entsprechend umgebaut. Die hintere Rückenlehne wurde verstärkt und bildete einen Hohlraum. Die Wand zum Kofferraum wurde nach hinten versetzt, so dass durch die verstärkte Rückenlehne noch weitere 15 cm Raum entstanden. Die Rückenlehne wurde, nachdem sich H.* versteckt hatte, mit einer stabilen Verschraubung an die Karosserie befestigt. Die Muttern der Schrauben waren unterhalb der Kotflügel befestigt. Zur Belüftung des Raumes wurde in Höhe des Kardans die Bodenplatte des Wagens durchstoßen und ein Plasterohr eingesetzt, was H.* im Mund hatte."[102]

Bemerkenswert ist auch der nachfolgende Fall, obwohl die Operativgruppe nicht darin verwickelt war. Es ist die Geschichte zweier junger Männer aus Westthüringen, die Anfang September 1964 an der griechischen Grenze von bulgarischen Waldarbeitern festgenommen wurden, nachdem sie sich bei einem 14-jährigen Hirtenjungen nach dem Weg erkundigt hatten, der sie absichtlich in die Irre führte, weil er sie, aufgehetzt durch die Propaganda, für „Banditen" hielt.[103] Der damals 24-jährige Kühlschrankmonteur Egbert W.* aus Meiningen berichtete dem Verfasser, er und sein Begleiter seien während einer Rast in einer Hütte von Grenzern gestellt worden, die sofort das Feuer auf sie eröffneten.[104] Die Kugeln seien knapp über ihre Köpfe geflogen. Egbert W.* berichtet auch, dass sich im Sofioter Zentralgefängnis neben den bulgarischen Bewachern im September 1964 ein „baumlanger" Mitarbeiter des MfS aufgehalten habe.

Anfangs war W.* noch in einer Einzelzelle untergebracht, später hätten ihn die Bulgaren dann in eine gemeinsame Zelle mit einem Polen verlegt. Dieser deutschstämmige Pole namens Jiri (Gerhard) berichtete ihm, dass er mit einem Landsmann beim Fluchtversuch an der südlichen Schwarzmeerküste gefasst worden sei. Anschließend hätten die Grenzer sie mit einem Lkw durch nahe gelegene Dörfer

---

102 Hauptabteilung XX (Sicherung des Staatsapparats): BStU MfS HA XX 8897, S. 23 f.
103 Kreisstaatsanwalt Klaus Neukirch, „Ich dachte, es wären Banditen…". Bericht aus der Meininger Lokalzeitung o.D. (1965). In: Landratsamt Meiningen, Kreisarchiv.
104 Telefonisches Interview mit Egbert W.* (Ruhla), 01.05.2011.

gefahren, wo sie der Bevölkerung „vorgeführt" worden seien. Bei der Gelegenheit habe es jeweils einige Hiebe gesetzt.[105] Doch zurück zu den beiden jungen Männern aus Westthüringen. Nach deren Aburteilung in der DDR veröffentlichte der örtliche Kreisstaatsanwalt einen großen Artikel über den Fall, in dem er berichtete, dass sich W.s* Pflichtverteidiger im Laufe der Verhandlung „immer mehr zum Ankläger" gewandelt habe.[106] Dass die Zivilbevölkerung in den grenznahen Gebieten Teil des bulgarischen Grenzsicherungssystems waren, kann als gesicherte Erkenntnis bezeichnet werden. Diese Erfahrung machte auch der 23-jährige Krankenpfleger Heinz U.* aus Ost-Berlin, der mit „Jugendtouristik" an die Schwarzmeerküste reiste. Der junge Mann begab sich zu Fuß ins bulgarisch-türkische Grenzgebiet. Als er zwei Männern begegnete, die in einem Lkw unterwegs waren und die er für Türken hielt, weihte er sie in seinen Fluchtplan ein. Doch die beiden Männer übergaben ihn am 21. Juli 1964 im nahegelegenen Mitschurin der Miliz.

Probleme bereitete Grunert allerdings, dass die bulgarischen Genossen im Sommer 1964 plötzlich dazu übergegangen waren, festgenommene westdeutsche Fluchthelfer wesentlich milder zu behandeln als zuvor: „Am 18.7.1964 wurde ein Befehl des bulgarischen Innenministers [Generaloberst Diko Dickov] bekannt, wonach keine westdeutschen Personen mehr zu inhaftieren sind, die an Schleusungen von DDR-Bürgern beteiligt waren, gleichgültig mit welchen Mitteln und Methoden eine solche Schleusung erfolgen sollte, diese angefallenen westdeutschen Personen lediglich zur Sache befragt werden, wonach sie ihre Reise fortsetzen können. Alle diesbezüglich in Haft befindlichen Personen wurden ohne gerichtliche Verhandlungen entlassen. Die benutzten Pkw wurden ebenfalls zurückgegeben."[107] Selbst der kurz zuvor verhaftete Jordanier gelangte wieder auf freien Fuß, wie Grunert bemerkte: „Obwohl sich die Anweisung des bulgarischen Innenministeriums nur auf Westdeutsche bezog."

Ganz offensichtlich war diese Entscheidung auf wirtschaftliche Interessen der Volksrepublik zurückzuführen. Das Land war auf die Deviseneinnahmen aus dem sich entwickelnden Auslandstourismus angewiesen und in diesem Zusammenhang ganz offensichtlich zu Zugeständnissen gegenüber der Bundesrepublik bereit, um den Zustrom westdeutscher Urlauber nicht zu gefährden.

---

105 Telefonisches Interview mit Egbert W.* (Ruhla), 14.07.2015. Vgl. auch: Kurzbericht über die Flucht dreier Bulgaren, die im Bosporus von Bord eines Urlaubsschiffs sprangen und in der Türkei um politisches Asyl baten. Um politisches Asyl. In: „Die Welt" (Hamburg) vom 04.11.1964, PIA.
106 Kreisstaatsanwalt Klaus Neukirch, „Ich dachte, es wären Banditen…".
107 Hauptabteilung XX (Sicherung des Staatsapparats): BStU MfS HA XX Nr. 232, S. 19.

Das war – aus der Sicht Ost-Berlins – eine sehr problematische Entwicklung. Jede deutsch-deutsche Begegnung, jedes Verwandtentreffen konnte bei DDR-Bürgern die Erkenntnis auslösen, dass ein Leben in der Bundesrepublik attraktiver als im selbsternannten Arbeiter- und Bauernstaat sein könnte. An der bulgarischen Schwarzmeerküste entwickelte sich sozusagen im Kleinen eine Situation, die in Deutschland den Mauerbau ausgelöst hatte.

Hinzu kam, dass es bei solchen Begegnungen in Bulgarien immer wieder um die Frage ging, warum DDR-Bürger nicht ins westliche Ausland reisen durften, und warum sie sich in der Volksrepublik für Ostmark fast gar nichts leisten, für Westmark aber hingegen so ziemlich alles kaufen konnten. Verstärkt wurden diese negativen Effekte noch dadurch, dass in den für Ost- und Westdeutsche zugänglichen Urlaubsgebieten zahlreiche westdeutsche Zeitungen auslagen, die in der DDR verboten waren. Dazu zählte etwa *Die Welt*, die nicht nur in normalen Ausgaben, sondern auch in großer Zahl kostenlos in verkleinertem Format auf Dünndruckpapier auslag.

Es lag also im Interesse der DDR, die Beziehungen zwischen Ost-Berlin und Sofia weiter auszubauen und gleichzeitig Einfluss darauf zu nehmen, die Volksrepublik auf Abstand zur Bundesrepublik zu halten. Und genau um diese Fragen ging es, als sich im September 1964 eine hochkarätig besetzte DDR-Delegation[108] unter Führung von Staats- und Parteichef Walter Ulbricht eine ganze Woche lang in Sofia mit dem bulgarischen Staatschef Todor Shivkov und dessen wichtigsten Beratern traf.[109]

Ein besonderes Anliegen Ulbrichts bestand darin, die Bulgaren dazu zu bringen, West-Berlin als selbständige politische Einheit und nicht als Teil der Bundesrepublik zu sehen. Dabei versuchte Ulbricht, Todor Shivkov und dessen bulgarische Genossen davon zu überzeugen, sorgfältiger zwischen Westdeutschland und West-Berlin zu differenzieren.[110] Das bulgarische Visum solle in den West-Berliner Ausweis eingelegt werden, „keinesfalls" aber in westdeutsche Aus-

---

108 Ulbricht reist nach Bulgarien. In: „Süddeutsche Zeitung" (München) vom 02.09.1964; Reise Ulbrichts nach Sofia. In: „Neue Zürcher Zeitung" vom 05.09.1964.

109 Bericht über den Besuch der Partei- und Regierungsdelegation der DDR in der VR Bulgarien in der Zeit vom 11.–19.9.1964. In: Bundesarchiv (Berlin) Bestand DY 30 / J IV 2/2 J – 1287.

110 Walter Ulbricht: „Die imperialistischen Kräfte in Westdeutschland benutzen West-Berlin als Störzentrum gegen die DDR. Die Forderung der Bonner Regierung, dass West-Berlin zur westdeutschen Bundesrepublik gehöre, das ist für die westdeutschen Militaristen der nächste Schritt ihrer aggressiven Politik." Zitiert nach: Protokoll über die Beratung der Partei- und Regierungsdelegationen am 11.11.1964, VS. In: Bundesarchiv (Berlin) Bestand DY 30 / J IV 2/2 J – 1287, S. 1 (Ohne Paginierung).

weise von West-Berliner Bürgern.[111] Ein Vorschlag, der von Todor Shivkov sofort akzeptiert wurde und der es – wie wir noch sehen werden – professionellen westdeutschen Fluchthelfern in späteren Jahren deutlich erleichterte, DDR-Bürger mit West-Berliner Pässen in den Westen zu holen. Doch zurück zum Besuch der DDR-Delegation in Bulgarien. Interessant an den intensiven Gesprächen ist, dass es dabei sehr ausführlich um Fragen der ökonomischen Entwicklung und Zusammenarbeit ging, ohne dass das Thema Tourismus auch nur ein einziges Mal erwähnt wurde. Ulbricht sprach zwar die „besondere Veränderung" im Zusammenhang mit der „Sicherung der Staatsgrenze am 13. August 1961"[112] an, ging dann aber in seinen Ausführungen sofort zum Thema des Neuen Ökonomischen Systems der Planung und Leitung über, ohne die Probleme des deutsch-deutschen Tourismus direkt anzusprechen. Stattdessen lobte Ulbricht das Regime in Sofia dafür, dass es durch den Aufbau normaler wirtschaftlicher Beziehungen mit der Bundesrepublik angeblich die Hallstein-Doktrin demontiere. Laut Ulbricht gestalteten sich die Beziehungen zwischen beiden deutschen Staaten „umso besser", „je weiter man voneinander entfernt" sei.[113]

Operativgruppenchef Grunert kritisierte 1964 in seinem ersten Abschlussbericht zu nachlässige Kontrollen an den bulgarischen Grenzen („Der Kofferraum wurde z. B. nur kontrolliert, wenn über die betreffende Person Hinweise gegeben worden waren, in den übrigen Fällen blieb der Kofferraum unkontrolliert"[114]) und löste damit Angebote aus Ost-Berlin aus, die bulgarischen Genossen bei deren Grenzsicherung zu unterstützen. Grunert war es auch, der in seinem ersten Sachstandsbericht anregte, das Spitzelnetz durch den Einsatz „qualifizierter IM" für deren Einsatz als ständige Vertreter des „Reisebüros der DDR" zu verbessern, die Überprüfung der Reiseleiter zu verschärfen und den Sitz einer vergrößerten Einsatzgruppe von Sofia an die Schwarzmeerküste zu verlegen. Und Grunert ging noch weiter: In seinem Abschlussbericht für das Jahr 1964 war eine detaillierte Stellungnahme zur Arbeit der drei hauptamtlichen Mitarbeiter (Repräsentanten) des „Reisebüros der DDR" an der Schwarzmeerküste. Alle drei standen als inoffizielle Mitarbeiter in den Diensten des MfS. Während IM „Thea" in Nessebar gute

---

111 Bericht über den Besuch der Partei- und Regierungsdelegation der DDR in der VR Bulgarien in der Zeit vom 11.–19.9.1964. In: Bundesarchiv (Berlin) Bestand DY 30 / J IV 2/2 J – 1287, S. 12 (Ohne Paginierung).
112 Protokoll über die Beratung der Partei- und Regierungsdelegationen am 11.11.1964, VS. In: Bundesarchiv (Berlin) Bestand DY 30 / J IV 2/2 J – 1287, S. 50 (Ohne Paginierung).
113 Ebd., S. 1 (Ohne Paginierung).
114 Hauptabteilung XX (Sicherung des Staatsapparats): BStU MfS HA XX Nr. 232, S. 22.

Arbeit geleistet hatte und auf Vorschlag Grunerts auch 1965 wieder dort tätig sein sollte, hatte der IM "Geyer" in Varna, der unter anderem an der Beschattung von Walter H.* mitwirkte, „seine Aufgaben nicht zufriedenstellend erfüllt": „Es wird vorgeschlagen, IM ‚Geyer' nicht wieder als ständigen Vertreter des Reisebüros einzusetzen."[115] Noch härter fiel das Urteil über dessen bereits seit 1959 in Varna eingesetzte Reisebürokollegin (IM „Merry") aus: Deren „Schwatzhaftigkeit" und starkes Geltungsbedürfnis wirke sich nachteilig aus, sie könne keine „realen Einschätzungen" geben, monierte Grunert, der vorschlug, die Dame zukünftig überhaupt nicht mehr im Ausland einzusetzen.

Natürlich wussten offizielle Stellen in der Bundesrepublik von den Geheimdienstaktivitäten der DDR in Bulgarien. Der Düsseldorfer *Industriekurier* berichtete im November 1964, man habe in Bulgarien für westdeutsche Touristen „besondere Maßnahmen" eingeführt, bis hin zu politischer Überwachung. Die Antwort ließ nicht lange auf sich warten. Im Dezember 1964 veröffentlichte das BKP-Zentralorgan *Rabotnitschesko Delo* einen Artikel, in dem es hieß, die Grundsätze des internationalen Rechts würden in der Volksrepublik Bulgarien befolgt. Der Artikel aus dem *Industriekurier* habe politische Motive und solle das Urlaubsland Bulgarien diskreditieren.[116]

Der Fall Werner Gambke

Dass man in der Normannenstraße mit den Resultaten der neuen Operativgruppe zufrieden war, ist schon daraus zu erkennen, dass man bereits ab 1965 Operativgruppen der HA XX mit gleichem Zuschnitt auch in der ČSSR und in der Ungarischen Volksrepublik (UVR) zur Überwachung von DDR-Urlaubern ins Leben gerufen hatte. Während Grunert seinen Posten behielt, mussten Leutnant Heinz Müller[117] und seine Frau ihren Auslandseinsatz allerdings bereits nach einem Jahr

---

115 Hauptabteilung XX (Sicherung des Staatsapparats): BStU MfS HA XX Nr. 232, S. 39.
116 Rabotnitschesko Delo: Gastfreundschaft und Verleumdung, BPA Pressefunk Ost/ West 12.12.1964, PIA.
117 Heinz Müller wurde zwar nach der Rückkehr aus Bulgarien zum Oberleutnant befördert, doch seine weitere Karriere in der BV KMS verlief denkbar ungünstig. Für operative Aufgaben nicht geeignet, endete Müller in der Abt. XIV (Haftvollzug) als Wachposten im Schichtdienst und wurde bereits 1978 invalidisiert. 1979 bewarb er sich bei der Bezirksdirektion Karl-Marx-Stadt des „Reisebüros der DDR" als Reiseleiter und durfte fortan in Anknüpfung an seine frühere Tätigkeit in der Operativgruppe DDR-Urlauber in Rumänien und der UdSSR beobachten. Vgl.: Abteilung XIV (Haftvollzug): BStU MfS BV KMS XIV 1849/78 I/1.

„aus Sicherheitsgründen"[118] beenden. Nachdem der Freund ihrer Tochter, ein Mitarbeiter der Hauptabteilung Passkontrolle und Fahndung (HPF) des MfS, in den Westen geflohen war, mussten die Müllers zurück nach Karl-Marx-Stadt. Sie wurden 1965 durch den 28-jährigen Leutnant Dieter Koch und seine 27-jährige Ehefrau Anneliese ersetzt, die als Feldwebel fortan für die Schreibarbeiten der Operativgruppe zuständig war. Verstärkt wurde das Trio durch einen Oberleutnant Lange, von dem mangels näherer Angaben keine Kaderunterlagen auffindbar waren.

Ihre Aufgabe war es, DDR-Urlauber von Fluchtversuchen abzuhalten, bedarfsweise in DDR-Gefängnisse schaffen zu lassen und vor „schädlichen" westlichen Einflüssen abzuschirmen. Diese Einflüsse nahmen aus Sicht der Stasi 1965 deutlich zu, als man in der Volksrepublik Bulgarien neben 50 000 DDR-Touristen (plus 10 000 im Vergleich zum Vorjahr) auch 30 000 Menschen aus der Bundesrepublik (plus 14 000) begrüßte.[119] Hinzu kam der deutliche Anstieg des Transitverkehrs in die Türkei und nach Griechenland, der bereits in den Vorjahren für etliche geglückte Fluchten gesorgt hatte.

Nachdem es im Frühjahr 1965 in Sofia zu einem gescheiterten Putschversuch gegen Todor Shivkov gekommen war, in den ein Stellvertretender Verteidigungsminister verwickelt war und in dessen Verlauf sich ein ZK-Mitglied das Leben nahm, wurde die Überwachung der bulgarischen Grenzen nach Griechenland und zur Türkei verstärkt, da man offenbar mit einer Zunahme von Fluchtversuchen eigener Landsleute rechnete: „Wie in Athen verlautet, sollen die bulgarischen Behörden ihre Nachbarstaaten gebeten haben, Schüssen im Grenzgebiet keine besondere Aufmerksamkeit zu schenken", hieß es in der *Welt*.[120] Nur ein paar Monate später wurde bekannt, dass das Komitee für Staatssicherheit (KfS) völlig reorganisiert und aus dem Innenministerium herausgelöst werden sollte. Neuer Geheimdienstchef wurde der erst 43-jährige Angel Solakov.[121]

Nachweislich kamen bereits zu diesem frühen Zeitpunkt über die Mitglieder der Operativgruppe hinaus auch weitere hauptamtliche Stasi-Mitarbeiter in Bulgarien zum Einsatz, um die Urlauberüberwachung zu unterstützen. Zu ihnen

---

118 „Um zu verhindern, dass imperialistische Geheimdienste in irgendeiner Form die durch den Verräter […] erhaltenen Informationen über die Familie des Genossen Müller und seine Tätigkeit […] ausnutzen […]." Kaderakte Heinz Müller: BStU MfS KS II 5/78, S. 205.
119 Hauptabteilung XX (Sicherung des Staatsapparats): BStU MfS HA XX Nr. 232, S. 54.
120 Bulgarien verstärkt seine Grenzwachen. In: „Die Welt" (Hamburg) vom 20.04.1965, PIA.
121 Shivkov fühlt sich unsicher. In: „Basler Nachrichten" vom 30.07.1965, PIA.

zählte Werner Grahl, ein früherer Mitarbeiter der staatlichen Ostberliner Nachrichtenagentur ADN, der nach seiner Flucht in den Westen seit Anfang Mai 1952 im „Informationsbüro West" (IWE) gearbeitet hatte, bevor er von der Stasi 1955 „umgedreht" wurde und bis zu seiner erneuten Flucht in die DDR (1960) durch die Ausforschung des vom Untersuchungsausschuss Freiheitlicher Juristen (UfJ) und der Kampfgruppe gegen Unmenschlichkeit (KgU) unterstützten IWE für zahlreiche Verhaftungen von Regimegegnern gesorgt hatte. Als hauptamtlicher inoffizieller Mitarbeiter (HIM) der Hauptabteilung XX kam Grahl im operativen Auftrag vom 15. Februar 1965 bis zum 23. September 1967 ganzjährig als Angestellter des „Reisebüros der DDR" in Bulgarien zum Einsatz.[122] Es kann vermutet werden, dass Grahl in der „Ständigen Reisevertretung" des „Reisebüros der DDR" unter anderem dafür zuständig war, den Mitarbeitern der Operativgruppe Duplikate der Visalisten jeder ostdeutschen Reisegruppe auszuhändigen. Das entsprechende System hatte Hauptmann Grunert bereits 1964 entwickelt.[123] Während dieser Datenfluss bei Mitgliedern von Reisegruppen, die den mit Abstand größten Teil des damaligen DDR-Tourismus ausmachten, von Anfang an reibungslos funktionierte, hatte Grunert mit seiner Truppe allerdings erhebliche Probleme mit der Überwachung von Individualtouristen. Von denen gab es nämlich nur Familiennamen: „In der operativen Arbeit wirkte sich dieser Zustand sehr nachteilig aus, weil bei einzuleitenden Maßnahmen durch die Ermittlungen der vollständigen Personalien zu großer Zeitverlust eintrat. Zum anderen traten durch die sprachlichen Unterschiede und der Schreibweise große Verwechslungen auf."[124]

Mit Beginn der Feriensaison im Frühjahr 1965 waren die Mitarbeiter der Operativgruppe nun nicht mehr in Sofia, sondern in Varna stationiert. In Kavazite und Primorsko, südlich Nessebar, befanden sich damals zwei große internationale Jugendlager, die von der Freien Deutschen Jugend (FDJ) beschickt wurden. Diese beiden Jugendlager lagen nur wenige Kilometer vom Grenzgebiet zur Türkei entfernt. 1964 war es Grunert gelungen, sechs Jugendliche aus den beiden Camps bei Fluchtversuchen festzunehmen, doch zwei waren ihm entwischt. Grund genug, die Zügel anzuziehen: „Die Reiseleiter für Jugendtouristik müssen in Zusammenarbeit mit dem Zentralrat der FDJ und dem Reisebüro ausgewählt werden. Sie müssen der Einsatzgruppe bereits vor Beginn der Saison bekannt sein."[125]

Grunert setzte durch, dass der Einsatz inoffizieller Mitarbeiter zur „Bearbeitung" fluchtverdächtiger DDR-Bürger massiv verstärkt wurde und dass neben den

---

122   Kaderkarteikarte Werner Grahl, BStU (ohne Signatur).
123   Hauptabteilung XX (Sicherung des Staatsapparats): BStU MfS HA XX Nr. 232, S. 42.
124   Ebd., S. 42.
125   Ebd., S. 43

„normalen" IM in Reisegruppen auch eine bestimmte Anzahl während der gesamten Saison in Bulgarien stationierter IM „zur Durchführung spezieller Aufgaben" zur Verfügung standen, die als Einzelreisende aus der DDR geschickt wurden. Er regte an, mehr Mitarbeiter des MfS als Reiseleiter zu entsenden, um verdächtige Personen in Reisegruppen schneller dingfest zu machen und das „Reisebüro der DDR" während der Hochsaison mit vier „studentischen Hilfskräften" in Varna und Nessebar zu unterstützen: „Da es sich bei diesen Studenten um Mitarbeiter des MfS mit unterschiedlichen operativen Erfahrungen handelte, war ihr Einsatz eine Bereicherung sowohl für das Reisebüro als auch für die Operativgruppe."[126]

Auch 1965 setzte sich die Operativgruppe vor allem mit der Verhinderung von „Republikfluchten" und der Beobachtung von „illegalen" Zusammenkünften von DDR-Bürgern mit Menschen aus dem Westen zusammen, um die damit verbundene „negative Beeinflussung" zu unterbinden. Dass die DDR-Urlauber ihr Essen nur in Gruppen einnehmen und im Gegensatz zu den West-Touristen nicht an den Schiffsausflügen ins nahe gelegene Istanbul teilnehmen durften, gehörte zu den Gesprächsthemen, die Grunert am liebsten ganz unterbunden hätte. Seine Landsleute fühlten sich nach solchen Begegnungen als „Menschen zweiter Klasse", berichtete der Hauptmann nach Ost-Berlin.

Begleitet wurde Grunert auch diesmal wieder von Stasi-Leutnant Dieter Koch, der direkt nach Beendigung der Berufsschule zur Kreisdienststelle Salzwedel des MfS gewechselt war, und dessen gleichaltriger Frau Anneliese, die als Unteroffizierin von der „Arbeitsgruppe zur Sicherung des Reiseverkehrs" (ASR) zur Operativgruppe nach Bulgarien versetzt worden war. Von Beruf Steno-Phonotypistin war Frau Koch fortan für die Kommunikation mit den Genossen in Ost-Berlin zuständig.[127] Ihr Mann hingegen übernahm 1965 das im Aufbau befindliche Spitzelnetz zur „operativen Kontrolle verdächtiger Personen" und stieg in Grunerts Abwesenheit zu dessen Stellvertreter auf.[128]

Durch eine solche „operative Kontrolle" durch das KfS kam es bereits Mitte April 1965 zu einer Festnahme auf dem Sofioter Bahnhof. Als der 21-jährige Chemiestudent Rudolf B.* aus Ost-Berlin in den „Orient-Express" nach Istanbul einsteigen wollte, wurde er gemeinsam mit drei westdeutschen Fluchthelfern, ebenfalls Studenten, die seinen Pass mitgebracht hatten, festgenommen. Das Besondere an dem Fall ist neben der operativen Kontrolle, die sich über mehrere Tage hinzog, dass Rudolf B.* nicht an die DDR ausgeliefert, sondern Anfang

---

126 Ebd., S. 76
127 Hauptabteilung XX (Sicherung des Staatsapparats): BStU MfS HA XX Nr. 17663, S. 59 ff.
128 Kaderakte Dieter Koch: BStU MfS KS 4658/90, S. 83 ff.

Juli 1965 in Bulgarien zu einer Gefängnisstrafe verurteilt wurde. Auf Bewährung vorzeitig entlassen, kehrte er schließlich am 7. Oktober 1965 mit einer Linienmaschine in die DDR zurück. Auf dem Zentralflughafen Schönefeld wurde er dann, obwohl er seine Strafe abgesessen hatte, von Mitarbeitern der HA XX erneut festgenommen. Zwar durfte der junge Mann sein Studium fortsetzen, doch die „bulgarische Festnahme" begleitete ihn auch auf seinem weiteren Lebensweg in der DDR. Nachdem ihm mehrfach Dienstreisen in den Westen untersagt worden waren, stellte B.*, inzwischen Diplom-Chemiker in der Nuklearmedizinischen Klinik der Charité, im Juli 1980 einen Ausreiseantrag in die Bundesrepublik, weil er sich diskriminiert fühlte.[129]

Ebenso wie Rudolf B.* wollte auch Werner Gambke zu seinen Familienangehörigen in der Bundesrepublik. Der 28-jährige Diplom-Landwirt aus Bochow (Kreis Potsdam) war im Sommer 1965 mit einer Reisegruppe des „Reisebüros der DDR" im Wintersportort Vassil Kolarov (= Pamporovo) gebucht. Er wollte über die bulgarisch-griechische Grenze, um zu seinen Eltern in Westdeutschland zu gelangen. Einige wenige noch vorhandene Briefe an seinen Vater dokumentieren, dass er mit den Verhältnissen in der DDR unzufrieden war und damit rechnete, dass man Walter Ulbricht in Deutschland nicht für alle Zukunft als „große[m] und weise[m] Führer der Arbeiterklasse" gedenken werde.[130] Gambke war ein Querdenker, der sich nicht in die gleichgeschaltete und uniformierte DDR-Gesellschaft einfügen wollte. Seine Eltern in Westdeutschland erhielten im August 1965 der Abteilung für Inneres des Rat des Kreises Potsdam, in dem es hieß, Werner Gambke sei in Bulgarien „im Juni" 1965 „durch Selbstverschulden tödlich verunglückt".[131] Darüber hinaus hieß es ohne weitere Erklärung, er sei in der Volksrepublik Bulgarien „beigesetzt" worden. Nachforschungen des Verfassers ergaben, dass Gambke morgens um 4:35 Uhr 5 000 Meter westlich des Dorfes Kremene getötet wurde.

Nachdem die Eltern in der Bundesrepublik über das Auswärtige Amt und das Deutsche Konsulat in Saloniki energisch nachfragten, um Einzelheiten über den angeblich selbstverschuldeten Tod ihres Sohnes zu erfahren, erhielten sie tatsächlich nach etlichen Monaten einen Brief des Verteidigungsrats des Grenzdorfes Mogilitza (bei Smolyan), in dem es hieß: „Ihr Sohn hatte das Ziel, unsere Grenze illegal zu überschreiten. Aus diesem Grunde hat er sich von seiner Gruppe abge-

129 Archivierter Operativer Vorgang: BStU MfS AOPK 9174/84.
130 Brief Werner Gambke vom 24.11.1961 an seinen Vater, S. 5. Kopie in: NL Werner Gambke (AdA).
131 Brief Rat des Kreises Potsdam vom 13.08.1965 an Margarete Gambke. Kopie in: NL Werner Gambke (AdA).

sondert, welche im Kurort Vasil Kolarov [= Pamporovo] sich aufhielten. Das ist dicht an der Grenze zwischen uns und Griechenland, wie es laut Meldung unserer Grenzposten hervorgeht. Auf zweimaligen Anruf nicht reagierte, woraus unsere Grenzposten laut Vorschrift von der Waffe Gebrauch machen mussten, um ihn am Übertreten der Grenze zu hindern. Dabei wurde er tödlich getroffen. Ihr Sohn Werner Gambke wurde im Tale Keseschute Gemeinde Mogilitza in der Nähe des Grenzsteines (Pyramide) erschossen und an der gleichen Stelle begraben."[132] Der Fall Gambke ist gleich in mehrerer Hinsicht wichtig. Zum einen gibt es nämlich keinerlei Akten des MfS über ihn, zum anderen räumten die Mitglieder des Dorf-Verteidigungsrates selbst ein, dass der junge Mann nicht auf einem Friedhof beerdigt wurde, sondern direkt im Grenzgebiet verscharrt worden ist. Ein genaues Todesdatum ist der Familie nie mitgeteilt worden. Außerdem ist Gambke der erste bisher namentlich bekannte Fall eines Deutschen, der beim Fluchtversuch an der bulgarischen Grenze ums Leben kam. Der Fall wurde allerdings in der Bundesrepublik zum damaligen Zeitpunkt nicht bekannt, weil Gambkes Eltern eine Gefährdung der Erbschaftsangelegenheit mit den DDR-Behörden befürchteten.

Ob Werner Gambke sterben musste, weil die Bulgaren die Bewachung ihrer beiden Südgrenzen zur Türkei und nach Griechenland im Zusammenhang mit dem Umsturzversuch verstärkt hatten? Ob er der erste DDR-Bürger war, der bei einem Fluchtversuch an der bulgarischen Grenze starb? Beides lässt sich nicht mit Gewissheit sagen. Die Erfahrung, dass man das Grenzgebiet zur Türkei sehr weiträumig überwachte, machte Anfang Juni 1965 auch der 48-jährige SED-Parteisekretär Fritz M.* aus Aue, der bei einer Passkontrolle noch außerhalb der 30-Kilometer-Sperrzone in einem westdeutschen Auto sitzend angetroffen wurde. Die Insassen gaben an, sie hätten sich auf dem Weg nach Nessebar verfahren. Zwar wurde der Parteisekretär, der zudem als Reiseleiter in Bulgarien weilte, wieder auf freien Fuß gesetzt, aber dennoch unter „operative Kontrolle" gestellt.

Dass die bulgarischen Grenzer ihre Schusswaffen benutzten, erlebte auch der 18-jährige Dachdeckerlehrling Bernd M.* aus Karl-Marx-Stadt, der ebenso wie Werner Gambke eine Ferienreise nach Pamporovo unweit der griechischen Grenze gebucht hatte. Bernd M., der zu seiner Tante in Alaska wollte, erlitt beim Fluchtversuch im Raum Smolyan am Abend des 1. Oktober 1965 eine Schussverletzung am Arm.[133] Er sagte in der Vernehmung aus, sie hätten nach der Überquerung

---

132 Übersetzung Brief Dorf-Verteidigungsrat Mogilitza vom 01.02.1966 an Margarete Gambke. Kopie in: NL Werner Gambke (AdA).
133 BStU MfS BV KMS C Ast 1529/66, Beiakte 1, S. 8.

des gepflügten Grenzstreifens plötzlich Schreie und Schüsse gehört. Im selben Moment habe ihn eine Kugel getroffen.[134] Bernd M.* verbrachte fünf Wochen in einem bulgarischen Krankenhaus, bevor er transportfähig war.[135] Sein Freund, ein 26-jähriger Hilfsbaggerführer aus dem Kreis Bautzen, blieb unverletzt.

Nur wenige Tage nach der Verhaftung der beiden jungen Männer starb der 21-jährige Bernd Carnehl aus Düsseldorf an der Schwarzmeerküste. Er war nach Bulgarien gereist, um seine gleichaltrige Verlobte Renate P.* aus Wolfen über die türkische Grenze in den Westen zu holen. Carnehl war am 2. Oktober 1965 mit dem Flugzeug in Varna gelandet und hatte sich am nächsten Morgen einen Mietwagen genommen, um zu seiner Verlobten an den Sonnenstrand zu gelangen. Was dann mit ihm geschah, war zunächst nicht klar. „Wie inoffiziell in Erfahrung gebracht werden konnte, soll es an der Grenze zu einer Schießerei gekommen sein, wobei der C. verunglückt sein soll", hieß es in einem Schreiben der Kreisdienststelle Bitterfeld des MfS.[136] Doch an anderer Stelle in der Berichtsakte des MfS heißt es, er sei mit dem Mietwagen auf dem Weg zum Sonnenstrand in einen schweren Unfall verwickelt worden, dem er drei Tage später im Krankenhaus Varna erlag.

Am selben Tag, als Bernd Carnehl starb, kam es zu einem weiteren Fluchtversuch, bei dem die bulgarischen Grenzer das Feuer eröffneten. Die 55-jährige Köchin Johanna G.* war mit ihrer Tochter an den Sonnenstrand gereist, um sich mit ihren drei in der Bundesrepublik lebenden Söhnen zu treffen. Die waren nicht das erste Mal in Bulgarien, meinten das Land und speziell die Abfertigung an der Grenzübergangsstelle Kalotina an der bulgarisch-jugoslawischen Grenze bei mehreren Ferienaufenthalt gut genug kennengelernt zu haben, um einen Fluchtversuch zu riskieren. Nachdem sie einige Tage gemeinsam an der Schwarzmeerküste verbracht hatten, setzten sie sich in den Pkw und fuhren über Sofia in Richtung Jugoslawien. Der Wagen hielt auf einem Parkplatz in unmittelbarer Nähe der zu diesem Zeitpunkt noch weitgehend unbefestigten Grenze. Während sich die zwei jüngeren Brüder in den Warteraum setzten, ging ihr älterer Bruder mit Mutter und Schwester in der hereinbrechenden Dämmerung querfeldein in Richtung Jugoslawien.[137] Die beiden Frauen hatten gefälschte Pässe bei sich, allerdings ohne die erforderlichen bulgarischen Zusatzdokumente. Was dann geschah, notierte Hauptmann Grunert in einem Festnahmebericht: „Der Aufforderung zum Stehenbleiben kamen die drei Personen nicht nach. Daraufhin gaben die

---

134 Ebd., S. 17
135 Ebd., S. 10
136 Hauptabteilung XX (Sicherung des Staatsapparats): BStU MfS HA XX 4872, S. 110.
137 E-Mail von Heinz-Werner G.* (Dortmund) vom 20.07.2015 an den Verfasser.

Grenzposten mehrere Warnschüsse ab. Gleichzeitig beobachteten jugoslawische Grenzposten den Fluchtversuch und griffen ebenfalls mit ein. Die genannten Personen konnten erst auf jugoslawischem Territorium gestellt werden. Die jugoslawischen Grenzposten übergaben die Personen unmittelbar den bulgarischen Grenzorganen, indem sie diese wieder über die Grenze zurückschickten."[138] Bemerkenswert an diesem Grenzzwischenfall, der sich am 6. Oktober 1965 ereignete, ist nicht nur, dass die Grenzer das Feuer auf eine 55-jährige Frau und ihre 14-jährige Tochter eröffneten, wobei Johanna G. nach Aussage ihrer Tochter durch eine Kugel am Knie verletzt wurde.[139] Ebenso wichtig für die Chronik dieses Fluchtweges ist der Umstand, dass die sofort herbeigeeilten jugoslawischen Grenzer sofort alle drei Personen, die sich nach der Überquerung eines Grabens sämtlich bereits auf jugoslawischem Territorium befanden, an die Bulgaren übergaben, also auch jenen Bruder, der über einwandfreie westdeutsche Papiere verfügte. Anschließend wurden alle Familienmitglieder in das Sofioter Zentralgefängnis transportiert. Mutter und Tochter kamen in eine gemeinsame Zelle. Der älteste Bruder, der am Fluchtversuch direkt beteiligt war, wurde bei der Vernehmung verprügelt, erinnert sich der letzte lebende damalige Fluchthelfer.[140] Während die drei Brüder bereits nach 19-tägiger Haft ohne Verfahren nach Jugoslawien abgeschoben wurden[141], mussten Mutter und Tochter noch einige Tage länger warten, bevor sie mit einer Iljuschin IL 14 des MfS von Sofia nach Ost-Berlin zurücktransportiert wurden.

Damit blieb es offenbar bei der Linie, Familien- und Beziehungsfluchthelfer aus Westdeutschland entweder ganz ohne Strafverfahren abzuschieben, oder nur zu sehr niedrigen Strafen zu verurteilen, wenn man das damalige bulgarische Strafgesetzbuch zugrunde legt. Insoweit hatte die Hamburger Wochenzeitung *Die Zeit* in einer im Herbst 1965 veröffentlichten Reportage durchaus Recht, zu behaupten, in der Volksrepublik würde Recht „nach den Prinzipien der Humanität"[142] gesprochen. Für westdeutsche Fluchthelfer traf das überwiegend zu.

---

138 Hauptabteilung XX (Sicherung des Staatsapparats): BStU MfS HA XX 4872 S. 102 f.
139 Telefonisches Interview mit Vera G.* (Berlin), 10.07.2015.
140 Telefonisches Interview mit Heinz-Werner G.* (Dortmund), 01.07.2015. Auch der Ende Juli 1966 im bulgarisch-jugoslawischen Grenzgebiet festgenommene Günter F. aus Pößneck (Thüringen) bestätigt, während der Haft in Bulgarien mehrfach von Wärtern verprügelt worden zu sein. E-Mail Günter F. vom 21.09.2006 an den Verfasser.
141 „In Mannheim kam dann noch der BND. Die fragten, wie wir an die beiden Pässe gekommen seien. Das hab ich denen nicht gesagt, das war unsere Privatsache." Zitiert nach: Telefonisches Interview mit Heinz-Werner G.* (Dortmund), 01.07.2015.
142 Hermann, Kai: Bulgarische Justiz kennt Milde. In: „Die Zeit" (Hamburg), 14.01.1966, S. 5.

Wie schon im Vorjahr verzeichnete Hauptmann Grunert auch 1965 einen weiteren Anstieg der Fluchtversuche und konnte am Jahresende insgesamt 63 Festnahmen nach Ost-Berlin melden. Neben Fluchtversuchen mit falschen Pässen (und zwar meist von Verwandten der Flüchtlinge) war dabei vor allem der Anteil sogenannter gewaltsamer Grenzdurchbrüche (mit über 50 Prozent entsprechender Vorfälle an der türkischen Grenze) angestiegen. Was unter „gewaltsamen Grenzdurchbrüchen" zu verstehen war, erschließt sich erst im weiteren Verlauf des von Grunert verfassten Berichts. Demnach eröffneten bulgarische Grenzer 1965 in vier Fällen das Feuer auf flüchtende DDR-Bürger, wobei ein namentlich nicht genannter DDR-Bürger ums Leben kam.[143] Ob es sich dabei um Werner Gambke handelte, lässt sich nicht mit Gewissheit sagen.

Grunert schien zufriedener mit dem bulgarischen Grenzsicherungssystem als noch im Vorjahr: „Während der Saison 1965 war wiederum zu verzeichnen, dass ein Teil der verhinderten RF [Republikfluchten] aus Festnahmen durch die Grenzsicherungskräfte resultierte. Die Grenzabsicherungen werden als gut eingeschätzt."[144]

Inzwischen hatte sich ein System etabliert, nach dem die Operativgruppe im Zusammenspiel mit ihrem Spitzelnetz im „Reisebüro der DDR" fluchtverdächtige DDR-Bürger den Dienststellen des bulgarischen Innenministeriums meldete, die diese Personen dann unverzüglich im Grenzgebiet zur Fahndung ausschrieben. Nach diesem Modell kam es unter direkter Beteiligung der Operativgruppe im Juni 1965 zur Festnahme einer 21-jährigen technischen Zeichnerin aus dem thüringischen Arnstadt an der bulgarisch-jugoslawischen Grenze.[145] Das MfS hatte bereits in der DDR Ermittlungen gegen die junge Frau wegen Fluchtverdachts eingeleitet.[146] Als sie an einem Ausflug ihrer Reisegruppe nach Varna nicht teilnahm, leitete Grunert gegen sie und ihren westdeutschen Verlobten umgehend eine Festnahme-Fahndung ein. Der Fall ist insofern besonders, weil die Bulgaren das Pärchen gemeinsam zu einer viermonatigen Haftstrafe verurteilte, die es in Bulgarien verbüßen musste, bevor man beide in die DDR bzw. in die Bundesrepublik abschob. Ein Antrag des MfS, beide gemeinsam – also insbesondere den seit Mai 1961 in der Bundesrepublik lebenden Verlobten – zur Verurteilung in die DDR zu überführen, wurde wegen „zu wenig belastenden Materials" von den Bulgaren abgelehnt. Möglicherweise war das auch der Grund, warum die junge

---

143 Hauptabteilung XX (Sicherung des Staatsapparats): BStU MfS HA XX Nr. 232, S. 61.
144 Ebd., S. 70
145 Archivierter Operativer Vorgang: BStU MfS BV Erfurt AOP 946/69.
146 Insoweit ist ein Kurz-Bericht der „Stuttgarter Zeitung" vom 31.07.1965 unzutreffend, nach dem das Pärchen von einem Spitzel in der Reisegruppe denunziert wurde.

Frau entgegen den zu dieser Zeit geltenden Regelungen für DDR-Flüchtlinge ebenfalls in Bulgarien verurteilt und inhaftiert wurde.[147]

Bei der Zahl der Grunert bekannt gewordenen erfolgreichen „Republikfluchten" soll es 1965 einen Rückgang gegeben haben. 30 DDR-Personen, denen es 1964 über Bulgarien gelungen war, in den Westen zu fliehen, standen 1965 nur noch 24 Personen gegenüber.[148] Ob es sich jedoch tatsächlich um einen durch Grunerts Truppe erreichten realen Rückgang handelte, kann angezweifelt werden, da der Operativgruppe – selbst nach der von Grunert angeregten Auswertung westdeutscher und türkischer Medienberichte – nicht alle betreffenden Vorfälle bekannt wurden.

Vermutlich auf Druck aus Ost-Berlin war man in Sofia wieder dazu übergegangen, alle an Fluchtversuchen beteiligten Bundesbürger festzunehmen. Die Mehrzahl dieser Personen wurde vor Gericht gestellt, insgesamt neun von diesen Personen benutzte Personenkraftwagen wurden von den bulgarischen Behörden eingezogen.

Doch 1965 beschränkte sich die Tätigkeit der Operativgruppe nicht mehr allein auf die Flucht- und Kontaktverhinderung. Je mehr inoffizielle Mitarbeiter das MfS an die Schwarzmeerküste schickte, desto öfter kam es zu „perspektivvollen Verbindungen" mit Bürgern aus der Bundesrepublik und West-Berlin. Das betraf Westdeutsche, die als Fluchthelfer tätig waren und ungewollt wichtige Informationen ausplauderten. Doch es kam noch ein anderer Aspekt hinzu. Die Anbahnung von Kontakten für die HV A und die Beschaffung von Informationen aus dem „Operationsgebiet", wie man die Bundesrepublik im Stasijargon nannte, rückte ebenfalls ins Blickfeld. Dass der Spionageaspekt als wichtig eingeschätzt wurde, ist auch daran zu erkennen, dass die HA XX im Zuge der Vorbereitung

147 Auch nach ihrer Rückkehr in die DDR unternahm die junge Frau mehrere Versuche, wieder mit ihrem in der Bundesrepublik lebenden Verlobten zusammenzukommen. Vergeblich: Nachdem eine Reisesperre gegen sie verhängt wurde, waren weitere Begegnungen des Pärchens in Drittländern unmöglich. Beide hatten bereits in Bulgarien während der Haft um eine Heiratserlaubnis nachgesucht, die ihnen jedoch nicht erteilt wurde. Im Mai 1966 beantragte die junge Frau beim Rat der Stadt Arnstadt die Heiratserlaubnis mit ihrem West-Verlobten. Der Antrag wurde abgelehnt. Später stellte sie mit der gleichen Begründung einen Antrag auf Übersiedlung in die Bundesrepublik. Der Vorgang wurde vom MfS erst 1971 eingestellt, nachdem sie einen jungen Mann aus der DDR geheiratet hatte. Archivierter Operativer Vorgang: BStU MfS BV Erfurt AOPK 404/72.
148 Hauptabteilung XX (Sicherung des Staatsapparats): BStU MfS HA XX Nr. 232, S. 58. In der Ende 1966 von Fleischhauer verfassten Bilanz heißt es hingegen, dass das MfS 1965 30 erfolgreiche Fluchtversuche in der Volksrepublik registrierte, ebd., S. 91.

eines bevorstehenden Bulgarienbesuchs von Erich Mielke Gedankenspiele über die Entsendung eines ständigen Mitarbeiters in der Volksrepublik entwickelte. Dieser müsse Kenntnisse auf der Linie HA II (Spionageabwehr) haben, hieß es, da die Bekämpfung feindlicher Geheimdienststellen „eine Rolle" spiele.[149] Ein solcher Mitarbeiter müsse allerdings dem Leiter der Operativgruppe unterstellt sein. Zugleich regte die HA XX in diesem im Oktober 1965 verfassten Papier die Entsendung einer Beobachtergruppe nach Bulgarien an, um „alle Hinweise, die auf eine Republikflucht schließen" ließen, besser bearbeiten zu können. Diese Einheit müsse mit der notwendigen Technik ausgerüstet sein und solle während der Sommermonate ständig am Goldstrand und am Sonnenstrand im Einsatz sein, wobei der Leiter der Einheit ebenfalls dem Leiter der Operativgruppe unterstellt werden müsse.

Hauptmann Grunert war es in seinem zweiten Einsatzjahr gelungen, das „Reisebüro der DDR" weitgehend neu aufzustellen. Obwohl es „sehr schwierig" sei, die Interessen eines Reisebüros und eines Geheimdienstes unter einen Hut zu bringen, weil es „objektiv keine gemeinsamen Interessen" gab, gelang es Grunert „die Sicherheitsfragen entsprechend ihrer Bedeutung in den Vordergrund zu stellen."[150] Und den staatlich organisierten DDR-Auslandstourismus etwas zugespitzt formuliert zu einer Filiale des MfS umzubauen.

Bevor Grunert Anfang September 1966 nach zweijähriger Auslandstätigkeit endgültig in die DDR zurückkehrte, regte er an, den Sitz der Operativgruppe aus Varna an die südliche Schwarzmeerküste nach Nessebar zu verlegen und die Zahl der IM in den bulgarischen Vertretungen des „Reisebüros der DDR" weiter zu erhöhen. Nützlich seien auch mehr „Angehörige der bewaffneten Organe" als Reiseleiter für die DDR-Touristen.

Ausgeschieden aus der Urlauberüberwachung in Bulgarien ist Herbert Grunert nach seiner Ablösung als Leiter der Operativgruppe aber keineswegs. Nachdem ihn Angel Solakov im Sommer 1966 noch mit dem Ehrenabzeichen des Komitees für Staatssicherheit der Volksrepublik Bulgarien „für aktive operative Hilfe" dekoriert hatte, durfte er zunächst die Bezirksparteischule der SED in Potsdam besuchen, bevor er – zum Major befördert – als Referatsleiter in die Hauptabteilung XX/5 aufstieg. Grunert blieb der „Spiritus rector" der Überwachung des DDR-Auslandstourismus. Er war in den folgenden Jahren unter anderem für die Auswahl der „Reisebüro"-Repräsentanten nach Bulgarien und Ungarn zuständig.[151]

149   Hauptabteilung XX (Sicherung des Staatsapparats): BStU MfS HA XX 18345, S. 6.
150   Hauptabteilung XX (Sicherung des Staatsapparats): BStU MfS HA XX Nr. 232, S. 73.
151   Archivierter IM-Vorgang: BStU MfS AIM 4854/74 II/1, S. 163.

Der Fall Karl-Heinz Engelmann / Siegfried Gammisch

Anfang Januar 1966 beschloss man in der Hauptabteilung XX des MfS, einen sehr jungen Mann zum Nachfolger Grunerts zu machen. Leutnant Manfred Fleischhauer (30), ein ehemaliger Mittelstufenlehrer für Mathematik, seit acht Jahren in Diensten des MfS und gegenwärtig Leiter des Referates V der Bezirksverwaltung (BV) Potsdam wurde zur HA XX/5 nach Ost-Berlin versetzt, um ihn rechtzeitig zu Saisonbeginn zum Oberleutnant befördert zum Einsatz nach Bulgarien schicken zu können. Fleischhauer, der aus Thüringen stammte, war erst seit Ende 1957 SED-Mitglied.[152] Ausgewählt wurde er vermutlich, weil er über Erfahrungen in der Bekämpfung der Fluchthilfe verfügte und Russisch-Kenntnisse besaß.

Gemeinsam mit Fleischhauer und Grunert, der die Einarbeitung des neuen Chefs zu erledigen hatte[153], schickte man erneut das Ehepaar Koch und zusätzlich den 34-jährigen Leutnant Bodo Troschke, der seit dem Sommer 1964 in der HA XX/5 in Ost-Berlin im Referat „zur Bekämpfung des organisierten Menschenhandels über das sozialistische Ausland" eingesetzt war. Troschke[154], von Beruf ursprünglich Unterstufenlehrer, war direkt nach Beendigung einer zweijährigen Ausbildung an der Offiziersschule der Dresdener Bereitschaftspolizei zum MfS gekommen.

Das Jahr 1966 brachte einen deutlichen Zuwachs an Urlaubern aus der Bundesrepublik in die Volksrepublik Bulgarien (plus 15 000), wodurch sich die Ausgangslage für die Operativgruppe erschwerte. Legt man zugrunde, dass sich der Großteil der Urlauber aus beiden deutschen Staaten in den Bereichen Varna und Nessebar konzentrierten, lässt sich ahnen, dass die ostdeutschen Fluchtverhinderer viel zu tun hatten. Fleischhauer, der den Stützpunkt der Operativgruppe nach Nessebar verlegte, berichtete über eine Zunahme der „Feindtätigkeit", womit in erster Linie Fluchthilfe gemeint war. Die Staatssicherheit registrierte 97 Fluchtversuche – von denen 20 erfolgreich waren –, und fast 1 000 DDR-Bürger wurden aktenkundig, weil sie in der einen oder anderen Form während ihres Aufenthaltes in Bulgarien verdächtige unerwünschte Kontakte zu Bundesbürgern und Besuchern anderer westeuropäischer Länder unterhielten.

Schauen wir uns zunächst die registrierten Fluchtversuche an der bulgarisch-griechischen Grenze im Bereich des Wintersportortes Pamporovo in den Rhodopen an. Hier war im Vorjahr Werner Gambke erschossen und Bernd M.* durch Schüsse verletzt worden. Bereits am 1. März 1966 verließen drei Jugendliche,

152 Kaderakte Werner Fleischhauer: BStU MfS KS 4446/90.
153 Kaderakte Herbert Grunow: BStU MfS KS II 489/89.
154 Kaderakte Bodo Troschke: BStU MfS KS 20604/90.

alle um die 20 Jahre alt, unter einem Vorwand ihre Reisegruppe. Die drei jungen Männer, ein Zwillingspaar aus Sachsen und ein 19-jähriger Kabelfacharbeiter aus Ost-Berlin, hatten ihre Flucht bereits seit Monaten geplant. Nachdem sich jedoch einer der beiden Zwillinge kurz nach der Ankunft in Pamporovo bei einem Ski-ausflug beide Handgelenke verletzt hatte, musste das Unternehmen um einige Tage verschoben werden. Nach Aktenlage hatten die jungen Männer eine Land-karte und einen Kompass bei sich. Ihr Marsch durch unbewohntes, verschneites Gebirgsland muss sehr anstrengend gewesen sein. Spätestens am Abend ihres Verschwindens hat der Reiseleiter Alarm bei den Grenztruppen ausgelöst. Fest-genommen wurden die jungen Männer schließlich am 2. März 1966, bei einem Sägewerk in der Nähe eines Dorfes. Zu diesem Zeitpunkt befanden sie sich bereits auf dem Rückmarsch nach Pamporovo, nachdem sie ihren Fluchtplan aufgegeben hatten.

Nur einen Monat nach diesen Ereignissen, am 2. April 1966, traf wieder eine Reisegruppe mit jungen Leuten aus der DDR zum Skifahren in Pamporovo ein. Zu dieser Gruppe gehörten der 18-jährige Karl-Heinz Engelmann und der 19-jährige Siegfried Gammisch, zwei Schulfreunde aus Schwarzenberg, einer Kreisstadt in Sachsen. Die beiden jungen Männer trennten sich am Ostersonntag (10. April 1966) bereits nach dem Frühstück von ihrer Reisegruppe. Sie hatten sich zuvor bereits mehrmals unerlaubt von ihrer Reisegruppe entfernt und waren gewarnt worden, weil sie sich „im grenznahen Raum" befanden.[155] Die weiteren Ereig-nisse jenes Tages lagen jahrzehntelang im Dunklen, weil alle relevanten Akten aus der DDR-Botschaft und dem MfS verschwanden und sowohl bulgarische als auch ostdeutsche Regierungsstellen – bis hin zum bulgarischen Roten Kreuz – ein wahres Netzwerk an Lügen spannen. Erst Recherchen des Verfassers in der Berliner Staatsanwaltschaft und ein spektakulärer Aktenfund in den Beständen der Generalstaatsanwaltschaft der DDR erbrachten vollständige Klarheit. Die beiden jungen Männer begaben sich an diesem Tag durch das verschneite Gebirge in Richtung der griechischen Grenze. Nachdem ihr Fluchtversuch den Organen des Bulgarischen Innenministeriums (Bulgarische Abkürzung: MWR) in Smo-lyan um 18:20 Uhr von einem in Pamporovo bei „Balkantourist" beschäftigten Klempner namens Georgi Manolov Christov gemeldet worden war[156], wurden sie von einer Alarmgruppe der bulgarischen Grenztruppen mit einem Spürhund verfolgt und schon bald eingeholt. Die beiden Teenager starben am selben Abend

---

155 BStU MfS BV KMS StOp 99 Bd. 2, S. 198.

156 Nach den vorliegenden Dokumenten hatte Georgi Manolov Christov die beiden entweder während eines Spaziergangs gesehen, oder aber – was wahrscheinlicher ist – im Hotel von deren Verschwinden gehört.

um 21:35 Uhr, 5 000 Meter nordöstlich vom Dorf Arda, an einem Berghang mehr als drei Kilometer von der griechischen Staatsgrenze entfernt.

An der tödlichen Menschenjagd beteiligt waren der Unterleutnant Dimitar Boshikov Madsharov von der Einheit 10240 (Smolyan), der Unteroffizier Georgi Iwanov Stoitzev (Hundeführer) und der Gefreite Vassil Simeonov Vassilev.[157] Stoitzev sah die beiden Jugendlichen nach knapp zweistündiger Verfolgung zuerst und gab auch die ersten Schüsse ab. Madsharov gab den Befehl, sie zu liquidieren, offenbar vor allem deshalb, weil er nicht länger hinter ihnen herlaufen wollte, da es an jenem Abend regnerisch und neblig war. Woraufhin alle drei Männer mit ihren Maschinengewehren das Feuer eröffneten. Engelmann und Gammisch haben an jenem Abend vermutlich erst Hundegebell gehört, danach kurzes Geschrei und dann das Geknatter der Maschinengewehre. Offenbar warf sich Gammisch zu Boden, während Engelmann sich umdrehte und die Hände hob.

Nachdem die Leichen noch am selben Abend vom deutschen Reiseleiter, der gemeinsam mit zwei bulgarischen Dolmetscherinnen von MWR-Mitarbeitern aus dem Hotel abgeholt wurde, am Tatort identifiziert worden waren, wie sich Jochen S.*, ein Teilnehmer der Reisegruppe im Interview mit dem Verfasser erinnert, erschien am nächsten Morgen bei sonnigem Wetter und guter Sicht zunächst Dr. Atanas Vassilev Cholakov, der Leiter der Gerichtsmedizin am Bezirkskrankenhaus Smolyan, am Tatort, um die beiden Leichen zu begutachten.[158] In seiner Begleitung befand sich neben dem Klempner, der die beiden Jungs denunziert hatte, der Untersuchungsrichter Atanas Christov Petrov vom MWR. Die Leichen der beiden Jugendlichen lagen auf dem Rücken, ihre Kleidung war blutdurchtränkt. Die beiden Toten trugen allerdings keine „weiße Deckungskleidung", wie es der Unterleutnant Madsharov ausgesagt hatte. Die Untersuchung von Dr. Cholakov ergab, dass Siegfried Gammisch zahlreiche Schussverletzungen im Bereich des Rückens aufwies und an einem Blutsturz in der Bauchhöhle gestorben war. Die Kugeln hatten ihn von hinten getroffen, vermutlich nachdem er sich zu Boden geworfen hatte, sein Tod ist schnell erfolgt. Ganz ähnlich sah das Verletzungsmuster bei Karl-Heinz Engelmann aus. Auch er hatte zahlreiche innere Verletzungen erlitten, nachdem er von mehreren Kugeln getroffen worden war, allerdings im Gegensatz zu Gammisch laut Dr. Cholakov nicht von hinten, sondern von vorne,

---

157   Nach einem anderen bulgarischen Dokument gehörte der Alarmgruppe auch der Unteroffizier Kiril Lipovanov an.

158   Zum Fall Engelmann/Gammisch fand sich in den Beständen der Generalstaatsanwaltschaft der DDR eine umfangreiche Akte, die auch das gesamte Nachspiel des Vorgangs umfasst. Diese Akte, die bereits damals zur Vernichtung vorgesehen war, wurde irrtümlich aufbewahrt.

und zwar auch im Bereich der Hände und Arme. Er wurde erschossen, während er mit erhobenen Händen auf seine Festnahme wartete.

Anschließend wurden die beiden Toten am frühen Nachmittag des 11. April an jenem Berghang in etwa 2 000 Meter Höhe von Grenzern unter die Erde gebracht, an dem sie umgebracht worden waren. Ob Cholakov sie zuvor wieder zunähte, ist aus den Protokollen nicht ersichtlich. Ebenso wenig ist unklar, wer sich das Geld, die Uhren, das Taschenmesser und einen Feldstecher der beiden jungen Männer einsteckte – diese Dinge blieben trotz Nachfragen aus Ost-Berlin verschwunden.

Das MfAA – genauer gesagt ein Fachgebietsleiter namens Dr. Peter Krause in der Hauptabteilung Konsularische Beziehungen –, erhielt davon durch eine offizielle Mitteilung des bulgarischen Außenministeriums an die DDR-Botschaft in Prag Kenntnis, in der es hieß, die Leichen hätten wegen „großer Hitze" [!] sofort begraben werden müssen. Außerdem habe sich die Flucht in einem unwegsamen Felsgebiet ereignet, für ein Abtransport wäre ein Hubschrauber erforderlich gewesen. Krause, SED-Mitglied seit 1951, Absolvent der „Akademie für Staat und Recht", war inoffizieller Mitarbeiter der Hauptverwaltung Aufklärung (HV A VI, Abteilung „Operativer Reiseverkehr") und für die Bearbeitung von „Strafsachen und Republikfluchten" (Sektion II) zuständig.[159] Krause war es, der im Juni 1966 als erster erfuhr, dass das MfS im Besitz der beiden Sterbeurkunden aus Bulgarien war.

Das Vorgehen der Bulgaren, getötete Flüchtlinge – und zwar vor allem Personen bulgarischer Nationalität, aber eben auch DDR-Flüchtlinge – direkt im Grenzgebiet zu verscharren, war ganz offiziell im Statut der bulgarischen Grenzsicherungsorgane festgelegt. Die Begründung ist mehr als erschütternd: Nach offizieller damaliger Lesart galt es in der Volksrepublik als „unzumutbar", „unmittelbar neben friedlichen Bürgern" „Verbrecher" zu beerdigen. Außerdem war das Regime in Sofia nicht an Besuchen oder etwaigen Demonstrationen an diesen Gräbern interessiert. Der Verfasser stieß bei seinen Recherchen immer wieder auf den Umstand, dass SED-Amtsträger in der DDR diesbezüglich im Bilde waren und diese menschenverachtende Praxis offenbar für geradezu vorbildlich hielten.

Das MWR informierte sofort die Konsularabteilung der DDR-Botschaft in Sofia über den Tod der beiden jungen Männer. Die Botschaft informierte anschließend ihrerseits sofort das MfAA und die Abteilung I A („Staatsverbrechen") der Generalstaatsanwaltschaft der DDR, die den Staatsanwalt des Bezirks Karl-Marx-Stadt in Kenntnis setzte, der den Auftrag erhielt, die Eltern in Kenntnis zu setzen. Dabei sei so zu argumentieren, dass „die beiden Täter" in Bulgarien „bei einer strafbaren Handlung gestellt" worden seien und sich durch die Flucht

---

159   Hauptabteilung II (Spionageabwehr): BStU MfS HA II / 10433.

„der Festnahme entziehen" wollten. Daher sei zu ihrer „Habhaftmachung" von der Schusswaffe Gebrauch gemacht worden, wobei „die beiden Bürger tödlich verletzt" wurden.[160] An dieser Stelle schaltete sich nun der Stellvertretende Generalstaatsanwalt der DDR, Werner Funk, ein und forderte bei den Kollegen in Sofia die Totenscheine, Sterbeurkunden, Sektionsprotokolle, den Ermittlungsbericht und den Tatortbefundsbericht der beiden „bei der Abwehr eines von ihnen in der Volksrepublik Bulgarien begangenen verbrecherischen Anschlages" [!] tödlich verletzten Engelmann und Gammisch an, und zwar zur „ausschließlichen Verwendung" in der Ost-Berliner Generalstaatsanwaltschaft. Funk verwahrte sie in seinem Panzerschrank.

Doch die Eltern von Engelmann und Gammisch, die am 13. April vom Tod ihrer Kinder erfuhren hatten und außer sich vor Zorn und Trauer waren, ließen sich mit der Mitteilung, dass ihre beiden Söhne an Ort und Stelle beerdigt worden seien, weil Bulgarien angeblich die Überführung aus „klimatischen Gründen" abgelehnt habe, nicht zufrieden stellen. Und beschwerten sich, nachdem man ihnen auch im „Reisebüro der DDR" wegen „Schweigepflicht" keine Auskunft erteilen wollte, bei Staats- und Parteichef Walter Ulbricht. Zuvor war ihnen von verschiedener Seite erklärt worden, ihre Kinder seien „an Ort und Stelle", „in Smolyan", „bei Smolyan" und „auf dem nächsten Friedhof" beigesetzt worden. Hätten sie den genauen Platz im Sperrgebiet tatsächlich selbst gefunden, hätte das Risiko bestanden, dass sie ebenfalls an Ort und Stelle erschossen, zumindest aber auf dem Weg dorthin festgenommen worden wären.

Woraufhin die DDR-Behörden bereits vier Tage nach dem gewaltsamen Tod der beiden Teenager den Vater von Karl-Heinz Engelmann ins Visier nahmen. Der Schuhmachermeister war ein ehemaliger SA-Obersturmführer und galt als Gegner des „Arbeiter- und Bauernstaates". Damit sollte offenbar suggeriert werden, dass der Vater des toten Jungen eine Art politische Rebellion anführte. Der Grund für die Empörung der Eltern hing jedoch damit zusammen, dass ihnen Peter Krause im MfAA „aus Versehen" [!] versprochen hatte, man werde sich um die Überführung kümmern. Er hatte sich schlicht verplappert. Unklarheit gab es aber auch wegen zweier unterschiedlicher Todesdaten der beiden Teenager und deren Beruf, wie einem handschriftlichen Brief von Karl-Heinz Engelmanns 82-jähriger Großmutter an den „sehr geehrten Staatsrat Herrn Walter Ulbricht" zu entnehmen ist: „Am 10. dieses Monats sollten den beiden Familien endlich die Sterbeurkunde übergeben werden. In dieser heißt es, dass der Fabrikarbeiter

---

160   Allgemeine Personenablage: BStU MfS BV KMS Allg. P. 3391/74, S. 7 f.

Karl-Heinz Engelmann am 10.4. [...] gestorben ist. Siegfried Gammisch ebenfalls. Sehr geehrter Herr Staatsrat, es ist wohl unmöglich, am 10.4. zu sterben und am 11. zum 12.4. in der Nacht erschossen zu werden. Die Kinder, die kurz vor ihrer Reise den Facharbeiterbrief mit gut gemacht haben können doch keine Fabrikarbeiter sein."

Inzwischen diskutierte Staatsanwältin Anneliese Schüßler[161] mit ihrem Abteilungsleiter Gernot Windisch hinter verschlossenen Türen, ob man die in den Todesurkunden enthaltene Formulierung „auf der Flucht erschossen" nicht besser entfernen sollte. Sie schlug vor, durch das MfS vom Standesamt I in Berlin „eine neue Sterbeurkunde" ausstellen zu lassen – und so wurde es dann auch praktiziert. Ende Juni hatte Zanka Milkova, die Leiterin der Sektion „DDR-Reiseführer" bei „Balkantourist", dem MfAA in Ost-Berlin zwei Koffer mit dem Hab und Gut der beiden jungen Männer übergeben, in denen neben Geld und Uhren auch zwei Paar schwarze Schuhe fehlten, für die sich offenbar ebenfalls eine bessere Verwendung gefunden hatte.

Um die Eltern zu beruhigen, wurde ihnen wenig später von DDR-Dienststellen erklärt, die Wertsachen ihrer Kinder seien entnommen worden, um „die Särge" davon zu bezahlen, wie Siegfried Gammisch Vater dem von den Eltern beauftragten Rechtsanwalt Wolfgang Vogel Ende 1966 mitteilte.[162] Eine Lüge folgte der anderen. Und die Eltern der beiden Teenager waren aufmerksam genug, diese Lügen auch zu erkennen. Als sie auf den Todesurkunden ein anderes Datum lasen, als ihnen zunächst mitgeteilt worden war[163], lehnten sie deren Annahme ab. Daraufhin wurden ihnen die Dokumente per Post von der Generalstaatsanwaltschaft in Ost-Berlin zugestellt. Eine handschriftliche Notiz in der ausführlichen (und zur alsbaldigen Vernichtung bestimmten) „Beiakte" zum Vorgang Engelmann/

---

161 Anneliese Schüßler (1919–1987), 1947–1949 Stenotypistin bei der SMAD in Chemnitz, war 1961/62 Stellv. Abteilungsleiterin beim Generalstaatsanwalt der DDR (Abt. IA) und von 1962–1967 Staatsanwältin beim Generalstaatsanwalt der DDR (Abt. IA). Ihr Jura-Diplom hatte sie 1958 an der ASR in Potsdam-Babelsberg abgelegt. Von 1967 bis 1969 war sie Sekretariatsleiterin beim Staatsanwalt von Groß-Berlin, 1969 bis zum Eintritt in den Ruhestand (31.08.1979) Stellvertretende Staatsanwältin beim Staatsanwalt des Stadtbezirks Berlin-Treptow. Ihre Wohnung war 1958–1975 als IMKW „Tierpark" registriert (Archivierter IM-Vorgang: BStU MfS AIM 15468/75 u. AIM 118/84), anschließend wurde die Wohnung auch vom KGB genutzt.

162 Brief Wenzel Gammisch vom 07.12.1966 an RA Wolfgang Vogel. Kopie in: NL Wenzel Gammisch (AdA).

163 Zentrale Auswertungs- und Informationsgruppe: BStU MfS ZAIG 1306, S. 8; Allgemeine Personenablage: BStU MfS BV KMS Allg. P. 3391/74, S. 21 f. (Todesurkunde Nr. 50 u. 51 der Stadt Smolyan von 1966).

Gammisch der Generalstaatsanwaltschaft belegt, dass in den Sterbeurkunden „auf keinen Fall" ein Auszug aus dem Sterberegister oder ähnliches vermerkt werden durfte, um den Eltern keine Überprüfungsmöglichkeit zu geben. Doch auch Vogel erreichte nichts. Sein Versuch, eine Ausreisegenehmigung für die beiden Väter nach Bulgarien zu erreichen, war zwecklos. Die Arbeitsgruppe zur Sicherung des Reiseverkehrs (ASR) verhängte gegen den Schuhmachermeister eine zunächst bis zum 31. Dezember 1972 befristete Ausreisesperre nach Bulgarien.[164] Etwa zur selben Zeit bemächtigte sich im MfS der spätere Generalmajor Gerhard Niebling der Unterlagen. Gelöst war das Problem damit allerdings nicht. Die Eltern stellten sich nämlich ihrerseits auf den Standpunkt, sie würden angesichts der Widersprüche nicht glaubten, dass ihre Söhne überhaupt tot seien, wie der Schwarzenberger Kreisstaatsanwalt Pache im März 1967 der Generalstaatsanwaltschaft berichtete. Sie wollten sich unter allen Umständen selbst vom Tod ihrer Kinder überzeugen, nachdem sie erfuhren, dass die beiden Jungen im zuständigen Standesamt weiterhin als lebendig geführt wurden.[165] Was naturgemäß nicht möglich war, während höchste DDR-Staats- und Parteistellen zunehmend unwirsch auf ihre vielen Fragen reagierten. Nachdem sie auch in der Sprechstunde des Vorsitzenden des Staatsrats auftauchten, ließ sich Generalstaatsanwalt Streit gleich ganz verleugnen. Stattdessen musste Gernot Windisch ihnen im Sommer 1967 zwei Stunden lang Rede und Antwort stehen. Wenig später tauchte eine Beauftragte der Eltern, eine 42jährige Schwarzenbergerin, beim kurz zuvor neu eingesetzten DDR-Konsul in Sofia auf. Ihr sei gerüchteweise zugetragen worden, dass einer der beiden Jungs im Krankenhaus verstorben sei, erklärte sie dem DDR-Diplomat. Was ebenso wenig stimmte, wie das Gerücht, die Leichen der beiden jungen Männer seien am 15. April 1966 mit einem „besonderen Leichenwagen" auf den örtlichen evangelischen Johannes-Friedhof gebracht und „heimlich vergraben" worden.[166] Da zumindest das Gerücht über das heimliche Begräbnis nicht unter Kontrolle zu bringen war, ließ das MfS zu, dass die von ihnen vermutete mutmaßliche Grabstelle im Beisein der Eltern von Engelmann und Gammisch geöffnet wurde. Darin wurden stark veränderte Knochenreste einer weiblichen und einer männlichen Person, die vor weit über 20 Jahren beerdigt worden waren, entdeckt.

---

164 Hauptabteilung IX (Untersuchungsabteilung): BStU MfS HA IX/11 Nr. AS 93/67.

165 Eine Rückfrage der Generalstaatsanwaltschaft der DDR beim zuständigen Standesamt ergab, dass für im Ausland unnatürlich verstorbene DDR-Bürger „Sonderbedingungen des MdI" galten, wie einem Aktenvermerk zu entnehmen ist.

166 Brief Ilse Gammisch vom 28.07.1970 an das Ev. Pfarramt St. Georgen. In: Allgemeine Personenablage: BStU MfS BV KMS Allg. P. 3391/74, S. 41.

Als die DDR-Behörden schließlich Ende 1974 erstmals bei der Militärstaats-anwaltschaft in Bulgarien energisch wegen der Überführung der Leichen von Engelmann und Gammisch nachfragten und bulgarischerseits Nachforschungen durchgeführt wurden, stellte sich heraus, dass die betreffende Stelle nach Angaben des Stellvertreters des Leiters der Konsularabteilung im bulgarischen Außen-ministerium, Kovatschev, nicht mehr auffindbar war. Wobei die Beiakte zum Fall Engelmann/Gammisch klar belegt, dass alle wichtigen Entscheidungen seitens der Generalstaatsanwaltschaft beim MfS stets mit dem „Gen. Peter Pfütze" abge-stimmt wurden.

Dass die Eltern von Engelmann und Gammisch – denen man im Juli 1976 durch zwei hohe Stasi-Offiziere aus Ost-Berlin noch einmal das Märchen auf-tischte, ihre Söhne seien mit „weißen Schneeanzügen getarnt" gewesen – bis an ihr eigenes Lebensende den „brennenden Wunsch" hatten, endlich an die Gräber ihrer Söhne gehen zu können, geht aus dem kurz nach der Wende verfassten Brief eines Schwarzenberger Pfarrers hervor: „Durch Zufall erfuhr ich, dass Engel-manns auf eine Reaktion seitens der Kirche warten. Daraufhin unternahm ich einen Hausbesuch. Zum einen begegnete mir Offenheit, zum anderen die riesige Erwartung, die ‚Karten (endlich) offen auf den Tisch zu legen'. Frau Gammisch suchte selbst das Gespräch bei mir und bei ihr erlebte ich die gleiche Erwartung, endlich das Schweigen zu brechen."[167]

Der Wunsch blieb jedoch unerfüllt. Keines der Elternteile hat die Auflösung des Rätsels erlebt. Keiner von ihnen hat jemals die auf Deutsch und Bulgarisch beschriftete farbige Skizze in den Akten der DDR-Generalstaatsanwaltschaft gesehen, auf dem der genaue Platz eingezeichnet wurde, an dem ihre Kinder unter die Erde kamen. Geschweige denn, dass sie diesen Ort je besuchen durften.

Dass es in dieser Phase eine stattliche Dunkelziffer noch nicht namentlich bekannter getöteter DDR-Flüchtlinge in Bulgarien gibt, ist eine gesicherte Tat-sache. Der Verfasser stieß bei Nachforschungen in Bulgarien auf einen Fall, der sich im Frühsommer 1965 im Raum Pamporovo ereignete. Dr. Anton Paschev aus Assenovgrad nahm als Assistent des eben erwähnten, zwischenzeitlich ver-storbenen Dr. Cholakov persönlich an einer derartigen Obduktion teil, wie er dem Verfasser berichtete. Ein Wagen des Innenministeriums mit zwei Zivilisten hatte ihn an jenem Tag abgeholt. Während der Fahrt habe niemand gesprochen. Schließlich trafen sie in einem Tannenwald unweit der 13. Zastava ein. Paschev sah einige Meter entfernt Soldaten mit Schaufeln, die bereits Gräber aushoben:

---

167 Brief Pfr. Christian Haustein vom 26.02.1994 an Pfarrer Neuhof und Pfarrer Düring. Kopie in: Sammlung Engelmann (AdA).

„Ich musste die beiden Toten von der Vorder- und Rückseite genau betrachten. Es waren zwei junge Männer, etwa Mitte 20, erkennbar keine Bulgaren. Sie lagen auf dem Rücken, trugen sportliche Kleidung. Beide hatten etwa ein halbes Dutzend Einschüsse im Unterleib. Dr. Cholakov sagte mir später, dass die Papiere der Opfer an die DDR-Botschaft in Sofia geschickt worden seien."[168] Paschev, der im selben Sommer auch die Leichen von vier bei einem Fluchtversuch erschossenen Abiturienten aus Pleven in der Nähe des Dorfes Mugla obduzierte, ist sicher, dass die Zahl der in Bulgarien erschossenen DDR-Flüchtlinge erheblich höher ist, als bisher bekannt. Zwei andere Zeitzeugen berichteten dem Verfasser, dass Mitte der 1960er Jahre zwei Söhne eines Arztes aus Aue (Erzgebirge) bei einer Schwarz-meerflucht getötet worden seien.

Der Tod des 23-jährigen Maschinenbauers Bernd H. aus Apolda, der am 22. Juli 1966 aus seiner Reisegruppe verschwand, könnte auch ein Unfall gewesen sein. Bernd H. wurde das letzte Mal am Strand von Nessebar gesehen. Fünf Tage später wurde seine Leiche angespült. Ob es sich um einen Badeunfall oder eventuell um einen missglückten Fluchtversuch handelte, bleibt unklar: „Die Umstände seines Ertrinkens wurden bis zur Abreise der Reisegruppe noch nicht ermittelt."[169]

Doch zurück ins Jahr 1967, nach Pamporovo. Der 27-jährige Tischler Jochen S.* aus Rangsdorf gehörte der gleichen Reisegruppe wie Engelmann und Gam-misch an. Er plante ebenfalls die Flucht nach Griechenland, seine Mutter war einige Tage vor den Ereignissen als Rentnerin legal nach West-Berlin umgesiedelt. Doch nachdem er von der bulgarischen Dolmetscherin Emilia, mit der er sich angefreundet hatte, am späten Abend des 10. April 1966 im Vertrauen erfahren hatte, dass Engelmann und Gammisch erschossen worden seien, änderte er – völlig schockiert – seine Pläne. Zurück in die DDR konnte er nicht, weil er seine Wohnung vor der Abreise bereits vollständig aufgelöst hatte. Die Dolmetscherin warnte ihn, dass die Grenzsteine, die er bei einer heimlichen Erkundung des bulgarisch-griechischen Grenzgebietes gesehen hatte, nur eine Attrappe seien und dass das eigentliche Grenzgebiet erst dahinter begänne. Dort gäbe es kein Durchkommen, dort stünden Grenzer versteckt in Gräben und warteten nur auf Flüchtlinge.

Und so verließ Jochen S.* heimlich die Reisegruppe und fuhr mit seiner bulgarischen Freundin nach Sofia, um in der DDR-Botschaft eine Verlängerung seiner Aufenthaltserlaubnis zu erreichen. Doch der Antrag wurde von der Kon-sularabteilung abgelehnt. Eine Lösung fand sich erst im bulgarischen Außen-

---

168 Interview mit Dr. Anton Paschev (Assenovgrad), 21.10.2009.
169 Hauptabteilung XX (Sicherung des Staatsapparats): BStU MfS HA XX 9385, S. 93.

ministerium, wo man ihm, nachdem er erklärt hatte, Emilia heiraten zu wollen, eine beschränkte Aufenthaltserlaubnis für Vidin erteilte, den Heimatort seiner Freundin. Jochen S.* wurde schließlich am 18. Mai 1966 völlig entkräftet und mittellos von jugoslawischen Milizionären festgenommen, nachdem ihm zuvor die Flucht über die bulgarisch-jugoslawische Grenze gelungen war. Sie übergaben ihn noch am selben Tag den bulgarischen Sicherheitsorganen. Seine Schutzbehauptung, zwei bewaffnete Männer hätten ihn nach Jugoslawien entführt, nahm man ihm nicht ab.[170]

Im Sommer 1966 stieg die Zahl der DDR-Flüchtlinge in Bulgarien sprunghaft an. In der Regel handelte es sich um junge Leute, meist Anfang 20, ganz überwiegend Männer. Der 22-jährige Peter M.*entspricht genau diesem Schema. Der gelernte Chemiefacharbeiter aus Berlin-Niederschöneweide war nach dem Tod seiner Mutter im Kinderheim aufgewachsen. 1961 mit seinem Zwillingsbruder in den Westen geflohen, 1965 freiwillig in die DDR zurückgekehrt, entschloss er nach einem Streit mit seiner Partnerin kurzfristig zum Fluchtversuch. Peter M.* fuhr mit einem Taxi in Richtung der Grenzübergangsstelle Kalotina. Etwa 150 Meter vor der Grenze stieg er an jener Tankstelle aus, an der im Vorjahr die Söhne von Johanna G.* gewartet hatten. Peter M.* stellte schnell fest, dass die Grenze in diesem Abschnitt inzwischen zu gut gesichert war und gab seinen Fluchtplan auf. Grenzsoldaten stellten ihn, als er sich auf dem Rückweg entlang der Fernverkehrsstraße nach Sofia befand. Auch in diesem Fall machten die Grenzer von ihren Maschinengewehren Gebrauch.[171]

Der 25-jährige Jürgen R.* ist vermutlich der erste DDR-Bürger, der sich mit einem der in der DDR sehr populären Faltboote aufs Schwarze Meer wagte, um auf diesem Wege in die Türkei zu gelangen. Er hatte seine Reisegruppe am 20. Juli 1966 verlassen und war in der Abenddämmerung aufs offene Meer gefahren. An Bord befanden sich neben einem Trinkwasserbehälter auch eine Luftmatratze und ein Taucheranzug. Nachdem er in der Nacht unentdeckt geblieben war, wurde er am nächsten Morgen etwa 1,5 Seemeilen vor der Küste von zwei bulgarischen Patrouillenbooten gestellt.[172]

Zwei andere Fälle ereigneten sich ebenfalls im türkischen Grenzgebiet. Der 27-jährige Schweißer Georg Z.* aus einer Gemeinde im Landkreis Leipzig wollte per Anhalter in den verbotenen Grenzort Rezovo, der sich in unmittelbarer Nähe der türkischen Grenze und weit innerhalb der Sperrzone befand. Nachdem ihn

170 Allgemeine Sachablage: BStU MfS AS 146/69, Bd. 8a, S. 228 ff.
171 Allgemeine Sachablage: BStU MfS AS 146/69, Bd. 9, S. 92 ff.
172 Allgemeine Sachablage: BStU MfS AS 146/69, Bd. 3, S. 93 ff.

niemand mitnehmen wollte, gelang es ihm den Bus nach Mitschurin zu besteigen. Als er sah, dass an der Bushaltestelle in Mitschurin Milizionäre standen, sprang er aus dem Bus und konnte die Ortschaft unbemerkt verlassen. Festgenommen wurde er erst, nachdem ihn Bauern denunziert und Grenzsoldaten alarmiert hatten. Das Bulgarische Innenministerium bestätigte dem MfS in Bearbeitung des Falles, dass der bloße Aufenthalt in Mitschurin „ohne staatliche Genehmigung strafrechtlich verfolgt" werde. [173]

Eher untypisch – zwei Frauen, kein Motiv im Zusammenhang mit Partnerschaft oder Familie – war dagegen der spontane Fluchtversuch zweier junger Frauen aus Ost-Berlin. Die 29-jährige Textilverkäuferin Marta H.* und die 24-jährige Stenotypistin Karin W.* hatten den Goldstrand bei Varna gebucht. Bei einer für DDR-Urlauber genehmigten Omnibusfahrt ins benachbarte Rumänien bemerkten sie, dass die dortige Grenze nicht sonderlich stark bewacht war. Sie schlossen daraus, wie sie bei ihrer Vernehmung erklärten, dass es einfach sein müsse, in die Türkei zu gelangen. Am 20. August 1966 fuhren sie zunächst mit dem Taxi nach Bourgas und von dort per Anhalter zur Grenzübergangsstelle „Kapitan Andreevo". Dort wurden beide um 23 Uhr festgenommen. [174]

Rätselhaft bleibt, wie die am selben Tag erschienene *Frankfurter Neue Presse* zu der Erkenntnis gelangte, die Volksrepublik Bulgarien habe ihre Grenzkontrollen „nach jahrelangen vergeblichen Bemühungen [Ost-Berlins], die Flucht von Zonenbewohnern über die Ostblockstaaten in den Westen zu unterbinden" [175] in jenem Sommer verschärft. Zum einen hatte Ost-Berlin keineswegs vergeblich um strengere Kontrollen ersucht, zum anderen gab es im Sommer 1966 auch keine Verschärfung des Grenzsicherungssystems. Die Operativgruppe des MfS war bereits seit zwei Jahren im Land. Genau genommen war sogar das Gegenteil der Meldung richtig. Das MfS kritisierte 1966 „Mängel und Unzulänglichkeiten" bei der Übernahme von Ermittlungsverfahren von in Bulgarien verhafteten DDR-Flüchtlingen. Immer wieder war es vorgekommen, dass sich festgenommene Flüchtlinge während der U-Haft in Bulgarien miteinander austauschen und ihre Aussagen absprechen konnten. Darüber hinaus wollte der ostdeutsche Staatssicherheitsdienst erreichen, dass die festgenommenen DDR-Bürger schneller an das MfS übergeben wurden. Alle fraglichen Personen hätten über die „äußerst schlechte Verpflegung" und „starke Belästigung durch Ungeziefer in den dortigen Haftanstalten" geklagt.[176]

---

173 Allgemeine Sachablage: BStU MfS AS 146/69, Bd. 12, S. 349 ff.
174 Allgemeine Sachablage: BStU MfS AS 146/69, Bd. 6, S. 249 ff.
175 Pankows Drängen hat Erfolg. In: „Frankfurter Neue Presse", 20.08.1966, PIA.
176 Hauptabteilung IX (Untersuchungsabteilung): BStU MfS HA IX MF 11968.

Die schlechten Haftbedingungen in Bulgarien hat auch das Ehepaar Dr. Karl-Heinz* und Renate W.* aus Ost-Berlin kennengelernt, die im Sommer 1966 durch den in West-Berlin operierenden Fluchthelfer Karl-Heinz Bley („KMHB Schütz/Jentsch/Bley") via Bulgarien in den Westen gelangen wollten. Die Fluchtabsicht der beiden Chemiker war dem Staatssicherheitsdienst bereits in der DDR geworden. Darüber hinaus kannte das MfS die Pläne von Bley. Man wusste in Ost-Berlin, dass Bley und ein „gewisser Werner" nach Istanbul reisen würden, um das Fluchtvorhaben vorzubereiten. Seitdem das Ehepaar Ende Mai in Nessebar eingetroffen war, stand es unter operativer Kontrolle des MfS. Und lange mussten die Beobachter tatsächlich nicht warten. Bereits am 3. Juni 1966 fuhr vor dem Hotel „Balaton" ein weinroter Opel „Kapitän" vor. Am Steuer ein Mann, der genau der Beschreibung des gewissen Werner entsprach. Das Ehepaar bestieg den Wagen, in dem insgesamt drei Verstecke eingebaut waren. Zum einen, wie üblich, im Hohlraum zwischen der hinteren Sitzbank und dem Kofferraum. Außerdem im Motorraum zwischen Motorblock und Kühler und im vorderen rechten Kotflügel.[177] Eine Weile wurde der Wagen von einem Wartburg mit Stasi-Leuten noch verfolgt. Der drehte dann aber ab, als man sich sicher war, dass die Fahrt zur Grenzübergangsstelle „Kapitan Andreevo" gehen würde. Die Fahndung war eingeleitet, die Festnahme nur noch eine Formsache. Das Bemerkenswerte an diesem Fall ist, dass nicht nur das Ehepaar aus der DDR, sondern auch der westdeutsche Fluchthelfer Werner Bäcker, 29, Versicherungsvertreter aus Berlin-Charlottenburg, an die DDR ausgeliefert wurde. „Das Motiv für die Auslieferung […] ist in Bonn nicht bekannt. Man weiß nur, dass der Betroffene kurz darauf in einem großen Prozess in Ost-Berlin als ‚gewerbsmäßiger Fluchthelfer' zu sechs Jahren Zuchthaus verurteilt worden ist", hieß es in der *Frankfurter Allgemeinen Zeitung*.[178] Werner Bäcker[179] wurde nach dem Schauprozess[180] in der Sonderhaft-

---

177 Juristische Hochschule des MfS: BStU MfS JHS 20511, S. 79.

178 Sofia bestreitet Auslieferung. In: „Frankfurter Allgemeine Zeitung" vom 30.08.1967. In: Zentrale Auswertungs- und Informationsgruppe: BStU MfS ZAIG 9935, S. 32.

179 Bäcker, Werner: Nur der Tod kann dich befreien… Mein Leben als Fremdenlegionär und Fluchthelfer. Graz 2008.

180 Provokateure und Terroristen vor Gericht. In: „Neues Deutschland" (Ost-Berlin) vom 06.08.1966, S. 1; Aufmarsch der Ganoven. In: „Neues Deutschland" vom 07.08.1966, S. 2; Spione und Agenten im Bonner System des verdeckten Krieges. In: „Neues Deutschland" vom 09.08.1966, S. 2; Schwerste Verbrechen erfordern strenge Strafe. In: „Neues Deutschland" vom 10.08.1966, S. 2. Kurioserweise war die ND-Prozessberichterstatterin in den 1950er Jahren selbst, allerdings ohne es zu wissen, über mehrere Jahre die Geliebte eines der wichtigsten CIA-Agenten in der DDR.

anstalt „Bautzen II" untergebracht und gelangte erst Ende 1971 auf Antrag der Generalstaatsanwaltschaft der DDR „zur Bewährung" wieder auf freien Fuß.[181] Wenn Frauen aus der DDR über Bulgarien in den Westen zu fliehen versuchten, ging es in den allermeisten Fällen entweder um Familienzusammenführung oder um Liebe und Partnerschaft. Während der Aspekt der Familienzusammenführung im Laufe der Jahre an Bedeutung verlor, blieb das Fluchtmotiv Liebe und Partnerschaft auch in den späteren Jahren wichtig. Ein typischer Fall aus dieser Kategorie ist die Geschichte des saarländischen Leistungssportlers Leo Schorr. Er hatte 1960 als Teilnehmer am Sportfest der „BSG Lokomotive Cottbus" eine junge Frau kennengelernt, mit der sich eine intensive Brieffreundschaft entwickelte. 1963 hatte sich das Paar verlobt. Die 24-jährige streng katholisch erzogene Säuglingsschwester hing sehr an ihrer Familie und glaubte zunächst, Leo Schorr wolle zu ihr in die DDR übersiedeln. Als sich das Paar im August 1966 wieder einmal in Ost-Berlin traf, sagte er ihr, er wolle sie via Bulgarien in den Westen holen, sie solle deshalb bei ihrer bevorstehenden Urlaubsreise auch die Geburtsurkunde und das Ausbildungszeugnis mitnehmen. Nach Aktenlage wusste das MfS im Vorfeld nichts über den Fluchtplan.

Als die junge Frau am 14. September 1966 auf dem Flughafen in Varna eintraf, warteten Schorr und ein Freund bereits in der Ankunftshalle auf sie. Sie verständigten sich nur durch Augenkontakt, um keinen Verdacht zu erregen und sahen sich erst am Morgen des nächsten Tages am Strand wieder. Am Abend dieses ersten Urlaubstages verabredeten sich die drei jungen Leute, um das Pkw-Versteck außerhalb von Varna zu testen. Alles klappte ohne Probleme. Sie konnte bequem seitlich darin liegen. Und so wurde die Flucht für den Abend des folgenden Tages verabredet, und zwar an einer Tankstelle, zu der sie erst nach einer Busfahrt gelangen konnte. Hier musste sie eine halbe Stunde auf Leo Schorr warten, der herausfinden wollte, ob es Verfolger gab. Erst dann fuhren sie gemeinsam in Richtung der Grenzübergangsstelle „Kapitan Andreevo". Weil es zahlreiche Verkehrskontrollen durch Miliz und Armeeangehörige gab, musste sich die junge Frau bereits eher als geplant in das Versteck zwischen Rückenlehne und Kofferraum legen. Nach einer fünfzehnminütigen Fahrt traf der Opel „Kapitän" mit dem westdeutschen Nummernschild bei einer Verkehrskontrolle schließlich an der Grenzübergangsstelle ein. Es war 2 Uhr morgens. Schorr, sein Freund und die von den Grenzern sofort entdeckte Verlobte wurden festgenommen.

Schorr kam seine Bekanntheit zugute. Nachdem mehrere bundesdeutsche Tageszeitungen am 20. Oktober 1966 berichtet hatten, dass der Leichtathlet Leo

---

181   Archivierter Untersuchungsvorgang: BStU MfS AU 9223/67, Bd. 1.

Schorr „hinter dem Eisernen Vorhang verschwunden"[182] sei, dauerte es nicht lange, bis man den Sportler, der an den vorolympischen Spielen in Mexiko teilnehmen sollte, in Bulgarien wieder loswerden wollte, um negative Presse zu vermeiden.

Bereits eine Woche später berichtete die *Frankfurter Rundschau*, dass die beiden jungen Männer nach Verurteilung zu einem Jahr Gefängnis und Bezahlung einer Geldstrafe von den Bulgaren wieder aus der Haft entlassen worden seien.[183]

Einen ganz anderen Verlauf vernahm der Fluchtversuch der DDR-Schauspielerin Elfriede G.* (34), die mit ihren zwei halbwüchsigen Kindern Anfang August 1966 am Sonnenstrand die Ankunft ihres früheren Freundes erwartete. Richard A.* (36) hatte versprochen, falsche Pässe zu besorgen und die Familie in die Türkei zu schmuggeln. Keiner der Beteiligten ahnte, dass die Operativgruppe des MfS in Bulgarien bereits vorab über den Fluchtplan unterrichtet worden war. Und zwar sogar aus zwei unterschiedlichen Quellen: Zum einen hatte Oberleutnant Fleischhauer bereits einige Wochen zuvor durch einen seiner inoffiziellen Mitarbeiter erfahren, dass sich die Schauspielerin unter verdächtigen Umständen am Sonnenstrand mit „ein[em] Westberliner" treffen wolle. Gleichzeitig teilte ihm der Verbindungsoffizier des bulgarischen Komitees für Staatssicherheit (KfS) mit, dass ein RIAS-Journalist Richard A.* sich in den Besitz eines gefälschten Reisepasses gebracht hatte, um „seine" Frau und deren Kinder vermutlich vom Sonnenstrand aus in den Westen „auszuschleusen". Fleischhauer schaltete schließlich auf Anforderung des bulgarischen Geheimdienstes die „Einsatzgruppe Nessebar" der HA VIII des MfS ein, um Elfriede G.* beobachten zu lassen. Diese Einsatzgruppe unter Leitung eines Leutnants Böhme bestand aus 18 durchweg jungen Offizieren der HA VIII, die während der Feriensaison in Nessebar untergebracht waren und die über die Saison hinweg mehrere Festnahmen für sich verbuchten.[184]

Als die Schauspielerin mit ihren beiden Kindern am Urlaubsort eintraf, wurde sie vom MfS bereits erwartet. Es dauerte nicht lange, bis auch Richard A.* mit seinem Ford „Taunus" auf der Bildfläche erschien. Elfriede G.* erhielt den falschen Pass. Während die Schauspielerin mit ihren beiden Kindern in den Zug nach Istanbul stieg, wurde Richard A.*, der alleine in seinem Ford vorausgefahren war, für ihn völlig überraschend an der Grenzübergangsstelle „Kapitan Andreevo" festgenommen und mit dem Fluchtplan konfrontiert. An

---

182 In Bulgarien spurlos verschwunden. In: „Frankfurter Rundschau" vom 20.10.1966.
     In: Zentrale Auswertungs- und Informationsgruppe: BStU MfS ZAIG 10346, S. 330.
183 Fluchthelfer werden freigelassen. In: „Frankfurter Rundschau" vom 27.10.1966. In:
     Zentrale Auswertungs- und Informationsgruppe: BStU MfS ZAIG 10346, S. 331.
184 Hauptabteilung XX (Sicherung des Staatsapparates): BStU MfS HA XX Nr. 232,
     S. 116.

den Händen gefesselt wurde der Journalist anschließend in eine kleine Ortschaft in der Nähe von Plovdiv gefahren. Er könne die Situation für seine Frau und die Kinder wieder in Ordnung bringen, wenn er sich zu einer Zusammenarbeit mit dem bulgarischen Geheimdienst bereit erkläre. Elfriede G.* und ihre beiden Kinder waren zwischenzeitlich von Sicherheitskräften in Svilengrad aus dem Zug geholt und – unter Bewachung – in einem bahnhofsähnlichen Gebäude untergebracht worden. Doch der Fall endete für keinen der Beteiligten mit Haft. Nachdem sich Richard A.* verpflichtet hatte[185], künftig unter dem selbst gewählten Decknamen „Anton" für das KfS zu arbeiten, wurden die Frau und die Kinder nach großzügiger Bewirtung mit einer Legende (Autounfall nach Besuch bei bulgarischen Freunden) wieder an den Sonnenstrand zurückgeschickt. Sie blieben vom MfS gänzlich unbehelligt und durften mit ihrer Reisegruppe wieder in die DDR zurückkehren. Oberleutnant Fleischhauer, der darüber in Kenntnis gesetzt war, notierte lediglich, dass der bulgarische Geheimdienst in Erwägung gezogen habe, den RIAS-Journalisten „operativ zu nutzen".[186]

Der wichtigste Fluchtweg blieb auch 1966 der Weg in die Türkei – und zwar gleichermaßen zu Wasser und zu Lande, mit falschen Papieren und über die grüne Grenze. Gleichzeitig registrierte der Chef der Operativgruppe in seinem Jahresbericht, dass die Zahl der festgenommenen und in der Volksrepublik abgeurteilten professionellen Fluchthelfer deutlich angestiegen sei, während Familienangehörige der festgenommenen Flüchtlinge wie in den beiden Vorjahren wieder auf freien Fuß gesetzt und aus der Volksrepublik abgeschoben worden seien. Laut Fleischhauer reisten professionelle Fluchthelfer teilweise in größeren Gruppen an, um eine einzelne Person herauszubringen. Und zwar vor allem in der Vor- und Nachsaison. Der entsprechende Absatz endet etwas unvermittelt mit der Aussage, die bulgarischen Grenzsicherungskräfte hätten in mehreren Fällen von der Schusswaffe Gebrauch machen müssen: „Dabei wurden zwei Personen tödlich verletzt."[187] Möglicherweise bezieht sich diese Bemerkung auf Engelmann und Gammisch, die allerdings keine Fluchthelfer hatten. Belege dafür, dass die Operativgruppe über diesen Fall informiert war, gibt es

---

185 Ein undatierter Auszug aus den unveröffentlichten Lebenserinnerungen von Richard A.*, der den fraglichen Sachverhalt schildert, liegt dem Verfasser vor. Richard A.* erklärt darin auch, dass er den RIAS sofort nach seiner Rückkehr über alle Einzelheiten seiner Anwerbung durch das KfS aufgeklärt und niemals für das KfS gearbeitet habe.

186 Hauptabteilung XX (Sicherung des Staatsapparates):BStU MfS HA XX 9208, S. 23 f.

187 Hauptabteilung XX (Sicherung des Staatsapparates): BStU MfS HA XX Nr. 232, S. 95.

nämlich nicht. Fleischhauer betonte jedenfalls, dass sich die Wachsamkeit der bulgarischen Grenzer erhöht habe.[188] Was man auch über die Wachsamkeit der ostdeutschen Aufpasser behaupten kann: Entfernte sich ein DDR-Urlauber zu weit von seiner Reisegruppe oder seiner Unterkunft, wurde sofort die Fahndung nach ihm ausgelöst.

Propagandistisch verstärkte sich die Auseinandersetzung zwischen beiden deutschen Staaten an der bulgarischen Schwarzmeerküste. Während die Bundesrepublik 1966 immer mehr Zeitungen und Zeitschriften gezielt zur kostenfreien Verbreitung unter DDR-Urlaubern an die Schwarzmeerküste transportierte, brachte das DDR-Kultur- und Informationszentrum „politische Literatur" zum Verkauf.[189] Da der Osten der Flut an westdeutschen Presse-Erzeugnissen nichts entgegenzusetzen hatte und die parteiamtlichen Zeitungen aus der DDR zudem in der Regel mit mehreren Tagen Verspätung am Schwarzen Meer eintrafen, war auf Vorschlag des MfS ein Kurzwellenempfänger in Bulgarien installiert worden, um den „Genossen" die Möglichkeit zu geben, „ständig die aktuellsten Informationen und Nachrichten" zu erhalten.[190]

Bezüglich der Kooperation mit dem „Reisebüro der DDR" ließ Oberleutnant Fleischhauer in seiner Bilanz für das Jahr 1966 durchblicken, dass die vier Repräsentanten in Nessebar und Varna unter dem Gesichtspunkt der Fluchtverhinderung als „Schlüsselpositionen" zu betrachten seien. Drei dieser Repräsentanten waren inoffizielle Mitarbeiter des MfS, mit der vierten Repräsentantin arbeitete man „nur" offiziell zusammen. Dass der Einfluss des MfS auf das „Reisebüro der DDR" zu diesem Zeitpunkt noch nicht allumfassend war, wird aber auch daraus ersichtlich, dass die Repräsentantin, die unter dem Decknamen IM "Thea" für das MfS arbeitete, jedoch von Grunert im Vorjahr als ungeeignet eingestuft worden war, 1966 trotz ihrer angeblichen Schwatzhaftigkeit noch einmal am Sonnenstrand dabei sein durfte.[191] Neben dem „Reisebüro der DDR" war auch die staatliche Fluggesellschaft der DDR bereits zu diesem Zeitpunkt in das Sicherungssystem eingebunden. Wenn in Fleischhauers Abschlussbericht von der „Ausnutzung der Kommandanten von Interflug-Maschinen"[192] die Rede ist, war damit der Transport geheimer Dokumente gemeint, der im Laufe der kommenden Jahre – wie wir noch sehen werden – stark ausgebaut wurde.

---

188 Ebd, S. 100.
189 Ebd., S. 107.
190 Hauptabteilung XX (Sicherung des Staatsapparates): BStU MfS HA XX 18345, S. 7.
191 Hauptabteilung XX (Sicherung des Staatsapparates): BStU MfS HA XX Nr. 232, S. 111.
192 Ebd., S. 124.

Wie sich die Arbeit der auch 1966 wieder zum Einsatz gelangenden „studentischen Hilfskräfte" der Operativgruppe gestaltete, lässt sich teilweise aus deren Kaderakten rekonstruieren. So war der „Student" Oberleutnant Dieter Bohndorf 1966 in Nessebar neben der Zusammenarbeit mit den Reiseleitern für die Zeitungsausgabe, den Büchereibestand, die „Erziehung" der IM „Thea", die „Aufklärung" von Urlauber-Westkontakten und „die Lösung einer Reihe operativer Aufgaben" eingesetzt.[193]

Fleischhauer schlug in seinem Abschlussbericht für das Jahr 1966 vor, zukünftig einen ganzjährig in Bulgarien – und zwar in Sofia – angesiedelten Verbindungsoffizier zu benennen, der neben „operativen Kontrollen" in Sofia auch in den Wintersportorten Pamporovo und Borovez eingesetzt werden könne. Einerseits hatte das Bulgarische Innenministerium in Sofia bereits mehrfach darum gebeten, zum anderen hatte das MfS eine sichtbare Zunahme der Fluchtversuche im Frühling und Herbst registriert.

Eine operative Kombination

Nachdem bundesdeutsche Medien 1965 und 1966 wiederholt über Fluchtversuche von DDR-Bürgern in Bulgarien berichtet hatten, nahm sich Anfang Januar 1967 erneut der „Untersuchungsausschuss freiheitlicher Juristen" der Thematik an. Die als gut informiert geltende Menschenrechtsorganisation teilte mit, über hundert Bundesbürger seien in Bulgarien allein im Vorjahr als Fluchthelfer verurteilt worden. Es hieß, westdeutsche Fluchthelfer würden vor bulgarische Gerichte gestellt. Nach einer angeblichen Strafverschärfung im Herbst 1966 drohte ihnen angeblich bis zu zehn Jahren Haft.[194] Hinzu kämen hohe Geldstrafen, die Beschlagnahme ihres Kraftfahrzeugs und ihrer Wertsachen. Das starke Medienecho in der Bundesrepublik auf diese Pressemitteilung hing offenbar damit zusammen, dass im Herbst 1966 in der Nähe von Sofia ein „besonderes Arbeitslager" für ausländische Häftlinge eröffnet wurde, in dem sich laut UfJ mindestens zehn Bundesbürger befanden: „In diesem Lager wird von den Häftlingen eine außerordentlich harte Arbeit verlangt. Für die doppelte Erfüllung des Arbeitssolls

---

193 Kaderakte Dieter Bohndorf: BStU MfS KS 24148/90.
194 Müller, Liselotte: Deutsche in Arbeitslager bei Sofia. In: „Augsburger Allgemeine" vom 13.01.1967, PIA; Über 100 westdeutsche Fluchthelfer 1966 in Bulgarien verurteilt. In: „Tagesspiegel" (Berlin) vom 13.01.1967; Bulgarien: Hundert Deutsche abgeurteilt. In: „Bild" (Berlin) vom 13.01.1967. In: Zentrale Auswertungs- und Informationsgruppe: BStU MfS ZAIG 10346, S. 322 f.

werden je Arbeitstag zwei Tage Haft angerechnet. Diese doppelte Norm ist jedoch so hoch angesetzt, dass sie nicht zu schaffen ist."[195] Auch die DDR dürfte über diese Entwicklung nicht allzu erfreut gewesen sein. Denn die Volksrepublik Bulgarien urteilte 1967 immer noch festgenommene DDR-Flüchtlinge in gemeinsamen Verfahren mit ihren westdeutschen Fluchthelfern in Sofia ab. Nicht nur, dass es sich um gemeinsame Verfahren handelte und die DDR-Bürger sahen, dass es nur sehr niedrige Strafen für ihre westdeutschen Helfer gab, ihre eigenen Strafen fielen ebenfalls niedriger aus als in der DDR. Weshalb das DDR-Justizministerium sehr an einer Änderung interessiert war, schon der Abschreckung halber.[196] Dazu kam es jedoch erst Anfang der 1970er Jahre[197] – und zwar ausdrücklich ohne dass es ein schriftliches Abkommen dazu gab, wie Vatschkov in einem Brief an Streit betonte.[198]

Der Begriff „Arbeitslager" und die Schilderung der Haftbedingungen weckten offenbar bei vielen Menschen traumatische Erinnerungen an Kriegsgefangenenlager in Sibirien. Während das Auswärtige Amt dazu erklärte, nur die Namen von 62 Bundesbürgern zu kennen, die 1964 und 1965 in der Volksrepublik wegen Fluchthilfe verurteilt worden seien, wurde in Bonn zugleich davor gewarnt, derartige Fluchthilfeaktionen durchzuführen, „denn die Todesfallen der Zonengrenze pflanzen sich fort durch ganz Europa – bis zum Schwarzen Meer", wie es im *Hamburger Abendblatt* hieß.[199] Ein echtes Dementi hätte anders ausgesehen. Obwohl man in Bonn wusste, dass die Bulgaren bereits seit 1963 mit westdeutschen Familienangehörigen und Freunden der Flüchtlinge, die aus persönlichen Gründen in Fluchtversuche verwickelt waren, sehr moderat umging, wurde die Pressemitteilung des UfJ nicht dementiert, sondern indirekt noch verstärkt.

---

195 Über 100 Deutsche in bulgarischer Haft. Arbeitslager für Fluchthelfer. In: „Nacht-Depesche" (Berlin) vom 13.01.1967. In: Zentrale Auswertungs- und Informationsgruppe: BStU MfS ZAIG 10346, S. 325.

196 „Das Interesse ergibt sich aus unserem Bemühen um die Vorbeugung solcher Straftaten." Dr. Schreier, Vermerk für Minister Dr. Wünsche, 31.08.1967. In: Bundesarchiv (Berlin) Bestand DP 1/1830.

197 Aktenvermerk Dr. Peter Krause vom 21.11.1972 über Gespräch mit Generalstaatsanwalt Ivan Vatschkov. In: Bundesarchiv, Bestand DP 3/497; Brief Generalstaatsanwalt Josef Streit vom 04.10.1978 an Klaus Sorgenicht (ZK der SED). In: Bundesarchiv (Berlin) Bestand DP 3/516.

198 Brief Nr. B 7258.75 vom 24.07.1975 von Ivan Vatschkov an Josef Streit. In: Bundesarchiv (Berlin) Bestand DP 3/497.

199 Hoffmann, Egbert A.: In Bulgarien wagten sie die Flucht. In: „Hamburger Abendblatt" vom 09.02.1967, PIA.

In der Volksrepublik Bulgarien hieß es als Reaktion auf die Berichte, die im „Internationalen Jahr des Tourismus" mehr als ungelegen kamen, von den 33 im Vorjahr verurteilten bundesdeutschen Fluchthelfern befänden sich nur noch sechs in Haft. Alle anderen Personen – wie Leo Schorr – befanden sich zu diesem Zeitpunkt längst wieder in der Bundesrepublik. Tatsächlich wurde Fluchthilfe in Bulgarien mit einer Freiheitsstrafe von drei bis zehn Jahren und einer Geldstrafe bis zu umgerechnet 10 000 DM geahndet. Eine Verschärfung des Strafmaßes, wie von UfJ gemeldet, hatte es nicht gegeben. Bei den sechs in Vraza (nördlich von Sofia) noch inhaftierten Bundesbürgern handelte es sich juristisch gesehen um Wiederholungstäter, die jeweils zu einem Jahr Gefängnis verurteilt worden waren.[200] Einer dieser sechs Bundesbürger war der 25-jährige Student Alfred L., der am 5. September 1966 an der Grenzübergangsstelle „Kapitan Andreevo" festgenommen wurde, nachdem er versucht hatte, einen gleichaltrigen Ost-Berliner Bekannten mit einem falschen Pass in die Türkei zu bringen. Er gehörte einer Gruppe West-Berliner Studenten an, die aus teils privaten, teils politischen Gründen an Fluchthilfeaktionen mitwirkten. Im Vorjahr war es L. („Ich hab mich von nichts aufhalten lassen."[201]) an der Grenzübergangsstelle „Kapitan Andreevo" gelungen, die schwangere Freundin eines Freundes unter der Rückbank seines VW-Käfer-Cabrios unentdeckt außer Landes zu bringen.

L. war am 17. November 1966 in Sofia nach kurzem Prozess wegen Beihilfe zur Flucht und Grenzverletzung zu einem Jahr Gefängnis verurteilt und anschließend nach Vraza gebracht worden. War Vraza ein Arbeitslager? „Nein, arbeiten war für uns verboten"[202], erinnert er sich und sagt, man habe sie in der Haft gut behandelt, nur die Verpflegung sei nicht so gut gewesen. Vraza war ein reguläres Gefängnis, in dem sich vor allem bulgarische und türkischstämmige Häftlinge befanden, darunter auch Flüchtlinge. Nachdem seine Strafe in einem Revisionsverfahren auf sieben Monate reduziert worden war, gelangte L. bereits am 24. Februar 1967 wieder auf freien Fuß.[203] Ebenso erging es den fünf anderen in Vraza inhaftierten bundesdeutschen Fluchthelfern.

---

200 Bulgarien dementiert Berichte über Verurteilung deutscher Fluchthelfer. In: „Tagesspiegel" (Berlin) vom 24.01.1967. In: Zentrale Auswertungs- und Informationsgruppe: BStU MfS ZAIG 10346, S. 321. Alfred L. (Köln) betont, dass die sechs in Vraza inhaftierten Bundesbürger keine professionellen Fluchthelfer waren. Telefonisches Interview, 23.07.2015.

201 Telefonisches Interview mit Alfred L. (Köln), 23.07.2015.

202 Telefonisches Interview mit Alfred L. (Köln), 08.07.2015.

203 Bescheinigung nach § 10 Abs. 4 des Häftlingshilfegesetzes für Alfred L., Haftbescheinigung des Hilfskomitee für politische Häftlinge für Sowjetzone vom 15.03.1967, beide in: AdA.

Interessant ist am Rande auch, wie das staatliche jugoslawische Reisebüro auf die Berichterstattung reagierte. Man erklärte, jugoslawische Behörden dächten nicht daran, westdeutsche Urlauber an die DDR-Behörden auszuliefern, auch wenn diese vom MfS als „Republikflüchtlinge" gesucht würden. Darüber hinaus habe das MfS „keinerlei Kenntnis" von Meldelisten westdeutscher Jugoslawienurlauber.[204] Richtig ist hingegen, dass jugoslawische Behörden westdeutsche Fluchthelfer an die Volksrepublik auslieferten und sogar operativ mit dem MfS zusammen arbeiteten.

Das lässt sich an einem Fall dokumentieren, der sich Ende Juli 1967 ereignete. Ein 36-jähriger Berufsschullehrer aus Halle, dessen Frau kurz zuvor die Scheidung durchgesetzt hatte, verbrachte seinen Urlaub am Sonnenstrand. Franz-Josef T.* befand sich in einer schweren Krise, zumal er nach der Scheidung aus Wohnungsmangel weiter mit seiner Ex-Frau zusammenleben musste. Am Sonnenstrand traf er sich mit seinem Cousin, einem Möbelhändler aus Willich (Niederrhein). Der 47-jährige Werner Speck, der sich mit seiner Freundin und einem weiteren Familienmitglied an der Schwarzmeerküste aufhielt, machte ihm den Vorschlag, in der Bundesrepublik ein neues Leben zu beginnen. Die Überquerung der jugoslawischen Grenze müsse einfach sein, er habe bei der Durchfahrt mit dem Auto kaum etwas von der Grenze gesehen. Der Lehrer war einverstanden. Sein Cousin setzte ihn etwa 300 Meter vor der Grenzübergangsstelle Kalotina am Straßenrand ab. Sie hatten verabredet, dass Speck mit seinem Opel „Kapitän" auf einer Tankstelle auf der anderen Seite der Grenze auf ihn warten würde. Franz-Josef T.* löste bei seinem Fluchtversuch jedoch bereits nach wenigen Minuten eine Leuchtrakete aus und wurde von zwei Grenzsoldaten festgenommen.

Hier kam der 34-jährige MfS-Hauptmann Peter Pfütze ins Spiel. Pfütze war ein Stasi-Offizier, der innerhalb des MfS bis zum Mauerfall zur wichtigsten Persönlichkeit bei der Bearbeitung von Auslandsfluchten aufstieg. Damals war Pfütze als Offizier für Sonderaufgaben der Untersuchungsabteilung (Hauptabteilung IX) gleichzeitig Verbindungsoffizier zur Untersuchungsabteilung des bulgarischen „Komitees für Staatssicherheit" in der Volksrepublik. Seine Aufgabe bestand in der Durchführung spezifischer Koordinierungsaufgaben im Rahmen der bilateralen Rechtshilfeverträge, einfacher gesagt: Er war für die Rückführung der im sozialistischen Ausland inhaftierten DDR-Bürger zuständig. Pfütze muss den besagten Lehrer bereits unmittelbar nach dessen Festnahme gesprochen haben.[205]

204 Vorsicht! In: „Industriekurier" (Düsseldorf), 28.01.1967, PIA.
205 „Die Rechtshoheit untersagte mir als Ausländer strafprozessuale Maßnahmen und Handlungen. Bei Einsätzen im sozialistischen Ausland waren Vernehmungen von

Werner Speck war zwischenzeitlich, nachdem er eine Weile auf der verabredeten Tankstelle vergeblich auf seinen Cousin gewartet hatte, in die nächstgelegene Ortschaft gefahren und hatte dort Hotelzimmer genommen. Am selben Abend erschien dort die jugoslawische Miliz, die die Pässe von Werner Speck und seinen Begleitern und auch Specks Führerschein einzog. Was dann geschah, gab Werner Speck selbst zu Protokoll: „Am nächsten Vormittag erklärten uns die Grenzpolizisten (Vorsteher des Kontrollpunktes), dass wir wegen eines Autounfalls in Bulgarien vernommen werden sollten. In Bulgarien stellten wir die Täuschung fest."[206]

Es handelte sich um eine Falle, an deren Zustandekommen Franz-Josef T.* maßgeblichen Anteil hatte. Nachdem Speck wieder zurück zur Grenzübergangsstelle Kalotina gefahren war, hatte man ihn und seine Begleiter sofort verhaftet. Hauptmann Pfütze zeigte sich hocherfreut über seine „operative Kombination" und lobte den Lehrer: „Da der Beschuldigte während seiner Inhaftierung in Sofia die bulgarischen Sicherheitsorgane aktiv bei der Liquidierung eines Spionagevorgangs unterstützte, ist vorgesehen, das Ermittlungsverfahren einzustellen und ihn operativ zu verwenden."[207] Konnte der Hauptmann, der laut seiner Kaderakte persönlich Anteil an der „Entlarvung" festgenommener „Grenzverletzer" hatte[208], tatsächlich eine derart weitreichende Entscheidung – die in die Kompetenz der Gerichte hinein ragte – alleine treffen?

Zunächst zeigte sich Pfützes Einfluss auf die bulgarischen Genossen. Denn die beiden Cousins durften sich entgegen allen Gepflogenheiten im Sofioter Gefängnis wiedersehen. An ihrer Begegnung nahm allerdings auch Pfütze teil, der im Verlauf des Gesprächs durchblicken ließ, es könne eine „legale" Möglichkeit für den Lehrer geben, in die Bundesrepublik überzusiedeln. Franz-Josef T.* blieb allerdings in Haft und wurde schließlich von der HA XIV zurück in die DDR transportiert und in die Untersuchungshaftanstalt Halle eingeliefert, wo man ganz regulär einen Haftbefehl erließ und ein Verfahren gegen ihn eröffnete. Was den Lehrer, dem von Pfütze seine Freilassung versprochen worden war, „verwunderte". Erst jetzt nahm man Kenntnis von einem Schreiben Pfützes, das den Papieren des Lehrers beigefügt war. Darin hieß es, das T.* im Sofioter Gefängnis „ausgezeichnete ZI-Arbeit geleistet" und „maßgeblich zur Liquidierung eines Spionagevorgangs beigetragen" habe, darüber würde der bulgarische Geheim-

Personen streng verboten. Es war uns lediglich erlaubt, mit DDR-Bürgern ein Gespräch zu führen." Zitiert nach: Pfütze, Peter: Besuchszeit. Berlin 2007, S. 194.

206 Archivierter Untersuchungsvorgang: BStU MfS BV Halle AU 1501/68, Bd. 4, S. 31 f.
207 Hauptabteilung IX (Untersuchungsabteilung): BStU MfS HA IX MF 12696.
208 Kaderakte Peter Pfütze: BStU MfS KS 13273/90, S. 74.

dienst den „Genosse Minister Mielke" noch direkt informieren.[209] Woraufhin der Lehrer schließlich am 6. Oktober 1967 wieder aus der Haft entlassen wurde. Die DDR-Behörden stellten nicht nur das Verfahren gegen ihn ein[210], sondern behielten ihn auch im Schuldienst. [211]

Wie leicht DDR-Flüchtlinge und ihre Fluchthelfer den bulgarischen Behörden ins Netz gingen, kann auch am Fall der 21-jährigen Inge B.* illustriert werden, der ebenfalls durch Hauptmann Pfütze bearbeitet wurde. Sie hatte sich in den in West-Berlin lebenden Freund ihres Bruders verliebt. Die junge Frau aus Dessau war ohne Erlaubnis ihrer Eltern Anfang Juni 1967 mit dem Zug nach Bulgarien gereist. Am Tag nach ihrer Ankunft trafen auch der Freund und dessen Kumpel aus Aachen mit dem Pkw ein. Der Freund hatte ihr in der Bundesrepublik unter Verwendung ihres Passbilds einen Reisepass anfertigen lassen. Mit diesem Ausweis, vermutete er, müsse es einfach sein, in die Türkei zu gelangen. Die Festnahme der drei jungen Leute erfolgte am 6. Juni 1967 an der Grenzübergangsstelle „Kapitan Andreevo", weil die Fluchthelfer übersehen hatten, dass Urlauber aus westlichen Ländern bei der Einreise eine Statistikkarte erhielten, die bei der Ausreise wieder vorzulegen war.[212] Es war ein einfaches aber sehr wirkungsvolles Mittel, um DDR-Flüchtlinge zu entdecken.

Der Fall Inge B.* ist aber auch deshalb erwähnenswert, weil die junge Frau, die nach ihrer Festnahme über Nacht in einem Gebäude in unmittelbarer Nähe der Grenze eingesperrt war, am nächsten Morgen einen weiteren Fluchtversuch wagte.

Nachdem sie ihrem Bewacher gesagt hatte, dass es ihr nicht gut gehe, durfte sie vor dem Haus auf und abgehen. Von dort lief sie in einem günstigen Moment in Richtung Grenze, durchschwamm zwei kleine Kanäle und konnte erst zur Aufgabe bewegt werden, nachdem bulgarische Grenzer das Feuer auf sie eröffnet hatten. Inge B.* wurde nach ihrem Rücktransport in die DDR zu zwei Jahren Gefängnis verurteilt. Im Zuge der Untersuchung stellte sich heraus, dass die junge Frau sehr an ihrem Freund hing und ihn unbedingt heiraten wollte. Die vorzeitige Entlassung, Anfang 1969, erfolgte jedoch unter der Auflage, dass sie ihren Arbeitsplatz in Dessau nicht wechseln und durch ihre Arbeit unter Beweis stellen solle, dass sie „Lehren" aus der Bestrafung gezogen habe.[213]

---

209 Archivierter Untersuchungsvorgang: BStU MfS BV Halle AU 1501/68, Bd. 1, S. 55.
210 Ebd., S. 156.
211 Ebd., S. 181.
212 Archivierter Untersuchungsvorgang: BStU MfS BV Halle AU 791/68.
213 Archivierter Untersuchungsvorgang: BStU MfS BV Halle AU 791/68, Bd. 4, S. 49.

Zusätzlich verkompliziert wurde die deutsch-deutsche Flüchtlingsproblematik in Bulgarien 1967 aber auch durch das Inkrafttreten des DDR-Staatsbürgerschaftsgesetzes. Das Gesetz sah vor, dass diejenigen, die am 7. Oktober 1949 auf dem Staatsgebiet der DDR gelebt hatten, DDR-Bürger waren, und zwar auch dann noch, wenn sie zwischenzeitlich in die Bundesrepublik geflüchtet waren. Ausgenommen waren nur jene, die mit staatlicher Genehmigung in den Westen übergesiedelt waren. Praktisch bedeutete diese veränderte Gesetzeslage, dass das Risiko für all jene westdeutschen Fluchthelfer, die nach dem 7. Oktober 1949 in den Westen geflohen waren, zunahm, da sie nach ihrer Festnahme nach geltendem DDR-Recht nun als DDR-Bürger zu behandeln und damit von den Bulgaren in die DDR auszuliefern waren.

Diese Problematik lässt sich exemplarisch am Fall des Fluchtversuchs der Ost-Berliner Krankenschwester Marta R.* (22) darstellen. Die junge Frau traf sich im Juni 1967 mit ihrem in Ludwigshafen lebenden Verlobten Max D.* (32) am Sonnenstrand. Weil ihnen der Fluchtweg Türkei zu gefährlich schien, entschied sich das Paar, von Bourgas nach Sofia zu fliegen. Dort stiegen sie in ein Taxi und fuhren in Richtung der jugoslawischen Grenze. Womit ihr Fluchtversuch bereits beendet war, denn der Taxifahrer übergab seine Passagiere direkt der Miliz. Während Marta R.* wegen ihrer Schwangerschaft auf freiem Fuß blieb, heißt es in den MfS-Akten über Max D.*, es handele sich um einen „zur Zeit" in Westdeutschland „wohnhaften DDR-Bürger".[214]

Dass das SED-Regime auch minderjährige Flüchtlinge hart bestrafte, belegt der Fall zweier 17-jähriger Lehrlinge aus Ost-Berlin, die am 15. Juli 1967 im Raum Rezovo festgenommen wurden.[215] Die beiden Teenager, zwei Mitglieder der Jungen Gemeinde, die seit der Schule miteinander befreundet waren, hatten sich, um eine Reisegenehmigung zu erhalten, von einer bulgarischen Brieffreundin einladen lassen. Nachdem sie sich einige Tage bei ihr in Sofia aufgehalten hatten, fuhren sie erst per Anhalter nach Varna und trampten dann von dort in Richtung der bulgarisch-türkischen Grenze. Ihr Fluchtplan bestand laut Festnahmebericht von Hauptmann Pfütze darin, mittels Luftmatratzen über das Schwarze Meer in die Türkei zu gelangen. Nachdem sie ein Stück über das Meer gepaddelt waren, gingen sie völlig erschöpft wieder an Land, wo sie am Ufer des Flusses Veleka von einer mit Maschinenpistolen bewaffneten Streife der bulgarischen Grenztruppen festgenommen wurden.

---

214 Hauptabteilung IX (Untersuchungsabteilung): BStU MfS HA IX MF 12696.
215 Archivierter Untersuchungsvorgang: BStU MfS AU 8534/70.

Das Stadtbezirksgericht Berlin Prenzlauer Berg verurteilte die beiden Minderjährigen am 27. November 1967 wegen gemeinschaftlich begangenen Passvergehens zu einem Jahr vier Monaten bzw. einem Jahr zwei Monaten Gefängnis. Nachdem die Staatsanwaltschaft gegen das zu milde Urteil protestiert hatte, wurde es am 21. Dezember 1964 von Oberrichterin Klier (Stadtgericht Groß Berlin) aufgehoben, woraufhin das Verfahren erneut eröffnet werden musste. Am 20. Februar 1968 bekamen die beiden Halbwüchsigen jeweils sechs Monate „Zuschlag". Wobei man ihnen unterstellte, sie hätten angeblich die Grenzer mit ihren mitgeführten Fahrtenmessern angreifen wollen.

Eine Anwendung dieses Staatsbürgerschaftsgesetzes durch die staatlichen Organe der Volksrepublik Bulgarien hätte zu zahlreichen Auslieferungen von „zur Zeit" in Westdeutschland lebenden „DDR-Bürgern" an die DDR geführt. Dass es nicht dazu kam, hängt auch mit zwei Fluchtfällen zusammen, die im Sommer 1967 enorme Aufmerksamkeit in der Bundesrepublik erregten und eine weitere Diskussion der Westurlauber-Problematik und der Staatsbürgerschaftsfrage auslöste. Eine Diskussion, in der sich die Verantwortlichen in Bulgarien, um die Deviseneinnahmen aus dem Tourismus nicht zu gefährden, auf die Seite der Westdeutschen stellten.

Der Fall Gudrun Lehmann

Am 1. August 1967 versuchten zwei junge Deutsche und ein Niederländer bei der Einreise nach Bulgarien die Grenzer auszutricksen, um einen Einreisestempel und die Statistikkarte für einen zusätzlichen holländischen Reisepass zu erhalten, den sie bei sich führten. Die Grenzer an der viel befahrenen Übergangsstelle Kalotina bemerkten das Manöver allerdings. Die drei Männer wurden als mutmaßliche Fluchthelfer festgenommen und „wie Schwerverbrecher" in ihren eigenen Wagen von mehreren, mit Maschinengewehren bewaffneten Milizionären nach Sofia abtransportiert.[216]

In der Zwischenzeit wartete die 28-jährige Ärztin Gudrun Lehmann, nachdem sie sich aus ihrer Reisegruppe nach Bourgas abgemeldet hatte, in der Bezirksstadt Stara Zagora auf ihren Schwager, ihren Bruder und dessen Freund. Offensichtlich war die sofortige Weiterfahrt zur Grenzübergangsstelle „Kapitan Andreevo" geplant. Die zurückgezogen lebende Frau aus einer kleinen Gemeinde in Thüringen wollte bereits seit mehreren Jahren zu ihrer Familie in den Westen. Sie war während ihres Studiums Mitglied der SED

---

216 Telefonisches Interview mit Winfried Kadur (Euskirchen), 27.12.2007.

geworden, vermutlich, um die DDR-Behörden davon zu überzeugen, dass sie keine Fluchtabsichten hegte und „loyal" war. Denn ihr Vater, ihr Bruder und ihre Schwester lebten schon seit mehreren Jahren in der Bundesrepublik bzw. in den Niederlanden. Und wie es in einem MfS-Bericht hieß, nahm Lehmann weder an Versammlungen teil, noch hatte sie ihren Mitgliedsbeitrag entrichtet.

Nachdem die drei Männer nicht am vereinbarten Treffpunkt eintrafen, wusste sie, dass der Fluchtplan gescheitert war und kehrte spät abends an den Sonnenstrand zurück.

Nach ihrer Rückkehr im Hotel erlitt Gudrun Lehmann nach eigenen Angaben einen Gallenanfall und rief selbst einen Arzt an, den sie um Morphium bat. Nachdem der Arzt abgelehnt hatte, spritzte sie sich selbst, wie ihre Zimmergenossin berichtete, zwei Ampullen eines starken Schlafmittels. Am nächsten Morgen verabreichte ihr dann ein Arzt aus ihrer Reisegruppe aufgrund ihrer starken Schmerzen eine Ampulle Morphium. Als ihre Mitbewohnerin nachmittags vom Strand zurückkehrte, hatte sich der Gesundheitszustand von Gudrun Lehmann dramatisch verschlechtert. Es ging ihr schlecht, und sie sprach nur noch abgehackt. Gegen 19 Uhr schließlich traf die Miliz im Hotel ein, um sie zu verhaften. Doch dazu kam es nicht. Gudrun Lehmann, die inzwischen vollständig das Bewusstsein verloren hatte, wurde nach Bourgas ins Krankenhaus transportiert. Dort ist sie am nächsten Abend um 22 Uhr gestorben, wie es im Bericht von Oberleutnant Fleischhauer hieß.[217] Die Obduktion der Leiche ergab eine „Vergiftung mit Morphin" als Todesursache.[218]

Auch in diesem Sommer bestand die Operativgruppe neben Oberleutnant Fleischhauer aus dem am Sonnenstrand stationierten Ehepaar Koch. Neu hinzugekommen, um die Einheit auf dem Gebiet der Bekämpfung des „organisierten Menschenhandels" zu unterstützen, war der aus Magdeburg stammende Leutnant Wolfgang Lampe (31)[219], der in Varna zum Einsatz kam.

Der Fall Lehmann war aber noch keineswegs beendet. Der weitere Ablauf dieses gescheiterten Fluchtversuchs entglitt vollständig der Kontrolle des Staatssicherheitsdienstes. Das hing damit zusammen, dass man in der Untersuchungsabteilung des MfS entschieden hatte, den Fall als normalen Sterbefall eines Touristen zu betrachten, wie es im Bericht von Hauptmann Pfütze hieß.[220] Nachdem Gudrun

---

217 Hauptabteilung XX (Sicherung des Staatsapparates): BStU MfS HA XX 9291, S. 2.
218 „Sie neigte zu Depressionen. Sie war ein besonderer Mensch. Ich habe keinen Zweifel, dass sie Selbstmord verübt hat." Telefonisches Interview mit Margot Bartow (Bad Salzungen, Halbschwester von Gudrun Lehmann), 29.12.2007.
219 Kaderakte Wolfgang Lampe: BStU MfS BV Magdeburg KuS 2260.
220 Hauptabteilung XX (Sicherung des Staatsapparates): BStU MfS HA XX 9291, S. 23.

Lehmanns Mutter in Karl-Marx-Stadt durch einen Beamten der Volkspolizei in Kenntnis gesetzt wurde, ihre Tochter sei in Bulgarien gestorben, nähere Angaben könne man ihr dazu leider nicht machen, setzte Frau Lehmann – die offensichtlich nichts von dem Fluchtversuch wusste und einen Unfall annahm – ihre Verwandtschaft in der Bundesrepublik telegrafisch in Kenntnis und teilte mit, dass sich Gudruns sterbliche Überreste bereits auf dem Rücktransport in die DDR befänden.

Unmittelbar nachdem die junge Frau in Karl-Marx-Stadt beerdigt worden war, gingen ihre Angehörigen in der Bundesrepublik an die Öffentlichkeit. Sie lösten damit eine Flut an Veröffentlichungen aus, die sogar die Berichterstattung über das angebliche Arbeitslager in den Schatten stellte. Vermutlich entschloss sich Familie Lehmann zu diesem Schritt, um die Freilassung von Gudruns Schwager, ihrem Bruder und seinem besten Freund zu erreichen. Der Tenor der Berichte lautete, Gudrun habe nach der Verhaftung ihres Bruders Selbstmord verübt, um nicht in die Hände des Staatssicherheitsdienstes zu fallen.[221] Kurz nach Bekanntwerden der Berichte wurden Peter Lehmann und Winfried Kadur von den Bulgaren ohne Begründung auf freien Fuß gesetzt und abgeschoben. Lediglich ihr holländischer Schwager verblieb in Haft.

Durch die Entlassung von Peter Lehmann verstärkte sich die Berichterstattung aber sogar noch weiter. In mehreren Interviews berichtete er, man habe ihn wahrscheinlich abgehört, als er mit seiner Schwester in einem Ost-Berliner Hotel den Fluchtplan besprochen habe.[222] Darüber hinaus erklärte Lehmann, dass sich „mindestens 40" Touristen aus der Bundesrepublik derzeit im Sofioter Zentralgefängnis befänden.[223] Das habe er durch die Befragung bulgarischer und türkischer Mithäftlinge herausgefunden. Die Haftbedingungen im Sofioter Zentralgefängnis bezeichnete er als „furchtbar erniedrigend": „Nur dreimal am Tage durften wir die Toilette aufsuchen. Selbstverständlich wurden wir dabei genau überwacht. Auf dem Boden lag zentimeterhoch Chlor. Benutztes Toilettenpapier mussten wir unter den Augen der Beamten an einem bestimmten Platz ablegen. Alles musste schnell gehen, das Zähneputzen und auch das Waschen. Mit Deut-

221 Selbstmord in Bulgarien? In: „Der Abend" vom 16.08.1967. In: Zentrale Auswertungs- und Informationsgruppe: BStU MfS ZAIG 9935, S. 71.
222 Geheimagenten hörten mit. Fluchthelfer besprachen Pläne in Ost-Berlin. In: „Neue Rheinzeitung" (Essen) vom 18.08.1967. In: Zentrale Auswertungs- und Informationsgruppe: BStU MfS ZAIG 9935, S. 49.
223 In Sofias Gefängnis sitzen 40 Touristen aus Westdeutschland. In: „Berliner Morgenpost" vom 18.08.1967. In: BStU MfS ZAIG 9935, S. 50.

schen durften wir nicht sprechen. Nur einmal wurde ein Westberliner in meine Zelle eingewiesen."[224]

Die in München erscheinende Boulevardzeitschrift *Neue Revue* berichtete über ein junges Ehepaar aus Gelsenkirchen, das seinen Urlaub in der Türkei verbracht hatte und auf dem Rückweg durch Bulgarien festgenommen und inhaftiert wurde, da die Behörden irrtümlich annahmen, es handele sich um einen Fluchtversuch: „Die Frau wurde gezwungen, sich vor Geheimpolizisten zu entkleiden. Der Mann wurde mehrfach verprügelt. Zu essen gab es bis zur Freilassung, die ohne nennenswerte Entschuldigung vor sich ging, abgestandenes Wasser und in Würfel gepresste Marmelade."[225]

Durch die intensive Berichterstattung in verschiedenen bundesdeutschen Zeitungen und Zeitschriften, sah sich – wenige Tage nach Peter Lehmanns Entlassung – auch die DDR veranlasst, Stellung zu den Ereignissen zu nehmen. Das SED-Zentralorgan *Neues Deutschland* brachte unter der Überschrift „Agenten unschädlich gemacht" eine ganz spezielle Interpretation der tragischen Ereignisse: „Durch Vorspiegelung falscher Tatsachen und Anwendung psychischen Drucks zur Verzweiflung getrieben, beging die DDR-Bürgerin Selbstmord. Sie hatte eine Überdosis an Medikamenten zu sich genommen und konnte trotz ärztlicher Behandlung in einem Krankenhaus nicht mehr gerettet werden. Der neuerliche Anschlag westdeutscher Agentenorganisationen auf die Gesetze und Souveränität sozialistischer Staaten zeigt, dass dem Bonner Regime bei der Verfolgung seiner gegen die DDR und andere sozialistische Länder gerichteten aggressiven Politik jedes Mittel recht ist. Dabei werden kaltblütig Menschenleben geopfert."[226]

Wie diese Art der Berichterstattung in der DDR wirkte, ist daran zu sehen, dass Gudrun Lehmanns Mutter jetzt von der Ermordung ihrer Tochter ausging und an einen Racheakt ihres im Westen lebenden Ex-Mannes glaubte. Gleichzeitig brachte der Artikel im *Neuen Deutschland* aber auch den gerade neu ernannten Sektionsleiter der Konsularabteilung im MfAA der DDR in Aktion. Walter Kuhn (35) meldete sich am gleichen Tag im Ministerium für Staatssicherheit. Er vermute, dass es sich bei der im Artikel gemeinten, namentlich jedoch nicht erwähnten Person um den Todesfall Gudrun Lehmann in Bulgarien handelte. Es gebe im MfAA kein Verständnis dafür, dass „Meldungen wie diese" in der Zeitung

---

224 Furchtbar erniedrigend. In: „Telegraf" (Berlin) vom 18.08.1967. In: Zentrale Auswertungs- und Informationsgruppe, BStU MfS ZAIG 9935, S. 55.

225 Verurteilt, weil sie Deutsche sind. In: „Neue Revue" (München), Nr. 36, 03.09.1967, S. 20.

226 Agenten unschädlich gemacht. In: „Neues Deutschland" (Ost-Berlin) vom 17.08.67. In: Zentrale Auswertungs- und Informationsgruppe: BStU MfS ZAIG 9935, S. 4–6.

stünden, obwohl weder der Konsul noch das MfAA informiert seien. Kuhn bat das MfS um Mitteilung, was er der Mutter der Verstorbenen über die Todesumstände mitteilen solle.[227] Die Antwort-Empfehlung des MfS lautete: „Selbstmord, der auf die Einwirkung von Feindorganisationen zurückzuführen ist."[228]

Ein Fußballverein sorgt für Schlagzeilen

Bundesdeutsche Zeitungen berichteten inzwischen auch über einen weiteren Fall von Fluchthilfe in Bulgarien, der ebenfalls große Aufmerksamkeit fand.[229] Der Spielausschuss-Obmann des Fußball-Bundesligisten Eintracht Frankfurt, Ludwig Kolb, hatte nach einem Freundschaftsspiel der Frankfurter Eintracht in Varna versucht, einen 30-jährigen Friseurmeister aus Bad Langensalza mit Frau und Kind in der Vereinsmaschine außer Landes zu schmuggeln. Während die Familie sofort festgenommen wurde[230], vergingen bis zur Verhaftung von Ludwig Kolb noch drei Tage. Die Untersuchungsorgane fanden nämlich heraus, dass die DDR-Pässe und persönlichen Dokumente der Flüchtlingsfamilie im Mannschaftsgepäck versteckt worden waren. Beinahe wäre auch der deutsche Ex-Fußball-Nationaltorwart Hans Tilkowski festgenommen worden. Er hatte auf Kolbs Bitte die Einreiseformulare der Familie ausgefüllt. Doch offensichtlich ahnte man in Bulgarien, dass eine solche Festnahme die Art Schlagzeilen produzieren würde, die der Entwicklung des Schwarzmeertourismus kaum zuträglich wären: „Die bulgarische Polizei drückte bei dem prominenten Sportler ein Auge zu."[231] Während die Mannschaft mit ihrem Vereinspräsidenten Rudolf Gramlich wieder in die Bundesrepublik zurückreisen durfte, musste Kolb ins Gefängnis. Zuvor hatte das Präsidium des Fußball-Bundesligisten in einer Pressemitteilung die Vorfälle, die zur Verhaftung Kolbs führten, bedauert und sich von Kolbs Handlungen distanziert.[232]

Die Bundesregierung verhielt sich in der ganzen Affäre eher indifferent. Zunächst hatte Regierungssprecher Karl-Günther von Hase mitgeteilt, die Bundesregierung verfolge die Häufung von Verhaftungen von Bundesbürgern in

227 Hauptabteilung XX (Sicherung des Staatsapparates): BStU MfS HA XX 9291, S. 24.
228 Ebd., S. 25
229 Gewisse Sorge. In: „Der Spiegel" (Hamburg) vom 28.08.1967. http://www.spiegel. de/spiegel/print/d-46264998.html, abgerufen am 20.07.2015.
230 Vgl. auch: Pfütze, Peter: Besuchszeit, S. 193.
231 „Til" entging Verhaftung. Nationaltorwart war in Fluchthilfe-Affäre verwickelt. In: „Neue Rheinzeitung" (Essen) vom 30.08.1967. In: Zentrale Auswertungs- und Informationsgruppe: BStU MfS ZAIG 9935, S. 30.
232 Verhaftung im Seebad Varna. In: „Telegraf" (Berlin) vom 02.08.1967. In: Zentrale Auswertungs- und Informationsgruppe: BStU MfS ZAIG 9935, S. 89.

Ostblockstaaten mit Sorge. Nach seinen Angaben befanden sich Mitte August 1967 insgesamt elf Bundesbürger in bulgarischen Gefängnissen.[233] Zu diesem Zeitpunkt hieß es noch, die meisten Verhaftungen von Bundesbürgern in den Ostblockländern erfolgten wegen Fluchthilfe.[234] Eine Woche später hieß es dann überraschend und unter Berufung auf die Rechtsabteilung des Auswärtigen Amts, die meisten Verhaftungen erfolgten wegen Devisenvergehen, Diebstahls und Verkehrsübertretungen.[235] Womit die Bundesregierung betonen wollte, dass sie den Urlaubsverkehr in Osteuropa politisch begrüßte.[236]

Um diese Position zu unterstreichen, meldeten sich gleich zwei wichtige Stimmen aus der SPD zu Wort. Der Vorsitzende der SPD-Bundestagsfraktion, Helmut Schmidt, erklärte in einem Zeitungsinterview, die Diskussion über die Ostblock-Festnahmen werde „furchtbar übertrieben": „Ich habe das Gefühl, hier wird viel zu pauschal gemessen. Die Lage ist im Grunde nicht anders als zur gleichen Zeit im vorigen Jahr. Vor allem habe ich das Gefühl, dass durch das Hochspielen dieser Fälle sehr viel Schaden entstehen kann. Als rumänisches Kabinettsmitglied würde ich mich jetzt jedenfalls sehr ärgern."[237] Und Außenminister Willy Brandt erklärte im ARD-Magazin „Panorama", es sei am besten, über Themen wie Fluchthilfe möglichst wenig zu sprechen.[238]

Politisch gesehen hatte Brandt unter dem Gesichtspunkt der Entspannungspolitik recht, bezogen auf die in Bulgarien zu diesem Zeitpunkt inhaftierten Personen allerdings nicht. Je ausführlicher und je länger die Presseberichterstattung dauerte, desto besser war es nämlich für die festgenommenen Personen. Das bestätigt auch ein Vermerk zur Vorlage für DDR-Justizminister Kurt Wünsche, in dem es hieß, die DDR werde in Fällen, die „von der Springer-Presse hoch-

233 Politisch gefährdete Ostblock-Reisende. In: „Telegraf" (Berlin) vom 19.08.1967. In: Zentrale Auswertungs- und Informationsgruppe: BStU MfS ZAIG 9935, S. 341.
234 Verhaftungen meist wegen Fluchthilfe. In: „Frankfurter Allgemeine Zeitung" vom 23.08.1967. In: Zentrale Auswertungs- und Informationsgruppe: BStU MfS ZAIG 9935, S. 400.
235 Bonn berichtigt: Fluchthilfe nicht wichtigster Verhaftungsgrund. In: „Frankfurter Allgemeine Zeitung" vom 24.08.1967. In: Zentrale Auswertungs- und Informationsgruppe: BStU MfS ZAIG 9935, S. 390.
236 Bonn begrüßt Reisen nach Osteuropa. In: „Frankfurter Allgemeine Zeitung" vom 07.09.1967. In: Zentrale Auswertungs- und Informationsgruppe: BStU MfS ZAIG 9935, S. 371.
237 Mende warnt vor Bütteldiensten. In: „Welt am Sonntag" (Hamburg) vom 20.08.1967. In: Zentrale Auswertungs- und Informationsgruppe: BStU MfS ZAIG 9935, S. 363 f.
238 Brandt zur Verhaftung westdeutscher Bürger in sozialistischen Ländern, 28.08.1967. In: Zentrale Auswertungs- und Informationsgruppe: BStU MfS ZAIG 9935, S. 383 f.

gespielt" würden, nicht in jedem Fall eine Auslieferung verlangen: „Dabei wird dem Gesichtspunkt Rechnung getragen, dass die Beziehungen der Volksrepublik Bulgarien zu den anderen europäischen Staaten, einschließlich Westdeutschland, nicht in unnötiger Weise belastet werden."[239]

Gudrun Lehmanns holländischer Schwager, der Anfang September bereits aus dem Gefängnis entlassen worden war, aber bis zu seinem Prozess in Sofia bleiben musste, wurde vor dem dortigen Zentralgefängnis gemeinsam mit dem ebenfalls unter derselben Auflage entlassenen Otto Werner Speck aufgenommen. Das Bild wurde in mehreren bundesdeutschen und niederländischen Zeitungen veröffentlicht.[240] Offenbar sollte es aus bulgarischer Sicht belegen, wie gut man in Bulgarien mit den festgenommenen Ausländern umging.

Zu diesem Zeitpunkt befand sich der Bundesliga-Funktionär Ludwig Kolb bereits wieder auf freiem Fuß. Das gegen ihn anhängende Verfahren wegen Passvergehen wurde niedergeschlagen.[241] Offenbar im Gegenzug erklärte Kolb nach seiner Rückkehr, er sei während der Haft „völlig korrekt" behandelt worden.[242] Die Anschuldigungen hätten „zu Recht" bestand, er habe der Familie aus menschlichen Gründen zur Flucht in die Bundesrepublik verhelfen wollen.[243]

Auch Otto Werner Speck und alle anderen wegen Fluchthilfe in Bulgarien inhaftierten Deutschen befanden sich bereits Mitte September wieder auf freiem Fuß.[244] Sie waren „zur Bewährung" verurteilt worden und durften die Volksrepublik ebenso verlassen, wie Gudrun Lehmanns holländischer Schwager.[245]

---

239 Dr. Schreier, Vermerk für Minister Dr. Wünsche, 31.08.1967. In: Bundesarchiv (Berlin) Bestand DP 1/1830.

240 Zentrale Auswertungs- und Informationsgruppe: BStU MfS ZAIG 9935, S. 23. Das Foto erschien auch in: http://leiden.courant.nu/issue/LD/1967-09-09/edition/0/page/15, abgerufen am 20.07.2015.

241 Aus bulgarischer Haft entlassen. In: „Tagesspiegel" (Berlin) vom 26.08.1967. In: Zentrale Auswertungs- und Informationsgruppe: BStU MfS ZAIG 9935, S. 34.

242 Aus der Haft entlassen. In: „Die Welt" (Hamburg) vom 24.08.1967. In: Zentrale Auswertungs- und Informationsgruppe: BStU MfS ZAIG 9935, S. 44.

243 Bundesregierung schwächt ab. In: „Der Abend" vom 24.08.1967. In: Zentrale Auswertungs- und Informationsgruppe: BStU MfS ZAIG 9935, S. 46.

244 Zur Zeit keine Westdeutschen in bulgarischen Gefängnissen. In: „Süddeutsche Zeitung" (München) vom 16.09.1967. In: Zentrale Auswertungs- und Informationsgruppe: BStU MfS ZAIG 9935, S. 20.

245 Holländischer Fluchthelfer in Bulgarien verurteilt. In: „Süddeutsche Zeitung" (München) vom 20.10.1967. In: Zentrale Auswertungs- und Informationsgruppe: BStU MfS ZAIG 9935, S. 14.

Nachdem es in der Bundesrepublik im Zuge der Berichterstattung über die Osteuropa-Festnahmen zu zahlreichen Stornierungen von Bulgarienreisen gekommen war, weil frühere DDR-Bürger offenbar ihre Festnahme befürchteten, berief die Bulgarische Fremdenverkehrszentrale Ende August 1967 eine Tagung in Sofia ein.[246] Soyan Karaslavov, der Leiter der Konsularabteilung im bulgarischen Außenministerium, sagte auf dieser Konferenz, Bundesbürger würden nicht an die DDR ausgeliefert: „Das werden wir nicht zulassen, das können wir uns als Rechtsstaat einfach nicht leisten."[247] Karaslavov betonte darüber hinaus, dass Fluchthilfe in der Volksrepublik „kein strafwürdiger Tatbestand" sei und erklärte, im bulgarischen Außenministerium sei man über westliche Presseberichte verwundert, die den Eindruck erweckten, als stünden Urlauber dort unter ständiger Polizeiaufsicht. Davon könne keine Rede sein, am Sonnenstrand gebe es nur einige Verkehrspolizisten und ein paar Nachtwächter.[248] In die gleiche Richtung ging ein Interview des ersten Vizepräsident des Komitees für Fremdenverkehr beim Ministerrat, Peter Ignatov in der *NRZ*: „Bulgarien liefert keine Touristen mit westdeutschem Pass an die DDR aus. Selbst wenn er erst vor wenigen Wochen die DDR verlassen hat und uns morgen mit bundesrepublikanischem Pass besucht, braucht er nichts zu befürchten!"[249] Niemand bräuchte Angst vor einer Festnahme haben, betonte auch der Pressesprecher des in Hannover ansässigen Touristik-Unternehmens „Scharnow-Reisen", das Gesetz werde in der Volksrepublik mit „äußerster Milde" gehandhabt.[250]

Ziel dieser Äußerungen war es, die westdeutschen Urlauber zu beruhigen, damit sie auch weiterhin Reisen ans Schwarze Meer buchten. Der bulgarische Generalstaatsanwalt Ivan Vatschkov hätte wohl Schwierigkeiten mit dieser Rechtsauslegung gehabt. Laut einem kurz zuvor von ihm vorgelegten Rechenschaftsbericht waren Republikfluchten – und damit meinte er ausdrücklich auch

---

246 Sofia befürchtet Touristenschwund. In: „Hannoversche Allgemeine" vom 22.08.1967, Kopie in PIA.

247 Bauer, Wilhelm: „Fluchthilfe ist kein strafwürdiges Delikt". In: „Tagesspiegel" (Berlin) vom 26.08.1967. In: Zentrale Auswertungs- und Informationsgruppe: BStU MfS ZAIG 9935, S. 35.

248 Ebd-

249 Ihlau, Olaf: Bulgarien liefert Westdeutsche nicht an DDR aus. In: „NRZ" (Essen) vom 18.09.1967, PIA.

250 Achenbach, Beatrix: „Reisen nach Bulgarien sind nicht gefährlich". In: „Frankfurter Rundschau" vom 26.08.1967. In: Zentrale Auswertungs- und Informationsgruppe: BStU MfS ZAIG 9935, S. 37. Vgl. auch: Leserbrief Berend Hansing, Leiter der Pressestelle Scharnow Reisen. In: „Welt am Sonntag" (Hamburg) vom 03.09.1967. In: Zentrale Auswertungs- und Informationsgruppe: BStU MfS ZAIG 9935, S. 27.

die ostdeutschen Flüchtlinge in Bulgarien – nämlich „Verbrechen gegen die Volksrepublik Bulgarien", begangen von „Abenteurer[n], Kriminalverbrecher[n], moralisch verkommene[n] Menschen [und] Müßiggänger[n]."[251]
   Dass die phantasievollen Karaslavov-Äußerungen auch von der Politik in Bonn
registriert wurden, zeigte sich wenig später im Deutschen Bundestag, als der SPD-
Abgeordnete Joachim Raffert dem Staatssekretär im Auswärtigen Amt, Gerhard
Jahn, unter Berufung auf den „hohen Regierungsvertreter in Sofia" eine Frage
stellte, in der es unter Berufung auf den Bulgaren hieß, „Republikflucht" und Beihilfe zur „Republikflucht" fielen angeblich nicht unter das bulgarische Strafrecht,
und dementsprechend würden bundesdeutsche Fluchthelfer auch nicht nach
Ost-Berlin ausgeliefert.[252] Es war ein Statement, das man im von Willy Brandt
geführten Außenamt nur zu gern für bare Münze nahm. Tatsächlich wurden beide
Delikte in Bulgarien jedoch auch weiterhin streng bestraft, die Äußerungen des
Leiters der Konsularabteilung im bulgarischen Außenministerium, der auch kein
„hoher Regierungsvertreter" war, entsprachen schlichtweg nicht den Tatsachen.
Entsprechend falsch war auch die Schlussfolgerung: Auslieferungen bzw. Über-
stellungen bundesdeutscher Fluchthelfer fanden, wie wir noch sehen werden,
nämlich auch weiterhin statt.

Der Fall Gunter Pschera

Etwa zur selben Zeit als Gudrun Lehmann in Karl-Marx-Stadt zur letzten Ruhe
gebettet wurde, brach der 23-jährige Gunter Pschera im nahe gelegenen Vogtland
zu einer Ferienreise an die Bulgarische Schwarzmeerküste auf. Am 12. August
1967 traf Gunter Pschera in Begleitung seines Freundes Peter Müller (28) mit
der Eisenbahn in Bulgarien ein. Die beiden jungen Männer trafen sich zunächst
mit gemeinsamen Freunden aus Karl-Marx-Stadt im Badeort Varna, wo sie einige unbeschwerte Ferientage verbrachten.[253] Die beiden jungen Bauingenieure

---

251 Bericht des Generalstaatsanwalts der Volksrepublik Bulgarien über den Stand der
     Kriminalität und Gesetzesverstöße im Jahr 1966 und über die Tätigkeit der Staats-
     anwaltschaft. In: Bundesarchiv (Berlin) Bestand DP 1 / 1830.
252 Verhandlungen des Deutschen Bundestages, 5. Wahlperiode, Stenographische Be-
     richte Band 64, Bonn 1967, S. 5997.
253 Zur Rekonstruktion der Biographie von Gunter Pschera wurden 2005 bis 2008 zahl-
     reiche Interviews unter anderem mit seinem Cousin in Erlbach, zwei ehemaligen
     Freundinnen und Studienfreunden aus Glauchau geführt. Wichtige Informationen
     über die Biographie von Peter Müller erhielt der Verfasser von dessen Frau und
     dessen Schulfreund Dr. Günter Möstl. Vgl. auch: Appelius, Stefan: Unbekannter
     ostdeutscher Bürger, 21 Jahre. In: „Horch und Guck" Nr. 71 (März 2011), S. 14–17.

Pschera und Müller kannten sich vom Studium an der Fachschule für Bauwesen in Glauchau, das beide kurz vor den Ferien abgeschlossen hatten. Ihre Flucht in den Westen über das, wie sie glaubten, weniger gefährliche Bulgarien war seit Monaten geplant. Im Freundeskreis hatten Pschera und Müller immer wieder gesagt, die türkische Grenze sei derart weit unten im sonnigen Süden, da könne es „nicht so schlimm" sein, erinnert sich Günter Möstl.[254]

Nachdem sie sich von ihren Freunden verabschiedet hatten, fuhren Pschera und Müller mit einem Motorrad in das Internationale Jugendlager Primorsko, südlich von Burgas. Sie ahnten nichts von der Existenz der Operativgruppe des MfS im nahegelegenen Nessebar und auch nicht, dass in Primorsko Mitarbeiter des „Reisebüros der DDR" für die Beobachtung der jungen Urlauber eingesetzt waren. Ende August unternahmen sie mit ihrem Motorrad eine erste Erkundungsfahrt in Richtung der türkischen Grenze. An einer Straßensperre wurden sie von bulgarischen Soldaten zur Rückfahrt nach Primorsko aufgefordert. Das hielt sie nicht davon ab, am Donnerstag dem 31. August 1967 frühmorgens einen weiteren Versuch zu unternehmen. Nach etwa 40 Kilometern Fahrt versteckten sie ihr Motorrad am Straßenrand und machten sich zu Fuß auf den Weg in Richtung der türkischen Grenze. Doch die beiden Deutschen wurden von Jugendlichen aus dem Dorf Everenezovo bemerkt. Einige Stunden später, kurz nach Mitternacht, wurden sie schlafend in einer Sandkuhle von einer bulgarischen Alarmgruppe gezielt unter Feuer genommen – im Hinterland, noch vor der Grenzsignalanlage. Pschera erlag nach fünfzehnminütigem Todeskampf seinen schweren Verletzungen. „In Anbetracht des Todes meines Freundes möchte ich […] noch einmal feststellen, dass wir sofort ohne Anruf und Ergebensmöglichkeit im Liegen zusammengeschossen wurden", notierte das SED-Mitglied Peter Müller am 5. September 1967 im Krankenhaus in Burgas.[255] Er berichtete später, dass einer der Soldaten auf den leblosen Körper von Gunter Pschera uriniert habe. „Todesursache – Schusswaffenverwundung am Brustkorb und am Bauch – Riss der linken Lunge und der Leber", hieß es in der in der Todesurkunde für Gunter Pschera. Peter Müller überlebte wie durch ein Wunder, mit zwei Bauchschüssen und einem zertrümmerten Oberschenkel. Seine Frau berichtete dem Verfasser im Interview, man habe ihn im Krankenhaus permanent geohrfeigt, um ihn bis zur Narkose wach zu halten, da sein Zustand sehr ernst gewesen sei. Während des Transports ins Krankenhaus nach Burgas sagte ihm einer der Soldaten in gebrochenem Deutsch: „Kamerad kaputt".

---

254   Interview mit Dr. Günter Möstl (Potsdam), 19.09.2005.
255   Archivierter Operativer Vorgang: BStU MfS BV KMS AOP 2177/68, Bl. 0030.

Erst jetzt kam Oberleutnant Fleischhauer ins Spiel. Der Leiter der Operativ-gruppe sorgte in Zusammenarbeit mit dem DDR-Generalkonsulat in Varna dafür, das Pschera auf dem Friedhof in Burgas beerdigt wurde.[256] Allerdings durfte sein Name nicht in das Totenbuch des Friedhofs eingetragen werden. Stattdessen setzte man auf das Grab ein Kreuz mit der Aufschrift „Unbekannter ostdeutscher Bür-ger".[257] Aus Unterlagen des MfAA der DDR im Politischen Archiv des Auswärtigen Amts ist ersichtlich, dass die Beerdigungskosten in Höhe von 26,93 Lewa aus dem MfAA-Unterfonds „Zuwendung mittellose Bürger" beglichen wurden.[258]

Bei einem Besuch in Everenezovo traf der Verfasser den damaligen Bürger-meister des Grenzdorfs, Vasil Dimitrov.[259] Das Gebiet wurde erst 1913 im Balkan-krieg bulgarisch, seine Eltern gehörten zu den ersten Bulgaren, die damals hier siedelten. In der Gegend habe es viele Fluchtversuche gegeben. Meistens habe es sich um Bulgaren, aber auch um Deutsche und Menschen anderer Nationalitäten gehandelt. Er berichtete, dass er selber als Bürgermeister auch persönlich an der Festnahme von Flüchtlingen mitgewirkt habe. Menschen, die er noch immer als Verbrecher bezeichnete.

Bei der Strafzumessung für Peter Müller, der trotz seiner Verletzungen in Handschellen in die DDR zurückgeflogen wurde, richtete sich die DDR-Justiz nach den Angaben der bulgarischen Grenztruppen, die auch die Grundlage für den Bericht von Hauptmann Peter Pfütze[260] bildeten: „Der Hund verfolgte die

---

256 Quartal VI B, Parzelle IV, Reihe I, Grab 7. Brief Nr. 240/67 des DDR-Generalkon-sulats in Varna vom 23.09.1967 an das MfAA. In: PAA, MfAA-Bestand B 7/71 (Sterbe-fälle von DDR-Bürgern in Bulgarien).

257 Eine Eintragung ins Sterbebuch des Friedhofs erfolgte, wie der Verfasser im Zuge der Recherchen herausfand, nicht. Als Peter Müller 1977 nach Bourgas reiste, gab es das Grab bereits nicht mehr: „Diejenigen Deutschen, die seinerzeit alles von uns wussten, lebten nicht mehr. [...] Einen weiteren Versuch, in die BRD zu kommen, habe ich nicht unternommen, da ich doch ein paar Jahre bis zu meiner Gesundung benötigte und weitere Jahre hinter Gittern, die nun mal nie ausschließbar sind, schlicht und einfach scheute." Zitiert nach: Brief Peter Müller vom 13.09.1982 an Rudolf Pschera, AdA.

258 „Da die bulgarischen Behörden keinen Bescheid über den Verbleib der Leiche er-hielten, wurde Pschera am 6.9.67 in Bourgas bestattet. Der DDR-Konsul von Varna hast sich über den genauen Ort des Grabes informiert." Bericht Hptm. Peter Pfütze vom 02.10.1967. In: Archivierter Untersuchungsvorgang: BStU MfS AU 1448/68, Bd. 1, S. 129.

259 Interview mit Vasil Dimitrov (Everenezovo), 11.08.2005.

260 Hptm. Pfütze nahm an der Rückführung von Peter Müller in einer AN 24 teil. Tele-fonisches Interview mit Peter Pfütze (Berlin), 26.08.2015.

Fährte und stellte die Täter gegen 0:30 Uhr. Müller und Pschera bemerkten den Hund und versuchten zu fliehen. Nachdem beide auf entsprechende Anrufe nicht stehenblieben, wurden zunächst Warnschüsse und später gezielte Schüsse abgegeben."[261] Wie es wirklich war, notierte Peter Müller kurz vor seiner Verurteilung in einem Kassiber an seine Eltern: „Ob die Gelegenheit, einen unkontrollierten Brief zu schreiben noch einmal kommt, ist fraglich. […] Die Darstellung unserer Festnahme wurde, wahrscheinlich in Eigenerkenntnis des Verbrechens, gefälscht. Obwohl wir uns keinen Zentimeter bewegten, wirft die bulgarische Darstellung uns Flucht vor. Ihnen wird man glauben."[262] Seine Verletzungen waren derart schwerwiegend, dass er erst 1971 wieder arbeiten konnte.[263]

Erheblich mehr Glück als Pschera und Müller hatte der Dresdener Herbert Mayer (31). Der Diplom-Ingenieur war im August 1967 als Wissenschaftlicher Mitarbeiter am Institut für Maschinenelemente der TU Dresden zu einem Vortrag an die Universität Sofia eingeladen worden.[264] Diese Reise nutzte der erfahrene Bergsteiger, um – gemeinsam mit seinem Kollegen Claus Grunow (27) – über die „grüne Grenze" nach Jugoslawien zu gelangen. Doch das Fluchtvorhaben wäre beinahe gescheitert, berichtet Mayer im Gespräch mit dem Verfasser. Die beiden DDR-Bürger wurden im Sperrgebiet von mit Gewehren bewaffneten Bauern gestellt und in ein kleines Dorf geschafft. Es handelte sich, wie Mayer berichtet, ausschließlich um Zivilisten. Nachdem die Bauern sahen, dass Mayer und Grunow Deutsche waren, seien sie sehr freundlich behandelt worden. Man erzählte ihnen von einem Offizier der Deutschen Wehrmacht, der während des Zweiten Weltkriegs verhindert habe, dass die Dorfbevölkerung als Geiseln erschossen worden seien. Dieser Deutsche sei deshalb von seinen eigenen Landsleuten exekutiert worden, erfuhr Mayer. Aus Dankbarkeit dafür ließ man ihn und seinen Freund nach einer kurzen Rast und einigen Abschiedsfotos unbehelligt in Richtung Jugoslawien ziehen. Dort angekommen hatten die beiden DDR-Bürger, nachdem sie den sie verfolgenden jugoslawischen Grenzern entkommen waren[265], erneut Glück. Sie trafen auf Österreicher, die sie in ihrem Kleinbus quer durch

---

261 Bericht Hptm. Peter Pfütze vom 02.10.1967. In: Archivierter Untersuchungsvorgang: BStU MfS AU 1448/68, Bd. 1, S. 129.

262 Kassiber Peter Müller vom 01.03.1968 an seine Eltern, AdA.

263 Peter Müller, der bis zur Wende in der DDR blieb und nach dem Mauerfall SPD-Mitglied wurde, ist bereits am 21. Juni 1994 an einer unheilbaren Krankheit verstorben, von der seine Frau annimmt, dass sie ihm durch Bestrahlungen während der Stasi-Haft zugefügt worden sei.

264 Allgemeine Personenablage: BStU MfS BV Dresden AP 882/79.

265 E-Mail Claus W. Grunow vom 23.07.2015 an den Verfasser.

Jugoslawien mitnahmen, bis kurz vor die jugoslawisch-österreichische Grenze. Mayer und Grunow überquerten auch dieses Hindernis und baten schließlich in Österreich um Asyl.[266] Der Fall illustriert aber auch, wie eng die DDR-Botschaft in das Grenzsicherungssystem eingebunden war. In einem Bericht des kurz zuvor neu ernannten Konsul Fritz Voß hieß es: „Nach unserer Ansicht war die R-Flucht der beiden […] gut vorbereitet. Es ist nicht anzunehmen, dass die beiden das Gebirge über die Grenze überschritten haben, darauf deutet hin, dass sie z. B. nur einen Koffer mit schmutzigen Wäschestücken hinterlassen haben. Sie müssen beide im Besitz weiterer Koffer gewesen sein." Die Vertretung der DDR wickelte nicht nur die organisatorischen Dinge ab (Bereitstellung von Flugkarten, Rücksendung von Gepäck), sondern unterstützte direkt die „operative" Arbeit des MfS.

Dass nicht nur professionelle deutsche Fluchthelfer, sondern auch Bulgaren mit der Notlage der Flüchtlinge Geschäfte machten, belegt ein Fall aus dem Oktober 1967.[267] Die beiden jungen Männer waren mit einer Reisegruppe am Sonnenstrand. Bereits kurz nach ihrem Eintreffen erfuhr die Operativgruppe durch einen Spitzelbericht, dass eine Flucht geplant war und stellte beide unter operative Kontrolle durch die Beobachtergruppe der HA VIII, wobei auch zwei Reiseleiter als Helfer in die Beobachtung der Verdächtigen mit einbezogen wurden.[268] Die beiden Männer hatten einen bulgarischen Musiker kennengelernt, der ihnen anbot, sie mit einem Schiff in die Türkei zu bringen. Nachdem sie ihm einen größeren Geldbetrag in Lewa und DM gezahlt hatten, machte er sie mit einem Bulgaren in Bourgas bekannt, der das Boot steuern solle. Nachdem unmittelbar von dem geplanten Fluchttermin der Musiker plötzlich verschwunden war, erklärte ihr angeblicher Bootskapitän, den sie trotzdem aufsuchten, sie noch nie gesehen zu haben. Woraufhin einer der beiden Männer aus der DDR das Vorhaben aufgab. Der andere fuhr allein mit der Eisenbahn nach Sofia, um sein Glück an der bulgarisch-jugoslawischen Grenze zu suchen. Seine Festnahme erfolgte am 14. Oktober 1967 vor dem Luxushotel „Balkan". Geheimdienst-Major Atanas Trendafilov nahm ihn fest, weil er vor dem Hotel „hin und her" ging und westdeutsche und türkische Gäste angesprochen hatte.[269]

Zwischenzeitlich war Walter Ulbricht erneut in Sofia gewesen, um den Beistandspakt zwischen der Volksrepublik und dem ersten deutschen „Arbeiter- und Bauernstaat" zu ratifizieren.[270] Darin garantierten sich Sofia und Ost-Berlin

---

266   Interview mit Herbert Mayer (Herzogenaurach), 2007, AdA.

267   Hauptabteilung IX (Untersuchungsabteilung): BStU MfS HA IX MF 12696.

268   Zentrale Koordinierungsgruppe: BStU MfS ZKG 7627.

269   Archivierter Untersuchungsvorgang: BStU MfS BV Potsdam AU 712/68.

270   Vgl.: „Bulgarien Heute" (Sofia) Nr. 11/1967, S. 1.

nicht nur gegenseitige militärische Hilfe und die Unantastbarkeit ihrer Grenzen, sondern eine Konsultationsklausel sah darüber hinaus vor, dass Bulgarien fortan alle nichtdiplomatischen Kontakte mit der Bundesrepublik im Vorfeld mit der DDR zu erörtern habe.[271]

Legt man Fleischhauers Abschlussbericht für 1967 zugrunde, so hielten sich 1967 140 750 Bürger aus der Bundesrepublik und West-Berlin in der Volksrepublik auf, darunter 87 700 Touristen, was annähernd einer Verdoppelung seit 1966 entsprochen hätte.[272] Sowohl am Sonnenstrand (Nessebar), als auch am Goldstrand (Varna) gab es deutliche Zuwächse im Vergleich zum Vorjahr. An beiden Plätzen wurde inzwischen, soweit man die Angaben über die Urlauber aus anderen Ländern mit einbezieht, überwiegend deutsch gesprochen – am Sonnenstrand eher sächsisch und am Goldstrand eher wie im Ruhrpott.

Bezogen auf die Fluchtbewegung berichtet Fleischhauer davon, dass die Zahl der registrierten Fluchtversuche von DDR-Bürgern im Vergleich zu 1965 und 1966 mit 49 (im Vergleich zu 77 im Vorjahr) erstmals deutlich zurückgegangen sei. Bei 20 der 49 Festgenommenen handelte es sich laut Fleischhauer um Privatreisende, womit offenbar der Anschein erweckt werden sollte, dass die Operativgruppe die Reisegruppen bereits weitgehend unter Kontrolle hatte. Der überwiegende Anteil der Reisegruppen-Flüchtlinge, nämlich 19 von 29, waren am Sonnenstrand angefallen, also im Bereich der Türkischen Grenze.[273]

Statistisch gesehen, so Fleischhauer, waren fast alle Flüchtlinge zwischen 18 und 35 Jahre alt und hatten es entweder mit falschen Pässen (49 Prozent) oder per Grenzdurchbruch (61 Prozent) versucht – und zwar 1967 meistens in die Türkei, gefolgt von Jugoslawien und Griechenland. „In einigen Fällen waren die bulgarischen Grenzsicherungskräfte gezwungen, die Schusswaffe in Anwendung zu bringen, um Grenzdurchbrüche zu verhindern", berichtete Fleischhauer 1967, und weiter: „Dabei wurde eine Person tödlich und eine schwer verletzt. Eine weitere DDR-Bürgerin beging Selbstmord, um sich der Verantwortung zu entziehen, nachdem das Schleusungsvorhaben entdeckt war und die drei beteiligten westlichen Personen in der VR Bulgarien festgenommen worden waren."[274]

Immerhin räumte Fleischhauer im selben Bericht ein, dass die Zahl der dem MfS bekannt gewordenen geglückten Fluchten um 30 Prozent (von 20 auf 26)

---

271 Gesetz über den Vertrag vom 7. September 1967 über Freundschaft, Zusammenarbeit und gegenseitigen Beistand zischen der Deutschen Demokratischen Republik und der Volksrepublik Bulgarien. In: Bundesarchiv (Berlin) Bestand DC 20-I/3/616.
272 Hauptabteilung XX (Sicherung des Staatsapparates): BStU MfS HA XX Nr. 229, S. 44.
273 Hauptabteilung XX (Sicherung des Staatsapparates): BStU MfS HA XX Nr. 229, S. 47.
274 Ebd., S. 50

angestiegen war, worunter sich 14 Frauen und 18 Männer befanden. Fast 30 Prozent der geglückten Fluchten hatten am Sonnenstrand begonnen, konstatierte Fleischhauer: „Über keine der 26 Personen lagen Hinweise über die Absicht des illegalen Verlassens der DDR vor." Für den Oberleutnant war das ein Beleg unzureichender Überwachung, denn die Fluchtpläne waren durchweg bereits langfristig vorbereitet worden.

Der Sonnenstrand war aber nicht nur ein Zentrum für Fluchtversuche, wie dem Jahresbericht 1967 zu entnehmen ist, sondern auch für fast 60 Prozent der von der Operativgruppe beobachteten unerwünschten Kontakte zwischen DDR-Bürgern und Touristen aus Westdeutschland, die als „politisch-ideologische Diversion des Gegners" galten. Dabei begann sich 1967 ein Schlagabtausch zwischen weltanschaulich geschulten DDR-Bürgern und West-Urlaubern zu entwickeln, wo Sonnenhungrige aus der DDR bis dahin wegen Mauerbau und schlechten Lebensverhältnissen in der DDR stets den Kürzeren gezogen hatten: „Es ist festzustellen, dass das Auftreten unserer Bürger insgesamt selbstbewusster und intensiver geworden ist […]. Die Beschlüsse und Dokumente des VII. Parteitages der SED waren in diesen Diskussionen eine wesentliche Grundlage, insbesondere die Ausführungen über die Verbesserung der Lebenslage der Bevölkerung und über den Beitrag der DDR zur Sicherung des Friedens."[275]

Zwischenzeitlich war es der DDR gelungen, den Verkauf westlicher Presseerzeugnisse in den bulgarischen Korekom-Devisen-Läden auf den *Kicker* und „verschiedene Modejournale" zu reduzieren, während die politischen Zeitungen wie *Süddeutsche Zeitung*, *Welt* und *Frankfurter Rundschau* nur in den neu erbauten, zu diesem Zeitpunkt durchweg von West-Urlaubern belegten Hotels erhältlich waren.

Die ideologische Differenz zwischen Deutschen aus Ost und West zeigte sich laut dem Bericht der Operativgruppe aber auch in der unterschiedlichen Bewertung des Sechstagekriegs zwischen Israel und mehreren arabischen Ländern im Sommer 1967. Dieser sei von Urlaubern aus der Bundesrepublik mit einer pro-israelischen Blickweise bewertet worden, beobachtete Fleischhauer: „Angesichts des raschen militärischen Erfolges Israels zogen diese Kräfte die Schlussfolgerung, dass nun auch der richtige Zeitpunkt gekommen sei, um die Probleme in Deutschland zu klären und dass der einzige Weg zu deren Lösung die von Israel gewählte Methode einer überraschenden, kurzzeitigen militärischen Aktion sei."[276]

Inzwischen war die Zahl der vom MfS am Goldstrand und am Sonnenstrand zum Einsatz gebrachten „überregionalen" inoffiziellen Mitarbeiter auf elf ange-

275   Ebd., S. 58
276   Ebd., S. 60

stiegen. Es handelte sich um Personen, die sich als „Privatreisende" legendiert durchschnittlich drei bis acht Wochen zur Durchführung operativer Aufgaben in der Volksrepublik aufhielten und die hauptsächlich an die Hauptabteilung XX des MfS, aber auch an die Verwaltung Groß Berlin des MfS angebunden waren.

Diese IM hatten in erster Linie die Aufgabe, in den Feriengebieten an der Schwarzmeerküste – vor allem aber am Goldstrand – Kontakte zu interessanten westlichen Touristen herzustellen, um sie später – vom Gebiet der DDR aus – weiter operativ bearbeiten zu können. Gelang es in diesem Zusammenhang, Hinweise auf die Vorbereitung von Fluchtversuchen zu erarbeiten, so waren diese Ergebnisse willkommen, aber ihre Hauptaufgabe bestand in der „Schaffung perspektivreicher Verbindungen ins Operativgebiet".[277]

Eine weitere Gruppe inoffizieller Mitarbeiter der ostdeutschen Staatssicherheit in Bulgarien – 1967 handelte es sich um sieben Personen – wurden als Facharbeiter von anderen Dienststellen nach Bulgarien entsandt. Bei diesen Facharbeitern handelte es sich überwiegend um Saisonarbeitskräfte und zwar vor allem um Kellner, die in den großen Hotelanlagen an der Schwarzmeerküste zum Einsatz kamen. Doch der niedrige Verdienst, die schlechte Unterbringung und die langen Arbeitszeiten wirkten sich derart ungünstig auf die Gemütslage dieser Spitzel aus, dass ihre „inoffiziellen" Ergebnisse aus Fleischhauers Sicht gänzlich ungenügend blieben.

Weitaus effizienter funktionierte dagegen die Zusammenarbeit mit dem aus IM besetzten Repräsentanten des „Reisebüros der DDR" und den dem Reisebüro erneut zugeteilten „studentischen Hilfskräften". Auch im Jugendtouristiklager Kavazite war das MfS inzwischen durch einen IM erstmals direkt vertreten, während man mit dem beim Zentralrat der FDJ beschäftigten Mitarbeiter im internationalen Jugendlager Pamporovo „offiziell" zusammenarbeitete, was der Qualität der Beobachtung der Jugendlichen jedoch keinen Abbruch tat: Fleischhauer attestierte vorbildliche Pflichterfüllung, die von „operativen Kontrollen", über die notwendige Einhaltung der Vertraulichkeit bis zur Feststellung verdächtiger Westkontakte der ihm anvertrauten jungen FDJler reichten. Für die Auswahl dieser inoffiziellen Reisebüro- und Jugendtouristikmitarbeiter war die „Arbeitsgruppe Sicherung des Reiseverkehrs" zuständig, woraus ersichtlich ist, dass nicht das „Reisebüro der DDR", sondern das MfS die Auslandsmitarbeiter rekrutierte, und zwar nicht nach touristischen, sondern ausschließlich nach geheimdienstlichen Erfordernissen.

---

277 Ebd., S. 65

Alle Hände voll zu tun hatte in der Saison 1967 erneut die am Sonnenstrand untergebrachte Beobachtergruppe der Hauptabteilung VIII, zu deren Unterstützung erstmals ein Mitarbeiter des Komitees für Staatssicherheit aus Sofia abgestellt war. Sie kamen vor allem in den Urlauberanlagen am Goldstrand und am Sonnenstrand zum Einsatz, teilweise aber auch bei Fahrzeugbeobachtungen außerhalb der Ferienanlagen. Neben der Verhinderung von Fluchtversuchen ging es bei den Aufträgen der Beobachtergruppe auch um verdächtige Westkontakte von DDR-Bürgern, die in Absprache mit der Operativgruppe durchschnittlich acht Tage lang von den Mitarbeitern der HA VIII observiert wurden. Die dazu notwendigen Aufträge erhielt die Beobachtergruppe teilweise vom Leiter der Operativgruppe, in vielen Fällen aber auch direkt aus Ost-Berlin.

Doch so sehr sich die staatlichen Aufpasser auch anstrengten, professionelle Fluchthelfer mit ihrer ganz überwiegend akademischen Klientel waren ihnen immer einen, wenn nicht sogar mehrere Schritte voraus. Einer der bekanntesten und erfolgreichsten Fluchthelfer jener Jahre war Hasso Herschel, ein zweifacher DDR-Jugendmeister im Schwimmen, der wegen seiner Beteiligung am Volksaufstand vom 17. Juni 1953 von der Schule geflogen und später wegen Beihilfe zur „Republikflucht" zu einer langjährigen Freiheitsstrafe verurteilt worden war. Nach dem Mauerbau holte Herschel in Tunneln und auf anderen Wegen hunderte DDR-Bürger in den Westen. Und zwar nicht nur an der innerdeutschen Grenze. Herschel hatte Mitte der 1960er Jahre zeitweilig einen Cadillac in Bulgarien, in dem sich das Versteck nicht etwa im Kofferraum, sondern im Armaturenbrett befand.[278] Dieses Geheimnis („Die gesamte Technik vor dem Lenkrad dieses Wagens war [...] in mühseliger Kleinarbeit auf Transistorgröße zusammengedrängt worden; der dadurch frei gewordene Raum konnte eine Person bergen, das Armaturenbrett selbst ließ sich herunterklappen und anschließend verriegeln [...]. Man musste den Zigarettenanzünder reindrücken und das Radio auf eine bestimmte Frequenz einstellen – erst dann ging die Klappe auf."[279]) blieb unentdeckt, das Risiko für Flüchtlinge und Fluchthelfer war kalkulierbar.[280] Im Januar 1967 gab Herschel den Wagen an den Fluchthelfer Wolfgang Fuchs ab, der damit laut Herschel noch zahlreiche weitere Flüchtlinge über einen langen Zeitraum

---

278   Telefonisches Interview mit Hasso Herschel (Oberuckersee), 22.08.2015.
279   Morgens um sechs bist Du in Michendorf. In: „Der Spiegel" (Hamburg) vom 20.08.1973. In: http://www.spiegel.de/spiegel/print/d-41926481.html, abgerufen am 25.08.2015.
280   „Man musste im ganzen sozialistischen Ausland immer auf der Hut sein, aber echte Gefahren drohten eigentlich weder dem Fahrer des Fluchtautos noch den anderen Beteiligten." Veigel, Burkhart: Wege durch die Mauer. Berlin 2013, S. 370.

unbehelligt aus Bulgarien herausbringen ließ, bevor der Wagen schließlich durch die staatlichen Organe des Ostens beschlagnahmt wurde.

Inzwischen hatte sich die Zusammenarbeit zwischen den MfS-Offizieren und ihren volksbulgarischen Kollegen weiter intensiviert. In Einzelfällen konnte das „Netz der bulgarischen Sicherheitsorgane an den Kurorten" von der Stasi mit genutzt werden, insbesondere wenn es um Fluchtverdacht oder die Feststellung von Westkontakten ging. Doch damit nicht genug. Die bulgarischen Sicherheitsorgane sorgten auch für die Unterbringung ihrer ostdeutschen Besucher und deren technische Verbesserung: „Die Unterkünfte der Mitarbeiter der Operativgruppe wurden mit Telefonanschlüssen aufgerüstet. Der Operativgruppe wurden in den Kurorten Sonnenstrand und Goldener Sand Arbeitsräume mit Telefonanschlüssen (Orts- und Dienstleitung) zur Verfügung gestellt. Die bulgarischen Genossen übergaben operative Dokumente und polizeiliche Kennzeichen für Pkw, wodurch sich die Mitarbeiter der Operativgruppe und der HA VIII in der VR Bulgarien unabhängig bewegen konnten."[281]

Persönlich fungierte Oberleutnant Fleischhauer in diesem Jahr erstmals in Personalunion als Leiter der Operativgruppe und als Verbindungsoffizier zum bulgarischen Innenministerium in Sofia. Er wohnte gemeinsam mit seiner Frau in der bulgarischen Hauptstadt. Das lässt den Rückschluss zu, dass Fleischhauer als Mitarbeiter der DDR-Botschaft legendiert war, während die übrigen Mitarbeiter der am Schwarzen Meer stationierten Operativgruppe höchstwahrscheinlich nach außen hin als Mitarbeiter des „Reisebüros der DDR" in Erscheinung traten.

Intern gab es in der Operativgruppe Probleme, weil Fleischhauers neuer Mitarbeiter Lampe seiner als IM verpflichteten Frau mehr Einblick in „operative Arbeitsprozesse" erlaubte, als es die Vorschriften vorsahen.[282] Ungünstiger noch fiel ins Gewicht, dass Lampe bestimmte Informationen, die er von einem Reisebüro-IM erhalten hatte, und die auf die betreffende Person leicht zurückführbar war, an andere Reisebüro-IM weitergab, und damit für unerwünschte Gespräche und Unruhe unter den Reisebüro-Repräsentanten am Goldstrand sorgte, die sich aus dem Blickwinkel des MfS auch gegenseitig hätten überwachen sollen.

Möglicherweise als Reaktion auf diese Problematik wurde Fleischhauers Frau Irma mit Wirkung vom 1. Mai 1968 als Schreibkraft im Rang einer Unteroffizierin eingestuft und gehörte damit fortan ebenfalls zur Operativgruppe des MfS in Bulgarien.[283] Es war nicht die einzige personelle Veränderung. Statt Lampe wurde

---

281 Hauptabteilung XX (Sicherung des Staatsapparates): BStU MfS HA XX Nr. 229, S. 75.
282 Kader und Schulung: BStU MfS BV Magdeburg 2260 KS, S. 82–84.
283 Kaderakte Irma Fleischhauer: BStU MfS KS 4447/90.

der 36-jährige Hauptmann Joachim Wiegand[284] an den Goldstrand geschickt, während die „operativen" Aufgaben des Ehepaars Koch in Nessebar von dem 27-jährigen Leutnant Heinz-Peter Bogisch[285] übernommen wurden. Beide Männer verfügten über Erfahrung in der „intensiven IM-Arbeit", sie waren beide bereits zwei Jahre zuvor aus ihren Kreisdienststellen in die HA XX nach Ost-Berlin versetzt worden. Wiegand war bereits 1967 für drei Wochen zur Unterstützung der Operativgruppe an der Schwarzmeerküste stationiert.[286] Nach vierjähriger Erprobung richtete man sich im MfS auf eine langfristige Personalplanung für die Urlauberüberwachung durch die Operativgruppe in der Volksrepublik ein.

---

284 Kaderakte Joachim Wiegand: BStU MfS KS 4409/90.
285 Kaderakte Heinz-Peter Bogisch: BStU MfS KS 4745/90.
286 Hauptabteilung XX (Sicherung des Staatsapparates): BStU MfS HA XX/4 Nr. 124, S. 74.

3. Urlauberüberwachung nach dem „Modell Nessebar"

An den Aufgaben und Arbeitsschwerpunkten der Operativgruppe hatte sich nichts geändert. Legt man Fleischhauers Abschlussbericht für das Jahr 1968 zugrunde, war die Zahl der gescheiterten Fluchtversuche im Vergleich zu den beiden Vorjahren weiter deutlich rückläufig. Sie sank von 49 auf 27 Personen und betrug damit nur noch etwa 35 Prozent des Wertes von 1966. Bei keiner dieser Personen hatte das MfS laut Fleischhauer im Vorfeld Hinweise über einen Fluchtverdacht. Die Festnahmen erfolgten durchweg nachdem die Operativgruppe Fahndungsmaßnahmen eingeleitet hatte oder „auf frischer Tat".[287] Die Mehrzahl der Verhafteten bestand aus Individualtouristen, das heißt, dass vor allem Fluchtversuche aus den genauestens beobachteten und abgeschirmten Reisegruppen immer schwieriger geworden waren. Ihr Anteil am Sonnenstrand sank von 19 Fällen im Jahr 1966 auf einen einzigen Fall im Jahr 1968. Konstant blieb lediglich, dass die Fluchtversuche fast ausschließlich von Personen zwischen 18 und 35 Jahren unternommen wurden. Und zwar in Richtung Türkei und Jugoslawien, während der Fluchtweg nach Griechenland nach dem dortigen Militärputsch vom April 1967 keine nennenswerte Rolle mehr spielte.

War es schwieriger geworden, aus der Volksrepublik in den Westen zu gelangen? Legt man den Abschlussbericht von Oberleutnant Fleischhauer für das Jahr 1968 zugrunde, dann muss man diese Frage bejahen. Denn auch die Zahl der dem MfS bekannt gewordenen geglückten Fluchtversuche war im Vergleich zum Vorjahr (12/26) um mehr als die Hälfte zurückgegangen.[288] Wie es diesen Leuten gelang, die sichtbaren und die unsichtbaren Barrieren zu überwinden, hatte das MfS jedoch nur selten herausgefunden.

Ende Juli 1968 gelang dem 25-jährigen Stefan Welzk[289] und dem 24-jährigen Harald Fritzsch[290] mit einem Faltboot mit Außenbordmotor die Flucht von Druschba (im Norden der bulgarischen Schwarzmeerküste) über das Schwarze

---

287 Hauptabteilung XX (Sicherung des Staatsapparates): BStU MfS HA XX Nr. 229, S. 7.
288 Hauptabteilung XX (Sicherung des Staatsapparates): BStU MfS HA XX Nr. 229, S. 9.
289 Welzk, Stefan: Unser Protest gegen die Kirchensprengung in Leipzig und seine Folgen. Dresden 2011 (Schriftenreihe des Sächsischen Landesbeauftragten für die Stasi-Unterlagen).
290 Fritzsch, Harald: Flucht aus Leipzig. Eine Protestaktion und ihre Folgen. München 1990.

Meer in die Türkei. Sie legten eine Strecke von fast 100 Kilometern Luftlinie unbemerkt zurück, fuhren weit vor der Küste und trafen völlig entkräftet in der Türkei ein.[291] Freunde hätten sie nachdrücklich vor den Gefahren einer Flucht über das Schwarze Meer gewarnt, erinnert sich Stefan Welzk.[292] Harald Fritzsch hatte im Vorfeld der Flucht von seinem Cousin erfahren, dass die beiden Söhne eines Arztes aus Aue bei einem solchen Unternehmen ums Leben gekommen seien.[293] Sie hatten das Boot bahnpostlagernd nach Budapest geschickt und waren mit dem Bootsmotor und Benzinkanistern im Gepäck nach Bulgarien aufgebrochen. Dabei war das Gepäck so auf beide Männer verteilt, dass bei Grenzkontrollen kein Verdacht auf sie fiel. Welzk hatte im Vorfeld der Flucht die 1964 eröffnete Handelsvertretung der Bundesrepublik in Sofia aufgesucht, wo er erfuhr, dass man ihm nicht bei der Flucht helfen könne. Das Gebäude wurde vom bulgarischen Geheimdienst überwacht, berichtet Welzk, dem es anschließend in einem Park gelang, seine Verfolger wieder abzuschütteln.

Auch der Leipziger Studentin Gisela R. glückte im Sommer 1968 die Flucht über Bulgarien. Sie gelangte mit dem Pass einer West-Berliner Urlaubsbekanntschaft auf einem Ausflugsdampfer nach Istanbul. Nach Presseberichten hatte Gisela R. die Flucht schon lange geplant. Die Besonderheit ihres Falles bestand darin, dass ihre Urlaubsbekanntschaft nach Beendigung ihrer Ferien regulär über den Ost-Berliner Zentralflughafen Schönefeld in den Westteil der Stadt zurückkehren wollte. Nach der Landung wurde sie in Ost-Berlin verhaftet und wegen Beihilfe zur „Republikflucht" zu einem Jahr Gefängnis verurteilt.[294] Das Schicksal dieser jungen Frau führte schließlich dazu, dass die Bonner Staatsanwaltschaft Gisela R. wegen schwerer Freiheitsberaubung in Tateinheit mit Passmissbrauch anklagte. Ein Delikt, dass mit einer Freiheitsstrafe zwischen einem und zehn Jahren Gefängnis bestraft wurde. Der Prozess vor dem Bonner Schöffengericht erregte erhebliches Medieninteresse. Am Ende fiel das Urteil gegen Gisela R. allerdings sehr milde aus: Während die Staatsanwaltschaft auf ein Jahr mit Bewährung und 1 000 Mark Geldstrafe plädiert hatte, verhängte das Gericht nur 400 Mark Geldstrafe wegen Ausweismissbrauchs. Nach Abschluss des Verfahrens erklärte

291 „DDR"-Physiker flohen in die Türkei. In: „Telegraf" (Berlin) vom 02.08.1968. In: Zentrale Auswertungs- und Informationsgruppe: BStU MfS ZAIG 9305, Bd. 2, S. 18.
292 Telefonisches Interview mit Dr. Stefan Welzk (Berlin), 08.07.2015.
293 E-Mail Harald Fritzsch (München) vom 09.07.2015 an den Verfasser.
294 Heye, Uwe-Karsten: Für die Flucht zahlte eine andere. Prozess wegen Passmissbrauchs gegen Studentin aus der DDR fortgesetzt. In: „Süddeutsche Zeitung" (München) vom 27.11.1971. In: Zentrale Auswertungs- und Informationsgruppe: BStU MfS ZAIG 10346, S. 370.

Gisela R., sie glaube, dass sie im Sinne der Anklage nicht schuldig sei, aber sie fühle sich moralisch schuldig: „Wenn ich gewusst hätte, dass das Ganze eine solch tragische Entwicklung nimmt, hätte ich das alles nicht getan."[295] Die große Mehrzahl der Fluchtversuche endete auch 1968 mit Festnahmen. Dabei wirkte sich im Fall des 36-jährigen Ökonom Jörg W.* aus Ost-Berlin ungünstig aus, dass er sich in Sofia sowohl im US-Konsulat als auch in der Handelsvertretung der Bundesrepublik um Hilfe bemüht hatte. Damit kam zum Fluchtversuch, der nach dem im Juli 1968 in Kraft getretenen neuen Strafgesetzbuch zum „ungesetzlichen Grenzübertritt" (§ 213 StGB), der das Passvergehen ablöste, noch die „staatsfeindliche Verbindungsaufnahme" (§ 219 StGB) strafverschärfend hinzu. Jörg W.*, dem man geraten hatte, es im Bereich der Grenzübergangsstelle Kalotina zu versuchen, wurde im Zug nach Belgrad verhaftet.

Ebenfalls nach dem neuen Strafrecht wurde der 18-jährige Kellner Thomas K.* aus der sächsischen Kleinstadt Taucha verurteilt. Er hatte sich zuvor bei der jugoslawischen Botschaft in Sofia über die Einreisebestimmungen für Jugoslawien erkundigt. Als man ihm erklärte, es genüge ein österreichisches Transitvisum, beschaffte er sich das Dokument in der österreichischen Botschaft. Die Festnahme des jungen Mannes erfolgte am 21. Oktober 1968, bevor er Jugoslawien erreicht hatte, auf der Grenzübergangsstelle Kalotina. Auch in seinem Fall hätten beide Paragraphen des neuen DDR-Strafgesetzbuchs Anwendung finden können.

Im siebten Jahr nach dem Bau der Mauer waren immer mehr Deutsche dazu übergegangen, sich während der Ferien in Bulgarien zu treffen: „Es wurde zu einer immer gebräuchlicheren Methode, dass Touristen aus der DDR gemeinsam mit ihren Verwandten, Bekannten und Freunden sowie auch Geschäftspartnern aus Westdeutschland und Westberlin ihren Urlaub in der VR Bulgarien verbrachten"[296], beobachtete Fleischhauer, der diese „feindliche Kontaktpolitik" und die „Diskussionen im kleinen Kreis" gern unterbunden hätte, weil seine Landsleute, soweit es sich nicht um geschulte Ideologen handelte, dabei in der Regel den Kürzeren zogen. Ob tatsächlich die große Mehrzahl der DDR-Urlauber in Bulgarien im Sommer 1968 auf den Sturz des tschechoslowakischen Reformpolitikers Alexander Dubček mit „Erleichterung und Beruhigung"[297] reagierte, scheint eher eine äußerliche Beobachtung gewesen zu sein. Denn die Sicherheitsorgane waren überall präsent, und die große Mehrzahl der DDR-Urlauber dürfte gewusst haben,

---

295 Generalkonsulat in Istanbul hat im Fall Rumpff versagt. In: „Berliner Morgenpost" vom 28.11.1971. In: Zentrale Auswertungs- und Informationsgruppe: BStU MfS ZAIG 10346, S. 367.
296 Hauptabteilung XX (Sicherung des Staatsapparates): BStU MfS HA XX Nr. 229, S. 15.
297 Ebd., S. 22

dass ihr Unmut über die militärische Intervention nicht unbemerkt geblieben wäre. Gleichzeitig wurden die DDR-Urlauber in Bulgarien über den Kurzwellenempfänger und deutschsprachige Aufrufe über die Niederschlagung der von „Imperialisten ermunterten […] Konterrevolution" unterrichtet.[298] Der „Prager Frühling" ging auch an Bulgarien nicht spurlos vorbei. Wenige Wochen zuvor hatten in Sofia die 9. Weltfestspiele der Jugend und Studenten stattgefunden, die unter dem Motto „Für Solidarität, Frieden und Freundschaft" standen. Hier war es den Sicherheitskräften gelungen, die Lage unter Kontrolle zu behalten. Nicht so aber im Internationalen Jugendlager „Georgi Dimitrov" in Primorsko an der südlichen Schwarzmeerküste. In dem über 2 000 Hektar großen Areal aus einem Campingplatz, mehreren Hotels, Restaurants und Sportanlagen waren im Anschluss an die Weltfestspiele Jugendgruppen aus zahlreichen Ländern untergebracht.[299] Im Sommer 1968 hielten sich dort mehrere tausend Jugendliche aus beiden Teilen Deutschlands, Italiener, Tschechen, Franzosen und Holländer auf, um nur die wichtigsten Länder zu erwähnen. Zwar waren die Gruppen aus den osteuropäischen Ländern gut abgeschirmt, aber bestimmte Schnittstellen ließen sich auch durch Kontrollen nicht verhindern.

Dass auch DDR-Bürger Hoffnungen in die Reformpolitik gelegt hatten, belegt das Beispiel des Studenten Christian M.* aus Ost-Berlin. Der 22-Jährige war ohne festes Ziel über Prag und Budapest nach Bulgarien getrampt. Der junge Mann traf genau am 21. August 1968 – dem Tag der militärischen Intervention des Warschauer Pakts in der ČSSR – in der Gegend von Primorsko ein, wo er ein westdeutsches Mädchen kennenlernte. Sie sagte ihm, dass es im Internationalen Jugendlager eine Übernachtungsmöglichkeit für ihn gebe. Schon die technischen Vorgaben (Student, Individualtourist, per Anhalter, ohne gebuchte Übernachtungsquartiere) zeigt, dass Christian M.* schwer zu überwachen war, zumal er sich nicht in der Sperrzone zum Grenzgebiet aufhielt und in Primorsko auch nicht anmeldete.

Nachdem das Pärchen per Anhalter im Internationalen Jugendlager eingetroffen war, erfuhr der Student von Jugendlichen einer DGB-Reisegruppe erste Einzelheiten über die Militärintervention. Nachdem die Jugendlichen aus der Bundesrepublik von einem deutsch sprechenden Jugendlichen aus der ČSSR erste Einzelheiten erfahren hatten, kamen sie auf die Idee, Aushänge an den Bekanntmachungstafeln der Speisesäle des Jugendlagers zu machen, um andere Jugend-

---

298   Aufruf an die Bürger der Tschechoslowakischen Sozialistischen Republik. In: „Bulgarien Heute" (Sofia) Nr. 9/1968, ohne Seite (Mitteilung der BTA).
299   Bontscheva, Sirma: Primorsko. In: Bulgarien Heute" (Sofia), Nr. 7/1968, S. 21–25.

liche in Kurzform über die Ereignisse in der ČSR zu informieren. Darauf stand mit Filzstift unter der Überschrift ČSSR etwa „Prag um 12 Uhr besetzt" und „Zusammenstöße sowjetischer Truppen mit der Bevölkerung", Informationen die sie über „Radio Freies Prag" bezogen hatten. In den daran anschließenden Diskussionen sprach sich Christian M.* vor mehreren anderen Jugendlichen, darunter auch ein Bulgare, im Zimmer 223 des Hotel Neptun für den Abzug der Truppen des Warschauer Pakts aus der ČSSR aus. Bei seiner späteren Vernehmung erklärte der Student: „Ich vertrat [...] den Standpunkt, dass die ČSSR als sozialistisches Land mit einer Form der Demokratie, die der Struktur der Demokratie in westlichen Ländern ähnelt, den linken Kräften in diesen Ländern Auftrieb gegeben hätte, da das Hauptargument der Rechten darin besteht, dass der Sozialismus Diktatur bedeutet und dadurch die Volksmassen sehr schwer für die Ideen des Sozialismus zu gewinnen sind."[300]

Es waren Positionen, die gut in die bundesdeutsche Studentenbewegung gepasst hätten, mit denen Christian M.* große Zustimmung bei den Jugendlichen aus der Bundesrepublik fand. Die handgemalten Nachrichtenplakate wurden parallel mit der Zuspitzung der Ereignisse in Prag schließlich auch in englischer und französischer Sprache angefertigt, um möglichst viele junge Leute zu erreichen. Wie weit der Unmut der jungen Leute über die Ereignisse ging, ist daran zu erkennen, dass Christian M.* schließlich gegenüber den Mitgliedern der DGB-Jugend den Vorschlag machte, eine zentrale Kulturveranstaltung im Kulturhaus des Jugendlagers durch ein „Happening" zu stören: Die jungen Leute wollten sich in einer Tanzpause auf der Tanzfläche niederhocken. Dann sollte einer von ihnen aufstehen und ein Plakat mit der Aufschrift „Viva ČSSR" hochhalten. Dazu kam es allerdings nicht. Die Veranstaltung fand nicht statt, nachdem die Lagerleitung aus Spitzelberichten erfahren hatte, dass angeblich ein „Sprengstoffanschlag" geplant sei. Und nachdem die Reisegruppe aus der Bundesrepublik am nächsten Tag abreisen musste, brach der organisierte Widerstand gänzlich zusammen. Offenkundig stand die Abreise der Gruppe im Zusammenhang damit, dass ein westdeutscher Jugendlicher am 21. August 1968 bei einer Versammlung aller Gäste aus der ČSSR teilnahm und dort ausrief „Die ČSSR ist Vietnam in Europa" und „Freunde der ČSSR, wir sind mit Euch". Dieser Jugendliche wurde festgenommen und aus der Volksrepublik ausgewiesen.

Das gleiche Schicksal ereilte Christian M.*, den die Miliz ebenfalls holte. Für wie gefährlich die bulgarischen Sicherheitskräfte den Ost-Berliner Studenten hielten, wird daraus ersichtlich, dass er nicht dem MfS übergeben, sondern – nach-

---

300   Hauptabteilung XX (Sicherung des Staatsapparates): BStU MfS HA XX 19295, S. 34.

dem man ihn in die Geheimdienst-Zentrale nach Bourgas geschafft hatte – binnen 24 Stunden nach seiner Festnahme mit einer Sondermaschine der bulgarischen Luftfahrtgesellschaft „Tabso" nach Schönefeld ausflog, wo ihn Mitarbeiter der HA XX/5 in Empfang nahmen und zur Haftanstalt II transportierten.[301] Die Operativgruppe des MfS hatte offensichtlich zu spät von den Ereignissen in Primorsko erfahren. Ein von Leutnant Bogisch nachträglich verfasster Bericht ist nur unter dem Aspekt interessant, dass M.* gegen seine Festnahme und Rückführung mit der Begründung protestierte, dass seine politische Einstellung doch links („progressiv") sei.[302]

Die politischen Turbulenzen im Zusammenhang mit dem „Prager Frühling" hatten aus der Sicht der Operativgruppe den Vorteil, dass es dem IM-Netz des MfS in diesem Jahr an der Schwarzmeerküste laut Abschlussbericht besonders gut gelungen sei, Kontakte zu „operativ" interessanten Zielpersonen aus der Bundesrepublik herzustellen, darunter Journalisten, Polizeibeamte und Reisebüroangestellte.

Fluchtmotiv Liebe

In Fleischhauers Einzelauswertung der „politisch-ideologischen Diversion des Gegners" waren neben Verwandten auch in diesem Jahr wieder explizit „Verlobte" aufgeführt. In der Regel handelte es sich um junge Frauen aus der DDR, die einen Mann aus dem Westen kennengelernt hatten und mit diesem gemeinsam in der Bundesrepublik leben wollten. Ihr Anteil war im Vergleich zum Vorjahr um zehn Prozent angestiegen.

Zur Gruppe der „West-Verlobten" zählte der 26-jährige Hans Negmann aus Stuttgart-Zuffenhausen. Er war selbst erst kurz zuvor aus der DDR in die Bundesrepublik geflohen. Negmann traf sich an der Schwarzmeerküste mit seiner 22-jährigen Verlobten aus Merseburg und ihrem gemeinsamen eineinhalbjährigen Sohn. Sein Fluchtplan fiel völlig aus dem Rahmen. Der Mann aus Stuttgart brachte in Bulgarien einen Lkw an sich. Damit durchbrach er mit hoher Geschwindigkeit und unter ständigem Hupen den Schlagbaum an der Grenzübergangsstelle „Kapitan Andreevo". In einem Pressebericht hieß es dazu: „Sofort eröffneten die Grenzsoldaten das Feuer auf den Wagen. Kugeln durchschlugen das Fahrzeug. Sie verfehlten die drei Menschen nur um Haaresbreite. Ein Kleinbus mit türkischen Gastarbeitern, die durch Bulgarien in die Bundesrepublik reisen wollten, wurde auch getroffen, ebenso

---

301 Ebd., S. 104.
302 Hauptabteilung XX (Sicherung des Staatsapparates): Bericht Ltn. Bogisch vom 26.08.1968. In: BStU MfS HA XX 19295, S. 105–108.

das Büro der türkischen Zollverwaltung. Wie durch ein Wunder wurde niemand verletzt."[303] Dass die bulgarischen Grenzsicherungsorgane von dem Vorfall völlig überrascht wurden, ist daran zu erkennen, dass sie den viel befahrenen Grenzübergang anschließend für eine Stunde schlossen. Ein bulgarischer Antrag zur Überstellung der Flüchtlinge und ihres Helfers wurde von der Türkei abgelehnt.[304]

Das MfS widmete den Verlobten „sowohl aus abwehrmäßigen wie auch vom Standpunkt der offensiven Arbeit in Richtung Operationsgebiet" besondere Aufmerksamkeit: „Bei dieser Kategorie ergaben sich auch häufig Hinweise auf die Planung bzw. Vorbereitung des illegalen Verlassens der DDR."[305] Mit anderen Worten: Bei den deutsch-deutschen Liebesbeziehungen gab es angeblich einen nennenswerten Anteil geheimdienstlicher Einflüsse. Wenn es diese Einflüsse tatsächlich gab, dann vermutlich in beide Richtungen. Deren Kontrolle wurde für das MfS im Sommer 1968 allerdings zusätzlich erschwert. Denn ab August 1968 durften zunächst West-Berliner – die den Großteil der westdeutschen Bulgarienurlauber ausmachten – auf ihre Kosten DDR-Bürger nach Bulgarien einladen und dort mit ihnen im gleichen Hotel wohnen. Das ging aus einem Fernschreiben hervor, dass ein auf Bulgarienreisen spezialisiertes West-Berliner Reisebüro von „Balkantourist" erhalten hatte.[306] Die Reisen waren jetzt im Genex-Katalog verzeichnet und damit der Vergabe durch das „Reisebüro der DDR" entzogen.

Hinsichtlich des Einflusses auf das „Reisebüro der DDR" ist zu vermerken, dass 1968 am Sonnenstrand mit seinen inzwischen 82 Hotels ein Repräsentant R. zum Einsatz kam, der zwar Mitglied der SED, aber kein inoffizieller Mitarbeiter der Staatssicherheit war. Mit ihm nahm die Operativgruppe einen offiziellen Kontakt auf, nachdem sie ihn zur Konspiration verpflichtet hatte. Im Rahmen dieser offiziellen Zusammenarbeit wurde R. unter anderem im Auftrag der Operativgruppe zu einem Gespräch mit Christian M.* nach Primorsko geschickt, als die Festnahme des Studenten unmittelbar bevorstand.

Doch der Leiter der Operativgruppe war mit R.'s Leistung nicht zufrieden. Für Oberleutnant Fleischhauer handelte es sich bei dem Repräsentanten um eine klare

303 Dramatische Flucht im Kugelhagel. Junges Paar aus der Zone durchbrach bulgarischen Schlagbaum. In: „Berliner Morgenpost" (SAD) vom 30.08.1968. In: Zentrale Auswertungs- und Informationsgruppe, BStU MfS ZAIG 10346, S. 272.
304 Stuttgarter holt Verlobte aus DDR. In: „Frankfurter Rundschau" vom 29.08.1968. In: Zentrale Auswertungs- und Informationsgruppe: BStU MfS ZAIG 10346, S. 273.
305 Hauptabteilung XX (Sicherung des Staatsapparates): BStU MfS HA XX Nr. 229, S. 17.
306 Doherr, Annamarie: Verwandtentreffen in Bulgarien. DDR und Bundesbürger dürfen künftig im selben Hotel wohnen. In: „Frankfurter Rundschau" vom 01.08.1968, PIA.

Fehlbesetzung: „Die Zusammenarbeit mit ihm wurde [...] wesentlich dadurch erschwert, dass er keine Erfahrung in der inoffiziellen Tätigkeit besaß, dass er die vom MfS gegebene Aufgabenstellung unterschätzte, dass es Anzeichen der Schwatzhaftigkeit gab, dass er von sich aus zu wenig Initiative entwickelte."[307] Dass R. gegenüber den auch in dieser Saison erneut eingesetzten „studentischen Hilfskräften" zum Ausdruck brachte, dass man nicht für die Operativgruppe sondern für das Reisebüro tätig sei, besiegelte seine weitere Zukunft als Repräsentant in Bulgarien. Fleischhauer empfahl, den Mann nicht erneut zu verwenden – und forderte seine Dienstherren dazu auf, die Funktion der Repräsentanten zukünftig „ausschließlich mit IM" zu besetzen.[308]

Um das System der ostdeutschen Urlauberüberwachung zu verstehen, muss man wissen, dass der Einsatz inoffizieller Mitarbeiter in Reisegruppen und hauptamtlicher MfS-Mitarbeiter als Reiseleiter inzwischen numerisch ein derartiges Ausmaß angenommen hatte, dass insbesondere am Sonnenstrand, wo sich zum dritten Mal in Folge auch der Sitz der Beobachtergruppe der HA VIII befand, eine flächendeckende Kontrollsituation entstand.

Ein BBC-Journalist leistet Fluchthilfe

Die Operativgruppe des MfS bestand auch 1969 wieder aus dem Ehepaar Fleischhauer, das in Sofia wohnte, Hauptmann Wiegand am Goldstrand und Leutnant Bogisch am Sonnenstrand. Nachdem der Auslandstourismus in der Volksrepublik im Vorjahr noch stagniert hatte, verlief die Entwicklung jetzt wieder sprunghaft, das heißt mit einer deutlichen Zunahme der Zahl der ausländischen Gäste, und zwar insbesondere der Urlauber aus der Bundesrepublik und West-Berlin.

Immer mehr Touristen, das machte die Überwachung dieser Menschen naturgemäß immer schwieriger. 1969 führte das an der Schwarzmeerküste erstmals dazu, dass die bis dahin sorgsam abgeschotteten Ost-Urlauber sowohl am Goldstrand als auch am Sonnenstrand teilweise gleichzeitig in den gleichen Hotels wie ihre westlichen Landsleute einquartiert wurden. Womit nicht die Genex-Geschenkreisen gemeint sind, sondern Urlauberkontingente, die wegen Überbelegungen an den ursprünglich geplanten Orten nicht untergebracht werden konnten. Der Neubau von Hotels hielt nicht mit dem Anstieg der Urlauberzahlen Schritt.

Als problematisch erwies sich auch, dass die Quartiere im 1969 nach nur einem Jahr Bauzeit neu eröffneten Seebad Albena zu Saisonbeginn noch nicht

---

307 Hauptabteilung XX (Sicherung des Staatsapparates): BStU MfS HA XX Nr. 229, S. 28.
308 Ebd., S. 38.

fertig waren, was zu beträchtlicher Unzufriedenheit bei den dort einquartierten DDR-Touristen führte, die sich einmal mehr als „Urlauber zweiter Klasse" fühlten. Es gelang der Operativgruppe auch nicht, das hartnäckige Gerücht einzudämmen, Albena werde von DDR-Touristen nur „eingewohnt" und nach erfolgter Fertigstellung im kommenden Jahr dann nur noch an westdeutsche Urlauber vermietet.

Mehr Urlauber, mehr Westkontakte, zugleich mehr Individualtourismus, der sich deutlich schwerer überwachen ließ, als die traditionellen Reisegruppen. Die Arbeitsvoraussetzungen für die Operativgruppe und die Einsatzgruppe Nessebar hatten sich im Vergleich zum Vorjahr weiter verschlechtert, die Lage in den Urlaubsgebieten an der Schwarzmeerküste war noch unübersichtlicher, als zuvor. Was Fluchten, zumal wenn sie gut vorbereitet waren, erleichterte, wie am Fall des 38-jährigen Steinmetzmeisters Peter L.* aus der Umgebung von Leipzig illustriert werden kann.[309] L.* war 1960 mit seiner aus Neuseeland stammenden Frau in die DDR zurückgekehrt, um den väterlichen Betrieb weiterzuführen. Doch die Lebensumstände im Arbeiter- und Bauernstaat entsprachen, wie sie bald herausfanden, nicht ihren Vorstellungen. Im Vorjahr war seine Frau mit den beiden Kindern von einer genehmigten Reise nach Neuseeland nicht nach Sachsen zurückgekehrt. Familie L.* hatte seit mehreren Jahren eine freundschaftliche Beziehung zu dem britischen Journalisten Austin Harrison, der den deutschsprachigen Dienst der BBC und insbesondere deren „Programm für die Sowjetzone" leitete.

Obwohl Harrison von der HA XX/2 überwacht wurde, hatte die zuständige Kreisdienststelle des MfS keine Hinweise an die Operativgruppe geschickt, so dass an seinem bulgarischen Urlaubsort Albena keine „operative Kontrolle" gegen L.* eingeleitet worden war. Zunächst hatte man nach dessen Verschwinden deshalb angenommen, er sei im Meer ertrunken, zumal er sein gesamtes Gepäck und seine Ausweise im Hotelzimmer zurückgelassen hatte. Weder Wiegand, noch dem ebenfalls hinzugezogenen Leiter der Operativgruppe, Fleischhauer, gelang es herauszufinden, auf welchem Weg ihnen der Steinmetz entkommen war. Erst nachdem L.* im deutschsprachigen Dienst der Londoner BBC über seine Flucht berichtete, fahndeten die Operativgruppe nach Schiffen unter englischer Flagge, die in der letzten Septemberwoche die Häfen von Varna oder Bourgas angelaufen hatten. Doch solche Schiffe gab es nicht. Auch der anfängliche Verdacht, L.* sei von der Fluchthilfeorganisation des Hasso Herschel in den Westen

309 Hauptabteilung XX (Sicherung des Staatsapparats): BStU MfS HA XX 18766.

gebracht worden, war falsch.[310] Die Operativgruppe tappte völlig im Dunkeln.[311] L.* berichtete dem Verfasser, er sei mit dem Bus nach Mitschurin an die südliche Schwarzmeerküste gelangt. Anschließend habe er die gesamte stark gesicherte Sperrzone im Bereich Achtopol unbemerkt durchquert, den Grenzfluss Rezovska (bei Rezovo) durchschwommen und sei ohne Zwischenfälle in die Türkei gelangt.[312] Dabei habe ihm niemand geholfen. Austin Harrison sah das anders. Der britische Journalist prahlte einige Monate später gegenüber einem unentdeckten, hochkarätigen Stasi-Spitzel in seinem engsten Umfeld, er habe die Flucht eines Leipziger Freundes nach Neuseeland organisiert.[313]

Etwa vier Wochen zuvor, Ende August 1969, war Günter T.* im gleichen Grenzabschnitt festgenommen worden.[314] Zwischenzeitlich hatte die Staats- und Parteiführung in Sofia den Zuschnitt der Sperrzone an der südlichen Schwarz-

---

310 Telefonisches Interview mit Hasso Herschel (Oberuckersee), 22.08.2015. Dirk Slabe und Johann Rakautz, die zur Fluchthilfeorganisation von Hasso Herschel gehörten, wurden im Herbst 1969 vom Stadtgericht Sofia zu zwei bzw. drei Jahren Gefängnis verurteilt. Sie hatten Ende August 1969 mit einem speziell präparierten Kleinbus versucht, eine 34-jährige Ost-Berliner Assistenzärztin in die Türkei zu schmuggeln. Vgl.: Menschenhändler in Sofia verurteilt. In: „Neues Deutschland" (Ost-Berlin) vom 29.12.1969, PIA.

311 Die einzige Beziehung zwischen Herschel und L.* bestand darin, dass dessen Schwester und Schwager seit 1969 mit Herschel in Verbindung standen, der sie zunächst über Ungarn und – als das nicht klappte – später über einen Fluchttunnel in den Westen holen wollte. Das betreffende Ehepaar wurde im Sommer 1971 festgenommen, nachdem das MfS den Fluchttunnel entdeckt hatte. Archivierter Untersuchungsvorgang: BStU MfS BV Dresden AU 769/72.

312 E-Mail Peter L.* (Neuseeland) vom 25.07.2015 an den Verfasser.

313 Archivierter Operativer Vorgang: BStU MfS AOP 26487/80 Bd. 1, S. 38; vgl. auch in Abwandlung: Hauptabteilung XX (Sicherung des Staatsapparats): BStU MfS HA XX 11912 S. 23 und 44: „In einem Gespräch mit dem IMF „Carolus Winter" berichtete Harrison, dass er einer früheren Freundin zur Flucht aus der DDR über Bulgarien oder Rumänien auf ein englisches Schiff verholfen hätte und dass es nun der ganzen Familie gelungen sei, die DDR illegal zu verlassen. Es liegt der dringende Verdacht nahe, dass damit auch L.*, Peter gemeint ist." Bei dem IMF „Carolus Winter" (Reg. XV/2869/63) handelte es sich um den der NDPD angehörenden Schriftsteller Rudolf Harnisch (*1921), den Ehemann der Schauspielerin Hanna Rieger (1921–1985). Der beinamputierte Rieger, der vor seiner Anwerbung durch das MfS (1963) seit 1947 für den KGB (Deckname „Spartak", mit Einsätzen im „Operationsgebiet", seit 1951 als HIM) gearbeitet hatte, war sozusagen eine „Premium-Quelle" des Ostens und im Laufe der Jahrzehnte für zahlreiche Verhaftungen verantwortlich. Seine letzten Berichte stammten aus dem Jahr 1988 (BStU MfS AIM 9194/91).

314 Hauptabteilung IX (Untersuchungsabteilung): BStU MfS HA IX MF 12696.

meerküste geändert. Die malerischen Küstenorte Mitschurin und Achtopol waren jetzt frei zugänglich, in der Nachbarschaft von Primorsko und Sozopol wurde der neue Kurortkomplex Ropotamo errichtet, da sich der Bereich bestens für die touristische Erschließung eignete. Womit sich allerdings nicht nur das Landschaftsbild, sondern auch die Entfernung zur türkischen Grenze verkürzte. Der 29-jährige Fernmeldemechaniker aus Halle (Saale) hatte in Achtopol gezeltet. Er war nach dem Baden mit zwei Zangen und einem Kompass in die beschilderte Sperrzone gewandert, die am Fluss Veleka begann. Nachdem er zwei Tage unbemerkt geblieben war, gelangte er an den Stacheldrahtzaun. Um keinen Alarm auszulösen, beschädigte er den Zaun nicht, sondern suchte eine Stelle, an der sich ein Baum befand, dessen Äste den Zaun überragten. Hier gelangte er morgens um 2 Uhr unbemerkt in die Grenzzone. Nachdem er weiterhin Richtung Süden gewandert war, glaubte er nach Einbruch der Dunkelheit in der Türkei zu sein. Günter T.* lief gegen 23 Uhr auf ein beleuchtetes Gebäude zu. Es handelte sich offenbar um eine Zastava (Grenzwache) der bulgarischen Volksarmee. Hier wurde er nach dreitägiger Durchquerung des Grenzgebiets festgenommen. In der DDR zunächst zu den bis dahin in Vergleichsfällen üblichen zehn Monaten Gefängnis verurteilt, stieg das Strafmaß nach Revision der Staatsanwaltschaft und unter Zugrundelegung des neuen Strafgesetzbuchs auf 15 Monate.[315]

Jeder ist verdächtig

In dem von Hauptmann Wiegand verfassten Abschlussbericht der Operativgruppe für das Jahr 1969 ist von einem Anstieg von 27 auf 46 Fluchtversuche die Rede.[316] Mehr als die Hälfte der verhafteten DDR-Urlauber waren als Individualtouristen in die Volksrepublik gereist. Dass in den Urlauberzentren am Goldstrand und am Sonnenstrand bereits ein engmaschiges IM-Netz bestand, kann am Beispiel einer damals 28-jährigen, am Goldstrand eingesetzten und von Wiegand geführten Repräsentantin illustriert werden. Die junge Frau (IMS "Petra") traf sich im Verlauf der Saison 1969 insgesamt 109 Mal mit ihrem Führungsoffizier, um ihm über verdächtige Touristen zu berichten.[317] Sie stand dem MfS praktisch rund um die Uhr zur Verfügung, wie Wiegand in seinem Bericht vermerkte: „Zu jeder Stunde führte der IMS die übertragenen Aufgaben und Forderungen aus und stellte dabei auch persönliche Wünsche in den Hintergrund."

---

315 Archivierter Untersuchungsvorgang: BStU MfS BV Halle AU 86/72, Bd. 3.
316 Hauptabteilung XX (Sicherung des Staatsapparats): BStU MfS HA XX Nr. 229, S. 95.
317 Archivierter IM-Vorgang: BStU MfS AIM 11991/76 I/1, S. 62.

Dass grundsätzlich jeder DDR-Bürger als fluchtverdächtig galt und Festnahmen auch im Ausland ohne konkretes Delikt erfolgen konnten, belegt das Beispiel des 25-jährigen Volkspolizisten Mario D.*, der Ende Juli 1969 in seinem Hotelzimmer am Goldstrand von Wiegand persönlich verhaftet wurde. Der alleinstehende junge Mann, der im Volkspolizeirevier 69 Prenzlauer Berg beschäftigt war, stand seit längerer Zeit in einem Briefwechsel mit seinem in die USA ausgewanderten Onkel. Nachdem er in die Ferien gereist war, hatte das MfS in seinem Zimmer einen nicht abgeschickten Brief entdeckt, in dem er sich nach dem Erwerb der kanadischen Staatsbürgerschaft erkundigt hatte. Da kurz vor seiner Abreise im Waffenschrank seines Reviers eine Makarow-Pistole mit sechzehn Schuss Reservemunition verschwunden war, ging die Fahndung nach dem mutmaßlich bewaffneten Staatsfeind bis auf den Schreibtisch des stellvertretenden Leiters der HA IX, Gerhard Niebing, der die sofortige Festnahme befahl. In Wiegands Bericht heißt es, dass der junge Mann sich widerstandslos verhaften ließ und bei der Einlieferung in die Bezirksverwaltung Bourgas des bulgarischen Innenministeriums geweint habe.[318] Die Auslieferung erfolgte kurze Zeit später, nachdem der Generalstaatsanwalt der DDR ein Auslieferungsersuchen nach Artikel 69 des Rechtshilfeabkommens von 1958 nach Sofia geschickt hatte, wie es im Bericht des zur Vernehmung hinzugezogenen Hauptmann Pfütze hieß. Obwohl er die Pistole nicht bei sich hatte und mit dem Verschwinden der Waffe nicht in Zusammenhang gebracht werden konnte, und obwohl er keinen Fluchtversuch unternommen hatte („Ich wollte gesund bleiben und nicht mein Leben lang ein Krüppel sein"), wurde er im April 1970 vom Kreisgericht Karl-Marx-Stadt zu einer Bewährungsstrafe von neun Monaten verurteilt.[319] Seinen Job hatte er außerdem verloren.

Über fünfzig Prozent der Fluchtversuche fanden in diesem Jahr an der jugoslawischen Grenze statt, gefolgt von der Türkei, während Griechenland nach der Machtübernahme der Obristen als Fluchtweg keine Rolle mehr spielte.[320] Wieso sich so viele DDR-Bürger für den Fluchtweg Jugoslawien entschieden, kann wohl nur damit erklärt werden, dass sich herumgesprochen hatte, dass die bulgarischen Grenzen zur Türkei und nach Griechenland wesentlich besser abgesichert waren. Möglicherweise hing es auch damit zusammen, dass das blockfreie Jugoslawien im weiteren Sinne zum „sozialistischen" Lager gehörte. Man vermutete, die Flucht müsse weniger gefährlich sein, zumal Bürgern aus der Volksrepublik die Einreise nach Jugoslawien nicht verboten war.

---

318 Archivierter Untersuchungsvorgang: BStU MfS AU 9578/70, Bd. 1, S. 46 f.
319 Ebd., S. 243.
320 Hauptabteilung XX (Sicherung des Staatsapparats): BStU MfS HA XX Nr. 229, S. 97.

Im Frühjahr 1969 war an der bulgarisch-jugoslawischen Grenze mit der Übergangsstelle Stresimirovzi eine zweite Transitroute in Richtung Westen eröffnet worden. Als einer der ersten DDR-Flüchtlinge an dieser neuen Grenzübergangsstelle (GÜST) wurde Ende Oktober 1969 ein 27-jähriger Ingenieur der „Volkswerft Stralsund" mit Ehefrau und Kindern festgenommen. Der junge Mann, der mit den Lebensbedingungen in der DDR unzufrieden war, war seit dem Mauerbau Mitglied der SED.

Einen Fluchtschwerpunkt beim Versuch, nach Jugoslawien zu gelangen, bildete aber auch weiterhin die Grenzübergangsstelle Kalotina im äußersten Westen Bulgariens, an der Fernverkehrsstraße von Sofia in Richtung Mittelmeer. Hier wurde der 25-jährige Klempner Peter K.* aus Leipzig Mitte Juni 1969 verhaftet, nachdem er sich als Tramper bei einem bulgarischen Lkw-Fahrer danach erkundigt hatte, ob sich die Grenze in diesem Bereich leicht unbemerkt überqueren lasse. Er war am Vortag als Individualtourist mit „Interflug" in Sofia eingetroffen. Seine Papiere waren an der Grenzübergangsstelle bereits irrtümlich abgestempelt worden, der Ausreise hätte nichts im Wege gestanden. Doch anstatt die Grenze zu überqueren, war er anschließend zunächst auf bulgarischer Seite in die Gaststätte gegangen, weil er hungrig war und kein jugoslawisches Geld besaß. Dort entdeckten ihn nach der Denunziation durch den Lkw-Fahrer bulgarische Grenzer. Sie machten den zuvor erteilten Stempel wieder ungültig. Anschließend wurde Peter K.* von der Miliz zu DDR-Konsul Fritz Voß nach Sofia geschafft, weil man nicht wusste, ob es sich um einen Flüchtling handelte. Der bedankte sich für ihre „Wachsamkeit"[321], hörte sich die Geschichte des jungen Mannes an, entschied auf Flucht und organisierte den umgehenden Rückflug des Klempners mit Interflug nach Ost-Berlin. Zuvor hatte er bereits das MfS informiert: „Es wird gebeten, für Empfang zu sorgen."[322] Das Kreisgericht Leipzig verurteilte ihn am 11. September 1969 wegen „Erschleichens einer Genehmigung zum Verlassen der DDR unter falschen Angaben" zu einem Jahr und acht Monaten Gefängnis.[323]

Etwa zum Zeitpunkt der Verurteilung von Peter K.* versuchte eine Medizinerin aus Ost-Berlin die grüne Grenze nach Jugoslawien im Bereich Kalotina zu überqueren. Die 32-Jährige Marie N.*, Fachärztin für Arbeitshygiene in der Zentralen Poliklinik der Bauarbeiter, wollte bereits seit dem Mauerbau zu ihren in Kanada lebenden Eltern. Bei früheren Reisen in die Volksrepublik hatte die Medizinerin wegen Fluchtverdachts stets unter „operativer Kontrolle" des MfS gestanden.[324]

---

321 Archivierter Untersuchungsvorgang: BStU MfS BV Leipzig AU 1762/69, Bd. 1, S. 12.
322 Hauptabteilung XX (Sicherung des Staatsapparats): BStU MfS HA XX 8935, S. 106 ff.
323 Archivierter Untersuchungsvorgang: BStU MfS BV Leipzig AU 1762/69, Bd. 2, S. 140.
324 Hauptabteilung XX (Sicherung des Staatsapparats): BStU MfS HA XX 9512.

1969 hielt man diese Maßnahme seitens der Operativgruppe nicht mehr für notwendig, wie Hauptmann Pfütze in seinem Bericht kritisierte. Die Ärztin, die sich als westdeutsche Tramperin ausgab, war von Urlaubern aus der Bundesrepublik vom Goldstrand in deren Pkw mitgenommen und in der Nähe der Grenze abgesetzt worden. Ihre Festnahme erfolgte, nachdem sie nachts um 1:30 Uhr zwischen der Grenzübergangsstelle und dem gleichnamigen Dorf im Wald neben einem Maisfeld ein verstecktes Signalgerät (Lichtsignal) ausgelöst hatte. Ihr in Varna verbliebenes Gepäck wurde auf Veranlassung des für diesen Abschnitt verantwortlichen Hauptmann Wiegand nach Berlin-Schönefeld transportiert und bei den dortigen Zollorganen hinterlegt. Bei ihrer Vernehmung erklärte die Ärztin, dass sie von Urlaubern aus der Bundesrepublik erfahren hatte, dass das Grenzgebiet zur Türkei 20 Kilometer breit sei und gut bewacht werde. Deshalb habe sie sich nicht getraut, in die Türkei zu fliehen.

Waren es bei der Ärztin familiäre Gründe, die sie zum Fluchtversuch veranlassten, so belegt das Beispiel zweier Abiturientinnen aus Ost-Berlin, 18 und 19 Jahre alt, die sich Mitte August 1969 an der grünen Grenze in Richtung Jugoslawien im Bezirk Kjustendil verirrten, dass das Motiv Liebe auch acht Jahre nach dem Mauerbau aktuell blieb. Eines der beiden jungen Mädchen hatte sich in ihren Brieffreund in der Bundesrepublik verliebt und wollte ihn heiraten, ihre Freundin hatte sich entschieden, sie zu begleiten. Beide glaubten, man würde ihnen in der Botschaft der Bundesrepublik Deutschland in Belgrad helfen. Dass die Botschaft dazu keine juristische Handhabe hatte und ihnen die Festnahme durch jugoslawische Behörden spätestens an der jugoslawisch-österreichischen Grenze gedroht hätte, wussten sie nicht.

Bestand an der bulgarisch-türkischen Grenze immerhin die theoretische Möglichkeit, diese mit einem Pkw oder Lkw zu durchbrechen, stellte sich die Lage an der bulgarisch-jugoslawischen Grenze aufgrund des gegenseitigen Rechtshilfeabkommens und dessen konsequenter Anwendung auf Deutsche, und zwar sowohl – vor allem – Ostdeutscher als auch Westdeutscher gänzlich anders da. Dies kann am besten am Beispiel einer zunächst geglückten Pkw-Flucht an der Grenzübergangsstelle Kalotina illustriert werden, die sich am 21. August 1969 ereignete.

Die Anwerbung eines West-Verlobten schlägt fehl

An diesem Tag versuchte die 20-jährige Eva Z.*, Konditorin in der Konsumbäckerei Wernigerode, mit ihrem westdeutschen Verlobten in die Bundesrepublik zu gelangen und „so bald wie möglich" zu heiraten. Markus E.* aus Bad Oeynhausen hatte die junge Frau durch eine Brieffreundschaft kennengelernt. Die beiden hatten ein Treffen am Goldstrand vereinbart. Während Eva Z.* mit dem Flugzeug anreiste und in einem Hotel gebucht war, kam der 24-jährige Markus E.* mit dem Mercedes. Er quartierte sich auf einem Zeltplatz ein. Obwohl das Paar eine Woche gemeinsam an der Schwarzmeerküste verbrachte, bemerkten weder Hauptmann Wiegand noch einer seiner Spitzel etwas von den verdächtigen Treffen. In dieser Zeit fertigte Markus E.*, der den Reisepass seiner Mutter mitgebracht hatte, in dem Foto und Geburtsdatum geändert worden waren, die erforderlichen jugoslawischen und bulgarischen Stempel mit Hilfe eines Tintenradiergummis, Tusche und Feder an. An die darüber hinaus notwendige Statistikkarte war er durch einen westdeutschen Bekannten gekommen, dem an einem bulgarisch-rumänischen Grenzübergang irrtümlich eine Karte zu viel ausgehändigt worden war.

Schließlich fuhr das Paar unter Zurücklassung des größten Teils des Gepäcks von Eva Z.* vom Goldstrand über Sofia zur Grenzübergangsstelle Kalotina. Als der Wagen gegen 17 Uhr dort eintraf, blieb die junge Frau im Auto sitzen, während ihr Verlobter mit den Papieren in das Abfertigungshaus ging. Nur Augenblicke später rannte er wieder aus dem Gebäude heraus, sprang in seinen Wagen und gab Gas. Dabei wurde ein bulgarischer Grenzer, der ihn aufzuhalten versuchte und hinfiel, leicht verletzt. Inzwischen eröffneten mehrere bulgarische Grenzer mit ihren Kalaschnikow-Maschinengewehren das Feuer auf den davonfahrenden Mercedes. Dass es dabei keine Toten gab, war reiner Zufall. „Nur durch den Umstand, dass die Z.* vor Angst den Sitz hinunterrutschte, wurde sie von den Kugeln nicht getroffen", hieß es im Untersuchungsbericht von Hauptmann Pfütze.

Nach etwa 500 Meter Fahrt kam der Wagen am jugoslawischen Kontrollposten zum Stehen. Die Rückscheibe war zerschossen, Eva Z.* kauerte weinend vor dem Beifahrersitz. In ihrer Aussage heißt es über den weiteren Ablauf der Ereignisse: „Nach kurzer Zeit kamen auch die bulgarischen Sicherheitsorgane angerannt und unterhielten sich in einem regen Wortwechsel mit den jugoslawischen Sicherheitsoffizieren. Danach mussten wir in unseren Pkw einsteigen. Mein Freund saß hinten mit zwei Offizieren der bulgarischen Sicherheitsorgane und ich neben dem Kraftfahrer. Danach wurden wir an dem Grenzkontrollpunkt durch die Sicherheitsorgane erstmals vernommen. Es muss ungefähr gegen 21 Uhr gewesen sein, als wir mit unserem Wagen von dem bulgarischen Sicherheitsorgan in die Untersuchungshaftanstalt in Sofia gebracht wurden."[325]

Markus E.* wurde am 17. Oktober 1969 in Sofia zu einer Gefängnisstrafe von einem Jahr Bewährung verurteilt, sein Mercedes wurde von den Bulgaren kon-

---

325 Archivierter Untersuchungsvorgang: BStU MfS BV Magdeburg AU 1431/70, Bd. 1, S. 118.

fisziert. E.* wollte die Beziehung zu seiner Verlobten unbedingt trotzdem retten. „Ich möchte sehr gern Bürger der Deutschen Demokratischen Republik werden und wenn möglich in meinem Beruf als Radio- und Fernsehtechniker arbeiten. Ich möchte Eva Z.* so bald wie möglich heiraten"[326], erklärte er den bulgarischen Vernehmern. Die prompt die Operativgruppe über den „interessanten" jungen Mann informierten, der ihnen angekündigt hatte, im DDR-Konsulat in Sofia vorsprechen zu wollen. Woraufhin Oberleutnant Fleischhauer den DDR-Konsul Fritz Voß genau instruierte, wie er sich bei dieser Begegnung zu verhalten habe, nämlich ausweichend und „ohne konkrete Zusagen". Zwei Tage später stand der Oberleutnant dann selbst vor der Tür der Privatunterkunft, in der Markus E.* zu diesem Zeitpunkt in Sofia einquartiert war.[327] Er sei der Herr Höhne vom „Internationalen Pressedienst Berlin für juristische Fragen" und habe rein zufällig in der Botschaft vom Fall Markus E.* gehört. Im Kellerrestaurant des Hotel „Balkan" lud der Chef der Operativgruppe ihn dann nach Ost-Berlin ein. Sonderlich erfolgreich war er allerdings nicht. Zu dem Treffen und der vom MfS erhofften Anwerbung kam es nicht. Nachdem Eva Z.* im Sommer 1970 aus der Haft entlassen wurde, siedelte sie in die Bundesrepublik über und heiratete ihren Verlobten. Das Paar ist nach über 40 Jahren noch immer zusammen.[328]

Neben solch dramatischen Fluchtversuchen gab es aber auch viele DDR-Urlauber, die – laut Abschlussbericht der Operativgruppe für das Jahr 1969 – ganz unschuldig an den bulgarisch-jugoslawischen Grenzkontrollpunkten auftauchten und sich erkundigten, ob ihnen die Einreise in das Nachbarland erlaubt sei. Da diesen Personen keine Fluchtabsicht nachgewiesen werden konnte, wurden sie lediglich wieder zurück ins Landesinnere geschickt – wo sie nach entsprechender Mitteilung der bulgarischen Grenzer in vielen Fällen von der Operativgruppe bzw. der Beobachtergruppe unter „operative Kontrolle" genommen wurden.

Die Festnahme der Familie Claus

Tiefe Einblicke in die Rolle der DDR-Botschaft im damaligen erweiterten Grenzsicherungssystem im Zusammenhang mit Jugoslawienfluchten erlaubt der Fall eines Arztes aus Treuen im Vogtland. Dem 33-jährigen Wolfgang Claus gelang am 9. Juli 1969 mit seiner Frau und drei kleinen Kindern von Bulgarien über die grüne Grenze die Flucht nach Jugoslawien. Die Familie war erst wenige Tage zuvor

---

326   Archivierter Untersuchungsvorgang: BStU MfS BV Magdeburg AU 1431/70, Bd. 4, S. 17.
327   Allgemeine Personenablage: BStU MfS AP 6953/71.
328   Telefonisches Interview mit Markus E.* (Rotenburg), 07.08.2015.

mit „Interflug" in Sofia eingetroffen, wo sie sich zunächst für zwei Tage über den zentralen Zimmernachweis ein Gästezimmer mieteten. Den Weg ins Grenzgebiet legte sie mit dem Linienbus zurück. Die Überquerung der gänzlich ungesicherten Grenze gelang der Familie, trotz der Kinder, ohne Probleme. Doch dann denunzierte ein jugoslawischer Bauer die Flüchtlinge, die schon nach wenigen Kilometern Fußmarsch in den Abendstunden von fünf jugoslawischen Grenzsoldaten mit vorgehaltenen Maschinenpistolen gestoppt wurden.[329] Ein Freund aus der Bundesrepublik hatte dem Arzt – unter Berufung auf einen Mitarbeiter des UfJ die falsche Auskunft erteilt, Jugoslawien liefere DDR-Flüchtlinge nicht aus.[330] Nachdem die Familie über Nacht in einer Grenzwache festgesetzt worden war, ging es am nächsten Tag mit zwei Jeeps auf eine örtliche Polizeistation. Inzwischen hatte die Polizeiverwaltung das Bundessekretariat für innere Angelegenheiten in Belgrad über die Festnahme der DDR-Familie unterrichtet. Das Bundessekretariat schaltete sofort die DDR-Botschaft ein und ersuchte um Übernahme der Familie, da anderenfalls ein richterlicher Haftbefehl erlassen und ein Gerichtsverfahren eröffnet würde.[331]

Das Ehepaar Claus, das ausdrücklich darum gebeten hatte, die Botschaft der Bundesrepublik zu verständigen und ja auch von der falschen Annahme ausging, Jugoslawien liefere keine DDR-Flüchtlinge aus, wurde von dieser Entwicklung völlig überrascht. Im Gespräch mit dem Verfasser erinnert sich Claus, dass es abends an ihrer Zelle geklopft habe.[332] Ein Mann in Zivil sprach sie in breitem Berlinerisch an: „Machen se uff. Nu, was ham se denn jedacht, wer se abholt?" Von ihm, es handelte sich um den für „Sicherungsfragen" verantwortlichen Mitarbeiter des DDR-Generalkonsulats Horst Metzner[333] (41) aus Zagreb, und einem

---

329 E-Mail Dr. Wolfgang Claus an den Verfasser vom 26.01.2008.
330 Telefonisches Interview mit Dr. Wolfgang Claus (Braunschweig), 06.05.2011.
331 Im Fall eines zwei Wochen nach der Familie Claus in Jugoslawien festgenommenen 20-jährigen Kochs aus Magdeburg, der gemeinsam mit seinem in Westdeutschland lebenden Bruder nach Überquerung der grünen Grenze in Jugoslawien festgenommen wurde, kam es zu einem Schnellverfahren, in dessen Verlauf beide Männer zu je 20 Tagen Haft verurteilt wurden. Anschließend wurde der Koch einem Mitarbeiter der DDR-Botschaft in Belgrad übergeben, der ihn an der Grenze Mitarbeitern der DDR-Botschaft in Sofia übergab. Die Botschaft der Bundesrepublik, die über den Vorfall unterrichtet war, konnte nichts für den Koch tun. Vgl.: Zentrale Koordinierungsgruppe: BStU MfS ZKG 9975.
332 Telefonisches Interview mit Dr. Wolfgang Claus (Braunschweig), 06.05.2011.
333 Zentrale Koordinierungsgruppe: BStU MfS ZKG 9975, S. 22 ff.; Allgemeine Personenablage: BStU MfS AP 6832/78. Metzner, der, aus der Staatlichen Plankommission (SPK) kommend, zunächst als HIM des MfS vorgesehen war („Hinsichtlich

Begleiter wurden die Verhafteten mit zwei zivilen Autos zur Grenzübergangsstelle Kalotina transportiert. Frau Claus hatte sich zunächst geweigert mitzufahren und bemerkte, die jugoslawische Dienststelle habe das „falsche Konsulat" verständigt.[334] Dafür würden sie nun ins Gefängnis gehen, während die jugoslawischen Beamten einen Orden zu erwarten hätten.

An der Grenze angekommen wurde die Familie von zwei anderen angeblichen Diplomaten in Empfang genommen, die sie in das neue Untersuchungsgefängnis der bulgarischen Staatssicherheit in Sofia transportierten. Dabei handelte es sich einerseits um den Leiter der Operativgruppe des MfS, Oberleutnant Fleischhauer, der als Botschaftsmitarbeiter legendiert war. Außerdem war auch der neue Hauptsicherheitsbeauftragte der Botschaft, Horst Löffler, erschienen. Das Präsidium des DDR-Ministerrats hatte als Reaktion auf den „Prager Frühling" die Erhöhung der Wachsamkeit und Sicherheit im Ministerium für Auswärtige Angelegenheiten der DDR beschlossen. Zu diesem Zweck wurden spezielle Planstellen für „Hauptsicherheitsbeauftragte" in den DDR-Botschaften geschaffen. Außenminister Oskar Fischer persönlich wies Botschafter Keusch an, Horst Löffler als Hauptsicherheitsbeauftragten mit seiner Familie in die bulgarische Hauptstadt zu holen: „Nach außen tritt er als II. Sekretär auf, der als Wissenschaftlicher Mitarbeiter beim Leiter tätig ist, nach innen gilt er offiziell als Sicherheitsbeauftragter. Ich bitte, darüber die Mitarbeiter der Vertretung zu belehren. [...] Genosse Löffler hat weiter die Aufgabe, zur Sicherung der Touristik wirksam zu werden. In diesem Zusammenhang hat er Reisen ins Land durchzuführen. Ich bitte, seine Beweglichkeit zu garantieren [...]."[335] Löffler, bis dahin in der Konsularabteilung der DDR-Botschaft in Belgrad tätig, war bereits seit 1959 als inoffizieller Mitarbeiter der Staatssicherheit („GI Günther") tätig.[336] Fleischhauer wurde Löfflers neuer Führungsoffizier, nachdem er ihn wenige Wochen zuvor im Sofioter Restaurant „Moskwa" von dem eigens aus Ost-Berlin angereisten Major Herbert Grunert

---

seiner politischen Zuverlässigkeit gibt es keine Bedenken"), wechselte im April 1968 ins MfAA. In Jugoslawien stieg er zum Leiter der DDR-Konsularabteilung in Belgrad auf, wurde jedoch bereits im Herbst 1971 von seinem Posten abgelöst und wieder nach Ost-Berlin beordert, wo er fortan als Fachgebietsleiter für Strafsachen im Sektor II der HA Konsularische Angelegenheiten des MfAA beschäftigt wurde. 1974 ins Staatssekretariat für Arbeit und Löhne (SAL) versetzt, ging M. bereits 1978 in Ruhestand.

334   Zentrale Koordinierungsgruppe: BStU MfS ZKG 9975, S. 26.
335   Brief Oskar Fischer vom 13.05.1969 an Johannes Keusch, in: Archivierter IM-Vorgang: BStU MfS AIM 3659/71, Bd. 1, S. 91–94.
336   Ebd., S. 118

übernommen hatte. Wie Keusch nach seinen Erfahrungen mit Asbach über die Ernennung dachte, ist nicht überliefert. Es scheint keine Konflikte gegeben zu haben, was möglicherweise aber auch daran lag, dass sich Keuschs Amtszeit dem Ende näherte.

Zurück in Sofia wurde Wolfgang Claus im Beisein von Löffler und Fleischhauer dem DDR-Konsul Fritz Voß in dessen Amtsräumen vorgeführt. Das dort geführte Gespräch drehte sich um die Erklärung des Arztes, seine Familie habe sich lediglich beim Wandern verlaufen. Als ihm Konsul Voß darauf entgegnete, die „bulgarische Seite" würde sich mit dieser Erklärung nicht zufriedengeben und bestünde auf Bestrafung, reagierte der Arzt sehr gereizt und fragte – wie es in Löfflers IM-Bericht heißt, im Beisein seiner Frau und der Kinder: „Warum erschießt man uns denn nicht gleich?"[337]

Die Behauptung des DDR-Konsuls war eine reine Erfindung, die bulgarischen Behörden hätten sich auch mit einer anderslautenden Erklärung der DDR-Botschaft zufrieden gegeben. Es war der Staatssicherheitsdienst der DDR, der auf eine Bestrafung bestand, nachdem Oberleutnant Fleischhauer die Schutzbehauptung in seinem Bericht als „sehr unglaubwürdig" bezeichnet hatte.[338]

Welche absurden Formen die Überwachung von DDR-Bürgern durch den neuen Botschaftsmitarbeiter in dieser Phase annahm, wird auch am Fall der Festnahme eines 25-jährigen Tierpflegers aus Berlin-Karlshorst am 19. Juli 1969 erkennbar. Der junge Mann gehörte einer Reisegruppe an, die nach Borovez im Rilagebirge fuhr. Löffler lieferte nach seiner Verhaftung einen IM-Bericht, in dem er indirekt die bulgarische Reiseleiterin der Gruppe für den Fluchtversuch mitverantwortlich machte: „Fluchtbegünstigend für den R.* waren auch Bemerkungen, wenn auch scherzhafter Natur, die die bulgarische Reiseleiterin auf der Fahrt zum Ausflug nach dem Rila-Kloster machte, als sie sagte: Wir fahren jetzt nach Griechenland, in zwei Stunden sind wir in Athen. Als sie dann von der Hauptstraße nach Rila abgebogen waren, sagte sie: Schade, jetzt fahren wir nicht nach Griechenland, dorthin fahren wir morgen."[339] Der Botschaftsmitarbeiter schätzte die Zufriedenheit seiner Mitbürger offenbar so niedrig ein, dass die bloße Erwähnung der Nähe einer westlichen Hauptstadt bereits die Fluchtgefahr erhöhte.

Erfahrungen mit DDR-Diplomaten sammelte im Sommer 1969 auch ein Pärchen aus Leipzig, das sich auf Einladung des stellvertretenden Chefredakteurs der deutschsprachigen *Sofioter Nachrichten* in Bulgarien aufhielt. Die jungen Leute

---

337 Zentrale Koordinierungsgruppe: BStU MfS ZGK 9975, S. 32.
338 Zentrale Koordinierungsgruppe: BStU MfS ZKG 9975, S. 25.
339 Hauptabteilung XX (Sicherung des Staatsapparats): BStU MfS HA XX 8935, S. 102 f.

wollten von Bourgas aus einen Tagesausflug nach Tarnovo machen, womit die für sein monumentales Kriegsdenkmal berühmte nordbulgarische Bezirksstadt Veliko Tarnovo gemeint war. Ihr Taxifahrer transportierte sie jedoch stattdessen nach Malko Tarnovo an der türkischen Grenze, wo sie festgenommen wurden, während die Grenzer den Fahrer „mit Handschlag" verabschiedeten. Nachdem sie einen Tag in Haft verbracht hatten, wurden sie von der bulgarischen Staatssicherheit nach stundenlangen Verhören am nächsten Morgen um 4 Uhr früh auf freien Fuß gesetzt. Der Kommandeur der Grenzstation, Sebov, habe ihnen nicht gesagt, warum sie überhaupt festgenommen worden seien: „Schließlich wurden wir in einem Protokoll, welches wir unterzeichnen sollten, als Grenzbrecher bezeichnet und der Absicht beschuldigt, die Grenze nach der Türkei überschreiten zu wollen. Voller Hohn ließ der Kommandeur dann auch noch erklären, dass wir ihm dankbar sein müssten für die Festnahme, weil man uns innerhalb der Grenzzone, also in [Malko] Tarnovo, sofort erschossen hätte."[340] Die beiden jungen Leute begaben sich nun nach Sofia, um sich im DDR-Konsulat über die Festnahme zu beschweren. Wo sie auf Konsul Voß und den Hauptsicherheitsbeauftragten Horst Löffler stießen, die ihnen kein Wort glaubten („Angriff ist die beste Verteidigung."[341]) und ihrerseits den Leiter der Operativgruppe auf den Vorgang aufmerksam machten. Fleischhauer meldete daraufhin – ohne mit den Betroffenen gesprochen zu haben – prompt nach Ost-Berlin, der Sachverhalt lasse den Verdacht der „Republikflucht" zu.[342]

Löffler wusste durch sein operatives Wissen, dass es speziell in den Sommermonaten eine große Zahl an Fluchtversuchen gab. Allen Sicherheitsbemühungen zum Trotz gelang es manchem seiner Landsleute auch immer noch sehr einfach über die bulgarischen Grenzen zu entkommen. So ein Fall ist der 20-jährige Wilfried Kuipery aus Ost-Berlin, dessen Vater mit seiner Familie 1956 nach dem KPD-Verbot aus politischen Gründen in die DDR übergesiedelt war. Der Jugendliche entschloss sich nach dem Abitur im Sommer 1969 zum Fluchtversuch via Bulgarien.[343] K. reiste mit dem Zug nach Sofia und von dort per Anhalter bis nach Primorsko. Er wusste, dass sich im Internationalen Jugendlager Primorsko auch viele westdeutsche Jugendliche aufhielten. Sein Fluchtplan war denkbar einfach. K. suchte einen Westdeutschen, der ihm ähnlich sah. Schon bald lernte er den 18-jährigen Uwe M. aus Wanne-Eickel kennen. Der lieh ihm seinen Reisepass

340 Ebd., S. 139
341 Ebd., S. 141
342 Ebd., S. 136
343 So entkam der Doppelgänger in die Freiheit. In: „Quick", Nr. 38, vom 17.09.1969, S. 34. In: Zentrale Auswertungs- und Informationsgruppe: BStU MfS ZAIG 10346, S. 245.

und seine Brille. Damit gelangte K. unbehelligt mit dem Zug in die Türkei. Der Jugendliche, der ihm den Pass gegeben und als verloren gemeldet hatte, musste lediglich vier Tage in Bulgarien warten, bevor man ihn mit einem Ersatzdokument aus der Handelsvertretung per Bahn in die Bundesrepublik entließ.

Auch in einem ganz anders gelagerten Fall spielte die Handelsvertretung der Bundesrepublik in Sofia 1969 eine Rolle. Er betrifft ebenfalls den Fluchtweg Jugoslawien und dokumentiert zugleich, dass „Republikflucht" ein Delikt war, für das auch Bulgaren belangt wurden – und zwar noch härter als Deutsche. Im Herbst 1969 erfuhren die Leser des *Hamburger Abendblatts* die Geschichte des 24-jährigen bulgarischen Studenten Dimiter Daskolov, der über Jugoslawien in die Bundesrepublik fliehen wollte, weil er sich in eine 18-jährige Abiturientin aus Hamburg verliebt hatte. Daskolov hatte schwere Schussverletzungen erlitten, die ihm bulgarische Grenzer bei seiner nächtlichen Flucht zugefügt hatten. Er wurde erst nach drei Wochen von Jugoslawien an sein Heimatland ausgeliefert. Auf die Frage eines Journalisten, ob man dem Studenten von Seiten der Bundesrepublik helfen könne, entgegnete der Mitarbeiter der Handelsvertretung in Sofia, Götz Freiherr von Groll: „Nach Auskunft des Anwalts hat Daskolov vermutlich mit einer Gefängnisstrafe von fünf Jahren und anschließend mit einer ihm zugewiesenen minderwertigen Arbeit zu rechnen. Das bedeutet, dass sein Leben hier mehr oder weniger verpfuscht ist. Doch damit musste er rechnen, als er sich nun schon zum zweiten Male auf ein Fluchtunternehmen einließ."[344]

Der Leiter der Presseabteilung des bulgarischen Außenministeriums war sichtlich bemüht, den Fall aus den bundesdeutschen Medien wieder herauszubringen. Er erklärte dem Freiherrn, dass es sich um eine „innerbulgarische Angelegenheit" handele. Das Bulgarische Außenministerium bitte zu bedenken, dass Daskolov vielleicht nicht ganz dem „Heldenbild" entspreche, das in der westdeutschen Presse von ihm gezeichnet worden sei.

Das Schlupfloch auf dem Balkan

Die zahlreichen Fluchtversuche machten aus der Sicht des SED-Regimes einen erheblichen Kosten- und Arbeitsaufwand erforderlich, um nicht zu riskieren, dass sich das Schlupfloch auf dem Balkan noch weiter herumsprach. Dass man seitens der staatlichen Organe gewillt war, selbst auf das kleinste Anzeichen eines Fluchtverdachts zu reagieren, belegt der Fall eines 29-jährigen Ingenieurs aus dem sächsischen Pausa. Der hatte im Sommer 1969 mit seiner Frau und der

---

344 Hoffmann, Egbert A.: „Vergiss mich nicht! Ich liebe Dich…". In: „Hamburger Abendblatt vom 18.12.1969, PIA.

dreijährigen Tochter Urlaub in Bulgarien gemacht. Bei der Autofahrt in Richtung Süden hatte Harald E.* sich zunächst die rumänische Donaugrenze angesehen, bevor er in der westdeutschen Handelsvertretung in Bukarest vorstellig wurde und schließlich Erkundigungen über die bulgarisch-jugoslawische Grenze einholte. Ein wohlmeinender Bulgare hatte ihm davon abgeraten und erwähnt, dass dort „Lichtsignale" ausgelöst werden würden.[345]

Daraufhin war Harald E.* wie geplant mit Frau und Kind an die Schwarzmeerküste gefahren. Nach seiner Rückkehr in die DDR berichtete E.* einem Arbeitskollegen in allen Einzelheiten über die Urlaubsreise, die Erkundung des Grenzgebiets und dass er beabsichtige, ein Motorboot zu chartern, den bulgarischen Bootsführer über Bord zu werfen und anschließend mit seiner Familie in die Türkei zu entkommen. Der Kollege, unter dem Decknamen „Karl Zuger" für das MfS tätig, gab den Plan und die Fluchtvorbereitungen in allen Einzelheiten an die Stasi weiter. Obwohl es keinerlei konkrete Beweise gab, wurden Harald E.* und seine Frau Anfang Mai 1970 aufgrund der Denunziation in Pausa verhaftet. Der Ingenieur erhielt vom Bezirksgericht Gera drei Jahre und sechs Monate, seine Frau ein Jahr und vier Monate.[346] Der Moskwitsch, mit dem die Familie in Bulgarien gewesen war, wurde eingezogen, obwohl er auf die Mutter des Ingenieurs zugelassen war. Auch hier stützte sich das Gericht allein auf die Aussage des Denunzianten, der das MfS darüber informiert hatte, dass E.* den Wagen angeblich nur deshalb auf seine Mutter habe eintragen lassen, damit er nach der Flucht nicht beschlagnahmt werden würde.

Individualtouristen stellten auch 1969 wieder die Mehrzahl der Personen, denen es glückte, aus der Volksrepublik unverletzt und unbemerkt ins westliche Ausland zu fliehen. Ihre Zahl betrug nach Erkenntnissen der Operativgruppe 28 Personen und war damit im Vergleich zum Vorjahr (29) annähernd gleich geblieben. Währenddessen stieg die Zahl der nach Stasi-Erkenntnissen als besonders fluchtverdächtig geltenden „DDR-Verlobten" noch einmal im Vergleich zum Vorjahr (55) stark an (86).[347]

Hinsichtlich der Repräsentanten des „Reisebüros der DDR" hatte sich der Operativgruppenchef Fleischhauer in Ost-Berlin durchgesetzt. Alle 1969 in der Volksrepublik Bulgarien eingesetzten Repräsentanten waren IM, die der „Arbeitsgruppe zur Sicherung des Reiseverkehrs" (ASR) unterstellt waren. Ihnen wurden von der ASR Aufträge erteilt, die nichts mit der Arbeit des Reisebüros

---

345 Archivierter Operativer Vorgang: BStU MfS BV Gera AOP 1393/70, Bd. I, S. 30.
346 Archivierter Untersuchungsvorgang: BStU MfS BV Gera AU 1430/70, Bd. I, S. 6 f.
347 Hauptabteilung XX (Sicherung des Staatsapparats): BStU MfS HA XX Nr. 229, S. 107.

zu tun hatten, berichtete Hauptmann Wiegand, der betonte, dass alle IM-Repräsentanten mit Einsatzfreude und Disziplin für den DDR-Geheimdienst tätig waren. Insgesamt habe ihr Einsatz die Durchsetzung des Hauptanliegens der Operativgruppe – die Verhinderung von Fluchten – „wesentlich" unterstützt.[348] Wie gut das funktionierte, ließ sich am Jahrestag der Niederschlagung des „Prager Frühlings" erkennen. Während die Operativgruppe im August 1969 Halbmast und Trauerflor bei tschechoslowakischen Schwarzmeertouristen beobachtete – blieb es unter den Reisenden aus der DDR dank dem wachsamen Auge des MfS erneut ruhig: „Die meisten DDR-Bürger, über die Repräsentanten des Reisebüros und die Reiseleiter auf mögliche Provokationen vorbereitet, traten vorbildlich auf."[349]

Dagegen kritisierte Hauptmann Wiegand, dass sich die über hundert als Reiseleiter in Bulgarien eingesetzten hauptamtlichen Stasi-Mitarbeiter in der überwiegenden Mehrzahl nicht mit der Operativgruppe in Verbindung setzten und in Einzelfällen sogar Arbeitsaufträge ihre Heimatdienststellen übernahmen, ohne Wiegand und Bogisch darüber in Kenntnis zu setzen. Es gab sogar Reiseleiter, die sich auf Nachfrage weigerten, den Mitarbeitern der Operativgruppe Auskunft über ihre Aufträge zu erteilen, weil sie zuhause den Auftrag erhalten hatten, „am Kurort keinesfalls Angaben zu op. [operativen] Problemen zu machen."[350]

Dass im ostdeutschen Geheimdienst mitunter die eine Hand nicht wusste, was die andere tat, wird auch aus einem Treffbericht Wiegands mit der von ihm geführten IMS "Petra" deutlich, in dem sich die Repräsentantin bei dem Hauptmann über ihren Chef beklagte. Karl-Heinz S.[351] (IME „Gustav"), der Leiter der Repräsentanten in der Generaldirektion des „Reisebüro der DDR" habe den Damen vor ihrer Abreise im Frühjahr 1969 untersagt, im Ausland Kontakt zu Mitarbeitern des MfS zu unterhalten. Jetzt, nach ihrer Rückkehr im Herbst 1969, habe er hingegen angekündigt, an einem „Chiffre-System" zu knobeln, nach dem die Repräsentanten zukünftig aus ihrem Einsatzland die Generaldirektion sofort über Verdachtsmomente das ungesetzliche Verlassen der DDR betreffend zu informieren hätten. Außerdem habe Schubert von ihr Angaben über DDR-Urlauber verlangt, die sie bereits Wiegand geliefert habe: „Da in der Generaldirektion jeder

348 Ebd., S. 116.
349 Hauptabteilung XX (Sicherung des Staatsapparats): BStU MfS HA XX 229, S. 109.
350 Hauptabteilung XX (Sicherung des Staatsapparats): BStU MfS HA XX 229, S. 119.
351 Archivierter IM-Vorgang: BStU MfS AIM 4854/74. Karl Heinz S. war seit dem
    01.12.1968 Leiter der Repräsentanten in der Generaldirektion des Reisebüro der
    DDR und anschließend vom 01.01.1970 bis zum 31.05.1973 Leiter der Abt. AV in
    der GD RB.

weiß, dass Schubert für das MfS arbeitet, ist dem IMS unverständlich, dass wir nicht in der Lage sind, diese gesamte Problematik zu koordinieren."[352] Angesichts des zu erwartenden weiteren starken Anstiegs des DDR-Tourismus in Bulgarien schlug Wiegand vor, die Operativgruppe zu vergrößern und zukünftig am Sonnenstrand zwei Mitarbeiter einzusetzen, einer davon mit dem Schwerpunkt „südliche Kurorte". Auch am Goldstrand sollte es zukünftig zwei statt einen Mitarbeiter geben, und zwar mit dem neuen Arbeitsschwerpunkt Albena. Darüber hinaus regte Wiegand an, als Reisebüro-Repräsentanten zukünftig nur noch inoffizielle Mitarbeiter zu entsenden.

Im Ministerium für Staatssicherheit in Ost-Berlin stellte man sich inzwischen auf die verstärkte Überwachung der bulgarischen Flughäfen ein. Ende Oktober 1969 erkundeten deshalb zwei Offiziere der Hauptabteilung Passkontrolle und Fahndung (HPF) den Flughafen. Ihr Ergebnis über die Fluchtmöglichkeiten auf dem Terminal fiel aus der Sicht des MfS denkbar ungünstig aus. Die Kontrollen waren oberflächlich, die Abfertigungsanlage „äußerst primitiv", ebenso die Kontrollstempel der Passkontrolle. Zwar überwachte das bulgarische „Komitee für Staatssicherheit" die Büros der westlichen Fluggesellschaften, aber das genügte nach Ansicht der Stasi-Offiziere bei weitem nicht: „Im Ergebnis [...] muss eingeschätzt werden, dass Personenschleusungen unter Ausnutzung der Methode des Passabtausches möglich sind und nur auf der Grundlage der Durchführung gemeinsamer Maßnahmen zwischen den Passkontrollorganen der betreffenden sozialistischen Länder unterbunden werden können."[353]

Mehr Urlauber bedeuten mehr Überwachung

Seit 1969 hatte sich im Ministerium für Staatssicherheit eine Neustrukturierung der Urlauberüberwachung und Fluchtverhinderung in den „Bruderländern" abgezeichnet. Immer mehr Auslandstourismus erforderte aus der Sicht des MfS eine immer stärkere Überwachung. Die Fluchtverhinderung in den „Bruderländern" sollte nicht länger von der Hauptabteilung XX/5 organisiert werden, sondern zu einer eigenen Hauptabteilung werden. Diese neu geschaffene Hauptabteilung VI, ein Zusammenschluss der Arbeitsgruppe Sicherung des Reiseverkehrs (ASR) mit der Hauptabteilung Passkontrolle und Fahndung (HPF), nahm ihre Arbeit Anfang 1970 auf.

Die Mitarbeiter dieser neuen Hauptabteilung kamen auch aus der HA XX/5 und aus der Spionageabwehr (HA II). Zu ihnen zählte der 36-jährige Hauptmann

---

352   Archivierter IM-Vorgang: BStU MfS AIM 11991/76 II/1, S. 37 f.
353   Hauptabteilung VI (Grenzkontrollen / Reiseverkehr): BStU MfS HA VI 4780, S. 6.

Alfred Kirst[354], der sozusagen der Entwickler des neuen Sicherungssystems war, das in der Saison 1970 erstmals in Nessebar erprobt und fortan das „Modell Nessebar" genannt wurde.[355] Mit diesem Modell sollten die Auslandstouristen – wohl nicht zuletzt wegen des anhaltenden Ansturms auf die „verlängerte Mauer" in den „Bruderländern" – wirkungsvoller als bisher unter Kontrolle gehalten werden, und zwar vor allem durch die Erfahrungen, die man an der bulgarischen Schwarzmeerküste gesammelt hatte: „Nach der bisherigen Methode der Absicherung der Reisegruppen durch Reiseleiter-IM und IM in den Reisegruppen allein war es nicht mehr und konnte es auch nicht für die weitere Zukunft möglich sein, den Personenkreis der im sozialistischen Ausland aufhältigen Touristen, genügend unter operative Kontrolle zu bekommen."[356]

Es ging darum, die bisherige Praxis der Urlauberüberwachung zu modernisieren. Nach außen hin hatte die Generaldirektion des „Reisebüros der DDR" im Januar 1970 ein „neues System der Betreuung von Touristen" eingeführt, mit dem die „Serviceleistungen" für ostdeutsche Urlauber verbessert werden sollten.[357] Während den DDR-Touristen einerseits mehr Freiraum gestattet wurde und die offensichtliche Bewachung durch die Reiseleiter reduziert wurde, was man im Westen als Liberalisierung missverstand, ging es vor allem um eine bessere Tarnung und lückenlosere Überwachung: „Die Kollektive der ständig im Ausland tätigen Mitarbeiter des Reisebüros der DDR bilden auch die Basis für die Abdeckung der Tätigkeit der Operativ-Gruppen der Hauptabteilung VI."[358]

An der Operativgruppe machte sich die große Veränderung aber noch nicht bemerkbar. Sie blieb während der Erprobungsphase 1970 weiterhin unter der Regie der HA XX/5. Neben Werner Fleischhauer und seiner Frau, die erneut ihre Dienstwohnung in Sofia bezogen, und Leutnant Bogisch, der sein drittes Jahr an der Schwarzmeerküste absolvierte, kamen allerdings drei weitere Offiziere hinzu, so dass die Operativgruppe von nun an aus sechs Personen bestand.

354 Kaderakte Alfred Kirst: BStU MfS KS 9014/90.
355 Alfred Kirst und Karl-Heinz Heine haben das Konzept des „Modell Nessebar" in der im September 1972 abgeschlossenen JHS-Diplomarbeit „Die Angriffe des Gegners gegen den Touristenverkehr der DDR in das sozialistische Ausland und die operativen Erfordernisse zur wirksamen Gestaltung der Sicherung des Tourismus des Reisebüro der DDR in den Ballungszentren des sozialistischen Auslandes durch Sicherungssysteme des MfS" ausführlich dargestellt. Juristische Hochschule des MfS: BStU MfS JHS MF VVS 160–283/72.
356 Abteilung X (Internationale Verbindungen): BStU MfS Abt. X 1477, S. 3.
357 Ebd., S. 4 f.
358 Büro der Leitung des MfS: BStU MfS BdL Nr. 001616, S. 8.

Leutnant Klaus Detelmann (32)[359] war mit Wirkung vom 1. Januar 1970 von der BV Cottbus des MfS zur Hauptverwaltung XX/5 nach Ost-Berlin versetzt worden, nachdem er sich Anfang November 1969 zum Einsatz im sozialistischen Ausland bereiterklärt hatte. Er wurde am Sonnenstrand einquartiert und übernahm die Zuständigkeit für die südlichen Kurorte im türkischen Grenzgebiet. Mit ihm gemeinsam war der kurz zuvor mit der Verdienstmedaille der NVA in Bronze dekorierte Leutnant Bogisch für die Urlauberüberwachung im Bereich Sonnenstrand zuständig. Die Dienststelle am Goldstrand wurde hingegen mit zwei Neulingen besetzt. Oberleutnant Rudolf Meyer (35)[360], der seine Stasi-Laufbahn in Karl-Marx-Stadt begonnen hatte und der bereits seit dem Frühjahr 1965 in der Hauptabteilung XX/5 in Ost-Berlin als Verbindungsmann zur Operativgruppe in der Volksrepublik Bulgarien beschäftigt war, übernahm den Goldstrand. An seiner Seite stand der 31-jährige Leutnant Jürgen Rambaum, dessen Ehefrau eine Anstellung an der DDR-Botschaft in Sofia bekommen hatte. Rambaum bewarb sich nach eigenen Angaben bereits Anfang 1969 in der Kaderabteilung des MfS für einen Einsatz in der Operativgruppe. Der Leutnant war mit seinen Eltern 1949 aus dem Wedding in den sowjetischen Sektor umgezogen und hatte anschließend als FDJ-Leitungsmitglied an etwa 20 „Westeinsätzen" mitgewirkt, wie es in seiner Kaderakte heißt.[361] Nach dem Volkswirtschaftsstudium an der HU Berlin habe er eigentlich in den diplomatischen Dienst gehen wollen, doch dann habe man ihm stattdessen die Stelle beim MfS angeboten.[362] In der Operativgruppe in Bulgarien war Rambaum zu Beginn seiner Dienstzeit für die Urlauberüberwachung in Albena zuständig.

Das Ehepaar Fleischhauer war in diesem Jahr gemeinsam mit Leutnant Rambaum bereits im Januar in die Volksrepublik gereist, während Detelmann, Bogisch und Meyer erst Anfang Juni folgten. Die auch 1970 wieder in Bulgarien eingesetzte und mit Saisonbeginn am Sonnenstrand untergebrachte achtzehnköpfige Beobachtergruppe der Hauptabteilung VIII war 1970 erstmals ausschließlich dem Leiter der Operativgruppe unterstellt, womit man seitens des DDR-Geheimdienstes das Kompetenzgerangel der Vorjahre beenden wollte. Die Botschaft lautete: Der Chef der Operativgruppe hat das letzte Wort in der Volksrepublik, Auftragserteilungen aus ostdeutschen Kreisdienststellen und Bezirksverwaltungen über Ostberlin waren ohne dessen ausdrückliche Weisung und Zustimmung von

359   Kaderakte Klaus Detelmann: BStU MfS KS 4888/90.
360   Kaderakte Rudolf Meyer: BStU MfS KS 3896/90.
361   Kaderakte Jürgen Rambaum: BStU MfS BV Berlin KS 1058/91.
362   Interview mit Jürgen Rambaum (Berlin), 27.05.2011.

nun an nicht mehr möglich.[363] Auf seiner eigenen Hochzeit tanzte lediglich der weiterhin für die Rückführung von DDR-Flüchtlingen aus Bulgarien zuständige Hauptmann Pfütze, der seit diesem Jahr als Leiter der „Arbeitsgruppe Ausland der HA IX/9" firmierte.

Die Aufgabenstellung der Operativgruppe umfasste wie schon in den Vorjahren vor allem die Verhinderung von Fluchtversuchen. Hinzu kamen die Aufklärung der „politisch-ideologischen Diversion des Gegners" und der Einsatz von IM in den Urlauberzentren zur „Schaffung von Verbindungen zu Personen aus dem Operationsgebiet" – oder, um es verständlicher zu formulieren: Zum einen die Beobachtung und Unterbindung von Westkontakten von DDR-Urlaubern, gleichzeitig aber auch die „Abfischung" oder sogar Anwerbung von Bürgern aus der Bundesrepublik als Spitzel der Staatssicherheit, soweit diese Leute über Kontakte oder Kenntnisse verfügten, die für den DDR-Geheimdienst wertvoll waren. Hierbei wurde die Operativgruppe durch den 25-jährigen Leutnant Jürgen Notroff[364] unterstützt, der nur wenige Wochen nach seiner Versetzung in die HA XX/5 mit der Perspektive des Einsatzes im sozialistischen Ausland zur „Bekämpfung des staatsfeindlichen Menschenhandels" nach Sofia geschickt und von Oberleutnant Fleischhauer in der Durchführung operativer Kontrollen und der Steuerung von IM aus dem Operationsgebiet – also im Westen lebender Stasi-Spitzel – angelernt wurde.[365]

In der praktischen Arbeit waren Rambaum, Meyer, Bogisch und Detelmann ausweislich des Abschlussberichtes der Operativgruppe vor allem mit der Beobachtung „verdächtiger" Personen beschäftigt, die der Operativgruppe von den verschiedensten Abteilungen und Hauptabteilungen des MfS gemeldet worden waren, und zwar entweder wegen Flucht- oder Spionageverdachts, wegen Verdachts der „Verbindungsaufnahme" oder weil man bei einer verdächtig erscheinenden Person noch keine Vermutung hatte, was sie möglicherweise beabsichtigte – im Stasi-Jargon „Feststellung der Verhaltensformen".[366] Unterstützt wurden die Geheimdienstler dabei sowohl von IM, die ihnen auch in diesem Jahr in beträchtlicher Zahl zur Verfügung standen, als auch durch Reiseleiter. Zusätzliche Erkenntnisse lieferte der bulgarische Geheimdienst – einerseits durch Postkontrolle, vor allem aber auch durch Hinweise der Grenzübergangsstellen und Kontrollposten.

363 Hauptabteilung XX (Sicherung des Staatsapparats): BStU MfS HA XX Nr. 231, S. 18.
364 Kaderakte Jürgen Notroff: BStU MfS KS 4506/90.
365 Hauptabteilung XX (Sicherung des Staatsapparats): BStU MfS HA XX 14625.
366 Hauptabteilung XX (Sicherung des Staatsapparats): BStU MfS HA XX Nr. 231, S. 24 f.

Genauer lässt sich die Arbeit der Operativgruppe beurteilen, wenn man die IM-Akten der Reisebürorepräsentanten sichtet. So zählte es im Sommer 1970 zu den Aufgaben von Leutnant Rambaum, die leitende Repräsentantin in Albena, Irma Gideon (IMS „Baumann"), mit der geheimdienstlichen Arbeit vertraut zu machen. Bei einer ersten Begegnung erläuterte ihr Rambaum, sie habe „Republikfluchten" zu verhindern und alle ihr bekannt werdenden „Kontakte" von DDR-Touristen mit Westdeutschen festzustellen und aufzuklären. Offenbar war er mit den Resultaten nicht zufrieden, denn er vertrat gegenüber seiner Dienststelle die Ansicht, Frau Gideon werde zu sehr von touristischen Problemen in Anspruch genommen, besser wäre es, sie würde mehr Zeit in die „Lösung operativer Aufgaben" investieren.[367]

Und dabei lieferte IMS „Baumann" durchaus verwertbare Informationen. Sie brachte den Leutnant allein in seinem ersten Dienstjahr mit 40 „Genossen des MfS" in Kontakt, die während der Saison als Reiseleiter in Albena eingesetzt waren. Und als zwei junge Frauen aus Sachsen im Juni 1970 im Hotel „Druschba" im gleichen Zimmer übernachten wollten, „obwohl das ursprünglich nicht vorgesehen war"[368], schaltete die Repräsentantin sofort. Nachdem sich die Frauen drei Tage nicht im Hotel hatten blicken lassen, sondern mit einem Ehepaar aus Hannover am Goldstrand zusammen waren, war die „konspirative Zimmerkontrolle" zwangsläufig. Einen großen Erfolg konnte Rambaum in diesem Sommer durch seine Mitwirkung an der Festnahme von vier jungen Ärzten aus Sachsen verbuchen, die am bulgarischen Nationalfeiertag, dem 9. September 1970, im Badeort Sozopol verhaftet wurden, nachdem man zuvor bereits ihren westdeutschen Fluchthelfer an der Grenzübergangsstelle „Kapitan Andreevo" festgenommen hatte.[369]

Obgleich die Zahl der DDR-Urlauber entgegen den Erwartungen im Vergleich zu den Jahren 1968 und 1969 insgesamt stagnierte, verzeichnete die Operativgruppe des MfS erneut im Vergleich zum Vorjahr (46 Personen) einen signifikanten Anstieg der Fluchtversuche (79 Personen). 61 DDR-Urlauber wurden „auf frischer Tat" ertappt, 18 weitere Touristen aus der DDR waren während der Fluchtvorbereitung beobachtet und „im Ergebnis der operativen Maßnahmen" festgenommen worden. Dabei konnte das MfS wie schon zuvor auch auf Erkenntnisse der bulgarischen Sicherheitsorgane zurückgreifen. Unter den Festgenommenen befanden sich auffällig viele Ärzte, die sich in der Bundesrepublik bessere

367 Archivierter IM-Vorgang: BStU MfS AIM 14854/82 Teil 1, Bd. 1, S. 33 ff.
368 Hauptabteilung XX (Sicherung des Staatsapparats): BStU MfS HA XX 5291, S. 18.
369 Hauptabteilung XX (Sicherung des Staatsapparats): BStU MfS HA XX 231, S. 7.

berufliche Entwicklungsmöglichkeiten versprachen. Wie schon in allen Vorjahren lag das Alter der Flüchtlinge auch 1970 hauptsächlich zwischen 18 und 35 Jahren, über 60 Prozent waren nicht mit Reisegruppen, sondern als Individualtouristen in die Volksrepublik gereist. Auffällig ist allerdings auch, dass der Bericht im Gegensatz zu den Vorjahren weder Angaben über Todesfälle noch überblicksartige Angaben über dem MfS bekannt gewordene geglückte Fluchten enthält.

Die 25-jährige Gertraud R.* aus Ost-Berlin hatte im September 1970 ihr Medizinstudium an der Humboldt-Universität mit der Gesamtnote „sehr gut" abgeschlossen. Die junge und außergewöhnlich intelligente Frau hatte eine große Karriere vor sich, sollte im Oktober an der Charité bei einem bekannten Professor ihre Arbeit aufnehmen. Doch sie hatte sich vor zwei Jahren in einen jungen Mann aus der Bundesrepublik verliebt, mit dem sie ihr weiteres Leben verbringen wollte. Die beiden hatten beschlossen, nach dem Studienabschluss der jungen Frau über Bulgarien in den Westen zu fliehen. Mit ihrem Abschlusszeugnis und der Approbationsurkunde im Gepäck reiste Gertraud R.* nach Varna, wo sie sich Ende September 1970 mit ihrem Verlobten traf.

Nachdem sie einige Tage gemeinsam gezeltet hatten, fuhr das Paar am 2. Oktober 1970 mit dem Bus und per Anhalter nach Mitschurin.[370] Als vermeintliche Badegäste liefen sie von hier aus an der Küste entlang in Richtung Süden, erst auf der Landstraße und dann direkt an der Steilküste. Kurz vor Achtopol zogen sie ihre im Westen beschafften Schwimmanzüge an und vergruben ihre Kleidung im Gebüsch. Von der ursprünglichen Idee, das Unternehmen mit einem Paddelboot anzugehen, waren sie wieder abgekommen, nachdem sie gesehen hatten, wie gründlich die See über Nacht durch am Ufer aufgestellte Scheinwerfer der Volksmarine ausgeleuchtet wurde.

Nachdem sie mehrere Stunden entlang der Küste durch die aufgewühlte See geschwommen waren, gingen sie wieder an Land und versteckten sich bei strömendem Regen im dichten Buschwerk. Sie wussten wegen der Scheinwerfer, dass sie sich noch immer in Bulgarien befanden. Und so ging das Paar am nächsten Abend erneut ins Wasser und schwamm weiter. Erst nachdem sie mehrere Stunden später überzeugt waren, sich in der Türkei zu befinden, gingen sie erneut an Land. Nach einem längeren Fußmarsch entlang der Küste gelangten sie an einen Zaun. Sie waren völlig sicher, sich bereits in der Türkei zu befinden. Nachdem sie dem Zaun mehrere Kilometer gefolgt waren, an eine Befestigung gelangten und auf der anderen Seite des Zaunes zwei Soldaten bemerkten, ging Björn K.* direkt auf sie zu, während sich seine Verlobte hinter einem kleinen Sandhügel

---

370   Allgemeine Personenablage: BStU MfS AP 6594/78.

versteckte. K.* fragte: „Du türkisch?" Was dann geschah, schildert er selbst in seinem Vernehmungsprotokoll: „Noch während ich sprach, begannen die beiden Posten ohne mündliche Warnung zu schießen. Ich habe in keiner Minute beabsichtigt, auf diese Weise mein Leben zu riskieren, und wäre deshalb bei einem mündlichen Aufruf sofort stehengeblieben. So aber sprang ich im ersten Schreckmoment zurück hinter die Bodenwelle und kroch, während die Posten unaufhörlich weiterschossen, außer Reichweite der Schüsse. Meine Braut folgte mit einigem Abstand." [371]

Nachdem sie von einem Suchtrupp gefunden worden waren, inhaftierte man das Pärchen zunächst für zwei Tage in Mitschurin, bevor man sie in die Bezirksverwaltung des MWR nach Bourgas schaffte. In der Untersuchungshaft in Dresden notierte die junge Ärztin über ihre Beweggründe: „Die Liebe zum Menschen im allgemeinen ist die jubelnde Bewunderung und Achtung dieses Geschöpfes der Natur mit all seinen Fehlern, Schwächen und guten Seiten. [...] Unter dieser Liebe verstehe ich das allumfassendste aktive Bekennen zum Partner in gefühlsmäßiger und geistiger Hinsicht." [372]

Das Kreisgericht Dresden-Ost verurteilte sie am 23. März 1971 zu einer Haftstrafe von einem Jahr und zehn Monaten Gefängnis. Sie wurde zwar bereits im Sommer 1971 zur Bewährung aus der Haft entlassen, aber in die DDR und nicht in den Westen. Daran, dass die junge Medizinerin auf legalem Weg keine Möglichkeit hatte, aus der DDR zu ihrem Verlobten in den Westen zu kommen, hatte sich nichts geändert.

Ebenfalls zur Gruppe der an der türkischen Grenze verhafteten Ärzte gehörte die 29-jährige Brigitte C.* aus Erfurt. [373] Neben politischer Unzufriedenheit ging es auch in ihrem Fall um das Fluchtmotiv Liebe. Ihr Freund aus der Schulzeit war kurz vor dem Mauerbau mit seinen Eltern nach Westdeutschland geflohen. Das Paar hatte die Beziehung über all die Jahre hinweg fortgesetzt und sich regelmäßig im sozialistischen Ausland getroffen. Nur in der DDR nicht, da er seine Festnahme befürchtete. Brigitte C.* hatte die ersten beiden Jahre ihres Medizinstudiums in Bulgarien verbracht. Daher hatte sie nicht nur gute Landeskenntnisse, sondern beherrschte auch die Sprache perfekt. Seit dem Ende ihres Studiums plante sie, zu ihrem Freund in den Westen zu gehen. Aus den Spitzelberichten einer Mitgefangenen erfuhr das MfS, dass sie die Vorlesungen von Robert Havemann bis zu deren Verbot besucht hatte und sich bis zu deren Absetzung auch regelmäßig die

371 Archivierter Untersuchungsvorgang: BStU MfS BV Dresden AU 922/71, Bd. 2, S. 16.
372 Archivierter Untersuchungsvorgang: BStU MfS BV Dresden AU 922/71, Bd. 1, S. 143.
373 Allgemeine Sachablage: BStU MfS Allg. S 161/72.

Theaterstücke des Dramaturgen Peter Hacks am Deutschen Theater Berlin angesehen hatte. Die junge Frau hatte sich im Januar 1970 in Sofia mit ihrem Freund getroffen. Er brachte ihr einen bundesdeutschen Reisepass mit. Anschließend fuhren sie dann mit zwei unterschiedlichen Zügen von Sofia in Richtung Istanbul. Doch der Fluchtplan war den bulgarischen Grenzern schon bekannt, wie sie aus einem in bulgarischer Sprache geführten Gespräch zwischen zwei Grenzern vor ihrer Abteiltür erfuhr. Kurz vor der Grenze wurde sie verhaftet, ebenso ihr Freund im anderen Zug – der als Westdeutscher im Gegensatz zu ihr, die man nach ihrer Verurteilung in Hoheneck inhaftierte, von den Bulgaren sehr schnell wieder aus der Haft entlassen und abgeschoben wurde.

Auch beim Fluchtversuch der 25-jährigen Sprechstundenhilfe Margot V.* war das Fluchtmotiv Liebe.[374] Sie war seit einigen Jahren mit einem jungen Kaufmann aus Bielefeld liiert, mit dem sie zusammenleben wollte. Als sie am 3. Juli 1970 am Sonnenstrand eintraf, wartete er dort schon auf sie. Nach einigen gemeinsamen Ferientagen fuhr das Paar per Bus und Anhalter nach Malko Tarnovo in die Sperrzone. Es gelang ihnen, den verbotenen Ort unbemerkt zu durchqueren. 36 Stunden später hatten sie die Grenzsignalanlage erreicht. Bereits wenige Minuten nach deren Überwindung wurden sie von einer Alarmgruppe der bulgarischen Grenztruppen festgenommen, die bereits das Feuer auf sie eröffnet hatten.

Dagegen sind die Motive eines 28-jährigen Ingenieurs, dem es Anfang Oktober 1970 an der Grenzübergangsstelle Malko Tarnovo, von bulgarischen Grenzen beschossen, unverletzt gelang, im Zick-Zack „über 500 Meter Niemandsland" auf die türkische Seite zu laufen. Er hatte sich im Bus einer Reisegesellschaft versteckt.[375]

Die geheime Nachrichtenübermittlung

Wie kommunizierte der Staatssicherheitsdienst der DDR aus Bulgarien mit der Normannenstraße? Berichte über Festnahmen und Todesfälle mussten von der Operativgruppe so schnell und so sicher wie möglich in die DDR geschickt werden. Auch in diesem Kontext spielte die DDR-Botschaft in Sofia eine zentrale Rolle. Hier gab es neben dem Funker[376] auch noch einen „Referent für Verbindungen". Letzteres war eine Funktion, die man am besten mit den Aufgaben

---

374   Archivierter Untersuchungsvorgang: BStU MfS AU 5961/72.
375   Agenturmeldung dpa 299 re/wi 07.10.1970 2314.
376   Vom 10.11.1969 bis 30.04.1975 war diese Position in der DDR-Botschaft in Sofia mit Heinz Sinnig besetzt, der seine Funkausbildung auf der Offiziersschule der Volksmarine gemacht hatte. Nach dem Ausscheiden aus der Botschaft wechselte er über das „Reisebüro der DDR" hauptamtlich zum MfS in die HA VI/AT (Auslandstou-

eines Chiffrierers erklärt. Dieser „Referent für Verbindungen" war seit 1967 Heinz Kostka, der vor seinem Wechsel nach Bulgarien in Vietnam eingesetzt war und bereits in der Weimarer Republik der KPD angehört hatte. Kostka, der im MfAA Herbert Kath unterstand, war 1965 von der HA XI/3 (Chiffrierwesen) als IM angeworben worden[377], während sein für die Verbindungen des MfAA zum MfS zuständiger Chef selbst als Offizier im besonderen Einsatz (OibE) für die HV A arbeitete. Kostkas Anwerbung für das MfS erfolgte durch denselben Stasi-Major, einen Jugendfreund, der den gelernten Motorschlosser sieben Jahre zuvor in der „Sektion A" (Chiffrierwesen) des MfAA untergebracht hatte. Dass Kostka trotz einer Zuchthausstrafe während der NS-Diktatur und „Strafbataillon 999" selbst auch nicht unbeobachtet blieb, ist daraus zu ersehen, dass Leutnant Rambaum sofort Ost-Berlin informierte, nachdem er herausgefunden hatte, dass Kostka seinem Schwager in West-Berlin, dem er weisgemacht hatte, er betreibe „Marktforschung" auf dem Balkan, Weihnachts- und Neujahrsgrüße schickte: „In diesem Zusammenhang wird darauf verwiesen, dass es allen Mitarbeitern von Auslandsvertretungen der DDR generell untersagt ist, Kontakte irgendwelcher Art zu Personen kapitalistischer Länder zu unterhalten." Jeder überwachte jeden, und niemand traute dem anderen – diese Formel beschreibt am besten, welche Beziehungen die Genossen in der DDR-Botschaft miteinander pflegten, wie auch der Fall Erich Wächter belegt. Der CDU-Mitbegründer und ehemalige Mecklenburgische Minister für Aufbau und Verkehr, ein Mann auf den man sich in der SED stets verlassen konnte („eines der fortschrittlichsten Mitglieder der CDU"[378]), war auf seine alten Tage als Handelsrat in der DDR-Botschaft in Sofia gelandet. Offenbar von der irrigen Annahme ausgehend, Bulgarien werde weniger überwacht, unterhielt er von Sofia aus eine „außerordentlich intensive postalische Verbindung" zu Personen in der Bundesrepublik, wie die bulgarischen Sicherheitsorgane herausfanden. Woraufhin der OPG-Chef Fleischhauer mit dem Fall betraut wurde und seiner Dienststelle nicht nur den verbotenen Westkontakt meldete, sondern auch, dass Wächter angeblich bei Erreichung des Rentenalters in die Bundesrepublik ausreisen wolle.[379]

Überwacht wurde auch weiterhin die US-Botschaft in Sofia, allerdings nicht durch das MfS, sondern durch die bulgarische Staatssicherheit, die der Operativgruppe im Laufe des Jahres die Namen von 49 DDR-Bürgern mitteilte, die das

---

rismus). Ab 1983 war Sinnig Mitglied der Operativgruppe der HA VI in der ČSSR. Kaderakte Heinz Sinnig: BStU MfS KS 7227/90.

377 Archivierter IM-Vorgang: BStU MfS AIM 22556/80.
378 Allgemeine Personenablage: BStU MfS BV Schwerin AP 841/56, S. 15.
379 Allgemeine Personenablage: BStU MfS AP 11438/79, S. 62.

Botschaftsgebäude aufgesucht hatten. Sie wurden an die Heimatdienststellen der betreffenden Personen in der DDR weitergeleitet. Zu diesem Zeitpunkt waren an der DDR-Botschaft in Sofia schätzungsweise ein Dutzend inoffizielle Mitarbeiter der Stasi tätig, deren Aufgabe laut Fleischhauer darin bestand, die Vertretung „abzusichern". Der wichtigste Mann in diesem Zusammenhang war 1970 weiterhin der Hauptsicherheitsbeauftragte, Horst Löffler, der in der Botschaft sehr zum Missfallen von Botschafter Keusch schalten und walten konnte, wie er wollte. Fleischhauer traf den Diplomaten, der im Zusammenhang mit der „Sicherung der Touristik" sowohl für operative Kontrollen fluchtverdächtiger DDR-Touristen als auch für die Rückführung von Ehefrauen und Kindern von Flüchtlingen zum Sofioter Flughafen zuständig war, alle 14 Tage in einem Café oder einem Park im Nobel-Stadtteil Losenetz. Die intensive Zusammenarbeit endete erst, als Löffler Anfang September 1970 mit seinem Wartburg auf einem Fußgängerüberweg in Sofia einen 56-jährigen Mann überfuhr und tödlich verletzte.[380] Der Generalstaatsanwalt der DDR musste sich einschalten, um den Diplomaten in letzter Minute vor der drohenden Festnahme aus der Volksrepublik herauszuholen.[381] Nach seinem Abgang übernahm der 62-jährige Chiffrierer Heinz Kostka vertretungsweise die vakante Funktion im Schlepptau der Operativgruppe.

Zu diesem Zeitpunkt war bereits klar, dass Fleischhauer nach fünfjähriger Dienstzeit seine Mission als Chef der Operativgruppe beenden und Rambaum zukünftig an seiner Stelle ganzjährig als Verbindungsoffizier des MfS zum bulgarischen Innenministerium MWR fungieren würde. Zu den Aufgaben von Leutnant Rambaum zählte auch die „Abfertigung" der MfS-Maschinen auf dem Flughafen Sofia, die nach außen hin als „Interflug" deklariert wurden und während der Saison mindestens zweimal monatlich zum Abtransport festgenommener ostdeutscher „Republikflüchtlinge" in der bulgarischen Hauptstadt landeten. Der Leutnant hatte nicht nur die Papiere der zu transportierenden Häftlinge zu erledigen, sondern auch den Rücktransport beschlagnahmter Personenwagen, die von Flüchtlingen benutzt oder auch zurückgelassen worden waren.[382] Darüber hinaus transportierten diese Maschinen auch dienstliches Material und Aus-

---

380   Die Staatsanwaltschaft in Sofia war 1970 der Überzeugung, dass Löffler die „Schuld" am Tod des Fußgängers trug. Als Hauptmann Fleischhauer ihn am 4. Dezember 1970 in Ost-Berlin traf, überreichte er ihm als „äußeres Zeichen der Anerkennung" 50 Lewa. BStU MfS AIM 3659/71, Bd. 2, S. 332 f.

381   Horst Löffler wurde nach seiner kurzfristigen Abberufung aus Sofia als Hauptsicherheitsbeauftragter an die DDR-Botschaft in Warschau versetzt.

382   Rambaum, Jürgen: Auszug aus unveröffentlichten Erinnerungen, ohne Titel und ohne Jahr (2000?), AdA.

rüstungsgegenstände für die Operativgruppe, die Rambaum entgegennahm und weiterleitete.

Dass auch Bürger aus anderen sozialistischen Ländern versuchten, über die bulgarischen Grenzen in den Westen zu fliehen, belegt der Fall des Fluchtversuchs von vier jungen Künstlern, der sich Ende Juli 1970 an der türkischen Grenze ereignete. Es handelte sich um Mitglieder des „Staatlichen Dorfensembles der DDR" aus Neustrelitz, unter ihnen befand sich auch ein polnischer Tänzer. Die Künstler hatten einige Tage am Schwarzen Meer gezeltet, bevor sie versuchten, per Anhalter in die Grenzstadt Malko Tarnovo zu gelangen. Da die Stadt jedoch nur mit Sonderausweis betreten werden durfte, wurden sie von der Miliz ins Landesinnere zurückgeschickt. Der Fluchtplan bestand jedoch weiterhin. Das polnische Ensemble-Mitglied Zbigniew K. (31) aus dem schlesischen Gliwice kannte sich in Bulgarien gut aus. Er befürchtete, seine Arbeit in der DDR zu verlieren und wieder nach Polen zurückkehren zu müssen. Stattdessen wollte K. lieber mit seiner Freundin, einer Fachschülerin im Zentralen Studio für Unterhaltungskunst in Ost-Berlin, die vorher ebenfalls dem Ensemble angehört hatte, im Westen etwas Neues beginnen. Die Gruppe beschaffte sich im Badeort Mitschurin einen Kompass, Buschmesser und Reiseproviant und versuchte die türkische Grenze zu Fuß zu erreichen. Die vier Künstler wanderten drei Tage durch das Sperrgebiet, überquerten einen seichten Fluss. Dann trafen sie auf einen 73-jährigen bulgarischen Bauern, mit dem sie sich nicht verständigen konnten. Der Bauer sagte später gegenüber der Miliz aus, er habe versucht, die Ausländer zu verfolgen.[383] Als die jungen Leute schließlich den Grenzzaun erreicht und überquert hatten, vergingen nur noch Minuten bis zu ihrer Festnahme durch einen schwer bewaffneten 19-jährigen Grenzsoldat.[384] Zuvor hatte ein Spürhund angeschlagen, was darauf hindeutet, dass die Künstler nach der Meldung des Bauern von einer Alarmgruppe verfolgt worden waren. Während die drei deutschen Flüchtlinge dem MfS übergeben wurden, wurde Zbigniew K. dem polnischen Geheimdienst überstellt. Die drei Deutschen wurden Mitte Februar 1971 vom Kreisgericht Neustrelitz zu Haftstrafen zwischen eineinhalb und drei Jahren verurteilt.[385]

---

383 Archivierter Untersuchungsvorgang: BStU MfS AU 1822/72, Bd. 2, S. 146 f.
384 Ebd., S. 142 f.
385 Der 20-jährige Wilfried R.* wurde am 24.08.1970 in die UHA des MfS nach Neustrelitz verlegt und am 16.02.1971 vom KG Neustrelitz zu einer Haftstrafe von zwei Jahren und sechs Monaten verurteilt. In der Haft erklärte R.*, er wolle „alles machen", um seine „strafbare Handlung" wieder gutzumachen. Daraufhin wurde er am 03.08.1971 im Dienstzimmer der Abt. IX der BV Neubrandenburg als IM "Jacques Tanner" der Abt. VII angeworben. Diese Tätigkeit als IM setzte er auch nach Haft-

Der Fall Anton Frank

Die Erfahrung, dass die jungen bulgarischen Grenzsoldaten im Bereich Malko Tarnovo sehr schnell von ihren Maschinengewehren Gebrauch machten, musste auch Familie R.* aus Milow im Havelland machen. Die 52-jährige Gerda R. versuchte mit ihren beiden Söhnen und der Schwiegertochter Anfang Juli 1970 in diesem Gebiet in die Türkei zu gelangen. Dabei sollte ihr in München lebender Sohn behilflich sein, dem die Flucht schon einige Jahre zuvor gelungen war. Nachdem es Markus R.*, der mit seinem Opel nach Bulgarien gereist war, nicht gelang, falsche Pässe für seine Familie zu besorgen, bemühte er sich herauszufinden, wie das Grenzgebiet zur Türkei abgesichert war. Dabei wurde er vom Kontrollposten auf der Landstraße nach Malko Tarnovo kurzzeitig festgenommen, dann jedoch wieder auf freien Fuß gesetzt. Einige Tage später startete das Unternehmen dann doch. Markus R.* chauffierte seine Familie im Opel vom Goldstrand bis kurz vor den Kontrollposten. Anschließend gelangte er mit seinem Wagen über die Grenzübergangsstelle Malko Tarnovo unbeanstandet in die Türkei. Seine Familie, die im Wald in Richtung Grenze gelaufen war, wurde noch am selben Abend von bulgarischen Grenzsoldaten festgenommen. Als Gerda R.* die Grenzer mit einigen Geldscheinen zu überzeugen versuchte, sie wieder unbehelligt ins Landesinnere zurückzuschicken, brachten diese ihre „Schusswaffen in Anwendung", wie es im Bericht von Oberleutnant Fleischhauer heißt.[386] Die Bestrafung für die Familie fiel überdurchschnittlich hart aus. Gerda R.* erhielt drei Jahre und sechs Monate, ihre Schwiegertochter zwei Jahre Gefängnis. Da der ältere Sohn zum Zeitpunkt der Flucht gerade seinen Militärdienst ableistete, wurde er in einem getrennten Verfahren vom Militärobergericht Berlin wegen „Spionage und Fahnenflucht" zu fünf Jahren Gefängnis verurteilt.[387]

---

entlassung in Dresden fort. An seiner Unzufriedenheit mit dem SED-Regime hatte sich nichts geändert. Im Herbst 1979 erklärte er seinem FIM, dem IME „Brendel": „Die ganze Sache hat keinen Sinn mehr, das Leben in der DDR wird täglich unerträglicher." Man müsse sich nach gutem Bier anstellen und bekäme fünf Flaschen zugeteilt. „Wie will unsere Regierung diese Entwicklung noch vor der Bevölkerung verantworten, die haben doch kein Gewissen mehr", die Bevölkerung habe es satt bis obenhin. Anschließend lehnte er eine weitere Zusammenarbeit mit dem MfS ab. Vgl.: Archivierter IM-Vorgang: BStU MfS BV Dresden AIM 13/80 T1, Bd. 1, S. 131 ff.

386 Hauptabteilung XX (Sicherung des Staatsapparats): BStU MfS HA XX 4913, S. 14.
387 Archivierter Untersuchungsvorgang: BStU MfS BV Potsdam AU 355/71. Das Urteil des Militärobergerichts vom 20.04.1971 wurde in der Berufung auf drei Jahre Gefängnis und 5 000 Mark Strafe reduziert.

War die Zusammenarbeit zwischen MfS und der bulgarischen Staatssicherheit bis dahin größtenteils reibungslos verlaufen, so ergaben sich 1970 erstmals Probleme. Und zwar nicht nur im Zusammenhang mit dem Tod des Sofioter Fußgängers, sondern auch weil ein als IM-Repräsentant des „Reisebüros der DDR" am Sonnenstrand eingesetzter Stasi-Mann nicht nur DDR-Urlauber, sondern auch westdeutsche Reisebürovertreter und bulgarische Staatsbürger beobachtete und dabei andere bulgarische Staatsbürger einbezog.[388] Was prompt zu einer Beschwerde des stellvertretenden Leiters der Objektdienststelle des bulgarischen Staatssicherheitsdienstes bei den dortigen Mitarbeitern der Operativgruppe führte. Gleichzeitig beklagten die Bulgaren, dass ein seit September 1970 als Repräsentant des „Reisebüros der DDR" am Sonnenstrand eingesetzter Stasi-Offizier im besonderen Einsatz bei „leitenden Genossen" des staatlichen bulgarischen Reisebüros „Balkantourist" Erkundigungen über ein schwedisches Reisebüro eingezogen hatte.

Von der Kompetenzüberschreitung im Gastland abgesehen – der Überwachungsapparat des MfS in Bulgarien war in Bereiche eingedrungen, die leicht zu Problemen mit westlichen Geschäftspartnern der Bulgaren hätten führen können und vom MWR deshalb unmöglich akzeptiert werden konnte. Kein Wunder, dass die Ereignisse hinter verschlossenen Türen hohe Wellen schlugen und sogar im Büro von Mielkes Stellvertreter landete: „Die bulgarischen Genossen zeigten sich äußerst befremdet und verbaten sich derartige Vorfälle energisch. Über diese Vorfälle wurden Genossen Generalleutnant Beater eine Information übergeben."[389]

Kurz vor seiner Abreise aus Bulgarien wurde Fleischhauer, der mittlerweile zum Hauptmann befördert worden war, noch mit einem weiteren Todesfall konfrontiert. Bulgarische Fischer hatten aus der Donau die Leiche eines 28-jährigen Bau-Ingenieurs aus Leipzig gezogen. „Der Ertrunkene war mit einem enganliegenden schwarzen leichten Pullover, einer blauen Leinenhose und Leinenturnschuhen mit Gummisohle bekleidet. An seinem Körper hatte er zwei lederne Brustbeutel, in denen sich Ausweispapiere wie Personalausweis, Reiseanlage, Fahrerlaubnis und Geld befanden, u. a. ca. 600 Mark der DDR. Nach dem Personalausweis konnte die Person zweifelsfrei identifiziert werden."[390] Der gebürtige Rumäniendeutsche Anton Frank, der mit seinen Eltern auf der Flucht vor der Roten Armee in der Sowjetischen Besatzungszone gestrandet war, hatte beabsichtigt, durch den Grenzfluss von Rumänien nach Jugoslawien zu gelangen. Der gläubige Katholik träumte davon, in den USA zu leben, wie seine Schwester berichtete.[391]

388 Hauptabteilung XX (Sicherung des Staatsapparats): BStU MfS HA XX 231, S. 34.
389 Ebd.
390 Hauptabteilung XX (Sicherung des Staatsapparats): BStU MfS HA XX 9940, S. 3 f.
391 Interview mit Maria Frank (Bad Düben), 27.06.2010.

Seine sterblichen Überreste wurden auf Anordnung von Konsul Voß aus „gesundheitshygienischen Gründen" in dem bulgarischen Dorf Slatin Rok beigesetzt: „Auf dem Grabhügel wurde ein hölzerner Obelisk von etwas über 1 m Höhe errichtet, an dessen Spitze sich ein 5-zackiger Stern befindet. Der Obelisk trägt in lateinischen Buchstaben die Inschrift Anton Frank und das Beisetzungsdatum 14.10.1970."[392] Maria Frank, die von Mitarbeitern der Abteilung für Inneres an ihrem Arbeitsplatz über die Ereignisse unterrichtet wurde („Ihr Bruder ist nicht mehr unter den Lebenden"), ist damals sofort mit ihrer Mutter nach Bulgarien gereist. Die beiden Frauen waren erschüttert, dass man die Leiche des jungen Mannes bereits vor Ort beigesetzt hatte. Ob Anton Frank tatsächlich in der Donau ertrunken ist oder womöglich tot in die Donau geworfen wurde, lässt sich nicht zweifelsfrei sagen: „Meine Mutter wollte unbedingt mit dem Arzt sprechen. Sie traf ihn im örtlichen Krankenhaus. Er sagte ihr, dass Anton schon tot gewesen sei, als man ihn in die Donau geworfen habe. Und er sagte auch, dass die Leiche meines Bruders Würgemale aufgewiesen habe."[393] Wenig später reiste Maria Frank mit ihrer Mutter nach Sofia, um der DDR-Botschaft einen Besuch abzustatten. Es war ein kurzer Besuch. Die beiden Angehörigen wurden von Konsul Fritz Voß[394] empfangen, der Frau Frank heftige Vorwürfe machte, was sie für ein Kind erzogen habe, erinnert sich Maria Frank: „Anschließend hat er uns aus dem Konsulat herausgeworfen."[395]

Das Überwachungssystem wird verbessert

Möglicherweise waren es die Verstimmungen im bulgarischen Innenministerium, die das MfS dazu bewogen, als Nachfolger von Hauptmann Fleischhauer den ranghöheren, aber trotzdem erst 32-jährigen Major Günter Herfurth[396] auf den Balkan zu schicken. Sozusagen als Geste des guten Willens. Herfurth war einer

---

392 Aktenvermerk der Konsularabteilung der DDR-Botschaft Sofia vom 23.10.1970. In: Hauptabteilung XX (Sicherung des Staatsapparats): BStU MfS HA XX 9940.

393 Interview mit Maria Frank (Bad Düben), 27.06.2010.

394 Zu seinem 75. Geburtstag gratulierte das ZK der SED Voß: „Besondere Verdienste erwarbst Du Dir in Deiner fast zwanzigjährigen Tätigkeit im Ministerium für Auswärtige Angelegenheiten. Durch Dein verantwortungsvolles Wirken leistetest Du einen wichtigen Beitrag zur Stärkung des internationalen Ansehens der Deutschen Demokratischen Republik." Zitiert nach: „Neues Deutschland" (Ost-Berlin) vom 23.02.1982.

395 Interview mit Maria Frank (Bad Düben), 27.06.2010.

396 Bemerkenswerterweise enthält weder die Kaderkarteikarte (KKK) noch die Kaderakte von Günter Herfurth (BStU MfS KS 21288/90) den kleinsten Hinweis auf

der zwei Offiziere, die im Herbst 1969 den Sofioter Flughafen einer Sicherheits-überprüfung unterzogen hatten. Ursprünglich aus der HPF wurde der Major von der HA VI (Linie „Sicherung des Reise- und Touristenverkehrs" SRT) in die Volksrepublik entsandt, die nunmehr für die Steuerung der Operativgruppe zuständig war. Ihm zur Seite stand weiterhin Leutnant Jürgen Rambaum, der – um in Bulgarien bleiben zu können – mit Einwilligung von Oberst Dimitrov (II. HV des MWR) aus der HA XX/5 in die VI gewechselt war. Rambaum verfügte neben einem Diplomatenausweis auch über einen Dienstausweis des bulgarischen Innenministeriums, der zum ungehinderten Betreten des Innenministeriums berechtigte, wo man ihn nach eigener Aussage stets äußerst zuvorkommend be-handelte. Er konnte – wie er in seinen unveröffentlichten Memoiren berichtet – auf dem Sofioter Flugplatz jederzeit in beide Richtungen alle Sperren passieren, ohne kontrolliert zu werden. Auch die Begleiter des Verbindungsoffiziers mussten nicht mit lästigen Kontrollen rechnen. Da Rambaum damit begonnen hatte, die Landessprache zu erlernen und über profunde Kenntnisse aus dem Vorjahr ver-fügte, spielte der Leutnant in der jetzt neu aufgestellten Operativgruppe eine zen-trale Rolle. Denn die gesamte übrige Gruppe bestand aus Anfängern, die das Land noch nicht kannten.

Neben dem neuen Chef, Herfurth, der eine Dienstwohnung in Sofia bezog, kamen der 28-jährige Leutnant Hans-Dieter Fischer[397] mit seiner 21-jährigen Ehefrau Christine Fischer[398], die ihre MfS-Karriere bereits mit 19 Jahren als HIM "Erika Stern" der Abteilung VIII der BV Potsdam zur Abwehr „vor allen feindlichen Anschlägen der westdeutschen [...] Agentenzentralen"[399] begonnen hatte und die in Bulgarien als Schreibkraft der Operativgruppe mit dem Dienst-rang einer Unteroffizierin beschäftigt wurde. Neu hinzu kam auch Oberleutnant Karl-Heinz Brichmann (40).[400] Der gelernte Schlosser war Leiter der Revierkrimi-nalstelle der Deutschen Volkspolizei im Sperrgebiet Berlin-Karlshorst, bevor er 1965 zum MfS wechselte. Ein erfahrener „Vernehmer, Ermittler, Beobachter auf kriminalistischem Gebiet" mit „mehrjährigen politisch-operativen Erfahrungen in der Abwehrarbeit", wie es in seiner Kaderakte heißt. Der nun am Sonnen-strand als angeblicher Mitarbeiter des „Reisebüros der DDR" Fluchtversuche von DDR-Urlaubern zu unterbinden hatte. Dabei wurde er von Leutnant Wolfgang

---

seine Tätigkeit als Leiter der Operativgruppe der HA VI in Bulgarien, weder in der Gesamtübersicht noch in den jährlichen Beurteilungen.
397   Kaderakte Hans-Dieter Fischer: BStU MfS KS 8274/90.
398   Kaderakte Christine Fischer: BStU MfS KS 8268/90.
399   Archivierter IM-Vorgang: BStU MfS AIM 12986/72 T I, Bd. 1, S. 20.
400   Kaderakte Karl-Heinz Brichmann: BStU MfS KS II 643/89.

Helfricht (31) unterstützt, der die Überwachung der südlichen Schwarzmeerküste übernahm. Der ausgebildete Hundeführer war seit 1967 zunächst in der Arbeitsgruppe zur Sicherung des Reiseverkehrs in Ost-Berlin eingesetzt, bevor er Anfang Januar 1970 in die HA VI wechselte.

Wie stellte sich das „Modell Nessebar" in der Praxis dar? Am Sonnenstrand gab es jetzt einen Chefrepräsentanten des „Reisebüros der DDR", wobei es sich um einen Führungs-IM (FIM) handelte. Sein Stellvertreter war ein OibE. Und alle Repräsentanten waren IM, die gesamten Strukturen des „Reisebüros der DDR" waren vollständig in die Operativgruppe integriert. Genauso sah es am Goldstrand und in Albena aus. Wer als Repräsentant des Reisebüros seinen Job behalten wollte, hatte spätestens von jetzt an vor allem als IM gut zu funktionieren, das zählte – wie die IM-Akten zeigen – in der Praxis mehr, als gute Arbeit im Bereich der Urlauberbetreuung. Alle Repräsentanten-IM erhielten während ihrer jeweiligen Rückkehr in die DDR über die Wintermonate Schulungen zu ihrer geheimdienstlichen Tätigkeit. Dabei ging es um die Themen „Menschenhandel, Personenkontrolle, Fahrzeugkennzeichen" oder die „Anwendung der Grundregeln der Konspiration am Einsatzort".[401] Die Repräsentanten erhielten nach einem genau festgelegten Schulungsplan und unter Heranziehung des „Lehrbuch für Kriminalistik" sozusagen eine auf den Einsatz in der Volksrepublik zugeschnittene geheimdienstliche Grundausbildung. Sie hatten ein klares Feindbild, waren auf die „politisch ideologische Diversion" der Westdeutschen weltanschaulich vorbereitet, ebenso auf den Umgang mit „Westliteratur" oder mit „Feindtätigkeit" am Kurort und mit den wichtigsten „Feindargumenten". Um es in der Sprache des MfS auszudrücken: Als inoffizielle „Mindestanforderungen" um Repräsentant des „Reisebüros der DDR" in der Volksrepublik Bulgarien werden zu können, waren ein „fester Klassenstandpunkt, positive Einstellung zur Arbeit des MfS, Verschwiegenheit, gute Beobachtungsgabe" unabdingbar.[402]

Die neuen Repräsentanten-IM waren über die gesamte Saison am selben Ort tätig. Sie besaßen demzufolge Orts- und teilweise auch Sprachkenntnisse und waren – im Gegensatz zu den Reiseleitern – nicht an eine bestimmte Reisegruppe gebunden. Deshalb wirkten sie auf die Urlauber nach Überzeugung des MfS weniger offensichtlich als Kontrolleure. Sie konnten „verdächtige bzw. interessante Touristen aus der DDR" unauffälliger und damit wirksamer „unter Kontrolle halten".[403]

---

401 Archivierter IM-Vorgang: BStU MfS AIM 8575/74 T 1, Bd. 1, S. 243.
402 Archivierter IM-Vorgang: BStU MfS AIM 12316/78 T 1, Bd. 1, S. 15 f.
403 Abteilung X (Internationale Verbindungen): BStU MfS Abt. X 1477, S. 8.

Neu war auch die Benennung von Chefrepräsentanten des „Reisebüros der DDR", wobei es sich durchweg um Führungs-IM (FIM) handelte. Heinz Schundau (Sonnenstrand, Deckname „Mirek") und Joachim Baier (Goldstrand, Deckname „Bachmann") ergänzten also das System der hauptamtlichen Mitarbeiter und koordinierten ihrerseits die örtlichen FIM-Netze, die auch IM an Außenstandorten wie das „Sozialistische Jugendzentrum" Primorsko einschlossen, wo 1970/71 das von Brichmann gesteuerte IM-Ehepaar Helga und Helmut Balbrink[404] alias „Anni Kollenda" und „Peter Edel" die dort ihre Ferien verbringenden durchschnittlich etwa 900 DDR-Jugendlichen kontrollierte. Beide FIM, Schundau und Baier, verfügten über langjährige Erfahrungen als geheime Mitarbeiter des DDR-Geheimdienstes. Baier war bereits 1955 unter dem Decknamen „Kettenbach" angeworben worden und hatte schon Jahre vor dem Mauerbau als besoldeter Agent „im Range eines Leutnants" westliche Geheimdienste im Visier. Nach Aktenlage wurde er 1958 vom MfS für die Festnahme fünf französischer Agenten mit 1 000 Mark prämiert.[405] In Albena wurde die Funktion der Leitenden Repräsentantin auch in diesem Jahr wieder mit der operativ ebenfalls versierten Irma Gideon besetzt.

Neben den Chefrepräsentanten gab es in jedem der großen Urlauberzentren aber auch einen Stellvertretenden Chefrepräsentanten des „Reisebüros der DDR" – bei dem es sich um einen Offizier im besonderen Einsatz (OibE) handelte. Am Sonnenstrand war das der 44-jährige Hauptmann Joachim Bönisch. Er hatte vor seinem Einsatz in der Volksrepublik als OibE der Auslandsaufklärung (HV A) gearbeitet und war bereits 1945 der KPD beigetreten. Nach Bulgarien brachte er seine Tochter mit. Die Gefreite Evelyne Bönisch (20)[406] war als Steno-Phonotypistin in der Zentrale der Operativgruppe in Nessebar eingesetzt.

Am Goldstrand schlüpfte Leutnant Manfred Oelsner (35) in die Rolle des Stellvertretenden Chefrepräsentanten des „Reisebüros der DDR" mit Sitz im Hotel „Sirena" in Varna. Oelsner war zuvor unter anderem als OibE der HA II (Spionageabwehr) im Dienstleistungsamt für ausländische Vertretungen der DDR beschäftigt gewesen. Zu den Oelsner unterstellten Repräsentanten gehörte die 32-jährige Rosemarie B., die bereits vor ihrer Tätigkeit für das Reisebüro der DDR

---

404 Der frühere Politoffizier der Volksmarine (1951–1963 KVP See / NVA See, letzter Dienstgrad Kapitänleutnant) Helmut Balbrink war 1970 bis 1985 für die Generaldirektion des Reisebüros der DDR und ab 1987 bis zur Wende als VS-Hauptstellenleiter beim Rat des Stadtbezirks Berlin-Köpenick (Abt. Inneres) tätig, wo er für die Rückgewinnung von Übersiedlungsersuchenden und deren Aufklärung zuständig war. Archivierter IM-Vorgang: BStU MfS BV Berlin AIM 1603/91 T I, Bd. 1, S. 183.
405 Archivierter IM-Vorgang: BStU MfS AIM 20209/80, Teil 1, Bd. 1.
406 Kaderakte Evelyne Bönisch: BStU MfS KS 8161/90.

etliche Jahre inoffizielle Mitarbeiterin des MfS gewesen war. Die junge Frau, die aus dem Reiseleitereinsatz kam und in der Generaldirektion des Reisebüros zuvor von einem HIM „Horst" geführt worden war, gehörte zu den besonders wachsamen Kadern und denunzierte im Sommer 1971 sogar den Chef der bulgarischen Grenzpolizei am Flughafen Varna wegen nachlässiger Passkontrollen.

Abgerundet wurde die OibE-Gruppe durch Stasi-Hauptmann Benno Schmidt (41)[407], der als Stellvertretender Chefrepräsentant des „Reisebüros der DDR" in Albena residierte. Der von Mielke hoch dekorierte Schmidt hatte eine besonders farbige Geschichte hinter sich: Er wurde Anfang 1962 als hauptamtlicher Stasi-Agent[408] in die Bundesrepublik geschickt, legendiert als Geschäftsmann. Doch die Tarnung flog auf, Schmidt wurde verhaftet und verbrachte zwei Jahre im Gefängnis, bevor er in die DDR zurückkehren konnte.[409] Ein paar Jahre später schickte man ihn gemeinsam mit einer im zweiseitigen Funk ausgebildeten Stasi-Agentin (HIM „Karin", XV/46/65), mit der er zuvor zum Schein „operativ" vor einem West-Berliner Standesamt die Ehe eingegangen war, als OibE „Fiedler" nach Brüssel, dem Sitz der Europäischen Wirtschaftsgemeinschaft, wo er jedoch keine Arbeit fand, woraufhin die Geheimdienstmission ergebnislos abgebrochen werden musste. Erst im April 1970 war der OibE als „Konsularattaché" an die DDR-Botschaft im rumänischen Bukarest entsandt worden.[410]

Ende März 1971 reiste kein geringerer als Oberst Heinz Fiedler, der Chef der HA VI, nach Sofia, um in dreitägigen Beratungen im bulgarischen Innenministerium die Linien der zukünftigen Urlauberüberwachung abzustimmen. Bei diesen Verhandlungen hatte der bulgarische Verhandlungsleiter, Oberst Dimitrov, den Gästen aus Ost-Berlin erläutert, dass man seitens des Innenministeriums über die Operativgruppen der „Bruderorgane" hinaus zukünftig keine zusätzlichen Beobachtergruppen mehr an der Schwarzmeerküste haben wolle, da wegen des relativ kleinen Territoriums die Gefahr der Dekonspiration bestehe. Nachdem die HA VIII jahrelang ihre Beobachtergruppe an den Sonnenstrand geschickt hatte, waren zwischenzeitlich auch die Geheimdienste anderer „Bruderländer" ans MWR herangetreten, um ebenfalls eigene Beobachtergruppen für die Überwachung ihrer Touristen zu entsenden. Diese Aufgaben, so Oberst Dimitrov,

---

407 Kaderakte Benno Schmidt: BStU MfS KS II 621/82.
408 MfS Reg. 9982/61 des OibE „Fiedler" (= Benno Schmidt).
409 „Für sein hervorragendes Verhalten vor dem Klassengegner wurde er mit der Verdienstmedaille der NVA in Gold ausgezeichnet." Kaderakte Benno Schmidt: BStU MfS KS II 621/82, S. 37.
410 Hauptabteilungen VIII (Beobachtungen / Ermittlungen), Allgemeine Personenablage: BStU MfS HA VIII AP 07105/92.

wollten deshalb zukünftig die Bulgaren selbst erledigen. Dimitrov betonte, dass es notwendig sei, die ausländischen Geheimdienstler in Bulgarien „qualifiziert" abzudecken.

Die Tschechen legendierten ihre Operativgruppe als Botschaftsangehörige, andere sozialistische Länder hatten ihre Geheimdienstler als stellvertretende Konsuln oder als Vertreter ihrer Touristikeinrichtungen legendiert. Man wolle, so Dimitrov, um bei der Tarnung behilflich zu sein, sowohl die Unterkünfte, als auch die Fernsprechverbindungen für die Mitarbeiter des MfS zur Verfügung stellen. Darüber hinaus kamen ab 1971 je ein Koordinierungsoffizier der II. HV aus der BV Varna und der BV Bourgas zum Einsatz. Das MWR stellte dem MfS für deren Treffen mit den Mitarbeitern der Operativgruppe zur „Wahrung der Konspiration" neben Dolmetschern je zwei Treffzimmer in Varna und Nessebar in den Wohnungen „zuverlässiger Bürger", deren Miete allerdings vom MfS beglichen wurde. Außerdem dürften die Mitarbeiter der Operativgruppe gern die MWR-Funkverbindung innerhalb Bulgariens und zwischen Sofia und Ost-Berlin nutzen. Dass die Bulgaren auf diese Weise auch ihre Genossen aus der DDR im Auge behalten wollten, sagte er nicht, aber es verstand sich von selbst. Das MWR stand damals – 1971 – an der Schwarzmeerküste selbst vor einem Neuanfang, nachdem es dem BND gelungen war, alle dort tätigen Mitarbeiter der II. Hauptverwaltung, ihre inoffiziellen Verbindungen und Wohnungen aufzuklären und Pullach sogar über Bilder dieser Mitarbeiter verfügte[411], musste das Innenministerium alle Strukturen komplett neu aufbauen.

Die Bulgaren sicherten dem MfS die Unterstützung in der Bearbeitung bestimmter Personen aus Westdeutschland und anderer westlicher Länder zu, und zwar auch über deren Reisetätigkeit hinaus. Fiedler vereinbarte mit Dimitrov, dass derartige Informationen, die bis dahin direkt auf Ministerebene gewechselt wurden, zukünftig über die Internationalen Abteilungen – also zwischen deren Leitern, Oberst Damm und Oberst Mitew – abzuwickeln seien. Hinsichtlich der Behandlung festgenommener DDR-Flüchtlinge regte Oberst Dimitrov an, diese zukünftig vom MfS direkt von Varna und Bourgas mit dem Flugzeug nach Ost-Berlin zu transportieren, und nicht länger, wie bis dahin üblich, nach Sofia zu bringen, um den bulgarischen Sicherheitsorganen „unnötige Umstände" zu ersparen.

Fiedler und Dimitrov regelten in jenen drei Tagen alle Einzelheiten der geheimdienstlichen Arbeit der Operativgruppe in Bulgarien. Das ging so weit, dass die Bulgaren der DDR-Delegation zusicherten, dass die an der Schwarzmeerküste in der DDR-Urlauberbetreuung zum Einsatz kommenden bulgarischen Saison-

---

411 Abteilung X (Internationale Verbindungen): BStU MfS Abt. X 1477, S. 51.

arbeitskräfte sämtlich vom „Büro für die Betreuung des diplomatischen Korps" ausgewählt würden, und dass es sich bei den betreffenden Personen ausnahmslos [!] um Mitglieder der BKP bzw. des Staatlichen Jugendverbandes Komsomol handelte.[412] Vermutlich standen diese Personen darüber hinaus auch in Diensten des bulgarischen Geheimdienstes.

In der DDR-Botschaft in Sofia gab es inzwischen einen neuen Hauptsicherheitsbeauftragten („Vorsitzender der Kommission für Schutz und Sicherheit der Auslandsvertretung") als Nachfolger von Horst Löffler. Der 34-jährige Erich Zielke, der 1959 für die DDR in Wien bei der Judo-Europameisterschaft eine Bronze-Medaille gewonnen hatte, seit 1965 inoffizieller Mitarbeiter des MfS und Absolvent der Deutschen Akademie für Staat und Recht in Potsdam-Babelsberg, übernahm die Aufgabe. In seinen Arbeitsanweisungen hatte das MfS festgelegt, dass er die geheime Dienstpost der Botschaft zu verwenden hatte, um mit dem Leiter der Sektion A im MfAA, Oberleutnant Herbert Kath[413], zu kommunizieren. Und zwar unter ausdrücklicher Umgehung des Botschafters: „Der IM wurde eingehend darüber belehrt, dass der Botschafter von dieser Verbindung keine Kenntnis erhalten darf."[414] Zielke musste seine Monatsberichte im verschlossenen Briefumschlag adressiert an das MfAA „Genossen Kath, persönlich, persönlich grün unterstrichen" an Heinz Kostka übergeben, der sie an den Geheimdienstoffizier im MfAA zu übermitteln hatte. Auf diesem Wege kommunizierten Kath (OibE „Hans") und Zielke (IME „Karl") ohne lästige Mitwisser direkt miteinander.[415]

Im Vorjahr hatte das „Reisebüro der DDR" in Sofia eine Auslandsvertretung eröffnet, deren Leitung mit Gottfried Hamacher (IMS „Gaston") besetzt wurde. Die Auslandsvertretung, quasi die Zentrale der Saisonvertretungen in Bulgarien, war ebenfalls in das jetzt praktizierte „Modell Nessebar" integriert. Sie spielte aber in der operativen Arbeit des MfS nur eine Nebenrolle. Viel wichtiger war, dass in der Generaldirektion des „Reisebüros der DDR" in Ost-Berlin 1970 eine neue Abteilung „Auslandsvertretungen und Repräsentanten" entstand, die dem Direktor für Internationale Zusammenarbeit unterstellt wurde.[416] Das MfS war

---

412 Abteilung X (Internationale Verbindungen): BStU MfS Abt. X 1477, S. 55.
413 Kaderakte Herbert Kath: BStU MfS KS 28135/90.
414 Archivierter IM-Vorgang: BStU MfS AIM 7057/77, Bd. 1, S. 70.
415 Um die Kommunikation zwischen dem IM und dem MfS noch wirksamer abzusichern, schlug die HA XX Anfang 1973 vor, die Ehefrau des HSB als MCD (Chiffrierin) einzusetzen, da Kostka in Ruhestand ging. Archivierter IM-Vorgang: BStU MfS AIM 7057/77, Bd. 1, S. 76.
416 Bundesarchiv (Berlin), Bestand DM 102/683, Strukturplan des „Reisebüros der DDR".

mit dieser neuen Abteilung direkt verbunden: Sämtliche Mitarbeiter einschließlich des Leiters und seines Stellvertreters standen als IM in Diensten der Staatssicherheit.[417] Wie eine Vielzahl von IM-Akten, aber auch Zeitzeugenberichte und Auszüge aus seiner Kaderakte belegen, ging Alfred Kirst als Leiter des Referats 3 der Hauptabteilung VI/2 in der Generaldirektion des „Reisebüros der DDR" am Alexanderplatz ein und aus.

Er nahm persönlich an der Anwerbung der Repräsentanten teil, wies die in Bulgarien eingesetzten F-IM ein und hielt sich während der Sommermonate 1970 in der Erprobungsphase so lange dienstlich zwecks „Erziehungsarbeit der dort eingesetzten IM" am Sonnenstrand auf, dass seine Frau in Ost-Berlin schließlich auf die Barrikaden ging. Sie könne nicht verstehen, dass das Ministerium einen Familienvater so lange von Frau und Kindern trenne, dass er ihnen nur noch wie „ein Gast" vorkomme, klagte sie in einer Aussprache mit zwei leitenden Genossen.[418] Ebenso wie die Frau des Stasi-Offiziers dürften die in Ost-Berlin bei ihren Großeltern einquartierten Kinder des IM-Ehepaares „Anni Kollenda" und „Peter Edel" empfunden haben, das im Jugendzentrum Primorsko die Dinge „unter Kontrolle" hielt. Und zwar nicht nur hinsichtlich der Verhinderung von Fluchtversuchen. Kontrolle umfasste alles, was nicht auf Linie lag. Als „Anni Kollenda" im Sommer 1971 zwei DDR-Mädchen in für ihren Geschmack „unmöglicher Kleidung" ausmachte, wandte sie sich sofort an deren Reiseleiter, um die Personalien zu erfassen und gab den „Fall" auch an den am Sonnenstrand positionierten Führungsoffizier Brichmann weiter.[419]

Auch im Sommer 1971 kam es zu Bootsfluchten über das Schwarze Meer, an denen Frauen und Kinder beteiligt waren. In diesem Abschnitt der Grenze, für dessen Überwachung jetzt Leutnant Helfricht verantwortlich war, versuchte die 24-jährige Natalia D.* aus Leipzig mit der dreijährigen Tochter im Motor-Schlauchboot ihres westdeutschen Freundes in den Westen zu gelangen.[420] Das Paar, das sich erst seit wenigen Monaten kannte, stach am Abend des 13. Juni 1971 in einem Dorf nahe Nessebar in See. Der Freund von Natalia D.* hatte allerdings nicht einkalkuliert, dass es eine beträchtliche Strecke zu überwinden galt. Als ihm das Benzin am nächsten Morgen ausging, ging er an Land, um neuen Treibstoff zu besorgen. Noch immer unbemerkt, mit einem neuen Kanister Benzin, setzte er die Fahrt kurz darauf fort. Auf Höhe des Badeortes Achtopol wurde das Boot dann vom bulgarischen Küstenschutz aufgebracht. Zwar durfte Natalia D.*,

417 Abteilung X (Internationale Verbindungen): BStU MfS Abt. X 1477, S. 7.
418 Kaderakte Alfred Kirst: BStU MfS KS 9014/90, S. 344 f.
419 Archivierter IM-Vorgang: BStU MfS AIM 3919/76 T II, Bd. 1, S. 25.
420 Archivierter Untersuchungsvorgang: BStU MfS BV Leipzig AU 134/72.

nachdem sie im Untersuchungsgefängnis in Bourgas ein Geständnis abgelegt hatte, mit ihrer kleinen Tochter in einer regulären Linienmaschine in die DDR zurückkehren. Dort machte man ihr allerdings den Prozess und verurteilte sie trotz des kleinen Kindes zu einer Gefängnisstrafe, die sie bis zu ihrer vorzeitigen Entlassung im Juni 1972 in Hoheneck verbüßen musste.

Drei Wochen nach der Festnahme von Natalia D.* traf erneut der Chef der HA VI, Oberst Heinz Fiedler zu Gesprächen in der II. HV des MWR ein. Er wurde begleitet von Oberstleutnant Heinz Eichler, dem Stellvertretenden Operativ der HA VI auf der Linie SRT und von Major Siegfried Weißbach[421], dem Abteilungsleiter im Bereich SRT 2 als Chef der Operativgruppen der HA VI. Diesmal waren die drei Herren nicht nach Ost-Berlin, sondern nach Bourgas geflogen, wo sie unter anderem durch Major Schipkov, den Verbindungsoffizier der II. HV des MWR zur Operativgruppe des MfS in Nessebar begrüßt wurden. In den Gesprächen, an denen auch Operativgruppenchef Major Herfurth teilnahm, boten die Bulgaren dem DDR-Geheimdienst an, zur verbesserten Urlauberüberwachung in gewissem Umfang operative Technik – hier sind vor allem Abhörvorrichtungen gemeint – in den Hotels an der Schwarzmeerküste zum Einsatz zu bringen, und zwar sowohl gegen ostdeutsche als auch gegen westdeutsche Urlauber. Anschließend gab Herfurth der versammelten Runde seinen Lagebericht. Nach seinen Beobachtungen waren an „fast allen" DDR-Fluchtversuchen in Bulgarien Westdeutsche und andere Ausländer beteiligt. Außerdem war ihm eine Reihe Verdachtsmomente aufgefallen, die darauf hindeuteten, dass die Mitarbeiter des „Reisebüros der DDR" in den touristischen Ballungszentren zielgerichtet vom BND aufgeklärt würden, vor allem am Goldstrand und am Sonnenstrand.

Ein paar Tage später versammelte Major Herfurth in den Räumen der Operativgruppe im Hotel „Ropotamo" in Nessebar seine für die Überwachung der Schwarzmeerküste zuständigen Genossen um sich: Neben Oberleutnant Brichmann, Leutnant Helfricht und Leutnant Fischer waren die beiden OibE Hauptmann Bönisch und Schmidt und die beiden Sekretärinnen Bönisch und Fischer erschienen. Oberst Fiedler erklärte ihnen, der Touristenverkehr müsse in den Monaten Juli und August noch besser abgesichert werden, als bisher, denn in diesem Zeitraum würden ferienbedingt mehr Jugendliche und Studenten nach Bulgarien reisen. In einer ersten Zwischeneinschätzung ihrer Arbeit berichteten sie dem Oberst übereinstimmend, dass sich das „Modell Nessebar" bewährt habe. Sowohl die FIM als auch die OibE leisteten gute Arbeit. Beim kleinsten Fluchtverdacht würden sofort entsprechende Fahndungsmaßnahmen eingeleitet, erfuhr

---

421 Kaderakte Siegfried Weißbach: BStU MfS KS II 276/86.

Fiedler. Als nützlich erwiesen sich auch die Kontakte der OibE zu „Balkantourist" und den wichtigsten gastronomischen Einrichtungen, in denen vorwiegend Westdeutsche und Bürger anderer westeuropäischer Länder verkehrten. Bewährt habe sich auch die intensive Schulung der Repräsentanten-IM, allerdings müsse man zukünftig noch jüngere Repräsentanten-IM in die Volksrepublik senden, da die Repräsentanten zu Saisonbeginn jeweils bis zu 500 Touristen zu betreuen hatten und Arbeitszeiten bis zu 18 Stunden am Tag nicht die Ausnahme seien. Es empfehle sich, entweder Repräsentanten-IM-Ehepaare oder männliche Repräsentanten-IM nach Bulgarien zu senden, da gut aussehende weibliche Repräsentanten-IM in sehr starkem Maße Zudringlichkeiten bulgarischer „Kavaliere" ausgesetzt seien, die sie von der „Lösung ihres eigentlichen Auftrages" – der Urlauberüberwachung – abhielten.

Helfricht und Brichmann klagten, dass ihnen die Überwachung der Individualtouristik auf den Campingplätzen an der Südküste Bulgariens große Probleme bereitete, da ihnen von diesen Urlaubern keine Angaben vorlägen und es von bulgarischer Seite auch keine Erfassung gäbe. Zwar gäbe es eine verstärkte Kontrolle der Bulgaren an und auf den Schiffen nach Istanbul, wovon sich Helfricht im Hafen von Nessebar persönlich überzeugt hatte, doch die Pläne der Bulgaren, im südlichen Küstenabschnitt unweit der türkischen Grenze ein weiteres Touristenzentrum zu eröffnen, löste in der Operativgruppe keine Begeisterung aus. Ändern konnte aber auch Heinz Fiedler daran nichts.

Zumal sich die Zusammenarbeit mit den Genossen vom bulgarischen Geheimdienst keineswegs immer offen und kooperativ gestaltete. Das lässt sich an einem Fall illustrieren, der sich im August 1971 an der Südlichen Schwarzmeerküste ereignete.[422] Zwei junge Männer aus der Bundesrepublik hatten ein Schlauchboot mit Außenbordmotor mitgebracht, um ihre ostdeutschen Freundinnen in die Türkei zu bringen. Das Unternehmen scheiterte bereits im Vorfeld, das heißt, bevor das Boot überhaupt in See stechen konnte. Bulgarische Grenzer entdeckten im Wagen der Westdeutschen die Papiere und das Gepäck der beiden jungen Frauen. Im Verlauf der stundenlangen Verhöre, nachdem sie bereits einige Tage in Bourgas in U-Haft verbracht hatten, wurde den beiden Männern gesagt, allein für diesen Tatbestand müssten sie mit fünf Jahren Gefängnis, 3 000 DM Geldstrafe und der Konfiszierung ihres Autos rechnen. Man könne ihnen aber auch ganz unbürokratisch „aus der Klemme helfen", sie könnten unter Umständen sogar ganz legal mit den beiden Mädchen in die Türkei ausreisen. Sie müssten den Bulgaren als Gegenleistung nur Informationen aus der Bundesrepublik liefern. Als sie,

---

422   Teilablage: BStU MfS A 35/77, Bd. II/2.

wie erwartet, auf das Angebot eingingen, forderte sie ein Mitarbeiter des MWR in einem Sofioter Hotel dazu auf, Personalinformationen aus dem Rüstungsunternehmen Krauss-Maffei zu beschaffen. Würde der Auftrag erfüllt, dürften die beiden Damen mit ihnen im nächsten Jahr unbehelligt außer Landes gehen. Dieser Deal kam tatsächlich zustande. Denn am Ende reisten die beiden jungen Frauen unbehelligt in die DDR zurück, ohne dass die Bulgaren ihren DDR-Genossen vom MfS Mitteilung über die beiden „Staatsverbrecherinnen" und deren westdeutsche Helfer machten. Dabei blieb es dann allerdings auch, nachdem zunächst die beiden jungen Frauen und dann auch einer ihrer beiden West-Berliner Freunde den DDR-Behörden ins Netz gingen. Dazu kam es, nachdem die beiden Männer sich in West-Berlin mit ihrem Problem – wohl ausgehend von der Vermutung, dass sie bei Krauss-Maffei kaum erfolgreich sein würden – an die beiden kommerziellen West-Berliner Fluchthelfer Albert Schütz und Dieter Jensch wandten, in deren engstem Umfeld ebenfalls ein – sogar recht bedeutender, jahrelang höchst effektiver – IM des MfS postiert war.[423]

Dass sich gute „operative" Arbeit der Repräsentanten-IM karrierefördernd im „Reisebüro der DDR" auswirkten, belegt der Fall Robert W.[424], der nach einer „Intensivschulung als GI im besonderen Einsatz" unter den Decknamen „Vandenbergen" in Bulgarien 1971 zwei Festnahmen als Flughafenrepräsentant in Varna Varna verbuchen konnte. Zur Belohnung wurde „Vandenbergen" im kommenden Jahr mit üppigem Gehaltsausgleich als Chefrepräsentant in den Badeort Siofok am Südufer des Balaton entsandt, wo er mehrere Jahre „operativ" wirken durfte. Selbst nachdem es dort zu einem Zwischenfall mit einer ihm unterstellten IM-Repräsentantin kam, über den der damalige Operativgruppenchef in Ungarn, Oberstleutnant Deutscher, voll im Bilde war, knickte die Karriere nicht ein. Im Gegenteil. W., der inzwischen unter dem neuen Decknamen „Howard" für das MfS berichtete, stieg sogar zum Direktor für Ökonomie in der Bezirksdirektion Erfurt auf. Doch zurück nach Bulgarien.

Das Trauma des Christian Staudinger

Am 22. September 1971 wurden zwei Teenager aus Erfurt am Ufer des Flusses Veleka von bulgarischen Grenzern festgenommen, nachdem sie kilometerlang am Ufer der Steilküste entlang gegangen waren.[425] Sie hatten angenommen, sich be-

---

423   Es handelte sich um den späteren FIM „Alfons" alias Peter Haack. Teilablage: BStU MfS A 35/77 Bd. II/2, S. 43 ff.
424   Archiviertes IM-Vorgang: BStU MfS AIM 14853/89.
425   Archivierter Untersuchungsvorgang: BStU MfS BV Erfurt AU 635/72.

reits am Grenzfluss zu befinden. Tatsächlich befanden sie sich aber erst am Anfang der Sperrzone. Die beiden Jugendlichen – die im Gegensatz zu den Erkenntnissen von Major Herfurth keine westlichen Helfer hatten – wurden von den Grenzern mit Tritten in den Unterleib misshandelt, bis sie das Bewusstsein verloren, wie sich der damals 18-jährige Christian Staudinger erinnert: „Anschließend haben sie mit einem Strick erst Martin* die Hände auf dem Rücken gefesselt, dann mir. Dann sollten wir laufen. Die Steilküste rauf."[426] Oben angekommen, wurden die Jugendlichen gezwungen, sich am Rande des Abgrunds hinzuknien. Dann wurde Staudinger der Lauf eines Maschinengewehrs an den Kopf gehalten.

Christian Staudinger ist durch die Scheinhinrichtung bis heute traumatisiert. Unfassbare Brutalität erlebte er auch im Untersuchungsgefängnis in Bourgas. In einem fensterlosen Kellerverließ, in dem es keinen Abort gab und fürchterlich stank, musste er mehrere Tage verbringen. Dann wurde er zu einem korpulenten Mann geführt, der ihn in sächsischem Dialekt aufforderte, er solle sich waschen und die Haare schneiden. Was er denn in der Türkei gewollt habe. Da würde er niemals hinkommen und in die DDR auch nicht mehr. Wahrscheinlich würde er in einem Steinbruch „verrecken".

Neben dem Fluchtschwerpunkt an der türkischen Grenze machten gescheiterte Fluchtversuche über Jugoslawien auch in diesem Jahr den nächstgrößeren Teil der Festnahmen aus. Die Verhaftungen erfolgten in der Regel auf bulgarischem Territorium. Wie in den Vorjahren lieferte die Föderative Volksrepublik auch in diesem Jahr DDR-Flüchtlinge, die illegal nach Jugoslawien gelangt waren, an das betreffende Transitland aus. Dass man in der Bundesrepublik von dieser generellen Praxis offenbar keine Ahnung hatte, geht aus einem größeren Bericht der *Frankfurter Rundschau* hervor.[427] Demzufolge hatte die Bundesregierung lediglich von 29 Fällen Kenntnis, in denen Belgrad Flüchtlinge aus der DDR wieder nach Bulgarien, Rumänien oder Ungarn abgeschoben hatte. An gleicher Stelle hieß es, nach Informationen der Bundesregierung habe es seit dem Mauerbau über 800 Verhaftungen von fluchtbereiten DDR-Bürgern in Warschauer-Pakt-Staaten gegeben. Diese Zahl wurde jedoch im fraglichen Zeitraum alleine in Bulgarien bzw. im Zusammenhang mit Bulgarienfluchten übertroffen, die ja auch in der DDR schon zu Verhaftungen führen konnten.

---

426 Staudinger, Christian W.: Was geschah damals, Manuskript. Berlin 2000, AdA.
427 Schulze, Martin: 800 fluchtbereite DDR-Bürger seit 1962 verhaftet. Zahlen betreffen identifizierte Fälle/Dunkelziffer unbekannt/Die meisten Verhaftungen in der ČSSR. In: „Frankfurter Rundschau" vom 18.03.1971. In: Zentrale Auswertungs- und Informationsgruppe: BStU MfS ZAIG 10346, S. 197. Darin hieß es auch, Belgrad habe zwölf DDR-Flüchtlinge „direkt" an die DDR übergeben.

Waren die Abschlussberichte der Operativgruppe des MfS unter der Regie der Hauptabteilung XX/5 noch sehr übersichtlich und enthielten unter anderem auch Angaben über die Zusammensetzung der Operativgruppe, so änderte sich dieses Bild unter der Regie der neuen Hauptabteilung VI grundlegend. Der als „Vertrauliche Verschlusssache" eingestufte Auszug aus dem Abschlussbericht für das Jahr 1971 für die VRB und UVR enthält zum Beispiel keine Angaben mehr über die Zusammensetzung der Operativgruppe und der zugehörigen Überwachungsstrukturen.

Laut dem gemeinsamen Abschlussbericht für das Jahr 1971 setzte sich der DDR-Tourismus nach Bulgarien zu fast 90 Prozent aus Gruppenreisen zusammen[428], die man seitens der Sicherheitsorgane und vor allem dank der Mitarbeiter des „Reisebüros der DDR" mittlerweile weitgehend unter Kontrolle hatte. Lediglich zehn Prozent des DDR-Tourismus nach Bulgarien bestand aus Individualtouristen.

Vor allem im Juli und August verzeichnete die Volksrepublik darüber hinaus einen Ansturm westdeutscher Urlauber, so dass „auf einen dort aufhältlichen Bürger der DDR mindestens zwei Bürger deutschsprachiger kapitalistischer Staaten" kamen, wie es in den Beobachtungen des MfS heißt. Das war eine Ausgangslage, die man bei der Staatssicherheit fürchtete. Westdeutsche Urlauber schilderten ihre Wohn- und Lebensverhältnisse überwiegend in sehr günstigem Licht. Sie neigten gegenüber Urlaubern aus der DDR dazu, die Verhältnisse im Westen zu „verherrlichen", den „Sozialdemokratismus" zu verbreiten und die östlichen Gesellschaftssysteme zu „diffamieren", wie es in Abschlussbericht der HA VI hieß. Der Abschlussbericht für das Jahr 1971 verzeichnet dementsprechend einen Anstieg der Kontrollaufträge um etwa 200 Prozent im Vergleich zum Vorjahr. Ein deutlicher Anstieg wurde auch bei den festgenommenen „Republikflüchtlingen" verzeichnet. Ob die qualitative Steigerung der operativen Ergebnisse auf das Sicherungsmodell Nessebar zurückzuführen war, lässt sich nicht feststellen. Es könnte auch einfach eine Auswirkung einer Zunahme der Fluchtversuche gewesen sein.

Die Operativgruppe setzte in diesem Jahr verstärkt IM in Bulgarien ein, die nicht nur für zwei, sondern für etliche Wochen, als Urlauber getarnt, Spitzeldienste zu verrichten hatten. Leutnant Rambaum schreibt darüber in seinen unveröffentlichten Erinnerungen: „Für die Legende solcher Langzeitaufenthalte waren wir [die Operativgruppe] nicht zuständig, das mussten die Diensteinheiten machen, von denen sie entsandt wurden. Wir mussten während ihres Aufenthaltes nur die

---

428 Büro der Leitung des MfS: BStU MfS BdL Nr. 001616, S. 7.

Verbindung zu ihnen unterhalten, um ihre Informationen entgegenzunehmen und gegebenenfalls die entsprechenden Maßnahmen mit den bulgarischen Partnern [der II. Hauptverwaltung des bulgarischen Innenministeriums] einzuleiten.

Für uns waren solche IM natürlich wertvoll, weil sie sich einerseits gründlich mit allen örtlichen Bedingungen und Gegebenheiten vertraut machen konnten und andererseits mit ausreichender Zeit und daher größerer Gründlichkeit bestimmte Aufträge durchführen konnten."[429]

Bei diesen Personen – IM im überörtlichen Einsatz (IMÜ) – handelte es sich in der Regel um erfahrene IM, die in Bulgarien für bestimmte Zeiträume zur Erledigung bestimmter Aufgaben von den Mitarbeitern der Operativgruppe gesteuert wurden. IMÜ kamen zum Einsatz, um Individualreisende – zum Beispiel auf Campingplätzen – über einen begrenzten Zeitraum im Auge zu behalten. Es handelte sich dabei in erster Linie um persönlich ungebundene Menschen, die kurzfristig von ihren beruflichen Pflichten in der DDR abkömmlich waren.[430] Sie wurden durch das Referat 1 der Abteilung 2 des Bereiches Auslandstourismus in Zusammenarbeit mit den BV des MfS ausgewählt. In der Volksrepublik Bulgarien spielten IMÜ eine wichtige Rolle für die Sicherungsarbeit der Operativgruppe.[431]

Zur Kategorie der IMÜ zählte zum Beispiel Inge H. (IME „Sandau"), ein langjähriges SED-Mitglied, dass in der DDR bereits Erfahrungen als FIM gesammelt hatte. Die 43-jährige Inge H. hielt sich von Anfang Juni bis Ende September 1971 als spezielle Hilfskraft der Operativgruppe an den Badestränden der Volksrepublik auf. Sie wurde zunächst von Leutnant Helfricht am Sonnenstrand und anschließend von Leutnant Fischer am Goldstrand gesteuert. Helfricht – sie nannte ihn Wolfgang – hatte ihr im ersten Gespräch erläutert, sie solle sich als einzelreisende DDR-Bürgerin vorstellen, sich skeptisch über die gesellschaftliche Entwicklung in der DDR äußern und die Bereitschaft signalisieren, unter bestimmten Voraussetzungen in die Bundesrepublik fliehen zu wollen. Die Aufgabe von Frau H. bestand ganz allgemein gesagt in der „Kontaktierung von Touristen aus dem Operationsgebiet", der „operativen Kontrolle von DDR-Bürgern" und der „Aufklärung des Kurortes".[432] Auch im Sommer 1972 durfte Frau H. wieder verlängerten Urlaub an der Schwarzmeerküste machen. Diesmal in Albena, bevor sie ihren Aufenthalt am Balaton als IMÜ für die dortige Operativgruppe fortsetzte. Nachdem man sie Ende 1973 mit der „Medaille für vorbildlichen Grenzdienst"

429   Rambaum, Jürgen: Manuskriptauszug ohne Titel und Jahr (ca. 2000), S. 4 f (erhalten am 27.05.2011).
430   Juristische Hochschule des MfS: BStU MfS VVS JHS o0001-348/81 (Faust), Bl. 0043 f.
431   Juristische Hochschule des MfS: BStU MfS VVS JHS o0001-1247/86 (Buck), Bl. 0019.
432   Archivierter IM-Vorgang: BStU MfS AIM 2576/74.

dekoriert hatte, durfte Frau H. nach Bulgarien zurückkehren. Als Repräsentantin des „Reisebüros der DDR" – ein Job, mit dessen wichtigster Aufgabe sie bereits bestens vertraut war.[433] Im Interview mit dem Verfasser erinnerte sich Inge H., die erstmals am 27. Juni 1950 als GI „Rothe" angeworben worden war und dem MfS bis zum Mauerfall 1989 berichtete, an zahlreiche Details ihrer Beobachtungsaufträge und erwähnte auch die „Freundschaft" zu bestimmten Bürgern aus der Bundesrepublik, über die sie detailliert berichtet hatte.

Neu am Modell Nessebar war auch, dass das MfS verstärkt die Aktivitäten westlicher Reisebüros an der bulgarischen Schwarzmeerküste unter die Lupe nahm. Dabei gelangte der DDR-Geheimdienst bei den Unternehmen TUI und NUR zu der Einschätzung, dass deren Mitarbeiter „weitgehendst nachrichtendienstliche Methoden" anwandten und „wesentliche" Besprechungen nur außerhalb der Wohn- bzw. Arbeitsräume durchführten. Daran, dass westliche Geheimdienste die Schwarzmeerküste nutzten und zumindest indirekt an Fluchthilfeaktivitäten beteiligt waren, kann es kaum Zweifel geben. Konkrete Unterlagen darüber gibt es jedoch nicht. Ob auf bundesdeutscher Seite auch hauptamtliche Geheimdienstmitarbeiter zum Einsatz kamen, ist unbekannt. Unruhe zu schaffen war denkbar einfach. Es genügte ja in vielen Fällen schon, die im Osten verbotenen westlichen Presseerzeugnisse, in das *Neue Deutschland* eingeschlagen, ostdeutschen Urlaubern persönlich in die Hand zu drücken. Darin versteckt befanden sich dann nicht nur *Der Spiegel* oder der *Stern*, sondern vor allem Boulevardmagazine wie die *Bunte, Das neue Blatt, Sexy, Frau mit Herz* oder die *Sankt-Pauli-Nachrichten*, die sich bei ostdeutschen Lesern beiderlei Geschlecht großer Beliebtheit erfreuten und Begehrlichkeiten weckten. Kein Wunder, dass die meisten dieser Zeitschriften relativ lange im Umlauf waren, bevor sie durch die Aufpasser des „Reisebüros der DDR" eingesammelt werden konnten.[434]

---

433 Archivierter IM-Vorgang: BStU MfS AIM 10396/91.
434 Abteilung X (Internationale Beziehungen): BStU MfS Abt. X 1477, S. 14.

4. Von Flüchtlingen und Fluchthelfern

Im Frühjahr 1972 ging die Leitung der Operativgruppe des MfS in Bulgarien von Major Herfurth, der nach Ost-Berlin zurückkehrte, auf den 39-jährigen Hauptmann Fred Beier über. Der gebürtige Rostocker, seit 1954 in Diensten des MfS, hatte viele Jahre in der Abteilung Hafen der Bezirksverwaltung Rostock gearbeitet, bevor er über die Abteilung Passkontrolle Fahndung (APF) in Warnemünde nach kurzer Einarbeitung in Ost-Berlin zum Leiter der Operativgruppe ernannt wurde.

Hauptmann Beier konnte auf eine Reihe erfahrener Mitarbeiter setzen. In Sofia waren das die beiden als Diplomaten legendierten Rambaum und Zielke. Während der zum Oberleutnant beförderte Rambaum für die Zusammenarbeit mit dem bulgarischen Geheimdienst verantwortlich war, fungierte der Hauptsicherheitsbeauftragte Zielke jetzt als „persönlicher Mitarbeiter" des im Herbst 1970 ernannten neuen DDR-Botschafters Werner Wenning.

Der zum Hauptmann beförderten Brichmann und Helfricht, mittlerweile Oberleutnant und weiterhin, wie im Vorjahr, zuständig für die „Absicherung" des Individual- und Campingtourismus im Bereich südliche Schwarzmeerküste, saßen in der Zentrale der Operativgruppe in einer alten Villa auf der Halbinsel Nessebar, wo ihnen die Gefreite Evelyne Bönisch auch in diesem Jahr als Schreibkraft zur Verfügung stand. Verstärkt wurde die Zentrale durch den 31-jährigen Leutnant Ulrich Bubke[435], der als OibE die Aufgabe als „Stellvertreter" von Chefrepräsentant Heinz Schundau (FIM "Mirek") am Sonnenstrand übernahm. Bubke, der eine Ausbildung als Techniker für Richtfunkgeräte an der Sonderschule beim ZK der SED absolviert hatte, war „aufgrund operativer Notwendigkeit und im Interesse des MfS" bis Ende Januar 1972 als Bezirksstellenleiter von Jugendauslandstouristik in Halle („IME in einer Schlüsselposition") beschäftigt, brachte also im Gegensatz zu den meisten anderen Aufpassern immerhin eine Art „Stallgeruch" vom Reisebüro mit.

An der nördlichen Schwarzmeerküste blieb Leutnant Fischer wie im Vorjahr für die Überwachung des Goldstrands zuständig, unterstützt durch den Chefrepräsentanten Achim Baier (FIM „Bachmann"), dessen „Stellvertreter", den OibE Benno Schmidt und den als Stenotypistin eingesetzten 35-jährigen Stabsfeldwebel Brigitte Goldstein.[436] In Albena, wo weiterhin Irma Gideon (FIM „Baumann") als Chefrepräsentantin wirkte, kam der 47-jährige Wolfgang Uhlig zum Einsatz.

---

435   Kaderakte Ulrich Bubke: BStU MfS KS 9347/90.
436   Hauptabteilung VI (Grenzkontrollen / Tourismus): BStU MfS HA VI Nr. 9156.

Hauptmann Uhlig[437], zunächst Kapitänleutnant der Volksmarine, dann viele Jahre operativer Mitarbeiter bei der HV A mit Funkausbildung, fungierte zugleich in der neu geschaffenen Position des Stellvertretenden Leiters der Operativgruppe. Er hatte seine Ehefrau Christa[438] mitgebracht, die als Zivilangestellte des MfS als weitere Schreibkraft der Operativgruppe tätig war. Da Wolfgang Uhlig mangels elementarer Kenntnisse und schauspielerischen Talents nicht als normaler Reisebüro-Mitarbeiter durchgegangen wäre, hatte man ihn seitens des MfS als „Parteibeauftragten" des „Reisebüro der DDR" legendiert.

Während sich die Staats- und Parteiführung der DDR durch die Unterzeichnung eines Abkommens über die wirtschaftliche Zusammenarbeit mit Bulgarien nach außen hin langfristig mit der Volksrepublik verbandelte, musste hinter den Kulissen angesichts wachsender Urlauberzahlen vom MfS mehr und mehr getan werden, um den Fluchtweg über die Volksrepublik unter Kontrolle zu behalten. Und so war es auch als ein Zeichen in Richtung Bonn zu verstehen, als Erich Honecker im April 1972 in Sofia mit Todor Shivkov auf die Ratifizierung des Vertragswerks anstieß. Mit keinem anderen Ostblock-Land verlief die Annäherung der Bundesrepublik schleppender als mit Bulgarien. Die Mitarbeiter der Handelsvertretung in Sofia hatten – soweit das die spärliche Aktenlage zu deuten erlaubt – kaum nennenswerte Kenntnisse über Land und Leute, während die DDR-Botschaft bestens vernetzt war.

Allerdings war das MfS nicht nur auf die guten Kontakte ihrer diplomatischen Vertretung angewiesen, sondern hatte im März 1972 auch mindestens einen IM in der Fluchthilfeorganisation von Wolfgang Löffler platziert. Dieser Spitzel, ein in West-Berlin lebender Iraker mit dem Decknamen „IMF Hassan", fädelte in Zusammenarbeit mit mehreren Dienststellen des MfS – und unter Beteiligung von Major Pfütze – im Sommer 1972 den ersten großen Schlag gegen eine – wie es im DDR-Jargon hieß – „kriminelle Menschenhändlerbande" (KMHB) in Bulgarien ein.

Der von Löffler damals genutzte Fluchtweg funktionierte so, dass sich die betreffenden Personen zunächst mit einem der Helfer in Ost-Berlin trafen, der ihnen genaue Instruktionen gab. Anschließend reisten sie mit der Eisenbahn nach Warschau, wo sie sich entweder im Foyer des Flughafens oder sogar schon im Transitraum mit einem weiteren Helfer trafen, der zum Beispiel mit dem Flugzeug aus Skandinavien kommend ebenfalls einen Flug nach Sofia gebucht hatte. Nachdem die betreffenden Personen entsprechend instruiert waren, flogen sie

---

437   Kaderakte Wolfgang Uhlig: BStU MfS KS II 438/82.
438   Kaderakte Christa Uhlig: BStU MfS KS II 436/80.

dann gemeinsam mit einer Linienmaschine von Warschau nach Sofia. Das heißt, sie starteten als DDR-Bürger. Und während des Fluges nahm ihnen der Fluchthelfer ihre DDR-Papiere ab und stattete sie mit falschen bundesdeutschen Pässen, Westgeld und einem in Westdeutschland gebuchten Flugticket für die Transit-Weiterreise nach Istanbul aus, während er ihre DDR-Papiere in der Flugzeugtoilette entsorgte. Dieses System wurde in Abwandlung auch am Flughafen Prag oder Budapest angewandt, von dort gingen die Anschlussflüge zum Beispiel nach Belgrad oder Genf. Entscheidend war, dass die Transitreisenden während des Transits zum Beispiel in Sofia keiner weiteren Passkontrolle unterzogen wurden.

„Hassan" war von Löffler zur Erst-Kontaktierung der Flüchtlinge in Ost-Berlin eingeteilt. So erfuhr er ihre Personalien, die er – gemeinsam mit den genauen Fluchtdaten und den Einzelheiten zum Fluchtweg – an die HA VI lieferte. Nachdem der polnische Geheimdienst ebenfalls unterrichtet worden war, legten sich die staatlichen Organe zunächst an zwei Terminen im Mai 1972 in Warschau auf die Lauer. Doch nachdem in beiden Fällen die zur Flucht am betreffenden Termin vorgesehenen DDR-Bürger nicht vollständig in Warschau erschienen, brachen Löfflers Helfer das Unternehmen in beiden Fällen ab. Zweimal mussten die hauptamtlichen Beobachter des MfS wieder unverrichteter Dinge nach Ost-Berlin zurückkehren. Anfang Juni aber schnappte die Falle zu. Nachdem der IM insgesamt fünf DDR-Bürgern erklärt hatte, mit welchem Zug sie am Abend des 2. Juni vom Ostbahnhof nach Warschau zu fahren hätten und wann sie ihr Fluchthelfer am nächsten Tag vor dem dortigen „Balkangrill" erwartete, verlief alles so, wie von Löffler geplant. Dieser Fluchthelfer, ein gebürtiger Libanese, erklärte ihnen, dass sie im Flughafenbereich, also nach dem Einchecken, auf einen Herrn aus Westdeutschland treffen würden, der sie unter seine Obhut nehmen würde. Der fragliche Herr aus Westdeutschland, ein West-Berliner Fluchthelfer namens Uwe Junges, der auf den Namen „Udo Hansen" reiste, hatte einen Transitflug aus Stockholm gebucht und flog über Warschau nach Sofia. In seinem Gepäck befanden sich die Pässe, die Flugtickets und das Westgeld.

Um Junges/Hansen festnehmen zu können und ihren IMF „Hassan" nicht zu enttarnen, ließ das MfS die fünf DDR-Bürger in Warschau einchecken. Allerdings waren auch Major Peter Pfütze und das ehemalige Mitglied der Operativgruppe Hauptmann Rudolf Meyer (HA XX/5) im selben Flieger gebucht. Pfütze schreibt in seinen Erinnerungen, wie er Uwe Junges an Bord der LOT-Linienmaschine vom Typ IL 18 beobachtete: „Ohne jegliche Vorsichtsmaßnahme entnahm er seiner Handgelenktasche einen grünen BRD-Reisepass, verglich das Foto und übergab das Dokument. Dann flüsterte er noch jedem etwas zu. Sie sollten in der Toilette ihre DDR-Papiere entsorgen."[439] Nach der Landung in Sofia verließ Uwe Junges den Flughafen und fuhr mit dem Taxi in ein nahegelegenes Hotel. Seine Klienten aber, ein 43-jähriger Uhrmacher aus Halberstadt mit seiner 42-jährigen Frau, eine 31-jährige Ingenieurin aus Ost-Berlin, ein gleichaltriger Hochschullehrer für Musikerziehung aus Leipzig und ein 28-jähriger Student aus Halle, wurden von bulgarischen Sicherheitskräften aus der Warteschlange gewunken. Man sagte ihnen, es sei eine Rückfrage in Warschau erforderlich. Auf Pfützes Empfehlung hin forderten die bulgarischen Grenzer den Uhrmacher und den Hochschullehrer dazu auf, die falschen Personalien ihrer Frauen – die Ingenieurin war laut dem falschen Pass mit dem Hochschullehrer verheiratet – auf einer Einreisekarte für Ausländer nichtsozialistischer Staaten einzutragen. Wozu beide Männer nicht im Stande waren, da sie die falschen Daten nicht auswendig gelernt hatten. Woraufhin sie schließlich nach entnervender Wartezeit aufgaben, ein Geständnis ablegten und festgenommen wurden. Im gleichen Moment wurde auch Uwe Junges verhaftet. Pfütze erfreute sich daran, dass ihn keiner der verhafteten DDR-Bürger im Untersuchungsgefängnis als Passagier der fraglichen Maschine aus Warschau wiedererkannte.[440] Sie wurden wenig später vom 1. Strafsenat des Bezirksgerichts Halle in nichtöffentlicher Verhandlung wegen „staatsfeindlichen Menschenhandels in Tateinheit mit Aufnahme staatsfeindlicher Verbindungen und mehrfach versuchten ungesetzlichen Grenzübertritts in schwerem Fall" zu Haftstrafen zwischen vier und fünf Jahren verurteilt.[441]

Wenig später, nachdem sich Erich Mielke bei seinen Amtskollegen in Sofia und Warschau überschwänglich für deren großzügige Unterstützung bei der Verhaftungsaktion bedankt hatte[442] und die Bruderorgane in Bulgarien und der ČSSR durch das MfS „operativ" auf den neuesten Stand gebracht waren[443], schlug Major Pfütze seiner vorgesetzten Dienststelle vor, man solle für Uwe Junges beim bulgarischen Generalstaatsanwalt gemäß Artikel 63 des Rechtshilfevertrages eine Auslieferung in die DDR beantragen, da es keinerlei Einschränkung im Hin-

---

439 Pfütze, Peter: Besuchszeit, S. 197.
440 „Einige Wochen später sprach ich vor Ort [in Sofia, im Untersuchungsgefängnis] mit jedem einzelnen. Sie konnten sich nicht erinnern, dass ich Mitflieger von Warschau nach Sofia gewesen war. Ich habe sie auch nicht weiter aufgeklärt." Pfütze, Peter: Besuchszeit, S. 198.
441 Archivierter Untersuchungsvorgang: BStU MfS AU 14353/73, Bd. 1, S. 254 ff.
442 Allgemeine Personenablage: BStU MfS AP 6958/79, S. 36–38.
443 Hauptabteilung VI (Grenzkontrollen / Tourismus): BStU MfS HA VI 13992, S. 121.

blick auf die Staatsangehörigkeit der straffällig gewordenen Person gebe.[444] Dazu waren die Bulgaren jedoch nach dem Auslieferungsgezerre aus dem Jahr 1967 offensichtlich nicht mehr bereit. Und so wurde Junges lediglich im Rahmen einer zeitweiligen Überstellung als Zeuge im Sommer 1972 für mehrere Wochen nach Ost-Berlin geholt. Er sollte im Rahmen eines Schauprozesses vor dem Stadtgericht Berlin aussagen, mit dem das SED-Regime dokumentieren wollte, mit welchen Methoden Herschel und Löffler arbeiteten.

Im Vorfeld der Überstellung wurde Major Pfütze an den Goldstrand bestellt, wo Erich Mielke mit seiner Frau gerade seine Sommerferien im Erholungsheim für bulgarische Politbüromitglieder verbrachte. [445] Das Gespräch mit dem Stasi-Chef drehte sich um die zeitweilige Überstellung, für die ein Einverständnis des bulgarischen Innenministers benötigt wurde. Nachdem er die Einwilligung von Mielke erreicht hatte, reiste Pfütze in Begleitung von Staatsanwalt Rudolf Fürneisen nach Sofia, der in der Generalstaatsanwaltschaft der DDR in der Abteilung „Internationale Verbindungen" unter anderem für den Rechtshilfeverkehr zuständig war, um das Rechtshilfeersuchen im dortigen Innenministerium zu übergeben.[446] Eine knappe Woche später wurde Junges dann mit einer „IL18" des MfS aus Sofia nach Schönefeld geholt.[447]

Zwischenzeitlich hatte Löffler seine Aktivitäten über den Fluchtweg Bulgarien kurzfristig eingestellt, weil er vermutete, Warschau und Sofia würden Namenslisten von DDR-Urlaubern austauschen. Dass er durch einen seiner eigenen „Kontaktmänner" verraten worden war, ahnte der Fluchthelfer nicht. Löffler beschäftigte damals, wie in der Branche üblich, sowohl „Kontaktmänner" als auch „Reiseleiter". Während die einen für die Anbahnung der Kontakte mit den potentiellen Flüchtlingen zuständig waren, wurden die „Reiseleiter" unmittelbar an den Ort des Geschehens entsandt. Dass beide Kategorien auch mit Spitzeln der Staatssicherheit durchsetzt waren, zeigt der Fall Löffler deutlich. Mitte August 1973, bot sich der Westberliner MfS-Agent Peter H. (FIM „Alfons") Löffler an,

---

444 Abteilung X (Internationale Verbindungen): BStU MfS Abt. X 2220, S. 4.
445 Pfütze, Peter: Besuchszeit, S. 198–200.
446 Abteilung X (Internationale Verbindungen): BStU MfS Abt. X 192 T1, S. 71.
447 Das MfS scheute für den geplanten Schauprozess keine Kosten. Neben Junges wurden als weitere „Zeugen" eine verhaftete westdeutsche Fluchthelferin aus Ungarn und zwei verhaftete westdeutsche bzw. österreichische Fluchthelfer aus der ČSSR nach Ost-Berlin transportiert. Lediglich der polnische Innenminister General Stanisław Kowalczyk (1924–1998) lehnte eine Mitwirkung und die Überstellung zweier dort in Haft befindlicher westdeutscher Fluchthelfer kategorisch ab, wodurch sich der Prozess – ohne polnische Beteiligung – um mehrere Monate nach hinten verschob.

für ihn arbeiten zu wollen, denn er wolle sich etwas „dazu verdienen". Löfflers Personalchef bot dem IM daraufhin an, er könne entweder als „Kontaktmann" oder als „Reiseleiter" für Löffler arbeiten.[448]

Die Jahresanalyse der HA VI für das Jahr 1972 bemerkt im Bulgarien betreffenden Abschnitt, dass das Überwinden der Grenzsicherungsanlagen in Richtung Türkei, Griechenland und insbesondere in Richtung Jugoslawien eine „wesentliche Methode" bei Republikfluchten via Bulgarien gewesen sei. Dabei handelte es sich, wie in den Vorjahren, in vielen Fällen um Personen, denen die Flucht nach Jugoslawien geglückt war und die von den dortigen Behörden festgenommen wurden. Zu dieser Gruppe gehörte der Potsdamer Student Volker H.*, der Anfang Juli 1972 im serbischen Dimitrovgrad verhaftet wurde und nach der Verbüßung einer fünfzehntägigen Haftstrafe an Bulgarien ausgeliefert wurde.[449] Der 21-jährige hatte während seiner Haft in Jugoslawien einen Brief an die Botschaft der Bundesrepublik in Belgrad geschrieben und – vergeblich – um Hilfe gebeten. Nicht anders erging es der 43-jährigen Gretel V.* aus Leipzig.[450] Sie war mit ihrem westdeutschen Verlobten Ende Mai 1972 in der Handelsvertretung der Bundesrepublik in Sofia, wo sie als angebliche Ehefrau ein befristetes Ersatzdokument erhielt. Damit fuhr das Pärchen an die Grenzübergangsstelle Stresimirovzi. Die Ausreise wurde beiden jedoch nicht erlaubt, da in ihrem Ersatzdokument ein Stempel der bulgarischen Fremdenpolizei fehlte. Zurück in Sofia beschloss das Paar, dass es zu Fuß die grüne Grenze überqueren und er auf der anderen Seite im Pkw auf sie warten solle. Dazu kam es jedoch nicht, denn die Verkäuferin wurde nach erfolgreicher Überquerung der Grenze in Jugoslawien verhaftet und ebenso wie Volker H.* an die Volksrepublik Bulgarien ausgeliefert.

Im serbischen Dimitrovgrad endete auch der Fluchtversuch des 29-jährigen Michael K.* aus Quedlinburg und seiner 24-jährigen Freundin Marion S.*. Das Paar reiste mit dem Trabant in die Volksrepublik und gelangte am Spätnachmittag des 25. August 1972 zu Fuß gänzlich unbemerkt über die grüne Grenze nach Jugoslawien.[451] Der Kfz-Schlosser erhoffte sich in der Bundesrepublik eine neue Existenz, und seine Freundin wollte, dass ihre Kinder später einmal „ohne politischen und staatlichen Einfluss" aufwachsen könnten. Etwa eine halbe Stunde, nachdem das Paar in Jugoslawien war, begegnete ihnen ein Mann, den sie auf Deutsch ansprachen. Er antwortete nicht, vermutlich weil er kein Deutsch verstand, aber sie folgten ihrem vermeintlichen Helfer trotzdem. Der Mann brachte

---

448   Teilablage: BStU MfS A 35/77 Bd. II/3, S. 67–69.
449   Allgemeine Sachablage: BStU MfS AS 139/75, Bd. 4.
450   Allgemeine Sachablage: BStU MfS AS 139/75, Bd. 2.
451   Archivierter Untersuchungsvorgang: BStU MfS BV Halle AU 965/73.

sie direkt zur Miliz, wo ihre Festnahme erfolgte. Bereits am nächsten Tag wurden die beiden an der Grenzübergangsstelle Kalotina zurück nach Bulgarien geschickt, wo die Operativgruppe bereits auf sie wartete. Neben den „Diplomaten" Beier und Rambaum spielte bei der Übernahme der aus Jugoslawien ausgewiesenen DDR-Flüchtlinge der DDR-Konsul die entscheidende Rolle. Im Herbst 1971 war der in Fluchtfällen erprobte Konsul Voß durch einen Nachfolger ersetzt worden. Der 42-jährige Dr. Peter Krause war ein paar Jahre zuvor für die Bearbeitung des Falles Engelmann/Gammisch zuständig und kannte sich entsprechend gut mit der Situation in Bulgarien aus.

Im Gegensatz zu seinem Vorgänger Voß war Konsul Krause mit zahlreichen zusätzlichen Vollmachten ausgestattet, die belegen, dass man den Hauptsicherheitsbeauftragten Zielke verstärkt mit der Überwachung des Botschaftsbetriebs betraute, während festgenommene Flüchtlinge, sowie Auslieferungen und Todesfälle über die Schiene der Konsulate bearbeitet wurden. Ein Beleg dafür findet sich in der Verabschiedung des Gesetzes über den Konsularvertrag zwischen der DDR und der Volksrepublik Bulgarien vom 19. Juli 1972[452], das den Konsularvertrag von 1958 ablöste. In dem von August Klobes[453], dem Leiter der Abteilung Konsularische Angelegenheiten im MfAA unterzeichneten Dokument, hieß es in Artikel 36 (Absatz 2), dass die zuständigen Organe der Volksrepublik das Konsulat binnen drei Tagen über die vorläufige Festnahme oder Verhaftung eines DDR-Bürgers zu informieren hatten. Darüber hinaus erhielt eine „konsularische Amtsperson" laut Artikel 36 (Absatz 3) periodisch das Recht, die betreffenden Personen zu besuchen und Verbindung mit ihnen zu unterhalten. Diese beiden Varianten hatten im alten Konsularvertrag überhaupt nicht existiert. Neu war aber auch die in Artikel 28 (Absatz 2) enthaltene Passage, nach der die zuständigen Organe der Volksrepublik Bulgarien die „konsularische Amtsperson" von nun an über Todesfälle von DDR-Bürgern und damit auch von DDR-Flüchtlingen zu unterrichten hatten.

Der DDR-Chefdiplomat Klobes kannte sich aus mit Bulgarien. Er war zu Beginn seiner eigenen Außenamtskarriere von 1950 bis 1953 als III. (später II.)

---

452 Bundesarchiv (Berlin) Bestand DA 1 / 4020 (Volkskammer der DDR).

453 August Klobes (Archivierter IM-Vorgang: BStU MfS AIM 5918/70; BStU MfS AIM 16730/89) zählte schon in seiner Funktion als Kaderleiter (1956–1962) zu den wichtigsten Verbindungsleuten des MfS im MfAA. Er gehörte neben Außenminister Winzer zu den wenigen Eingeweihten im MfAA, die wussten, dass der Stellv. Leiter der Abt. Konsularische Beziehungen, Oberreferent Günter Sperling (Kaderakte: BStU MfS KS 26952/90), als OibE „Moritz" der HV A (später HA XX, dann HA II) im MfAA arbeitete. Sperling war bis 1989 als OibE im MfAA, zuletzt von 1985–1989 als Stellv. Leiter der Abteilung Schutz und Sicherheit.

Sekretär an der Diplomatischen Mission der DDR in Sofia tätig. In der Volksrepublik regierte damals Vulko Cervenkov, der frühere Leibwächter des während eines Kuraufenthaltes in der SU verblichenen Georgi Dimitrov. Der „Mann mit dem Gesicht eines Berufsverbrechers", wie ihn der Spiegel beschrieb, führte in der Volksrepublik gerade eine Treibjagd gegen die angeblichen Anhänger des Ende 1949 als „jugoslawischen Oberspion" hingerichteten Traitscho Kostov durch, die nur von seinem enormen Personenkult übertroffen wurde.[454] Zigtausende Menschen wurden in Bulgarien während der Diktatur des „kleinen Stalins" aus meist nichtigen Gründen zu Zuchthausstrafen und Arbeitslager verurteilt, ganz zu schweigen von einer Flut von Todesurteilen, von denen selbst Geistliche nicht verschont blieben. Am Morgen des 13. August 1961 eilte Klobes bereits um 5:30 Uhr ins MfAA und instruierte seine Mitarbeiter über die neue Situation. Bald darauf übernahm er dann im MfAA die Verantwortung für die Erteilung von Reiseerlaubnissen von handverlesenen Politfunktionären, die in offizieller Mission in den Westen zu reisen hatten. Er war ein mustergültiger Funktionär. Doch zurück ins Jahr 1972.

Der typische DDR-Fluchtversuch über die grüne Grenze von Bulgarien nach Jugoslawien verlief entweder mit der Auslieferung aus Jugoslawien oder mit der Festnahme auf der bulgarischen Seite der Grenze, in vielen Fällen schon innerhalb der Sperrzone. Ein Schusswaffeneinsatz war durch das Rechtshilfeabkommen mit der Föderativen Volksrepublik gänzlich überflüssig. So kam es in diesem Bereich auch nur selten zum Einsatz von Schusswaffen, da Flüchtlinge und deren Helfer, die es tatsächlich bis zur Grenze schafften, auf der anderen Seite festgenommen und ausgeliefert wurden. Dabei spielte das Fluchtmotiv Liebe auch weiterhin eine große Rolle. In der Jahresanalyse der HA VI ist in diesem Zusammenhang von „Straftaten des ungesetzlichen Grenzübertritts bei Bürgern der DDR" durch intime Beziehungen zu Personen aus der BRD und als Ergebnis „vorgetäuschte[r] ‚bessere[r] Lebensbedingungen' im nichtsozialistischen Ausland" die Rede.[455] Solche Pläne zu durchkreuzen, zählte zu den Hauptaufgaben der Operativgruppe, im DDR-Jargon: „Die politisch-ideologische Diversion und die Straftaten des ungesetzlichen Verlassens der DDR bilden unverändert den Schwerpunkt."[456]

---

454 Appelius, Stefan: Bulgarien: Europas Ferner Osten. Bonn 2006, S. 98 ff.
455 Hauptabteilung VI (Grenzkontrollen / Tourismus): BStU MfS HA VI Nr. 4722, S. 241.
456 Ebd., S. 286.

Der Sonderfall Kühnle / Sandner: „Eine Geheimdienstsache"

Wenige Tage vor der Eröffnung der Olympischen Spiele in München wurde in der Bundesrepublik bekannt, dass sich in der Nähe der Grenzübergangsstelle Kalotina eine Tragödie ereignet habe, in deren Verlauf eine 26-jährige Frau aus Cottbus und ihr 32-jähriger Verlobter aus Nürnberg beim Fluchtversuch nach Jugoslawien erschossen worden seien. Es schien sich um eine Liebesgeschichte zu handeln, wie sie vor allem in den Sommermonaten praktisch seit dem Mauerbau auf der Tagesordnung stand. Doch bei näherer Betrachtung unterschied sich der Fall nicht nur hinsichtlich des schrecklichen Ausgangs von anderen Fällen dieser Art. Die lebenslustige Wera Sandner war Mitte August 1971 als „Venusfalle" mit dem Decknamen „Regina" von der auf die Beobachtung der CIA spezialisierten Linie II/3 des MfS angeworben worden. Und zwar, um sie in der Blickfeldarbeit einzusetzen, womit die Positionierung von IM des MfS im Blickfeld von westlichen Geheimdienstmitarbeitern gemeint ist, um sie von diesen als Doppelagenten anwerben zu lassen und „auf diesem Wege in die Konspiration des Feindes einzudringen".[457] Nur zwei Wochen später lernte Wera Sandner bei ihrem ersten Einsatz in Prag den Optiker Rolf Kühnle kennen, einen passionierten Hobby-Fotografen, der seit Jahren seine gesamte Freizeit nur in Ostblockländern verbrachte. Tatsächlich gibt es mehrere Hinweise darauf, dass Kühnle, der als Bezirksvertreter der „American Optical Company" arbeitete, bereits seit Jahren für den amerikanischen Geheimdienst arbeitete. Die Operation verlief aus Sicht der Bezirksverwaltung Cottbus des MfS anfangs genau nach Plan: Kühnle, kurz zuvor geschieden, verliebte sich Hals über Kopf in die junge Frau. Er war es, der ihr vorschlug, mit ihm über Bulgarien in den Westen zu fliehen. Nach Aktenlage scheint sich Wera Sandner im Frühjahr 1972 tatsächlich für eine Beziehung mit ihrem mittlerweile Verlobten und gegen das MfS entschieden zu haben. Der Plan bestand darin, mit einem motorisierten Schlauchboot nachts über das Schwarze Meer in die Türkei zu entkommen, wie sich Kühnles Bekannter Georg Reinwald erinnert: „Die Idee, Wera im Kofferraum heraus zu schmuggeln, gefiel ihm nicht. Und vor der Landgrenze hatte er Angst."[458] Nachdem das MfS durch Postkontrolle herausgefunden hatte, dass sich eine echte Beziehung anzubahnen schien, wurde „Regina" von ihrem Führungsoffizier belehrt, welche Folgen für sie entstehen könnten, falls sie durch Kühnle zu einer „unbedachten Handlung" verleitet würde. Es war eine

---

457 Knabe, Hubertus: West-Arbeit des MfS: Das Zusammenspiel von Aufklärung und Abwehr. Berlin 1999, S. 193.
458 Interview mit Georg Reinwald (Nürnberg), 21.03.2007.

unverhohlene Drohung: „Ihr wurde in diesem Zusammenhang einiges über die Sicherung der Grenzen unseres Lagers gesagt." Sicher ist nur, dass sich das Paar am 16. August 1972 am Sonnenstrand traf. Kühnle hatte das Boot mitgebracht. Danach verläuft sich die Spur der beiden jungen Leute, die angeblich eine Woche später in unmittelbarer Nähe der Grenzübergangsstelle Kalotina erschossen wurden. Hinweise auf eine Verwicklung des MfS sucht man allerdings vergebens. Die Überprüfung der FIM-Netze S. (Sonnenstrand), B. (Goldstrand) und G. (Albena) aus jenem Sommer vermittelt den Eindruck, als ob kein einziger der in dieser Saison in Bulgarien eingesetzten inoffiziellen Reisebüro-Mitarbeiter im August 1972 Berichte verfasst hätte. Anders ausgedrückt: Sämtliche Akten der am Sonnenstrand eingesetzten Repräsentanten-IM[459] weisen im fraglichen Zeitraum unerklärliche Lücken auf. Sie wurden, da auch ein bereits in den 1970er Jahren angefertigter Rollfilm betroffen ist, offenbar zeitnah bereinigt. Denn die Reisebüro-IM hatten im August Hochsaison und mussten auch gegenüber ihrem OibE Bubke und den Mitgliedern der Operativgruppe regelmäßig über die Erledigung ihrer Überwachungsaufträge berichten. Rätselhafterweise gibt es jedoch zwischen dem 15. und 25. August keinen einzigen IM-Bericht der gesamten IM-Überwachungstruppe vom Sonnenstrand, und selbst die als IM-Repräsentanten im Gebirge eingesetzten Edith G. (IMS „Marciniak") und Edith F. (IMS „Hanna May") hatten im für die Liquidierung des Paares relevanten Zeitraum angeblich nichts zu berichten.

Jürgen Rambaum hat in seinen unveröffentlichten Erinnerungen notiert, wie die Kontrolle der FIM-Netze an der Schwarzmeerküste organisiert war: „Mit den Repräsentanten-IM mussten wir häufig zusammentreffen. Alle 14 Tage kamen ja neue Reisegruppen in den Kurorten an, und von zuhause [den Kreisdienststellen und Bezirksverwaltungen des MfS] wurden sehr viele Anfragen zu anreisenden Touristen an uns übermittelt, deren Bearbeitung dann jeweils im Einzelnen mit den betreffenden IM zu besprechen waren. Oft kam es vor, dass Diensteinheiten uns nicht einfach nur mitteilten, dass sich in dieser oder jener Reisegruppe Personen befanden, zu denen ihnen entsprechende Informationen vorlagen. Sie hatten vielmehr schon in der DDR organisiert, dass in den betreffenden Gruppen auch Touristen mitreisten, bei denen es sich um IM handelte und die den Auftrag hatten, die betreffenden Personen ‚unter Kontrolle' zu halten. Über diese ‚Mit-

---

459 Barbara Fengl (IMS „Carla Dähne"), Andreas L. (IMS „Berger"), Hilde Hofmann (IMS „Hella Lau"), Heinz Schundau (FIM „Mirek"), Helmut Hofmann (IMS „Johann Wesolek"), Erika Roos (IMS „Helga Hoffmann"), Helmut Balbrink (IMS „Peter Edel"), Helga Balbrink (IMS „Anni Kollenda"), Hilde Schundau (IMS „Helga Poser") und Gisela Lemke (IMS „Fridolin II").

reisenden' wurden wir dann von der Zentrale [des MfS] rechtzeitig in Kenntnis gesetzt. Wir mussten uns dann vor Ort mit ihnen treffen, um sie zunächst kennenzulernen, um mit ihnen zu besprechen, wie wir die Verbindung zueinander halten oder im Bedarfsfall schnellstmöglich herstellen können, um dann auch ihre Informationen entgegenzunehmen."[460] Schwer vorstellbar, dass alle Repräsentanten-IM in Bulgarien Mitte August 1972 gleichzeitig ihre inoffizielle Arbeit einstellten. Bemerkenswerter als das Verschwinden der IM-Berichte ist aber noch, dass der für die Überwachung der südlichen Schwarzmeerküste verantwortliche Oberleutnant Wolfgang Helfricht, der mit seiner Frau im Hotel „Ropotamo" wohnte, im August 1972 Hals über Kopf aus Bulgarien abberufen und gegen einen in der Hohen Tatra eingesetzten Leutnant aus der Operativgruppe des MfS in der ČSSR ersetzt wurde. So einen Fall – der durch einen Treffbericht des Repräsentanten IME „Berger" bestätigt wird – hatte es, mitten in der Hauptsaison, in der sich die meisten Fluchten ereigneten, noch nie gegeben. Der laut seiner Kaderakte „temperamentvolle" und zu unüberlegten Eigenmächtigkeiten neigende Offizier („Dabei ist zu beachten, dass er nicht über den gesteckten Rahmen hinaus schießt."[461]) musste sofort zurück nach Ost-Berlin, ohne dass es einen aus den Akten ersichtlichen Grund dafür gegeben hätte.

Da sich der Tod des Nürnbergers Rolf Kühnle in der Bundesrepublik nicht verheimlichen ließ, entschied sich das bulgarische Innenministerium zu einer in der Form nie dagewesenen Form der „Transparenz": In der Wochenzeitung *Antenni* erschien ein ganzseitiger Artikel unter der prosaischen Überschrift „Eine Augustnacht ohne Morgendämmerung". Darin wurde detailliert geschildert, wie sich der Tod des Paares angeblich zugetragen hatte. Demzufolge hatte das Paar in unmittelbarer Nähe der Grenzübergangsstelle Kalotina einen einzelnen mit einer Kalaschnikow bewaffneten Grenzer aus der Dunkelheit mit Steinen beworfen und sei dann in Notwehr von diesem erschossen worden. Die Zeitschrift wurde vom MWR herausgegeben. Eine Recherche über die beiden angeblichen Verfasser ergab, dass es bei *Antenni* – laut einem früheren leitenden Redakteur – keine Mitarbeiter dieses Namens gab. Trotzdem veröffentlichten sowohl die *FAZ*[462], die *Nürnberger Nachrichten*, die *Bild*-Zeitung als auch der *Stern* ausführliche Berichte, die in allen wesentlichen Teilen auf der frei erfundenen Schilderung des MWR-Blattes beruhten.

460 Rambaum, Jürgen: Manuskriptauszug ohne Titel und Jahr, S. 4 f.
461 Kaderakte Wolfgang Helfricht: BStU MfS KS II 7333/90, S. 72.
462 Bulgarische Grenzposten erschießen deutsches Paar. In: „Frankfurter Allgemeine Zeitung" vom 31.08.1972, PIA.

In der HA VI des MfS, Linie SRT, Abteilung 2 erfuhr man am 25. August 1972 durch einen Anruf der Operativgruppe – womit Oberleutnant Rambaum auf einer sicheren Leitung aus dem bulgarischen Innenministerium gemeint sein dürfte – von dem Vorfall. Also erst zwei Tage nach den Ereignissen. In der als „streng geheim" eingestuften Meldung hieß es, dass Kühnle das Ziel einer operativen Aufklärung mit dem Ziel der Ausnutzung seiner Verbindungen war. Er war für die Blickfeldarbeit registriert. Weiter hieß es, dass Konsul Dr. Krause bereits mit den Organen der VRB bezüglich der Bestattung der Leichen in Verbindung stand. Krause war es auch, der die Beerdigung von Wera Sandner am 1. September 1972 in einem Vorort von Sofia anordnete, rund drei Monate, bevor ihre Eltern in Klingenthal davon erfuhren.

Im Gespräch mit dem Verfasser erklärten sowohl Rambaum als auch Krause, „nichts" vom Fall Kühnle / Sandner zu wissen. „Ich kann mich nicht erinnern, dass ich jemals über Tote an der Grenze etwas erfahren habe"[463], erklärte Krause dem Verfasser. Diese Todesfälle seien am Konsulat vorbei gelaufen, aber es habe in der Botschaft einen Sicherheitsbereich gegeben, der „vom MfS beherrscht" worden sei – womit er, ohne es zu sagen, Zielke meinte. Dass Krause, der 2008 gestorben ist, nicht nur vom Fall Kühnle/Sandner wusste, sondern auch für dessen Bearbeitung zuständig war – also nachweislich die Unwahrheit sagte, wird sich im weiteren Verlauf dieses Textes zeigen.

Lediglich Pfütze, der zum fraglichen Zeitpunkt, wie schon in den Vorjahren, für die Arbeitsgruppe Ausland der HA IX in Sofia weilte, räumt ein, dass es sich beim Fall Kühnle / Sandner um eine Geheimdienstsache gehandelt habe. Doch VS-Unterlagen über den Fall sind auch nicht vorhanden, wie der Verfasser aus dem Politischen Archiv des Auswärtigen Amts erfuhr.[464] Was den Verdacht verstärkt, dass Kühnle für den US-Geheimdienst arbeitete, und dass die Unterrichtung der Bundesregierung – die wegen des Vorfalls in Sofia protestierte[465] – nicht durch das Auswärtige Amt geschah.

Nachdem das Bulgarische Außenministerium die Handelsvertretung telefonisch über Kühnles Tod unterrichtet hatte, beauftragte die Handelsvertretung einen bulgarischen Vertrauensanwalt mit der Untersuchung der Angelegenheit. Dieser Vertrauensanwalt namens Tschavdar Ljubenov Djugmedshiev (56) sah ein

---

463 Interview mit Dr. Peter Krause (Berlin), 12.06.2006.
464 „Soweit ich feststellen konnte, finden sich bei den VS – Registraturen keine Hinweise auf Frau Sandner und Herrn Kühnle." E-Mail Knud Piening (AA) vom 19.06.2015 an den Verfasser.
465 Bundesregierung verurteilt Vergehen der bulgarischen Grenzorgane. In: bpa-b vom 05.09.1972 (Dok.-Nr. 486099).

„richterliches Protokoll" ein und bestätigte binnen 24 Stunden die Version des Innenministeriums. Laut Gerhard Gegenheimer befanden sich die Leichen der beiden jungen Leute zu diesem Zeitpunkt in der Kühlkammer des gerichtsmedizinischen Instituts des ISUL-Krankenhauses in Sofia, während die ausländischen Grenzopfer sonst stets in der Pathologie des Militärkrankenhauses untersucht wurden. Die Obduktionsprotokolle des Paares sind verschwunden.

Falls die Bundesregierung über entsprechende Informationen verfügte, so hatte sie mutmaßlich kein Interesse, diese der Öffentlichkeit mitzuteilen. Nach dem gescheiterten konstruktiven Misstrauensvotum gegen die sozialliberale Koalition stand die Neuwahl bevor. Ein derartiger Zwischenfall wenige Tage vor der Eröffnung der Olympischen Spiele in München hätte die Ostpolitik beschädigt – zumal die Aufnahme diplomatischer Beziehungen zur Volksrepublik unmittelbar bevorstand – und gleichzeitig der Opposition Auftrieb verschafft. Dagegen war die vom bulgarischen Innenministerium und auch von der ARD-"Tagesschau" verbreitete Version, ein Liebespaar sei beim Fluchtversuch an der jugoslawischen Grenze erschossen worden, nur eine private Tragödie ohne politische Auswirkungen. Zwar veröffentlichte die Bundesregierung eine Erklärung über den schweren Vorfall. Doch während der außenpolitische Sprecher der CDU/CSU-Bundestagsfraktion davon sprach, der Mord an den beiden Deutschen habe deutlich gemacht, wie wenig das „Entpannungsgerede" mit der Wirklichkeit übereinstimme, wurde lediglich der Leiter der bulgarischen Handelsvertretung in Frankfurt zu Staatssekretär Günther van Well zitiert, der dem Bulgaren erklärte, zweifellos gebe es in der Welt viele illegale Grenzüberschreitungen, ohne dass tödliche Schüsse abgegeben würden. Im Wiederholungsfall sei mit einer ernsthaften Beeinträchtigung der Beziehungen zwischen beiden Ländern zu rechnen.

Woraufhin Bulgarien einige Tage später sechs Fluchthelfer aus der Bundesrepublik begnadigte. Bald darauf wurde ein Bericht der Sofioter Militärstaatsanwaltschaft zur Untersuchungsakte Nr. 53/1972 vorgelegt, in dem es hieß, ein „Grenzsoldat Petkov", der sich alleine auf Posten befand, habe das Paar in unmittelbarer Nähe der Grenzübergangsstelle Kalotina getötet. Der Name Petkov ist in Bulgarien etwa genauso verbreitet wie der Name Müller in Deutschland. Und Grenzsoldaten waren auch in Bulgarien grundsätzlich nicht alleine auf Posten. Angeblich waren bei Kühnle acht Schussverletzungen und bei Sandner sechs Schussverletzungen festgestellt worden, als man ihre Leichen angeblich erst am nächsten Morgen fand. Die gesamte Darstellung ist trotz etlicher Details komplett unglaubwürdig.

Bemerkenswert ist in diesem Zusammenhang auch, dass die Mutter von Rolf Kühnle auf ihren Antrag, die Leiche der jungen Frau ebenfalls nach Bayern zu überführen, vom bulgarischen Außenministerium darauf hingewiesen wurden, dass eine solche Überführung nur mit der Genehmigung der DDR-Botschaft erfolgen dürfe. Sowohl Botschafter Wenning als auch Konsul Krause verweigerten diese Zustimmung jedoch, wie es in einem Bericht des Leiters der Handelsvertretung, Rolf von Keiser an das Auswärtige Amt in Bonn hieß.

Hat Rolf Kühnle für einen amerikanischen Dienst gearbeitet? Dafür sprechen mehrere Indizien. Zum einen sind alle Briefe von Wera Sandner an ihn aus der von ihm allein bewohnten Nürnberger Wohnung verschwunden. Verschwunden ist auch ein Aktenstück zum Tötungsdelikt Rolf Kühnle aus den Akten der Kripo Nürnberg.[466] Und obwohl die Leiche von Rolf Kühnle per Flugzeug zurück in die Bundesrepublik gelangte und in solchen Fällen „grundsätzlich" ein Rechtsmediziner zur Nachobduzierung geschickt wurde, die in der Städtischen Bestattungsanstalt Nürnberg stattgefunden haben muss[467], heißt es auch dort, dass es „keine Unterlagen" über den Fall gibt. Das nachträgliche Entfernen von bestimmten Dokumenten deutet auf die Aktivität eines Nachrichtendienstes hin. Unabhängig davon taucht der Fall Kühnle/Sandner aber auch nicht in einer Aufstellung jener Grenztoten auf, die das Bulgarische Außenministerium kurz nach der Wende der Bundesregierung überließ.

Im Jahresbericht der Operativgruppe des MfS heißt es bezogen auf den Fall Kühnle/Sandner nur: „Es wurde versucht, sowohl die Staatsgrenze als auch die Grenzübergangsstellen gewaltsam zu durchbrechen, wobei u. a. die Sicherheitsorgane der sozialistischen Staaten gezwungen waren, von der Schusswaffe Gebrauch zu machen. Dabei wurden in zwei Fällen zwei Bürger der DDR und ein Bürger der BRD tödlich verletzt."[468]

Es ist eine in mehrfacher Hinsicht interessante Passage. Wer machte 1972 „u. a." [sic!] noch – neben den bulgarischen Grenzern – von der Schusswaffe Gebrauch? Mitglieder der Operativgruppe? Bulgarische Milizionäre? War die Observierung des Paares an der südlichen Schwarzmeerküste aus dem Ruder gelaufen? Oder wurde das Paar, nachdem man es bereits tagelang verhört hatte, ganz bewusst in einem gestellten Szenario an der jugoslawischen Grenze „auf der Flucht erschossen", weil es aufgrund bestimmter nachrichtendienstlicher Belange „sicherer" schien, sie nicht am Leben zu lassen?

Antworten von den Menschen, die mit der Überwachung der DDR-Urlauber betraut waren, darf man nicht erwarten, wie die Befragung von Krause und Rambaum

---

466   Telefonisches Interview mit Herrn Schönwald (Kripo Nürnberg), 04.06.2007.
467   Telefonisches Interview mit Herrn Thieme (Pathologie Universität Erlangen-Fürth), 28.06.2007.
468   Hauptabteilung VI (Grenzkontrollen / Tourismus): BStU MfS HA VI 4722, S. 240.

zeigt. Auch die meisten Repräsentanten wissen auf Nachfrage von nichts. Uwe K.
wurde Anfang Mai 1971 von der BV Cottbus unter dem Decknamen „Ungarn"
angeworben und war ab 1972 als Repräsentant und später als Chefrepräsentant
des Reisebüros an der bulgarischen Schwarzmeerküste eingesetzt.[469] Obwohl der
„Repräsentanten-IM" jahrelang intensiv mit der Operativgruppe des MfS in der
VRB zusammenarbeitete und zahlreiche Berichte lieferte, regelmäßig konspirative
Zimmerkontrollen bei DDR-Urlaubern durchführte, bei denen er verbotene West-
zeitschriften beschlagnahmte, kann er sich im Gespräch mit dem Verfasser an diese
Tätigkeit nicht mehr erinnern. In den 1970er Jahren hätten sich die DDR-Bürger,
so IMRB „Ungarn", angeblich mit dem Thema „Republikflucht" noch nicht befasst:
„Damals waren die Menschen in der Hinsicht noch genügsamer. Die waren froh,
dort [in Bulgarien] zu sein. Offiziell ist mir über solche Fluchtversuche nichts bekannt geworden. Von der Generaldirektion [des „Reisebüros der DDR"] kamen
da auch keine Anweisungen. Ich nehme an, dass das MfS da [an der Schwarz-
meerküste] irgendwie präsent war. Aber davon weiß ich nichts."[470]

Auch die Frage, wer der weitere laut Jahresbericht 1972 in Bulgarien erschossene
DDR-Bürger war, ist nach dem bisherigen Forschungsstand nicht zweifelsfrei zu
beantworten. Es könnte sich um einen Pädagogikstudenten der TH Karl-Marx-
Stadt handeln, der mit einem Freund im Pkw seiner Eltern im August 1972 eine
Touristenreise durch Bulgarien unternahm. Am Nachmittag des 23. August 1972 –
also dem selben Tag, an dem Kühnle und Sandner starben – bauten die beiden
jungen Männer ihr Zelt in Südbulgarien auf. Anschließend brach der 20-jährige
Thomas S. aus Sachsendorf im Kreis Rochlitz alleine auf, um die Gegend zu erkunden. Vier Stunden tauchte die Miliz bei seinem Begleiter auf und teilte ihm mit,
dass er sich in der Sperrzone befinde. Der Jugendliche wurde in die benachbarte
Kreisstadt transportiert. Dort wurde ihm ein Stoffrest vom Hemd des S. gezeigt, der
angeblich im Stacheldraht zur Grenze nach Griechenland gefunden worden war.[471]
Ein paar Tage später durfte er mit dem Zug zurück in die DDR reisen. Der Wagen,
das Gepäck und die Papiere des verschwundenen Jugendlichen wurden hingegen
beschlagnahmt. Da das den Vorfall betreffende Aktenstück kein Geburtsdatum des
Thomas S. enthielt, konnte sein Schicksal bisher nicht aufgeklärt werden.

Laut Jahresanalyse der HA VI verzeichnete die Operativgruppe 1972 in Bulgarien neben einem deutlichen Anstieg des Individualtourismus auch die Festnahme von 43 Bundesbürgern, die gefälschte Grenzübertrittsdokumente mit sich

---

469 Archivierter IM-Vorgang: BStU MfS BV Cbs. AIM 4519/79.
470 Interview mit Uwe K. (Cottbus), 06.07.2008.
471 Zentrale Koordinierungsgruppe: BStU MfS ZKG 13875.

führten. Nach Ansicht von Rolf von Keiser, dem Leiter der bundesdeutschen Handelsvertretung in Sofia, waren solche Versuche nahezu aussichtslos, denn jeder Einreisende erhielt von den bulgarischen Grenzbehörden neben dem Einreisevisum eine Zählkarte, die dem Pass beigelegt wurde und bei der Ausreise wieder eingesammelt wurde. Ein Doppel dieser Karte wurde sofort an ein zentrales Register geschickt und bei der r Ausreise mit dem Original verglichen. In einem Schreiben an das Auswärtige Amt ersuchte der Diplomat deshalb darum, „aussichtslosen" Fluchtversuchen mit falschen Papieren „von vornherein entgegenzuwirken".

Doch die Fluchtversuche – ob mit falschen Papieren oder an der grünen Grenze, ob traditionell oder ausgefallen – wurden nicht weniger, im Gegenteil. Einen Anstieg gab es 1972 auch bei den Versuchen, mit Schiffen der bulgarischen Schwarzmeerflotte in die Türkei zu gelangen. Während diese Art Fluchtversuche in der Regel mit Festnahmen endeten, gelang es in jenem Sommer einem 16-jährigen bulgarischen Schüler soweit durch das Schwarze Meer entlang der Küste zu schwimmen, bis er in der Türkei war. Die Strecke betrug 34 Kilometer. In der Türkei wurde der Jugendliche sofort von der Polizei verhaftet. Aus Angst vor einer Auslieferung floh er erneut und lief zu Fuß bis nach Istanbul, wo er sich im deutschen Generalkonsulat meldete.[472]

In den meisten Fällen endeten Fluchtversuche in die Türkei auch im Sommer 1972 weniger erfolgreich. Bereits am 2. Juli 1972 war es im Raum Brodilovo (nahe Mitschurin) zur Festnahme von drei jungen Leuten aus Leipzig gekommen, die den Grenzzaun – laut Major Pfütze – bereits überwunden hatten, sich aber immer noch fünf Kilometer von der Staatsgrenze entfernt befanden. Dabei eröffneten bulgarische Grenzer das Feuer auf den 26-jährigen Roman C.*, der von Kugeln im Unterleib und im Bein getroffen wurde.[473] Der selbständige Gemüsehändler war mit seiner Frau und einem in der DDR wegen „Staatsverleumdung" vorbestraften 29-jährigen Bekannten nach Bulgarien gereist, um in die Türkei zu fliehen. Einige Tage vor ihrer Festnahme waren sie von einem Kontrollposten der Miliz bei dem Versuch, nach Malko Tarnovo zu gelangen, wieder ins Landesinnere zurückgeschickt worden.[474] Roman C.*, der schwere Verletzungen erlitten hatte, musste nach seiner Überführung in die DDR erst mehrere Wochen im Haftkrankenhaus des MfS in Berlin-Hohenschönhausen behandelt werden.

---

472 Bulgarischem Schüler gelang Flucht durch das Schwarze Meer. In: „Die Welt" (Hamburg, ASD) vom 20.11.1972, PIA.
473 Archivierter Untersuchungsvorgang: BStU MfS BV Leipzig AU 772/72.
474 Allgemeine Sachablage: BStU MfS AS MfS 139/75, Bd. 4.

14 Tage nach der Verhaftung der jungen Leute aus Leipzig versuchte der 18-jährige Elektromonteurlehrling Erich Ruschke aus dem sächsischen Weißwasser in die Türkei zu fliehen. Er war als Individualtourist mit der Eisenbahn nach Bulgarien gelangt. In Sofia erfuhr der Jugendliche, der in der Bundesrepublik studieren wollte, von einem Bulgaren, dass die Grenze nach Jugoslawien gut bewacht sei und Flüchtlinge schon in den Vororten festgenommen würden.[475] Nachdem er per Anhalter ins Grenzgebiet gelangt war, eine Nacht im Freien verbracht hatte und stundenlang durch das Grenzgebiet gelaufen war, wurde er festgenommen. Die Soldaten, von denen er glaubte, es seien Türken und denen er sich gestellt hatte, waren Bulgaren. Ruschke, der in Svilengrad mit anderen Flüchtlingen zusammengekettet wurde, berichtet, dass im Sofioter Untersuchungsgefängnis damals viele DDR-Flüchtlinge inhaftiert waren.[476] An den Vernehmungen in Sofia seien auch Ostdeutsche beteiligt gewesen. Bereits bei der Einlieferung hatten ihm die Bulgaren den Kopf geschoren, wie es im Festnahmebericht von Major Pfütze hieß.[477]

Ruschke war zu seiner Flucht ausgerechnet durch einen in Zusammenarbeit mit dem MfS produzierten DEFA-Spielfilm animiert worden, der Ende Dezember 1971 im Deutschen Fernsehfunk der DDR gesendet wurde. Inszeniert war dieser Film (*Die Istanbul-Masche*) von DDR-Nationalpreisträger Harry Thürk, den man nicht umsonst auch den „Konsalik des Ostens" nannte. Die eher simple Geschichte: Ein bulgarischer Geheimdienst-Offizier durchkreuzt mit der Hilfe eines smarten Stasi-Hauptmanns die Fluchthilfeaktivitäten des BND an der Schwarzmeerküste.

Während Ruschke immerhin bis zur Grenze gelangte, wurden viele Fluchtversuche mittlerweile durch das große Spitzelnetz des MfS und den immer besser funktionierenden Überwachungsapparat verhindert. Die Überwachung fand in Bulgarien, in der DDR und selbst in der Bundesrepublik statt, wie der Fall des Schriftstellers Klaus Kordon belegt, der seine Hafterfahrungen in Sofia in dem autobiographischen Jugendbuch *Krokodil im Nacken* verarbeitet hat. Sein Schwager in der Bundesrepublik hatte sich an eine Fluchthilfeorganisation gewandt, was ein ziemliches Wagnis war, denn das MfS war inzwischen dazu übergegangen, diese Organisationen, deren Protagonisten und sogar deren Treffpunkte durch inoffizielle Mitarbeiter zu beobachten. Von dieser Kontaktaufnahme erfuhr die ostdeutsche Spionageabwehr und informierte sofort die für die Operativgruppe zuständige Abteilung 2 der Linie „Sicherung des Reise- und Touristenverkehrs"

---

475   E-Mail Dr. Erich Ruschke (Darmstadt) vom 04.05.2006 an den Verfasser.
476   Ebd.
477   „Aus hygienischen Gründen wurde ihm das überlange Haar geschnitten." Bericht Peter Pfütze vom 03.08.1972. In: PA Erich Ruschke.

der HA VI unter Angabe der Reisedaten. Beier und seine Truppe ließen Kordon und seine Angehörigen am 29. August 1972 mittags um 12:35 Uhr im Rahmen des Operativvorgangs „Fliege" auf dem Bahnhof Bourgas festnehmen.[478] Der bulgarische Geheimdienst hatte sie bereits seit ihrer Einreise in die Volksrepublik beobachtet.

Inzwischen hatte bei den in Bulgarien eingesetzten MfS-Leuten das große Stühlerücken begonnen. Neben Helfricht musste am Ende der Saison auch Brichmann gehen. Während Brichmann zur Zollabwehr nach Ost-Berlin zurückkehrte und Helfricht zum Länderoffizier für Rumänien[479] ernannt wurde, übernahm Schundau (FIM „Mirek") die Leitung der Auslandsvertretung des „Reisebüros der DDR" in Sofia. Operativgruppenchef Beier und sein Verbindungsoffizier Oberleutnant Rambaum, die beiden MfS-"Diplomaten" in Sofia, blieben hingegen auf ihren Posten.

---

478 Archivierter Untersuchungsvorgang: BStU MfS AU 6991/73. Mit der Bearbeitung des OV „Fliege" war in der SRT 2 unter anderem Unterleutnant Wolfgang Buck beauftragt, der 1974 als Verbindungsoffizier zur Operativgruppe nach Bulgarien versetzt wurde.

479 HA VI/Sicherungsaufgaben im Ausland/Abteilung 6/Referat 1.

5. Der beginnende Individualtourismus

In der Zentrale der Operativgruppe in Nessebar gab es 1973 einen fast vollständigen Neuanfang. Der vom Goldstrand an den Sonnenstrand versetzte Stabsfeldwebel Brigitte Goldstein nahm seine Befehle – abgesehen von den häufig am Sonnenstrand operativ tätigen Sofioter „Diplomaten" Beier und Rambaum – von den hier stationierten Walter Tietze und Rudi Behrend entgegen. Walter Tietze war der Nachfolger von Helfricht. Der 32-jährige Leutnant war nach seiner Dienstzeit im Wachregiment des MfS in die Auslandsaufklärung (HV A) gewechselt. Der gebürtige Dresdner hatte etliche Jahre in der Linie XV (Referat Reisen und Touristik) der BV Dresden gearbeitet, bevor er im Januar 1972 zur HA VI in die SRT 2 wechselte und noch im selben Jahr zur Operativgruppe in die ČSSR versetzt wurde. Tietze war, wie schon im Vorjahr, weiterhin für die Überwachung der Südlichen Schwarzmeerküste zuständig.

Tietzes Chef, der 47-jährige Oberleutnant Behrend, übernahm die Zuständigkeit für den Sonnenstrand. Vor seiner Kommandierung zur Hauptabteilung VI nach Ost-Berlin war Behrend viele Jahre für die Staatssicherheit in Mecklenburg eingesetzt, zunächst in einer Kreisdienststelle und später – vor seiner Kommandierung zur HA VI – in der für die Sicherung der Volkswirtschaft zuständigen Abt. XVIII der Bezirksverwaltung Neubrandenburg. Die beiden als Reisebüro-Mitarbeiter legendierten Geheimdienstler arbeiteten am Sonnenstrand mit dem neuen Chefrepräsentanten des „Reisebüros der DDR", Bernhard T. (FIM „Rudi Born") und dessen „Stellvertreter", dem Reisebüro-OibE Leutnant Ulrich Bubke zusammen.

Auch weiterhin scheute der ostdeutsche Geheimdienst keinen Aufwand, um sein bulgarisches Sicherungssystem weiter zu verbessern. Während der Wintermonate, also schon vor Saisonbeginn, hatte man den 1. Sekretär des Parteikomitees der BKP vom Sonnenstrand, den Genossen Marinov, nach Ost-Berlin eingeladen, wo man ihm unter anderem einen Lichtbildervortrag zum Thema „Notwendigkeit der Grenze am Brandenburger Tor" präsentierte.[480] Es ging den Geheimdienstlern darum, die leitenden Genossen der Bruderpartei für die Probleme des MfS zu sensibilisieren.

Der verschwundene Helfricht blieb allerdings in gewisser Weise präsent. Kurz nach Saisonbeginn meinte der bulgarische Fremdenführer Lambrie Kolewski im Beisein von „Rudi Born" zu Leutnant Tietze, er habe schon dessen Vorgänger

---

480 Archivierter IM-Vorgang: BStU MfS AIM 8575/74 T II, Bd. 2, S. 57 f.

gekannt. Als Tietze das unangenehme Thema abzuwiegeln versuchte, entgegnete ihm der Bulgare: „Du weißt schon, was ich meine. Ich weiß doch Bescheid – so mit Kurierfahren und sonstiger Arbeit."[481] Er selbst habe mit einem Offizier der bulgarischen Staatssicherheit im griechischen Grenzgebiet gearbeitet.

An der nördlichen Schwarzmeerküste erledigten in dieser Saison Evelyne Bönisch und Christa Uhlig die Büroarbeit der Operativgruppe. Hauptmann Uhlig, der weiterhin als Beiers Stellvertreter amtierte, erhielt darüber hinaus zwei neue Leutnants zur Seite. Der 34-jährige Winfried Grüning[482] hatte seine Geheimdienstkarriere in der Kreisdienststelle Eberswalde des MfS begonnen, bevor er zur HA VI SRT 2 versetzt wurde. Er war mit einer echten Mitarbeiterin des „Reisebüros der DDR" verheiratet, übte – nach außen als Reisebüro-Mitarbeiter legendiert – die Funktion des Operativen Führungsoffiziers am Goldstrand aus. Der 31-jährige Wolfgang Buck[483] hatte zu Beginn seiner MfS-Laufbahn als HIM der Linie XV der BV Schwerin gearbeitet, kam also wie Tietze aus der Auslandsaufklärung. Vor seiner Versetzung zur HA VI SRT 2 war er in der Kreisdienststelle Hagenow des MfS tätig. In Bulgarien übernahm Buck die neu geschaffene Aufgabe eines Koordinierungsoffiziers für die Bezirke Varna und Tolbuchin. Das heißt, Buck arbeitete an der nördlichen Schwarzmeerküste direkt mit dem bulgarischen Staatssicherheitsdienst zusammen. Er war ebenso wie der für das MWR und die Südküste zuständige Rambaum als „Diplomat" legendiert. Die „operative" Aufgabe der beiden Männer bestand darin, schnell und unkompliziert zu jeder Tages- und Nachtzeit mit den staatlichen Organen der Volksrepublik zu kooperieren, um verdächtige DDR-Bürger und ihre westdeutschen Helfer hinter Schloss und Riegel zu bringen. „Diese Form der Zusammenarbeit war erfolgreich und unkomplizierter, wie sich besonders bei der Herbeiführung von konspirativen Entscheidungen und im koordinierten Handeln in der Durchführung von Maßnahmen positiv auswirkte"[484], hieß es dazu im Abschlussbericht der HA VI für das Jahr 1973.

Als neuer Chefrepräsentant des „Reisebüros der DDR" war Jürgen L.[485] (FIM „Jürgen") am Goldstrand hinzugekommen. Er war ein erfahrener Geheimdienstler, der als „Selbstanbieter" bereits 1959 zum MfS kam und in den 1960er Jahren mit österreichischem Pass in München als Instrukteur für die Spionageabwehr der DDR arbeitete. Bei den „echten" Reisebüro-Mitarbeitern als Chef unbeliebt, war

---

481 BStU MfS A/1 638/85, Bericht vom 17.05.1973, S. 63.
482 Kaderakte Winfried Grüning: BStU MfS KS 9306/90.
483 Kaderakte Wolfgang Buck: BStU MfS KS 23550/90.
484 Zentrale Auswertungs- und Informationsgruppe: BStU MfS ZAIG Nr. 30431, S. 69.
485 Archivierter IM-Vorgang: BStU MfS AIM 12093/87.

L. als Chefrepräsentant unter operativen Gesichtspunkten beim MfS erste Wahl. Er wurde durch einen „Stellvertretenden Chefrepräsentanten", den anstelle von Oelsner[486] an den Goldstrand versetzten OibE Benno Schmidt ergänzt, der, wie im Vorjahr, unter anderem für die Verbindung zu Irma Gideon (FIM „Baumann"), der Chefrepräsentantin in Albena, zuständig war.

Im Abschlussbericht für das Jahr 1973 ist eine weitere Steigerung des Zustroms von DDR-Urlaubern in die Volksrepublik verzeichnet. Allerdings machten sich im zwölften Jahr nach dem Mauerbau Veränderungen im Reiseverhalten der DDR-Besucher bemerkbar. Während der DDR-Individualtourismus nach Bulgarien starke Zunahmen verzeichnete, war der organisierte Massentourismus unter der Regie des „Reisebüros der DDR" noch deutlicher rückläufig als im Vorjahr.

Interessant ist, wie man sich in der Hauptabteilung VI des MfS erklärte, dass fast ausschließlich junge Leute (bis 35) an den Fluchtversuchen über die verlängerte Mauer beteiligt waren. Diese hätten ein „noch nicht genügend gefestigtes Staatsbewusstsein", würden sich mit der Politik der Staatspartei „nicht oder noch nicht voll" identifizieren und wiesen deshalb eine „gewisse Zugänglichkeit" für die „gegnerische Argumentation" auf.[487] Dass die jungen Leute selbst über ihre eigene Zukunft entscheiden wollten und zu ihren Fluchtversuchen nicht überredet werden mussten, kam den Aufpassern der HA VI nicht in den Sinn. Fast 50 Prozent der Festnahmen in diesem Jahr erfolgten an der jugoslawischen Grenze, während der Anteil der gescheiterten Fluchtversuche an der türkischen Grenze auf weniger als 35 Prozent zurückging.

Inzwischen hatte man im MfS Erkenntnisse aus der Festnahme des Fluchthelfers Uwe Junges gezogen. Ende April 1973, also noch vor Beginn der Hauptsaison, reiste der frühere Operativgruppenchef Major Günter Herfurth in Begleitung von Hauptmann Lothar Kurz zu Gesprächen ins bulgarische Innenministerium. Es ging um gemeinsame Maßnahmen zur Eindämmung von Fluchten über die verlängerte Mauer. Gemeinsam hieß, diese Maßnahmen waren in der HA VI entwickelt worden und sollten in den „Bruderländern" umgesetzt werden. Man einigte sich als Sofortmaßnahme darauf, künftig Codezahlen unterhalb des Passkontrollstempels einzutragen, die einer Schlüsseltabelle zu entnehmen waren. In dieses System waren Transitpassagiere und Umsteiger ausdrücklich mit einzubeziehen.[488] Und während Herfurth das Thema mit zwei Obersten und einem Oberstleutnant der bulgarischen Volksarmee erörterte, war Oberst Willy Damm,

---

486 Der OibE Manfred Oelsner kam in der Saison 1972 zur Urlauberüberwachung am Balaton (UVR) zum Einsatz.
487 Zentrale Auswertungs- und Informationsgruppe: BStU MfS ZAIG Nr. 30431, S. 36.
488 Abteilung X (Internationale Verbindungen): BStU MfS Abt. X 2324, S. 24–28.

der Chef der Hauptabteilung X, ebenfalls nach Sofia gereist, um Innenminister Dimitar Stojanov über die Aktivitäten der Zentren des staatlichen Menschenhandels aufzuklären. Stojanow bat ihn, Mielke mitzuteilen, dass in der Einschätzung dieser Probleme „völlige Übereinstimmung" bestehe. Die Operativgruppe des MfS könne, so Stojanow, auch weiterhin mit allseitiger Unterstützung im Rahmen der Sicherung des Reiseverkehrs in die VRB rechnen, ebenso werde er – wie zuletzt im Fall Junges – der zeitweiligen Überstellung von Bürgern anderer Staaten auch weiterhin zustimmen, womit natürlich primär Bundesbürger gemeint waren.[489] Nachdem sie ihre Gespräche abgeschlossen hatten, reisten Herfurth und Damm umgehend auch in die anderen fluchtrelevanten Hauptstädte, um einerseits Sofortmaßnahmen durchzusetzen und darüber hinaus zu einer internationalen Konferenz des MfS zur „Aufdeckung und Verhinderung von Personenschleusungen im internationalen Luftverkehr" einzuladen, die Anfang Juni 1973 stattfand.

Im internationalen Jugendlager in Primorsko beobachtete Leutnant Tietze im Sommer 1973 ein Fußballspiel, bei dem Jugendliche aus beiden deutschen Staaten in einer „gemeinsame[n] deutsche[n] Mannschaft" gegen eine bulgarische Mannschaft antraten. Das Ereignis wurde im Jahresbericht als Beispiel „politisch-ideologischer Diversion" des Westens eingestuft. Es durfte nach östlicher Denkart kein Zusammengehörigkeitsgefühl zwischen jungen Leuten aus beiden Teilen Deutschlands geben, erst recht keine gemeinsame Mannschaft. Kamen junge DDR-Bürger in Kontakt mit dem Westen, stieg das Fluchtrisiko an. Aus demselben Grund durften DDR-Bürger keine westlichen Zeitungen und Zeitschriften lesen. DDR-Bürger davon abzuschirmen zählte zu den Aufgaben der Operativgruppe und ihrer inoffiziellen Reisebürohelfer: „Neben Streifbandzeitungen aus der BRD an Urlauber aus der DDR wurden Zeitungen und Zeitschriften auch an Hotels ohne Nennung konkreter Anschriften gesandt. Ein Fall hierfür ist das Hotel ‚Rodina' in Slatni Pjassazi / VR Bulgarien [Goldstrand]. Die Zeitschriften konnten durch direkte Einflussnahme aus dem öffentlichen Verkehr gezogen werden."[490]

Die Erfahrung, dass Westkontakte besonders in Kombination mit Liebesbeziehungen praktisch nicht kontrollierbar waren, auch dann nicht, wenn es sich um ideologisch gefestigte Menschen handelte, belegt der Fall Wolfgang K.*, der sich bereits im Frühjahr 1973 ereignete. Der 32-jährige gelernte Ingenieur hatte mehr als dreieinhalb Jahre als „offensiver Aufklärer" des Militärgeheimdienstes der DDR aus dem Operationsgebiet im Westen berichtet. Doch die Spionagemission

489 Ebd., S. 30.
490 Zentrale Auswertungs- und Informationsgruppe: BStU MfS ZAIG Nr. 30431, S. 46.

lief aus dem Ruder. Nachdem sich der Unterleutnant in eine junge Frau aus der Bundesrepublik verliebt hatte, rief ihn seine Dienststelle im Spätsommer 1972 in die DDR zurück. Eine Lösung, mit der Wolfgang K.* nicht leben wollte. Mit dem Ziel, in den Westen überzulaufen und seine Freundin zu heiraten, buchte er eine Reise nach Pamporovo. Von dort aus reiste er binnen weniger Tage zweimal nach Sofia und sprach in der niederländischen Botschaft vor, da seine Kundschafter-tätigkeit auch die Niederlande betraf. Nach Aktenlage machte er umfangreiche Angaben über seine geheimdienstliche Mission. Offenbar rechnete er nach seinem Geständnis damit, von einem westlichen Geheimdienst aus der Volksrepublik herausgeholt zu werden. Die Reise endete, nachdem er nach dem zweiten ergeb-nislosen Besuch bei den Holländern mit einem Taxi ins Dreiländereck Bulgarien/ Griechenland/Jugoslawien fuhr. Seine Festnahme im Grenzgebiet erfolgte nach Hinweisen aus der Bevölkerung. Zwei Wochen später befand sich K.* zurück in der DDR, wo man ihn wegen „Spionage" – womit die beiden Besuche in der holländischen Botschaft gemeint waren – zu einer Haftstrafe von zehn Jahren verurteilte.

Unter ganz anderen Umständen geriet der Kölner Journalist Hans-Ulrich Gaerdes im Sommer 1973 an der Grenzübergangsstelle „Kapitan Andreevo" in Haft. Der Redakteur des türkischsprachigen Programms der „Deutschen Welle" (DW) befand sich in einem Reisebus auf dem Rückweg in die Bundesrepublik, als man ihn aufforderte, ins Grenzhaus zu kommen. In einem bürgerlich möblier-ten Hinterzimmer bemerkte der Journalist ein Porträtfoto von Erich Mielke, mit handschriftlicher Widmung für die Genossen des Grenzpostens „für treue und zuverlässige Verteidigung der Grenze des sozialistischen Lagers". Wenig später befand sich Gaerdes mit Handschellen an ein Heizungsrohr gekettet im Keller des Gebäudes. In den Erinnerungen des Journalisten heißt es, dass er von einem perfekt deutsch sprechenden Zivilisten vernommen wurde, der ihm erzählte, er habe zwölf Jahre lang in der DDR Dienst getan. Ob die Festnahme aus Spionage-verdacht erfolgte, oder weil man Gaerdes der Fluchthilfe verdächtigte, ist nicht bekannt. Nach zehn Stunden wurde Gaerdes wieder in die Türkei abgeschoben. Der Vorfall zeigt allerdings klar, dass man sich in der Volksrepublik mit Unter-stützung des MfS auf die Verhinderung ostdeutscher „Republikfluchten" nicht nur technisch sondern auch sprachlich zunehmend gut eingestellt hatte. Deutsch-sprachige Untersuchungsrichter gab es in Sofia schon lange, nun hatte man diese Fachleute auch an den wichtigsten Grenzübergängen stationiert.

Für Gaerdes war der Zwischenfall damit noch nicht beendet. Zurück in Köln wurde er zum Intendanten der „Deutschen Welle", Walter Steigner, bestellt, der ihn, wie Gaerdes in seinen Erinnerungen schreibt, verpflichtet habe, nichts von dem Grenzzwischenfall zu veröffentlichen. Schließlich stand die Aufnahme diplomatischer Beziehungen zwischen Bonn und Sofia bevor.

Der Fall Jochen Kilian

Noch ungelegener wäre es der Bundesregierung gekommen, hätte man in der Öffentlichkeit von einem weiteren Vorfall erfahren, der etwa zur selben Zeit ebenfalls an der Grenzübergangsstelle „Kapitan Andreevo" seinen Ursprung nahm. Der 33-jährige Diplom-Chemiker Jochen Kilian aus Eisleben, der im Forschungsinstitut der Leuna-Werke arbeitete, wurde mit einem falschen Pass auf den Namen Stefan Wagner beim Fluchtversuch an der türkischen Grenze festgenommen. Wenige Tage später lebte er nicht mehr: „Nach der Erstvernehmung durch das Bruderorgan [MWR] beging der Beschuldigte unter Verwendung von Zyankali Selbstmord (Untersuchungsergebnis der Gerichtsmedizin)."[491]

Jochen Kilian hatte sich in eine junge Frau aus der Bundesrepublik verliebt, die er schon seit seiner Kindheit kannte und die auch nach dem Mauerbau regelmäßig zu Familienbesuchen ins ostdeutsche Eisleben reiste. Im Sommer 1973 traf sich Kilian mit seiner Verlobten zunächst nach einer Beerdigung in Eisleben und wenig später noch einmal in Ost-Berlin. Weil er so kurzfristig keine Reisemöglichkeit nach Bulgarien fand, wurde ein Treffen in der tschechischen Hauptstadt vereinbart. Kilian fuhr mit seinem Motorrad nach Prag, wo er sich mit dem Bruder seiner Freundin traf. Dieser Bruder, Harald W.*, der ihm für verhältnismäßig wenig Geld in Frankfurt einen gefälschten Pass beschafft und mitgebracht hatte, wollte ihn auf dem Weg in den Westen begleiten. Anfangs, so sagte der Bruder später aus, sei noch nicht festgelegt gewesen, von welchem der „Bruderländer" das Vorhaben gestartet werden sollte. Die Entscheidung für Bulgarien fiel schließlich, nachdem er einen Bericht in der Reisebeilage der *Frankfurter Rundschau* gelesen hatte, in dem es hieß, dass Reisende aus der Bundesrepublik in Bulgarien kein Einreisevisum benötigten.[492]

Der Fluchtplan war gut vorbereitet, anderenfalls hätte sich der als sehr bedächtig beschriebene Jochen Kilian wohl auch kaum darauf eingelassen. Seine fast beendete Doktorarbeit („Kationische Polymerisation von substituierten Norbornen-Derivaten") und seine Münzsammlung hatte der Hobby-Kakteen-Züchter zu diesem Zeitpunkt bereits über die Transitstrecke in den Westen geschmuggelt, erinnert sich Harald W.*. Von Prag aus fuhren die beiden Männer in W.s* VW-Käfer über Ungarn – mit einer Übernachtung in Budapest – und Rumänien

491   Ebd., S. 48.
492   Abteilung IX (Untersuchungsabteilung): BStU MfS BV Halle Abt. IX Sach 1710.

nach Bulgarien. Kurz nach der nächtlichen Einreise in die Volksrepublik traf sich Jochen Kilian in Sofia im Luxus-Hotel „Balkan" mit seiner Freundin. Durch sie erhielten sie die Vorlage eines aktuellen Einreisestempels, der nun durch eine eigens mitgebrachte Fälscherausrüstung dupliziert werden musste, denn Kilian war laut Fluchtplan über Kalotina nach Bulgarien eingereist, und zwar auf der Durchreise in die Türkei. In einigen Tagen, so verabredete man, wollte man sich in der süditalienischen Hafenstadt Monopoli wiedersehen.

Bereits am nächsten Tag fuhren Harald W.* und Jochen Kilian mit dem Käfer in Richtung Türkei, während die Freundin über die Grenzübergangsstelle Kalotina zurück nach Jugoslawien ausreiste. Harald W.* berichtet, dass Kilian und er verabredet hatten, auf dem Wege zur Grenze alle Beweise ihres Fluchtplans zu vernichten und an einem Gewässer hielten, in das Stempelkissen, Stempelfarben und Druckplatten geworfen wurden. Doch als der orangefarbene Käfer schließlich am 7. August 1973 gegen 21 Uhr an der Grenzübergangsstelle Kapitan Andreevo abgefertigt wurde, schöpften die Grenzer rasch Verdacht. Kilian fehlte die sogenannte Statistikkarte, auch konnte er weder einen Führerschein noch einen Personalausweis vorlegen. Während W.* im Käfer wartete, musste Kilian die Grenzer ins Gebäude begleiten. Es sei bei der Befragung laut zugegangen, erinnert sich Harald W.*. Dann dauerte es nicht mehr lange, bis das Gepäck durchsucht wurde. Wobei – laut einer Aktennotiz der HA VI SRT 5 vom 15. August 1973 – nicht nur Kilians ostdeutsche Motorradkombi, sondern auch ein Reagenzglas und Ausgangsmaterialien von Kunstfasern sichergestellt wurden.[493]

Jochen Kilian gestand seinen Fluchtversuch schnell, vielleicht wegen der erdrückenden Beweise, vielleicht weil seine Nerven nicht mitspielten, jedenfalls sehr zum Ärger von Harald W.*, der ebenfalls in Gewahrsam genommen wurde. Die Nacht verbrachte W.* mit Handschellen an die Heizung im Flur eines Nebengebäudes der Grenzübergangsstelle gekettet, während man den DDR-Flüchtling und mutmaßlichen Spion Kilian in eine separate Zelle sperrte.

Am Vormittag des 8. August 1973 hat Harald W.* Jochen Kilian das letzte Mal gesehen. Die beiden Gefangenen saßen nebeneinander auf der Rückbank des Käfers, der von zwei Grenzern in die südostbulgarische Bezirksstadt Haskovo gefahren wurde. „Wir durften uns miteinander unterhalten und verabredeten, vorerst keine Einzelheiten auszusagen. Wir wollten sichergehen, dass meine Schwester vorher das Land verlassen hat." Einen depressiven oder verzweifelten Eindruck habe Kilian nicht auf ihn gemacht, betont W.*, der in Haskovo mit einem Bulgaren in eine Kellerzelle gesperrt wurde, den man gleichfalls beim Fluchtversuch an der türkischen

---

493   Archiviertes Material zu einer KK erfassten Person: BStU MfS AKK 308/75.

Grenze festgenommen hatte. Während W.* noch ein paar Tage in Haskovo blieb, schaffte man den vermeintlichen Spion Kilian bereits am nächsten Tag in die Untersuchungshaftanstalt der bulgarischen Staatssicherheit in Sofia, wo er nach Aktenlage am 9. August um 19 Uhr eintraf. Neu eintreffende Häftlinge wurden dort einer genauen Leibesvisitation unterzogen, erinnert sich W.*, der ein paar Tage später im selben Gefängnis eintraf. Mit an Sicherheit grenzender Wahrscheinlichkeit wurde Kilian noch in der gleichen Nacht verhört. Doch die Protokolle über diese Verhöre sind verschwunden. Stattdessen gibt es nur einen bulgarischen Totenschein, aus dem hervorgeht, dass Jochen Kilian am nächsten Vormittag in der Zelle zusammengebrochen und schließlich um 11:45 Uhr Ortszeit im Krankenhaus des bulgarischen Innenministeriums an „Herzversagen" verstorben sei.

Keine drei Tage nach seiner Festnahme war Jochen Kilian tot – nach Angaben des Forschungsbüros für Kriminalistik bei der Direktion der Volksmiliz handelte es sich um einen Suizid. Es folgten Durchsuchungen in seiner Wohnung und an seinem Arbeitsplatz. Seine Mutter und sein Bruder gerieten ins Visier der Staatssicherheit. Sechs Wochen später erhielt Kilians Mutter einen Brief aus Ost-Berlin. Absender war das Ministerium für Auswärtige Angelegenheiten. Zu ihrer Kenntnis – hieß es darin –, dass ihr Sohn auf dem Sofioter Zentralfriedhof beigesetzt worden sei. Ihrer „verständlichen" Bitte um Überführung des Sarges könne nicht entsprochen werden, weil eine Überführung der Leiche angeblich wegen der „innerstaatlichen Gesetzgebung" in Bulgarien erst nach sechs Jahren möglich sei.[494] Die Unterzeichnerin, Ursula Gott (51), Hauptreferentin in der Abteilung Konsularische Beziehungen, wusste genau, dass es sich um eine dreiste Lüge handelte. Die „langjährige, verschwiegene und zuverlässige Genossin der SED" war inoffizielle Mitarbeiterin des MfS und innerhalb des MfAA für die Abwicklung der Todesfälle von „Republikflüchtlingen" zuständig.[495] Wäre Kilian bei einem Verkehrsunfall oder beim Baden verunglückt, hätte es keinerlei Probleme mit der Überführung seiner Leiche aus Bulgarien gegeben. Aber die toten „Republikflüchtlinge" mussten in der Volksrepublik bleiben.

Als Peter Kilian 1974 nach Sofia reiste, um beim DDR-Konsul weitere Einzelheiten über die Todesumstände seines Bruders zu erfahren, befand sich dort noch eine Akte über den Vorgang. In Kilians Anwesenheit las eine Mitarbeiterin darin und erklärte ihm anschließend, sie könne ihm keinerlei Auskunft erteilen.[496] Ma-

494 Brief Ursula Gott (MfAA) vom 28.09.1973 an Dr. Charlotte Kilian, PA Kilian Kopie AdA.
495 Archivierter IM-Vorgang: BStU MfS AIM 6857/91.
496 Brief Peter Kilian vom 30.09.1990 an Außenminister Lothar de Maizière, PA Kilian Kopie AdA.

jor Peter Pfütze hat sich nach eigenen Angaben am Morgen des 10. August 1973 in der U-Haftanstalt der bulgarischen Staatssicherheit einige Minuten mit dem „unter Spionageverdacht stehenden" Kilian unterhalten. Nach seiner Erinnerung habe Kilian erklärt, er müsse sofort ein bestimmtes Medikament einnehmen, anderenfalls würde er sterben. Daraufhin habe man ihm ein vermeintliches „Medikament" gegeben, das man in seinem beschlagnahmten Gepäck gefunden hatte. Pfütze und der bulgarische Untersuchungsrichter seien „erstaunt" gewesen, als Kilian kurze Zeit später tot in seiner Zelle lag. Für Pfütze liegt das Motiv des angeblichen Selbstmords auf der Hand: „Er rechnete mit seiner Verurteilung wegen Wirtschaftsspionage."[497] Dokumente, die diese Darstellung belegen, gibt es allerdings nicht. Weder das Festnahme- noch das Vernehmungsprotokoll finden sich in den Akten des Staatssicherheitsdienstes der DDR. Stattdessen befand sich im Besitz der Angehörigen von Kilian ein als „Auskunft" überschriebenes Dokument aus dem Herbst 1990, dass die Botschaft der Bundesrepublik in Sofia am 21. März 1991 übersandt hatte. Darin hieß es, dass Kilian eine Packung Askophin in seiner Tasche hatte, in der sich das Gift befand.[498] Der Unterzeichner dieses 1990 verfassten Dokuments, Untersuchungsrichter Boshkov, musste es wissen. Er hatte den Fall 1973 gemeinsam mit Pfütze untersucht und war auch nach dem Mauerfall auch weiterhin im Sofioter Innenministerium beschäftigt.

Die Behörden der Ostblockländer operierten überaus großzügig mit dem Spionagevorwurf. Dass Jochen Kilian kein Spion war und auch keine Spionage beabsichtigte, liegt auf der Hand. Vielleicht sollte die inflationäre Spionagerhetorik auch von eigenen Aktivitäten östlicher Dienste ablenken. Das MfS machte sich die deutsch-deutschen Liebesverhältnisse, die so oft zu Fluchten führten, nämlich selbst zu Nutze, wie der Fall Dagmar S.-K. belegt. Die junge Frau, die als Sekretärin im Bundeskanzleramt beschäftigt war, ging im Sommer 1973 an der bulgarischen Schwarzmeerküste einem flotten jungen MfS-"Romeo" ins Netz, dem HIM „Herbert Schröter", der zuvor bereits die 1973 verhaftete Außenamtssekretärin Gerda O. für die Stasi rekrutiert hatte.[499]

---

497 Telefonisches Interview mit Peter Pfütze (Berlin), 17.06.2015.
498 Brief Aldinger (Botschaft Sofia) vom 21.03.1991 an Peter Kilian, PA Kilian Kopie AdA.
499 S.-K. und O. erhielten nach ihrer Strafverbüßung vom Bundesamt für Verfassungsschutz neue Identitäten. Sie wirkten beide 1985 in dem Aufklärungsfilm „Es ist nie zu spät" mit, der sich an West-Sekretärinnen mit Zugang zu Staatsgeheimnissen richtete und diese aufforderte, sich, soweit sie bereits in Diensten eines fremden Geheimdienstes standen, zu stellen. S.-K. erklärte, die hausinterne Kopieranlage

„FIM Alfons": Der falsche Fluchthelfer

Gut 14 Tage nach Jochen Kilians Tod, Ende August 1973, wurden an der bulgarisch-jugoslawischen Grenze im Bereich Dragoman bei einer Zugkontrolle insgesamt neun DDR-Bürger, darunter eine Zahnärztin, ein Ingenieur und ein Kind, festgenommen, nachdem sie versucht hatten, mit falschen Pässen nach Jugoslawien einzureisen. Ihre Festnahme ging auf das Konto von Alfons H., der gleich bei seinem Job als „Reiseleiter" des kommerziellen Fluchthelfers Wolfgang Löffler ganze Arbeit leistete. H. (alias „FIM Alfons") hatte mit der Gruppe in Sofia übernachtet und deren Fahrkarten besorgt. Anschließend waren alle gemeinsam in ein einziges Abteil im vorletzten Waggon des überfüllten Zuges nach Belgrad eingestiegen. Während die Grenzer alle seine Zöglinge bei der Passkontrolle festnahmen, waren sie „überraschenderweise" am Fluchthelfer nicht interessiert und ließen ihn unbehelligt passieren. Zwei Tage später erstattete „Alfons" dann in West-Berlin Löffler Bericht und erzählte ihm eine völlig unglaubwürdige Geschichte. Er habe sich während der Kontrolle und der Festnahme seiner Schützlinge im Zug versteckt. Laut IM-Bericht war Löffler wie vor den Kopf geschlagen, bei der Festnahme müsse „Zauberei" im Spiel gewesen sein – und wörtlich: „Wenn die jetzt Magie da machen, dann kann ich aufhören. Dann brauch ich nicht mehr weitermachen."[500] Auf die Idee, dass es sich um einen falschen Zauber seines in Diensten des MfS stehenden „Reiseleiters" handeln könnte, kam Löffler nicht.

Im Abschlussbericht der Operativgruppe des MfS wurde die Verhaftung ordentlich gefeiert. Es hieß, dass es sich um Kunden des kommerziellen Fluchthelfers Wolfgang Löffler handelte, die „untereinander weder in einem verwandtschaftlichen noch bekanntschaftlichen Verhältnis" standen.[501] Sie waren unabhängig voneinander zunächst nach Prag gereist und von dort nach Sofia gelangt. Anschließend reisten alle erneut nach Rumänien. Hier trafen sie auf Peter H., mit dem sie gemeinsam per Zug nach Varna reisten. Und zwar unter Verwendung falscher westdeutscher Pässe und eines von H. beantragten Gruppenvisums.[502] Von hier aus flogen alle gemeinsam als „Reisegruppe" nach Sofia, wo sie als DDR-Bürger in einem Hotel übernachteten und am nächsten Morgen gemeinsam mit Peter H. den D-Zug nach Belgrad bestiegen, jetzt wieder als vermeintliche westdeutsche Reisegruppe: „Die Organisation [Löffler] wählte diesen ungewöhnlichen

---

im Bundeskanzleramt habe sich für Spionage geradezu angeboten. Geheimfilm, in: DPA, 23.01.1986.
500 Teilablage: BStU MfS A 35/77, Bd. 3, S. 72.
501 Zentrale Auswertungs- und Informationsgruppe: BStU MfS ZAIG Nr. 30431, S. 51.
502 Teilablage: BStU MfS A 35/77, Bd. 3, S. 73.

Weg in der Annahme, dass es den betreffenden Sicherheitsorganen nicht möglich sein wird, diesen Weg unter Kontrolle zu halten."[503]

Es war eine Methode, die normalerweise hätte funktionieren müssen – und in der Vergangenheit bereits mehrfach bei Löfflers Fluchthilfeaktionen problemlos funktioniert hatte. Erkannt werden konnte sie nur durch den bei Löffler eingeschleusten „Alfons". Über seine Schlüsselrolle bei der Festnahme findet sich jedoch kein Wort im Abschlussbericht der Operativgruppe. Stattdessen nur die nichtssagende Formulierung, der Fluchtversuch sei in Zusammenarbeit mit dem tschechoslowakischen und bulgarischen Staatssicherheitsdienst im Rahmen eines „operativen Kontrollauftrags" der Operativgruppe verhindert worden.

Nur wenige Tage vor dieser großen Festnahme war im Hamburger Nachrichtenmagazin *Der Spiegel* eine Titelgeschichte über DDR-Flüchtlinge erschienen[504], in denen recht detailliert an mehreren aktuellen Beispielen gezeigt wurde, auch welchen Wegen bundesdeutsche Fluchthilfeorganisationen – und allen voran der „bullige" Wolfgang Löffler („Ich bin Spezialist für Ostblockländer") – die verlängerte Mauer überwanden. Doch obwohl Löffler nach H.'s Bericht durchaus die richtige Schlussfolgerung zog („Er versteht nicht, wieso die uns reinfahren lassen und nicht rausfahren lassen, wenn die selbst den Visumstempel reingemacht haben. […] Und wenn da nichts ist, kann das nur einer verpfiffen haben…"), erkannte der „Spezialist für Ostblockländer" nicht den Verräter, mit dem er gerade Kaffee trank. Stattdessen glaubte er, es habe am Schlafwagenschaffner gelegen. Für Löffler war die große Festnahmeaktion nicht nur ein enormer finanzieller Verlust, hinzu kam, dass er zwei der festgenommenen DDR-Bürger im Auftrag einer Bonner Regierungsstelle holen sollte, wie „Alfons" nach Ost-Berlin berichtete.[505]

In der Bundesregierung gab es zu dieser Zeit Meinungsverschiedenheiten über die Frage, wie mit professionellen Fluchthelfern umzugehen sei. Während Außenminister Scheel (FDP), Kanzleramtsminister Egon Bahr (SPD) und der Minister für innerdeutsche Beziehungen, Egon Franke (SPD) die Ansicht vertraten, das Transitabkommen überlagere das Grundgesetz, und deshalb müsse Fluchthilfe belangt werden, hielten sich Bundesinnenminister Hans-Dietrich Genscher (FDP) und Bundesjustizminister Gerhard Jahn (SPD) an das Grundgesetz, dass in Artikel 11 allen Deutschen Freizügigkeit im gesamten Bundesgebiet garantierte. Hatte der BND mit Wolfgang Jahn 1962 noch selber einen „Fluchtberater" an die

503 Zentrale Auswertungs- und Informationsgruppe: BStU MfS ZAIG Nr. 30431, S. 52.

504 Morgens um sechs bist Du in Michendorf. In: „Der Spiegel" (Hamburg) vom 20.08.1973. In: http://www.spiegel.de/spiegel/print/d-41926481.html, abgerufen am 25.08.2015.

505 Teilablage: BStU MfS A 35/77, Bd. 3, S. 74.

Schwarzmeerküste entsandt, waren Fluchthelfer in der ersten Hälfte der 1960er Jahre behördlicherseits noch als Helden und Vorbilder eingestuft worden, machte sich nun die Ostpolitik bemerkbar. Der *Spiegel* stand in diesem koalitionsinternen Disput offensichtlich näher bei Scheel als bei Jahn.

Bereits wenige Tage nach der rätselhaften Verhaftung von Wolfgang Löfflers Reisegruppe an der bulgarisch-jugoslawischen Grenze befand sich Peter H. bereits wieder auf Erkundungsreisen für den kommerziellen Fluchthelfer. Nachdem er zunächst eine Route von Helsinki über Moskau nach Bukarest erprobt hatte, schickte ihn Löffler am 21. September 1973 über Frankfurt am Main nach Sofia, wo bereits am folgenden Tag eine Maschine aus Prag eintraf – an Bord eine vierköpfige Familie aus Köthen nebst Großmutter aus Dresden, denen „Alfons" – der mit einem schwarzen Diplomatenkoffer mit Geheimfach in der bulgarischen Hauptstadt eingetroffen war – bei der Flucht in den Westen „helfen" sollte. „Alfons", der sich mit dem Familienvater – einem Spezialist für Frischgewebeanalysen – am Reiterdenkmal gegenüber dem Parlamentsgebäude traf, erklärte ihnen, dass sie fünf Flugtickets auf den Namen „Hase" nach Bukarest zu erwerben hätten und dass er sie nach dort begleiten würde. Vorher hatte er in Erfahrung gebracht, wo genau sie welche Dokumente für den Neuanfang im Westen versteckt hatten. Der IM-Bericht von „Alfons" belegt, dass er mit dem bulgarischen Geheimdienst zusammenarbeitete. Darüber hinaus hielt sich Oberstleutnant Franz Mattern[506] zu seiner Unterstützung in Sofia auf. H., der während des Fluges von Sofia nach Bukarest die DDR-Pässe seiner Schützlinge entgegengenommen und gegen westdeutsche Dokumente ausgetauscht hatte, übergab die belastenden Beweise auf dem Bukarester Flughafen einem Genossen vom MfS, während er selbst auf dessen Weisung sofort mit „Malev" nach Budapest weiterzufliegen hatte. Unterdessen befand sich die Familie mit der Großmutter bereits in Haft.

Auch diesmal schöpfte Löffler keinen Verdacht gegen „Alfons". Dessen Erklärung, die Familie müsse schon seit ihrer Abreise aus der DDR beobachtet worden sein, man habe sie in Bukarest direkt erwartet, stellte ihn völlig zufrieden. Mit der Formulierung „Vielleicht haben die Passagierlisten in Sofia und geben diese mit dem Flugzeug mit"[507], brachte er Löffler gänzlich auf die falsche Spur. Der Stasi-Spitzel H. hatte binnen vier Wochen auf dem Fluchtweg Bulgarien für 14 Festnahmen gesorgt und feierte den Erfolg neben einer Erfolgsprämie in Höhe von 3 000 Mark auch beim gemeinsamen Glas Sekt nebst Weintrauben und Abendbrot

---

506   Kaderakte Franz Mattern: BStU MfS KS II 502/88.
507   Teilablage: BStU MfS A 35/77, Bd. 3, S. 108.

mit seinem Führungsoffizier Oberleutnant Hänsel und dessen Chef Mattern.[508] Vor allem aber brachte der kleine Mann mit dem Oberlippenbart Wolfgang Löffler dazu, den Fluchtweg über den internationalen Luftverkehr zu beenden, da er glaubte, er würde total überwacht. Was keineswegs stimmte. Dieser Fluchtweg funktionierte durchaus auch weiterhin, wie das Beispiel eines Fluchthelfers belegt, der viel riskierte und sich trotzdem nicht bei anderen bereicherte. Lothar Giersch[509] war im August 1971 die Flucht via Bulgarien geglückt, obwohl man seinen Fluchtplan in allen Einzelheiten bei der Volkspolizei verraten hatte. Der 28-jährige Theologiestudent, der seine Flucht bereits seit dem Mauerbau geplant hatte, entschied sich bald nach seiner Ankunft in seiner neuen Heimatstadt Mainz, auch Freunde und Bekannte an seinem Fluchtweg teilhaben zu lassen. Sein Fluchtweg war allerdings sehr aufwendig vorzubereiten. Giersch suchte in Westdeutschland nach geeigneten „Doppelgängern" der potentiellen Flüchtlinge. Diese Personen überredete er dann, sich mit Erstwohnsitz eine Wohnung in West-Berlin zu nehmen, oft in einem kirchlichen Studentenwohnheim, mit dessen Verwaltung er in freundschaftlicher Verbindung stand. Anschließend musste der Doppelgänger nur noch in Berlin einen Personalausweis beantragen. Aufgrund des Viermächte-Statuts waren West-Berliner Personalausweise damals grün, während sie in Westdeutschland grau waren.

Der Trick bestand darin, dass die Doppelgänger nicht ihr eigenes Passbild abgaben, sondern das Passbild des potentiellen Flüchtlings und im Amt so erschienen, dass die Beamten ihnen das auch abnahmen. Im September 1973 reiste Giersch persönlich in die Volksrepublik, um eine junge Familie mit zwei kleinen Kindern in den Westen zu bringen. Beide Elternteile erhielten von ihm die echten Ausweise mit deren echten Fotos, in denen je ein Kind mit eingetragen war. Sie buchten in Sofia, getrennt voneinander und an unterschiedlichen Tagen Flüge nach Bukarest – eines der wenigen Reiseziele, die DDR-Urlauber frei ansteuern durften. Nachdem sie in der Maschine waren, mussten nur noch ihre DDR-Ausweise verschwinden, damit sie in Rumänien als West-Berliner eintrafen. Und von dort dann ganz legal nach Belgrad gelangen konnten.

Das ging nur deshalb ganz unkompliziert, weil die Bulgaren – auf besonderen Wunsch der DDR hin, die auf eine strenge Anwendung des Viermächte-Statuts

508   Ebd., S. 113 f. Mattern wurde bereits 1974 mit dem „Vaterländischen Verdienstorden" in Gold und 1986 mit dem nur höchst selten verliehenen Titel „Verdienter Mitarbeiter des MfS" ausgezeichnet. Die Aktivitäten von Peter Haack dürften daran entscheidenden Anteil gehabt haben.
509   Hauptabteilung XX (Sicherung des Staatsapparats): BStU MfS HA XX 8935, S. 10 f.

bestanden, nur Bundesbürgern ihren Einreisestempel direkt in den Pass stempelten, bei West-Berlinern aber einen Laufzettel in den Pass legten, der bei der Ausreise wieder entnommen wurde. An einem der beiden Flüge von Sofia nach Bukarest nahm Giersch persönlich teil. Er selber war es, der bei jenem ersten Flug in der Flugzeugtoilette das Papier des DDR-Ausweises aufaß und die Pappdeckel akkurat zerkleinert ins Klo warf.[510]

Im Laufe von sechs Jahren holte Lothar Giersch auf diesem Weg immerhin 25 DDR-Bürger über den Eisernen Vorhang, ohne das ihm der Osten auf die Spur kam. Das hing ganz gewiss auch damit zusammen, dass er „seinen" Flüchtlingen einschärfte, in dem von östlichen Agenten durchsetzten Notaufnahmelager Gießen bei den obligatorischen Befragungen durch westliche Dienste auszusagen, sie seien zu Fuß über ein Flüsschen von Bulgarien nach Jugoslawien gewandert. Das habe ihnen zwar niemand geglaubt, aber es habe stets funktioniert, erinnert sich Giersch, der noch immer einige damals beschaffte West-Berliner Personalausweise besitzt.

Die Mitarbeiter der Operativgruppe wussten durch Spitzelberichte ihrer im Berichtsjahr insgesamt über 200 im ganzen Land verteilten „überörtlichen" IM auch, dass auch kommerzielle Fluchthilfeorganisationen dazu übergegangen waren, DDR-Bürger auf bulgarischem Territorium mit falschen Ausweisen auszustatten, die Fluchtversuche dann aber über rumänisches Territorium durchführten. Dabei kamen nach den Erkenntnissen der Operativgruppe teilweise Sprechfunkgeräte zum Einsatz. Dass diese Versuche oft erfolgreich waren, ist daraus zu ersehen, dass die Operativgruppe 1973 Kenntnis davon erhielt, dass 45 DDR-Bürgern die Flucht über Bulgarien gelungen war, während im gleichen Zeitraum 99 DDR-Bürger bei Fluchtversuchen festgenommen wurden. Was im Umkehrschluss bedeutet, dass trotz aller Überwachungsmaßnahmen über 30 Prozent der dem MfS im Untersuchungszeitraum 1973 bekannt gewordenen Fluchtversuche von DDR-Bürgern an der verlängerten Mauer in Bulgarien erfolgreich waren – zuzüglich einer Dunkelziffer von Personen, die in den Westen gelangten, ohne dass das MfS herausfand, wie ihnen das gelungen war – wie im Fall von Lothar Giersch, der sich sozusagen unterhalb des Radarschirms des MfS bewegte.

Es habe sich erneut bestätigt, dass die inoffiziellen Mitarbeiter im „überörtlichen" Einsatz (IMÜ) und IME die wichtigsten Helfershelfer der Staatssicherheit waren, hieß es im Abschlussbericht für das Jahr 1973: „Sie haben in der Mehr-

---

510 Lothar Giersch: Wie aus einem DDR-Bürger ein Westberliner wird. In: „Blick Aktuell" vom 20.02.2013. In: http://www.blick-aktuell.de/Nachrichten/Lothar-Giersch-Wie-aus-einem-DDR-Buerger-ein-Westberliner-wird-6201.html, abgerufen am 24.09.2015.

zahl eine hohe Einsatzbereitschaft, Bereitwilligkeit und ehrliche Erfüllung übertragener Aufgaben gezeigt. Als besonders wertvoll erwies sich der Einsatz von IME, die bereits über Erfahrungen aus dem Vorjahr verfügten. Es war in solchen Fällen möglich, sie sofort ohne Anlaufschwierigkeiten einzusetzen."[511] Diesen Spitzeln gelang es 1973 in vielen Fällen, die Sicherheitsorgane auf Bundesbürger hinzuweisen, die ihnen Hilfe bei einer von ihnen vorgetäuschten Republikflucht anboten. Zusätzlich waren diese mobilen IM oft auch als Helfer des bulgarischen Staatssicherheitsdienstes eingesetzt, mit der „Bearbeitung von Objekten des Bruderorgans".[512]

Dass es auch ohne die Anwesenheit von Fluchthelfern in gewissem Rahmen durchaus weiterhin möglich war, die Grenzen der Volksrepublik Bulgarien trotz aller Sicherungssysteme unbemerkt und ohne Erlaubnis in Richtung Westen zu verlassen, belegen zwei Beispiele, die sich in diesem Sommer an der Schwarzmeerküste ereigneten.

Dem 41-jährigen Martin K.* aus Dresden gelang am 12. August 1973 versteckt im Rohrleitungssystem der Klimaanlage des Ausflugsdampfers MS „Nessebar", die zwischen Varna und Istanbul verkehrte, die Flucht in die Türkei. Der Oberinspektor bei der Arbeiter- und Bauerninspektion (ABI), zu dessen Aufgaben die Kontrolle der chemischen Industrie in der DDR gehörte, hatte enormes Glück, weil er sich einen Tag zuvor bei einer für DDR-Bürger erlaubten Küstenrundfahrt unbemerkt an Bord verstecken konnte. Zwar übergab ihn Konsul Nagel dem türkischen Geheimdienst, der ließ ihn jedoch bereits nach zwei Tagen gehen. Anschließend flog K.* nach Frankfurt, begab sich unverzüglich ins Notaufnahmelager Gießen und flog bereits am nächsten Tag mit einem druckfrischen bundesdeutschen Reisepass über Sofia zurück nach Varna. Ein paar Tage später reiste seine Ex-Frau mit ihrem neunjährigen Sohn auf dem gleichen Weg wie er selbst mit der „Nessebar" nach Istanbul. Die Frau, eine Bauingenieurin, wurde allerdings an Bord von Besatzungsangehörigen entdeckt und in einer Kabine unter Arrest gestellt. Nachdem das Motorschiff im Hafen von Istanbul angelegt hatte, gelang es ihr, einen der Aufpasser zur Seite zu schubsen und von Bord ins Hafenbecken zu springen. Allerdings sprangen sofort zwei bulgarische Besatzungsmitglieder hinterher, die sie aus dem Hafen fischten und erneut in eine Kabine zu ihrem Sohn sperrten. Währenddessen hielt sich Martin K.* noch in Varna auf. Weil es seinem dreijährigen Sohn nicht gut ging, musste er seine Abreise um zwei Tage verschieben. Er hatte

511   Zentrale Auswertungs- und Informationsgruppe: BStU MfS ZAIG Nr. 30431, S. 59.
512   Zentrale Auswertungs- und Informationsgruppe: BStU MfS ZAIG Nr. 30431, S. 70.

den Jungen in seinem Koffer versteckt, als er das Schiff betrat. Durch die Verhaftung seiner Frau waren die Bulgaren allerdings im Bilde und nahmen ihn bereits kurz danach ebenfalls fest. Wäre er zwei Tage eher gefahren, hätte er es vermutlich geschafft.

Da K.* im Notaufnahmelager Gießen von westlichen Geheimdiensten über seine Tätigkeit in der DDR befragt worden war, stellte man ihn nach seiner Auslieferung wegen „Verbindungsaufnahme und Spionage" vor Gericht. Das Urteil vom 2. August 1974 gegen ihn belief sich auf acht Jahre[513], die er wie ein Schwerverbrecher in der Sonderhaftanstalt „Bautzen II" verbringen und nahezu in voller Länge absitzen musste[514], nachdem der DDR-Generalstaatsanwalt Josef Streit dem Staatsratssekretär Heinz Fiedler noch Ende November 1980 (nach sieben Jahren Haft!) empfahl, von einer „vorzeitigen" Begnadigung „unter Beachtung aller Umstände der Straftaten und der Schwere der Schuld des Verurteilten" abzusehen.[515] Der Fall des SED-Mitglieds K.*[516], der 1981 schließlich mit Magengeschwüren und Rheuma in die Bundesrepublik entlassen wurde, belegt zugleich, dass die Volksrepublik nur wenige Monate vor der Aufnahme diplomatischer Beziehungen mit der Bundesrepublik auch weiterhin an der völkerrechtlich inakzeptablen Praxis festhielt, Bundesbürger in die DDR auszuliefern. Ebenso völkerrechtswidrig war das Einfangen seiner Frau – die in Hoheneck eingesperrt wurde – durch bulgarische Seeleute aus dem Istanbuler Hafenbecken.

---

513   Allgemeine Personenablage: BStU MfS AP 3261/75, S. 2.
514   Hauptabteilung IX (Untersuchungsabteilung): BStU MfS HA IX 16206, S. 16. Seine Ex-Frau wurde vom KG Dresden-Ost zu drei Jahren und vier Monaten Gefängnis verurteilt, die sie in Hoheneck verbüßen musste. Nach ihrer Haftentlassung in die DDR (10.12.1976) wurde sie nach abgelehnten Übersiedlungsanträgen und zwei Vorsprachen in der Ständigen Vertretung der Bundesrepublik in Ost-Berlin am 25.01.1978 erneut festgenommen und wegen Nachrichtenübermittlung zu einer fünfjährigen Haftstrafe verurteilt. Sie durfte erst im April 1979 in die Bundesrepublik ausreisen. Im August 1980 – nach Verbüßung einer Haftstrafe von sieben Jahren – befand sich der Familienvater Martin K.* noch immer in DDR-Haft.
515   Archivierter Untersuchungsvorgang: BStU MfS AU 1120/79, Bd. 7, S. 103.
516   Das MfS hatte Martin K.* am 02.10.1957 als inoffiziellen Mitarbeiter unter dem Decknamen „Hans Sommer" angeworben. Die Anwerbung erfolgte allerdings unter Druck, K.* war im Mai 1957 nach politischen Unruhen an der TH Dresden festgenommen worden und musste sich, um einer Haftstrafe zu entgehen, zu einer Mitarbeit beim DDR-Geheimdienst verpflichten. Politisch lehnte K.* die DDR schon seit seiner Jugend ab. Archivierter IM-Vorgang: BStU MfS BV Dresden AIM 2198/69.

Per Faltboot in die Freiheit

Auf dem Seeweg versuchte das Ehepaar Wilfried* (30) und Christa Wiesenberg (28) Anfang September 1973 in die Türkei zu gelangen. Der Fluchtplan war verwegen, weil die Wiesenbergs nicht nur ihre drei kleinen Kinder, sondern auch die 47-jährige Schwiegermutter Hedwig Erdreich mit in den Westen nehmen wollten.[517] Nachdem der selbständige Elektromeister mit Frau und Kindern in seinem Wolga in der Volksrepublik eingetroffen war und auch die im Flugzeug angereiste Schwiegermutter zu ihnen gestoßen war, startete das seit Monaten vorbereitete Unternehmen auf einem Campingplatz in der Nähe von Nessebar. Der Fluchtplan bestand darin, mit einem aus der DDR mitgebrachten Motorfaltboot entlang der Küste in die Türkei zu entkommen, was schon deshalb gefährlich war, weil es DDR-Urlaubern in Bulgarien mittlerweile nicht mehr gestattet war, mit einem privaten Boot auf das Meer hinaus zu fahren. Aber einem befreundeten Arzt und seiner Frau war genau dieses Kunststück im Sommer 1972 gelungen.[518] Als die Wiesenbergs bei einem ersten Versuch spätnachts in See stach, kenterte das Boot bei Windstärke 9 weit vor der Küste. Es hätte nicht viel gefehlt, berichtet Christa Wiesenberg in ihren Memoiren, und sie wären alle ertrunken.[519] Doch wie ein Wunder blieb der Fluchtversuch unbemerkt. Trotz der traumatischen Erlebnisse jener Nacht war die Familie auch weiterhin fest entschlossen, in den Westen zu fliehen. Obwohl sie keine Papiere mehr besaßen, schafften es die Wiesenbergs, mit ihrem Wolga auf einen Campingplatz in der Nähe von Sozopol zu gelangen, der nur für westliche Urlauber zugelassen war. Die Bulgaren hielten sie wegen eines Aufklebers mit einem „A" (Fahranfänger) auf dem Auto offenbar für Österreicher. Dass es Wilfried* und Christa Wiesenberg schafften, sich von dem befreundeten Arzt aus Heidelberg mit dem Balkan-Express ein seefestes Schlauchboot mit starkem Motor nach Sofia senden zu lassen, ohne dass die staatlichen Organe bei der Abholung an der dortigen Zollstelle etwas davon bemerkten, grenzte ebenfalls an ein Wunder. Mit diesem Schlauchboot startete nun ein zweiter Versuch, wobei das Ehepaar aus Platzgründen beschloss, diesmal nur ihre beiden Töchter mitzunehmen. Hedwig Erdreich sollte mit ihrem dreijährigen Enkelsohn auf dem Campingplatz warten.

517 Allgemeine Sachablage: BStU MfS AS 137/75, S. 35 ff.
518 Zentrale Koordinierungsgruppe: BStU MfS ZKG 13875, S. 38.
519 Wiesenberg, Christa: Boat People aus Leipzig – Eine abenteuerliche Flucht von Deutschland nach Deutschland. Böblingen 1990. Die überarbeitete und ergänzte Neuauflage erschien unter dem Titel „Ich träumte von bunten Blumen – Von Deutschland nach Deutschland auf Leben und Tod, Norderstedt (Books on Demand) 2014.

Es war eine tollkühne Idee, bei der das Ehepaar auf das enorme Glück setzte, dass sie bisher gehabt hatten. Und tatsächlich gelang es ihnen diesmal tatsächlich, die Türkei zu erreichen, nachdem sie am helllichten Tag mit ihrem Boot zunächst in langsamer Geschwindigkeit Richtung Norden gefahren waren. 24 000 DM mussten sie dem Arzt für diesen Freundschaftsdienst später in Raten bezahlen, ein Tarif, der sich kaum von den Kosten der Inanspruchnahme eines professionellen Fluchthelfers unterschied und der weit über dem damaligen durchschnittlichen Jahreseinkommen in der Bundesrepublik lag.[520]

Nachdem sie in den Morgenstunden des 5. September in der Türkei eingetroffen waren, setzte Christa Wiesenberg alles daran, ihre Mutter und den kleinen Sohn wie geplant unverzüglich nachzuholen. Drei Tage nach ihrer Ankunft in der Türkei durfte sie ihrer Mutter ein Telegramm nach Sozopol schicken, in der sie von ihrer gelungenen Reise berichtete. Aber eine erneute Bootsfahrt erlaubten die Türken nicht. Stattdessen dürfe sie unter Militärschutz auf dem Landweg an die grüne Grenze, könne versuchen, sich alleine durchs Sperrgebiet zu schlagen und die beiden auf diesem Wege abholen. Es war ein Angebot, das Christa Wiesenberg aus guten Gründen nicht annehmen konnte, denn damit hätte sie nicht nur ihr eigenes Leben, sondern auch dass ihrer Mutter und ihres Sohnes leichtfertig aufs Spiel gesetzt.

Eine Woche, nachdem sie das Telegramm ihrer Tochter erhalten hatte, wurde Hedwig Erdreich in Kiten verhaftet und in die DDR ausgeliefert. Man verurteilte sie wegen „Beihilfe zur Gruppenflucht, Irreführung der Behörden und skrupellosem Verhalten den Kindern gegenüber" mit „fahrlässigem Tötungsversuch" zu einer Haftstrafe von zwei Jahren und zwei Monaten. Während sie im Frauengefängnis Hoheneck für die geglückte Flucht ihrer Kinder büßen musste und erst am 28. August 1974 in die Bundesrepublik freigekauft werden konnte[521], verfrachteten die DDR-Behörden ihren dreijährigen Enkel in ein Heim für schwer erziehbare Kinder und gaben ihn zur Adoption frei. Der kleine Junge hat vermutlich am meisten unter den Umständen dieser Fluchtgeschichte gelitten. Er durfte nach zahlreichen Versuchen seiner Mutter erst im April 1975 in die Bundesrepublik ausreisen.[522]

Um den zahlreiche Fluchtversuchen während der Urlaubszeit besser Herr zu werden, hat die HA VI 1973 die Zahl ihrer und durch die Bezirksverwaltungen des MfS in die „Bruderländer" geschickten inoffiziellen Mitarbeiter im Vergleich

---

520 E-Mail Dr. Christa Wiesenberg vom 14.08.2015 an den Verfasser.
521 Hauptabteilung IX (Untersuchungsabteilung): BStU MfS HA IX 16482, S. 195: Entlassung aus der DDR-Staatsbürgerschaft am 27.08.1974.
522 E-Mail Dr. Christa Wiesenberg vom 15.08.2015 an den Verfasser.

zum Vorjahr mehr als verdoppelt und zusätzlich die Zahl der IM in Reisegruppen, als Einzelreisende und als Reiseleiter signifikant erhöht.[523] Leider wurden die entsprechenden Angaben jedoch nicht nach Ländern aufgeschlüsselt, sondern beziehen sich 1973 auf sämtliche in Bulgarien, Ungarn und der ČSSR zum Einsatz gekommenen IM. Spezifiziert wurde lediglich, dass 1973 in Bulgarien neben der Operativgruppe insgesamt 109 hauptamtliche Mitarbeiter der „bewaffneten Organe" zur „Lösung der operativen Aufgaben" als zeitweilige Verstärkung zum Einsatz kamen. Dabei dürfte es sich zum großen Teil um Volkspolizisten und hauptamtliche Stasi-Mitarbeiter als Reiseleiter gehandelt haben.

Militärstaatsanwalt Dimitar Kapitanov

„Obwohl sich Genosse Major Beier große Mühe gab, die Aufgabenstellung des MfS in der VR Bulgarien zu erfüllen und auch Erfolge erreichte, muss eingeschätzt werden, dass er sich noch konsequenter bemühen muss, in der weiteren Tätigkeit eine Reihe von Mängeln in seiner Leitungstätigkeit zu überwinden", hieß es im Herbst 1973 in der Beurteilung der Arbeit des Leiters der Operativgruppe. Siegfried Weißbach (42), dem langjährigem Abteilungsleiter in der HA VI SRT 2, passte nicht, dass sich die in der Volksrepublik Bulgarien eingesetzten Stasi-Offiziere oftmals mit der Erledigung ihrer Aufträge Zeit ließen, mehr Zeit, als man ihnen dafür in der DDR eingeräumt hätte.

Trotzdem entschied Weißbach, das Kommando nahezu in derselben Besetzung auch 1974 wieder in die Volksrepublik zu entsenden. Neu hinzu kam der 27-jährige Unterleutnant Lutz Kögler, der direkt nach der Absolvierung der Zentralen Betriebsschule der Deutschen Post (Fachrichtung „Funkwesen") beim MfS angeheuert hatte.[524] Kögler besaß die Betriebsberechtigung zur Nutzung von UKW-Sprechfunkgeräten des MfS. Mit ihm wurde Leutnant Erwin Süß (31) aus der BV Magdeburg nach Bulgarien geschickt, der als neuer OibE den Goldstrand übernahm.

Schmidt wechselte seinerseits als OibE in die Generaldirektion des „Reisebüros der DDR" in Ost-Berlin, Abteilung Auslandstourismus. Seine Funktion in Bulgarien übernahm die bisher am Sonnenstrand und in Albena tätige IM-Repräsentantin (IMS/FIM „Carla Dähne") Barbara Fengl, die von Helfricht angeworben worden war. Die 31-jährige Fengl hatte vor ihrem Einstieg beim „Reisebüro" fünf Jahre in der handelspolitischen Abteilung der DDR-Botschaft in Sofia unter der Leitung von Erich Wächter gearbeitet und beherrschte die bulgarische Sprache

---

523 Zentrale Auswertungs- und Informationsgruppe: BStU MfS ZAIG Nr. 30431, S. 57.
524 Kaderakte Lutz Kögler: BStU MfS KS 20676/90.

fließend in Wort und Schrift. Nachdem sich auch Hauptmann Uhlig für sie eingesetzt hatte, erfolgte im Frühjahr 1974 ihre Übernahme als Unterleutnant zum MfS unter Anrechnung ihrer „Dienstzeit" als IMS. In Albena führte sie fortan neben Uwe K. (IMS „Ungarn") noch drei weitere Bereichsrepräsentanten des „Reisebüro der DDR". In der Saison 1972 war Fengl[525] am Sonnenstrand laut ihrer Repräsentanten-Kollegin Hilde Hofmann (IMS „Hella Lau") unter anderem für das Hotel „Phönix" zuständig. Das war das Hotel, in dem vor deren Verschwinden für einige Nächte Wera Sandner und Rolf Kühnle gewohnt hatten.

Für das Schicksal des Pärchens interessierte sich in der Bundesrepublik – zwei Jahre nachdem sie erschossen worden waren – abgesehen von ihren Angehörigen niemand mehr. Im Gegenteil. Die Bundesregierung blickte nach vorne. Die Aufnahme diplomatischer Beziehungen zwischen Bonn und Sofia im Dezember 1973 war erst der Anfang. Als Bundesaußenminister Walter Scheel Ende März 1974 die bulgarische Hauptstadt besuchte („Scheel wirkte sehr gelockert und ausgesprochen guter Laune, als er in Sofia den Jetstar der Luftwaffe verließ-"[526]), wurden ein bilaterales Abkommen über wirtschaftlich-industrielle und technische Zusammenarbeit, ein wissenschaftlich-technologischer Vertrag und ein Kulturabkommen geschlossen.[527] Zuvor hatte der bulgarische Staats- und Parteichef Todor Shivkov nach einem kurzfristig zur „Festigung des Bruderbundes" angesetzten Staatsbesuch in Ost-Berlin[528] als „besondere Geste" neun bundesdeutsche Fluchthelfer begnadigt. Der Bundesaußenminister erklärte in Sofia, es gehe vor allem um eine Ausweitung der Beziehungen zwischen beiden Staaten „in allen Bereichen und besonders im wirtschaftlichen."[529] Er wolle den Dialog mit Amtskollege Mladenov fortsetzen, die Möglichkeiten für eine Zusammenarbeit seien noch längst nicht auf allen Gebieten ausgeschöpft.

---

525 „... zeichnet sich durch hohes Maß an Parteilichkeit aus und besitzt einen ausgeprägten Klassenstandpunkt." Wolfgang Helfricht über Fengl in seiner „Bürgschaftserklärung" zu deren Aufnahme ins MfS vom 18.01.1974, Kaderakte Barbara Fengl: BStU MfS KS 9298/90, S. 118.
526 Sofia lässt zum Scheel-Besuch neun Fluchthelfer frei. In: „Die Welt" (Hamburg) vom 26.03.1974. Kopie in: Zentrale Auswertungs- und Informationsgruppe: BStU MfS ZAIG 10346, S. 140.
527 Sofia begnadigt neun Fluchthelfer. In: „Allgemeine Zeitung" (Mainz) vom 25.03.1974, PIA.
528 Riechel, Ekkehard: Festigung des Bruderbundes. In: „Horizont" (Ost-Berlin) vom 07.01.1974, PIA.
529 Bulgarien ließ Fluchthelfer frei. In: „Berliner Morgenpost" vom 26.03.1974. Kopie in: BStU MfS ZAIG 10346, S. 141.

Während die Bundesregierung die Aufnahme der diplomatischen Beziehungen mit dem Regime in Sofia als weiteren Meilenstein in ihrer Ostpolitik feierte, liefen die Dinge innerhalb der ostdeutschen Operativgruppe des MfS weniger günstig. Der „Parteibeauftragte" Uhlig in Varna entwickelte sich im Sommer 1974 zu einem Totalausfall und wurde schließlich auch wegen einer Beschwerde der sowjetischen Genossen vom KGB aus der Volksrepublik abgezogen, wie der IM-Repräsentant Wolfgang Jahn von dem mit ihm befreundeten OibE Ulrich Bubke beim Angeln erfuhr.

Aber auch vom Operativgruppenchef Fred Beier war wenig zu sehen. Er fehlte erst wegen Krankheit und dann wegen eines Kuraufenthaltes und musste schließlich am Ende des Jahres aus gesundheitlichen Gründen gänzlich aus der Volksrepublik abgezogen werden. Damit dürfte sich die Leitungstätigkeit der Operativgruppe faktisch auf Oberleutnant Rambaum konzentriert haben, der nicht nur die mit Abstand größte Erfahrung innerhalb des Restkommandos besaß, sondern als Verbindungsoffizier und seinem Status als „Diplomat" auch bestens mit dem bulgarischen Innenministerium vernetzt war.

Dass diese Art Diplomaten, die in Sofia mit den Familien der Diplomaten anderer Länder, darunter auch der Bundesrepublik im selben Hochhaus wohnen mussten, ihre Kinder sofort vom gemeinsamen Spielplatz holten, wenn sie sahen, dass sie mit „Westkindern" spielten, wie der *Vorwärts* im Sommer 1974 beobachtete[530], ist keine Überraschung, war doch Stasi-Angehörigen jedweder Westkontakt streng verboten.

An der Attraktivität des Fluchtwegs Bulgarien hatte sich nichts geändert. Das belegt etwa der Fall der aus Köthen in Sachsen-Anhalt stammenden 29-jährigen Antje E.*, die seit Anfang April 1974 mit ihrem bulgarischen Ehemann mit Genehmigung der DDR-Behörden in Sofia lebte und an dem hoch angesehenen deutschen Sprachgymnasium „Karl Liebknecht" als Lehrerin arbeitete.[531] Sie nutzte gleich die ersten Ferien, um im Mai 1974 mit ihrem Mann nach Jugoslawien zu reisen. Von dort aus wollte sie sich in den Westen absetzen. Nachdem das Paar von der jugoslawischen Miliz festgenommen und an die Bulgaren ausgeliefert worden war, zeigte sich, dass gute verwandtschaftliche Beziehungen im Ernstfall sehr nützlich sein konnten. Die Schwiegereltern von Antje E.*, beide leitende Mitarbeiter im bulgarischen Staatsapparat, hinterlegten eine Kaution, und schon waren die beiden jungen Leute wieder auf freiem Fuß. Dass es sich um ranghohe

---

530 Der große Bruder ist immer dabei – Impressionen einer Reise zu den „Preußen" in Osteuropa. In: „Vorwärts" (Bonn) vom 08.08.1974, S. 10.
531 Allgemeine Sachablage: BStU MfS AS 136/75.

Positionen gehandelt haben muss, wird auch daraus ersichtlich, dass die junge Frau auf Anordnung des Leiters der HA IX sogar in der Volksrepublik bleiben durfte, als wäre der Fluchtversuch nie geschehen.

Andere DDR-Flüchtlinge machten in ähnlichen Fällen nach ihrer Auslieferung aus Jugoslawien ganz andere Erfahrungen, wie der Fall des Ehepaares Hans-Jürgen* und Marianne* Genz belegt, denen es in der Nacht vom 21. zum 22. August 1974 mit ihren beiden Söhnen (10 und 6 Jahre) gelang, in der Nähe der Grenzübergangsstelle Kalotina jugoslawisches Territorium zu erreichen. Die Familie war von Genz' Nichte Anna* aus der Bundesrepublik und deren Freund mit ihrem Auto etwa eineinhalb Kilometer vor der Grenze abgesetzt worden. Anschließend hatte der Alpha Romeo ohne Probleme den Schlagbaum hinter sich gelassen. Weniger günstig verlief es für Familie Genz. Sie waren, nachdem sie den Draht des Grenzzauns auseinandergebogen hatten und darunter hindurchgekrochen waren, in Richtung eines Lichtscheins gelaufen. Direkt in die Arme einer jugoslawischen Grenzstreife. Die Grenzer nahmen ihnen bereits 50 Meter hinter der Landesgrenze ihre Papiere ab und brachten sie zur nächsten Milizstation, wo die Familie zusammen unter Bewachung über Nacht in einen Raum gesetzt wurden, und zwar mit der Auflage, dass sie nicht miteinander sprechen durften. Bis zu diesem Zeitpunkt nahmen sie noch an, dass sich die Angelegenheit aus der Welt schaffen lassen würde, zumal sich Genz' Nichte Anna* mit ihrem Freund bereits mit der Botschaft der Bundesrepublik in Belgrad in Verbindung gesetzt hatten. Von ihnen stammte die Information, es müsse angeblich nur eine Geldstrafe wegen illegalen Grenzübertritts gezahlt werden, dann sei die Sache aus der Welt. Vermutlich, um die Familie ruhig zu halten, machten die jugoslawischen Grenzer – die die Bulgaren bereits vormittags telefonisch über die gefassten Flüchtlinge informiert hatten – ihnen vor, sie würden westdeutsche Diplomatenpässe erhalten und könnten damit nach der kleinen Unterbrechung in die Bundesrepublik reisen. Stattdessen ging es am Nachmittag des 22. August 1974 zur bulgarischen Grenze, wo sie von dem bulgarischen Oberstleutnant Jordan Petrov Gerginov in Empfang genommen und zunächst in eine Kaserne der Grenztruppen geschafft wurden. Dort erfuhr der bulgarische Vernehmer, dass Hans-Jürgen* Genz selbständiger Schausteller von Beruf war und dass die Familie in der DDR ein angenehmes Leben geführt hatte („Unsere finanzielle Lage war gut. Uns ging es gut."[532]). Für ihren lange geplanten Fluchtversuch gab es ganz andere und zwar politische Gründe. Diese Gründe waren auch dafür verantwortlich, dass Genz' 67-jährige Mutter ein paar Tage zuvor, nämlich am 18. August,

---

532   Archivierter IM-Vorgang: BStU MfS GH 22/75, Bd. 1, S. 94.

bei einer legalen Rentnerreise in die Bundesrepublik ihren Abschied aus der DDR genommen hatte. Diese Gründe hatten seine Nichte veranlasst, mit ihnen gemeinsam einige Tage zuvor zunächst das bulgarisch-türkische Grenzgebiet zu erkunden, wo sie vom „doppelten Grenzzaun" und dem „Schießbefehl" hörten, während die jugoslawische Grenze ganz harmlos sei.

Während Hans-Jürgen* Genz am 23. August 1974 im Untersuchungsgefängnis des Komitees für Staatssicherheit landete, brachten die bulgarischen Behörden seine Frau – gemäß den damaligen Regeln für Mütter mit Kindern – vorläufig in einem Sofioter Hotel unter. Aus diesem Hotel heraus gelang es Marianne* Genz an jenem Tag, die Familie in der Bundesrepublik telefonisch über die missliche Situation und ihre bevorstehende Abschiebung und Inhaftierung zu informieren. Diese Angehörigen, die bereits auf ein Lebenszeichen gewartet hatten, verständigten ihrerseits nun sofort das Auswärtige Amt in Bonn, dass sich – vermutlich aufgrund der besonderen Umstände dieser Festnahme – sofort mit der neu eröffneten Botschaft der Bundesrepublik in Sofia in Verbindung setzte, die ihrerseits sofort im fraglichen Hotel anrief und anbot, Frau Genz und ihre beiden Kinder aus der Zwangsunterbringung mit einer Botschaftslimousine abzuholen, um die Angelegenheit persönlich zu besprechen. In der Botschaft wurde sie bereits von Kanzler Gerhard Schmittberger erwartet, der förmlich darauf brannte, alle Einzelheiten der Angelegenheit zu erfahren. Ob Schmittberger ihr versprach, sich für sie einzusetzen? Darüber gibt es leider keine Unterlagen, da die Überlieferung der Botschaft der Bundesrepublik in Bulgarien aus jener Zeit verschwunden ist. Tatsächlich dürfte der bundesdeutsche Diplomat gewusst haben, dass die Möglichkeiten, der Familie zu helfen, gegen Null liefen. Nur ein Botschaftsasyl hätte Frau Genz retten können. Daran war aber, wenige Monate nach der Aufnahme der diplomatischen Beziehungen zwischen Bonn und Sofia trotz des Bundesverfassungsgerichtsurteils vom Sommer 1973 zum deutsch-deutschen Grundlagenvertrag, in dem es hieß, jeder Bürger im Ausland könne sich an die diplomatischen Vertretungen der Bundesrepublik „mit der Bitte um wirksame Unterstützung in der Verteidigung seiner Rechte" wenden, überhaupt nicht zu denken. Anspruch und Wirklichkeit klafften weit auseinander. Schmittberger ahnte gewiss, dass seine Unterhaltung für das Ehepaar Genz nicht ohne Konsequenzen bleiben würde.

Die Brisanz bestand darin, dass Frau Genz' ältere Schwester Elsbeth und ihr Schwager Dietrich Dierke am 7. November 1970 mit ihrem Wartburg auf der „F 96" (heute B 96) zwischen Schönfließ und Birkenwerder bei Ost-Berlin einen Verkehrsunfall hatten: „Sie stießen frontal mit einem entgegenkommenden Personenkraftwagen Fiat zusammen. Durch diesen Unfall verstarben meine Schwester und mein Schwager. Ich teilte mit, dass es sich bei dem Fahrer des Fiat um den Sohn des Obersten des Ministeriums für Staatssicherheit (MfS), so sagte ich es wörtlich, handelte. Ich weiß, dass der Oberste des MfS der Minister Mielke ist. Weiter führte ich aus, dass mein Ehemann und ich als Zeuge des Unfalls vernommen wurden. Auf die Frage des BRD-Botschafters, wie die Sache ausgegangen sei, erklärte ich ihm, dass es für den Fiat-Fahrer kein gerichtliches Verfahren gab und meine Eltern ein amtliches Schreiben erhielten, worin stand, dass sich der Fiat-Fahrer der Schräglage der Autoachsen nicht bewusst war und der Unfall aufgrund eines technischen Fehlers am Fiat entstand. Dies hörte sich der BRD-Botschafter an, wobei er seine Notizen fertigte."[533]

Es war der Tag, an dem man in Bonn durch den Diplomaten Schmittberger erfuhr, dass der Medizinstudent Frank Mielke, bei dem es sich um den Sohn des obersten Chefs des Staatssicherheitsdienstes der DDR handelte, in einen Verkehrsunfall verwickelt war, der zwei Menschenleben ausgelöscht hatte. Für das Ehepaar Genz, das eilig in die DDR zurückgeschafft wurde, endete der gescheiterte Fluchtversuch mit Haftstrafen von einem Jahr und zehn Monaten für ihn und einem Jahr und acht Monaten für sie durchaus im DDR-üblichen Rahmen. Besonders war allerdings, dass sie Mitte März 1975 auf Befehl von Oberstleutnant Herbert Pätzel (HA IX/5) in die Sonderhaftanstalt nach Bautzen II verlegt wurden, wo normalerweise nur hochkarätige West-Agenten inhaftiert waren. Nach der friedlichen Revolution hieß es in Presseberichten, Frank Mielke sei zum Unfallzeitpunkt angeblich alkoholisiert gewesen.[534]

Dass Minister Mielke mit der Angelegenheit befasst und höchst verärgert war, wird deutlich, wenn der DDR-Botschafter Werner Wenning persönlich am 24. September 1974 der bulgarischen Justizministerin Svetla Daskalova in dieser Sache die Leviten las. Neben einer Beschwerde bat der pikierte DDR-Diplomat darum, dass künftig DDR-Bürger, „die die Gesetze der VRB und der DDR verletzt haben und sich daher in U-Haft in der VRB befinden, nicht die Möglichkeit erhalten, in der Botschaft der BRD vorzusprechen", wie es in einem Brief an den Chef der Abteilung Schutz und Sicherheit des MfAA hieß, den früheren Volkspolizei-Oberstleutnant Adolf Köttig (IME „Ernst"[535]).[536]

---

533   BStU MfS GH 22/75, Bd. 2, S. 77 f.
534   Die schützende Stasi-Hand des Vaters Erich Mielke. In: „Hamburger Abendblatt" vom 01.08.1991, online: http://www.abendblatt.de/archiv/1991/article202557269/Die-schuetzende-Stasi-Hand-des-Vaters-Erich-Mielke.html, abgerufen am 15.08.2015.
535   Archivierter IM-Vorgang: BStU MfS AIM 16304/89.
536   BStU MfS GH 22/75, Bd. 2, S. 88.

Die Fälle Reinhard Poser und Eberhard Melichar

Inzwischen waren zwei junge Männer aus der DDR bei Fluchtversuchen in Bulgarien erschossen worden. Besonders tragisch und zugleich schwer zu recherchieren ist der Fall des 21-jährigen Reinhard Poser aus Karl-Marx-Stadt, der am 8. August 1974 von bulgarischen Grenzern am helllichten Tag um 10 Uhr vormittags an der türkischen Grenze im Raum Malko Tarnovo erschossen wurde. Seine Eltern waren im Oktober 1953, kurz nach dem niedergeschlagenen Volksaufstand, aus der DDR in die Bundesrepublik geflohen. „Wir hatten meinen kleinen Sohn damals im Oktober 1953 mit in den Westen genommen. Doch dann ging unsere Ehe in die Brüche. Da hab ich meinen Sohn zu meinen Eltern nach Karl-Marx-Stadt gebracht"[537], berichtet Waltraud Poser im Gespräch mit dem Verfasser: „Dann starb plötzlich meine Mutter, 1957. Mein Vater konnte ihn nicht großziehen. Die ‚Tante', eine weitläufige Verwandte, die dann sein Vormund wurde, durfte ihn nicht zu sich nehmen." Der kleine Junge wuchs schließlich in einer Reihe von Kinderheimen auf, ohne jede Verbindung zu seinen Eltern in der Bundesrepublik. Reinhard Poser besuchte die POS Bernsdorf II und erlernte – mittlerweile in einem Jugendwohnheim einquartiert – Anfang der 1970er Jahre den Beruf eines Gas- und Wasser-Installateurs. Von der DDR hielt er allerdings nichts, wie es in Berichten des MfS heißt: „Es wird eingeschätzt, dass der P. während der ganzen Zeit der Lehre zum negativen Kern der Klasse gehörte. Er übte immer einen starken negativen Einfluss auf das Kollektiv aus. Unpünktliches Erscheinen mit Verspätungen von zwei Stunden waren bei ihm keine Seltenheit. Er hatte dafür immer nur fadenscheinige Begründungen, wie Stromausfall bei der Straßenbahn o. ä."[538]

Inzwischen hatte der Jugendliche Briefkontakt zu seinen Eltern und seiner zwei Jahre älteren Schwester, die ihm vorschlugen, legal zu ihnen in den Westen auszureisen. Nachdem seine Schwester ihn im Sommer 1972 in Karl-Marx-Stadt besucht hatte, scheint sein Wunsch, den „Arbeiter- und Bauernstaat" zu verlassen, weiter gewachsen zu sein, denn im Sommer 1973 fuhr der junge Mann mit seinem Motorrad in die ČSSR, wo die staatlichen Organe auf ihn aufmerksam wurden, wie es in seiner Stasi-Akte heißt: „Er wurde am 22.09.1973 an der Staatsgrenze ČSSR/Österreich durch die ČSSR-Sicherheitsorgane einer Kontrolle unterzogen. Er führte drei Karten des Grenzgeländes und einen Dolch mit sich. Der Verdacht des ungesetzlichen Verlassens der DDR konnte jedoch nicht nachgewiesen

---

537 Telefonisches Interview mit Waltraud Poser (Mannheim), 15.07.2008.
538 Archiviertes Material zu einer KK-erfassten Person: BStU MfS BV KMS AKK 2264/74.

werden." Ein paar Monate später, Mitte Januar 1974, musste er beim MfS eine schriftliche „Erklärung" über den Vorfall abgeben: „Ich hatte nicht die Absicht, die DDR auf ungesetzlichem Wege zu verlassen. […] Ich bemühe mich bzw. verpflichte mich die Gesetze der DDR einzuhalten." Zu diesem Zeitpunkt stand sein Entschluss, so schnell wie möglich in den Westen zu kommen, längst fest. Nachdem ihn seine Schwester im Juli 1974 erneut in Karl-Marx-Stadt besucht hatte, fuhr Poser mit seinem Motorrad nach Bulgarien. Nähere Einzelheiten zu den Umständen seines Todes gibt es nicht. Nur zwei Dinge lassen die spärlichen Unterlagen zu seinem Fall erkennen: Zum einen verständigten die bulgarischen Behörden sofort den DDR-Konsul in Sofia. Und Günter Nietner[539] (43), seit Ende 1973 Nachfolger von Konsul Krause, informierte ebenso umgehend die Hauptabteilung Konsularische Beziehungen des MfAA, die ihrerseits bereits am 9. August 1974, also binnen 24 Stunden, die Abteilung für Inneres beim Rat des Kreises Karl-Marx-Stadt unterrichtete. Reinhard Poser wurde offenbar im Küstenbereich erschossen, denn laut seiner Todesurkunde starb er in Resovo.[540] Anschließend wurde er an Ort und Stelle vergraben, wie es in einem Aktenvermerk aus der DDR-Botschaft heißt. Seine Mutter berichtet: „Es hieß, er sei tödlich verunglückt. Andere sagten, er sei selbst schuld gewesen. Schließlich habe er um das Risiko gewusst. Wir haben versucht, seine Leiche zurück zu holen. Das ging aber nicht. Über die genauen Todesumstände hab ich nie etwas erfahren."[541]

Seitens der Operativgruppe muss der für die Südliche Schwarzmeerküste verantwortliche Oberleutnant Walter Tietze für die Bearbeitung des Falls zuständig gewesen sein. Und dass man in der Bundesregierung über den Fall informiert war, darf ebenfalls als gesichert gelten, da Waltraud Poser die Behörden in der Bundesrepublik einschaltete. Doch die Öffentlichkeit erfuhr nichts davon, offensichtlich sollten die diplomatischen Beziehungen zur Volksrepublik nicht belastet werden. Und während der Fall in bundesdeutschen Amtsstuben ergebnislos bearbeitet wurde, weil die erbetene Überführung der Leiche angeblich laut bulgarischen Gesetzen nicht möglich war, ereignete sich an der bulgarisch-jugoslawischen Grenze bereits der nächste Zwischenfall.

---

539 Über Konsul Nietner, der im Mai 1975 in die DDR zurückkehrte, ist die bisher bekannte Aktenlage dünn. Es ist lediglich bekannt, dass er von der HV A erfasst war.
540 Völlige Klarheit über den Todesort von Poser besteht jedoch nicht, da es in einem VS gekennzeichneten Schreiben von Botschafter Wenning an August Klobes im MfAA vom 25.02.77 heißt, dass sich an der besagten Stelle noch eine „Schneedecke" befinde.
541 Telefonisches Interview mit Waltraud Poser (Mannheim), 15.07.2008.

Am 3. September 1974 morgens um 0:15 Uhr wurde im Bereich der Grenzübergangsstelle Kalotina – und zwar laut Todesurkunde in der „Gegend Liwadi-
te" – der 21-jährige Eberhard Melichar getötet.[542] Die Grenzer hatten mit ihren
automatischen Waffen auf ihn geschossen und sein Leben ausradiert, obwohl er
auf der jugoslawischen Seite der Demarkationslinie sofort festgenommen und
im Handumdrehen ausgeliefert worden wäre. Es war nicht nur ein tragischer,
sondern auch völlig sinnloser Tod, der die Frage aufwirft, wie die Grenzer für
Todesschüsse vom Regime in Sofia belohnt wurden. In einem der halben Dutzend
Dokumente, die der Verfasser im Archiv des bulgarischen Geheimdienstes einsehen durfte, hieß es nur, Eberhard Melichar sei „liquidiert" worden. In einem als
Verschlusssache (VS – Nur für den Dienstgebrauch) gestuften Dokument des MfS
heißt es, was darunter zu verstehen war: „Das Liquidieren beinhaltet die physi-
sche Vernichtung von Einzelpersonen und Personengruppen", erreichbar durch
„Erschießen, Erstechen, Verbrennen, Zersprengen, Strangulieren, Erschlagen,
Vergiften, Ersticken". Nach Erkenntnissen des Verfassers wurde Melichar von
drei Kugeln getroffen. Der junge Mann, dessen Eltern ebenfalls in Karl-Marx-
Stadt lebten, wohnte in Bitterfeld und war im VEB Binnenfischerei Wernsdorf,
Betriebsteil Warmwasseranlagen Bitterfeld, beschäftigt, in einer Karpfenzucht.
  Archivierte Personalunterlagen aus der Sächsischen Landesanstalt für Land-
wirtschaft belegen, dass er ein Mitschüler von Reinhard Poser auf der „Fried-
rich-Engels-Oberschule" (POS Bernsdorf II) war. Es kann also mit ziemlicher
Sicherheit davon ausgegangen werden, dass sich die beiden gleichaltrigen jungen
Männer kannten. Auch Melichar war mit seinem Motorrad, einer MZ TS 250,
nach Bulgarien gereist. Sein Arbeitskollege Jörg Schnek schildert ihn in einem
Telefonat mit dem Verfasser als einen lockeren Typ, der mit seiner Unzufriedenheit über die Lebensumstände in der DDR nicht hinter dem Berg gehalten
habe. Zu seinem Fluchtversuch in den Westen kam es möglicherweise, weil seine
Freundin, die schwanger von ihm wurde, nicht mit ihm zusammenbleiben wollte. Die Beziehung des Pärchens sei eine ganz heikle Sache gewesen, weil seine
Freundin mit dem Sohn eines ranghohen Offiziers der Deutschen Volkspolizei
verlobt war, erinnert sich einer seiner Freunde.[543]
  Wie auch im Fall Poser gibt es über den Tod von Eberhard Melichar in der
Stasi-Unterlagenbehörde praktisch keinerlei Dokumente. Sicher ist nur, dass Melichar versucht hatte, die grüne Grenze zu Fuß zu überqueren und vermutlich
südwestlich der Grenzübergangsstelle Kalotina im Bereich Dolno novo selo er-

---

542 Allgemeine Sachablage: BStU MfS Allg. S 95/79, Bd. 2, S. 2.
543 Telefonisches Interview mit Harry Kuss (Gera), 17.02.2007.

schossen und anschließend an Ort und Stelle verscharrt wurde, wie aus einem Aktenvermerk von DDR-Konsul Nietner hervorgeht.[544] Auch hier ist bekannt, dass Nietner umgehend die Hauptabteilung Konsularische Beziehungen im MfAA unterrichtete, wo die verschwiegene Genossin Ursula Gott für die Bearbeitung zuständig war.

Seitens der Operativgruppe fiel der Fall in den Zuständigkeitsbereich von Oberleutnant Rambaum, der nach eigener Auskunft während seiner fünfjährigen Dienstzeit angeblich „nichts" von Todesfällen von DDR-Flüchtlingen in der Volksrepublik erfahren haben will. Ob Reinhard Poser und Eberhard Melichar ihren Fluchtversuch gemeinsam begingen, lässt sich angesichts verschwundener Akten zum jetzigen Zeitpunkt nur vermuten. Ausgeschlossen ist es nicht.

Mehr als acht Jahre nach dem Tod von Engelmann und Gammisch, deren Eltern immer noch nicht aufgehört hatten, Fragen zu stellen, die niemand in Ost-Berlin beantworten wollte, gab es plötzlich eine sehr bemerkenswerte Entwicklung in der DDR-Botschaft. Konsul Nietner ersuchte den bulgarischen Militärstaatsanwalt Dimitar Kapitanov[545] bei einer Unterredung im bulgarischen Justizministerium am 12. November 1974 ausdrücklich nämlich darum, die Leichen von Poser und Melichar auf Kosten der DDR auf einem öffentlichen Friedhof in Sofia oder in einer Bezirkshauptstadt beizusetzen. Und das nicht etwa aus eigenem Antrieb, sondern weil ihn Botschafter Wenning entsprechend instruiert hatte.

Der 60-jährige Kapitanov, einer der einflussreichsten Männer der „Narodna Republika", reagierte zwar sehr reserviert, war doch die „Verfahrensweise für derartige Fälle im Statut der Grenzsicherungsorgane festgelegt", wonach „Verbrecher" nicht „unmittelbar neben friedlichen Bürgern" zu beerdigen seien, und staatliche Stellen auch nicht am Besuch dieser Gräber oder etwaigen Demonstrationen an ihnen interessiert seien, aber dann lenkte Kapitanov doch noch ein. Er sei „aufgrund der guten Beziehungen" dazu bereit, den Wünschen aus Ost-Berlin zu entsprechen, „falls der ausdrückliche Wunsch bestehe". Die DDR-Botschaft solle ihre Bitte schriftlich an die Generalstaatsanwaltschaft senden, empfahl Kapitanov,

---

544 Aus einem VS gekennzeichneten Schreiben von Botschafter Wenning vom 25.02.1975 an August Klobes (MfAA) geht hervor: „Das Grab Melichar kann an der Grenze besucht werden." Von wem, ist unklar und was mit „Grab" gemeint ist, auch. Die Familie Melichar erfuhr davon allerdings nichts.

545 Dimitar Kapitanov (1914–1986) war seit frühester Jugend Mitglied der Bulgarischen Kommunistischen Partei (BKP). Nach dem Umsturz (1944) stieg er im Juli 1945 zum Chef der Miliz in Sofia auf. 1952 amtierte er kurzfristig als Stellvertretender Innenminister, stürzte, und amtierte von 1956–1962 als Chef der Untersuchungsabteilung des „Komitees für Staatssicherheit" (KfS). Anschließend amtierte er als Militärstaatsanwalt.

damit man die „Umsetzung" der „sterblichen Überreste" bei den Grenzorganen beantragen könne. Ob es allerdings dazu kam und ob die mit Schussverletzungen übersäten und vom zuständigen Gerichtsmediziner vor Ort aufgeschnittenen Leichen angesichts der wilden Tiere im Grenzgebiet überhaupt noch auffindbar waren, geht aus den vorliegenden Dokumenten nicht hervor. Sicher ist jedenfalls, dass Poser und Melichar nicht in die DDR zurückgeführt wurden. Ganz abgesehen von den Überresten von Engelmann und Gammisch, die natürlich nicht mehr auffindbar waren, wie sich im Laufe des Jahres 1975 herausstellte.

Eberhard Melichars Eltern haben nie erfahren, wo ihr Sohn – dessen Leiche, wie man ihnen unter Berufung auf die Hauptabteilung Konsularische Beziehungen des MfAA mitteilte, angeblich wegen der „bulgarischen Gesetze" in der Volksrepublik blieb – begraben wurde. Woraufhin sich in ihrem Bekanntenkreis das Gerücht verbreitete, er sei gar nicht tot, sondern von der Stasi als Agent in den Westen geschickt worden. Seine Schwester Annelie hoffte noch viele Jahre nach dem Untergang der DDR, er sei vielleicht doch noch am Leben und würde eines Tages an ihrer Tür klingeln, wie sie dem Verfasser berichtete.[546] Offiziell hieß es, wie sich Freunde und Arbeitskollegen im Gespräch mit dem Verfasser erinnerten, er habe sich in Bulgarien mit seinem Motorrad „den Kopp eingefahren". Und so durfte es sinngemäß auch im Nachruf stehen, den seine Eltern in Karl-Marx-Stadt veröffentlichten: Ihr Junge sei durch einen „tragischen Unfall" verstorben.

Das brutale Grenzregime in der Volksrepublik Bulgarien fackelte nicht lange. Kam ein Flüchtling den Grenzern vor das Gewehr, wurde sofort das Feuer eröffnet – und zwar auch dann, wenn die Festnahme ohne die geringsten Probleme möglich gewesen wäre, wie der Fall Eberhard Melichar eindrucksvoll belegt. Die Grenzer, die diese Taten verübten, waren durchweg Anfang 20 und dürften in vielen Fällen heute noch in Bulgarien leben, ohne jemals juristisch für ihre Todesschüsse zur Verantwortung gezogen worden zu sein. Das bestätigt auch der Sofioter Hochschullehrer Dr. Velislav Minekov, der sich bereits seit Mitte der 1990er Jahre für das Grenzregime in seinem Land interessiert. Er berichtet dass viele getötete Flüchtlinge in unmittelbarer Nähe der Grenzwachen flach unter der Oberfläche verscharrt worden seien. Die Leichen seien anschließend oft von Wölfen, Bären oder Füchsen wieder ausgegraben und ihre Gebeine in der Umgebung verstreut worden. Minekov erfuhr im Zuge seiner Recherchen von einem jungen Pärchen aus der DDR, das beim Fluchtversuch im Sommer 1973 im griechischen Grenzgebiet nahe des Dorfes Ilindenci festgenommen und zur nächstgelegenen Zastava (Grenzwache) gebracht wurde. Dann sei ein Unteroffizier, der gerade

---

546 Telefonisches Interview mit Annelie Ludwig (Bad Griesbach), 14.07.2006.

dienstfrei hatte, aus seinem Dorf herbeigeholt worden. Er habe das Pärchen mit seiner Dienstpistole per Kopfschuss aus nächster Nähe liquidiert: „Soweit mir bekannt, ist der Mörder heute quicklebendig, ein Aktivist der reformierten BSP. In passender Gesellschaft erzählt er stolz aus seiner heldenhaften Vergangenheit."[547]

Im Sommer 1974 wurde Heinz Schundau (FIM „Mirek), der Leiter der Auslandsvertretung des „Reisebüro der DDR" in Sofia – kurz zuvor von Uhlig und Bubke mit der „Medaille für vorbildlichen Grenzdienst" dekoriert, zu einer Besichtigung der Grenzübergangsstelle „Kapitan Andreevo" an der türkischen Grenze eingeladen. Anschließend kritisierte FIM „Mirek" in einem Bericht an das MfS, dass die Bulgaren in dem ihm präsentierten Grenzabschnitt weder Spürhunde noch moderne Überwachungstechnik einsetzten, „Schleusungsvorrichtungen" könnten so „nicht entdeckt werden", meinte Schundau.

Dabei bedurfte es mitunter nicht einmal solcher ausgeklügelter Verstecke, wie der Fall des 26-jährigen Fredo H.* aus Berlin-Treptow belegt, dem es mit seiner damaligen Frau im August 1974 gelang, eben diese Grenzübergangsstelle quasi im Spaziergang zu überwinden.[548] Das Ehepaar H.* war mit seinem Skoda in die Volksrepublik gereist. Diesen Wagen stellten sie unweit der Grenze in einer unbelebten Nebenstraße ab und machten sich zu Fuß auf den Weg zum Grenzübergang. Weil es in jener Zeit Werksferien bei Volkswagen gab, war am fraglichen Abend zu später Stunde noch eine lange Autoschlange zu sehen. Dieses Durcheinander machte sich das Paar zunutze und spazierte unter dem Vordach eines Wachturms und im Windschatten eines auf die Abfertigung wartenden Autos auf türkisches Territorium. Eine Schrecksekunde gab es nur, als ein türkischer Grenzer ihnen bedeutete, ohne Visum müssten sie zurück nach Bulgarien gehen. Fredo H.* berichtet, dass er in diesem kritischen Augenblick mit seiner Frau sofort in eine Menschenansammlung auf der türkischen Seite rannte und von zwei jungen Männern aus der Bundesrepublik mit dem Auto nach Istanbul mitgenommen wurde. Unangenehm sei die Angelegenheit erst bei Verhören durch den türkischen Geheimdienst geworden, als man ihnen zwei Wochen lang habe einreden wollen, mit gefälschten Papieren quasi als Spione in die Türkei gelangt zu sein.

In völliger Verkennung des Umstands, dass er mit diesem Fluchtversuch sehr viel Glück gehabt hatte, informierte H.* nicht lange nach seiner Ankunft in der Bundesrepublik oppositionelle Freunde in Ost-Berlin detailliert über seinen Fluchtweg und machte damit Werbung ausgerechnet für einen besonders gefährlichen Abschnitt der bulgarischen Grenze. Großes Glück hatte auch Klaus

547 E-Mail Dr. Velislav Minekov (Sofia) 2006 an den Verfasser (Ausdruck AdA).
548 Telefonisches Interview mit Fredo H.* (Hamburg), 18.12.2006.

Heyne[549], ein 36-jähriger Kinderarzt aus Dresden, dem es im September 1974 gelang, im Bereich Pamporovo zu Fuß nach einem 45-stündigen Marsch über die grüne Grenze nach Griechenland zu gelangen, obwohl die Operativgruppe den Mediziner bereits im Visier hatte.[550] Wie er auf die andere Seite der Grenzsignalanlage auf den geharkten Sandstreifen gelangte, vermag Heyne im Rückblick nicht zu beantworten. Sicher ist nur, dass er von einem Spürhund verfolgt wurde, schließlich griechisches Terrain erreichte, wo er von Waldarbeitern gastfreundlich aufgenommen wurde.[551] Nachdem ihn das griechische Militär vernommen hatte, erhielt er in der bundesdeutschen Botschaft in Athen einen Reiseausweis als Passersatz und durfte die Weiterreise mit dem Flugzeug in die Bundesrepublik antreten.

Inzwischen, im Herbst 1974, näherte sich die fünfjährige Dienstzeit von Rambaum in Bulgarien ihrem Ende. An seiner Stelle blieb fortan Leutnant Wolfgang Buck ganzjährig als Verbindungsoffizier zum bulgarischen Innenministerium in der Volksrepublik. Er hatte ebenso wie Rambaum Frau und Kind mitgebracht. Nachdem zunächst geplant war, seine Frau, eine gelernte Apothekerin, als Zivilangestellte des MfS zur Schreibkraft der Operativgruppe zu machen, dann aber doch keine Planstelle beantragt wurde, verpflichtete man sie kurzerhand als IME „Sonja" für das MfS.[552] Fortan war sie neben den Schreibarbeiten auch für die Annahme von Telefonaten und die Erstellung von Finanzübersichten zuständig. Dafür erhielt sie monatlich 150 Lewa aus der „Operativkasse" und zusätzlich 300 Mark von der Abteilung Finanzen des MfS. Sie und ihr Mann waren in der Volksrepublik als angebliche Mitarbeiter des „Reisebüros der DDR" legendiert.

Nach der Ablösung von Beier, Uhlig und Rambaum bekam die Operativgruppe ein gänzlich neues Gesicht, denn auch Oberleutnant Rudi Behrend wurde im Herbst 1974 von seinem Posten am Sonnenstrand abberufen, nachdem er über Probleme aufgrund der großen Hitze in seinem Einsatzgebiet geklagt hatte.

Anstelle von Fred Beier übernahm nun Michael Joachimsthal die Leitung der für die Urlauberüberwachung zuständigen MfS-Kommandos in Bulgarien. Der 31-jährige Oberleutnant war als gelernter Tankwart in den ersten Jahre nach dem Mauerbau als Unterfeldwebel der Grenztruppen im Bereich der Berliner Mauer eingesetzt, bevor ihn das MfS – ohne jegliche fachliche Ausbildung – im Sommer 1966 zum Mitarbeiter des „Reisebüros der DDR" machte, als Referent im Bereich Fremdenbetreuung mit Zuständigkeit für die „Grenz-Servicestellen" des Reise-

---

549 Hauptabteilung XX (Sicherung des Staatsapparates): BStU MfS HA XX AKG 7192.
550 Archivierter IM-Vorgang: BStU MfS AIM 3773/71, Bd. II/2, S. 348 f.
551 Heyne, Klaus: Grenzen – Grenzendes – Grenzen des da Seins. Ms 2000, Kopie: AdA.
552 Archivierter IM-Vorgang: BStU MfS AIM 625/78.

büros. Nachdem er Anfang 1968 wieder ins MfS zurückkehrte, war er in der HA VI, auf der Linie SRT eingesetzt, wobei er unter anderem als Objektsachbearbeiter für die Generaldirektion der Vereinigung Interhotel eingesetzt war. Anfang 1972 hatte er, mit Zustimmung des Leiters der Linie SRT die Leitung des Referats 2 der Abteilung 2 erhalten und war damit unter anderem direkt für die Operativgruppe in Bulgarien zuständig. Eine zentrale Aufgabe dieser Funktion bestand neben der Führung zweier Reisebüro-OibE in der „Bekämpfung des ungesetzlichen Verlassens von Bürgern der DDR im sozialistischen Ausland" durch den Einsatz von IM-Netzen.[553] Praktische Erfahrungen hatte Joachimsthal bereits im Sommer 1974 gesammelt, als er zur Unterstützung des kränkelnden Beier über mehrere Wochen in Bulgarien zum Einsatz kam und praktisch bereits die Leitung der Operativgruppe innehatte.[554]

Joachimsthal hatte sich schon vor seinem Dienstantritt Feinde gemacht, als er die Beförderung von Hauptmann Brichmann zum zweiten Stellvertreter von Horst Rückheim in der SRT 2 kritisierte. Das war nämlich eine persönliche Entscheidung von Oberst Heinz Fiedler. Fiedler führte 1975 eine Neustrukturierung im Bereich der Überwachung des Auslandstourismus durch. Im Rahmen dieser neuen Konzeption wurde der bisherige Chef des Bereichs Auslandstourismus, Oberstleutnant Siegfried Weißbach, aus gesundheitlichen Gründen zum Stellvertreter des Leiters der Abteilung Zollabwehr, während Werner Ott an die Spitze des umstrukturierten Auslandstourismus rückte, dem nun die Abt. 2 (Sicherung des Tourismus und Operativgruppen ČSSR, UVR, VRB – Leitung Oberstleutnant Horst Rückheim), die Abt. 3 (Sicherung des Tourismus nach anderen sozialistischen Staaten – Leitung Oberstleutnant Hans Deutscher[555]) und die AG „Begehungsweisen Flucht" unter Leitung von Oberst Rudolf Liehr[556] unterstand.

Auch Joachimsthals Anordnung, seinen Dienstwagen, einen Wartburg, für den Einsatz in der Volksrepublik umzuspritzen und mit einem Schiebedach zu versehen, führte zu Ärger, zumal seine ironische Bemerkung, er könne auf der Jagd nach flüchtigen DDR-Bürgern „genauso gut mit einem Trabant oder Fahrrad fahren"[557], genau als das verstanden wurde, was es war.

Zum neuen Stellvertretenden Leiter der Operativgruppe wurde der 34-jährige Oberleutnant Becker aus Karl-Marx-Stadt, ein Bekannter des weiterhin für die

553   Kaderakte Michael Joachimsthal: BStU MfS KS 29692/90, S. 60.
554   Ebd., S. 69
555   Kaderakte Hans Deutscher: BStU MfS KS 7443/90. Die Ehefrau von OSL Deutscher war Sachbearbeiterin in der Generaldirektion des „Reisebüros der DDR".
556   Disziplinarakte Rudolf Liehr: BStU MfS Diszi 7545/92.
557   Kaderakte Michael Joachimsthal: BStU MfS KS 29692/90, S. 72.

Südliche Schwarzmeerküste zuständigen Oberleutnants Walter Tietze, denn beide Männer hatten 1972 für einige Monate gemeinsam der Operativgruppe des MfS in der ČSSR angehört (Becker im Bäderdreieck, schon damals als Stellvertretender Leiter der Operativgruppe), bis Tietze Helfricht ablösen musste. Becker war seit 1966 im Referat Reisen und Touristik der Abt. VI der BV Karl-Marx-Stadt tätig (Absicherung des Rentner-Reiseverkehrs in die Bundesrepublik), hatte also ebenfalls langjährige Erfahrung im Einfangen flüchtiger oder fluchtverdächtiger DDR-Urlauber im Ausland.

Und so war es kein Zufall, dass Hauptmann Brichmann Mitte April 1975 in Ost-Berlin einen „Kontrolltreff" zwischen Becker und Tietze organisierte, an dem neben ihm selbst auch der Chefrepräsentant Helmut Hofmann (FIM „Johann Wesolek") teilnahm, um die Bereichsaufteilung der IM-Repräsentanten und den „Konvoiplan" vorzubereiten, denn die Mitglieder der Operativgruppe und ausgewählte FIM fuhren zu Saisonbeginn Ende April alljährlich mit ihren Dienstwagen als Konvoi in die Volksrepublik.[558]

Neu in der Operativgruppe waren auch Matthias Urbanek (29) und Klaus Reschke (29), zwei gelernte Schlosser. Während Unterleutnant Urbanek seit 1968 in der HA VI, Linie SRT arbeitete, war Reschke erst kurz zuvor aus der Kreisdienststelle Hettstedt zur HA VI gewechselt. Die Leitung des Büros der Operativgruppe in Nessebar übernahm der 25-jährige Feldwebel Karin Jäckel als Nachfolgerin der ebenfalls abgelösten Brigitte Goldstein. Die gelernte Steno-Phonotypistin wurde dabei von Frau Buck (IME „Sonja") unterstützt. Vom Vorjahr geblieben waren nur Buck und Kögler, sowie die drei OibE, die aus operativen Gründen „Bäumchen wechsel Dich" spielten. Bubke übernahm 1975 die Aufgabe des „Stellvertretenden Chefrepräsentanten" in Albena, während Fengl die „Stellvertretende Chefrepräsentantin" am Sonnenstrand und Erwin Süß erneut den „Stellvertretenden Chefrepräsentanten" am Goldstrand gab – jedenfalls bis ihn Major Rückheim bereits Mitte Juni 1975 aus disziplinarischen Gründen mit sofortiger Wirkung aus der Volksrepublik zurück in die BV Magdeburg kommandierte. Das MfS hatte nämlich herausgefunden, dass er von einem Mitarbeiter des Stuttgarter Reiseveranstalters „Hetzel"-Reisen als Geheimdienstler dekuviert und mit genauer Personenbeschreibung und Zimmernummer nach Westdeutschland gemeldet

---

558 Der in der Saison 1975 erneut zum Einsatz in Bulgarien vorgesehene Oberleutnant Walter Tietze musste bereits im Juni wegen einer schweren Erkrankung aus der Volksrepublik abberufen werden. Er starb am 15.11.1975. Möglicherweise stand sein Tod im Zusammenhang mit seiner Qualifizierung als „Kernstrahlungs- und chem. Beobachter" des MfS. Vgl.: Kaderakte Walter Tietze: BStU MfS BV Dresden KS II 146/76.

worden war. Nach Aktenlage hatte Süß eine öffentliche Auseinandersetzung mit einem IM, die nicht unbemerkt blieb. Eine solche Schädigung des Ansehens des MfS und Verletzung der Prinzipien der Wachsamkeit und Konspiration konnte nicht unbestraft bleiben, Süß war fortan „für den Auslandseinsatz nicht mehr geeignet".

Der Fall Peter Nötzel

Noch bevor der Konvoi der Operativgruppe in Richtung Bulgarien aufbrach, war dort bereits ein weiterer junger Mann aus der DDR erschossen worden. Der 27-jährige Peter Nötzel aus Berlin-Lichtenberg stellte – ohne eine Gewerbeerlaubnis zu besitzen – seit einigen Jahren in seiner Wohnung Schmuck aus Messing und Kupfer her. Diese Geschäftsidee war ein großer Erfolg. Nötzel, der in Kinderheimen und im Jugendwerkhof aufgewachsen war, belieferte Kunstgewerbeläden in der gesamten DDR. Daran nahmen allerdings die Behörden im „Arbeiter- und Bauernstaat" Anstoß, zumal Nötzel den Behörden als regimekritisch galt. Nachdem die Ost-Berliner Steuerfahndung eine Hausdurchsuchung bei ihm durchgeführt und sein Auto beschlagnahmt hatte, war seine Existenzgrundlage in Gefahr. Nötzel fürchtete, man würde ihn wegen Steuerhinterziehung zu einer Gefängnisstrafe verurteilen. Vor diesem Hintergrund flog er am 26. März 1975 mit der Frühmaschine von Schönefeld nach Sofia, im Gepäck eine Jeans und einen Parka, um damit in Richtung der bulgarisch-griechischen Grenze zu trampen, wie er seiner Frau sagte. Offenbar nahm Nötzel an, dass ein solches Unternehmen relativ einfach und gefahrlos durchzuführen sein müsse, denn er hatte den Fluchtbericht seines Bekannten Fredo H.* erhalten, der ein paar Monate zuvor quasi im Spaziergang die Grenzübergangsstelle „Kapitan Andreevo" überwunden hatte. Aufgrund dieser Skizze habe er gesagt, er wolle es auch probieren, erinnert sich Inge Nötzel.[559] Außerdem war er selbst in den beiden Vorjahren in Bulgarien gewesen, stets mit einem Auge nach einem möglichen Fluchtweg suchend. Inge Nötzel wäre mit ihm gegangen, sagt sie, lehnte dann aber doch ab, da sie um das Leben ihres gemeinsamen Sohnes fürchtete und einen Fluchtversuch über die grüne Grenze mit einem achtjährigen Jungen für zu riskant hielt.

Lange Zeit lag das Schicksal von Peter Nötzel völlig im Dunkeln, da es keinerlei Stasi-Akten über seinen Tod gibt. Wo genau Peter Nötzel ums Leben kam, hat seine Frau Inge nie erfahren, auch nicht, wo er begraben wurde. Recherchen des Verfassers ergaben, dass er östlich des Grenzübergangs Kulata in der Nähe des

---

559 Interview mit Inge Nötzel (Berlin), 27.12.2006.

Dorfes Piperitsa starb. Vermutlich war er per Anhalter oder mit der Eisenbahn in Richtung der griechischen Grenze gefahren und hatte sich anschließend zu Fuß ins Sperrgebiet begeben.

Etwa zwei Tage nach seiner Abreise sei ein Mann in ihrer Wohnung aufgetaucht, erinnert sich Inge Nötzel. Es war der Leiter der Abteilung für Inneres aus Lichtenberg. Er sagte, dass Peter Nötzel tödlich verunglückt sei. Ein paar Tage später erfuhr sie in der Hauptabteilung Konsularische Angelegenheiten des MfAA, dass er in Ausübung eines Verbrechens umgekommen sei und dass sie keine weiteren Auskünfte dazu erhalten würde. Als sie daraufhin selber einen Ausreiseantrag in die Bundesrepublik stellte, hieß es zynisch, sie solle erst ihre „Familienangelegenheiten" regeln.[560] Monatelang musste Inge Nötzel kämpfen, bis sie zumindest die Sterbeurkunde erhielt. Daraus ging lediglich hervor, dass ihr Mann am 27. März 1975 um 22 Uhr gestorben sei. Als Sterbeort ist das „WWMI / Volksrepublik Bulgarien" verzeichnet. Dabei handelt es sich um das Militärkrankenhaus in Sofia, in dem die Leiche vermutlich obduziert wurde. Also nicht um den Todesort.

Die Dame im Standesamt 1 von Groß-Berlin, die ihr die Sterbeurkunde ihres Mannes aushändigte, sagte mit „sowas" müsse gerechnet werden, wenn jemand die DDR illegal verlassen wolle, erinnert sich Inge Nötzel: „Ich habe so einen Hass auf Bulgaren oder Bulgarisches überhaupt. Bulgarischen Boden betrete ich ganz bestimmt in meinem Leben nicht. Das habe ich mir geschworen. Für mich ist das eine Mörderbande. In den ersten Monaten nach dem Tod meines Mannes bin ich nicht mal mehr zum Alex gefahren. Aus Angst, ich könnte dem Schützen begegnen. Die haben doch die Uhren der Opfer bekommen. Ich hatte immer Panik, wenn ich in Stadtmitte war, dass ich irgendeinen sehe und die Uhr meines Mannes erkenne."[561]

Nachdem Inge Nötzel selbst kurz darauf, Ende März 1976, bei einem Fluchtversuch auf der Transitstrecke festgenommen wurde, erklärten ihr die Vernehmungsbeamten, sie habe über das Schicksal ihres Mannes vor Gericht zu schweigen. Anderenfalls könne sie ihren Sohn nach ihrer Haftentlassung nicht mit in die Bundesrepublik nehmen. Inge Nötzel ließ sich auf den Handel ein, um die Zwangsadoption ihres Sohnes zu verhindern.

Tragisch ist am Fall Nötzel aber auch, dass die bulgarische Regierung kurz nach dem Mauerfall auf Nachfrage der Bundesregierung Informationen über den Tod von Peter Nötzel preisgab, über die seine Frau nie informiert wurde. Die

---

560 Allgemeine Sachablage: BStU MfS BV Groß-Berlin AS 2429/77, S. 246–25.
561 Interview mit Inge Nötzel (Berlin), 27.12.2006.

betreffenden Akten, die vom Verfasser eingesehen werden durften, werden in der Berliner Staatsanwaltschaft bis heute – mehr als 25 Jahre nach dem Mauerfall – unter Verschluss gehalten. Und zwar, weil man in Bulgarien über diesbezügliche Nachforschungen nicht erfreut war und Bonn befürchtete, die bilateralen Wirtschaftsbeziehungen könnten belastet werden.

Immerhin kann davon ausgegangen werden, dass Nötzel – im Gegensatz zu Gambke, Engelmann, Gammisch, Poser und Melichar – nach der Obduktion auf einem regulären Friedhof beigesetzt wurde. Denn am 24. Februar 1975 hatte der DDR-Botschafter Werner Wenning mit dem Generalstaatsanwalt der Volksrepublik Bulgarien, Vatschkov, im Beisein des Militärstaatsanwalts Dimitar Kapitanov eine Regelung vereinbart. Der Grund war, dass die Angehörigen der in Bulgarien getöteten Flüchtlinge – und hier insbesondere die Eltern von Engelmann und Gammisch – über Jahre hinweg „ständig Eingaben an zentrale Dienststellen der DDR" gerichtet hatten, um die Gräber der Verstorbenen in Bulgarien besuchen zu können. In der Regelung, die wegen ihres Sprachgebrauchs nachfolgend im Original wiedergegeben wird – waren vier Punkte festgelegt:

- (1) „In den Fällen der Tötung von Straftätern aus der DDR im Grenzgebiet der Volksrepublik Bulgarien erfolgt eine sofortige Information der bulgarischen Behörden an die Botschaft der DDR im Lande."
- (2) „Vertreter der Botschaft der DDR können zusammen mit dem Untersuchungsrichter der Militärstaatsanwaltschaft an den Untersuchungen teilnehmen."
- (3) „Die bulgarischen Grenzsicherungsorgane treffen zukünftig in diesen Fällen keinerlei Maßnahmen."
- (4) „Nach Abschluss der Untersuchungen kann der Leichnam entsprechend dem Wunsch der diplomatischen Vertretung und unter Beachtung der hygienischen Bestimmungen entweder überführt werden oder auf einem öffentlichen Friedhof der Volksrepublik Bulgarien beigesetzt werden."[562]

Mit anderen Worten: Von diesem Zeitpunkt an durften die bulgarischen Grenzer ihre ostdeutschen Opfer nicht mehr einfach an Ort und Stelle vergraben. Neben dem für die Abwicklung zuständigen DDR-Konsul waren der Hauptsicherheitsbeauftragte respektive der diplomatisch legendierte Leiter der Operativgruppe bzw. der Verbindungsoffizier der Operativgruppe zum MWR berechtigt, an den Untersuchungen der Todesumstände teilzunehmen.

---

562 Zentraler Operativstab Berlin, Bericht vom 02.09.1976. In: BStU MfS BV KMS StOp 99, Bd. 2, S. 200.

Inge Nötzel hätte in Kenntnis dieser Regelung theoretisch eine Überführung ihres Mannes nach Ost-Berlin durchsetzen können. Zumindest hätte sie von Konsul Nietner in Sofia bzw. durch die zuständige Hauptreferentin, Ursula Gott, aus der Hauptabteilung Konsularische Beziehungen des MfAA erfahren müssen, auf welchem Friedhof der bulgarischen Hauptstadt Peter Nötzel nach der Obduktion beigesetzt wurde. Die Realität in der DDR sah allerdings anders aus. Inge Nötzel erfuhr niemals, wo sich die Grabstätte ihres Mannes befand, die nach den bulgarischen Gepflogenheiten bereits nach wenigen Jahren wieder neu belegt wurde.

Der Fall Brigitte von Kistowski / Klaus Dieter Prautzsch

Nur wenige Monate später, im August 1975, kam es, auch diesmal wieder an der bulgarisch-griechischen Grenze, zu einem weiteren schweren Zwischenfall, in dem die neue Regelung zwischen der bulgarischen Generalstaatsanwaltschaft und der DDR-Botschaft erneut griff und in dessen Verlauf es unter der Regie von Oberstleutnant Peter Pfütze sogar zu einer Überführung der beiden Leichen kam. Doch obwohl neben der Operativgruppe auch in diesem Fall sowohl der Konsul als auch der HSB direkt mit der Angelegenheit befasst waren, gibt es in den Akten der Stasi-Unterlagenbehörde so gut wie keine Einzelheiten, durch die die tatsächlichen Todesumstände der beiden jungen Leute geklärt werden könnten.

Brigitte von Kistowski (27) war mit ihrem Freund Klaus Prautzsch (28) mit dem Motorrad zum Zelten an die Bulgarische Schwarzmeerküste gefahren, wo sie sich mehrere Wochen aufhielten. Das Pärchen, das sich schon seit der Schulzeit kannte, war – nachdem ihre beiden Ehen in die Brüche gegangen waren – seit kurzem miteinander liiert und wohnte mit Brigittes kleinem Sohn in einer sogenannten Ausbauwohnung in Leipzig. Das war eine ziemlich verfallene Altbauwohnung, die der Diplom-Ingenieur Klaus Prautzsch in monatelanger Arbeit wieder bewohnbar gemacht hatte. Der leidenschaftliche Motorradfahrer Prautzsch hatte im September 1974 eine Tour durch mehrere osteuropäische Länder gemacht, die ihn auch in den Badeort Albena führte. Die Beziehung des Pärchens war nicht ohne Konflikte, Klaus, seit 1972 geschieden, war schnell eifersüchtig und hatte ein eher traditionelles Frauenbild.[563] Einerseits entsprach Brigitte genau seinen Vorstellungen, schrieb er seinem Vater im Frühjahr 1974, aber völlig überzeugt von ihrer Partnerschaft scheinen beide nicht gewesen zu sein: „Wir haben uns gern und sie tut viel für mich, aber irgendwie etwas endgültiges ist es nicht, weder für sie, noch für mich. Ich möchte halt wirklich noch etwas erleben […]."[564]

---

563   Brief Klaus Prautzsch vom 08.06.1973 an Gerhard Prautzsch, AdA.
564   Brief Klaus Prautzsch vom 23.04.1974 an Gerhard Prautzsch, AdA.

Steffen Benkert lernte Klaus Prautzsch und dessen hübsche Freundin 1973 als Arbeitskollegen kennen. Da sich beide Männer für Motorräder interessierten, verbrachten sie auch ihre Freizeit oft zusammen. Klaus sei politisch nicht in Erscheinung getreten, erinnerte sich Benkert im Interview mit dem Verfasser. Er sei ein unbeherrschter Typ gewesen, der, wenn er etwas getrunken hatte, völlig unberechenbar gewesen sei. Auf dem Motorrad sei Klaus „wie eine gesenkte Sau" gefahren, einmal mit hoher Geschwindigkeit sogar freihändig, um zu prüfen, ob die Maschine geradeaus fuhr – ihm als Beifahrer sei in solchen Momenten „Angst und Bange" geworden. Benkert erinnert sich, wie Klaus einen angefahrenen Hasen in eine Tüte einwickelte und erklärte, der komme noch auf den Grill. Steffen Benkert ist ein wichtiger Zeitzeuge, denn er fuhr in jenem Sommer gemeinsam mit Klaus und Brigitte mit seinem eigenen Motorrad nach Bulgarien. Das Pärchen habe jede Menge Gepäck auf die Urlaubsreise in die Volksrepublik mitgenommen. Auf dieser Fahrt kam es laut Benkert zu mehreren Pannen und kurz vor Budapest zu einem Beinahe-Unfall. Immer wieder habe es Probleme mit Klaus' Motorrad gegeben. Die Maschine hatte eine Unwucht im Hinterrad und sei völlig überladen gewesen. Nachdem ihm der Reifen geplatzt war und es keine Schläuche gab, habe er sich auf einem Campingplatz von polnischen Urlaubern mehrere Ersatzschläuche gekauft. Immer wieder war es zu heftigem Streit gekommen, bis Benkert schließlich Rumänien und Bulgarien allein durchquerte. Wiedergetroffen habe er die beiden erst am 26. Juli 1975 auf dem Campingplatz am Rilakloster. Hier trennten sich ihre Wege dann endgültig, denn Benkert wollte seine Freundin in Varna abholen und mit ihr an den Goldstrand, während Klaus und Brigitte die südliche Schwarzmeerküste ansteuerten.

Bei der Frage der möglichen Fluchtmotive lässt sich bei Klaus Prautzsch eine latente Unzufriedenheit mit der persönlichen und beruflichen Situation erkennen, möglicherweise wollte er tatsächlich zu seinem in der Bundesrepublik lebenden Vater. Ganz anders jedoch die lebenslustige Brigitte, die sich zwar in der Partnerschaft mit ihrem Freund völlig unterordnete, aber weder ihren kleinen Sohn zurückgelassen hätte, noch sonst mit ihrem Leben zufrieden war. Vermutlich wollte Klaus Prautzsch auf dem Rückweg in die DDR mit seinem Motorrad noch einmal durchs Rila-Gebirge fahren. Dabei sind sie in der Ortschaft Dospat im Sperrgebiet zur griechischen Grenze am Abend des 12. August 1975 in eine Personenkontrolle geraten. Um der Festnahme zu entgehen gab Prautzsch, der eine MZ ETS 250 Trophy Sport fuhr, angeblich Gas und entkam der Miliz. So heißt es jedenfalls in einer Operativ-Information der HA VI, die auf Angaben der bulgarischen Grenztruppen fußte. Die Darstellung, dass das Pärchen einfach ungeschoren davon brauste und den Grenzern in dieser stark gesicherten Region entkam, ist jedoch sehr unglaubwürdig. Nach Darstellung des MfS sollen beide dann in den frühen Morgenstunden des 13. August, achteinhalb Stunden nach der angeblichen Flucht aus Dospat, tief im Grenzgebiet, in einem Gelände ohne Wege, Straßen oder Häuser erneut auf Grenzer gestoßen sein. Sie hätten auf die Anrufe der Grenzsicherungskräfte angeblich nicht reagiert und seien daraufhin – da sie „auf ungesetzlichem Wege die DDR verlassen wollten" – ordnungsgemäß erschossen worden, wie es in einem Bericht von Oberstleutnant Peter Pfütze an die MfS-Kreisdienststelle Bitterfeld hieß.[565] Diese Darstellung ist jedoch aus mehreren Gründen unglaubwürdig – warum hätte das Paar zu Fuß nach Griechenland laufen sollen, warum hätte Prautzsch sein neues Motorrad zurücklassen sollen, warum tauchte das Motorrad in den Fluchtdarstellungen überhaupt nicht auf?

Viel naheliegender ist, dass der impulsive und Autoritäten gegenüber kritische Klaus Prautzsch versuchte, den Grenzern in Dospat zu entkommen – freilich nicht über die Grenze –, und dass das Paar nach einer Verfolgungsjagd festgenommen wurde. Die Recherchen des Verfassers führen zu dem Ergebnis, dass das Paar, das keine Fluchtabsicht hatte, daraufhin in eine Grenzwache („Zastava") der bulgarischen Volksarmee gebracht wurde, die sich im Bereich der Ortschaft Chavdar (südöstlich von Dospat) befand. Dort sind beide vermutlich an die Wand gestellt und exekutiert worden.

Denn die Obduktion der Leichen durch Oberstleutnant Dr. Zlatko Kolev im Sofioter Militärkrankenhaus ergab, dass die Leiche von Klaus 37 und die Leiche von Brigitte 25 Einschüsse aufwies, die durch Maschinengewehrfeuer verursacht worden waren. Das ist im Vergleich zu anderen hier geschilderten Fällen, in denen die Opfer auf freiem Feld und mittlere Distanz erschossen wurden und in der Regel von drei bis fünf Kugeln getroffen wurden, eine enorm hohe Zahl, die auf zwei Kalaschnikows hinweist. Die Verletzungen wurden den beiden jungen Leuten aus einer Entfernung von „mehr als 1,5 Metern" beigebracht, hieß es in den Obduktionsberichten Nr. 126 und 127 im Untersuchungsverfahren Nr. 40/1975 der bulgarischen Militärstaatsanwaltschaft. Die beiden Todesschützen standen vermutlich etwa zwei bis drei Meter vor ihnen.

Für diese Annahme spricht auch der Umstand, dass der Todesort des Paares laut der Übersetzung der Sterbeurkunde Nr. 1168 des Einwohnerregisters Sofia (Ryonvolksrat Blagoew) vom 15. August 1975 „Am Grenzposten Arteria" lautet. Der Todesort Arteria war eine Zastava und keine Ortschaft. Dass ihn keiner ihrer Angehörigen je finden konnte, liegt daran, dass die Benennung der Zastavas, bei

---

565 Zentrale Materialablage: BStU MfS Außenstelle Halle KD Bitterfeld OD CKB ZMA K-43, S. 1–3.

denen es sich um Militärobjekte handelte, der Geheimhaltung unterlag. Ein weiterer Hinweis auf die Richtigkeit dieser These (Exekution in der Grenzwache) findet sich in dem Umstand, dass in der schriftlichen Todesanzeige zur Sterbebuch-Nr. 841/1975 des Standesamts I von Groß-Berlin die Uhrzeit „4:30" gestrichen und durch die Eintragung „Todesstunde unbekannt" ersetzt wurde. Der Verfasser geht davon aus, dass das Paar in Wahrheit bereits am Abend des 12. August 1975 starb. Nachdem das tote Pärchen bereits am 14. August im Sofioter Militärkrankenhaus[566] obduziert und am nächsten Tag (nachmittags gegen 14:30 Uhr) von DDR-Konsul Kurt Spörl (62) im Gerichtsmedizinischen Institut auch identifiziert worden war, wurde es auf Anordnung des Leiters der Hauptabteilung Konsularische Beziehungen, August Klobes, auf demselben Friedhof „Bakarena Fabrika" in einem Vorort von Sofia beigesetzt, auf dem seit 1972 auch Wera Sandner ruht. Die Eltern hat niemand gefragt. Die Beerdigungskosten in Höhe von 62,20 Lewa (zwei Grabstätten 16,00 Lewa, zwei Mal Transportgebühr 4,00 Lewa, zwei Särge 37,40 Lewa, zwei Grabpyramiden 4,80 Lewa) bezahlte Spörl am 18. August gegen 11 Uhr aus der Botschaftskasse bei der Sofioter Friedhofsverwaltung, nachdem er einen Anruf aus dem bulgarischen Außenministerium erhalten hatte, in dem ihn ein Genosse Petrov ersuchte, die Rechnung noch am selben Vormittag zu begleichen. Genau eine Stunde nach Zahlungseingang senkten sich die beiden Holzkisten auf „Bakarena Fabrika" unter die Erde. Klobes – der seit dem 20. Juli 1974 auf Beschluss des ZK-Sekretariats den Rang eines „Außerordentlichen und Bevollmächtigten Botschafters der DDR" führte – wies Spörl an, die Eltern zu belügen, dass die Bestattung der ausländischen Grenzopfer angeblich im bulgarischen Gesetz vorgeschrieben sei. Das aber war eine reine Erfindung, wie vieles andere auch in dieser Geschichte.

Dass es Brigittes Mutter, dem langjährigen SED-Mitglied Hannelore Kurzweg (50), gelang, eine Genehmigung zur Exhumierung und Überführung der Leichen ihrer beiden toten Kinder nach Holzweißig bei Bitterfeld zu erwirken und damit den Klobes-Befehl aufzuheben, grenzte an ein Wunder – zumal Oberstleutnant Pfütze genau dies zu verhindern versuchte. Beide Mütter gemeinsam waren Ende August 1975 persönlich nach Bulgarien gereist, wobei alleine die derart zeitnahe Erteilung der Reisegenehmigung schon darauf hindeutet, dass Hannelore Kurzweg sehr hochkarätige Beziehungen gehabt haben muss. Die Erklärung des Bulgaren, es habe sich um einen Fluchtversuch gehandelt, überzeugte sie nicht.

---

566   „Die Leichen der Getöteten befinden sich im Militärhospital in Sofia. Die Botschaft der DDR wurde entsprechend mit dem Vorgang bekannt gemacht." (Telegramm Nr. 1176 aus Sofia). In: Allgemeine Sachablage: BStU MfS AS 97/79, Bd. 2, S. 18.

Kurzweg war überzeugt, dass ihre Tochter ihren kleinen Sohn unter keinen Umständen zurückgelassen hätte und deshalb auch nicht hatte fliehen wollen.

In Sofia wurde Hannelore Kurzweg von einem Deutsch sprechenden bulgarischen Zivilisten berichtet, dass Brigitte angeblich ihren schweren Verletzungen in einem Krankenwagen erlegen sei. Man zeigte Frau Kurzweg auch auf einer Landkarte, wo sich der Vorfall angeblich ereignet hatte. Es war ein Mix aus Märchen, Erfindungen und Schutzbehauptungen, möglicherweise um ihr Leid zu lindern – auf jeden Fall aber, um ihr die angebliche Fluchtgeschichte plausibel zu machen.

Wie es Hannelore Kurzweg gelang, den neu ernannten DDR-Botschafter in Sofia zu sprechen, der im August 1975 die Nachfolge von Werner Wenning angetreten hatte, ist nicht überliefert. Nach Aktenlage muss es dieser neue Botschafter gewesen sein, der die Rückführung der beiden bereits bestatteten Leichen anordnete.

Zuvor waren die beiden Frauen bei Konsul Spörl gewesen, der natürlich mit der Situation überfordert war und nicht wusste, wie er sich zu verhalten hatte. Spörl, ein gelernter Tischler, der in der Weimarer Republik der SPD-Jugendorganisation SAJ angehört hatte, seit 1947 SED-Mitglied, war als Absolvent der „Akademie für Staat und Recht" 1961 Mitarbeiter der Hauptabteilung Konsularische Beziehungen des MfAA geworden. Als IMS „Axel" arbeitete er bereits seit vielen Jahren für das MfS gearbeitet.[567] Ein bei der Identifizierung der Leichen anwesender Offizier der Grenztruppen hatte ihm erklärt, die beiden jungen Leute seien angeblich „direkt an der Grenze" zwischen Bulgarien und Griechenland „gestellt" worden. Vermutlich ahnte Spörl, dass es bei dem Tod des Pärchens auch nach Ostblock-Maßstäben nicht mit rechten Dingen zugegangen war. Ab Mai 1976 war nämlich für vier Jahre ein Verwandter von Prautzsch' Ex-Frau vom Ministerium für Außenhandel (MAH) an die Handelspolitische Abteilung der DDR-Botschaft in Sofia delegiert worden. Durch diesen Mann, Klaus Z., wurden innerhalb der Familie Prautzsch Gerüchte kolportiert[568], die nur von Spörl stammen konnten. Demnach wusste Klaus Z. angeblich, wie es „wirklich" war, sprach aber nicht darüber.[569] Da auch Spörl nicht wusste, wie es wirklich war, konnte Z. höchstens Beobachtungen des Konsuls über den Zustand der Leichen aufgeschnappt haben.

Hochinteressant ist, welche Rolle der Chefdiplomat im MfAA im Fall Kistowski/Prautzsch spielte. August Klobes erklärte Konsul Spörl („Nur für den Dienstgebrauch"), dass das Pärchen bei einer schweren Gesetzesverletzung ums Leben gekommen sei. Und: „Eine Forderung, die Leichen mitzunehmen, ist nicht zu

567   Archivierter IM-Vorgang: BStU MfS AIM 4206/86.
568   E-Mail Frank Prautzsch (Chemnitz) vom 05.10.2015 an den Verfasser.
569   E-Mail Frank Prautzsch (Chemnitz) vom 31.10.2015 an den Verfasser.

erfüllen, da in der ganzen Welt keine Leichen von Reisenden ‚mitgenommen‘ werden können." Vorsprachen der Mütter bei bulgarischen Behörden seien nicht statthaft, die Angelegenheit werde durch die Botschaft erledigt. Spörl möge die Damen auffordern, in die DDR zurückzureisen.

Doch die Damen ließen sich nicht bremsen. Der bereits erwähnte neue Botschafter, Manfred Schmidt (44)[570], stand bereits seit 1950 im Dienst des MfAA und war im September 1964 zum Chef des Protokolls und Leiter der Protokollabteilung des MfAA aufgestiegen. Im Gegensatz zu Jürgen Rambaum also ein echter Diplomat, der allerdings schon 1954 erstmals als Geheimer Informator „Külz" des MfS (HA XX/1) angeworben wurde und später erst von der HV A/III (Legal abgedeckte Residenturen in dritten Ländern) und dann von der HA II/14 (Abwehrarbeit im MfAA) unter dem Decknamen „Schaller" geführt wurde. Vor seiner Ernennung zum Botschafter in Bulgarien wurde diese inoffizielle Tätigkeit beendet, da er als Nomenklaturkader des ZK der SED für diese Art Dienste nicht mehr verwendet werden durfte. Möglicherweise erklärt das den kleinen Freiraum, den Schmidt mit seiner Entscheidung zugunsten von Hannelore Kurzweg nutzte. Wahrscheinlich wusste er nicht, dass der ihm übergeordnete Klobes die Sache anders entschieden hatte.

Umso erstaunlicher, dass es in den von Schmidt verfassten Erinnerungen an seine Tätigkeit als DDR-Botschafter heißt, die DDR-Botschaft sei über Festnahmen und Abschiebungen von DDR-Flüchtlingen „nicht informiert" gewesen.[571] Im Interview mit dem Verfasser erklärte Schmidt, Konsul Spörl hätte angeblich mit ihm über solche Dinge nicht gesprochen. Heute ist klar, dass sowohl Spörl als auch Schmidt über die Vorfälle im Bilde waren und dass deren Abwicklung keineswegs – wie Schmidt dem Verfasser erläuterte – über die sogenannten Hauptsicherheitsbeauftragten erfolgte, sondern von ihnen selbst.

Die Bulgarin Vera Avramova arbeitete viele Jahre als Dolmetscherin in der Konsularabteilung der DDR-Botschaft in Sofia. Im Gespräch mit dem Verfasser erinnerte sie sich an ihre Teilnahme an einer Obduktion auf dem Friedhof Bakarena Fabrika. Der Konsul, der sich dazu nervlich außer Stande sah und „zittrig" gewesen sei, habe sie aufgefordert, mit den Eltern eines getöteten Pärchens zu sprechen und diese zu beruhigen. Ein anderes Mal nahm sie am Transport eines einzelnen Zinksargs eines Erschossenen zum Flughafen Sofia teil.[572] Diese

---

570 Archivierter IM-Vorgang: BStU MfS AIM 12840/91; BStU MfS AIM 14697/81.
571 Schmidt, Manfred/Schubert, Peter: Die Beziehungen der DDR zu Bulgarien und Albanien. In: Bock, Siegfried/Muth, Ingrid/Schwiesau, Hermann (Hrsg.): Alternative deutsche Außenpolitik? DDR-Außenpolitik im Rückspiegel (II). Berlin 2006, S. 82.
572 Interview mit Vera Avramova (Sofia), 23.05.2008.

Überführungen seien ziemlich teuer gewesen, sagt Frau Avramova, dass hätten sich nicht alle Eltern in Bulgarien getöteter DDR-Flüchtlinge leisten können, wie auch Peter Pfütze im Interview mit dem Verfasser bestätigt. Es muss sich dabei allerdings um Eltern solcher Kinder handeln, deren Namen bislang noch nicht bekannt sind.

Die Entscheidung zur Rückführung der Leichen von Kistowski und Prautzsch rief natürlich auch den für die Opfer der verlängerten Mauer MfS-seitig zuständigen Oberstleutnant Peter Pfütze auf den Plan, der sich Ende Oktober (also acht Wochen nach den Ereignissen!) in seiner Funktion als „Arbeitsgruppe Ausland der HA Untersuchung in Sofia" mit dem Stellvertretenden Leiter der Kreisdienststelle des MfS Bitterfeld in Verbindung setzte und diesen darum ersuchte, den Müttern „klarzumachen", dass „ihre Kinder keinem anderen Verbrechen [zum Opfer gefallen seien], sondern beim beabsichtigten Grenzübertritt erschossen wurden".[573] Zugleich solle er beiden Frauen klarmachen, dass sie keine „Gerüchte" verbreiten sollten. Das Versprechen des Botschafters hinsichtlich der Exhumierung und Überführung widerspreche dem „bulgarischen Gesetz". Pfütze, der offenbar ähnliche Probleme wie im Fall Gudrun Lehmann fürchtete, hätte die beiden Leichen am liebsten auf Bakarena Fabrika belassen, doch der Genosse Botschafter saß am längeren Hebel. Bei der Beerdigung, so ordnete Pfütze an, dürfe es nicht zu politischen Demonstrationen kommen. Außerdem dürfe den Hinterbliebenen nicht gestattet werden, die Särge zu öffnen und ein „gerichtsmedizinisches Gutachten zur Erbringung des Identitätsnachweises" [!] anzufertigen.[574] Das hätte ja die Verletzungsmuster sichtbar gemacht, die ihrerseits nicht mit der angeblichen Fluchtgeschichte übereinstimmten.

Bereits am Nachmittag des 2. September 1975 hatte in der Hauptabteilung Konsularische Angelegenheiten des MfAA in Ost-Berlin eine Beratung stattgefunden, an der neben zwei Staatsanwälten der Generalstaatsanwaltschaft auch ein Genosse aus dem DDR-Innenministerium (Hauptabteilung Kriminalpolizei) teilnahm, in der sich die Würdenträger offenbar in Vorbereitung des Falls Kistowski/Prautzsch darauf einigten, dass bei rückgeführten toten Republikflüchtlingen aus dem Ausland eine zweite Obduktion nur dann für nötig erachtet wurde, wenn es berechtigte Zweifel am Obduktionsbefund gab. An dem, was die Bulgaren ihnen auftischten, wollte und durfte in Ost-Berlin aber natürlich niemand zweifeln – alles andere wäre ja Staatsverleumdung gleich gekommen.

---

573   Zentrale Materialablage: BStU MfS BH Halle Ast Halle KD Bitterfeld ZMA K 43, S. 2.
574   Ebd., S. 3.

Dass Hannelore Kurzweg durch die schrecklichen Ereignisse ihr Vertrauen in die Staatspartei verlor, ist keine Überraschung.[575] Sie glaubte auch weiterhin – und zwar mit Recht – nicht daran, dass ihre Tochter bei einem Fluchtversuch erschossen wurde, wie eine Zeitzeugin bestätigt. Ingrid Lehmann lag im April 1980 mit Hannelore Kurzweg im gleichen Krankenzimmer, die beiden Frauen, die am gleichen Tag operiert wurden, fassten Vertrauen zueinander. Frau Kurzweg erzählte ihr unter dem Siegel strengsten Stillschweigens, das sie vergeblich versucht hatte, die beiden Zinksärge in Bitterfeld vor der Beerdigung öffnen zu lassen. Vielleicht werde ihre Tochter in Bulgarien gefangen gehalten. Dann komme sie hoffentlich eines Tages zurück. „Brigitte hätte ihren Jungen nie alleingelassen. Sagen Sie das dem Jungen."[576]

Als Steffen Benkert aus dem Urlaub zurückkehrte hörte er auf der Arbeitsstelle, Klaus und Brigitte seien bei einem Verkehrsunfall ums Leben gekommen. Als er einige Wochen später zu Klaus' Familie nach Holzweißig fuhr, stellte er fest, dass viele Dinge aus dem Besitz des Pärchens in Bulgarien verschwunden waren, darunter ein Kassettenrekorder und Klaus' Fotoausrüstung. Nach seiner Beobachtung war etwa die Hälfte des Gepäcks des Pärchens verschwunden. Das Motorrad allerdings sei in verhältnismäßig gutem Zustand gewesen. Ein paar Kratzer, der Blinker beschädigt, das vordere Teleskoprohr gebrochen – „nach einem tödlichen Unfall sah es gar nicht aus", erinnerte sich Benkert im Gespräch mit dem Verfasser.

Die „rechte Hand" von Hasso Herschel

Fast filmreif ist auch der Fall des 31-jährigen Heribert Z.*, der am 2. August 1975, knapp 14 Tage vor der Exekution von Brigitte und Klaus, an der bulga-

---

575 Umgekehrt hielt man Frau Kurzweg seitens des MfS – fälschlicherweise – für die Verfasserin eines anonymen Briefes, der an die Oberschule in 4328 Meisdorf gerichtet war, und in dem es hieß: „Hier schreibt eine Mutter deren Sohn nach Westdeutschland wollte, aber sie ließen ihn nicht. So wollte er heimlich über die Grenze gehen und sie haben ihn erschossen, er hatte keine Waffen bei sich, darum sage ich, sie haben ihn ermordet. Ich fühle auch Schmerz und Trauer um meinen lieben Sohn, der ein braver Arbeiter war. Aber sie haben ihn als Verbrecher beschimpft. In Helsinki haben alle unterschrieben, dass jeder Bürger umziehen kann, wohin er will. Mein Junge und auch der [Peter] Seidel und [Jürgen] Lange könnten noch leben, wenn der grausame Schießbefehl nicht wäre." Zentrale Materialablage: BStU MfS Ast Halle KD Bitterfeld ZMA K 43, S. 11. Die DDR-Grenzsoldaten Peter Seidel und Jürgen Lange wurden am 19.12.1975 von dem fahnenflüchtigen DDR-Grenzer Werner Weinhold erschossen.

576 Telefonisches Interview mit Ingrid Lehmann (Kreppin bei Bitterfeld), 14.03.2007.

risch-jugoslawischen Grenze in einer Kommandoaktion des bulgarischen Geheimdienstes festgenommen wurde, als er einen „Bekannten" aus der DDR in
die Bundesrepublik schmuggeln wollte, wie er dem Verfasser in einem Interview
berichtete.[577] Z.*, der erst seit einigen Monaten in West-Berlin lebte, hatte Anfang
Januar 1975 in der „Mokka-Bar" des Hotel „Sofia" in unmittelbarer Nähe des
Bahnhof Friedrichstraße zwei junge Männer aus Forst (Lausitz) kennengelernt.
Diese „Mokka-Bar" galt als Szenebar für Schwule. Aus der Begegnung entwickelte
sich innerhalb kurzer Zeit ein intensives Liebesverhältnis zwischen Heribert Z.*
und dem Kellner Maurice L.* (22). Intensiv, aber einseitig, denn L.* führte Z.*
an der Nase herum. Er plante von Anfang an, die Bekanntschaft mit dem fast
zehn Jahre älteren Z.* lediglich dazu zu nutzen, um mit Hilfe von Z.* zu seiner
Großmutter in die Bundesrepublik zu gelangen und den Liebhaber anschließend
sofort wieder loszuwerden.

Nachdem die ursprüngliche Idee, den Kellner über die Transitstrecke in den
Westen zu bringen, scheiterte, weil der mit Fluchthilfe erfahrene Bruder des Z.*,
der etwa ein Dutzend DDR-Bürger in Pkw-Verstecken in den Westen geholt hatte,
sich dazu nicht in der Lage sah, erhielt Heribert Z.* von einem Bekannten den
Tipp, auf welchem Wege die Herausbringung des L.* problemlos zu arrangieren
sei. Möglicherweise hatte sich Z.* gegenüber seinem Freund als Mitarbeiter der
Fluchthilfeorganisation von Hasso Herschel ausgegeben. Es ist kaum anders zu
erklären, warum ihn das MfS ernsthaft dafür hielt. In Wahrheit hatte sich Z.*
lediglich des Öfteren in dessen Lokal, dem „Tiergarten-Pavillion" im Hansaviertel,
aufgehalten.

Der 40-jährige Hasso Herschel war als „Tunnelbauer" nach dem 13. August
1961 zu einer lebenden Fluchthelferlegende geworden. Er hatte mehrere Jahre
Haft in DDR-Gefängnissen hinter sich und aus Rache jahrelang einen Privat-
krieg gegen die Machthaber in Ost-Berlin geführt. Allerdings war Herschel, der
in seinen besten Zeiten annähernd 100 Mitarbeiter beschäftigte, bereits im Vorjahr aus dem Fluchthilfegeschäft ausgestiegen, und hatte seine Organisation an
seine Kompagnons Irrgang und Haak übergeben. Er flog im Frühjahr 1974 auf
die Kanarischen Inseln, um seine Memoiren zu schreiben. Dem Springer-Journalisten Lutz-Peter Naumann sagte er zuvor in einem Hintergrundgespräch, er sei,
nachdem er angeblich „1 001" DDR-Bürgern zur Flucht in den Westen verholfen
hatte, „quitt mit dem SED-Regime".

Der Fluchtweg – der also nicht von Herschel, möglicherweise aber aus dessen
früherer, nun von seinem Cousin geleiteten Organisation stammte, die noch im-

---

577   Interview mit Heribert Z.* (Berlin), 10.08.2015.

mer an der bulgarisch-jugoslawischen Grenze operierte[578] – war denkbar simpel. Dem Tipp zufolge war es an dem kleinen, an einer verschlungenen Passstraße in den Bergen gelegenen, wenig frequentierten Grenzübergang Stanke Lessitschevo in der Nähe der südwestbulgarischen Bezirksstadt Blagoevgrad so, dass die Grenzer Nachts tief und fest schliefen, und zwar – günstigerweise – auf beiden Seiten der Demarkationslinie.

Es fuhr also geraume Zeit nach Mitternacht ein westliches Auto an die Kontrollstelle, betätigte die Nachtglocke, die verschlafenen Grenzer öffneten kurz den Schlagbaum, und die Sache war erledigt. Denn der betreffende Flüchtling war schon ein paar Minuten zuvor über das unbewachte Areal zu Fuß nach Jugoslawien spaziert. Auf der anderen Seite stieg der Flüchtling dann wieder in das westliche Auto, fuhr mit diesem in die Botschaft der Bundesrepublik nach Belgrad. Dort erhielt der Flüchtling einen vorläufigen Ausweis. Damit ausgestattet ging es dann weiter nach Österreich. So weit, so gut. Diese Vorgehensweise hatte bis dahin bereits mehrfach problemlos funktioniert, wobei sich Flüchtlinge und Fluchthelfer in Plovdiv trafen.

Heribert Z.*[579] war kein Mitarbeiter dieser Organisation, wie Hasso Herschel im Gespräch mit dem Verfasser bestätigt, er kennt Heribert Z.* nicht.[580] Als Z.* und L.*, die sich in Sofia verabredet hatten, in der Nacht vom 1. zum 2. August 1975 im Volkswagen des Z.* noch etwas Schlaf zu bekommen hofften, schien die geplante Flucht ein Kinderspiel zu werden. L.* stieg kurz vor dem Grenzübergang aus und sollte nur entlang der schmalen Bergstraße laufen. Z.* würde im Auto warten und ihn in etwa einer halben Stunde auf der anderen Seite des Schlagbaums wieder in den Wagen nehmen. Doch kaum war L.* losgelaufen, als mit quietschenden Reifen ein Wolga hinter ihm heranraste, dessen Insassen ihn sofort festnahmen, bevor sie die schlafenden bulgarischen Grenzer weckten. Als Heribert Z.* ein paar Minuten später an der Grenzübergangsstelle eintraf, sah er noch, wie L.* von Milizionären abgeführt wurde, bevor man ihn selbst ebenfalls verhaftete. Sie waren verraten worden und in eine Falle gelaufen. Erst durch den Verfasser erfuhr Z.*, wie das MfS ihnen auf die Spur gekommen war.

Dazu bedurfte es nicht einmal eines IM. Maurice L.* hatte etwa eine Woche vor seiner Abreise aus einer Umhängetasche Briefe in eine Mülltonne vor einem Mehrfamilienhaus in Forst geworfen. Dabei war er von einer 37-jährigen Bewohnerin beobachtet worden, die wusste, dass er schwul war und die aus purer

---

578   Abteilung X (Internationale Verbindungen): BStU MfS Abt. X 192 T1, S. 131.
579   Zum Schutz von Heribert Z.* wird ausnahmsweise keine Aktensignatur angegeben.
580   Telefonisches Interview mit Hasso Herschel (Oberuckersee), 22.08.2015.

Neugier kurz darauf diese Briefe wieder aus dem Abfallbehälter fischte. Und es waren tatsächlich Briefe diverser Liebhaber des jungen Kellners, darunter flammende Liebesbriefe von Heribert Z.* aus West-Berlin, auf die er sogar seinen Namen gestempelt hatte. Mit diesen verdächtigen Briefen marschierte die aufmerksame Nachbarin schnurstracks zum Staatssicherheitsdienst.

Für Heribert Z.*, der monatelang in Einzelhaft in einer fensterlosen Zelle mit Fäkalieneimer und Holzpritsche im Untersuchungsgefängnis des bulgarischen Staatssicherheitsdienst in Sofia eingesperrt war, liefen die Dinge aber noch aus einem anderen Grund sehr ungünstig. Sein junger Liebhaber denunzierte ihn nämlich beim MfS als angebliches Mitglied einer „erfahrenen Schleuserbande", spezifizierte diese Anschuldigung dann auf die „KMHB Herschel-Irrgang" und gab dabei sehr viele Details bekannt, die diesen Eindruck für das MfS äußerst plausibel erscheinen ließen. Er habe sich den Z.* sexuell hörig machen wollen, um mit dessen Hilfe in den Westen zu kommen, jedoch nie die Absicht gehabt, sich mit solch einem „alten Knacker" tatsächlich einzulassen, erklärte L.* den Vernehmern, zu denen auch Oberstleutnant Pfütze zählte.

Heribert Z.* schien nach diesen Aussagen eine Art rechte Hand von Hasso Herschel zu sein, nach DDR-Terminologie ein „krimineller Menschenhändler" der gefährlichsten Sorte. Genau dieses Bild hatte sehr detailliert auch die etwa zur selben Zeit in der DDR verhaftete Pächterin und vormalige Barfrau des „Tiergarten Pavillions" dem MfS gezeichnet. Was dazu führte, dass Heribert Z.* vom 22. Oktober bis 18. November 1975 mit Genehmigung des bulgarischen Innenministers Generaloberst Dimitar Stojanov zur Vernehmung in die DDR überstellt wurde. Und zwar in einer vom MfS genutzten Maschine der Flugbereitschaft aus Marxwalde[581], die mit Sesseln, einem runden Tisch und Perserteppich komfortabel eingerichtet war, wie sich Heribert Z.* erinnert. Begleitet wurde er von Major Manfred Setzepfandt[582], einem Pfütze unterstellten Offizier für Sonderaufgaben (Rückführung von Republikflüchtlingen) und Oberstleutnant Heinz Schröck[583] (Ermittlungsverfahren bei staatsfeindlichem Menschenhandel).

---

581 Telefonisches Interview mit Peter Pfütze (Berlin), 26.08.2015.
582 Kaderakte Manfred Setzepfandt: BStU MfS KS 13176/90.
583 Kaderakte Heinz Schröck: BStU MfS KS 13491/90. Schröck hatte zu Beginn seiner MfS-Karriere, Ende 1955, einen KVP-Angehörigen, der im Verdacht stand, für den BDJ zu arbeiten und zu zwölf Jahren Zuchthaus verurteilt wurde, bis zu dessen Geständnis 28 Stunden ohne jede Pause vernommen. Nachdem er im Januar 1956 einen ebenfalls verdächtigten KVP-Angehörigen während dessen Vernehmung wegen „ungebührlichen Verhaltens" einen massiven Büroacker an den Kopf geworfen und bei dem Untersuchungshäftling eine blutende Platzwunde verursacht hatte, erhielt er

Inzwischen hatte das MfS natürlich auch die Wohnung des Kellners in Forst durchsucht, wobei im Beschlagnahmeprotokoll als „unbeteiligte Person", mit der die angebliche Rechtstaatlichkeit dieser Maßnahme dokumentiert wurde, ausgerechnet jene wachsame Nachbarin aufgeführt ist, die die beiden Männer „im Zusammenwirken zwischen der HA VI und bulgarischen Sicherheitsorganen" hinter Gitter gebracht hatte. Heribert Z.* wurde erst mehrere Monate nach seinem Rücktransport in die Volksrepublik in Blagoevgrad vor Gericht gestellt und vom dortigen Kreisgericht wegen des Versuchs „die Grenze der Volksrepublik Bulgarien ohne Erlaubnis der zuständigen Machtorgane in Richtung Jugoslawien zu überqueren" zu 18 Monaten Gefängnis verurteilt[584], die er bei katastrophalen Haftbedingungen bis Anfang Dezember 1976 absitzen musste, obwohl er kein professioneller Fluchthelfer war, sondern lediglich versucht hatte, seinen Liebhaber in den Westen zu bringen.

Warum sich die Bundesregierung nicht stärker für Heribert Z.* einsetzte, nicht gegen die Überstellung nach Ost-Berlin protestierte, bleibt unklar. In seinem Fall sieht es so aus, als ob die Aufnahme der diplomatischen Beziehungen zwischen Bonn und Sofia dazu führte, dass es um die Rechte festgenommener Bundesbürger sogar schlechter stand, als zu jener Zeit, als das Regime in Sofia noch Angst vor wirtschaftlichen Restriktionen und fernbleibenden Urlaubern hatte. Nicht „flüchtlingsfreundlich" ist auch, dass DDR-Urlaubern bei einem großen bundesdeutschen Reiseanbieter im Sommer 1975 gesagt wurde, sie müssten lediglich für 99 DM (West) ein Ticket erwerben und würden dann als „deutsche Gruppe" mit dem Ausflugsdampfer nach Istanbul gelangen. Der Ingenieur Klaus B. aus Leipzig erinnert sich, dass es auf Nachfrage geheißen habe, die „deutsche Reisegruppe" müsse ihre Pässe angeblich nicht vorzeigen. Es gelang ihm damals nicht, den notwendigen Betrag zu beschaffen. Was ein Glücksfall war, denn anderenfalls wäre er für zwei Jahre im Gefängnis gelandet.

Inzwischen schienen die Bulgaren zu wissen, dass ihnen die sozialliberale Koalition – im Gegensatz zu einer von der CDU/CSU geführten Bundesregierung – wegen eines Fluchthelfers keine Probleme bereiten würde.[585] Das ging so weit, dass

---

einen „strengen Verweis" wegen „Verstoßes gegen sozialistische Gesetzlichkeit" und wurde in eine andere Abteilung versetzt.

584 Das Urteil Nr. 53 des KG Blagoevgrad vom 23.06.1976 liegt dem Verfasser in Kopie auf Deutsch und Bulgarisch vor.

585 „1963 galten Fluchthelfer als Helden, drei Jahre später wurden sie noch als notwendig geduldet, und seit 1970 werden sie zu halben Kriminellen gestempelt", erklärte Hasso Herschel in einer von Lutz-Peter Naumann verfassten Artikelserie des ASD vom 26.04.1974.

die Bulgaren den am 13. November 1972 an der bulgarisch-griechischen Grenz-übergangsstelle Kulata im Zug nach Saloniki festgenommenen West-Berliner Reiseleiter Wilfried Eisenstein[586], der für die Fluchthelfer Karl-Heinz Bley und Horst David arbeitete und einen jungen katholischen Stationsarzt[587] aus Stralsund mit einem gefälschten schwedischen Diplomatenpass[588] in den Westen zu seiner Verlobten holen wollte, nach dreimonatiger U-Haft vom Stadtgericht Sofia zu zwei Jahren Gefängnis auf Bewährung verurteilten und ihn dann – ohne seinen Protest zu beachten – in eine Linienmaschine der „Interflug" am 18. Februar 1973 nach Ost-Berlin verfrachteten, wo er wegen desselben Deliktes erneut festgenommen und verurteilt wurde.[589]

Es war das seit Jahren praktizierte System, mit dem das Regime in Sofia bestimmte vom MfS angeforderte Westdeutsche – in erster Linie Mitarbeiter professioneller Fluchthilfeorganisationen – in die DDR schaffte, ohne sie offiziell „ausgeliefert" zu haben. In Rostock wurde Eisenstein dann am 25. Juli 1973 wegen „staatsfeindlichen Menschenhandels" erneut zu drei Jahren Gefängnis verurteilt. An seinem Fall war besonders tragisch, dass man ihn bereits als 19Jjährigen kurz vor dem Mauerbau erstmals verhaftet und wegen Spionage[590] mehrere Jahre in der Sonderhaftanstalt des MfS, Bautzen II, eingesperrt hatte. Er kam zwar überraschend schnell wieder zurück in den Westen, aber wohl nur deshalb, weil er dem MfS detaillierte Aussagen machte, die vermutlich sehr wertvoll für die geheimdienstliche Arbeit im „Operationsgebiet" waren. Am Ende blieb jedenfalls der Mediziner, den man wegen „staatsfeindlicher Verbindungsaufnahme in Tateinheit mit ungesetzlichem Grenzübertritt in schwerem Fall" trotz seiner Ver-

---

586   Naumann, Lutz-Peter: Bulgarien half bei Rechtsbeugung gegen Fluchthelfer. ASD vom 30.01.1974.
587   Archivierter Untersuchungsvorgang: BStU MfS AU 11850/75.
588   Archivierter Operativer Vorgang: BStU MfS BV Rostock AOP 1778/73.
589   Archivierter Untersuchungsvorgang: BStU MfS AU 11849/75 Bd. 1, S. 74 und 88. Vermutlich hatten Bley/David zuvor mit derselben Methode 1971 mehrere DDR-Bürger erfolgreich via Bulgarien in den Westen geholt. Dabei kamen allerdings gefälschte belgische Diplomatenpässe zum Einsatz. Allgemeine Personenablage: BStU MfS AP 10511/78.
590   Der West-Berliner Eisenstein war 1961 als Selbstanbieter an das MfS herangetreten, hatte den daraus entstandenen Kontakt jedoch dem Landesamt für Verfassungsschutz und dem britischen Secret Service mitgeteilt. Er wurde daraufhin bei einer konspirativen Zusammenkunft mit MfS-Mitarbeitern von diesen festgenommen und wegen § 14 STEG zu sieben Jahren Gefängnis verurteilt. 1964 vorzeitig aus der Haft entlassen, veröffentlichte die „Berliner Morgenpost" eine mehrteilige Serie („Tagebuch des Terrors") über seine Erfahrungen in der Haft.

tretung durch Rechtsanwalt Wolfgang Vogel zu drei Jahren und sechs Monaten verurteilte, deutlich länger hinter Gittern, bevor auch er im September 1975 in die Bundesrepublik ausreisen durfte.

Dass Flüchtlinge aus dem Osten aber auch in unionsregierten Ländern keine Einreisegarantie hatten, belegt ein Fall, der sich bereits Anfang 1975 ereignete. Ein 37-jähriger Elektriker aus dem oberbayerischen Walchensee, der seine gleichaltrige rumänische Freundin im Pkw-Versteck über Jugoslawien nach Österreich geschmuggelt hatte, weil das Paar in der Bundesrepublik heiraten wollte, durfte am Autobahnübergang Salzburg nicht in die Bundesrepublik einreisen. Das bayerische Innenministerium erklärte dazu, die Frau sei keine „Volksdeutsche" und keine politisch Verfolgte: „Sie habe der Grenzpolizei keinerlei Angaben gemacht, die ein Asylverfahren in der Bundesrepublik möglich erscheinen ließen."[591] Sie habe deshalb wie jeder andere Reisende ohne Papiere an der Grenze zurückgewiesen werden müssen. Dass ihr in Rumänien alleine wegen des Fluchtversuchs bereits eine Haftstrafe drohte, spielte für das Bayerische Innenministerium keine Rolle.

Michael Dorgerloh: Erlebnisse in Jugoslawien

Bisher gibt es nur sehr unvollständige Fallakten über Festnahmen und Todesfälle von DDR-Flüchtlingen in Bulgarien im Jahr 1975. So wird in einer Übersichtsakte des MfS ein für den Sommer 1975 datierter Todesfall ohne Namen erwähnt, der sich nicht mit den bisher namentlich bekannten Fällen deckt. Dass es, wie in den Vorjahren, eine beträchtliche Zahl von Fluchtversuchen gegeben haben muss, wird – neben einer Reihe Festnahmen bei Zugkontrollen, Lkw-Kontrollen und Pkw-Kontrollen und in den verschiedenen grenznahen Sperrzonen – auch daraus ersichtlich, dass in derselben Nacht, als Heribert Z.* und Maurice L.* festgenommen wurden auch der 24-jährige Michael Dorgerloh[592] an der jugoslawischen Grenze – und zwar im Bereich Dragoman, also unweit der Grenzübergangsstelle Kalotina – festgenommen wurde. Während L.* sich auf seinen Fluchthelfer verließ, hatte der Diplom-Biologe Dorgerloh, der bereits einen Tag vor L.* auf dem Sofioter Flughafen eintraf, einen Kompass, Wasser, Brot und etwas Westgeld im Gepäck, da er – wenige Tage nach seinem Studienabschluss – alleine über die grüne Grenze nach Jugoslawien gelangen wollte. Auch Dorgerloh hatte einen

591 Flucht scheitert am letzten „Hindernis". In: „Nürnberger Nachrichten vom 27.02.1975. Kopie in: BStU MfS ZAIG (Zentrale Auswertungs- und Informationsgruppe) 10346, S. 98.
592 Archivierter Untersuchungsvorgang: BStU MfS AU 6919/76, Bd. 3, S. 33 f.

Helfer, einen befreundeten Studenten aus der Bundesrepublik, der allerdings jenseits der Grenze nahe der Ortschaft Dimitrovgrad auf ihn wartete, um ihn mit seinem Auto in die Botschaft der Bundesrepublik nach Belgrad zu bringen.

Etwa zwei Stunden nachdem Dorgerloh den Grenzzaun überwunden hatte und sich bereits in Jugoslawien befand, hörte er Hundegebell hinter sich und bemerkte, dass mehrere Signalraketen abgeschossen wurden. Nachts um halb zwei Uhr sei dann plötzlich ein etwa 18-jähriger Grenzer aus dem Gebüsch gesprungen und habe ihn angebrüllt. „Ich blieb sofort stehen und nahm die Hände hoch, aber was er wollte, verstand ich natürlich nicht. Vielleicht sollte ich mich hinlegen oder wer weiß was sonst. Auf jeden Fall rief ich ihm auf Russisch zurück, dass ich Deutscher sei. Doch das half nicht viel und plötzlich schoss der Soldat [...] mit seiner Kalaschnikov-Maschinenpistole Dauerfeuer in meine Richtung"[593], schildert Dorgerloh den Vorfall in seinen Erinnerungen. Nach einer Weile seien weitere bulgarische Grenzer und ein Jeep am Festnahmeort aufgetaucht. Sie knüppelten den von mehreren Kugeln getroffenen jungen Mann mit einem Gewehrkolben hinterrücks nieder, und als er wieder zu Bewusstsein kam, war er mit Handschellen gefesselt und wurde von den Soldaten als „Faschist" beschimpft und getreten.

In einer Kaserne im Bereich Dragoman wartete schon ein Oberst der bulgarischen Grenztruppen namens Christo Iwanov Christosov auf ihn. Dieser „sehr jähzornige", ältere Offizier habe ihn, als es wieder hell war noch einmal in Handschellen ins Grenzgebiet transportieren lassen, berichtet Dorgerloh, der die erneute Begehung des Tatorts beinahe nicht überlebt hätte: „Wir standen auf einem Hügel, als plötzlich die beiden Wachsoldaten verschwanden und der Offizier wenige Meter vor mir stehend zu brüllen anfing und dabei seine Pistole aus dem Halfter herausriss. Dann hielt er sie auf mich gerichtet und schrie mit hochrotem Kopf etwas auf Bulgarisch, das ich nicht verstand. Ich durchlebte diese Momente wie eine Hinrichtung. Ob er beinahe die Nerven verlor oder ob es sich nur um einen letzten Versuch handelte, mich mit einer vorgetäuschten Scheinhinrichtung zum Sprechen zu bringen, weiß ich bis heute nicht."[594] Gerettet habe ihn, so Dorgerloh, nur das Eingreifen der Dolmetscherin, die dem Offizier die Pistole herunterriss.

Sowohl die Brutalität der bulgarischen Grenzer, die die Schussverletzungen des jungen Mannes zwei Tage lang nicht behandelten, als auch deren sofortiger Schusswaffengebrauch und die Scheinhinrichtung werden durch eine Vielzahl

---

593 E-Mail Dr. Michael Dorgerloh (Wuppertal) vom 24.08.2015 an den Verfasser mit anliegendem Fluchtbericht.
594 Ebd.

ähnlicher Berichte aus jener Zeit bestätigt. Neu ist am Fall Dorgerloh, dass die Bulgaren in diesem Abschnitt der Grenze nach Jugoslawien ihre Menschenjagd offensichtlich auch auf dem Territorium des Nachbarlands fortsetzten. Es ist davon auszugehen, dass ein solches Eindringen zum Zwecke der Liquidation von Flüchtlingen mit stillschweigender Einwilligung der jugoslawischen Grenztruppen erfolgte, da die betreffenden Personen ohnehin von den jugoslawischen Behörden ausgeliefert worden wären.

Dorgerlohs Erinnerung an die Haftbedingungen im Untersuchungsgefängnis in Sofia sind weitgehend deckungsgleich mit dem Bericht von Heribert Z.*, es gab also keine grundlegend unterschiedliche Behandlung ostdeutscher und westdeutscher Gefangener: „Eine fensterlose Zelle von 2 x 3 Metern mit einer speckigen Matratze auf dem Fußboden und eine Blechkanne mit Wasser erwarteten mich dort. Zweimal täglich gab es einen Kanten Brot. Einzelhaft und ein Toiletteneimer sowie eine ständig an der Zellendecke brennende 15 Watt-Glühbirne, das war alles. Und nun hieß es warten, warten, warten. Aus den benachbarten Zellen hörte ich es Weinen, ab und an wurde auch jemand verprügelt, warum, weiß ich nicht."[595]

Nachdem Michael Dorgerloh wieder in die DDR zurücktransportiert worden war, verurteilte ihn das Kreisgericht Dresden-Ost zu zwei Jahren Gefängnis. Wie in solchen Fällen üblich unter Ausschluss der Öffentlichkeit – „im Interesse der Sicherheit des Staates".[596]

Die Bräute aus der DDR: Ein Wahlkampfgeschenk der SED

Nach seiner Rückkehr in die DDR stieg OibE Bubke 1976 zum „Abteilungsleiters für Repräsentanten" in der Kaderabteilung der Generaldirektion des „Reisebüros der DDR" auf. Fortan hatte Bubke die Oberaufsicht über die IM-Netze der Reisebüro-Repräsentanten nicht nur in Bulgarien, sondern auch in Rumänien, Ungarn und der ČSSR und musste sicherstellen, dass es dem Feind aus dem Westen nicht gelang, „in diese Auslandskollektive einzudringen".[597] Sein Freund, Hauptmann Benno Schmidt, wurde zum Leiter der „Abteilung Auslandsvertretung" im Direktionsbereich Internationale Zusammenarbeit befördert. Er war federführend an der Suche, Auswahl und Aufklärung von IM-Kandidaten beteiligt, die als Repräsentanten des Reisebüros der DDR zur „Sicherung des Reise- und Touristenverkehrs im sozialistischen Ausland" zum Einsatz kamen.[598]

---

595   Ebd.
596   Archivierter Untersuchungsvorgang: BStU MfS AU 6919/76, Bd. 3, S. 7.
597   Kaderakte Ulrich Bubke: BStU MfS KS 9347/90, S. 60.
598   Kaderakte Benno Schmidt: BStU MfS KS II 621/82, S. 56.

Zum neuen Leiter der Operativgruppe der HA VI wurde anstelle von Joachimsthal dessen bisheriger Stellvertreter Roland Becker, der die Qualifikationsmerkmale (Abitur, JHS-Abschluss und Kenntnisse im Umgang mit den gebräuchlichsten Schützenwaffen und ABC-Schutzmitteln sowie mehrjährige Tätigkeit im MfS) ebenfalls erfüllte. Aus einer 1976 erstellten „Aufgabenstellung" der Operativgruppe ist ersichtlich, dass Becker nicht nur für die Abdeckung der Operativgruppe über das Reisebüro der DDR verantwortlich war, sondern darüber hinaus in seiner Eigenschaft als Leiter der vorrangig zur Fluchtverhinderung eingesetzten Operativgruppe mit dem DDR-Botschafter, dem Leiter der Konsularabteilung in Sofia, dem Handelsrat sowie dem General- und Vizekonsul in Varna eine „aufgabenbezogene offiziellen Zusammenarbeit" zu pflegen hatte[599], womit die von DDR-Diplomaten gepflegte Legende, die Botschaft hätte nichts von den Geheimdienstoffizieren und deren Aufgabenstellung gewusst, ein weiteres Mal widerlegt wird.

Wegen einer schweren Erkrankung musste der für die Südliche Schwarzmeerküste zuständige Oberleutnant Walter Tietze bereits im Juli 1975 aus der Volksrepublik abgezogen und von einem Tag auf den anderen durch den gänzlich unvorbereiteten Oberleutnant Detlef de Moy (31) aus der BV Neubrandenburg ersetzt werden. Normalerweise hätte wenig später auch de Moy seinen Hut nehmen müssen, weil einer seiner Angehörigen einen Ausreiseantrag in die Bundesrepublik gestellt hatte und sich de Moy von diesem „schändlichen" Ansinnen nicht „konsequent und parteilich" genug distanzierte. Doch Brichmann beließ ihn – offensichtlich aus Personalnot – auf seinem Posten.

An Bulgarien-erfahrenen Leuten konnte Becker neben de Moy, Kögler und Jäckel also nur auf seinen Verbindungsoffizier Buck und Unterleutnant Urbanek setzen. Neu hinzu kamen Oberleutnant Klemens Segieth (30) aus der Abteilung VI der BV Magdeburg und Hauptmann Wolfgang Lotter aus der HA VI. Den 36-jährigen Lotter, der aus der Passkontrolleinheit (PKE) am Ost-Berliner Bahnhof Friedrichstraße abgezogen worden war, ernannte man zu Beckers Stellvertreter. Es ist aus den Kaderakten offensichtlich, dass er als Beckers Nachfolger vorgesehen war.

Eigentlich wäre es die Stunde von Hauptmann Helfricht gewesen, den man bis dahin mit Sicherungsaufgaben im zentralen Empfangsbüro im „Haus des Reisens" am Alexanderplatz beschäftigt hatte. Doch Helfricht kam trotz seiner enormen operativen Erfahrung nicht mehr in Betracht, er durfte die Volksrepublik nach

---

599 Hauptabteilung II (Spionageabwehr): BStU MfS HA II/10/831, S. 11 f.

den Ereignissen im August 1972 nie wieder betreten. Sein Ministerium entsandte ihn stattdessen in diesem Sommer erstmalig zur Operativgruppe in die ČSSR.

Ein „Stühlerücken" gab es auch in der Leitung der Auslandsvertretung des „Reisebüros der DDR" in Sofia. Nachdem es Irma Gideon (FIM „Baumann") bereits Ende 1974 gelungen war, den bisherigen Amtsinhaber Schundau (FIM „Mirek") vorzeitig aus der Position zu verdrängen, und zwar unter anderem, indem sie dem MfS verriet, dass Schundau sich auf einer zweitägigen Saisonvorbereitung mit Vertretern von „Balkantourist" Bubke im Mai 1974 als verantwortlichen für die „Parteiarbeit" an der „gesamten bulgarischen Schwarzmeerküste" dekonspiriert hatte. Bald darauf war sie selbst jedoch – nach sechs Jahren in Bulgarien – auch zurück in den „Arbeiter- und Bauernstaat" gerufen worden. Die Leitung der AV Sofia, die unter anderem für die „Abdeckung" der als „Reisebüro"-Mitarbeiter legendierten Offiziere der Operativgruppe zuständig war, ging stattdessen Anfang Oktober 1975 an den 57-jährigen Paul S. (IMS „Franz"). Der ehemalige Major aus der Hauptverwaltung der Deutschen Volkspolizei im DDR-Innenministerium (Instrukteur im Ausländerwesen) hatte seine Offizierskarriere verwirkt, nachdem das MfS kurz nach dem Mauerbau herausgefunden hatte, dass sein Vater als Hausmeister in einem Verwaltungsgebäude der Neuen Reichskanzlei Chef sämtlicher Putzfrauen in der Wilhelmstraße gewesen war. S., der zunächst als IM der HV A tätig war und in der Generaldirektion des „Reisebüro der DDR" als Leiter der „Informationsgruppe" in der Gruppe Auslandsvertretungen jahrelang ein heimliches monatliches Extra-Gehalt in Höhe von 250 Mark vom MfS bezog, hatte bereits in den 1960er Jahren mit der Operativgruppe des MfS in der ČSSR zusammengearbeitet. Sein neuer Führungsoffizier, Buck, hatte es also mit einem Überwachungsprofi zu tun, der sich als erstes dafür einsetzte, dass ihm seine MfS-Gehaltszulage auch in Sofia weiter gezahlt werden müsse.

Während man auf östlicher Seite alles tat, die Überwachung der Urlauber so perfekt wie möglich zu organisieren, sah es um die Qualität der touristischen Rahmenbedingungen eher düster aus. Zahllose Versorgungsengpässe, Überbelegungen von Zimmern und sonstige Unzulänglichkeiten trugen dazu bei, dass man bei „Balkantourist" von einem alarmierenden Tiefstand sprach. DDR-Urlauber erhielten bei ihrer Ankunft in der Volksrepublik sogenannte Talons. Das waren Gutscheine, mit denen sie Speisen und Getränke in Lokalen ihrer Wahl erhalten konnte. Womit natürlich nur jene Lokale gemeint waren, die sich in ihrem jeweiligen Urlaubsgebiet befanden. Darüber hinaus durften DDR-Urlauber nur ein sehr kleines Taschengeld in Lewa umtauschen, um sich mal ein Eis oder ein Souvenir zu kaufen. Waren die Talons verbraucht, gab es kaum eine Chance, noch etwas zu essen oder zu trinken zu erhalten. Parfüm, Whisky oder Zigaretten gab es ohnehin nur in „Corecom"-Geschäften – und zwar ausschließlich gegen Westgeld.

Die Bundesregierung beobachtete 1976, dass die DDR trotz aller Fortschritte im Reiseverkehr dazu überging, einzelnen Personen die Einreise in die DDR ohne ersichtlichen Grund zu verweigern. Dabei handelte es sich häufig um Personen mit Verlobten oder Angehörigen in der Bundesrepublik, die nach Westdeutschland übersiedeln wollten.[600] Es war eine bemerkenswerte Beobachtung, hatte das Regime in Ost-Berlin doch noch während der Bundestagswahl im Herbst 1972 – und mit erkennbarem Bezug zum Tod von Wera Sandner und Rolf Kühnle – über das in Hamburg erscheinende Magazin *Der Stern* als Titelgeschichte („Jetzt dürfen sie rüber: Die Bräute aus der DDR"[601]) mit 13 groß inszenierten Einzelfällen – darunter ein Pärchen, dass sich in Varna kennengelert hatte – indirekt angekündigt, die Verlobten zukünftig sogar bevorzugt in den Westen ausreisen lassen zu wollen[602], als Ergebnis der Ostpolitik („Der Bonner Minister für innerdeutsche Fragen, Egon Franke, knüpft daran Hoffnungen: ‚Meiner Ansicht nach ist dies eine großzügige Leistung der DDR, die großzügigere Lösungen in der Zukunft erwarten lässt'"). Wie sich jetzt herausstellte, handelte es sich dabei jedoch nur um eine Wahlkampfhilfe, denn eine solche Entscheidung, auch zukünftig Verlobte gehen zu lassen, hätte mittelfristig massive Auswirkungen auf die Zahl der Ausreiseanträge und – nach deren Ablehnung – auf die Zahl der Fluchtversuche in den Westen gehabt, zumal sich das Fluchtmotiv Liebe zwar nach 15 Jahren Teilung reduzierte, aber nicht gänzlich ausschalten ließ. Unklar ist nur, warum Ost-Berlin der Bundesregierung dieses Wahlkampfgeschenk machte und ob es einen Bezug zum Fall Kühnle / Sandner gab, den der *Stern* einige Wochen zuvor seinen Lesern in der märchenhaften Version des bulgarischen Geheimdienstes aufgetischt hatte.[603]

---

600 Auskünfte A–Z zum Stand der innerdeutschen Beziehungen. Bonn 1978, S. 64.

601 „Stern" (Hamburg), Nr. 46, vom 05.11.1972, S. 18 ff.

602 Bereits Ende Oktober gab Ost-Berlin bekannt, 25 DDR-Bewohnerinnen, die mit Westdeutschen verlobt waren, die Ausreise in die Bundesrepublik zu gestatten. Vgl.: DDR lässt 25 Frauen zu Verlobten in Bundesrepublik. In: „Badische Neueste Nachrichten" (Karlsruhe) vom 20.10.1972. Die Genehmigungen dazu waren bereits Ende September 1972 erteilt worden, wie aus einem Schreiben von RA Jürgen Stange (Berlin) vom 28.09.1972 an Volker Felletschin (Karlsruhe) zu ersehen ist. Kopie: AdA.

603 Das Ende einer deutschen Liebe. In: „Stern" (Hamburg), Nr. 40, vom 24.09.1972, S. 54–56.

Ein mittelloser Fluchthelfer

Drei Jahre nach der Aufnahme diplomatischer Beziehungen ging man in der Botschaft der Bundesrepublik noch immer sehr zurückhaltend mit hilfesuchenden DDR-Flüchtlingen um. Immerhin ist Ende Juli 1976 ein Fall dokumentiert, in dem ein 20-jähriger Gärtner aus Schönebeck (Elbe) von einem Mitarbeiter der bundesdeutschen Botschaft einen auf seine Person ausgestellten vorläufigen Reisepass mit fingiertem Wohnort erhielt.[604] Die Festnahme des jungen Mannes, die bereits am nächsten Tag im jugoslawischen Grenzgebiet im Raum Kjustendil erfolgte, deutet darauf hin, dass man ihm empfahl, über die grüne Grenze zu gehen, da eine reguläre Ausreise mit diesem Papier unmöglich war. Mit oder ohne dieses Dokument hätte er auf jugoslawischer Seite allerdings nur dann eine Chance gehabt, nicht postwendend wieder nach Bulgarien zurückgeschickt zu werden, wenn es ihm gelungen wäre, unbemerkt in die bundesdeutsche Botschaft in Belgrad zu gelangen. In dieser Variante bewirkte der Besuch in der Botschaft nur, dass ihm nach der Festnahme wegen „Verbindungsaufnahme" in der DDR eine höhere Strafe winkte.

War die Festnahme des jungen Gärtners für die Sicherheitsbehörden der DDR nur ein „kleiner Fisch", so konnten sie gut zwei Wochen später einen wirklich bemerkenswerten Fang verzeichnen. Am 19. August 1976 wurde die 25-jährige Krankenschwester Walli* Welsch aus Gießen auf dem Sofioter Flughafen verhaftet. Erich Nienkirchen aus der Abteilung 1 A (Staatsverbrechen) der Generalstaatsanwaltschaft der DDR hatte bereits mehrere Monaten zuvor einen Haftbefehl beim Stadtbezirksgericht Berlin-Mitte gegen die junge Frau erwirkt. Walli* Welsch war nämlich Ehefrau und Mitarbeiterin von Wolfgang Welsch, dem Leiter des „Dr. Ulrich Otto Instituts", einer kommerziellen Fluchthilfeorganisation, die in Gießen, dem Sitz des zentralen Notaufnahmelagers, ansässig, vor allem auf der Transitstrecke, aber auch an der verlängerten Mauer operierte.

Der 29-jährige Welsch war nach dem Ausscheiden von Herschel und Löffler zu einem der Großen im Fluchthilfegeschäft geworden – und hatte damit beim MfS den Status eines Staatsfeinds erster Klasse. Die von ihm geleitete Organisation holte nach eigenen Angaben mindestens 220 DDR-Bürger in die Bundesrepublik. Welsch beschränkte sich allerdings im Gegensatz zu Löffler nicht nur auf die geschäftliche Seite, sondern wusste auch, womit man Ost-Berlin politisch ärgern konnte. So etwa, als er das Regime in Ost-Berlin durch einen Dortmunder Rechtsanwalt ultimativ zur Zahlung von 486 600 DM Haftentschädigung aufforderte.[605] Im Gegenzug hatte das MfS bereits mehrere Schläge gegen Welschs Organisation geführt. Mitte Dezember 1975 nahm das MfS eine für Welsch tätige „Reiselei-

---

604 Allgemeine Sachablage: BStU MfS Allg. S 99/79, Bd. 1.
605 Welsch, Wolfgang: Ich war Staatsfeind Nr. 1. München (2003), S. 248 f.

terin" beim Versuch fest, eine junge Frau und deren zwei kleine Kinder in einem umgebauten Pkw über die Transitstrecke in den Westen zu bringen. Wenig später nahm das MfS dann auch Welschs engen Freund und Ost-Berliner „Stützpunkt-leiter" Stefan E.*, mit dem er über den Decknamen „Sauerbier" korrespondierte, „zur Klärung eines Sachverhalts" fest, als dieser gerade das Volkspolizeipräsidium in der Keibelstraße verließ.[606] Die Frau erhielt fünf Jahre, Welschs Freund, obwohl er monatelang tapfer jede Aussage verweigerte, sogar sechs. Ebenfalls 1975 hatte das MfS auch einen 30-jährigen Gießener Krankenpfleger verhaftet, der ebenfalls mit einem auf seinen Namen zugelassenen umgebauten Pkw Personenfluchten über die Transitstrecke für Welsch durchführte.

Über den Verlauf der Ereignisse in der bulgarischen Hauptstadt gibt es unter-schiedliche Darstellungen in den Akten. Walli* Welsch, die als Erkennungszeichen ihre kleine Tochter auf dem Arm trug, hatte sich ein paar Stunden vor ihrer Fest-nahme in der berühmten „Alexander Nevski"-Kathedrale mit einem Pärchen aus Ost-Berlin getroffen. Der 27-jährige Bauingenieur Karl Franz G.* und seine Lebens-gefährtin, die 25-jährige Diplom-Ingenieurin Ingrid B.*, die sich in der DDR ein-geengt fühlten, waren beide im Bau- und Montagekombinat Kohle und Energie Hoyerswerda (Betriebsteil Berlin) beschäftigt. Walli* Welsch, die erst kurz nach Mitternacht mit dem Flugzeug aus Athen nach Sofia gekommen war, wusste nicht, dass das Pärchen seit seinem Treffen mit dem italienischen Kontaktmann des „In-stituts" Anfang Juni 1976 in der Mitropa-Gaststätte am Bahnhof Friedrichstraße unter nachrichtendienstlicher Beobachtung stand.[607] Nachdem die HA XVIII/1 gegen sie die „OPK Lette 2" eröffnete, beantragte der federführende Offizier über die Abt. X bei der Operativgruppe der HA VI „geeignete Kontrollmaßnahmen in der VR Bulgarien einzuleiten". Das heißt, dass auch der Operativgruppenchef Becker und sein Verbindungsoffizier Buck mit dem Fall befasst waren.

Walli* Welsch sagte den beiden Ingenieuren, dass sie ihr mit einem gewissen Abstand folgen sollten. Nachdem sie eine Weile gelaufen waren und sich die junge Frau sicher fühlte, sagte sie dem Pärchen, dass es sich mit ihnen in einer halben Stunde am Sowjetischen Ehrenmal treffen würde. Dann holte sie die beiden falschen Pässe, die – laut Walli* Welsch – zum Stückpreis von 8 000 DM mit den aktuellen bulgarischen Ein- und Ausreisestempeln in West-Berlin angefertigt worden waren und ein paar Hundert Mark Westgeld, aus ihrem Hotelzimmer und brachte alles zusammen, eingewickelt in ein Exemplar der deutschsprachigen *Sofioter Nach-richten*, zu dem zur Stalin-Zeit errichteten kolossalen Monument schräg gegenüber der Sofioter Universität. Der Plan war, dass die beiden Ingenieure am nächsten Tag

---

606 Archivierter Untersuchungsvorgang: BStU MfS AU 3787/77.
607 Archivierter Untersuchungsvorgang: BStU MfS AU 9410/77, Bd. 2, S. 14.

damit von Sofia ins rumänische Bukarest fliegen sollten, und zwar bei der Abreise in Sofia als DDR-Bürger und bei der Ankunft in Bukarest – nach Entsorgung der DDR-Dokumente in der Bordtoilette – als legal eingereiste Bundesdeutsche. Dazu kam es allerdings nicht, denn das Pärchen wurde am gleichen Abend von Mitarbeitern des bulgarischen Innenministeriums festgenommen.

Nicht anders erging es Walli* Welsch, an der das MfS naturgemäß das größte Interesse hatte. Wegen ihrer kleinen Tochter wurde die junge Frau nach ihrer Festnahme und einer ersten Vernehmung nicht eingesperrt, sondern im Hotel „Vitoscha" einquartiert. Von dort aus gelang es ihr, die Botschaft der Bundesrepublik Deutschland aufzusuchen. Das Kind sollte in der Botschaft bleiben, während sich seine Mutter wegen Fluchthilfe gegenüber den bulgarischen Behörden zu verantworten hatte. Bei diesem Aufenthalt in der Botschaft brachte sie zum Ausdruck, dass sie von einem Mitglied des Fluchthilfe-Instituts ihres Mannes zu dieser Reise wegen Schulden erpresst worden sei. Woraufhin sich die bundesdeutsche Botschaft in einer Note an das bulgarische Außenministerium wandte, in der darum gebeten wurde, das Ermittlungsverfahren gegen die junge Frau einzustellen. Doch im bulgarischen Außenministerium, dessen Sprecher wenige Jahre zuvor noch publikumswirksam erklärt hatte, dass Flucht und Fluchthilfe in Bulgarien angeblich keine Straftaten seien, dachte man nicht daran, sich darauf einzulassen, zumal Oberstleutnant Pfütze, der umgehend von der Festnahme erfahren hatte, sofort persönlich nach Sofia geeilt war.

Das führte zu einer komplizierten Situation. Denn in der Botschaft konnte und wollte man Frau Welsch wegen der „guten Beziehungen" mit Bulgarien, wie ihr der Chef der inneren Botschaftsverwaltung, Gerhard Schmittberger, erklärte, auch nicht behalten. Das hätte eine Verletzung der Gesetze des Gastlandes bedeutet, hieß es. Daraufhin begab sich Walli* Welsch in die Botschaft der Vereinigten Staaten, die ihr – laut den Memoiren von Wolfgang Welsch – angeblich Asyl anbot. Das ist allerdings eine sehr zweifelhafte Darstellung: Ein solches Angebot hätte gänzlich der von den Amerikanern in Bulgarien in vergleichbaren Fällen seit 1961 praktizierten Politik der Nichteinmischung widersprochen. Frau Welsch als Bundesbürgerin drohte ja auch nicht die Auslieferung in die DDR, sondern nur eine Haftstrafe von wenigen Monaten wegen Beihilfe zum Fälschen von Stempeln der bulgarischen Passkontrollorgane.[608] Zwar hätten die DDR-Behörden sie gerne, wie zuletzt Heribert Z.*, während dieses Zeitraums zur Vernehmung für einige Wochen nach Ost-Berlin geschafft. Vermutlich war Pfütze mit einem derartigen

---

608 In einem Bericht der „Gießener Anzeigers" vom 06.01.1977 (SUA, NL Lutz-Peter Naumann) heißt es dazu, dass man das angebliche US-Asyl seitens des Auswärtigen Amtes als „Phantasterei" bezeichnete.

Antrag der Generalstaatsanwaltschaft der DDR nach Bulgarien gekommen, doch die Bulgaren machten ihrerseits eine mögliche Zustimmung zu einem solchen Vorgehen von vornherein von den „Reaktionen der BRD" abhängig.[609]

Dass die ganze Angelegenheit einen besonderen Verlauf nahm, hing vor allem mit Wolfgang Welsch zusammen, der das SED-Regime einmal mehr provozierte. Nachdem sich Welsch in einer Hau-Ruck-Aktion in der bulgarischen Botschaft in Bonn an einen Heizkörper gekettet hatte, boten die Bulgaren an, Walli* Welsch gegen die Zahlung von umgerechnet 50 000 DM sofort ausreisen zu lassen. Was der bulgarische Geheimdienst über die Strukturen der Fluchthilfeorganisation von Wolfgang Welsch wissen wollte, hatte Untersuchungsrichter Nikola Boschkov inzwischen restlos in Erfahrung gebracht. Nachdem Welsch die Zahlung des Betrages mit der Begründung abgelehnt hatte, er sei mittellos[610] und gegenüber dem Auswärtigen Amt signalisierte, er wolle den CSU-Vorsitzenden Franz-Josef Strauß einschalten, brachte die Bundesregierung selbst die Summe auf.

Schmittberger zahlte den Betrag Anfang September 1976 an Boschkov in bar aus.[611] Im Rückblick ist klar, dass Walli* Welsch – die zuvor in der Botschaft einen Darlehensvertrag über die fragliche Summe unterzeichnen musste – auch für einen in solchen Fällen üblichen, erheblich niedrigeren Betrag wieder auf freien Fuß gelangt wäre. Die bulgarischen Behörden hatten sich die Situation clever zu Nutze gemacht, schließlich schien Bonn besonderes Interesse an der Frau zu haben, und Pfütze gelangte für das MfS auch ohne ihre Überstellung durch Boschkov an alle zur Bearbeitung des „Instituts" notwendigen Vernehmungsprotokolle.

Während Walli* Welsch zeitnah wieder zu ihrem Mann in die Bundesrepublik zurückkehren durfte, wurde das ebenfalls verhaftete ostdeutsche Pärchen vom Bezirksgericht Cottbus am 14. Februar 1977 wegen „staatsfeindlicher Verbindungen in Tateinheit mit versuchtem ungesetzlichen Grenzübertritt in schwerem Fall" zu

---

609 Archivierter Untersuchungsvorgang: BStU MfS AU 3482/88, Bd. 2, S. 43.

610 „Ich lebe vom Verdienst meiner Frau und erhalte keine zusätzlichen Gelder." (Wolfgang Welsch) „Das nimmt dem Doktoranden, der von Haus aus Schauspieler ist, nicht jeder ab." Zitiert nach: „Gießener Anzeiger" vom 06.01.1977 (SUA, NL Lutz-Peter Naumann).

611 Welsch, Wolfgang: Ich war Staatsfeind Nr. 1, S. 288. Nachdem bundesdeutsche Behörden in Erfahrung gebracht hatten, dass das angeblich mittellose Ehepaar nach der Abschiebung von Walli* Welsch einen längeren Erholungsurlaub in Griechenland verbrachte, versuchte das Bundesverwaltungsamt den Betrag Ende Dezember 1976 zumindest teilweise vom Ehepaar Welsch erstattet zu bekommen. Gleichzeitig ordnete das Amt für öffentliche Ordnung die Einziehung des Reisepasses der Fluchthelferin Walli* Welsch an, wegen Gefährdung „erhebliche[r] Belange der Bundesrepublik Deutschland oder eines deutschen Landes" (SUA, NL Lutz-Peter Naumann).

je drei Jahren und sechs Monaten Gefängnis verurteilt. Darüber hinaus wurden ihre Ersparnisse in Höhe von mehr als 10 000 Mark von den DDR-Behörden konfisziert. Beide wurden später von der Bundesregierung freigekauft. Wann man in der Leitung der HA VI beschloss, den zuvor so erfolgreich auf Wolfgang Löffler angesetzten Peter H. („Alfons") mit spezieller Aufgabenstellung gegen Wolfgang Welsch zum Einsatz zu bringen, ist nicht ganz klar. Vermutlich bereits im Laufe des Jahres 1977. Mit der auf den damals in England studierenden Welsch zugeschnittenen Legende ausgestattet, er lebe als Fotograf in London, kreuzten sich die Wege der beiden Männer erstmals im Sommer 1978 in einem kleinen Lokal auf Kreta. Drei Jahre später verübte dieser neue „Freund" im Auftrag des MfS während einer gemeinsamen Urlaubsreise in Israel einen Giftanschlag auf Welsch sowie dessen Frau und Tochter.[612]

Während das MfS durch die Aussagen von Walli* Welsch weitgehende Erkenntnisse über die Arbeitsweise und die Mitarbeiter des „Dr. Ulrich Otto Instituts" erlangte, gelang es auch 1976 wieder DDR-Bürgern über Bulgarien in den Westen zu fliehen – und zwar ohne die kostspieligen Dienste von Fluchthelfern in Anspruch zu nehmen. Vor allem ein Fall, der sich am Jahresende ereignete, dürfte den für den Auslandstourismus verantwortlichen Oberstleutnant Heinz Fiedler aufs Höchste verärgert haben.

Ende Oktober 1976, nachdem die meisten Mitglieder der Operativgruppe bereits wieder nach Ost-Berlin zurückgekehrt waren, gelang dem 24-jährigen Elektromonteur Ulrich F.* aus Ost-Berlin und dem gleichaltrigen Physikstudent Claus G.* im Schlauchboot die Flucht in die Türkei.[613] Es war ein besonders heikler Fall, den Ulrich F.* hatte in eine hochkarätige MfS-Familie eingeheiratet[614], und sein Freund Claus G.* war der Sohn eines Beauftragten der Abteilung „Sicherheit" beim ZK der SED im Dienstrang eines Oberst, der seit frühester Jugend den bewaffneten Organen angehörte. Die Zentrale Koordinierungsgruppe (ZKG) des MfS befürchtete eine gezielte Abwerbung der beiden jungen Männer durch

---

612 FIM „Alfons", der nach diesem Anschlag bis zur Wende als HIMB des MfS in Ost-Berlin lebte, wurde am 28. November 1994 vom Landgericht Berlin wegen tateinheitlich begangenen dreifachen Mordversuchs zu einer Freiheitsstrafe von sechs Jahren und sechs Monaten verurteilt. E-Mail Wolfgang Welsch vom 25.08.2015 an den Verfasser.

613 Geheime Hauptablage: BStU MfS GH 35/78, Bd. 1.

614 Sein Schwiegervater Ernst Eckert war hoher Offizier in der HV A, seine Schwiegermutter arbeitete in der HA VI im Büro der Leitung (BdL) und heiratete später in zweiter Ehe Oberst Franz Mattern, den langjährigen Leiter der Operativ-Dienststelle (OPD) Berlin der HA VI.

einen westlichen Geheimdienst. Doch die Motive der beiden jungen Leute waren privater Natur.

Der frisch verheiratete Ulrich F.* hatte seine Frau eines Morgens in flagranti mit einem Liebhaber im Ehebett überrascht – einem Offizier der bewaffneten Organe. Als weiteres Fluchtmotiv kam hinzu, dass der Großvater von Ulrich F.* nicht von einer genehmigten Rentnerreise in die Bundesrepublik zurückgekehrt war, und F.'s* Vater, ein Offizier im Ministerium für Nationale Verteidigung in Strausberg, dieses Delikt nicht wie vorgeschrieben sofort bei seinen Vorgesetzten gemeldet hatte. Die Staatssicherheit habe ihn geholt und gefoltert, berichtete F.* dem Verfasser: „Anschließend landete er in einer geschlossenen Anstalt. Meine Brüder und ich haben ihn rausgeholt. Aber unsere Mutter hat das nicht ertragen, dass er immer nur apathisch auf dem Sofa lag. Sie verließ ihn."[615] Bald darauf war sein Vater tot.

Bei Claus G.* lagen die Gründe noch etwas anders. Er hatte sich selbst von der TH Karl-Marx-Stadt exmatrikuliert. Und zwar mit der Begründung, in einem Land, in dem ein Lkw-Fahrer genauso viel wie ein studierter Physiker verdiene, lohne es sich nicht, zu studieren.[616]

Die beiden jungen Männer waren mit dem Trabbi, einem aufblasbaren Gummiboot sowie zwei Neoprenanzügen, die sie in Ost-Berlin und Prag erworben hatten, Ende Oktober 1976 an der Südlichen Schwarzmeerküste eingetroffen. Mit dabei war auch Ulrich F.s* Bruder Volkmar*, der nichts vom Fluchtplan wusste und mit dem Trabbi von ihnen wieder zurück in die DDR geschickt wurde, als sie ihren Fluchtversuch im Bereich der Ortschaft Sinemoretz auf freiem Feld am frühen Abend starteten: „Unsere Neoprenanzüge hatten wir schon angezogen. Sie waren aus ganz festem Material, hart wie Autoreifen. Wir liefen erst durch wüstes, dann durch sumpfiges Gelände. Bald hörten wir schon Stimmen und Hundegebell. Schließlich erreichten wir die Steilküste. Da sind wir in unseren Anzügen runtergeschlittert. Unten angekommen rannten wir sofort ins Wasser, soweit, bis man fast nicht mehr stehen konnte. Da haben wir das Boot aufgeblasen. Wir nichts wie rein und losgepaddelt. Es war hoher Seegang und wir kamen gut voran. Plötzlich gingen Scheinwerfer an, geschossen haben die auch. Aber wir waren schon weit draußen. Jedenfalls sind wir die ganze Nacht parallel zur Küste gepaddelt. Wie die Wilden, wir waren gut trainiert. Die Strömung und der Wind standen günstig für uns. Jedenfalls ist uns kein Patrouillenboot begegnet und irgendwann war auch mit den Scheinwerfern Schluss."[617]

615 Telefonisches Interview mit Ulrich F.* (Hamburg), 29.06.2015.
616 Allgemeine Personenablage: BStU MfS BV KMS AP 1519/77.
617 Telefonisches Interview mit Ulrich F.* (Hamburg), 29.06.2015.

Am nächsten Morgen gegen zehn Uhr gingen die beiden jungen Männer in Ostthrakien an Land. Nach dem sie ein Stück landeinwärts gegangen waren, trafen sie auf einen Bauern, der sie zu einer im Nachbardorf stationierten Einheit türkischer Soldaten brachte. Sie seien über die Panzer und Geschütze erstaunt gewesen, sagt Ulrich F.*, man habe ihnen erklärt, es habe in der Gegend Probleme mit Kurden gegeben. Ein Dolmetscher sagte ihnen, in diesem Abschnitt habe es schon lange keine geglückte Flucht aus der Volksrepublik mehr gegeben.

Nachdem die beiden jungen Männer schließlich im Istanbuler Polizeipräsidium landeten, dauerte es nicht lange, bis ein Mitarbeiter des Generalkonsulats der Bundesrepublik sie in Empfang nahm und in einem Hotel am Taksim-Platz einquartierte. 14 Tage lang seien sie in Istanbul in einer sehr repräsentativen Villa vom türkischen Geheimdienst verhört worden, erinnert sich Ulrich F.*: „Dort befragte man uns über unsere Familien, die DDR, die Armee. Die waren gut informiert, fragten nach Namen der Flugplätze, mit welchem Gerät wir ausgerüstet waren, jede Kleinigkeit.“[618] Nach der Ankunft in der Bundesrepublik wurden diese Befragungen noch fortgesetzt. Erst 14 Tage beim Bundesnachrichtendienst in München, dann noch einmal 14 Tage in einem Camp der CIA: „Ich glaube, die waren vor allem an unseren militärischen Kenntnissen interessiert. Ich war bei der Luftwaffe gewesen, hatte Flugzeuge in Strausberg gewartet. Und Claus* war bei den Pionieren. Jedenfalls fragten uns die CIA-Leute, ob sie uns nicht ausbilden sollen, dann könnten wir als Spione für sie wieder zurück in die DDR gehen. Das wollten wir aber nicht.“[619] Später erfuhren sie, dass Claus‘* Vater seinen Arbeitsplatz beim ZK der SED nach dem Bekanntwerden ihrer Flucht verlor und zur Feuerwehr versetzt wurde. Bedauert haben sie ihre Flucht aber nie, im Gegenteil: „Wir fanden in Hamburg sofort gute Jobs als Elektriker. Es war wie im Märchen.“

---

618 Ebd.
619 Ebd.

Abbildungen, Teil 1

Abb. 1. Das Zentralgefängnis in Sofia existiert noch immer. Bild: Appelius

Abb. 2. Werner Gambke. Bild: Appelius

Abb. 3. Starb mit erhobenen Händen: *Abb. 4. Im Grenzgebiet verscharrt:*
Karl-Heinz Engelmann. Bild: Appelius *Siegfried Gammisch. Bild: Appelius*

Abb. 5. Fluchthelfer und BND-Mitarbeiter Wolfgang Jahn (2. von rechts) vor Gericht in Sofia. Er starb in der Haftanstalt Berlin-Hohenschönhausen. Bild: Appelius

Abb. 6. Suizid aus Verzweiflung: Gudrun Lehmann. Bild: Appelius

Abb. 7. Anton Frank versuchte aus Rumänien nach Jugoslawien zu gelangen. Bild: Appelius

Abb. 8. Peter Müller (links) und Gunter Pschera in Bulgarien. Nur Tage nach dieser Aufnahme wurde Pschera erschossen. Bild: Appelius

Abb. 9. Rolf Kühnle und seine Verlobte Wera Sandner wurden im August 1972 erschossen. Bild: Appelius

Abb. 10. DDR-Konsul Fritz Voss. Bild: MfAA

Abb. 11. Jochen Kilian versuchte über die Türkei in die Bundesrepublik zu gelangen. Bild: Appelius

Abb. 12. Reinhard Poser wollte zu seiner Familie in die Bundesrepublik. Bild: Appelius

Abb. 13. Wolf Binias plante jahrelang die Flucht über das Schwarze Meer in die Türkei. Bild: BStU

6. Die Fluchtwelle ebbt nicht ab

Das man in der Leitung der HA VI mit den Ergebnissen der Arbeit der Operativgruppe nicht zufrieden war, lässt sich auch an der Entscheidung ablesen, den
designierten Leiter, Hauptmann Wolfgang Lotter, nach einem Jahr Einarbeitung
auch in der kommenden Saison, nach Beckers Ausscheiden, nur in der Position
des Stellvertreters zu belassen und statt dessen noch einmal Major Karl-Heinz
Brichmann, diesmal als Chef der Operativgruppe, zur weiteren Einarbeitung
Lotters in die Volksrepublik zu entsenden. Oberstleutnant Horst Rückheim als
Chef der Operativgruppen kritisierte, dass Lotter die ihm unterstellten Offiziere
zu sehr an der langen Leine habe laufen lassen und dass es am Ende des Jahres
keine Handakten über Kontroll- und Überprüfungsaufträge, gemeinsam mit
den Bulgaren bearbeitete operativ-relevante Objekte und über den IM-Bestand
der Operativgruppe gebe. Möglicherweise hing die Ernennung von Brichmann
aber auch damit zusammen, dass es nach Veränderungen der Aufgabenstellung
der Abteilung Auslandstourismus in der HA VI schlicht keine andere seiner
Besoldungsgruppe entsprechende Stelle mehr gab. Durch die Verlagerung der
Sicherung des DDR-Tourismus nach den „anderen sozialistischen Staaten" aus
der MfS-Abteilung SRT 2 in die Abteilung SRT 3 gab es plötzlich keinen zweiten
Stellvertreter des Leiters mehr. Rückheim musste ihn erst überreden, bevor sich
Brichmann dazu entschied, noch einmal für ein Jahr gemeinsam mit seiner Ehe-
frau in die Volksrepublik zu gehen.

Ansonsten setzte Rückheim überwiegend auf personelle Kontinuität. Neben
Buck, de Moy und Urbanek, der die Kontrolle der Südlichen Schwarzmeerküste
übernahm, gab es diesmal nur drei Neue in der Operativgruppe, nachdem sich
Oberleutnant Segieth wieder zur BV Magdeburg hatte zurückversetzen lassen.
Und zwar einerseits den 28-jährigen Leutnant Burghard Arnold[620], der 1975
und 1976 in der Operativgruppe des MfS in der ČSSR gearbeitet hatte. Arnold,
der fortan die nördliche Schwarzmeerküste zu überwachen hatte, brachte seine
21-jährige Lebensgefährtin mit nach Albena, die als Phonotypistin im Rang einer Zivilangestellten des MfS nun das Büro der Operativgruppe verstärkte, das
weiterhin von Frau Jäckel geleitet wurde. Neu war auch die 23-jährige Gefreite
Monika Meusel[621], die als Stenotypistin für die geheimdienstliche Büroarbeit im
Bereich Südliche Schwarzmeerküste die Verantwortung übernahm.

---

620 Kaderakte Burghard Arnold: BStU MfS BV Cottbus KS II 324/84.
621 Kaderakte Monika Meusel: BStU MfS KS II 222/85.

Die Frauen in der Operativgruppe waren in all den Jahren durchweg Schreibkräfte. Sie hatten mit dem operativen Geschehen, der Überwachung und Bespitzelung der Urlauber oder auch der Bekämpfung von Fluchthilfe-Organisationen, direkt nichts zu tun.

Dass die Bekämpfung von Fluchthilfe-Organisationen, die den bulgarischen Luftraum nutzten, erheblich an Bedeutung gewonnen hatte, ist daran zu erkennen, dass das MfS 1977 mit dem 44-jährigen Oberleutnant Fritz Tholl[622] einen neuen OibE in ihrem bulgarischen Sicherungsnetz einbaute, der nicht mehr – wie bisher – Stellvertretender Chefrepräsentant war, sondern als „Flughafenrepräsentant" in Varna legendiert wurde. Dieselbe Funktion hatte er zuvor bereits zwei Jahre in Rumänien ausgeübt. Damit waren offenbar, ohne dass es darüber Akten gibt, nach Bubke und Fengl die Stellvertretenden Chefrepräsentanten keine OibE mehr. Dass die OPG in diesem Jahr nur noch über einen einzigen OibE verfügte, geht aus einem von Lotter angefertigten Aktenstück der Abt. X hervor.

Tholl hatte eine ähnliche Geschichte wie Benno Schmidt hinter sich. Der gelernte Funker, der ursprünglich aus der Volkspolizei (See) stammte und im Dezember 1958 SED-Mitglied wurde, stand, nachdem er 1958 an der Festnahme zweier amerikanischer Agenten auf der Leipziger Herbstmesse beteiligt war, jahrelang in Diensten der HV A und hatte in deren Auftrag wichtige Agenten des MfS im „Operationsgebiet", also in der Bundesrepublik – mutmaßlich sogar in Bonn – geführt, bzw. als Funker mit dem MfS verbunden. 1960 wurde er vom MfS unter dem Decknamen IM „Helmut Tuche", später OibE „Helmut Tuche" in die Bundesrepublik „übergesiedelt". 1973 wurde seine planmäßige Rückführung aus dem „Operationsgebiet" abgeschlossen, sein Freund Uhlig – der ihn aus gemeinsamen Operationen der HV A kannte – hatte ihn, noch während seines eigenen Einsatz in Bulgarien – als OibE zum Einsatz im „sozialistischen Ausland" empfohlen.

Unterdessen ereigneten sich auch 1977 zahlreiche Fluchtversuche von DDR-Bürgern in der Volksrepublik, die ganz überwiegend mit Festnahmen endeten. Einer der ersten aktenkundigen Fälle in diesem Jahr betraf ein junges, nicht miteinander liiertes Pärchen aus dem Vogtland: den 24-jährigen Altenpfleger Mario F.*, einen früheren Unteroffizier auf Zeit bei den Panzertruppen der NVA, der sich unter dem Eindruck des Militärdienstes zum Anhänger der Lehren von Mahatma Gandhi entwickelt hatte und laut MfS zum Umfeld des Dissidenten Rainer Kunze gehörte, und seine 21-jährige Bekannte Eva G.*, die in der Bundesrepublik gerne

---

622 Zu Fritz Tholl: BStU MfS XV 3936/89 Arbeitsakte OibE „Fritz"; BStU MfS Diszi Nr. 6515/92.

in einer Kinderkommune gearbeitet hätte.[623] Die beiden waren zunächst nach Gotze Deltschev gereist, um sich die griechische Grenze anzusehen. Westdeutsche Urlauber hatten F.* im Vorjahr erzählt, dass viele DDR-Bürger über Drittländer zu flüchten versuchten und diese Vorhaben angeblich „meistens" auch erfolgreich seien. Ein Mädchen in Plovdiv hatte ihnen gesagt, die griechische Grenze würde nur „oberflächlich" bewacht. Nachdem es den beiden jungen Leuten gelang, die Sperrzone von Gotze Deltschev aus unbemerkt zu durchwandern, gelangten sie tatsächlich bis an die Grenzsignalanlage. Dabei bemerkten sie, dass der Stacheldrahtzaun eine Drahtverstrebung enthielt, bei der es sich nach ihrer Meinung um eine Signaleinrichtung handelte. Nachdem sie dann auch noch auf der anderen Seite des Zaunes einen bulgarischen Soldaten bemerkten, entschlossen sie sich zur Rückkehr, weil sie die Flucht in dieser Gegend für zu gefährlich hielten.

Daraufhin fuhren sie per Anhalter, vermutlich über Pernik, ins bulgarisch-jugoslawische Grenzgebiet, wo sie am 2. März 1977 gegen 18:30 Uhr im Grenzgebiet durch eine dreiköpfige, mit Maschinenpistolen ausgerüstete Alarmgruppe der Abteilung 10220 der Grenztruppen des MWR festgenommen wurden, nachdem sie kurz zuvor in der Nähe der Signalanlage Pkw-Motoren und quietschende Reifen gehört hatten. Das Kreisgericht Karl-Marx-Stadt verurteilte das vermutlich von Anwohnern denunzierte Pärchen nach seinem Rücktransport in den Arbeiter- und Bauernstaat zu je zwei Jahren Gefängnis wegen „ungesetzlichem Grenzübertritt im schweren Fall", die sie vor ihrem Freikauf in die Bundesrepublik in Cottbus und Bautzen bzw. im Frauengefängnis Hoheneck absitzen mussten.

Religiöse Gründe machte das Ehepaar Alfons* und Maria B.* aus der Lutherstadt Wittenberg für seinen Fluchtversuch geltend. Der streng katholische 26-jährige Kfz-Schlosser und seine 21-jährige Ehefrau erklärten den Vernehmern, dass sie in dem SED-Staat keine Kinder bekommen wollten. Das Pärchen war Ende Mai 1977 aus Schönefeld mit einer Linienmaschine nach Sofia geflogen. Nachdem sie ihr Glück zuerst im Grenzgebiet nach Griechenland versucht hatten, aber mit viel Glück auf freiem Fuß blieben, waren sie nach Sofia gefahren und hatten die Botschaft der Bundesrepublik Deutschland aufgesucht. Der Diensthabende dort – nach Aktenlage handelte es sich um einen an die Botschaft abgeordneten Polizist – erklärte ihnen, sie müssten sich zunächst in den Besitz „echter" westdeutscher Personalien bringen, dann könnten sie einen Passersatz bekommen. Ob er ihnen auch empfahl, auf einen nahe gelegenen Zeltplatz zu fahren, ist nicht überliefert. Jedenfalls trafen sie dort ein älteres Ehepaar aus der Bundesrepublik, das ihnen die Personalien ihrer – mit ihnen vom Alter her etwa übereinstimmenden –

---

623 Archivierter Untersuchungsvorgang: BStU MfS AU 14676/77.

Kinder verriet. Damit ausgerüstet fuhren sie in das bundesdeutsche Konsulat in Sofia, wo sie erklärten, ihre Pässe seien verloren gegangen. Nachdem ihnen eine Sekretärin gesagt hatte, wo sie Passfotos machen können, stellte ihnen ein Mitarbeiter des gehobenen Dienstes westdeutsche „Reiseausweise als Passersatz" aus. Anschließend besorgten sie sich dann bei der Miliz ein Schriftstück, das besagte, dass ihre Dokumente gültig seien. Der besagte Mitarbeiter hatte ihnen gesagt, sie müssten nur noch eine Woche warten, dann würden sie auch ein gültiges Visum erhalten. Was sie nicht wussten, war, dass sie bereits „von Anfang an" unter Beobachtung des bulgarischen Geheimdienstes standen, wie es im Bericht von Major Setzepfandt (HA IX/9) hieß.[624]

Das Bemerkenswerte an diesem Fall ist, dass Mitarbeiter der bundesdeutschen Botschaft aktive und durchdachte Fluchthilfe leisteten und dafür trotz eines heftigen Protestes des SED-Regimes nicht sanktioniert wurden. Das Pärchen hatte sich mit dem Polizisten und dem hilfsbereiten Sachbearbeiter angefreundet. Am Abend vor ihrer geplanten Abreise aus Sofia feierten sie gemeinsam mit den beiden Männern ihren bevorstehenden „Ausstand" und übernachteten anschließend im Botschaftsgebäude. Als sie beinahe keine Eisenbahn-Fahrkarten nach München hätten kaufen können, weil ihnen am Sofioter Bahnhof eine DM-Leva-Umtausch-Bescheinigung fehlte, gab ihnen einer der Polizisten spontan seine eigene. Er war es auch, der dafür sorgte, dass ihre DDR-Ausweise, ihre Versicherungsausweise und ihre Flugtickets mit westdeutscher Diplomatenpost zu Maria B.s* Bruder nach Westdeutschland geschickt wurden.[625]

Das Pärchen wurde schließlich am 16. Juni 1977 im Fernzug Sofia – Belgrad – München bei der Kontrolle an der Grenzübergangsstelle Kalotina verhaftet. Angesichts der Umstände hätte das Strafmaß des Kreisgerichts Halle am 15. November 1977 auch deutlich höher ausfallen können. Es lautete am Ende jedoch „nur" je zwei Jahre und sechs Monate. Obwohl die Familienangehörigen mit Unterstützung des MfS Druck auf das Pärchen ausübten („Als Christ verlässt man nicht heimlich Eltern und Geschwister"), bestanden die beiden auf ihre Übersiedlung in die Bundesrepublik.

Ähnlich – zumindest was das verwendete Dokument betrifft – verlief der Fall des 29-jährigen Krankenpflegers Mario K.* aus dem Berliner St.-Hedwigs-Krankenhaus, ein früheres SED-Mitglied, der, nachdem man ihn vom Medizinstudium exmatrikuliert hatte, lieber in der Bundesrepublik leben wollte und

---

624 Archivierter Untersuchungsvorgang: BStU MfS AU 13602/78, Bd. 1, S. 28.
625 Diese Umstände wurden am 09.09.1977 mit zahlreichen Vernehmungsprotokollen des Ehepaares dem Chef der HA IX/9 Oberstleutnant Peter Pfütze zur Kenntnis gebracht. Archivierter Untersuchungsvorgang: BStU MfS AU 13602/78, Bd. 1, S. 12.

der ebenfalls vom bundesdeutschen Konsul einen „Reiseausweis als Passersatz"
erhielt, der am 20. Juni 1977 an der jugoslawischen Grenze zu seiner Festnahme
führte.

Vier Wochen nach der Festnahme von Alfons* und Maria B.*, versuchte der
40-jährige Otto Mayer mit Frau und Kindern mittels zweier aneinandergebun-
dener Schlauchboote über das Schwarze Meer in die Türkei zu gelangen. Mayer,
der als Stellvertretender Gruppenleiter in der Hauptabteilung Forschung und Entwicklung der VEB Maschinenfabrik Halle als Geheimnisträger eingestuft wurde,
war erstmals im Sommer 1970 im ungarisch-jugoslawischen Grenzgebiet festgenommen worden, ohne das ihm die Behörden einen Fluchtplan nachweisen
konnten. Er hatte also schon seit längerem über eine Flucht an der verlängerten
Mauer nachgedacht. Die Familie, die mit dem eigenen Auto zum Camping nach
Bulgarien reiste, hatte einen Zeltplatz an der südlichen Schwarzmeerküste nahe
Sozopol gebucht. Am Abend des 9. Juli 1977 begannen sie ihre Reise in einer
kleinen Bucht zwischen Mitschurin und Achtopol, nachdem sie ihren Wagen am
Straßenrand versteckt hatten.

Nach einer etwa fünfstündigen Fahrt entlang der Küste wurde die Familie in
den frühen Morgenstunden des 10. Juli 1977 von bulgarischen Küstenschutz-
booten gestoppt. Die bulgarischen Grenzer fanden Nahrung, Kleidung, ein Fernglas, einen Autoatlas und eine Taschenlampe in den beiden Booten vor. Während
Elvira mit ihren beiden Kindern in die DDR zurückreisen durfte und vorerst auf
freiem Fuß blieb, landete Otto Mayer, der aus beruflicher Unzufriedenheit in
den Westen wollte, im Untersuchungsgefängnis des bulgarischen Staatssicherheitsdienstes in Sofia. Einem seiner Arbeitskollegen war ein paar Jahre zuvor die
Flucht über Bulgarien gelungen.

Es wäre fast ein Fall wie viele andere geworden, wenn es Elvira nicht gelungen
wäre, zwei Ansichtskarten an Verwandte in Frankfurt am Main abzusenden, die
bereits wenige Tage nach der Festnahme zu einem Artikel in der *Bild*-Zeitung
führten: „‚Vergangene Woche wollten wir einen schönen Ausflug starten, doch
Vati bekam eine Krankheit…' Mit diesen verschlüsselten Zeilen auf einer bunten
Ansichtskarte teilte jetzt eine Mutter aus der ‚DDR' Frankfurter Verwandten mit,
dass ihr Mann bei einem Fluchtversuch verhaftet worden ist. Der Ingenieur Otto
M. (40) aus Halle hatte mit seiner Frau (34) und den beiden Kindern (11 und 15)
in Bulgarien Urlaub gemacht. Offenbar wollten alle vier über die türkische Grenze
in den Westen fliehen, wurden aber erwischt. In höchster Not schrieb Frau M. eine
zweite Karte: ‚Morgen früh werden auch wir drei nach Berlin gebracht. Vati ist
schon da. Mich werden sie wohl in Empfang nehmen. Helft bitte den Kindern, ich
kann nicht mehr.' Seither gibt es kein Lebenszeichen mehr von der unglücklichen

Familie."[626] Ein Bericht, illustriert mit einem Familienfoto, der vermutlich weder beim MfS noch bei der Bundesregierung viel Freude ausgelöst hat, waren doch beide Seiten zu diesem Zeitpunkt mit unterschiedlichen Motiven gleichermaßen daran interessiert, das Thema DDR-Flucht aus den Medien herauszuhalten. Vermutlich hat die Medienberichterstattung das Schicksal des Ingenieurs tatsächlich verschlechtert. Wochenlang erhielt seine Frau kein Lebenszeichen von ihm, während sich in ihrem Wohnort Gerüchte verbreiteten. Ihren Kindern hatte sie eingeschärft, in der Schule zu sagen, dass sich ihr Vater auf einer Dienstreise befinde. Doch lange ließ sich dieser Schein nicht wahren. Am 3. Mai 1978 wurde das Ehepaar wegen seines Fluchtversuchs vom Kreisgericht Halle-West zu Haftstrafen von drei Jahren bzw. zwei Jahren und drei Monaten verurteilt.[627] Während der Haft berichtete zunächst die „Gesellschaft für Menschenrechte" (GfM) und später auch „Hilferufe von drüben" mit Fotos und vollem Namen über das Schicksal des Ehepaares. Ob die DDR sie gerade deshalb nach Verbüßung der Haftstrafe nicht per Freikauf in die Bundesrepublik entließ, kann nur vermutet werden. Aktenkundig ist nur, dass die staatlichen Organe der DDR Otto M. weiter im Auge behielten und bereits kurze Zeit nach der Entlassung (Ende November 1979) erneut einen „Operativvorgang" gegen ihn und seine Frau aufnahmen, weil das Paar an seinem Wunsch, in den Westen überzusiedeln, festhielt.[628]

Glück im Unglück hatte das Ehepaar Klaus* und Rosi G.* aus Dresden, das am 24. August 1977 an der bulgarisch-griechischen Grenze südlich Katunzi festgenommen wurde. In dieser Gegend war zwei Jahre zuvor Peter Nötzel erschossen worden. Der 26-jährige Stomatologiestudent, der zu seinem Bruder nach Westdeutschland wollte und die 24-jährige Krankenschwester waren kurz nach Mitternacht in der Nacht mit ihren Rucksäcken von einem bulgarischen Lastwagenfahrer im Grenzgebiet entdeckt worden, der sofort einen Dorfbewohner und anschließend die Miliz verständigte. Die Festnahme der jungen Leute, die mit dem Rucksack unterwegs waren, erfolgte nicht durch die in dieser Gegend als besonders schießwütig bekannten Grenzsoldaten, sondern durch den besagten Lastwagenfahrer und einen Mitarbeiter der Kreisverwaltung des MWR namens Shivko Alexandrov Murdshev aus dem benachbarten Sandanski. Rosi G.*, die nach ihrer Festnahme erklärte, sich

---

626   „Flucht gescheitert" – so stand es verschlüsselt auf einer Grußpostkarte aus der
       „DDR". In: „Bild" (Berlin) vom 20.07.1977. In: BStU MfS ZAIG 10346, S. 58, auch:
       Allgemeine Sachablage: BStU MfS Allg. S 3/80.
627   Archivierter Operativer Vorgang: BStU MfS AOP 2732/78, S. 63 f.
628   Archivierter Operativer Vorgang: BStU MfS AOP 1338/83.

in der DDR unterdrückt zu fühlen, sagte dem bulgarischen Vernehmer: „Ich weiß, dass die Grenzen der DDR gut bewacht sind und wir rechneten damit, dass es hier nicht so ist."[629] Bemerkenswert ist an dem Fall, dass die bulgarischen Staatsorgane die Verhaftung nicht als Festnahme führten, sondern als „Maßnahmen zur Begrenzung der persönlichen Bewegungsfreiheit"[630] bezeichneten, wobei die Bewegungsfreiheit der beiden wie in solchen Fällen üblich bis zur Übergabe an das MfS („gemäß Rechtshilfevertrag") im Untersuchungsgefängnis des bulgarischen Staatssicherheitsdienst in Sofia „begrenzt" wurde. Das Pärchen, das seine dreijährige Tochter bei seinen Eltern gelassen hatte, um das Kind nicht zu gefährden, wurde im Januar 1978 vom Kreisgericht Dresden Ost zu je einem Jahr und sechs Monaten wegen ungesetzlichem Grenzübertritt im schweren Fall verurteilt.[631]

Die Operativgruppe des MfS verzeichnete in jenem Jahr zwar nur 16 Prozent DDR-Fluchtversuche an der bulgarisch-griechischen Grenze, deutlich weniger als an der türkischen (37,5 Prozent) und an der jugoslawischen Grenze (22 Prozent), doch in diesem Abschnitt – womit primär die sogenannte „grüne Grenze" gemeint ist – ging es offenbar, wie wir bereits durch den Fall Kistowski/Prautzsch wissen, besonders brutal zu.

Der Fall Rudi Nettbohl / Bernd Schaffner

Nur drei Tage nach der Festnahme des Ehepaar G.* wurden am Nachmittag des 27. August 1977 um 15.50 Uhr auf freiem Feld bei guter Sicht zwei junge Männer aus Häselrieth im Kreis Hildburghausen an der bulgarisch-griechischen Grenze buchstäblich wie die Hasen erschossen, obwohl ihre Festnahme mehrere Kilometer vor der Grenze ohne Probleme möglich gewesen wäre. Beide erhielten aus mittlerer Entfernung von vorne Schüsse in die Brust. Ein klares Indiz dafür, dass es keine Warnrufe gab. Die Grenzer lagen oder saßen offenbar wie Jäger in einem Versteck. Der Vorfall ereignete sich westlich der Ortschaft Zlatograd, nur unweit der Gegend, in der auch Gambke, Engelmann und Gammisch ihre Fluchtversuche mit dem Leben bezahlten. In einem Dokument der Kreisverwaltung des MWR Smolyan vom 21. September 1977, das der Verfasser in der bulgarischen Stasi-Unterlagenbehörde in Sofia einsehen durfte, heißt es, dass Rudi Nettbohl (21) und Bernd Schaffner (27) „liquidiert" worden seien. Wie in solchen Fällen

---

629 Archivierter Untersuchungsvorgang: BStU MfS AU 17086/78, Bd. 1, S. 21.
630 Archivierter Untersuchungsvorgang: BStU MfS AU 17086/78, Bd. 2, S. 282.
631 Beide wurden bereits am 18.10.1978 in die Bundesrepublik entlassen. Allgemeine Personenablage: BStU MfS AP 1623/89.

üblich, wurde die Abteilung „Staatsverbrechen" in der Generalstaatsanwaltschaft der DDR detailliert durch Militäroberstaatsanwalt Dimitar Kapitanov über den Fall unterrichtet. Die betreffende Beiakte zum Fall Nettbohl/Schaffner scheint allerdings schon in den 1980er Jahren vernichtet worden zu sein.

Drei Wochen nach den tödlichen Schüssen wurde Bernd Schaffners Motorrad, eine MZ-250, und das Reisegepäck der beiden jungen Männer, Wäsche und eine Luftmatratze, an der Landstraße von Nedelino nach Zlatograd entdeckt und in die Kreisverwaltung des MWR nach Smolyan geschafft. Diese Dinge landeten erst etliche Monate später in der Konsularabteilung der DDR-Botschaft in Sofia – und auch erst, nachdem „Gen. Pfütze" dem Konsul, wie es in einem handschriftlichen Vermerk heißt, gestattet hatte, sie in einem Container in die DDR zurückführen zu lassen.

Die beiden jungen Männer kannten sich aus dem örtlichen Sportverein im VEB „Schrauben- und Normteilewerk Hildburghausen", waren aber – schon wegen des Altersunterschiedes – keine engen Freunde, nur Bekannte. Dementsprechend gab es unterschiedliche Motive für ihren Fluchtversuch. Rudi Nettbohl hatte – und das war ein offenes Geheimnis in ihrem Dorf – häufig lautstarke und heftige Konflikte mit seinem strengen Vater, dem er nichts recht machen konnte.[632] Der frühere Volkspolizist („K"), der im Kreisbauamt Hildburghausen arbeitete, war Anfang Mai an Magenkrebs gestorben. Rudi wohnte bei seiner Mutter, die mit Unterbrechung bereits seit 1950 als Finanzinstrukteurin der Deutsch-Sowjetischen Freundschaft (DSF) in Hildburghausen arbeitete. Nach der 10. Klasse hatte er eine Lehre als Landmaschinenbauer gemacht. Nachdem er eine Weile in der LPG Wallrabs beschäftigt war, arbeitete er seit mehreren Monaten als Beifahrer im VEB Getränkekombinat Rennsteig. Und zwar mit guten Ergebnissen, wie sein Chef später bestätigte. Rudi hatte keine Fehlstunden, trat immer ordentlich auf, war zuverlässig, trank nicht im Dienst und schlug auch sonst nicht über die Strenge. In seiner Freizeit traf er sich mit Freunden, spielte Fußball und hatte bereits ein uneheliches Kind, ein „Ausrutscher", wie ein Freund erklärt, mit dem betreffenden Mädchen habe er sonst wenig zu tun gehabt.[633] Ein ganz normaler Jugendlicher mit schulterlangen Haaren, der für den „Arbeiter- und Bauernstaat" nichts übrig hatte, sich nicht „gesellschaftlich" beteiligte, wie man in der DDR sagte. Warum er drei Monate nach dem Tod seines Vaters in den Westen wollte, erschließt sich auch bei näherem Hinsehen nicht, zumal er sich etwa zwei Monate vor seiner Abreise in die bildschöne, sechzehnjährige Astrid verliebt hatte. Sie sah ihn zuletzt auf einem Musikfestival im benachbarten Suhl,

632 Telefonisches Interview mit Werner Ramisch (Hildburghausen), 27.02.2007.
633 Telefonisches Interview mit Hans-Georg Pommer (Hildburghausen), 23.02.2007.

berichtete sie dem Verfasser.[634] „Dann mach es gut, bis ich aus dem Urlaub wieder komme", waren die letzten Worte, die sie von ihm hörte.

Jürgen Brandt berichtete dem Verfasser, dass Rudi die Idee, über Bulgarien in den Westen abzuhauen, bereits in der Schule hatte und ihm im Frühsommer 1977 signalisierte, dass er „es" versuchen wolle. Rudi habe davon geträumt, in der Bundesliga als Profi Fußball zu spielen. „Als die Nachricht vom ,Unfall' kam, wusste ich sofort Bescheid."[635]

Etwas anders lag der Fall bei Bernd Schaffner. In seinem Fall deutet alles darauf hin, dass er den Fluchtweg Bulgarien aus Liebe einschlug. Der gelernte Heizungsinstallateur war ein paar Jahre zuvor mit einer jungen Apothekerin Christine P. aus dem benachbarten Schleusingen verlobt. Die junge Frau war seine große Liebe. Nachdem sie die Beziehung beendet hatte, war sie – mit einem anderen Mann – 1974 über Bulgarien in die Bundesrepublik geflüchtet. Bernd war wegen des Scheiterns dieser Beziehung zusammengebrochen, hatte Freunden gegenüber Suizidabsichten durchblicken lassen. Seither hatte er mehrere andere Beziehungen begonnen, die alle bereits nach kurzer Zeit wieder beendet waren. Offenbar war Bernd Schaffner überzeugt, bei einem Wiedersehen mit seiner Ex-Verlobten im Westen würde es eine Chance geben, die Beziehung wiederaufleben zu lassen. Darauf deutet auch der Umstand, dass er die beiden Verlobungsringe bei seinem Tod bei sich hatte.

Bernd Schaffner, dessen Mutter 1969 an einer Krebserkrankung verstorben war und dessen Vater inzwischen mit einer anderen Frau zusammenlebte, teilte sich in Hildburghausen eine Wohnung mit seinem Bruder Bodo, dem früheren Instrukteur der FDJ-Kreisleitung Hildburghausen, zu dem er jedoch zuletzt nur sehr wenig Kontakt hatte. Er war ein grundsolider, ruhiger Typ, korrekt und höflich, der sich in Gastwirtschaften nur zum Tanzen aufhielt, weder rauchte noch trank. Politisch angepasst, Mitglied der FDJ und der Gesellschaft für Deutsch-Sowjetische Freundschaft, nach einer Wirbelsäulenfraktur vorzeitig aus der NVA entlassen, hatte Bernd Schaffner im November 1976 die Meisterprüfung als Heizungsinstallateur bestanden und anschließend noch einen Sonderschweißlehrgang am Zentralinstitut für Schweißtechnik in Halle absolviert. Er befand sich also in jenem Sommer an einem beruflichen und persönlichen Wendepunkt. In seiner Freizeit spielte er Volleyball und Handball. Ganz offensichtlich hatte Bernd Schaffner seien Fluchtversuch bereits seit längerer Zeit vorbereitet. Mit dem Meistertitel würde er in der Bundesrepublik gutes Geld verdienen, und vermutlich

---

634 Telefonisches Interview mit Astrid Jahn (Hildburghausen), 20.02.2007.
635 Telefonisches Interview mit Jürgen Brandt (Hildburghausen), 22.02.2007.

hoffte er auch, mit der Qualifikation auch seine Ex-Verlobte beeindrucken zu können. Später, nach dem Bekanntwerden seines Todes, stellte sich heraus, dass er etwa zwei Wochen vor der Abreise seinen Arbeitsvertrag im „VEB Schrauben- und Normteilewerk Hildburghausen" mit der Begründung gekündigt hatte, er wolle seinen Wohnsitz wechseln. Ob er dabei an die Gegend um Stuttgart dachte, wo sein 1955 aus der DDR geflüchteter Onkel lebte, kann nur spekuliert werden. Am 19. August 1977 brachen die beiden jungen Männer auf, um mit dem Motorrad zum Camping nach Bourgas zu fahren, wo Bernd Schaffner eine junge bulgarische Lehrerin kannte. Am Tag ihrer Abreise habe es heftig geregnet, er- innert sich Rudis Mutter im Gespräch mit dem Verfasser: „Mutti, mach's gut, bis zum 4. September", seien seine letzten Worte gewesen.[636] Das letzte Lebenszeichen war eine am Samstag, dem 27. August 1977, – seinem Todestag – abgestempelte Postkarte aus Dimitrovgrad, dem heutigen Simeonovgrad, einer kaum sehens- werten Kleinstadt zwischen Yambol und Haskovo, die weit abseits der Route nach Bourgas liegt. Dort kommt man nur lang, wenn man auf einem Schleichweg in Richtung der griechischen Grenze unterwegs ist.

Zwei Tage nach dem Tod der beiden jungen Männer, am 29. August 1977, erhielt die Kreisdienststelle des MfS in Hildburghausen einen Anruf aus der HA VI in Ost-Berlin, demzufolge Rudi und Bernd laut Mitteilung der Operativgruppe beim „ungesetzlichen Verlassen des Staatsgebietes" von bulgarischen Grenzern „angeschossen und ihren Verletzungen erlegen" seien. Am nächsten Tag erschie- nen dann zwei Mitarbeiter der Abteilung Inneres beim Rat des Kreises zu ihrem Chef bei der Deutsch-Sowjetischen Freundschaft. Man müsse ihr mitteilen, dass ihr Sohn „tödlich verunglückt" sei, hieß es. Näheres könne er nicht sagen. Auf ihre Nachfrage „Mit dem Motorrad?" erklärte dieser Herr: „Ja, und der Bernd Schaffner ist auch tot." Eine glatte Lüge, zumindest was den ersten Teil der Ant- wort betraf.

Ein paar Tage später wurden die Angehörigen von Rudi und Bernd zu einer Aussprache mit dem Vorsitzenden des Rates des Kreises Hildburghausen und dem Leiter der Abteilung Inneres gebeten. Bei dieser Gelegenheit erfuhren sie, dass Rudi und Bernd beim Versuch des ungesetzlichen Grenzübertritts „angeschossen" und ihren „Verletzungen erlegen" seien. Angeblich hätten sie an der Grenzanlage „randaliert", wie Rudis Schwester vom Vorsitzenden des Rates des Kreises Hild- burghausen, dem Genossen Werner Ahsmus[637], gesagt wurde. Ahsmus hatte sei-

---

636 Telefonisches Interview mit Herta Otto (Hildburghausen), 28.02.2007.
637 Werner Ahsmus (*1920), Friseur. Der langjährige SED-Funktionär (1952–1958 Pro-
      pagandasekretär der SED-Bezirksleitung Gera) amtierte vom 1. September 1963 bis
      1980 als Vorsitzender des Rates des Kreises Hildburghausen.

ne Erkenntnisse aus einem Schreiben des MfAA-Hauptabteilungsleiters August Klobes, der den Genossen in Hildburghausen „nur für den Dienstgebrauch" das Märchen auftischte, die beiden jungen Männer hätten Grenzanlagen zerstört und ihre Beisetzung müsse angeblich „entsprechend der bulgarischen Gesetzgebung" dort erfolgen. Der DDR-Diplomat Klobes war die „Quelle", von der Ahsmus seine Erkenntnisse bezog.

Während der 54-jährige Heinz Schaffner die Nachricht ruhig aufnahm, erklärte Herta Nettbohl, dass sie nicht glauben könne, dass ihr Sohn eine derartige Handlung begangen habe. Spätestens als ihre Schwester fragte, ob es nicht möglich sei, den „Ort des Geschehens" aufzusuchen, dürften die Alarmglocken in der Kreisdienststelle Hildburghausen des MfS ausgelöst worden sein. Auf die Frage, ob die Überführung der sterblichen Überreste ihrer Kinder möglich sei, entgegnete Ahsmus, dass ihre Kinder bereits „dort" beerdigt worden seien, angeblich seien die Leichen „innerhalb von 48 Stunden an Ort und Stelle unter die Erde gekommen", eine Äußerung des seit 1963 amtierenden SED-Kommunalpolitikers, die höchstwahrscheinlich auf der Kenntnis früherer derartiger Fälle beruhte, denn das Prinzip „sofort an Ort und Stelle unter die Erde" war zum Beispiel auch Peter Pfütze geläufig.[638] Als Herta Nettbohl ihre Verwunderung zum Ausdruck brachte, sagte Ahsmus zu ihr: „Mit solchen Leuten verfährt man nicht anders. Ihr Sohn war ein Verräter der DDR." Außerdem würde die Mutter des fahnenflüchtigen DDR-Grenzers Werner Weinhold – so Ahsmus – auch nicht glauben, dass ihr Sohn zwei Angehörige „unserer Grenzsoldaten" erschossen habe.

Die Beerdigung fand auf Anordnung des DDR-Konsuls Spörl auf dem Friedhof Bakarena Fabrika nur ein paar Schritte entfernt von der Grabstätte von Wera Sandner statt. Allerdings hatte Spörl die Entscheidung nicht alleine zu verantworten. Pikanterweise hatte der Leiter der Untersuchungsabteilung des MWR dem Konsul bereits Ende August 1977 mitgeteilt, dass eine Überführung möglich sei und dass die Angehörigen, wenn sie es wünschten, nach Sofia kommen und von den Toten Abschied nehmen könnten, bevor die Einsargung erfolge. Das aber lehnten die zuständigen DDR-Organe ab, genauer gesagt lehnte der vom MfAA konsultierte Oberstleutnant Pfütze ein solches Vorgehen ab, wie es in einer handschriftlichen Aktennotiz von Frau Gott vom 30. August heißt. Daraufhin schickte Konsul Spörl ein dringendes Telegramm an Frau Gott im MfAA, in dem nicht nur der genaue Beisetzungstermin in Sofia mitgeteilt wurde, sondern auch die Rede davon ist, dass die DDR-Botschaft auch die Obduktionsbefunde aus dem Militärkrankenhaus erhalten hatte und mithin genaue Kenntnis über die vorsätzliche

---

638 Telefonisches Interview mit Peter Pfütze (Berlin), 04.09.2015.

Tötung (Liquidation) der beiden jungen Leute besaß. Diese Dokumente sind weder in den Akten des Staatssicherheitsdienstes noch im MfAA aufzufinden, wurden also von zuständigen DDR-Stellen bewusst vernichtet. Bemerkenswert ist aber auch, dass dieses Telegramm in Kopie auch an den DDR-Außenminister Oskar Fischer, dessen Stellvertreter Ewald Moldt, den Außen-Staatssekretär Dr. Herbert Krolikowski und den ZK-Abteilungsleiter für Internationale Verbindungen Paul Markowski ging. Die Entscheidung wurde also von Oberstleutnant Peter Pfütze aus der HA IX/9 des MfS getroffen, war aber zugleich höchsten Ost-Berliner Regierungsstellen bekannt, die nach der friedlichen Revolution unisono erklärten, mit derartigen Vorfällen nicht befasst gewesen zu sein. Pfütze erklärte dem Verfasser auf Nachfrage, er habe seine Entscheidung aus „hygienischen" Gründen getroffen, angeblich wären die Leichen in Bulgarien aufgrund der Hitze sehr schnell verwest, niemand in Bulgarien habe Interesse an der sachgerechten Aufbewahrung getöteter ostdeutscher „Grenzverletzer" gehabt.[639] Dem steht entgegen, dass Konsul Spörl Rudis Mutter erklärte, die Leichen hätten bis zu der von Pfütze angeordneten Beisetzung eine Woche „auf Eis" gelegen.[640]

Das Abkommen zwischen der bulgarischen Generalstaatsanwaltschaft und der DDR-Botschaft wurde also auch weiterhin nur insoweit beachtet, als man die Leichen erschossener DDR-Flüchtlinge zumindest auf einem Friedhof begrub. Zuvor waren die beiden Leichen im Sofioter Militärkrankenhaus obduziert worden. Der geheime Obduktionsbericht – den der Verfasser mit Hilfe eines bulgarischen Gerichtsmediziners einsehen konnte – besagt, dass Rudi Nettbohl einen Durchschuss in der linken Brust aufwies. Die Kugel wurde aus einer Entfernung von etwa 80 Metern abgegeben und hat den jungen Mann, der davon träumte, Bundesligaprofi zu werden, auf der Stelle getötet. Die Leiche von Bernd Schaffner wies dagegen einen Oberschenkeldurchschuss (links) auf, einen Durchschuss durch die rechte Brust (von vorne) und zusätzlich steckte eine Kugel, die ihn von hinten traf, in der linken Brust. Daraus ergibt sich ein Szenario, nachdem die im Gebüsch versteckten bulgarischen Grenzer die beiden jungen Männer an jenem Samstagnachmittag gegen 15:50 Uhr ohne Warnruf aus relativ geringer Entfernung mit Dauerfeuer aus ihren Kalaschnikows von vorne erschossen, wobei sich Bernd Schaffner vermutlich im Fallen noch drehte und auf diese Weise auch einen Steckschuss im Rücken erhielt. Auf diese Umstände vom Verfasser angesprochen, entgegnete Peter Pfütze, so sei das „damals in der Grenzzone eben gewesen", schließlich hätten die beiden langhaarigen Jungs ja auch bewaffnet oder

639   Telefonisches Interview mit Peter Pfütze (Berlin), 04.09.2015.
640   Telefonisches Interview mit Herta Otto (Hildburghausen), 06.09.2015.

„Graue Wölfe" – also Mitglieder einer rechtsextremistischen türkischen Terror-organisation – gewesen sein können.[641]

Damit standen von nun an Rudis Mutter, Finanzinstrukteurin in der „Deutsch-Sowjetischen Freundschaft" und Bernds Vater, ein NDPD-Mitglied, im Visier der staatlichen Organe. Der selbständige Möbellackierer Heinz Schaffner, der – soweit man die Akten des MfS zugrunde legt – wechselweise als Freund bzw. Gegner des „Arbeiter- und Bauernstaats" galt und von dem aktenkundig wurde, dass er eine Spende für Polen mit der Begründung „faule Hunde sollen arbeiten" ablehnte, blieb im Hintergrund. Wer sich mit der Situation nicht abfinden wollte, war Rudis Mutter, die 53-jährige Herta Nettbohl, die nach ihrem Mann nun auch ihren Sohn verloren hatte.

Während Franz Schaffner nicht verstand, warum sich sein Sohn ausgerechnet in Bulgarien an der Grenze erschießen ließ, obgleich die Grenze von Hildburg-hausen doch viel näher lag, zugleich aber auch wusste, dass es sehr gefährlich war, Vermutungen in Umlauf zu setzen, weil das Ärger mit der Staatssicherheit bringen würde, war Herta Nettbohl dieser Ärger egal. Sie bestand auf einer Über-führung ihres Sohnes, wollte die Dinge aufklären und war bereit, jeden eventuell zur Auszahlung gelangenden Pfennig der Lebensversicherung ihres Sohnes dafür einzusetzen. Daraufhin sei sie von ihren früheren Freunden und Bekannten re-gelrecht geächtet worden, berichtet Rudis Mutter im Gespräch mit dem Verfasser. Bald darauf, Anfang Dezember 1977, verlor sie ihren Arbeitsplatz bei der DSF, weil sie sich nicht von ihrem toten Sohn distanzieren wollte.

Währenddessen hatte die Staatsanwaltschaft des Kreises Hildburghausen ein Verfahren gegen die beiden Toten eröffnet. Zur selben Zeit kursierten in Hild-burghausen die ersten Gerüchte, dass die beiden jungen Männer doch nicht ver-unglückt, sondern an der Grenze ums Leben gekommen waren. Aus einem am 9. September datierten Spitzelbericht des IM "Karl Heinz" geht hervor, dass die Besucher der Gaststätte „Jägersruh" in Wallrabs „kein Mitleid" mit den beiden getöteten jungen Männern hatten, diese seien „selbst Schuld".

Herta Nettbohl reiste am 21. April 1978 auf Anraten ihres Ex-Mannes, der ihr in dieser schweren Zeit zur Seite stand, ins MfAA nach Ost-Berlin. Dort wurde sie Ursula Gott aus dem Sektor III der Hauptabteilung Konsularische Angelegen-heiten vorgestellt. Die Hauptreferentin, die unter anderem die Fälle Kilian, Poser, Melichar und Nötzel bearbeitet hatte, zeigte sich gegenüber Rudis Mutter als talen-tierte Schauspielerin. Sie könne deren Entlassung gar nicht verstehen, erklärte sie ihr, auch nicht, dass die Lebensversicherung nicht ausgezahlt werden durfte. Die

---

641   Telefonisches Interview mit Herta Otto (Hildburghausen), 06.09.2015.

Versicherungssumme durfte von der Staatlichen Versicherung – und zwar nach Rücksprache mit dem MfAA – nicht ausgezahlt werden, da der Versicherungsfall als Folge einer „vorsätzlichen Straftat" des Versicherungsnehmers eingetreten sei, das sei ein „einwandfrei erwiesener Tatbestand"[642], auch wenn man dessen Motive nicht kenne. Frau Gott, die – um Frau Nettbohls Vertrauen zu gewinnen – von einem „unglücklichen Unglücksfall" sprach, den „die bulgarischen Genossen nicht gewollt" hätten, meinte, jetzt sei die Überführung der Leiche gemäß den „bulgarischen Landesgesetzen" erst in fünf bis sechs Jahren möglich.

Nachdem Rudis Mutter ihr Büro verlassen hatte, fertigte Frau Gott zunächst einen Aktenvermerk über die Unterhaltung an und rief anschließend den Genossen Major Klaus Günther[643] aus der HA VI (AT, Abt. Reise und Tourismus) im Ministerium für Staatssicherheit an, um ihn mündlich über den Gesprächsverlauf zu unterrichten. Doch es dauerte gar nicht lange, bis Rudis Mutter erneut im MfAA vorstellig wurde. Sie hatte inzwischen die Hinterlassenschaft ihres Jungen erhalten. Als Herta Otto, wie sie inzwischen hieß, mit ihrem erneut angetrauten Ehemann Heinz am 2. Juni 1978 im MfAA vorstellig wurde, traf sie auf den Sektorleiter und ehemaligen DDR-Konsul Dr. Peter Krause, der nach eigener Aussage während seines Berufslebens „nie" etwas über Todesfälle von DDR-Flüchtlingen in Bulgarien erfahren haben will. Rudis Mutter wollte den Beisetzungstag ihres Jungen erfahren, vor allem aber auch darauf hinweisen, dass mehrere Gegenstände, namentlich eine Motorradjacke und ein größerer Geldbetrag aus der Hinterlassenschaft ihres Jungen verschwunden und nicht in die DDR zurückgesandt worden seien. Offenbar hatten sich die Schützen mit dem Geld selbst belohnt, denn es tauchte nie wieder auf. Krause, der zumindest die Frage nach dem Beisetzungstag mit einem Blick in die Handakte von Ursula Gott sofort hätte beantworten können, fertigte das Ehepaar ohne eine Antwort ab.

Dass es zu den Unterredungen im MfAA überhaupt kam, war vor allem dem SED-Mitglied Heinz Otto geschuldet, mit dem Rudis Mutter in erster Ehe während des Zweiten Weltkriegs verheiratet war. Der Verkehrsökonom hatte von 1957 bis kurz nach dem Mauerbau im Auftrag des Ministeriums für Außenhandel (MAH) in der Handelspolitischen Vertretung der DDR-Botschaft in Belgrad und von 1970 bis 1975 im Auftrag des Ministeriums für Außenwirtschaft (MAW) als Oberreferent in der Handelspolitischen Abteilung (HPA) der DDR-Botschaft in Bukarest gearbeitet – und kannte sich deshalb auf dem Balkan bestens aus. Aber

---

642 Brief Staatliche Versicherung der DDR vom 13.11.1978 an Herta Nettbohl, Kopie in AdA.
643 Kaderakte Klaus Günther: BStU MfS KS 7948/90.

auch die „staatlichen Organe" waren ihm nicht fremd. Otto war nach Aktenlage ab 1960 erst Deckadresse, dann „geheimer Informator" des MfS. Schließlich wurde seine Wohnung in Erfurt ab 1970 während seines Einsatzes in Rumänien als IMKW von der HV A/III (Legalresidenturen in dritten Ländern) genutzt. Der AIM-Vorgang mit der Reg.-Nr. XV 7377/60 wurde erst 1976 zur Ablage gebracht.

Vielleicht hatte es Oberstleutnant Pfütze auch nur deshalb so eilig, Bernd Schaffner und Rudi Nettbohl auf „Bakarena Fabrika" unter die Erde bringen zu lassen, weil sich „die Werktätigen des sozialistischen Bulgarien" Anfang September gerade „mit Freude" auf einen Staatsbesuch des DDR-Staats- und Parteichefs Erich Honecker vorbereiteten, wie es DDR-Botschafter Manfred Schmidt im *Neuen Deutschland* in der gedrechselten SED-Terminologie formulierte.[644] Tatsächlich entsprach Schmidts Einschätzung, dass Sofia und Ost-Berlin ein gleiches politisches und ideologisches Herangehen an die „Lösung grundlegender innerer und äußerer Aufgaben" praktizierten, genau den Tatsachen. Nur mit dem Unterschied, dass das bulgarische Grenzregime in voller Übereinstimmung mit den Ost-Berliner Genossen rustikalere Methoden anwendete, um seine „unverbrüchliche Treue" zum „proletarischen Internationalismus" zu dokumentieren.

Als Erich Honecker am 13. September 1977 nachmittags bei strahlendem Sonnenschein mit einer Sondermaschine der Interflug, die von vier Düsenjägern der bulgarischen Luftstreitkräfte eskortiert wurde, in Sofia landete, lag die Beerdigung von Rudi Nettbohl und Bernd Schaffner erst eine Woche zurück. Ihre Eltern wussten zu jenem Zeitpunkt noch nicht einmal, wo sich ihre Gräber genau befanden. Es wirkt makaber, wenn man vor dem Hintergrund der von bulgarischen Grenzsoldaten ohne Warnruf aus dem Hinterhalt „liquidierten" beiden jungen Männer den Bericht des *Neuen Deutschlands* über das Begleitprogramm des Staatsbesuchs zur Hand nimmt: „In Begleitung Todor Shivkovs schritt Erich Honecker die Front der unter präsentiertem Gewehr angetretenen Ehrenformation der Bulgarischen Volksarmee [...] ab, verneigte sich vor der Truppenfahne und rief den Gardisten zu: ‚Ich grüße Euch, Soldaten!' Die Antwort: ‚Wir wünschen Ihnen Gesundheit, Genosse Generalsekretär!'"[645]

Honecker war in die Volksrepublik gereist, um den neuen Vertrag über Freundschaft, Zusammenarbeit und gegenseitigen Beistand zu ratifizieren. Wie in solchen Fällen üblich, war das halbe Stadtgebiet gesperrt und mit DDR-Fahnen geschmückt, Zehntausende Sofioter säumten den abgesperrten sechsspurigen

---

644 Schmidt, Manfred: Freunde und Bundesgenossen. In: „Neues Deutschland" (Ost-Berlin) vom 13.09.1977, PIA.

645 Sofias Willkommensgruß für die Gäste aus der DDR: Dobre doschli! In: „Neues Deutschland" (Ost-Berlin) vom 14.09.1977, PIA.

Lenin-Boulevard und sahen Honecker und Shivkov in ihrer offenen Limousine huldvoll winkend in zügigem Tempo vorbeifahren. Unter den Beifall spendenden Zaungästen dieses Spektakels befand sich auch Major Karl-Heinz Brichmann mit seiner Frau. Der Chef der Operativgruppe des MfS wusste inzwischen, dass er nach seiner Rückkehr in die Hauptstadt des Arbeiter- und Bauernstaates die Position des Stellvertretenden Leiters der Abteilung 3 im Bereich Auslandstourismus („Politisch-operative Sicherung von Touristenreisen") der HA VI übernehmen würde. Derweil befand sich der 48-jährige George Cook noch im Sofioter Untersuchungsgefängnis. Der Brite hatte einige Jahre zuvor als Kraftfahrer der Englischen Botschaft in Ost-Berlin gearbeitet und sich in eine junge Frau verliebt, die als Wirtschaftlerin im „Dienstleistungsamt für ausländische Vertretungen in der DDR" beschäftigt war. Nachdem sich beide von ihren bisherigen Partnern hatten scheiden lassen, bat der Engländer höchst ungewöhnlicherweise in der DDR um Asyl, um seine Freundin heiraten zu können. Doch die DDR wollte ihn nicht, woraufhin das Pärchen auf die Idee kam, eine gemeinsame Urlaubsreise nach Bulgarien zur Flucht in die Türkei zu nutzen. Am Abend des 16. August 1977 wurden die beiden in Nessebar verhaftet, als sie den Ausflugsdampfer nach Istanbul besteigen wollten. Die 33-jährige Brigitte M.* legte den Grenzern einen englischen Pass auf den Namen „Audrey Birch" vor. Vermutlich war das Pärchen, das längst im Visier des MfS stand und sich bereits mehr als eine Woche gemeinsam am Sonnenstrand aufgehalten hatte, den Häschern der dort stationierten Operativgruppe des MfS ins Netz gegangen.

Jugoslawien ändert den Kurs

Nach zweijähriger Vorbereitungszeit und der Beförderung zum Major konnte damit Wolfgang Lotter die Leitung der Operativgruppe übernehmen. Er konnte auch in dieser Saison auf mehrere erfahrene Mitarbeiter der Operativgruppe zahlen. Karin Jäckel leitete auch 1978 wieder das Büro, Oberleutnant Buck amtierte weiterhin als ganzjährig in Bulgarien stationierter Verbindungsoffizier des MfS. Leutnant Burghard Arnold übernahm erneut den Bereich Albena, seine Frau Karin, jetzt Gefreite, war ebenfalls wieder mit von der Partie. Als „operative Basis" zählten neben Lotter allerdings nur die Männer, die drei weiblichen Mitglieder der Operativgruppe (Jäckel, Arnold und Meusel) wurden hingegen nicht einmal in der Jahresübersicht erwähnt.

Wann genau der zwischenzeitlich zum Leutnant beförderte Matthias Urbanek aus der Operativgruppe herausfiel, lässt sich nicht genau sagen. Seine Aufgaben als Überwacher der Südlichen Schwarzmeerküste übernahm der 40-jährige Hauptmann Gerhard Gorklo aus der HA VI, der zugleich den Rang des Stellvertretenden Leiters der Operativgruppe erhielt. Ebenfalls an der Südlichen Schwarzmeerküste kam in dieser Saison der 39-jährige Hauptmann Dieter Schönebeck aus der Abteilung Schulung und Ausbildung der HA VI zum Einsatz. Neu war schließlich auch der 38-jährige Oberleutnant Konrad Wengler, der bis zu seiner Versetzung an den Goldstrand in der Operativgruppe des MfS im VEB Eisenhüttenkombinat Ost (EKO) gearbeitet hatte, wo ihm noch im Herbst 1977 die Inhaftierung eines Mitarbeiters wegen „staatsfeindlicher Hetze" gelang. Sein Familienstand („geschieden") wurde seitens seiner Dienststelle vermutlich sogar als Vorteil eingestuft. Ihm zur Seite stand auch 1978 wieder der OibE Fritz Tholl, mittlerweile Hauptmann, der als Flughafenrepräsentant in Varna legendiert blieb.

Zur alljährlichen Saisonvorbereitung reiste Major Lotter in Begleitung seines unmittelbaren Chefs, Oberstleutnant Horst Rückheim, und des Leiters des Bereichs Auslandstourismus, Oberstleutnant Werner Ott, Ende März 1978 eine ganze Woche zu Gesprächen mit leitenden Mitarbeitern der II. Hauptverwaltung des MWR nach Sofia.[646] Dabei zeigte sich, dass die DDR-Delegation die zukünftigen Arbeitsschwerpunkte weiterhin neben der Bekämpfung der gegnerischen Kontaktpolitik auf der Bekämpfung der organisierten Fluchthilfe und in der „vorbeugenden" Verhinderung des ungesetzlichen Verlassens der DDR unter Ausnutzung des Reise- und Touristenverkehrs via Bulgarien sah. Die Aufgabe der Operativgruppe und ihrer Partner beim bulgarischen Geheimdienst bestand demnach neben der Bearbeitung „operativ relevanter" Personen in der Durchführung von Kontroll- und Überprüfungshandlungen in den Urlauberzentren, und zwar unter der Legende des „Reisebüros der DDR", aber auch in der „operativen Sicherung" von ostdeutschen Individualtouristen, um die wichtigsten Bereiche zu benennen. Zufrieden zeigte sich Oberstleutnant Ott mit Art und Umfang der Postkontrolle von DDR-Urlaubern ins „nichtsozialistische Wirtschaftsgebiet" durch den bulgarischen Geheimdienst. Das MWR war bereits in den Vorjahren dazu übergegangen, entsprechende Fundstücke direkt der Operativgruppe zu übergeben.

Oberst Stojow, der Leiter der 8. Abteilung der II. HV des MWR, betonte in seinem Referat, dass sich die westlichen Geheimdienste in Bulgarien nach wie vor mehrerer türkischer, griechischer, jugoslawischer und westdeutscher Touristikunternehmen bedienten, wobei er neben dem Stuttgarter Reiseveranstalter „Hetzel-Reisen" auch den in Hannover beheimateten Konzern „TUI" benannte.[647] Neben der Spionageabwehr benannte Stojow ausdrücklich die Verhinderung

---

646 Abteilung X (Internationale Verbindungen): BStU MfS Abt. X 1477, S. 100 ff.
647 Ebd., S. 104.

von Fluchthilfe und „ungesetzlicher Grenzübertritte über die VR Bulgarien" als Hauptaufgaben der II. Hauptverwaltung des MWR. 1977 waren seinen Angaben zufolge neun Festnahmen von DDR-Bürgern bei versuchten ungesetzlichen Grenzübertritten auf die Überwachung durch den bulgarischen Geheimdienst zurückzuführen. Er erklärte, dass es im MWR eine eigene Arbeitsgruppe gebe, die sich speziell mit der Bekämpfung von Fluchthilfe nach Jugoslawien und in die Türkei beschäftige.[648] Um den Genossen vom Staatssicherheitsdienst der DDR ihre Fortschritte zu demonstrieren, wurde ihnen im Rahmen der Konsultationen die kleine Grenzübergangsstelle Gjusevo an der jugoslawischen Grenze gezeigt, an der es in den 1960er Jahren zu mehreren Festnahmen von DDR-Flüchtlingen kam. Oberst Protanow, der Leiter der 12. Abteilung der II. HV des MWR, erläuterte den DDR-Offizieren die Arbeitsorganisation und Technologie der Abfertigungsprozesse.

Das Fluchtmotiv Unzufriedenheit

Auch 1978 war in der Volksrepublik Bulgarien ein weiterer Anstieg der Urlauberzahlen zu verzeichnen, der sich schon in der Vorsaison und – erstmals – auch durch eine Überbelegung der Zeltplätze bemerkbar machte, wie Lotter im Jahresbericht notierte: „Diese außerordentlich hohe Konzentration von Bürgern der DDR [darunter sehr viele Individualtouristen] und des nichtsozialistischen Auslandes in den touristischen Ballungszentren der VR Bulgarien führte nicht nur zur verstärkten Konfrontation unserer Touristen mit Touristen des NSA, sondern wirkte sich auch begünstigend auf die Forcierung der politisch-ideologischen Diversion sowie der gegnerischen Kontaktpolitik/-tätigkeit aus."[649] Viele DDR-Touristen, die auf viele West-Urlauber stießen, das führte unvermeidlich zu zwischenmenschlichen Begegnungen, zu Gesprächen, Begehrlichkeiten, in denen das SED-Regime in aller Regel den Kürzeren zog, zumal wenn es sich um jüngere Leute handelte. Dabei beobachteten die Mitarbeiter der Operativgruppe im Juni in Albena, wie westdeutsche Jugendreisebüro-Touristen ein Picknick zum „Sudetendeutschen Landsmannschaftstreffen" umdeklarierten. Hier – und auch im internationalen Jugendlager Primorsko – wurde wiederholt bei jungen Leuten aus der Bundesrepublik das Absingen von nationalsozialistischen Gesängen beobachtet. Ähnliche Provokationen gab es allerdings auch zur selben Zeit immer wieder bei jungen Leuten in der DDR. Wirklich machtlos waren die Fluchtverhinderer der HA VI aber vor allem, soweit es um junge Frauen aus der DDR ging, die

---

648   Ebd., S. 107.
649   Hauptabteilung VI (Grenzkontrollen / Reiseverkehr): BStU MfS HA VI 9931, S. 376.

Beziehungen mit westlichen Urlaubern eingingen, aus denen „Liebesverhältnisse und Verlöbnisse" entstanden, wie Lotter warnend nach Ost-Berlin berichtete. Erneut hatte das bulgarische Innenministerium alle Hände voll damit zu tun, Briefe von DDR-Urlaubern abzufangen, die an Empfänger in der Bundesrepublik gerichtet waren, um Hilfe bei Ausreiseanträgen oder Fluchtversuchen zu erbitten, um von den staatlichen Organen „unerwünschte Kontakte" zu festigen, westlichen Rundfunkstationen Musikwünsche zu senden und selbst um die Versendung von privaten Urlaubsgrüßen zu unterbinden.[650] Diese Post landete auch 1978 wieder waschkörbeweise bei den drei hauptamtlichen, „nicht operativen" Damen der Operativgruppe des MfS.

Von der Wachsamkeit der bulgarischen Bevölkerung in den Grenzregionen konnte sich der 27-jährige Kfz-Schlosser Peter M.* überzeugen, der am 1. Mai 1978 um 13 Uhr in der Gegend von Smolyan, etwa fünf Kilometer vor der griechischen Grenze festgenommen wurde.[651] Der junge Mann, der seit zwei Jahren als Techniker an der „Drushba-Trasse" arbeitete, fühlte sich in der DDR, wie er nach seiner Festnahme aussagte, als „Mensch zweiter Klasse". Der Handwerker, der mit einer Kombizange im Gepäck per Eisenbahn und Anhalter ins Grenzgebiet gelangt war, begegnete, nachdem er eine Nacht in seinem Zelt auf dem verbotenen Territorium verbracht hatte, beim Versuch ein Dorf zu umgehen, einem Jäger mit dessen Hund. Der Waidmann schoss – nachdem er dem Flüchtling erklärt hatte, dass er sich im Sperrgebiet befinde – mehrmals in die Luft, um andere Jäger herbeizuholen, die den Flüchtling aus Sachsen anschließend gemeinsam zur Miliz schafften.

Immer öfter bestand das Motiv zur „Republikflucht" aus Unzufriedenheit mit der persönlichen und beruflichen Lebenssituation. So auch im Fall des 33-jährigen Dr. Edgar Trawnicek aus Erfurt, der im Juli 1978 nach Sofia reiste, um über Bulgarien in den Westen zu gelangen, nachdem seine Frau und sein Sohn mit falschen Pässen über Schönefeld ins jugoslawische Zagreb und von dort über Österreich in die Bundesrepublik gelangt waren. Seine Frau, eine gebürtige Ungarin, wollte nach der Beendigung ihres Studiums nicht länger in der grauen DDR leben. Sie war sich mit ihrem Mann darin einig, keine weiteren Kinder mehr in der Diktatur zur Welt bringen zu wollen. Edgar Trawnicek wollte nicht länger in der DDR leben, vor allem aber wollte er seiner Frau und seinem Kind folgen. Sein Fluchtplan war vergleichsweise einfach. Er gelangte in der bulgarischen Hauptstadt mit Hilfe seines Onkels an den österreichischen Reisepass von Helmut Hochreiter,

---

650   Hauptabteilung VI (Grenzkontrollen/Reiseverkehr): BStU MfS HA VI 9931, S. 378.
651   Archivierter Untersuchungsvorgang: BStU MfS BV KMS AU 498/79.

in dem das Foto und einige Daten geändert sowie fehlende Stempel hinzugefügt worden waren.[652] Mit diesem Dokument ausgestattet wurde er am 31. Juli 1978 im Zug an der Grenzübergangsstelle „Kapitan Andreevo" von den Bulgaren verhaftet. Die türkische Grenze (43 Prozent) war in jenem Jahr nach den Erkenntnissen des MfS vor der griechischen Grenze (31 Prozent) wieder mit Abstand der wichtigste Fluchtweg aus der Volksrepublik geworden.

Im Zusammenhang mit der Haft in Bulgarien erinnert sich Trawnicek, dass er von zwei Uniformierten in öffentlichen Verkehrsmitteln wie ein Schwerverbrecher in Handschellen nach Sofia geschafft wurde, wo man ihn im Untersuchungsgefängnis gemeinsam mit einem Kriminellen in eine kleine schmutzige Zelle sperrte, in der es kaum Frischluft und kein genießbares Essen gegeben habe.[653]

Das Kreisgericht Erfurt-Nord verurteilte Dr. Trawnicek wegen des Fluchtversuchs zu zwei Jahren und zwei Monaten Gefängnis. Letztlich war sein Unternehmen jedoch trotzdem erfolgreich, denn er gelangte bereits Mitte Juli 1979 über den Freikauf aus der Haftanstalt Brandenburg/Havel in die Bundesrepublik.

Ebenfalls in die Türkei wollte das Ehepaar Angelika* und Ralf R.* aus Schleusingen. Die 22-jährige Zahntechnikerin und der 23-jährige Student waren erst seit ein paar Monaten verheiratet und wollten sich ihr zukünftiges gemeinsames Leben in der Bundesrepublik einrichten. Ralfs* in Frankfurt lebender Schwager, ein erfolgreicher Gastronom, hatte seine Hilfe angeboten.

Nachdem sie sich in einem Budapester Luxushotel mit ihm getroffen und genaue Instruktionen erhalten hatten, reisten die beiden jungen Leute zunächst an die südliche Schwarzmeerküste nach Nessebar. Dort überreichte ihnen der Frankfurter Geschäftsmann verschiedene Kleidungsstücke und zwei echte westdeutsche Pässe von Personen, die ihnen ähnlich sahen. Der Plan sah so aus, dass Ralf R.* ein bestimmtes T-Shirt mit Werbe-Aufdruck, eine blaue „Neckermann"-Umhängetasche, eine Quarz-Armbanduhr, moderne rotbraune Stiefeletten und eine Sonnenbrille als Erkennungszeichen tragen sollte, um vom „Neckermann"-Chefreiseleiter am Goldstrand an der Anlegestelle der Küstenfahrgastschiffe im Hafen von Varna erkannt zu werden. Er würde sie dann, so der Plan, in seine Reisegruppe integrieren und per Ausflugsdampfer mit ihnen nach Istanbul fahren. Doch am vereinbarten Treffpunkt wartete nicht der Reiseleiter, sondern der bulgarische Geheimdienst, der die beiden jungen Leute festnahm und die „Beweisstücke" sicherte. Nach Aktenlage waren die in Varna stationierten Mitglieder

---

652   Hauptabteilung IX (Untersuchungsabteilung): BStU MfS HA IX 18276.
653   E-Mail Dr. Edgar Trawnicek (Dresden) vom 14.09.2015 an den Verfasser.

der Operativgruppe der HA VI unmittelbar an dieser Aktion beteiligt.[654] Wobei es auch zur Festnahme des Schwagers und des westdeutschen Chefreiseleiters kam. Das junge Ehepaar wurde zu je zwei Jahren Gefängnis verurteilt. Als sich Ralf R.s* Kollegen im Februar 1979 für dessen vorzeitige Begnadigung einsetzten und in einem Brief an die staatlichen Organe versprachen, in ihrem Kollektiv dessen „weitere Erziehung zu gewährleisten", lehnte der Direktor des Kreisgericht Suhl, Pfannschmidt, wegen der „erheblichen Tatschwere" allerdings ab.[655]

Nicht mal eine Woche nach der Festnahme des Ehepaares aus Schleusingen, am 15. August 1978, gelang es einem 31-jährigen Arzt aus Dresden mit einem Trick über die Grenzübergangsstelle Kosto Zlatarevo nach Jugoslawien zu entkommen. Das Besondere an seinem Fall ist nicht nur, dass es sich bei dem Flüchtling um einen ehemaligen Militärarzt (Offizier auf Zeit) handelte, der – trotz Wilhelm-Pieck-Stipendium und SED-Mitgliedschaft – in der DDR bereits wegen „Zugehörigkeit zu einer negativen Gruppierung" von der HA XVIII/5 (Forschung) „bearbeitet" worden war[656], die jedoch versäumt hatte, einen „Kontrollauftrag" zu ihm an den Bereich Auslandstourismus der HA VI zu geben, sondern vor allem, dass ihn die Jugoslawen entgegen allen bisherigen Gepflogenheiten nicht wieder an die Bulgaren auslieferten. Der Arzt, der nach Beendigung seiner NVA-Dienstzeit an die Medizinische Akademie Dresden gewechselt war, hatte am Grenzübergang eine Fahrzeugpanne vorgetäuscht und dann – in einem günstigen Moment – mit seinem „Trabant Kombi" Gas gegeben und war unbehelligt nach Jugoslawien gelangt, weil die bulgarischen Grenzer wegen des Personenverkehrs an der Grenzübergangsstelle nicht – wie normalerweise üblich – das Feuer auf ihn eröffnen konnten.[657]

Oberstleutnant Pfütze versuchte die Auslieferung des Arztes zu erreichen. Wie in solchen Fällen üblich, bediente sich der DDR-Geheimdienst der Hauptabteilung Konsularische Beziehungen im MfAA. Kaum hatte der Arzt das jugoslawische Staatsgebiet erreicht, saßen bereits Konsul Erich Stange und der als OibE der HV A IX nach Jugoslawien entsandte Hauptmann Hermann Maiberg[658] beim Leiter der Abteilung Ausländerwesen in Belgrad, Strumbelj. Er sicherte den beiden DDR-Vertretern eine „wohlwollende Prüfung" ihres Ersuchens um Übergabe des Arztes

654   Archivierter Untersuchungsvorgang: BStU MfS BV Suhl AU 201/79, Bd. 1, S. 75 f.
655   Archivierter Untersuchungsvorgang: BStU MfS BV Suhl AU 201/79, Bd. 7, S. 22 f.
656   Archivierter Operativer Vorgang: BStU MfS AOPK 4698/76.
657   Hauptabteilung VI (Grenzkontrollen / Reiseverkehr): BStU MfS HA VI 9931, S. 379.
658   BStU MfS BV Potsdam Abt. Kusch K 3929. Maiberg war bis 1969 als Angehöriger der NVA Grenze im Grenzregiment 44 als VS-Stellenleiter bzw. Chiffrierer tätig. Vgl. auch Archivierter IM-Vorgang: BStU MfS AIM 3522/69.

zu und bat um Angaben, die eine Übergabe-Entscheidung des Regimes in Belgrad erleichtern könnten. Pfütze teilte Klobes daraufhin mit, er solle den Konsul instruieren, dass man den Mediziner wegen dessen langjähriger Tätigkeit als Militärarzt und „aufgrund seines rücksichtslosen Verhaltens und der Gefährdung des Lebens und der Gesundheit anderer Personen bei einer Straftat" zurückhaben wolle. Man würde den Mann mit einer Sondermaschine des MfS an jedem beliebigen von Belgrad zu benennenden Flughafen abholen. Seinen Wagen könne man der DDR-Botschaft übergeben, wies Pfütze an, der sich seiner Sache offenbar ganz sicher war.

Umso schmerzlicher war es für die DDR-Seite dann, zu erfahren, dass die Übergabe des Mediziners „unmöglich" sei. Nachdem sich der Mann, der sich kurze Zeit in Haft befunden hatte, in einem Aufnahmelager für Ausländer an den Korrespondenten des „Hohen Kommissars für Flüchtlingsangelegenheiten" (UNHCR) gewandt hatte, prüfte dieser seinen Asylantrag. In einem Kurzbericht der DDR-Botschaft heißt es kurz und bündig: „SFRJ könne gegenwärtig [sic] nicht gegen Konvention verstoßen, da im Oktober Tagung Weltflüchtlingskommission stattfinde. SFRJ-Seite bedaure negative Entscheidung, Risiko, DDR-Ersuchen zu erfüllen, sei zu groß, da [der Arzt] unter Schutz der Hohen Kommission der Weltflüchtlingsorganisation stehe."[659]

Zwar intervenierte die DDR gegen diese Entscheidung, aber nur in der Länderabteilung des Belgrader Außenministeriums. Nachdem Botschafter Helmut Ziebart erkannte, dass die Sache sinnlos war, teilte er August Klobes und Ursula Gott im MfAA mit, dass man keine weiteren Schritte unternehmen würde. Das MfS musste den Mediziner in die Bundesrepublik gehen lassen, ein gegen den Arzt geführter OV „Medicus" verpuffte im Nichts.[660] 1979 durften seine Frau und sein Kind ebenfalls ausreisen. Wie sehr der Mediziner über die Zustände in der DDR frustriert war, ist aus einem Brief ersichtlich, den er kurz nach der Flucht schrieb. Darin heißt es, dass er 1977 von der SED gemaßregelt wurde, weil er wahrheitsgemäß einem Pfarrerssohn attestiert hatte, dass dieser ein ausgezeichneter Pfleger und für ein Medizinstudium geeignet sei. In diesem Zusammenhang sei ihm wörtlich von seinem Vorgesetzten gesagt worden: „Es steht zwar anders in der Verfassung, aber Du musst Dich an die Spielregeln halten."[661] Danach habe er aus der SED austreten wollen, aber die Konsequenzen gescheut.

Und so ist der 15. August 1978 gewissermaßen – auch wenn sich das erst später zeigte – als Wendepunkt zu verstehen, nachdem Belgrad bis dahin alle

---

659 Allgemeine Personenablage: BStU MfS AP 5040/81, S. 7.
660 Archivierter Operativer Vorgang: BStU MfS AOP 306/80.
661 Archivierter Untersuchungsvorgang: BStU MfS BV Dresden AU 992/79, Bd. 1, S. 36.

ostdeutschen Flüchtlinge an Sofia ausgeliefert hatte, zumal nach einem „gewaltsamen" Grenzdurchbruch. Und das zu einem Zeitpunkt, als die weitaus weniger gut bewachte Grenze nach Jugoslawien nur noch in den seltensten Fällen (20 Prozent) von DDR-Flüchtlingen angesteuert wurde.

Und selbst wenn sie angesteuert wurde, war das noch keine Garantie, dass die Flucht auch erfolgreich verlief, wie der Fall der 29-jährigen Verkäuferin Antje F.* aus Ost-Berlin und ihrer 17-jährigen Tochter belegt. Antje F.* hatte in Albena einen verheirateten 37-jährigen Österreicher kennengelernt, der ihr sagte, dass er sich von seiner mit dem gemeinsamen Kind ebenfalls an der Schwarzmeerküste weilenden Gattin treffen wolle und dass er sich in sie, Antje F.*, verliebt habe. Bereits nach wenigen Tagen war die Bekanntschaft zwischen den beiden so intensiv, dass sich der Österreicher anbot, Antje F.* nebst deren Tochter durch einen Mittelsmann nach Jugoslawien zu schaffen. Die beiden müssten sich lediglich am 16. August – also genau einen Tag nach der gelungenen Arztflucht – in der Nähe eines bestimmten Hotels in Albena aufhalten. Dort würden sie einen Mann mit einer Jeansmütze treffen, der dem Österreicher gegen die Zahlung von 6 000 Schilling versprochen habe, sie über die grüne Grenze nach Jugoslawien zu bringen. Von dort aus sollten Mutter und Tochter dann per Bahn bis an die österreichische Grenze fahren – was mit an Sicherheit grenzender Wahrscheinlichkeit angesichts fehlender Papiere nicht funktioniert hätte. Bei dem besagten Fluchthelfer handelte es sich um einen bulgarischen Bademeister, der vermutlich für den bulgarischen Geheimdienst arbeitete. Denn der von ihm gesteuerte „Lada" mit den beiden Frauen wurde bereits wenige Minuten, nachdem sie Albena verlassen hatten, von der Miliz gestoppt. Dessen ungeachtet hatte auch ein für das MfS als Spitzel verpflichtetes Ehepaar (IMS „Generator"), Sonnenschirm-Nachbarn, bereits verdächtige Details an Mutter und Tochter beobachtet: „Bereits anfangs war erkennbar, dass Frau F.* über Geld westlicher Währung verfügte. Sie machte daraus keinen Hehl und kaufte ihrer Tochter eine exklusive Hose."[662]

Drei Tage lang verhörten Mitarbeiter des bulgarischen Innenministeriums die junge Frau, die jedoch hartnäckig bei ihrer Aussage blieb, sie hätten lediglich ins benachbarte Varna fahren wollen. Erst nachdem die Miliz ihr den ebenfalls verhafteten Österreicher gegenüberstellte, gestand sie den Fluchtversuch. Während Antje F.* am 10. November 1978 vom Kreisgericht Schwerin-Stadt wegen versuchtem ungesetzlichen Grenzübertritt in schwerem Fall zu 18 Monaten Haft

---

662 Archivierter Untersuchungsvorgang: BStU MfS BV Schwerin AU 1575/78, Bd. 1,
     S. 171.

verurteilt wurde[663], die sie in Hoheneck zu verbüßen hatte, kam ihre Tochter nach einem Aufenthalt im Ost-Berliner Durchgangsheim Alt-Stralau zu einer Freundin ihrer Mutter, die das Sorgerecht erhielt.[664] Der verliebte Österreicher wurde lediglich aus Bulgarien ausgewiesen.

Die von Lotter vorgelegte Fluchtstatistik hinsichtlich der 1978 vom MfS erfassten Fälle weist aus, das man seitens des MfS auch zwei Heranwachsende unter 16 Jahren und zwei Jugendliche aus der Altersgruppe 16 bis 18 Jahre inhaftierte und als „Täter" einstufte, die in den Vorjahren als Kinder noch straffrei ausgegangen wären – darunter offensichtlich auch die 17-jährige Tochter von Antje F.*. Bemerkenswert für die veränderte Ausgangssituation ist auch, dass von allen erfolgreichen Fluchtversuchen, die dem MfS bekannt wurden, nur eine Person mit einer Reisegruppe des „Reisebüros der DDR" in die Volksrepublik gelangte, während es sich bei allen anderen Personen (15) um Individualtouristen handelte. Das lässt einerseits den Schluss, dass die Gruppenreisenden lückenlos überwacht wurden, zum anderen dokumentiert es aber auch, dass sich das Reiseverhalten junger Leute im Vergleich zu den 1960er Jahren geändert hatte. Fast 50 Prozent derer, die es schafften, gehörten der „Intelligenz" an, hatten also eine Hochschulausbildung. Bekannt war

Laut Jahresbericht konnte die OPG 1978 auf insgesamt 39 inoffizielle Mitarbeiter im überörtlichen Einsatz (IMÜ) und 24 Repräsentanten-IM zurückgreifen. Daraus ergibt sich, dass nicht mehr, wie in den Vorjahren, alle Repräsentanten des Reisebüro automatisch IM waren, sondern die Urlauberzentren am Sonnenstrand, am Goldstrand und in Albena nur noch mit ausgewählten Repräsentanten-IM unter Beobachtung gehalten wurden. Möglicherweise, weil man sich seitens des MfS auf den Individualtourismus konzentrierte. Die IMÜ und die Repräsentanten-IM wurden ihrerseits an bestimmten Daten wie dem 17. Juni (Volksaufstand 1953) und dem 13. August (Mauerbau 1961) von der OPG zur „vorbeugenden Sicherung" möglicher feindlicher Aktivitäten in Position gebracht. In einer Reihe von Fällen wurden die IMÜ über die Beobachtung westlicher Reisevertreter hinaus auch zur Bearbeitung von bestimmten Personen bzw. „Objekten" an den bulgarischen Geheimdienst „ausgeliehen". So etwa der IMÜ „Pascal", der 1977 und 1978 einen bulgarischen Staatsbürger (Objekt „Verräter") wegen verdächtiger Verbindungen in die Türkei im Auftrag der II. HV des MWR überwachte.

---

663 Archivierter Untersuchungsvorgang: BStU MfS BV Schwerin AU 1575/78, Bd. 1, S. 285 ff.

664 Archiviertes Material zu einer KK-erfassten Kriminalpolizeilichen Kontaktperson: BStU MfS AKK 16556/79.

Um sich mit ihren „Spähern" ungestört austauschen zu können, standen der Operativgruppe für den Bereich Albena drei konspirative Wohnungen (IMK) in Baltschik zur Verfügung, für den Bereich des Goldstrands gab es drei konspirative Wohnungen in Varna und für den Bereich der südlichen Schwarzmeerküste zwei konspirative Wohnungen in Nessebar, eine in Bourgas und eine in Arkutino (bei Sozopol). Die Treffen zwischen den IM und ihren Führungsoffizieren fanden in der Regel in diesen IMK statt. Eine wichtige Aufgabe der IMÜ bestand in der Durchführung von „Kontrollaufträgen", die ihnen aus der DDR erteilt wurden. Diese Kontrollaufträge („zielgerichtet an den verdächtigen Personen"⁶⁶⁵) fanden mit Unterstützung des bulgarischen Geheimdienstes fast ausschließlich an der Schwarzmeerküste, vereinzelt aber auch in Sofia statt. In der Mehrzahl der Fälle ging es dabei entweder um „Republikflucht" oder Spionage.

Unterstützt wurden die Mitglieder der Operativgruppe in der Saison 1978 über den Bestand ihrer IM-Repräsentanten, ihrer IMÜ und der OibE hinaus durch insgesamt 31 weitere Mitarbeiter des MfS (wobei es sich um Reiseleiter handelte) sowie 17 zeitweilig zum Einsatz kommende IM aus Reisegruppen, die neben heimlichen Gepäckdurchsuchungen (operative Personenkontrollen) zur „Aufklärung territorialer Schwerpunkte" dienten, womit zum Beispiel bestimmte Bars oder Lokale gemeint waren. Lotter bevorzugte junge MfS-Reiseleiter, die aus der operativen Arbeit kamen: „Bei den Mitarbeitern des MfS zeigte sich insbesondere bei jungen Genossen gegenüber den langjährigen Mitarbeitern eine höhere Intensität und Einsatzbereitschaft. Gute Ergebnisse wurden auch mit Mitarbeitern des MfS erzielt, die aus dem operativen Bereich kamen [...]."⁶⁶⁶

Ihre operativen Dokumente hatte die Operativgruppe des MfS in Diensträumen des bulgarischen Innenministeriums in Bourgas deponiert. Um die Zusammenarbeit mit der Stasi weiter zu optimieren, setzte die II. HV des MWR 1978 mit Oberst Vutov erstmals einen Koordinierungsoffizier für MfS-Aufgaben im Bereich der Schwarzmeerküste ein. Darüber hinaus führten Lotter und Buck regelmäßige Konsultationen mit den Bezirksverwaltungen Varna, Tolbuchin und Bourgas des MWR durch. Es war eine für das MfS nutzbringende Zusammenarbeit, konnten durch das MWR doch zahlreiche Hinweise auf Fluchthilfe und „Republikflucht" von DDR-Bürgern operativ bearbeitet werden. Im Gegenzug lieferte das MfS dem MWR zahlreiche Hinweisen auf verdächtige Bulgaren („Bürger des Gastlandes").

Ob die Qualität der Überwachungsarbeit der Mitglieder der Operativgruppe tatsächlich, wie es im Jahresbericht für 1978 hieß, durch die Besuche der Oberst-

---

665   Hauptabteilung VI (Grenzkontrollen / Reiseverkehr): BStU MfS HA VI 9931, S. 390.
666   Hauptabteilung VI (Grenzkontrollen / Reiseverkehr): BStU MfS HA VI 9931, S. 394.

leutnants Ott und Rückheim an der Schwarzmeerküste verbessert werden konnte, sei dahin gestellt, zweifellos sorgte die zeitweilige Anwesenheit der hohen Offiziere dafür, dass der berüchtigte Schlendrian von Mielkes Schwarzmeer-Schlapphüten zumindest zeitweise ein weniger großes Ausmaß als in früheren Jahren annahm.

Nachdem es dem Kommando gelungen war, das Jahr 1978 ohne disziplinarische Affären oder geheimdienstliche Pannen zu überstehen, wurde es 1979 in nahezu derselben Aufstellung einschließlich dem OibE Hauptmann Tholl erneut in die Volksrepublik entsandt. Nicht mehr dabei waren lediglich Frau Meusel, die im „Arbeiter- und Bauernstaat" einen MfS-Mitarbeiter heiraten wollte und Buck, der nach sechs Jahren seine Tätigkeit als Verbindungsoffizier zum MWR beendete und in die DDR zurückkehrte. Sein Nachfolger wurde der 31-jährige Leutnant Dieter Strauch. Buck hatte ihn bereits seit Anfang Juni 1978 in Bulgarien auf die Nachfolge vorbereitet und mit allen bulgarischen Genossen bekannt gemacht. Der kinderlos verheiratete Strauch war ein Mitarbeiter ganz nach dem Geschmack von Oberstleutnant Rückheim. Der gelernte Schweißer besaß fortgeschrittene Russischkenntnisse, die ihm in Bulgarien natürlich zugutekamen, legte ein „parteiliches Auftreten" an den Tag und hatte die von ihm geführten IM bestens im Griff: „Er beweist somit, dass er ein würdiger Vertreter unseres Organs im sozialistischen Ausland ist."[667] Strauch bewohnte privat eine Dienstwohnung im Stadtteil Borovo, etwas außerhalb des Zentrums. Dafür konnte sich sein Büro schon eher sehen lassen.[668] Der Vitosha Boulevard war schon damals als Geschäftsstraße eine der besten Adressen in der Sofioter Innenstadt, bequem fußläufig vom Innenministerium erreichbar.

Bereits vier Wochen bevor die Mitglieder der Operativgruppe wieder turnusgemäß in der Volksrepublik eintrafen, ereignete sich an der südlichen Schwarzmeerküste am 15. April 1979 die Festnahme der beiden 19-jährigen Cousins Ralf* und Jürgen E.* aus den Gemeinden Wechselburg und Steudten in Mittelsachsen. Die beiden jungen Männer, Rohrleitungsmonteur und Baumaschinist von Beruf, rechneten mit ihrer Einberufung zur NVA. Sie hatten ihre Flucht bereits seit mehreren Monaten geplant und gaben nach der Festnahme an, dass sie den Wehrkundeunterricht in der DDR ablehnten. Ursprünglich wollten sie versuchen, in der Gegend von Smolyan nach Griechenland zu gelangen. Doch nachdem sie feststellten, dass dort auf den Gipfeln der hohen Berge noch Schnee lag, änderten sie ihren Plan und fuhren in Richtung Bourgas.

667 Kaderakte Dieter Strauch: BStU MfS KS 19940/90, S. 80.
668 Hauptabteilung II (Spionageabwehr): BStU MfS HA II/10/832, S. 66.

In Bulgarien erfuhren sie, dass es vor den jeweiligen Grenzen, soweit es sich um die für Flüchtlinge interessanten Grenzen handelte, bis zu 20 Kilometer breite Sperrzonen gebe. Die beiden Teenager waren durch den Wald gelaufen und hatten an jenem Vormittag gegen 10 Uhr bereits die Grenzsignalanlage südlich Brodilovo überquert. Dabei wurde Alarm ausgelöst. Die sie verfolgenden bulgarischen Grenzsoldaten mit ihrem Spürhund eröffneten sofort das Feuer. Die beiden Jugendlichen hatten Glück, mit dem Leben davonzukommen. Ob es an der Uhrzeit lag, oder weil die Grenzer gnädig waren, ist unbekannt. Anschließend transportierte man sie mit einem Jeep tschechischer Bauart zur Polizeistation nach Mitschurin, bevor es nach einem dreitägigen Aufenthalt in Bourgas mit der Eisenbahn ins Untersuchungsgefängnis nach Sofia mit seinen unverändert katastrophalen Haftbedingungen ging. Oberstleutnant Peter Pfütze notierte in seinem Bericht, dass einer der beiden Jugendlichen ein „feststehendes Messer" bei sich hatte. Vermutlich fiel ihre Gefängnisstrafe deshalb mit je zwei Jahren und sechs Monaten überdurchschnittlich hoch aus.

Ebenfalls ein „feststehendes Messer", nämlich ein sogenannter Hirschfänger, spielt beim Fluchtversuch dreier Männer aus Leipzig eine Rolle, die Ende April 1979 von Schönefeld nach Varna flogen, um sich von dort auf direktem Wege ins türkische Grenzgebiet zu begeben. Dabei ging es dem 23-jährigen gelernten Koch Max W.* nicht nur um bessere Lebensbedingungen, sondern auch darum, dass er nicht zur NVA wollte. Als die drei Männer Ende April mit dem Bus in Achtopol eintrafen, wurden sie von der Miliz bereits an der Bushaltestelle eingesammelt und postwendend in einem Funkstreifenwagen zurück nach Mitschurin gefahren. Weil ihnen die türkische Grenze zu gefährlich schien, beschlossen sie, ihren Fluchtplan zu ändern und ihr Glück stattdessen an der bulgarisch-jugoslawischen Grenze zu versuchen. Nach Aktenlage reisten sie umgehend gemeinsam nach Sofia und begaben sich mit dem Bus in den nahegelegenen Kurort Bankja. Von dort aus machten sie sich Anfang Mai 1979 zu Fuß auf den Weg in das etwa 60 Kilometer entfernte Jugoslawien. Der Marsch war derart anstrengend, dass einer von ihnen aufgab und nach Sofia zurückkehrte. Die beiden anderen erreichten am 5. Mai 1979 gegen 8:45 Uhr die Grenzsignalanlage, die sich bereits in Sichtweite des jugoslawischen Territoriums befand. Da sie keine Kraft mehr hatten, den Zaun zu überklettern, zerschnitten sie die Drähte mit dem Hirschfänger. Ihre Festnahme erfolgte, als sich Max W.* bereits auf der anderen Seite des Zaunes befand und sein Freund ihm gerade den Rucksack durch die Öffnung hindurchreichen wollte. Während Max W.* als Besitzer des Hirschfängers auch wegen Verstoßes gegen das Wehrpflichtgesetz vom Kreisgericht Leipzig-Nord zu einer Gesamtstrafe von zwei Jahren und sechs Monaten Gefängnis verurteilt wurde, erhielt sein Begleiter zwei Jahre, und ihr dritter Kumpel, den man – natürlich – ebenfalls verhaftete, ein Jahr und sechs Monate Gefängnis wegen ungesetzlichen Grenzübertritts.[669] Nur ein paar Wochen nach der Festnahme der jungen Männer hatten die bulgarischen Grenzer bei einer anderen Flucht an der jugoslawischen Grenze das Nachsehen. Zwei Pärchen aus Ost-Berlin waren mit einem „Wartburg 353 Tourist", dem Traum-Kombi aller DDR-Bürger, über den Grenzübergang Forst-Zinna nach Bulgarien gereist. Nachdem sie über Vidin von Rumänien kommend in der Volksrepublik trafen, zelteten sie in der Gegend des als Touristenattraktion geltenden Berges Rabischa bei Belogradschik. Es handelte sich um einen 21-jährigen Elektromonteur und einen 32-jährigen sogenannten TKO-Leiter, beide wohnhaft in Ost-Berlin, die sich am 27. Juni 1979 kurz nach Sonnenaufgang unter Zurücklassung des Zeltes und des schmucken Wagens an die bulgarisch-jugoslawische Grenze wagten, wobei sie in einem Verpackungssack eine zerlegbare Klappleiter, eine Art Arbeitsbühne mit sich führten – weshalb sie die DDR vermutlich über Polen und nicht an der tschechischen Grenze verließen. Das Besondere an dieser aus drei Segmenten bestehenden Hohlstahlleiter (die mit Heringen stabilisiert wurde) war, dass die Grenzsignalanlage damit brückenförmig überquert werden konnte, ohne dass die elektromechanischen Sicherungselemente Alarm auslösten. Es war sozusagen das perfekte Fluchtwerkzeug, zumal es außer dem Zaun in diesem Grenzabschnitt keine weiteren Hindernisse zu überwinden galt. Dass die Flüchtlinge ihren Plan gut überlegt hatten, ging auch daraus hervor, dass die Grenzer feststellten, dass die beiden Männer ihre Begleiterinnen im geharkten Bereich getragen hatten, weil sie möglicherweise befürchteten, dass dort – wie an der innerdeutschen Grenze – Minen verlegt sein könnten. Neben der Tiefe der Fußspuren und Berichten von Zeugen, die auch Frauen gesehen hatten, gab es noch ein anderes Indiz für diesen Sachverhalt, wie Oberstleutnant Ott in seinem Bericht vermerkte: „Außerdem wurden ca. 50 m vor den Grenzsicherungsanlagen eine Frauenhandtasche und zwei Ledergürtel für Frauen mit starkem Parfümgeruch aufgefunden."[670] Ob die Bulgaren tatsächlich zur Tatzeit in dieser dünn besiedelten Gegend im fraglichen Grenzabschnitt einen Kontrollgang mit Fährtenhund durchführten, wie sie dem MfS weismachten, ist wenig glaubwürdig. Jedenfalls setzte das MfS nach dem Bekanntwerden der peinlichen Panne durch, dass DDR-Touristen in diesem Gebiet fortan noch weiter von der jugoslawischen Staatsgrenze abgeschirmt wurden, als zuvor. Eine zuvor frei gewesene Nebenstraße wurde jetzt von bulgarischen Grenzposten kontrolliert.[671]

---

669 Geheime Hauptablage: BStU MfS GH 32/80, Bd. 1, S. 362 ff.
670 Hauptabteilung VI (Grenzkontrollen / Reiseverkehr): BStU MfS HA VI 4781, S. 117.
671 Hauptabteilung VI (Grenzkontrollen / Reiseverkehr): BStU MfS HA VI 292, S. 3.

Eine weitere Besonderheit dieser Flucht bestand aber auch darin, dass die Flüchtlinge, wie in solchen Fällen bis dahin üblich, nachdem sie zu Fuß den Grenzbereich durchquert hatten, postwendend von den Jugoslawen festgenommen und den Bulgaren zurückgegeben wurden. Der Fall demonstriert, dass Belgrad das jugoslawisch-bulgarische Rechtshilfeabkommen offensichtlich nicht mehr auf DDR-Flüchtlinge anwendete. Möglicherweise, weil es Vereinbarungen oder Zahlungen zwischen Bonn und Belgrad gab. Das würde auch erklären, warum die bundesdeutsche Botschaft in Sofia Flüchtlinge mit Passersatzpapieren nach Jugoslawien schickte.

Ob man sich in Ost-Berlin der Tragweite dieser Veränderung zu diesem Zeitpunkt bereits bewusst war, darf bezweifelt werden, denn damit bekam die Volksrepublik an ihrer vergleichsweise wenig bewachten Westgrenze nach Jugoslawien quasi eine offene Flanke, die durch die verstärkte Überwachung einer kleinen Nebenstraße nicht geschlossen werden konnte.

Erfolge konnten die staatlichen Organe dagegen an den stark bewachten Grenzen zur Türkei und nach Griechenland verzeichnen. Ob ihnen allerdings die geglückte Festnahme des Ehepaares Wieland* und Mandy G.* aus Ost-Berlin bekannt war, das am 17. Juli 1979 an der Schwarzmeerküste festgenommen wurde, kann bezweifelt werden. Junge, hoch qualifizierte Leute flohen schon lange aus der DDR, nicht erst seit dem Mauerbau. Der Fall dieses Ehepaares betraf jedoch eine hoch privilegierte Person, die – gemeinsam mit der Partnerin – seit einigen Monaten eine Wohnung in der von handverlesenen Spitzengenossen bewohnten Karl-Marx-Allee ihr Eigen nannte. Der 39-jährige Wieland G.* war stellvertretender Oberbauleiter beim VEB Ingenieurhochbaukombinat Gera (Bauleitung Berlin), seine 25-jährige Ehefrau seit längerem Mitglied der SED. Die Motive des Paares waren auch persönlicher Natur, denn die Ex-Frau des Oberbauleiters hatte einen Mann aus der Bundesrepublik kennengelernt und war nach ihrer Scheidung legal mit den beiden Kindern in den Westen übergesiedelt. Was zur Folge hatte, dass Wieland G.* seine Kinder nicht mehr wiedersehen durfte.

Wieland G.* und seine neue Frau waren mit dem Auto zum Zelten nach Bulgarien gereist, gehörten also in die praktisch unkontrollierbare Gruppe der Individualtouristen. Als man das Pärchen am Vormittag des 17. Juli 1979 um 10:50 Uhr etwa sechseinhalb Kilometer südlich Rezovo entdeckte, war es schon über zwölf Stunden im einem Gummiboot mit Rudern, mehreren Kompassen und Außenbordmotor auf hoher See. Erst war ein Flugzeug über ihren Köpfen gekreist, dann näherte sich ein Schnellboot der bulgarischen Grenztruppen („Grenzwache GSKA 511"), das sie an Bord nahm. In einer ersten Vernehmung erklärte Wieland G.*, seine Frau und er hätten sich zur Flucht entschlossen, da sie als DDR-

Bürger „nicht frei in westliche Länder reisen" dürften.[672] Wenig erfreut dürften die Bulgaren auch über die Aussage von Mandy G.* („In der DDR sagt man, dass man am leichtesten über die VRB in ein kapitalistisches Land fliehen kann"[673]) gewesen sein, da die Volksrepublik in der DDR offensichtlich auch weiterhin das Image des rückständigsten Bruderlandes hatte.

Den größten Erfolg in ihrer Jahresbilanz verzeichnete die Operativgruppe des MfS nur vier Tage nach der Festnahme von Wieland* und Mandy G.* am 21. Juli 1979, als ihnen „auf frischer Tat" ein westdeutscher Mitarbeiter der Fluchthilfeorganisation von Julius Lampl ins Netz ging.

Der Irrtum vom sicheren Fluchtweg

Der 31-jährige Dietmar Strube war schon als Sechzehnjähriger erstmals nach einem missglückten Fluchtversuch eingesperrt worden[674] und hatte bis zu seiner Entlassung in die Bundesrepublik bereits mehrere Gefängnisaufenthalte hinter sich. Im Westen wurde Strube Mitarbeiter des „Abschleppdienstes Mierendorff", den der Neffe des ermordeten Widerstandskämpfers Carlo Mierendorff damals betrieb. Kay Mierendorff, den das *Hamburger Abendblatt* einmal als den „Großverdiener unter den Fluchthelfern" titulierte und der ebenso wie Hasso Herschel rund 1 000 DDR-Bürger in den Westen holte, sagte dem Springer-Journalisten Lutz-Peter Naumann 1973 in einem Hintergrundgespräch im Berliner Hotel „Kempinski" am Kurfürstendamm, bevor er seine Mitarbeiter auf „große Fahrt" schicke, kontrolliere er deren Hemdkragen und Fingernägel. Er stelle dafür am liebsten „spießige Kleinbürger" ein, ganz normale Leute, die einer geregelten Arbeit nachgingen. Die bekamen dann von ihm präzise Handlungsanweisungen: „Du musst Dir vorstellen, dass Du bei der Wehrmacht bist. Ich bezahle Dich dafür, dass Du nicht denkst. Jede abweichende eigene Handlung kann tödlich sein. Also Du tust nur genau das, was ich Dir eingeschärft habe."

Interessanterweise betonte Mierendorff im Gespräch mit Naumann, dass die Flucht über die Transitstrecke ein weitaus geringeres Risiko mit sich bringe, als der Weg über die verlängerte Mauer. Bei vielen DDR-Bürgern gebe es die „irrige Annahme", der Weg über die anderen Ostblockländer sei weniger gefährlich. Dem müsse er widersprechen. Die Grenzkontrollen dort seien so scharf, dass die Flüchtlinge „reihenweise verhaftet" würden. Der Fluchtweg über die Transitstrecke wurde allerdings ab Mitte der 1970er Jahre auch immer schwieriger, nachdem

---

672   Geheime Hauptablage: BStU MfS GH Nr. 30/80, Bd. 4, S. 1.
673   Geheime Hauptablage: BStU MfS GH Nr. 30/80, Bd. 5, S. 1.
674   Archivierter Untersuchungsvorgang: BStU MfS BV Cottbus AU 676/71, Bd. 8, S. 61.

die Amerikaner dazu übergegangen seien, ihre eigenen an einem Nebenverdienst interessierten Leute energisch zu verfolgen und sogar die eigenen Fahrzeuge nach versteckten Flüchtlingen zu durchsuchen, um Verwicklungen mit den Sowjets zu vermeiden. Ob Dietmar Strube dem Raster „spießiger Kleinbürger" entsprach, lässt sich im Rückblick nicht mit Bestimmtheit sagen. Sehr geregelt war sein Leben jedenfalls nicht. Die Leute, die damals mit hohem persönlichen Risiko als Kontaktmänner und Reiseleiter für die Bosse der kommerziellen Fluchthilfeorganisationen wie Kay Mierendorff[675], Julius Lampl und Wolfgang Welsch arbeiteten, wurden in den DDR-Medien ebenso wie vom Spiegel nicht als Kleinbürger, sondern als „kaputte Typen" etikettiert. Das ist im Rückblick gesehen eine unangemessene Herabsetzung, denn sie hatten in vielen Fällen – wie das CDU-Mitglied Strube – auch politische Motive. Zur Notwendigkeit Geld zu verdienen, um den Lebensunterhalt zu bestreiten oder sogar drückende Schulden zu bezahlen, kam die persönliche Ablehnung des SED-Systems hinzu. Das Etikett „kaputte Typen" passt tatsächlich wesentlich besser für jene Westdeutsche, die damals als IMB in Diensten des MfS standen.

Auch die kommerziellen Fluchthelfer hatten – wie Hasso Herschel und Wolfgang Welsch – teilweise politische Motive, die aus ihrer Biografie zu erklären waren. Es waren allerdings vor allem Geschäftsleute, die in den 1970er Jahren zunehmend mit Gegenwind aus der Bundesregierung zu kämpfen hatten, weil ihr Geschäft zu Zeiten der Ostpolitik nicht mehr „in die politische Landschaft" passte. Bonn hatte es auf ihre exorbitanten Gewinne abgesehen, die nach Ansicht der westdeutschen Finanzbehörden mit Einkommens-, Umsatz- und Kirchensteuer zu belegen waren. Alle wichtigen Bosse aus der Fluchthilfebranche erhielten darüber hinaus bereits 1973 einen Brief des Bundesministeriums für innerdeutsche Beziehungen in Bonn, in dem es hieß, dass der Missbrauch der Transitwege durch die DDR „bestraft" würde und neben „langjährigen Freiheitsstrafen" auch die „entschädigungslose" Einziehung von Fahrzeugen drohe.[676] Zwischen den Zeilen war dem Schreiben zu entnehmen, dass eine Beendigung ihrer Geschäfte eine überaus vernünftige Entscheidung wäre.

Im Oktober 1974 war Dietmar Strube nach einer gescheiterten Fluchthilfeaktion mit einem umgebauten Opel „Rekord C 1700" auf der Transitstrecke verhaftet

---

675 Der Fluchthelfer, der gnadenlos von der Stasi gejagt wurde, http://www.bz-berlin. de/artikel-archiv/der-fluchthelfer-der-gnadenlos-von-der-stasi-gejagt-wurde, abgerufen am 10.10.2015.
676 Brief Der Bundesminister für innerdeutsche Beziehungen (Staab) vom 03.12.1973 an Kay Mierendorff, SUA Sammlung LPN.

worden, als er einen Arzt und dessen Frau in den Westen holen wollte. Ein paar Monate später verurteilte ihn das Bezirksgericht Frankfurt (Oder) zu einer Haftstrafe von acht Jahren wegen „staatsgefährdenden Menschenhandels", die er in Rummelsburg absitzen musste, wobei man ihm gleich noch einen Monat einer alten Strafe hinzu addierte. Nach seiner Haftentlassung im Frühjahr 1978 war er sehr schnell wieder im Fluchthilfegeschäft gelandet.

Fakt ist, dass Strube am 17. Juli 1979 auf dem Flughafen Sofia eintraf und gewiss nicht damit rechnete, jemals wieder in dem DDR-Gefängnis eingesperrt zu werden. Drei Monate zuvor hatte er sich in Lampls Auftrag im Prager Hotel „Ambassador" mit einer 35-jährigen Ost-Berliner Zahnärztin und deren 14-jähriger Tochter getroffen, die bereits seit Monaten nach einem ungefährlichen Weg in den Westen suchten. Strube war für Lampl also Kontaktmann und Reiseleiter in einer Person. Und er ging offenbar auch davon aus, dass die Sache mit einem „geringeren Risiko" verbunden sei, als über die Transitstrecke.

Es war, was die Motive der Flüchtlinge betrifft, eine typische DDR-Flucht, deren Ursachen in der ostdeutschen Misswirtschaft lagen. Die Ehe der jungen Zahnärztin war in die Brüche gegangen und bereits drei Jahre zuvor geschieden worden. Obwohl ihr die Wohnung und das Sorgerecht für die Tochter zugesprochen wurden, gelang es der Wohnungswirtschaft beim Rat des Stadtbezirks Köpenick partout nicht, dem Ex-Mann seinen Antrag auf Versorgung mit angemessenem Wohnraum zu erfüllen.[677] Was dazu führte, dass es in der Wohnung der geschiedenen Ehepartner permanent zu heftigen Auseinandersetzungen kam, die dann in letzter Konsequenz zum Fluchtmotiv wurden. Während das SED-Regime einerseits nicht imstande war, den DDR-Bürgern zum Beispiel nach einer Scheidung menschenwürdige Lebensverhältnisse zu gewähren, hatte andererseits der ostdeutsche Geheimdienst durch einen IMF namens „Omega" vom Fluchtplan der Medizinerin bereits frühzeitig Kenntnis. Was die Wirtschaft nicht schaffte, wurde sozusagen durch Spitzel kompensiert.

Der neue, scheinbar sichere Fluchtweg ähnelte jenem Weg, den Lothar Giersch sechs Jahre lang verwendete, ohne dass seine Schützlinge gefasst wurden. Doch vier Wochen zuvor war das MfS Lothar Gierschs in Ost-Berlin lebender Schwester auf die Spur gekommen und hatte ein Ermittlungsverfahren wegen Beihilfe nach § 213 gegen die junge Seelsorgehelferin eingeleitet – weil man sie fälschlich verdächtigte, für den Fluchthelfer Kay Mierendorff zu arbeiten.[678] Ob die Stasi von

677 Archiviertes Material zu einer KK-erfassten Kriminalpolizeilichen Kontaktperson: BStU MfS AKK 8077/81, S. 40.
678 Hauptabteilung XX (Sicherung des Staatsapparates): BStU MfS HA XX AP 22277/92.

dieser Festnahme allerdings im Fall Strube profitierte, ist schon wegen des im DDR-Geheimdienst herrschenden Kompetenzwirrwarrs zweifelhaft. Außerdem hatten die staatlichen Organe der DDR bereits in Rummelsburg durch IM-Berichte erfahren, dass Strube weiter in der Fluchthilfebranche tätig sein wollte. Woraufhin die HA VII eine OPK gegen ihn eröffnete und ihn auch nach der Haftentlassung durch IMB in West-Berlin im Auge behielt.[679]

Die beiden Frauen, Mutter und Tochter, trafen sich mit Strube in Varna und reisten mit ihm gemeinsam per Zug über die Grenzübergangsstelle Rousse nach Rumänien. Nach der Abfertigung auf der bulgarischen Seite, während der Zug über die Donaubrücke rollte, tauschte Strube ihren DDR-Pass gegen ein gefälschtes West-Berliner Dokument ein, in dem die Tochter mit eingetragen war. West-Berliner erhielten bekanntlich anders als Bundesbürger keinen Stempel in ihren grünen Pass, sondern man legte ihnen in Bulgarien lediglich ein Papier in den Ausweis. Dieses Papier war bei der Ausreise aus Bulgarien wieder abzugeben. Es musste also kein bulgarischer Einreisestempel gefälscht werden. Angeblich aber erkannten die rumänischen Grenzer, dass das Lichtbild in dem fraglichen Ausweis ausgetauscht worden war. Woraufhin die Passagiere wieder zurück in die Volksrepublik geschickt wurden.

Die Festnahme der drei jungen Leute hatte für alle Beteiligten sehr schwerwiegende Konsequenzen. Während die nicht vorbestrafte Zahnärztin nach ihrem Rücktransport nach Ost-Berlin am 27. November 1979 vom Bezirksgericht Frankfurt (Oder) wegen „staatsfeindlicher Verbindungsaufnahme in Tateinheit mit versuchtem ungesetzlichem Grenzübertritt in schwerem Fall" zu drei Jahren und sechs Monaten verurteilt wurde[680], wobei man ihr strafverschärfend die Kontaktaufnahme zu einer „kriminellen Menschenhändlerbande" vorwarf, kam es für Dietmar Strube sogar noch schlimmer. Die Bulgaren setzten ihn nämlich wenige Tage nach der Verhaftung nach bewährtem Muster in eine Linienmaschine von „Balkan Air" nach Berlin-Schönefeld, wo das MfS bereits auf ihn wartete. Diese Abschiebung eines Bundesbürgers – die in Wahrheit eine Auslieferung war, wie auch daran ersichtlich ist, dass die HA IX bereits einen Tag vor seiner Landung ein Ermittlungsverfahren gegen ihn einleitete – widersprach zwar internationalem Recht und löste auch einen Protest der Bundesregierung in Sofia aus, aber damit war die Sache auf diplomatischer Seite erledigt. Das Shivkov-Regime wusste genau, dass die Regierung in Bonn keine Sympathien für Fluchthelfer hegte. Das Risiko ihrer Zusammenarbeit mit dem MfS war also kalkulierbar.

---

679 Archivierter Untersuchungsvorgang: BStU MfS AU 21667/80, Bd. 1, S. 167.
680 Archivierter Untersuchungsvorgang: BStU MfS AU 27689/80, Bd. 4, S. 96 ff.

Dietmar Strube fand sich im Dezember 1979 erneut vor dem Bezirksgericht Frankfurt (Oder) wieder. Diesmal lautete das Strafmaß wegen „staatsfeindlichen Menschenhandels" auf neun Jahre – und eine neuerliche vorzeitige Haftentlassung war wenig wahrscheinlich. Während Strube vom Bezirksgericht Frankfurt (Oder) zu neun Jahren (zuzüglich der fünf Jahre aus der Verurteilung von 1975) verurteilt wurde[681] und erneut in Rummelsburg landete, hatte man sich in der Hauptabteilung VI offenbar bereits auf ein schärferes Vorgehen gegen die Bosse der für die SED so überaus lästigen Fluchthilfeorganisationen verständigt.

Anfang Februar 1979 war der 49-jährige Hans Ulrich Lenzlinger, Chef der auf Fluchthilfe spezialisierten „Aramco GmbH" („Fluchthilfe ist für mich ein Geschäft wie jedes andere"), in seiner Wohnung in Zürich erschossen worden. Ob das MfS dabei eine Rolle spielte, ist nicht bewiesen. Wenige Tage später erhielten drei führende Fluchthelfer in West-Berlin anonyme Anrufe („Du bist der nächste, der abgeknallt wird!"[682]), die den Staatsschutz veranlassten, Ermittlungsverfahren gegen Unbekannt einzuleiten.

Die Methode mit den West-Berliner Pässen wurde auch weiterhin angewendet, so gelang es einem Familienvater im Zug mit einem derartigen Dokument nach Istanbul zu entkommen. Seine in einem anderen Abteil desselben Zuges sitzende Frau und sein Kind wurden allerdings festgenommen. Nicht anders erging es zwei anderen jungen Leuten aus der DDR, von denen sich einer, der bereits wusste, dass das MfS gegen ihn ermittelte, durch den kurzfristigen Umzug zu einer Freundin in einem anderen Bezirk eine legale Ausreisegenehmigung nach Bulgarien „ertrickst" hatte, wie es in Lotters Jahresbericht hieß.[683] Nach den Erkenntnissen des MfS gelang es 1979 neben dem erwähnten Familienvater mindestens noch vier anderen DDR-Bürgern mit Hilfe unterschiedlicher Fluchthilfeorganisationen in die Bundesrepublik zu gelangen, vermutlich mittels eines Lkw in die Türkei.

Insgesamt wies der DDR-Tourismus nach Bulgarien 1979 – erstmals seit Jahren – eine leicht rückläufige Tendenz auf, was damit zusammenhing, dass die Benzinpreise in Rumänien in jenem Jahr drastisch anstiegen. Lotter und seine Truppe konnten sich nicht darüber freuen, denn zum einen führte die sozialistische Mangelwirtschaft dazu, dass noch mehr westdeutsche Urlauber ihren ostdeutschen Angehörigen und Freunden die Ferienreise bezahlten und mit ihnen gemeinsam in Hotels einquartiert wurden. Viele Westdeutsche boten auch Ostdeutschen, die im Sommer 1979 ohne Devisen kein Benzin in Rumänien erhielten

681 Archivierter Untersuchungsvorgang: BStU MfS AU 27689/80, Bd. 3, S. 186.
682 Bild (Berlin), 16.02.1979, in: Sammlung Lutz-Peter Naumann SUA.
683 Hauptabteilung VI (Grenzkontrollen / Reiseverkehr): BStU MfS HA VI 9931, S. 352.

spontan ihre Hilfe an. Für Lotter handelte es sich um „gegnerische Kontaktpolitik" und „politisch-ideologische Diversion", die praktisch nicht zu überwachen war, durch die Jugendliche aus der DDR „im negativen Sinne" beeinflusst wurden. Besonders kritisch beäugte die Operativgruppe kirchliche Jugendgruppen aus der Bundesrepublik, die gemeinsam mit DDR-Jugendlichen „gottesdienstähnliche Zusammenkünfte" abhielten, bei denen auch schon mal „Singebüchlein" mit „Lobpreisungen Gottes" ausgegeben wurden. Folgerichtigerweise kam es 1979 im Vergleich zum Vorjahr wieder einmal zu einem Anstieg der Fluchtversuche an der grünen Grenze, wobei Jugoslawien und Griechenland mit je 35 Prozent zulegten, während die Fluchtversuche in Richtung Türkei auf unter 20 Prozent zurückgingen, was einer Halbierung im Vergleich zum Vorjahr gleichkam.

Dass die veränderten Reisegewohnheiten der DDR-Bürger und die Zunahme des besonders fluchtanfälligen Individualtourismus auch eine Veränderung des Spitzelnetzes erforderlich machte, erkannte auch Major Lotter, der in seinem Jahresbericht kritisierte, dass man zu viele Repräsentanten-IM hatte, die außerhalb der Urlauberzentren keinen operativen Wert besaßen. Lotter konzentrierte sich deshalb darauf, dauerhaft in Bulgarien lebende DDR-Bürger für Spitzeldienste zu gewinnen. Wobei Lotter Wert darauf legte, dass diese Horchposten grundsätzlich imstande sein sollten, eigenständigen Kontakt zu Westbürgern aufzunehmen. Es wurde nämlich von Jahr zu Jahr schwieriger und vor allem auch teurer, Hotelzimmer für die Lauscher – vor allem auch für die aus operativen Gründen individuell anreisenden IMÜ zu finden. Insoweit kann man fast davon sprechen, dass sich zarte Ansätze betriebswirtschaftlicher Überlegungen beim MfS zeigten. Darüber hinaus waren die Mitarbeiter der Operativgruppe auch turnusmäßig damit beschäftigt, die Ehrlichkeit ihrer Spitzel zu überprüfen, nachdem ein bereits seit Jahren in Diensten der Staatssicherheit stehendes Repräsentanten-Ehepaar (IMS „Klaus Peter" und IMS „Sieglinde") sich verdächtig gemacht hatten. Wie in den Vorjahren waren auch 1979 sowohl Oberst Ott als auch Oberstleutnant Rückheim wieder zu Kontrollbesuchen der Operativgruppe nach Bulgarien gereist. Um seine in südlicher Sonne zum Schlendrian neigenden Leute besser in den Griff zu bekommen, führte Lotter Wochenarbeitspläne ein: „Bei den Rapporten wurde von jedem Mitarbeiter eine Abrechnung der geplanten und festgelegten Aufgaben verlangt und bei Nichterfüllung dieser Aufgaben wurden entsprechende Festlegungen mit dem jeweiligen Genossen getroffen und sich mit ihm dazu auseinandergesetzt."[684] Während Lotter sich auf Sofia und die Kontrolle der Nördlichen Schwarzmeerküste konzentrierte, übernahm sein Stellvertreter,

---

684 Hauptabteilung VI (Grenzkontrollen / Reiseverkehr): BStU MfS HA VI 9931, S. 368.

Hauptmann Gorklo, eigenverantwortlich die Leitung der Operativgruppe im Bereich der Südlichen Schwarzmeerküste. Doch die Flüchtlingswelle aus der DDR ließ sich auch damit nicht aufhalten.

Der Fall Andreas Stützer / Detlef Heiner

Noch bevor sich die Mitarbeiter der Operativgruppe im Frühjahr 1980 wieder mit ihren Dienstwagen zur Urlauberüberwachung in die Volksrepublik begaben, kam es dort zu einem weiteren schweren Grenzzwischenfall, der zwei Jugendliche aus Leipzig das Leben kostete. Der Vorfall ereignete sich nur wenige Kilometer südwestlich der Zastava „Arteria", in der fünf Jahre zuvor Brigitte von Kistowski und Klaus Prautzsch „liquidiert" worden waren. Die beiden jungen Männer hatten für den Zeitraum vom 12. bis zum 29. März 1980 eine Privatreise nach Bulgarien beantragt und ein entsprechendes Visum erhalten.

Der 19-jährige Detlef Heiner, Maler im Baukombinat VEB Leipzig, und der gleichaltrige Andreas Stützer, Elektriker im selben Betrieb, waren Schulfreunde und hatten den Fluchtplan bereits seit einigen Monaten vorbereitet. Über ihre Motive ist wenig bekannt, aber sie standen kurz vor ihrer Einberufung zur Nationalen Volksarmee (NVA).

Die beiden Jugendlichen, die noch bei ihren Eltern wohnten und sich in der Berufsschule kennengelernt hatten, waren – wie DDR-Konsul Anton Richter der für die Bearbeitung zuständigen Genossin Gott im MfAA mitteilte („Nur für den Dienstgebrauch") am 14. März mit dem Zug nach Bulgarien gereist. Vermutlich fuhren sie mit der Bahn über Sofia in Richtung Bansko. Ausgerüstet mit Rucksäcken, Schlafsäcken und Luftmatratzen gelangten sie am 17. März entweder per Anhalter oder mit dem Bus in den Raum Gotse Delchev, etwa 200 Kilometer südöstlich Sofia. Die beiden Jugendlichen wollten offensichtlich über Griechenland in die Bundesrepublik fliehen. Sie nahmen, wie sich Andreas Bruder im Gespräch mit dem Verfasser erinnert, an, die bulgarisch-griechische Grenze würde weniger streng bewacht.[685] Warum sie sich für diesen Grenzabschnitt entschieden, ist unbekannt. Ebenso, wie sie die Kontrollposten auf den wenigen Zufahrtsstraßen in dieser Region unbemerkt überwinden konnten. Andreas Stützer, der die 46. POS in Leipzig-Lindenau besucht hatte, wäre im Mai 1980 zur NVA eingezogen worden.

Sicher ist nur, dass die beiden jungen Männer zumindest in der Nacht vom 17. zum 18. März im Freien übernachteten, bevor sie am 18. März 1980 um 11:20

---

685   Interview mit Bernd Stützer, 06.05.2006.

Uhr vormittags südwestlich der Ortschaft Brashten erschossen wurden. Zu diesem Zeitpunkt hatten sie die Grenzsignalanlage bereits überquert. Das Verletzungsmuster sagt klar, dass die beiden Teenager auf die gleiche Weise ums Leben kamen, wie Rudi Nettbohl und Bernd Schaffner. Die Grenzer lagen in einem Hinterhalt, Warnrufe oder Warnschüsse gab es nicht. Die beiden Jugendlichen wurden gezielt von vorne erschossen. Andreas Stützer erhielt eine Kugel in die rechte Stirn und eine weitere Kugel in die linke Brust. Auch Detlef Heiner starb an einem Kopfschuss. Bei ihm kamen noch zwei Achseldurchschüsse hinzu. Die beiden Jugendlichen waren sofort tot. Sie wurden – bildhaft gesprochen – wie die Hasen am helllichten Tage erschossen. Es wurde – ganz im Gegensatz zur offiziellen Darstellung – keinerlei Versuch unternommen, sie festzunehmen. Da die bulgarische Militärstaatsanwaltschaft entgegen den üblichen Gepflogenheiten der DDR-Botschaft weder die Ermittlungsberichte noch die Obduktionsprotokolle[686] übergab, ist es möglicherweise bei dem Schusswaffengebrauch selbst für bulgarische Verhältnisse nicht mit rechten Dingen zugegangen. , Darauf deuten auch die „„dienstliche Maßnahmen" der bulgarischen Militärstaatsanwaltschaft im Gebiet des Dorfes Brashten hin, über die Konsul Richter seinen Chef, August Klobes, informierte. Diese Nachforschungen endeten allerdings – wie in solchen Fällen üblich – mit der Einstellung wegen „Nichtvorhandenseins eines Verbrechens", wie das Bulgarische Außenministerium Ende Juni 1980 in einer Verbalnote mitteilte: Die Grenzer hätten „dem Gesetz nach gehandelt" und trügen „keine strafmäßige Verantwortung" für den Tod der beiden Jugendlichen.[687] Zuvor hatte der bulgarische Militäroberstaatsanwalt Dimitar Kapitanov angeordnet, dass der DDR-Botschaft und der DDR-Generalstaatsanwaltschaft in diesem Fall keinerlei Unterlagen übergeben werden durften.[688]

Noch am selben Tag verständigte das bulgarische Innenministerium die DDR-Botschaft in Sofia. Konsul Richter erfuhr, dass die beiden Jugendlichen angeblich trotz einer „Salve Warnschüsse" beschleunigt in Richtung eines nahegelegenen Wäldchens gelaufen seien, wo sie ihr Ziel, die griechische Grenze, erreicht hätten: „Dies wurde durch entsprechendes Eingreifen verhindert", berichtete Anton Richter ins MfAA. Es war das übliche – vom MfS sogar noch um eine Reihe

---

686 Hauptabteilung IX (Untersuchungsabteilung): BStU MfS HA IX 1244 2/2, S. 398.
687 Hauptabteilung IX (Untersuchungsabteilung): BStU MfS HA IX 1244 2/2, S. 400 f.
688 Hauptabteilung IX (Untersuchungsabteilung): BStU MfS HA IX 1244 2/2 S. 399. Möglicherweise war das Fehlen der Obduktionsberichte der Grund, warum die Särge aus Schönefeld zum Institut für Gerichtliche Medizin und Kriminalistik an die Karl-Marx-Universität Leipzig überführt wurden, wo am 29. März 1980 eine Leichenschau stattfand.

fiktiver Details ausgeschmückte[689] – Märchen. Die beiden Jugendlichen nahmen nach der Überquerung des Zaunes vermutlich an, sich bereits in Griechenland zu befinden, als sie von den durch die Grenzsignalanlage alarmierten Grenzern aus deren Verstecken heraus gezielt „liquidiert" wurden.

Trotzdem unterschied sich die Abwicklung des Falles in verschiedener Hinsicht vom Fall Nettbohl/Schaffner. Zum einen wurden die toten Jugendlichen nicht von den Grenzern ausgeraubt, der Inhalt ihrer Brieftaschen wurde den DDR-Offiziellen korrekt übergeben. Zum anderen wollten die bulgarischen Behörden die Leichen zwar unverzüglich vergraben, aber nicht im Grenzgebiet, sondern gemäß der geheimen Vereinbarung auf dem Friedhof im nahegelegenen Gotse Delchev. Hier schaltete sich aber diesmal sofort die DDR-Botschaft ein. Genauer gesagt schaltete sich Major Wolfgang Krusch ein, ein vermeintlicher DDR-Diplomat, der in Wahrheit für die ostdeutsche Spionageabwehr (HA II/14) von 1979 bis 1983 als OibE „Wolf" an der DDR-Botschaft in Sofia stationiert war. Krusch informierte sofort seinen Chef, Oberstleutnant Heinz Primus, von dem „versuchten gewaltsamen Grenzdurchbruch" – und zwar über ein abhörsicheres Telefonsondernetz („WTsch").[690]

Danach ging es Schlag auf Schlag. Am 20. März informierte Sektorleiter Dr. Peter Krause den Rat der Stadt Leipzig: „Todesursache ist noch [im Original durchgestrichen] nicht bekannt. Erbitten Mitteilung, ob Überführung gewünscht wird, und Bestätigung der Kostenübernahme durch die Angehörigen." Am selben Tag unterrichtete die Abteilung für Inneres die Eltern, wobei man nur erfragte, ob sie die – ganz erheblichen – Kosten einer Überführung der Leichen in die Heimat übernehmen würden.[691] Nach deren Einwilligung informierte Hauptabteilungsleiter Klobes im MfAA sofort („Nur für den Dienstgebrauch") den Stellvertretenden Generalstaatsanwalt der DDR, Karl-Heinrich Borchert[692], damit die Sterbeurkunden per Rechtshilfe beantragt werden konnten. Gleichzeitig ersuchte August Klobes Botschafter Schmidt um „baldmögliche Übersendung Bericht

---

689   Hauptabteilung IX (Untersuchungsabteilung): BStU MfS HA IX 1244 2/2, S. 382 f.

690   Allgemeine Personenablage: BStU MfS AP 15296/84, S. 64.

691   Die Eltern der beiden Teenager wurden aufgefordert, den Betrag von 3 279,60 Mark auf das Konto mit der Nummer 6836–20-4021 bei der Staatsbank der DDR zu überweisen.

692   Der ehem. GI „Esche" (Archivierter IM-Vorgang: BStU MfS BV FFO AIM 53/65) war nach 1976 auch als Lektor an der Stasi-Hochschule in Potsdam-Golm tätig (Hauptabteilung XX – Sicherung des Staatsapparates – BStU MfS HA XX 2942 1/2). Nach dem Mauerfall wurde Anklage gegen Borchert erhoben, er war jedoch verhandlungsunfähig. Vgl.: http://www.tagesspiegel.de/politik/ddr-vize-generalstaatsanwalt-borchert-verhandlungsunfaehig/92044.html, angerufen am 01.10.2015.

und Obduktionsprotokolle", womit die Aussage Schmidts in seinen Memoiren, er habe als Botschafter von derartigen Fällen angeblich keine Kenntnis gehabt bzw. sei damit nicht befasst gewesen, klar widerlegt ist. Zumal Schmidt selbst Klobes am Vortag über den „versuchten Grenzdurchbruch" und die beiden Toten unterrichtet hatte.[693]

Noch offensichtlicher wird Schmidts Gedächtnislücke, wenn man hinzufügt, dass der Erste Stellvertreter des bulgarischen Außenministers, Marij Ivanov, dem DDR-Botschafter Schmidt am 19. März 1980 sein Bedauern über den tödlichen Ausgang der „Grenzverletzung" übermittelte („Der Versuch, beide Bürger zu stellen, sei leider nicht gelungen"), woraufhin ihm Schmidt nur entgegnete, „Schuld und Verantwortung" liege bei denen, „die das Grenzregime der VRB verletzten". Die beiden per Kopfschuss liquidierten Teenager waren nach Meinung des DDR-Botschafters also selbst schuld, wie Schmidt umgehend Herbert Krolikowski, dem Staatssekretär im MfAA berichtete.[694]

Auf Verlangen von Konsul Richter[695] waren die Leichen der beiden jungen Männer auf direktem Wege ins Militärkrankenhaus nach Sofia gelangt, wo sie etwa zur selben Stunde, als man ihre Eltern in Leipzig informierte, als Nr. „T 9/80" (Stützer) und „T 10/80" (Heiner) vom Leiter der Abteilung Gerichtsmedizinische Expertisen bei der bulgarischen Volksarmee, Oberstleutnant Dr. Slatko Nikolov Kolev, obduziert wurden. Es war derselbe Mediziner, der auch die Leichen von Brigitte von Kistowski, Klaus Prautzsch, Rudi Nettbohl und Bernd Schaffner obduziert hatte.

Dass die Eltern von Andreas Stützer offenbar vom Fluchtplan ihres Sohnes wussten, geht daraus hervor, dass sein Vater bei der Unterrichtung über den Tod der Jungen sofort die Frage stellte, ob sie erschossen worden seien. Jedenfalls trafen die beiden Leichen nacheinander bereits am Nachmittag (Stützer) bzw. Abend (Heiner) des 28. März 1980 mit Linienmaschinen auf dem Flughafen Schönefeld ein. Die beiden Zinksärge befanden sich in Holzverschlägen, waren also nach außen nicht als Särge erkennbar. Der Raum, in dem man sie bis zu ihrer Abholung aufbewahrte, wurde trotzdem bewacht. Dass das MfS über den Stand der Rückführung stets im Bilde war, geht aus einer Aktennotiz von Dr. Krause hervor, der neben seinem Chef, Klobes, über alle Abläufe im Zusammenhang mit den beiden getöteten „Republikflüchtlingen" stets auch den Genossen Hansjochen Vogl ins Bild zu setzen hatte.

693 Allgemeine Personenablage: BStU MfS AP 15296/84, S. 67.
694 Hauptabteilung IX (Untersuchungsabteilung): BStU MfS HA IX 1244 2/2, S. 387.
695 Allgemeine Personenablage: BStU MfS AP 15296/84, S. 68.

Mit den Leichen trafen ihre Personalausweise, die Sterbeurkunden, das Bargeld der beiden Toten, der bulgarische Leichenpass und eine von Konsul Richter angefertigte Liste der in den beiden Rucksäcken vorgefundenen Habseligkeiten in Berlin ein. Der blaue Rucksack von Andreas Stützer und der dunkelgrüne von Detlef Heiner wurden Anfang April 1980 von Major Klaus Günther (HA VI AT) – einschließlich der beiden Armbanduhren, einer Fleischkonserve und acht Schachteln Zigaretten Marke „Club" – zunächst zwecks operativer Begutachtung dem Genossen Oberstleutnant Pfütze („Abt. Ermittlungen") übergeben[696], der auch für die geheimdienstlichen „Sicherungsmaßnahmen" der Beerdigung der beiden jungen Männer die Verantwortung trug[697]: „Entsprechend zentraler Weisungen sind im Zusammenhang mit der Überführung und Beisetzung der Leichen der DDR-Bürger […] politisch-operative Sicherungsmaßnahmen durchzuführen mit dem Ziel, jegliche Art von Handlungen Familienangehöriger, Verwandter und Bekannter aufzuklären und vorbeugend zu verhindern, die das Ansehen der DDR oder der Volksrepublik Bulgarien (VRB) schädigen bzw. die brüderlichen Beziehungen zwischen beiden Staaten belasten könnten."

Oberstleutnant Pfütze ordnete an, dass zwischen den Beisetzungen eine „entsprechende zeitliche Differenz vorhanden" sein müsse. Und so geschah es, zumal sich die Eltern der beiden Jungs – wie in solchen Fällen leider üblich – gegenseitig Vorwürfe machten, der jeweils andere Junge habe ihr Kind zur Flucht angestiftet bzw. überredet, da ihr Kind gar nicht habe fliehen wollen. Beide Familien waren zwischenzeitlich getrennt voneinander darüber unterrichtet worden, dass die beiden Jungs in „militärisches Sperrgebiet" eingedrungen seien und angeblich „trotz mehrmaliger Aufforderung durch die bulgarischen Sicherheitsorgane" nicht stehengeblieben seien. Der Stasi-Offizier, der ihnen die Geschichte erzählte, hatte den Befehl, den Begriff Staatsgrenze zu vermeiden. Immerhin fügte er seiner Erzählung ein anderes ebenfalls frei erfundenes Detail hinzu, dass den Schmerz der Eltern lindern sollte: Trotz „sofort eingeleiteter ärztlicher Maßnahmen" habe man das Leben ihrer Söhne nicht retten können, so dass sie an den Folgen der erlittenen Verletzungen verstarben.

Auch bei ihrer letzten Reise wurde die Nummerierung der beiden Leichen beibehalten. Am Nachmittag des 16. April fand in der Hauptkapelle des Leipziger Südfriedhofs die Trauerfeier für Andreas Stützer statt, der eine Urnenbeisetzung erhielt.[698] Zwei Tage später, am 18. April, fanden sich die Angehörigen von Detlef

---

696 Hauptabteilung IX (Untersuchungsabteilung): BStU MfS HA IX 1244 2/2, S. 397.
697 Ebd., S. 385.
698 Das Grab von Andreas Stützer ist 2000 abgelaufen und wurde eingeebnet. Seine Eltern sind bereits 1987 in die Bundesrepublik übergesiedelt.

Heiner in der Ostkapelle des Südfriedhofs ein, um von ihrem Sohn und Bruder Abschied zu nehmen.

Mirko Busch, ein Schulfreund von Detlef Heiner, erinnerte sich im Gespräch mit dem Verfasser, es habe damals in seinem Bekanntenkreis geheißen, die beiden jungen Männer seien an der ungarisch-österreichischen Grenze von Detlevs Moped „runtergeschossen" worden.[699] Wie es wirklich war, ahnte damals im Freundeskreis niemand.

Etwa zur selben Zeit, als Andreas Stützer und Detlev Heiner zur letzten Ruhe gebettet wurden, machten sich in Ost-Berlin – wie in jedem Jahr – die Mitglieder der Operativgruppe der HA VI für ihren Saisoneinsatz in der Volksrepublik Bulgarien bereit. Lotter konnte auf die gleiche Truppe wie im Vorjahr zurückgreifen. Lediglich bei den Damen im Operativgruppenbüro gab es einen Wechsel. Nicht mehr mit der von der Partie war neben einer der Schreibkräfte auch der OibE Hauptmann Fritz Tholl, der in dieser Saison legendiert als Reisebüro-Repräsentant an die jugoslawische Adria entsandt wurde. Jugoslawien entwickelte sich – wie man nun auch im MfS zu erkennen begann – mehr und mehr zu einem unkalkulierbaren Schlupfloch durch den Eisernen Vorhang. Diesem Umstand musste mit erhöhter Aufmerksamkeit begegnet werden.

Während Tholl ins Nachbarland umzog, wurde die Operativgruppe des MfS durch den Botschafts-OibE, Major Krusch verstärkt, neben Lotter und Strauch der dritte hauptamtliche Stasi-Diplomat in der Volksrepublik. Krusch, der schon seit 1979 in der Botschaft arbeitete, war vorrangig für Fragen der Spionageabwehr zuständig. Als der 36-jährige Lothar Bader aus dem „Ländersektor VRB" im MfAA 1980 als Erster Sekretär an die DDR-Botschaft nach Sofia versetzt wurde, hatte er sich bei Krusch – der ihm als erfahrener langjähriger Mitarbeiter des MfS und dortiger Beauftragter avisiert wurde – mit einem „Gruß von Micha aus Berlin" zu melden. Er werde mit ihm in Sofia die „konkrete Auftragspalette" durchsprechen.[700]

1980 stand vor allem die Beobachtung des langjährigen Leiters der Wirtschaftspolitischen Abteilung der DDR-Botschaft auf Kruschs „Auftragspalette". Der von ihm zu beobachtende Diplomat pflegte nicht nur Verbindungen zu zwei Mitarbeitern der bundesdeutschen Botschaft, sondern schien auch die Amerikaner zu interessieren. Dabei stand der 52-jährige Friedhelm M. selbst viele Jahre als inoffizieller Mitarbeiter in Diensten des DDR-Geheimdienstes. Bemerkenswert ist vor allem, wie der DDR-Geheimdienst zu dem Verdacht gegen den treuen Genossen kam. Der

699 Telefonisches Interview mit Mirko Busch, 23.04.2006.
700 Archivierter IM-Vorgang: BStU MfS AIM 7484/91, Bd. 1, S. 58.

entscheidende Tipp kam vom bulgarischen Staatssicherheitsdienst – mit dessen II. Hauptverwaltung das MfS eine enge Zusammenarbeit hinsichtlich der gemeinsamen Bearbeitung im Verdacht der Feindtätigkeit stehender Personen pflegte.

Die Männer vom Sofioter Innenministerium hatten ein Gespräch innerhalb der bundesdeutschen Botschaft belauscht, bei dem sich Friedhelm M. verdächtig gemacht hatte, Dienstgeheimnisse – oder das, was das MfS dafür hielt – Preis zu geben. Das Bulgarische Innenministerium legte dem MfS ein Gesprächsprotokoll vor, das Lotter seinerseits in „legalisierter Form" dem Leiter der Handelspolitischen Abteilung der DDR-Botschaft zur Prüfung gab, um den Geheimhaltungsgrad der darin von den Bulgaren abgehörten Informationen einzuschätzen.

Aus dem Aktenstück über den Vorgang, der beim MfS als OV „Spitzer" geführt wurde, ergibt sich, dass Mitarbeiter des bulgarischen Geheimdienstes damals nicht nur die Botschaft der Bundesrepublik Deutschland, sondern auch die Dienstwohnungen westdeutscher Diplomaten verwanzt hatten. Als ungünstig für den DDR-Diplomaten und IM der HA XVIII erwies sich auch der Umstand, dass ihn eine westdeutsche Diplomatin in Telefonaten mit einem Mitarbeiter der Schweizer Botschaft als „Quelle", der „gute M." und „M. ist ein Freund von uns" bezeichnet hatte. Nachdem sich dann auch noch ein US-Vizekonsul und der Politische Sekretär mit ihm zum Mittagessen im Restaurant des Sofioter Nobelkaufhauses „ZUM" verabredeten, war der Mann sozusagen erledigt, obwohl die Ermittlungen gegen ihn schließlich mit einer Nichtbestätigung des Spionageverdachts abgeschlossen wurden. Was er ausgeplaudert hatte, betraf lediglich sicherheitspolitische Interessen der Bulgaren, nicht aber der DDR. Ob der Westen tatsächlich ohne ihn nicht herausgefunden hätte, dass die Tochter und mutmaßliche Amtsnachfolgerin des bulgarischen Diktators Todor Shivkov bereits seit vier Monaten heimlich geschieden war, ohne dass die bulgarische Öffentlichkeit etwas davon ahnte, sei dahingestellt. Es mangelte tatsächlich nicht an Geheimnissen in der Volksrepublik. Auf Wunsch der Bulgaren wurde M.s Einsatz in der Volksrepublik deshalb unter dem Vorwand gesundheitlicher Probleme schließlich vorzeitig beendet.

Dass westliche Medienberichte über inhaftierte DDR-Flüchtlinge nicht immer nützlich waren, sondern den Betroffenen unter bestimmten Umständen erheblich schaden konnten, wird am Fall der 24-jährigen Ost-Berlinerin Doris W. deutlich, die am 9. Juli 1980 in einem Sofioter Hotelzimmer von bulgarischen Sicherheitskräften festgenommen wurde. In Begleitung der jungen Frau befand sich ein 17-jähriger Jugendlicher aus dem brandenburgischen Grünheide, dessen Eltern im Vorjahr die Flucht über Jugoslawien geglückt war und der nun zu ihnen nach Stuttgart wollte.

Die Eltern von Doris W. hatten sich scheiden lassen, der stark sehbehinderte Vater und der Bruder waren 1974 und 1977 aus Ost-Berlin legal nach West-Berlin umgesiedelt. Die junge Frau wollte so rasch wie möglich wieder mit ihnen zusammen sein, zumal die beiden sie auf Betreiben der Stasi nicht besuchen durften. Nachdem die Kreisdienststelle Berlin-Treptow des MfS bereits im Vorfeld über die Fluchtabsicht von Doris W. Bescheid wusste und gleich mehrere Dienststellen mit deren Verfolgung beauftragte, war die Festnahme nur eine Frage der Zeit. Obwohl die Abteilungen VIII und IX des MfS Berlin, die BKG, die ZKG und die HA VI – unter anderem in Person des langjährigen ehemaligen Mitglieds der bulgarischen Operativgruppe, Hauptmann Jürgen Rambaum (jetzt BKG), mit dem Fall betraut waren[701], gelang es den beiden schon in der DDR zur Intensivkontrolle/Festnahme/Zuführung zur Abteilung IX ausgeschriebenen jungen Leuten mit gültigen Reisepapieren über Schönefeld nach Sofia zu kommen.

In Sofia stiegen die beiden jungen Leute im Hotel „Pliska" am Lenin-Boulevard ab, um sich mit Doris Vater zu treffen, während Doris Bruder aus Westdeutschland die Rettung seiner Schwester und des Jugendlichen zu steuern versuchte. Ob dabei auch die Hilfe einer kommerziellen Fluchthilfeorganisation in Anspruch genommen wurde, wie Oberrichterin Gerda Klabuhn später in ihrem Urteil gegen Doris W. strafverschärfend vermerken ließ, scheint in der Rückbetrachtung äußerst fragwürdig. Denn die Versuche, mit falschen Pässen über die griechische Grenze (im Taxi nach Petritsch) bzw. durch erst geplante und dann wieder abgesagte Flüge über Budapest in den Westen zu gelangen, waren komplett amateurhaft organisiert. Und dass, während die Operativgruppe des MfS unter Major Lotter in Kooperation mit dem bulgarischen Geheimdienst nur auf den richtigen Festnahmezeitpunkt lauerte. Umso bemerkenswerter ist, dass ihnen der mehrere Tage als Fluchthelfer in Bulgarien anwesende Vater letzten Endes ebenfalls entging, weil man den Festnahmezeitpunkt zu weit hinausgeschoben hatte.

Nachdem man die beiden jungen Leute wieder in die DDR zurückgeschafft hatte, wurde Doris W. am 15. Dezember 1980 durch das Stadtgericht Berlin wegen „landesverräterischer Agententätigkeit in Tateinheit mit mehrfach teilweise in schwerem Fall versuchtem ungesetzlichen Grenzübertritt" zu einer dreijährigen Haftstrafe verurteilt.[702] Schon dieses Urteil war kaum mit den geltenden Vorschriften in der DDR in Übereinstimmung zu bringen – Doris W. wurde zusätzlich bestraft, weil sich ihr Vater und ihr Bruder für ihre Flucht eingesetzt hatten. Normalerweise hätte die junge Frau aber auch nach diesem besonders harten Urteil nach etwa eineinhalb Jahren mit der Begnadigung rechnen können.

Doch weil sich ihr Bruder und ihr Vater vehement mit zahllosen Demonstrationen am „Checkpoint Charlie"[703], mit Briefen an DDR-Innenminister Dickel,

---

701 Archivierter Untersuchungsvorgang: BStU MfS AU 7752/81, Bd. 1, S. 29.
702 Archivierter Untersuchungsvorgang: BStU MfS AU 7752/81, Bd. 3, S. 69–77.
703 Auch sie sind Opfer der Mauer. In: „B.Z." (Berlin) vom 13.08.1980, S. 1.

Flugblattaktionen, Unterschriftenlisten und offenen Briefen massiv für ihre Freilassung einsetzten[704], schaltete das SED-Regime auf stur. Zumal diese Aktionen durch die West-Berliner „Gesellschaft für Menschenrechte" organisiert wurden, die in Ost-Berlin als „Feindorganisation" erster Güte galt, und der Fall W. obendrein in mehreren Artikeln durch den als Regimegegner geltenden Lutz-Peter Naumann vom „Axel-Springer Inlandsdienst" (ASD)[705] thematisiert wurde, musste sie ihre Strafe entgegen aller sonstigen Gepflogenheiten fast bis zum letzten Tag im berüchtigten Frauengefängnis Hoheneck absitzen. Erst im Juni 1983 durfte sie schließlich in die Bundesrepublik ausreisen.[706]

Während Veröffentlichungen in West-Medien normalerweise eine günstige Wirkung auf das Schicksal der Verurteilten hatten, bewirkte die Kombination aus GfM und Springer-Presse im Fall W. also genau das Gegenteil.

Dass das Fluchtproblem im Vergleich zu den Vorjahren nicht an Bedeutung verloren hatte, zeigt das Beispiel des damals 20-jährigen Ansgar Keller aus Leipzig, der gemeinsam mit drei Freunden bereits seit mehr als einem Jahr aus Unzufriedenheit über die politische und gesellschaftliche Situation in der DDR einen Fluchtplan via Bulgarien geschmiedet hatte.[707] Die vier jungen Leute waren im Sommer 1980 als Rucksacktouristen in die Volksrepublik gekommen. Ihr Plan bestand darin, im Gebiet südöstlich von Smolyan zu Fuß über die grüne Grenze nach Griechenland zu gelangen. Nachdem sie nach längerer Wanderung in einem winzigen Dorf innerhalb der Sperrzone um Lebensmittel baten, dauerte es nicht lange, bis sie – von den freundlichen Dorfbewohnern über ein im Ort befindliches Telefon denunziert – mitten auf einer Straße gehend von einem Jeep mit einer schwer bewaffneten Alarmgruppe der bulgarischen Grenztruppen gestellt wurden. Das hat ihnen vermutlich das Leben gerettet, zumindest aber hat es sie vor Schussverletzungen geschützt. Die beiden Soldaten seien sofort herausgesprungen und hätten ihre Kalaschnikows durchgeladen, erinnert sich Ansgar Keller, bevor man sie im Jeep zur nächst gelegenen Zastava schaffte. Dort wurde ihr Gepäck durchsucht, wobei es Keller gelang, eine Landkarte schon vorher verschwinden zu lassen und einen Kompass bei der späteren Gepäckkontrolle so über den Tisch zu schieben, dass ihn die Bulgaren nicht bemerkten.

---

704   West-Berliner bietet sich DDR-Justiz als Ersatzhäftling an. In: Reuters, 10.12.1982.
705   Vgl.: Appelius, Stefan: Axel Springers Agentur für ergänzende Informationen und geheime Hintergrundberichte. In: Zeitschrift des Forschungsverbund SED-Staat, Nr. 36 (2014), S. 137 ff.
706   Doris W. nach DDR-Haft jetzt in der Bundesrepublik. In: DPA, 30.06.1983.
707   Der folgende Abschnitt ist eine kurze Zusammenfassung des Berichts „Mehr Glück als Verstand – Bulgarien/mittlere Rhodopen, Sommer 1980" von Ansgar Keller, verfasst etwa 2006, Kopie AdA.

Die Jugendlichen tischten den Soldaten eine Geschichte auf, nach der sie zum Wandern in die Volksrepublik gekommen seien. In Schulrussisch erklärten sie dem Vernehmer, Bulgarien sei sehr schön, bulgarische Mädchen auch und das bulgarische Bier sehr gut. Eine Antwort, die in Bulgarien bis heute gern gehört wird. Nachdem sie auf die Frage, wie weit sie glaubten, von der Grenze entfernt zu sein, mit voller Überzeugung „fünfzig bis siebzig" statt „fünf bis sieben" Kilometer erwiderten, ließ man sie einige Stunden später gehen. Mit der Auflage, mit dem nächsten Bus sofort bis nach Smolyan zu fahren und sich schleunigst aus dem Sperrgebiet zu entfernen. Was die jungen Männer auch taten. Nachdem sie ihre restlichen Ferien am Schwarzen Meer verbrachten, reisten sie in die DDR zurück, ohne von den dortigen Behörden in der Sache weiter behelligt zu werden.

Hundegebell und Schüsse

Im gleichen Grenzabschnitt, nur wenige Kilometer westlich, ereignete sich im August 1980 ein weiterer, allerdings ungleich dramatischerer Zwischenfall.[708] Der 20-jährige Elektromonteur Olaf Hetze aus Dresden und seine 22-jährige Freundin Barbara hatten ihre Ferien mit dem Trabbi am Schwarzen Meer verbracht. Das Pärchen hatte beschlossen, über die vermeintlich weniger stark gesicherte bulgarisch-griechische Grenze in den Westen zu gehen, da sie sich in der Bundesrepublik bessere Zukunftsperspektiven versprachen und nicht länger in einem Staat leben wollten, den sie als großes Gefängnis ohne Aussicht auf Freiheit empfanden. Zuvor waren beide bereits von einem Kontrollposten im Raum Mitschurin beim Versuch, sich der türkischen Grenze zu nähern, wieder ins Landesinnere zurückgeschickt worden. Anschließend hatten sie sich ein Fernglas und einen Kompass besorgt und waren im Raum Zlatograd auf die griechische Grenze zugefahren, wurden jedoch erneut von einem Kontrollposten zurück ins Landesinnere geschickt. Stattdessen fuhren sie jedoch in Richtung Rudozem, um von dort aus einen weiteren Versuch zu unternehmen. Rudozem, weil sie fälschlicherweise glaubten, dass sich dort eine Grenzübergangsstelle nach Griechenland befände und dass es in der Nähe dieser vermeintlichen Grenzübergangsstelle keine Minen oder Selbstschussanlagen geben würde. Nachdem sie ihr Auto im Ort abgestellt hatten, brachen die beiden mit dem Rucksack zu Fuß in Richtung Grenze auf, nicht ahnend, dass sie sich in einer besonders gefährlichen Gegend befanden.

---

708 Vgl. auch – trotz der falschen Angabe des Jahres und sachlicher Fehler im Text: Kahlweit, Cathrin: An der Grenze des Lebens. In: „Süddeutsche Zeitung" (München) vom 17.05.2010, Online-Version: http://www.sueddeutsche.de/politik/ddr-geschichte-ander-grenze-des-lebens-1.220403, abgerufen am 03.10.2015.

Schlimmstenfalls, so glaubten sie, drohte ihnen der befristete Aufenthalt in einem richtigen Gefängnis – dann aber mit der Option auf einen Freikauf.

Nachdem sie die Grenzsignalanlage erreicht und den auf sie morsch wirkenden Zaun – nach stundenlanger genauer Beobachtung der Umgebung – mittels einer Kombizange erst durchtrennt und dann durchkrochen hatten, glaubten sie bereits, das Schlimmste hinter sich zu haben. Während sie sich vorsichtig in Richtung Süden bewegten, fühlten sich die beiden jungen Leute bereits einigermaßen in Sicherheit, als sie plötzlich aus der Dunkelheit Hundegebell und keuchendes Atmen hörten – und zwar genau aus der Richtung, wo sie den Zaun überquert hatten. Um die weit entfernten Verfolger und den Spürhund abzuschütteln, liefen die beiden ein Stück durch einen Bach. Dann wurde plötzlich das Feuer auf sie eröffnet, erinnert sich Barbara Hetze: „Es waren sicherlich nur hundertstel Sekunden, die ich in Zeitlupe miterlebte. Knall, Zischen, rechts an meinem Ohr vorbei, Knall, durch übernatürliche Kräfte werde ich um 180 Grad herumgerissen und sehe nun das Mündungsfeuer am gegenüberliegenden Hang – dumpfer Einschlag über mir."[709]

Die junge Frau brach mit einem Lungenstreifschuss und einer Kugel in der rechten Schulter schwer verletzt zusammen. Als die Alarmgruppe bei ihr eintraf, wurde sie von den durchweg schmächtigen, sehr jungen Grenzern in ein nahegelegenes Bauernhaus geschafft, notdürftig verbunden und dann in einem Militärjeep ins Krankenhaus nach Rudozem transportiert, wo die Schussverletzung zunächst einmal zugenäht wurde. Gleich im Anschluss ging es per Jeep in Höchstgeschwindigkeit ins Bezirkskrankenhaus nach Smolyan, wo die junge Frau noch in derselben Nacht stundenlang operiert wurde und anschließend für mehrere Wochen auf der Intensivstation verblieb. Bei ihrer ersten Vernehmung durch einen Mitarbeiter des MWR erklärte Barbara Hetze, dass die Grenzer ohne Warnruf das Feuer eröffnet hätten, was man ihr nicht glaubte. Anschließend fuhr man auch sie am 2. September 1980 in einem Pkw der staatlichen Organe nach Sofia („Am Armaturenbrett hing ein Bild von Stalin"[710]), wo sie ins Militärkrankenhaus verlegt wurde –, den Ort, an dem Andreas Stützer und Detlef Heiner wenige Monate zuvor obduziert worden waren.

Olaf Hetze hatte man zwischenzeitlich bereits ins Untersuchungsgefängnis des bulgarischen Staatssicherheitsdienstes nach Sofia geschafft, wo er auf den Stasi-Major Manfred Setzepfandt stieß, den Offizier für Sonderaufgaben aus der Hauptabteilung IX/10, der den Fall für die spätere Verurteilung der beiden jungen

---

709   Barbara Hetze (München), Manuskript „Rudozem" (1982), S. 11, Kopie in: AdA.
710   Ebd., S. 15.

Leute in der DDR vorzubereiten hatte.[711] Dass die DDR-Botschaft in Sofia – entgegen den Erinnerungen von Botschafter Schmidt – auch weiterhin direkt mit der Bearbeitung der betreffenden Fälle befasst war, belegt auch eine Aussage von Barbara Hetze, die schon nach zwei Tagen[712] aus ihrer Zelle im Militärkrankenhaus („ein elendes Dreckloch") von einem Botschaftsmitarbeiter abgeholt und zum Flughafen gebracht wurde. Dort sah sie einen Bus auf dem Rollfeld, aus dem „brav in Gänsereihe"[713] neun junge Leute und ihr Freund Olaf ausstiegen. Sie gingen mit ihren Bewachern in Handschellen an Bord einer Sondermaschine des MfS. Als Barbara Hetze schließlich an Bord Platz nahm, mit einer MfS-Bewacherin an ihrer Seite, sah sie noch eine andere junge Frau, die man ebenfalls festgenommen hatte. Es war die 20-jährige Ökonomie-Studentin Jana B.* aus Gotha, die gemeinsam mit ihrem Freund mit einem Faltboot mit Außenbordmotor versucht hatte, über das Schwarze Meer in die Türkei zu gelangen. Nachdem ihr Motor nach zweistündiger Fahrt ausgefallen war, hatten sie sich zurück an Land treiben lassen, wo sie von bulgarischen Sicherheitskräften festgenommen wurden.

Von Schönefeld mit dem Barkas ins Haftkrankenhaus des MfS in Hohenschönhausen transportiert, erfreute sich die junge Frau nach den katastrophalen Haftbedingungen in der Volksrepublik an den großen, hellen und vor allem sauberen Zimmern, dem weißen, weichen Bett und nicht zuletzt über Wurst- und Käseschnitten, „mit Gurkenscheiben und Petersilie garniert": „Sofort musste ich an zu Hause denken, es schossen die Tränen hervor."[714]

Vom Kreisgericht Dresden wegen „versuchten ungesetzlichen Grenzübertritts im schweren Fall" zu je zwei Jahren und fünf Monaten Gefängnis verurteilt, gelangte das Paar schließlich im Herbst 1982 per Freikauf in die Bundesrepublik.[715] Vergessen haben sie die Ereignisse in Bulgarien aber nicht: „Die Geschichte schlummert noch immer tief im Inneren und wird wohl auch ein Leben lang nicht vergessen werden können. Ich habe die Situation noch sehr deutlich vor Augen, als meine (jetzige) Frau vor mir auf dem Boden lag mit dem riesigen Ausschussloch in der Brust und ich hilflos versuchte, die Blutung zu stoppen, bis die ‚Grenzschützer' endlich kamen. Ich hatte dann die Pistole des Anführers an der Schläfe, wurde als Nazi beschimpft und schließlich durch Bisse eines mitgeführten Grenzhundes ‚außer Gefecht' gesetzt."[716]

711 Archivierter Untersuchungsvorgang: BStU MfS BV Dresden AU 388/81, Bd. 1, S. 12.
712 Zentrale Koordinierungsgruppe des MfS: BStU MfS ZKG 6300, S. 20.
713 Barbara Hetze (München), Manuskript „Rudozem" (1982), S. 17, Kopie in: AdA.
714 Ebd., S. 20.
715 Hauptabteilung IX (Untersuchungsabteilung): BStU MfS HA IX 18205, S. 135.
716 E-Mail Olaf Hetze (München) vom 09.06.2006 an den Verfasser.

Bleibende Erinnerungen aus Bulgarien hat auch Robert W.*.[717] Der 26-jährige Ingenieur für Bauwesen versuchte sein Glück im September 1980 an der bulgarisch-jugoslawischen Grenze. Er hatte bereits im letzten Jahr seines Studiums beschlossen, dass er nicht in der DDR bleiben wollte. Da ihm die deutsch-deutsche Grenze unüberwindbar erschien, versuchte W.*, dem in der bundesdeutschen Botschaft in Prag ein Reisepass ausgestellt worden war, sein Glück in der Volksrepublik. Die Festnahme des jungen Mannes verlief völlig unspektakulär. Die Besatzung eines offenen Jeeps habe ihn noch außerhalb der Sperrzone kommentarlos eingesammelt und zur nächstgelegenen Polizeistation transportiert. Unangenehm sei es erst geworden, als sie bei einer Leibesvisitation neben seinem DDR-Ausweis auch das grüne bundesdeutsche Papier sowie 100 jugoslawische Dinar und 140 West-Mark in seinem Reisegepäck entdeckten. Nachdem er gestanden hatte, zwangen ihn die Grenzer brutal zur Unterschrift unter ein bulgarisches Schriftstück, dessen Inhalt man ihm nicht übersetzte.

Wenig später fand sich W.* in einer nahe gelegenen Zastava in einer primitiven Zelle wieder, in der es bereits viele deutsche Wandinschriften gab. Nachdem man ihn in die Untersuchungshaftanstalt des bulgarischen Staatssicherheitsdienstes nach Sofia geschafft hatte, lernte er einen etwa 40-jährigen Mann kennen, der Ferien in Achtopol gemacht hatte und mit dem Taxi aus Neugier in Richtung der türkischen Grenze gefahren war. Er und sein Begleiter wurden am Kontrollposten zum Sperrgebiet aus dem Taxi geholt und verhaftet, obwohl sie gar nicht fliehen wollten, wie ihm jener Karsten glaubwürdig berichtete.

Die Haftbedingungen in der fensterlosen Zelle, in der Tag und Nacht eine Glühbirne brannte, seien grenzwertig gewesen, erinnerte sich W.* im Gespräch mit dem Verfasser: Von 5 Uhr morgens bis 21 Uhr abends war es den Gefangenen verboten, sich hinzulegen, für die Notdurft gab es einen Eimer. Nachdem auch sein Fall in Sofia durch den Stasi-Untersuchungsführer Major Setzepfandt zur Verurteilung vorbereitet worden war, wurde W.* vom Kreisgericht Leipzig zu „nur" einem Jahr und acht Monaten Gefängnis verurteilt, wodurch er bereits im Oktober 1981 per Freikauf in die Bundesrepublik gelangte.[718] Auch in dieser Beziehung hatte er Glück, zumal man in seinem Gepäck auch einen Kompass entdeckt hatte, der in Kombination mit dem westdeutschen Ausweis anderenorts in der DDR vermutlich zu einem höheren Strafmaß geführt hätte. Entscheidend dürfte aber der Pass gewesen sein, meint W.*: „Das war in den vier Monaten der Untersuchungshaft das große Thema, bis in alle Details."[719]

717 Interview mit Robert W.* (Berlin), 23.11.2007.
718 Archivierter Untersuchungsvorgang: BStU MfS BV Leipzig AU 211/81.
719 E-Mail Robert W.* (Berlin) vom 18.10.2015 an den Verfasser.

Wie viel Glück Robert W.* hatte, zeigt auch der Fall des 20-jährigen Kraftfahrers Mark R.* aus Ost-Berlin, der am 14. September 1980 bei der Einreise nach Bulgarien festgenommen wurde, weil er sich bei der Einreise aus Rumänien mit einem Reisedokument mit Passfoto ausgewiesen hatte, das er von der bundesdeutschen Botschaft in Bukarest erhalten hatte. Mark R.* hatte von einem Freund namens „Matten-Mischa" erfahren, dass ein junger DDR-Bürger, der angeblich nach dem gleichen Schema in Budapest zu einem westdeutschen Reisepass gelangt war, nach kurzer Haft in die Bundesrepublik abgeschoben wurde. Dieses Risiko schien kalkulierbar zu sein. Zur Herausgabe eines Reisepasses an DDR-Bürger waren die westdeutschen Botschaftsmitarbeiter laut Grundgesetz verpflichtet. Mark R.*, der sich als DDR-Bürger vorstellte, der nicht zurückkehren wolle, erhielt in der westdeutschen Konsularabteilung in Bukarest die Auskunft, dass er ohne ein Visum und entsprechende Stempel mit dem fraglichen Dokument weder nach Jugoslawien und erst recht nicht in die Türkei gelangen würde. Der Mitarbeiter des Konsulats sagte ihm, er habe Kenntnis von ostdeutschen Donauschwimmern und versuchten Pkw-Fluchten. Diese Unternehmungen hätten „alle" mit der Festnahme geendet. Aber von der ungünstigen Prognose wusste R.* ja auch schon von „Matten-Mischa". R.* hielt an seiner Bitte fest und erhielt, nachdem er drei Passbilder hatte abgeben müssen, das gewünschte Dokument, auf seinen richtigen Namen, und zwar mit dem Wohnsitz seiner in der Bundesrepublik lebenden Tante. Nachdem R.* sich noch einige Tage im rumänischen Badeort Mamaia aufgehalten hatte, fuhr er im Opel „Manta" eines westdeutschen Urlaubsbekannten an der rumänisch-bulgarischen Grenzübergangsstelle Mangalia vor. Während er sich auf rumänischer Seite als DDR-Bürger auswies, legte er auf der bulgarischen Seite das bundesdeutsche Dokument ohne Stempel und Visa vor, was zu seiner sofortigen Festnahme führte. Offenbar hatte er geglaubt, die Bulgaren würden bei einem West-Auto mit echtem westdeutschen Fahrer, zumal es sich ja um eine Einreise in die Volksrepublik handelte, nicht so genau hinsehen. Nachdem man in seiner Gesäßtasche den DDR-Ausweis gefunden hatte, war der Fall für Mark R.* erledigt. Der „Manta"-Fahrer wurde hingegen lediglich ausgewiesen.

Nach seiner Festnahme sagte Mark R.* aus, Bekannte hätten ihm erzählt, er könne in West-Berlin mit einer ärztlichen Bescheinigung erst mal sechs Monate lang monatlich 1 500 DM Unterstützung beziehen, ohne arbeiten zu müssen. Man habe als Flüchtling auch die Chance, einen sehr guten staatlichen Kredit zu erhalten. Bekannte von ihm erzählten sich außerdem, DDR-Flüchtlinge erhielten angeblich vier Freiflüge jährlich in die Bundesrepublik, um der drohenden Festnahme auf der innerdeutschen Transitstrecke zu entgehen. Es war eine Mischung aus Wunschdenken und Wahrheit.

Wie sehr die DDR-Behörden fürchteten, über die an DDR-Bürger ausgestellten westdeutschen Reisepässe womöglich vor der Entstehung einer Fluchtlawine zu stehen, wird an zwei Punkten deutlich. Zum einen wurde das Urteil gegen Mark R.* vom Obersten Gericht der DDR gefällt. Es wurde mit „landesverräterischer Agententätigkeit in Tateinheit mit versuchtem ungesetzlichen Grenzübertritt in schwerem Fall" überdurchschnittlich hoch mit drei Jahren und sechs Monaten Gefängnis angesetzt, von denen er bis zu seinem Freikauf in die Bundesrepublik 18 Monate absitzen musste.[720] Das ist umso bemerkenswerter, weil R.* in erster Instanz vom Bezirksgericht Neubrandenburg noch wegen „mehrfacher landesverräterischer Agententätigkeit in Tateinheit mit versuchter rechtswidriger Nichtrückkehr" verurteilt worden war. Bemerkenswert ist aber auch, dass sich die Bezirksstaatsanwaltschaft in ihrem Plädoyer ausdrücklich auf den Geist der KSZE-Schlussakte berief, dem die Praxis von „BRD-Botschaften" widerspreche, „Staatsbürger der DDR als BRD-Staatsbürger in Anspruch zu nehmen".[721]

Private Fluchthilfe spielte auch eine Rolle im Fall zweier junger Frauen aus Ost-Berlin, die am 11. August 1980 auf dem Flughafen Varna verhaftet wurden, als sie eine Linienmaschine nach Düsseldorf besteigen wollten.[722] Der westdeutsche Freund einer der beiden Frauen hatte die Tickets besorgt, die im Transitraum vertauscht werden sollten. Der wenig spektakuläre Fall hatte insoweit ein untypisches Nachspiel, als es bundesdeutschen Behörden im November 1981 in Essen gelang, einen bulgarischen Reiseleiter namens Dimitar Manolov festzunehmen, der beschuldigt wurde, die beiden 22-jährigen Frauen bei den staatlichen Organen denunziert zu haben. Der 30-jährige Bulgare, der auch für mehrere westdeutsche Reiseunternehmen tätig war, gestand, als inoffizieller Mitarbeiter unter dem Decknamen „Jevgenij" bereits seit 1975 für den bulgarischen Geheimdienst tätig gewesen zu sein, woraufhin ihn die Generalbundesanwaltschaft vor dem 5. Senat des Oberlandesgerichts in Düsseldorf wegen Spionage anklagte.[723] Es war eine juristisch fragwürdige Vorgehensweise, da dem Bulgaren lediglich nachgewiesen werden konnte, vom westdeutschen Freund einer der verhafteten Frauen 10 000 DM für die Unterstützung seines Fluchtplans erhalten zu haben. Bei der ostdeutschen Spionageabwehr wertete man den Fall Manolov hingegen als

---

720 Archiviertes Material zu einer KK-erfassten Kriminalpolizeilichen Kontaktperson: BStU MfS Berlin AKK 0533/89.
721 Archivierter Untersuchungsvorgang: BStU MfS AU 6635/82, Bd. 6, S. 157.
722 Archivierter Untersuchungsvorgang: BStU MfS BV Schwerin AU 185/81.
723 10 000 DM für Verrat des DDR-Fluchthilfeplans – Bulgarischer Reiseleiter soll jahrelang Westtouristen am „Goldstrand" ausspioniert haben, DDP 19.10.1982.

gezielten Versuch, Bulgarien als Reiseland zu diskreditieren.[724] Eine Einschätzung, die im Rückblick als abwegig eingestuft werden kann. Wer in dieser Periode – Anfang bzw. Mitte der 1980er Jahre – von der anderen Seite als Spion eingestuft und angeklagt wurde, musste zumindest im Osten mit drakonischer Bestrafung rechnen, wie auch der Fall des West-Berliners Bernd Ohnesorge[725] belegt, eines Sozialhilfeempfängers, der vom amerikanischen Militärgeheimdienst nach Bulgarien geschickt wurde und der nach seinem Überlaufen zum Gegner erst vom bulgarischen Geheimdienst angeworben und kurz darauf, als die Bulgaren nicht mehr länger an seine Geschichte glaubten, zu einer 15-jährigen Zuchthausstrafe verurteilt wurde. Zuvor hatte man zwei Telefonnummern der Amerikaner und einen präparierten Kugelschreiber bei ihm entdeckt.[726] Ohnesorge, der zum Zeitpunkt seines „Überlaufens" völlig pleite war und in der Bundesrepublik behördlich gesucht wurde, hatte sich beim ZK der BKP als Mitglied der „Baader-Meinhof-Gruppe" ausgegeben[727].

Ohne Festnahme verlief eine Episode, die sich an einem Zeltplatz an der südlichen Schwarzmeerküste zutrug.[728] Der bulgarische Kellner Stephan Naidenov, der fließend Deutsch sprach, lernte in jenem Sommer zwei Jungen und ein Mädchen aus der DDR kennen („das Mädchen war eine Schönheit und hieß Petra"), die ihm eines Abends anvertrauten, dass sie über die Grenze in die Türkei fliehen wollten. Der große Umweg habe ihn erstaunt, erinnert sich Naidenov, über Bulgarien und die Türkei in den Westen zu fliehen, wo es doch von der DDR in die Bundesrepublik viel kürzer wäre. Knapp zehn Tage lang habe er ihnen das Vorhaben ausgeredet, weil die bulgarisch-türkische Grenze sehr streng bewacht wurde und weil sie bei ihrem Fluchtversuch ebenso an der innerdeutschen Grenze ums Leben kommen könnten.

Dagegen landete der 20-jährige spätere Pressefotograf York M. aus Leipzig im Sommer 1980 nach einem Fluchtversuch im Untersuchungsgefängnis des bulgarischen Staatssicherheitsdienst in Sofia. M. erklärte in seiner Vernehmung, davon zu träumen, sein Hobby, das Bergsteigen, auch einmal in den Alpen ausüben zu können: „Meine Vorstellungen vom Leben gehen dahin, dass ich nicht mein ganzes Leben hinter der Hobelbank stehen will und immer die gleiche Arbeit mache, dass ich Jahr für Jahr sparen muss, um mir mal was leisten zu können, dass ich nur einmal im Jahr für drei Wochen Urlaub nehmen kann und dann noch

---

724 Hauptabteilung II (Spionageabwehr): BStU MfS HA II 30143.
725 Allgemeine Personenablage: BStU MfS AP 6796/67.
726 Hauptabteilung II (Spionageabwehr): BStU MfS HA II/ 10/887, S. 205 f.
727 Hauptabteilung XXII (Terrorabwehr): BStU MfS HA XXII 19688.
728 E-Mail Alexander Popov vom 20.05.2006 an den Verfasser.

höchstens nach Bulgarien reisen darf." M. und ein 21-jähriger Freund waren von den staatlichen Organen an der Grenzübergangsstelle Kalotina beim Versuch entdeckt worden, unbemerkt nach Jugoslawien zu gelangen, und zwar in einem „Skania"-Lastzug aus Österreich.

Dass sich Jahr für Jahr eine nennenswerte Anzahl von gut ausgebildeten, jungen DDR-Bürgern trotz des enormen Risikos dazu entschied, über die verlängerte Mauer in den Westen zu fliehen, blieb natürlich auch den Mitgliedern der Operativgruppe des MfS nicht verborgen, zu deren Schwerpunktaufgaben auch 1980 im „effektiven, kameradschaftlichen Zusammenwirken mit dem bulgarischen Sicherheitsorgan" die „allseitige Aufdeckung von Ursachen und begünstigenden Bedingungen zu Straftaten gemäß § 105 [Staatsfeindlicher Menschenhandel] und § 213 StGB [Ungesetzlicher Grenzübertritt] und anderer Staatsverbrechen"[729] zählten. Möglicherweise begann Major Lotter in seinem fünften Einsatzjahr in der Volksrepublik klar zu werden, dass die „politisch-operative Sicherungsarbeit" des MfS nicht genügte, um die Problematik einzudämmen, zumal die Unzufriedenheit mit den Lebensverhältnissen in der DDR nicht nachzulassen schien und offensichtlich weite Bereiche der Bevölkerung betraf. Das zeigte sich Ende Mai 1980, als man an der jugoslawischen Grenze, nur etwa 50 Meter vor der Grenzsignalanlage, einen 44-jährigen Diplom-Ingenieur aus Berlin-Pankow und seine 40-jährige Partnerin, die in der Abteilung Planung und Statistik beim Rat der Stadt Jena beschäftigt war, verhaftete. Nicht nur, dass die beiden deutlich oberhalb der üblichen Altersgrenze fluchtbereiter DDR-verdrossener Bürger lagen, sie hatten sich auch erst zwei Monate zuvor durch eine Heiratsanzeige kennengelernt. Aber selbst diese kurze Zeit reichte offenbar aus, um gemeinsame Fluchtpläne in den Westen zu schmieden.

Obwohl sich im Tourismus aus den sozialistischen Ländern eine rückläufige Tendenz abzeichnete, weil „Balkantourist" vor allem an devisenbringenden Westurlaubern interessiert war, und weil 1979/80 vollzogene, teils saftige Preiserhöhungen in gastronomischen Einrichtungen auch Individualtouristen abschreckten, schlug sich dieser Rückgang nicht in der Zahl der Fluchtversuche nieder. Ganz im Gegenteil: Diese stieg sogar an.[730] Was Lotter dazu anregte, seinen Dienstherren in Ost-Berlin ans Herz zu legen, die „vorbeugende inoffizielle Arbeit zur Verhinderung dieser Straftaten" schon in der DDR zu verstärken. Sie sei „noch zu wenig ausgeprägt", bemängelte der Major.

Gleichzeitig fand Major Lotter heraus, dass die Zahl blockübergreifender Verwandtentreffen (zumeist von der westlichen Verwandtschaft bezahlt) weiter

---

729   Hauptabteilung VI (Grenzkontrollen/Reiseverkehr): BStU MfS HA VI 9931, S. 328.
730   Ebd., S. 334.

angewachsen war und – besonders beunruhigend – dass junge DDR-Bürger nach Bulgarien reisten, um dort junge Leute aus der Bundesrepublik kennenzulernen. Das konnte an der ganzen Schwarzmeerküste und auch in den übrigen Urlauberzentren jederzeit passieren, ohne dass das MfS etwas dagegen auszurichten vermochte. Besonders häufig aber geschah es im „Internationalen Jugendzentrum Georgi Dimitrov" in Primorsko, wo Jugendliche aus der Bundesrepublik sehr zu Lotters Verdruss immer wieder Diskussionen Freiheit, Reisefreiheit und Demokratie anzettelten. Jugendliche aus der DDR zogen bei solchen Begegnungen in der Regel den Kürzeren, „operativ" gefährlich waren aber vor allem jene Fälle, in denen junge Leute aus der DDR sich den westlichen Blickwinkel zu eigen machten. Dass das oft geschah, konnte Lotters Kommando unter anderem daran erkennen, dass zahlreiche DDR-Urlauber wie schon in den Vorjahren in Briefen, die sie in der Volksrepublik abschickten, entweder über die DDR herzogen oder sogar bei westlichen Stellen um Hilfe baten. Sie ahnten nicht, dass der bulgarische Geheimdienst auch die gesamte ins Ausland verschickte Post kontrollierte und verdächtige Schriftstücke direkt bei den Mitarbeitern der Operativgruppe ablieferte, die dadurch in erheblichem Maße mit „Büroarbeit" ausgelastet wurden. Ein Teil der Arbeitskapazität der Operativgruppe wurde – wie schon in den Vorjahren – auch für die Beobachtung bulgarischer Staatsbürger aufgewandt. Wobei es sich um Personen handelte, die Kontakte zu DDR-Bürgern besaßen und um deren Beobachtung das bulgarische Innenministerium gebeten hatte. Eine solche Person, die unter dem Decknamen „Techniker" bereits seit Jahren beobachtet worden war, konnte im September 1980 mit tatkräftiger Unterstützung der Operativgruppe festgenommen werden. Man warf dem Mann vor, seit Jahren Industriespionage für die Bundesrepublik betrieben zu haben.[731]

Das Verhältnis zwischen dem MfS und dem „Reisebüro der DDR" wird neu sortiert

Inzwischen machte sich bemerkbar, dass man in Ost-Berlin auf Lotters Forderung, die Zahl der IM-Repräsentanten des „Reisebüros der DDR" zu reduzieren, eingegangen war. Erstmals seit annähernd zehn Jahren waren 1980 nur noch etwa 50 Prozent der in der Volksrepublik eingesetzten Servicekräfte (Repräsentanten) des staatlichen ostdeutschen Reiseunternehmens auch gleichzeitig Mitarbeiter des MfS. Lotter forderte seine MfS-Genossen in Ost-Berlin dazu auf, an dieser Linie auch weiterhin festzuhalten. Es sei nicht erforderlich, jeden neuen Repräsentanten

---

731 Ebd., S. 341.

auch für das MfS zu rekrutieren[732], weil der Anteil der Flüchtlinge unter den Pauschaltouristen derart stark zurückgegangen war, dass ein anderes Sicherungssystem angezeigt zu sein schien. Stattdessen empfahl der Major, sich weiterhin verstärkt um solche Menschen zu bemühen, die über längere Zeit beruflich in der Volksrepublik tätig oder dort verheiratet waren. Das konnten, wie Recherchen des Verfassers ergaben, zum Beispiel Techniker, Lehrer oder Studenten sein, bevorzugt allerdings solche Personen, die während der Saison im Tourismus beschäftigt waren.

Allerdings wurden bestimmte Repräsentanten auch weiterhin ausschließlich über die Schiene des MfS rekrutiert, das betraf neben den Chefrepräsentanten in den Urlauberzentren insbesondere auch die Flughafenrepräsentanten, die für die An- und Abreise der ostdeutschen Reisegruppen in Varna und Bourgas zuständig waren. Die Flughafenrepräsentanten, zu deren Aufgaben über die Interflug-Kapitäne auch die Nachrichten-Übermittlung für die Operativgruppe zählte, spielten eine Schlüsselrolle im Netz der ostdeutschen Urlauberüberwachung. Besondere Kriterien waren Belastbarkeit, Kontaktfreude, politische Zuverlässigkeit („Parteilos aber Klassenstandpunkt"), und es schadete – soweit es sich um Frauen handelte, auch nicht, wenn es sich um alleinstehende, attraktive Personen handelte, da sich das MfS an der „Nutzung der körperlichen Vorzüge des IM zur zielgerichteten Kontaktierung operativ interessanter männlicher Personen" trotz des prüden DDR-Sozialismus nicht störte, eher im Gegenteil. So eine Person war die 34-jährige, blonde „IMS Tina", die von 1980 bis 1985 als Flughafenrepräsentantin des „Reisebüros der DDR" in Bourgas stationiert war und erst von Gorklo, dann von Schneider und zuletzt von Bachmann geführt wurde. Neben der Urlauberüberwachung und der Berichterstattung über besondere Ereignisse wie das Mauerbaujubiläum 1981 („Über Reaktionen von Touristen zum Jahrestag der Grenzsicherung konnte der IM nicht berichten. Derartige Reaktionen sind im gesamten Kurortkomplex nicht bekannt geworden"[733]) zählte die Aufnahme von Verbindungen zu westlichen Reisebüro-Mitarbeitern und die Überwachung der eigenen Kollegen – einschließlich der als Repräsentanten getarnten Mitglieder der Operativgruppe – zu ihren Aufgaben.

Herta Otto: Eine Mutter kämpft

Über drei Jahre waren mittlerweile seit der ebenso sinnlosen wie grausamen „Liquidierung" von Rudi Nettbohl und Bernd Schaffner vergangen. Und noch immer waren die Leichen der beiden jungen Männer nicht in die DDR überführt worden,

---

732   Ebd., S. 342.
733   Abteilung VI (Grenzkontrollen/Reiseverkehr): BStU MfS BV Potsdam Abt. VI 68 T
       II/1, S. 49.

310

obwohl sich Rudis Mutter nahezu pausenlos um die Angelegenheit bemühte. Wo immer DDR-Behörden eine Möglichkeit sahen, die Dinge aufzuhalten, wurde auch Gebrauch davon gemacht. Im Frühjahr 1978 erbat Bernd Schaffners Vater das MfAA „höflichst" um Mitteilung der Todesumstände seines Sohnes. Es war eine Frage, die natürlich nicht vom MfAA beantwortet werden durfte. Ursula Gott setzte sich daraufhin umgehend mit Oberstleutnant Pfütze in Verbindung, der ihr erklärte, über die Todesumstände dürfe lediglich mitgeteilt werden, „dass beide Personen beim Begehen einer Straftat tödlich verletzt wurden". Eine Antwort, die Frau Gott offenbar für überflüssig hielt, so dass sie ganz darauf verzichtete, sie den Eltern erneut zu übermitteln. Stattdessen schrieb sie nur, wo genau sich die Gräber der beiden jungen Männer befanden und dass die noch immer nicht erfolgte Rücksendung ihrer Hinterlassenschaft auf das Wetter in Bulgarien zurückzuführen sei.

Als sich Rudis Mutter Anfang 1979 gesundheitlich dazu imstande sah, beantragte sie eine Reise in die Volksrepublik, um das Grab ihres Jungen aufzusuchen. Die Reise wurde, wenn auch erst im letzten Moment, tatsächlich genehmigt. Herta Otto und ihr wieder angetrauter Ex-Mann fuhren gemeinsam nach Sofia und schmückten die mit Unkraut überwucherten Gräber der beiden erschossenen jungen Männer. Vermutlich waren Spitzel des bulgarischen Geheimdienstes auf das Ehepaar angesetzt, denn es wurden ihnen von deutsch sprechenden Bulgaren allerlei orientalische Märchen erzählt. Ein Friedhofswärter berichtete ihnen, die beiden Toten seien nach bulgarischer Tradition im offenen Sarg beigesetzt worden: „Sie hätten im Sarg gelegen, als würden sie schlafen." Und an der Beerdigung habe ein Geistlicher teilgenommen, und Konsul Spörl habe Blumengebinde niedergelegt. Glaubwürdiger war die Darstellung eines älteren Mannes, der täglich das benachbarte Grab seines Sohnes besuchte. Nach dem Tod des jungen Offiziers sei es ihm als Vater nicht erlaubt worden, seinen Jungen noch einmal zu sehen, berichtete er dem 57-jährigen Heinz Otto.

Dass Rudis Mutter sich von der Hauptabteilung Konsularische Beziehungen im MfAA nicht ernst genommen fühlte, wird daran deutlich, dass sie im August 1979 eine achtseitige Eingabe an den „werten Genossen Honecker" sandte. Dieses Vorgehen hatte ihr Konsul Richter in Sofia im persönlichen Gespräch empfohlen. Herta Otto hatte den Konsul als aufrichtigen und einfühlsamen Menschen erlebt. „Er sagte mir: ‚Sie bekommen Ihren Sohn bestimmt zurück.'"[734]

Herta Otto ersuchte den DDR-Staatsratsvorsitzenden, ihren Wunsch zu unterstützen, die sterblichen Überreste der beiden jungen Männer in die DDR zu

---

734   Telefonisches Interview mit Herta Otto (Hildburghausen), 06.10.2015.

überführen, eine Überprüfung zu veranlassen, ob die Nichtzahlung des vollen
Sterbe- und Unfallgeldes wegen „vorsätzlicher Begehung einer Straftat" rechtens
sei und fragte schließlich auch nach, ob ihre Entlassung aus der DSF zurecht
erfolgt sei – als Kündigungsgrund ihres unbefristeten Arbeitsvertrages wurde
§ 31 Abschnitt 2b des Gesetzbuch der Arbeit der DDR angeführt („Der Betrieb
darf nur kündigen, wenn der Werktätige für die vereinbarte Arbeit nicht geeignet
ist"), wodurch sie ihre freiwillige zusätzliche Altersversorgung verlor: „Von mir
[…] wurden alle Anstrengungen unternommen, um bei Kreis- und Bezirksstaats-
anwalt sowie bei der Kreis- und Bezirksdienststelle des Ministeriums für Staatssicherheit in Erfahrung zu bringen, was mit meinem Sohn geschehen ist, und
warum ich hierfür bestraft wurde."

Dieses Vorgehen führte, wie von Konsul Richter erwartet, dazu, dass noch
einmal höchste staatliche Stellen der DDR mit der Angelegenheit befasst wurden.
Nachdem sich der Stellvertretende Generalstaatsanwalt der DDR, Karl-Heinrich
Borchert, für nicht zuständig erklärt hatte, vergingen allerdings trotzdem etliche
Monate, bevor Hauptabteilungsleiter August Klobes im MfAA Konsul Richter –
der die ganze Angelegenheit ja mit seinem Tipp überhaupt erst ins Rollen gebracht
hatte – anwies, sich einmal bei bulgarischen Dienststellen wegen einer möglichen
Umbettung der beiden Toten zu erkundigen. Der 52-jährige Anton Richter kannte
sich aus in Bulgarien, denn er war bereits von 1961 bis 1965 als Kulturattaché
und von 1970 bis 1974 als II. Sekretär in der Politischen Abteilung der DDR-Botschaft eingesetzt. Vor allem aber hatte er – im Gegensatz zu den meisten seiner
Landsleute – die bulgarische Sprache gelernt, was es ihm sehr erleichterte, die
bulgarische Mentalität zu verstehen.

Aufschlussreich sind die Aktennotizen der mit der Bearbeitung der Eingabe betrauten Ursula Gott, die in ihrer Übersicht vermerkte, nach bisherigen Erfahrungen würden solche „Gesetzesverletzer" wie Rudi Nettbohl und Bernd Schaffner
in Bulgarien als „Verbrecher angesehen, deren Andenken nicht bewahrt werden
soll". In ihren Aktennotizen heißt es auch, dass die bulgarischen Behörden nach
der „ausnahmsweise nachträglich genehmigten" Exhumierung der Brigitte von
Kistowski und ihres Freundes Klaus Prautzsch weitere derartige Anfragen vor
Ablauf einer Frist von sechs bis sieben Jahren Wartezeit nicht mehr zustimmen
würden. Auch diesmal wieder hatte sich Frau Gott über ihr Vorgehen en detail
mit Oberstleutnant Pfütze abgestimmt, der ihr Anfang April 1980 mitteilte, es
bestünde hinsichtlich des Unfall- und Sterbegeldes „keine Möglichkeit", eine andere als die „höher vertretene" Position einzunehmen. Es war eine interessante
Formulierung, denn in diesen Fragen fungierte der Oberstleutnant selbst als letzte
Instanz. Dafür zeichnete sich in Sofia eine neue Entwicklung ab. Konsul Richter

berichtete seinem Chef im MfAA etwa zur selben Zeit, eine Exhumierung und Überführung sei mit Genehmigung des bulgarischen Gesundheitsministeriums und der dortigen Generalstaatsanwaltschaft sehr wohl möglich. Die Kosten würden allerdings mindestens 2 500 Mark betragen.

Die letztendliche Abwicklung des Falles erfolgte dann aber nicht mehr über Klobes, sondern über seinen designierten Nachfolger Hansjochen Vogl, der allerdings nicht Herta Otto, sondern dem Leiter der Abteilung für Inneres beim Rat des Kreises Hildburghausen Anfang Mai 1980 mitteilte, dass eine Exhumierung möglich sei. Das daraufhin anberaumte erneute Gespräch in der Abteilung Inneres beim Rat des Kreises Hildburghausen verlief allerdings in sehr angespannter Atmosphäre. Nachdem ihr der Genosse Wagner erneut erklärt hatte, ihr Sohn sei bei der Begehung einer „strafbaren Handlung" erschossen worden, entgegnete Herta Otto kühl, eine Beschädigung der Kleidungsstücke ihres Sohnes sei nach Aussage der Mitarbeiter des Sofioter Friedhofs nicht festzustellen gewesen. Auch habe außer einer Jeans, einem Paar blau-weißer Leinenschuhe und zwei Badehosen kein einziges seiner Kleidungsstücke gefehlt. Demzufolge hätte Rudi die Straftat mit „nacktem" Oberkörper begehen müssen, sagte sie dem Leiter der Abteilung für Inneres. Tatsächlich aber war die Kleidung, die Rudi Nettbohl und Bernd Schaffner bei ihrer Liquidierung trugen, nach deren Obduktion im Sofioter Militärkrankenhaus verbrannt und die Leichen in Ersatzkleidung beigesetzt worden.

Herta Otto gab sich damit jedoch nicht zufrieden und erwirkte im Sommer 1980 eine weitere Unterredung im MfAA, wo sie und ihr Mann noch einmal von Sektionsleiter Dr. Peter Krause und der Hauptreferentin Ursula Gott in Empfang genommen wurden. Erneut wurde Herta Otto bestätigt, dass ihr Sohn bei der „strafbaren Handlung", die DDR „ungesetzlich zu verlassen", erschossen worden sei. Dazu, und vor allem über die näheren Umstände, werde man ihr allerdings nichts Schriftliches geben, ihre Eingabe an den Genossen Staatsratsvorsitzenden sei mit den mit ihr geführten Aussprachen als „beantwortet" anzusehen. Sie selbst und der Vater von Bernd Schaffner hätten nunmehr das Recht, eine Exhumierung und Überführung der Leichen schriftlich über den Rat des Kreises beim MfAA zu beantragen, nachdem die bulgarische Seite „entgegenkommenderweise" ihre Genehmigung erteilt habe, obwohl die Liegefrist noch nicht abgelaufen sei, teilte Dr. Krause mit.

Nachdem die beiden gleichlautenden Anträge Ende September 1980 bei Abteilungsleiter Vogl im MfAA eingegangen waren, übernahm einmal mehr Sektorleiter Dr. Peter Krause die Regie. Es vergingen allerdings noch etliche Monate, bis Konsul Richter die Durchführung der Aktion veranlassen konnte. Die Bulgaren hatten nämlich die Staatsangehörigkeit der beiden Toten in den Sterbeurkunden als „deutsch" bezeichnet. Ein Lapsus, den DDR-Behörden nicht hinnehmen konnten. Erst als mit wochenlanger Verspätung „DDR" darin eingetragen war, konnte Botschafter Schmidt in einem Telegramm ins MfAA die Exhumierung für den 29. Januar 1981 ankündigen. Dem für die Abwicklung verantwortlichen DDR-Konsul schwante schon im Vorfeld, dass der Fall nicht einfach würde, denn nach bulgarischer Auskunft befanden sich die beiden Leichen nach dreieinhalb Jahren just im schlimmsten Verwesungszustand, und die eigentlich vorgeschriebene Ausrüstung, wie zum Beispiel Masken, war nicht vorhanden. Gleichzeitig hatten die Bulgaren die Preise für ihre Dienstleistung kräftig angehoben. Konsul Richter ließ es sich trotzdem nicht nehmen, der Prozedur bei frostigem Boden und hoher Schneedecke beizuwohnen: „Da es sich um morastigen Boden handelte, waren von den Leichnamen nur noch die Skelette verblieben. Sie waren so schwarz wie der Boden und sahen aus wie verkohlt. Wir hatten für die Bergung der Gebeine noch zwei Decken besorgt, da keine Holzwolle zur Verfügung stand. Wie erwartet hatten die Totengräber (Zigeuner) keinerlei Ausrüstung. Erst nachdem ich mich beschwert hatte, erhielten sie Gummihandschuhe."

Bereits am nächsten Tag wurden die beiden Leichen – mit einer Linienmaschine von „Interflug" – nach Schönefeld transportiert. In Hildburghausen vergingen noch einmal drei Wochen, bevor die Freigabe zur Feuerbestattung erfolgte – weil sich der Kreisarzt höchst ehrenwerterweise strikt geweigert hatte, einer Einäscherung von Personen zuzustimmen, die auf unnatürliche Weise ums Leben gekommen waren. Die Beisetzung erfolgte schließlich auf zwei verschiedenen Friedhöfen in Hildburghausen. Während Bernd Schaffner im Grab seiner Mutter beigesetzt wurde, das einige Jahre nach dem Mauerfall eingeebnet wurde, existiert das Grab von Rudi Nettbohl 2016 noch immer.[735]

---

735 Am 6. Mai 2018 ist die Mutter von Rudi Nettbohl in Hildburghausen verstorben. Ob und wie lange die private Grabstätte ihres Sohnes noch existiert, ist ungewiss. Die Behörden in Hildburghausen hatten eine dauerhafte Erhaltung der Grabstätte von Rudi Nettbohl abgelehnt.

7. Führungswechsel im MfAA und in der Generalstaatsanwaltschaft der DDR

In der Operativgruppe der HA VI in Bulgarien zeichneten sich indes nach der erfolgten Umbettung von Rudi Nettbohl und Bernd Schaffner personelle Veränderungen ab. Der Auslandseinsatz von Major Lotter und der Leiterin des Operativgruppenbüros, Leutnant Karin Jäckel, neigte sich nach mehreren Jahren dem Ende entgegen. Sie reisten 1981 das letzte Mal turnusgemäß in die Volksrepublik. Dagegen musste Lotters Stellvertreter und designierter Nachfolger, Hauptmann Gorklo, gleich ganz aus dem Kommando aussteigen. Nachdem es in Polen im Vorjahr im Zusammenhang mit der Anhebung der Fleischpreise zu Unruhen gekommen war, wurde Gorklo – weil er die polnische Sprache beherrschte – kurzfristig zum Chef einer neu aufgestellten Operativgruppe der HA VI des MfS in Warschau ernannt. An seiner Stelle übernahm der 31-jährige Oberleutnant Rudolf Schneider[736] die stellvertretende Leitung des Kommandos, so dass Lotter 1981 nicht nur den neuen Stellvertreter, sondern auch seinen anstelle Gorklo für die Leitung vorgesehenen Stasi-Kameraden Major Lothar Stritzke in ihre neuen Aufgaben einzuarbeiten hatte. Schneider („Seine Haltung zur SU und den Volksdemokratien sowie zur Oder-Neiße-Grenze ist gut"), ein frischgebackener Absolvent der Stasi-Hochschule in Golm, war langjähriger Mitarbeiter der HA VI (Linie Auslandstourismus), also mit der Materie theoretisch bereits gut vertraut. Darüber hinaus blieb die Zusammensetzung der Operativgruppe aber unverändert, jedenfalls soweit es die insgesamt acht operativen Mitarbeiter betrifft.

Veränderungen zeichneten sich hingegen im MfAA ab. August Klobes – zwischenzeitlich mit dem „Vaterländischen Verdienstorden" in Gold dekoriert – war am 31. Dezember 1980 in Ruhestand gegangen und wurde am 26. Januar 1981 auf Beschluss des ZK der SED durch Hansjochen Vogl, den bisherigen Leiter der Abteilung Konsularrecht, einen Mann mit langjährigen Bindungen an das MfS, abgelöst. Womit auch erklärt ist, warum Vogl – der wenige Tage später ebenso wie vor ihm Klobes vom ZK-Sekretariat zum Außerordentlichen und Bevollmächtigten Botschafter der DDR ernannt wurde – in Vorbereitung der neuen Aufgabe bereits 1980 anstelle Klobes die Federführung über den Fall Schaffner / Nettbohl erhielt. Mit Gernot Windisch verließ Anfang Januar 1981 ein weiterer für diesen Kontext wichtiger Akteur die Bildfläche. Der langjährige Leiter der Abteilung

---

736 Kaderakte Rudolf Schneider: BStU MfS BV KMS KS 78.

I A der Generalstaatsanwaltschaft der DDR, den man bereits Ende 1979 wegen gesundheitlicher Probleme seines Postens enthoben hatte, nahm sich – vermutlich weil er den mit seiner Absetzung verbundenen Statusverlust nicht verwand – in seinem Dienstzimmer schräg gegenüber dem Reichstag mit einer Wäscheleine das Leben.[737] Seine Position als neue Leiterin der für „Staatsverbrechen" zuständigen Abteilung „IA" war an Eleonore Heyen gegangen.

Neue Strukturen gab es auch in der Untersuchungsabteilung des MfS. Oberstleutnant Pfütze, bisher Chef der „Arbeitsgruppe Ausland" in der HA IX/9, stieg innerhalb des „Organs", wie man in der DDR sagte, im Rang auf. Er leitete nun eine neu geschaffene, mit mehr Personal ausgestattete eigene Abteilung, die für Untersuchungsverfahren im sozialistischen Ausland zuständige HA IX/10. Dort war ihm eine ganze Anzahl Offiziere für Sonderaufgaben unterstellt, darunter neben seinem Stellvertreter, Major Walter Langhans[738], auch Major Manfred Setzepfandt, der sich in dieser Phase häufig als Untersuchungsführer des MfS in Bulgarien aufhielt, während Pfütze persönlich nur noch in „besonderer Mission", also als Briefträger von Minister Mielke oder des Generalstaatsanwalts, in die Volksrepublik jettete.

Einer der von Major Setzepfandt bearbeiteten Fälle ereignete sich im August 1981 an der Südlichen Schwarzmeerküste und soll hier präsentiert werden, weil er in verschiedener Hinsicht nicht in das übliche Raster passte. Er betraf zwar ein Paar, das aber keine Beziehung miteinander hatte. Jeder der beiden jungen Leute verfolgte explizit eigene Ziele. Die 23-jährige Chemielaborantin Claudia T.* aus Ost-Berlin war 1979 Mitglied der SED geworden. Auch ihr Bekannter, der 25-jährige Kellner Gerd M.*, wie T.* in der Hauptstadt wohnhaft, hatte mehrere Jahre der SED angehört, war allerdings kurz vor der bereits bewilligten Bulgarienreise aus der Staatspartei wieder ausgetreten. Während M.*, der ein paar Jahre zuvor eine Scheinehe mit einer Ungarin eingegangen war, um nach Ungarn überzusiedeln und von dort leichter fliehen zu können, was jedoch an der fehlenden DDR-Genehmigung zur Übersiedlung in die UVR scheiterte, sich – kurz und bündig – mehr persönliche Freiheit im Westen versprach, erwartete T.* ein Kind und wollte den Anfang eines neuen Lebensabschnitts bei ihren Eltern in der Bundesrepublik beginnen.

Der Vater von T.* hatten den beiden jungen Leuten eine Genex-Reise nach Bulgarien geschenkt und war mit seiner neuen Frau und dem Sohn auch selbst mit

---

737 Vgl.: Helmut Irmen, Stasi und DDR-Militärjustiz, 2013. Allgemeine Personenablage: BStU MfS AP 5856/81.
738 Kaderakte Walter Langhans: BStU MfS KS 13534/90.

dem Pkw in die Volksrepublik gekommen. In ihrem Opel „Senator" befand sich ein kleines Metallboot mit zerlegtem Außenbordmotor. Damit hatten sie einen Zeltplatz in der Nähe von Nessebar angesteuert, nachdem man ihnen den Zutritt auf einem ursprünglich geplanten, deutlich südlicher gelegenen Campingplatz in der Nähe von Mitschurin wegen des Außenbordmotors verboten hatte. Weil die Miliz angeblich den „Kurcharakter" der grenznahen Umgebung nicht gefährden wollte, seien „Motorboote" dort nicht erlaubt, hieß es. Auch eine geplante Probefahrt der Eltern im Raum Sozopol kam wegen der starken Strandüberwachung durch den Küstenschutz nicht zustande. Schließlich montierten Claudias Vater und ihr Halbbruder den Außenbordmotor, bevor sie – gegen harte Devisen – drei Kanister mit je 60 Litern Ersatzbenzin beschafften. Schließlich legte das Boot am frühen Morgen des 15. August im Bereich Nessebar von der Küste ab. Am Ruder saß Claudias* Vater, ein pensionierter Offizier der Handelsmarine.

Die See war unruhig an jenem Morgen, das Boot konnte nur langsam fahren. Nachdem sie etwa 40 Kilometer nach Osten gefahren waren, steuerte Claudias* Vater nach Südwest. Die junge Frau war seekrank, als sie gegen 10:30 Uhr am Horizont wieder Land sehen konnten. Wenig später tauchten zweimal hintereinander Hubschrauber am Himmel auf, in größerer Entfernung auch Schiffe. Um 12:05 Uhr schließlich wurden sie von einem bulgarischen Hubschrauber, der sofort eine Signalrakete abschoss, entdeckt und aufgefordert, einem wenig später auftauchenden bulgarischen Küstenschutzboot zu folgen und umzusteigen. Während Claudia T.* und Gerd M.* ihrer Verurteilung in der DDR entgegensahen, klagten die Bulgaren Claudias westdeutschen Vater in Ermangelung anderer Delikte an, „ohne Genehmigung der zuständigen Organe der Staatsmacht und nicht auf den zu diesem Zweck bestimmten Wegen die bulgarisch-türkische Grenze über das Meer überquert" zu haben.[739]

Die Spionageabwehr (Abt. II) der Bezirksverwaltung Berlin des MfS war bereits vier Wochen vor der Flucht vollständig im Bilde, nachdem Gerd. M.* einem inoffiziellen Mitarbeiter seine Möbel zum Kauf angeboten und ihm im angetrunken Zustand Einzelheiten seines Fluchtplans mit einer Bekannten verraten hatte.[740] Insoweit handelte es sich bei der Vorbereitung der Festnahme genau um die Art Szenarium, die sich Operativgruppenchef Lotter gewünscht hatte, nämlich eine verstärkte Überwachung auf dem Territorium der DDR. Die beiden jungen Leute wurden, nachdem Major Setzepfandt seinen Untersuchungsbericht abgeschlossen hatte, von der Strafkammer 611 des Stadtbezirksgerichts Berlin-Pankow zu je zwei

---

739 Archivierter Untersuchungsvorgang: BStU MfS AU 6800/82, Bd. 1, S. 189.
740 Ebd., S. 114.

Jahren und drei Monaten Gefängnis verurteilt.[741] Gnädig zeigten sich die DDR-Behörden nur in einem Punkt: Claudia T.* durfte ihr Kind erst zur Welt bringen, bevor man sie einsperrte.

Ähnlich verlief der Fall eines Ehepaars aus Hoyerswerda. Der 27-jährige Mann und seine 25-jährige Frau waren Anfang Juni 1981 kurz vor Mitternacht mit einem Schlauchboot mit Außenbordmotor aufs Schwarze Meer hinausgefahren. Nachdem sie einige Kilometer in Richtung Südosten gefahren waren, gingen sie in der Annahme, sich bereits in der Türkei zu befinden, wieder an Land. Die beiden wurden in den Morgenstunden des 7. Juni total durchnässt nach mehrstündigem Fußmarsch im Raum Sinemoritz von den Bulgaren verhaftet.

Wie sehr die DDR-Behörden inzwischen ihren eigenen Landsleuten misstrauten, zeigt der Fall des 26-jährigen Studenten Karl-Heinz G.*, der an der Karl-Marx-Universität Leipzig für Humanmedizin immatrikuliert war und den man im Sommer 1981 beim Wandern in Südbulgarien innerhalb der Sperrzone nach Griechenland aufgriff.[742] Nachdem er glaubhaft beteuert hatte, sich verlaufen zu haben, setzten ihn die bulgarischen Sicherheitsorgane wieder auf freien Fuß. Für den DDR-Geheimdienst war der Fall jedoch keineswegs erledigt. Der Fall illustriert anschaulich den allumfassenden Überwachungsanspruch des DDR-Geheimdienstes. Weil G.* seine Ausbildung als Diplom-Mediziner im Juli 1982 abschließen würde und man neben einer Wanderkarte und einem Fotoapparat auch einen Kompass bei ihm gefunden hatte, eröffnete die Abt. XX des MfS nach seiner Rückkehr nach Leipzig eine Operative Personenkontrolle (OPK „Täuscher") gegen den jungen Mann und bezog seinen Mitbewohner, der wegen eines Unfalls am Bulgarienurlaub nicht hatte teilnehmen können, gleich in die Überwachungsmaßnahme mit ein. Nicht nur, dass man die beiden jungen Männer eines Fluchtversuchs verdächtigte, die staatlichen Organe unterstellten ihnen auch eine heimliche homosexuelle Beziehung.

Wer sein Glück direkt an der grünen Grenze versuchte, musste auch weiterhin um sein Leben fürchten. Diese Erfahrung machte auch der 21-jährige Dirk W.* aus Leipzig, auf den bulgarische Grenzer am 7. September 1981 an der türkischen Grenze im Küstenabschnitt westlich Rezovo schossen.[743] Er hatte am Vorabend bei der Überquerung der Grenzsignalanlage den elektrischen Alarm ausgelöst, war den Verfolgern mit ihrem Spürhund jedoch entkommen, weil er in der Dunkelheit den – weit vor der Grenze liegenden – Fluss Veleka durchschwamm. Zur Fest-

---

741   Archivierter Untersuchungsvorgang: BStU MfS AU 6800/82, Bd. 2, S. 217 ff.
742   Abteilung XX (Sicherung des Staatsapparates): BStU MfS BV Leipzig Abt. XX 02410.
743   Allgemeine Sachablage: BStU MfS AS 280/83, Zentrale Koordinierungsgruppe des MfS: MfS ZKG 9281.

nahme kam es erst am nächsten Morgen in einer Schlucht unweit der türkischen Grenze: „Als ich in einem Laubwald ohne Unterholz Rast machte, sah ich einen Grenzsoldaten, der mir entgegengelaufen kam. Ich legte mich schnell in eine Bodensenke und deckte mich mit Laub zu, um nicht gesehen zu werden. Der Grenzsoldat war jedoch in meine Richtung weitergelaufen und hatte mich wohl entdeckt, denn er schrie kurz neben mir etwas und es wurde auch geschossen. Daraufhin dachte ich mir, dass ich entdeckt worden bin, stand aus meiner Mulde auf und hob die Hände hoch."[744]

Was ein Mitglied der Alarmgruppe der bulgarischen Grenztruppen[745] nicht davon abhielt, trotzdem gezielt das Feuer aus seiner automatischen Waffe auf den mit erhobenen Händen vor ihm stehenden Jugendlichen zu eröffnen. Von den Kugeln schwer verletzt, musste dem gelernten Stahlbauer das rechte Bein oberhalb des Knies amputiert werden. In den Untersuchungsberichten von Major Manfred Setzepfandt (HA IX/10) und Oberstleutnant Hans Deutscher (HA VI AT/3), in denen es auch hieß, dass die bulgarischen Soldaten sich völlig korrekt verhalten hätten, ist dagegen fälschlich die Rede vom linken Bein des Flüchtlings. Aber mit Fakten nahm es die Stasi in solchen Fällen ohnehin nicht sehr genau. Der Flüchtling, der lieber im Westen leben wollte, war grundsätzlich ein „Staatsverbrecher" und die Grenzer hatten – wie immer – nur ihre „Pflicht" getan.

Das Kreisgericht Leipzig-Nordost verurteilte den jungen Mann – der nach der Amputation ohnehin fürs Leben gestraft war – zu einem Jahr Gefängnis. Der Fall zeigt, dass der Fluchtweg über die verlängerte Mauer weiterhin lebensgefährlich war, auch wenn selbsternannte Experten, wie der Chef des Berliner „Mauermuseums", Rainer Hildebrandt, in einem Interview mit der Illustrierten *Quick* verkündete, die Gefährdung des Lebens sei bei DDR-Fluchten über Drittländer angeblich „gleich Null" einzustufen.

Dass auch Jugoslawien weiterhin kein sicherer Drittstaat war, belegt der Fall eines jungen Mannes aus Malchow (Mecklenburg-Vorpommern), der als SED-Mitglied im Juni 1981 an einer Touristenreise an die südliche jugoslawische Adriaküste teilnehmen durfte. Das Privileg, einen Badeurlaub am Mittelmeer verbringen zu dürfen, hatten nur zuverlässige Genossen nach gründlicher Überprüfung durch die staatlichen Organe. Der 24-jährige Mann war dabei beobachtet worden, wie er gemeinsam mit einem Westdeutschen das Konsulat der Bundes-

---

744 Archivierter Untersuchungsvorgang: BStU MfS BV Leipzig AU 864/82, Bd. 1, S. 63.

745 Der Alarmgruppe, die das Feuer auf den wehrlosen Flüchtling eröffneten, gehörten an: Hauptmann Jordan Stoikov Jordanov, Gefreiter Sheko Andonov Shekov, Soldat Iwan Georgiev Stanev und Soldat Marin Entschev Mollov. Archivierter Untersuchungsvorgang: BStU MfS BV Leipzig AU 864/82. Bd. 1, S. 225.

republik in Zagreb besuchen wollte, das jedoch geschlossen war. Drei Tage später, nach seiner Rückkehr in die DDR, wurde er verhaftet.[746] Normalerweise durften DDR-Bürger in dringenden Familienangelegenheiten – zum Beispiel der schweren Erkrankung eines nahen Angehörigen – in den Westen reisen, zumal wenn es sich um linientreue SED-Mitglieder handelte. Umso überraschter war die 50-jährige Anna L.*[747] aus Potsdam, als sie, nachdem ihre in West-Berlin lebende Schwester einen schweren Herzinfarkt erlitten hatte, nicht zu ihr fahren durfte, obwohl die Ökonomin seit Sommer 1958 in Diensten des Ministeriums für Verkehrswesen stand und seit über 20 Jahren aktives SED-Mitglied war. Ihr Arbeitgeber, die Reichsbahnausbesserungswerke in Berlin-Adlershof, hatte den Antrag befürwortet. Doch die Volkspolizei lehnte ohne Begründung ab. Die gleiche Geschichte wiederholte sich, nachdem die Schwester der Frau im Februar 1981 einen weiteren schweren Herzinfarkt erlitt und schließlich auch bei ihrer Beerdigung. Anna L.* erklärte später, sie habe die Welt nicht mehr verstanden und sei sehr enttäuscht gewesen, dass man kein Vertrauen mehr zu ihr hatte. Nach dem Tod ihrer Schwester habe sich in ihr ein Bruch mit allem vollzogen, was sie mit der DDR verbunden habe. Als sie der Lebensgefährte ihrer verstorbenen Schwester kurz danach in Potsdam besuchte, bat sie ihn „aus Enttäuschung und Verbitterung", ihr zu helfen, sie wolle nicht länger in der DDR bleiben. Bald darauf erfuhr sie, dass sie sich bei ihrem seit längerem geplanten Bulgarienurlaub bereithalten solle. In Varna werde ein Herr auf sie zukommen. Mehr wusste Anna L.* nicht. Fünf Tage nachdem sie am Goldstrand eingetroffen war, erhielt sie abends gegen 22 Uhr einen Anruf der Hotel-Rezeption: Ein Herr würde auf sie warten. Anna L.* wusste sofort Bescheid. Im Halbdunkel vor dem Hoteleingang stand ein Mann, der ihr, nachdem sie das Losungswort „Konrad bringt das Sonnenöl" gesagt hatte, einen Umschlag gab („Ich bringe alle Unterlagen"), und nur noch hinzufügte, dass sie am nächsten Tag um 13 Uhr nach Stockholm fliegen werde. Sie müsse den Ausweis nur noch unterschreiben. Danach hat Anna L.* den Fluchthelfer nicht mehr wiedergesehen.

Ihre Festnahme erfolgte, als sie am nächsten Tag gegen 13 Uhr mit einem gefälschten schwedischen Diplomatenpass auf den Namen Heike Ohlson nach Stockholm fliegen wollte. Das Dokument hatte der Lebensgefährte ihrer verstorbenen Schwester durch den kommerziellen West-Berliner Fluchthelfer Albert Schütz besorgt. Der 1. Strafsenat des Bezirksgerichts Potsdam verurteilte das langjährige SED-Mitglied Anna L.* am 5. Oktober 1981 wegen „landesverräteri-

---

746 Allgemeine Sachablage: BStU MfS AS 274/83.
747 Archivierter Untersuchungsvorgang: BStU MfS AU 13453/82.

scher Agententätigkeit in Tateinheit mit versuchtem ungesetzlichen Grenzübertritt in schwerem Fall" zu zwei Jahren und drei Monaten Gefängnis. Die Akten belegen, dass der zuständige Abschnittsbevollmächtigte (ABV) des VP-Reviers Babelsberg, ein VP-Leutnant A., in ihren Reiseanträgen vermerkt hatte, dass sie „Alkoholikerin" sei, sie die DDR nicht „würdig vertreten" könne und dass es „keine Gewähr der Rückkehr" gebe. Dieser Fall ist deshalb besonders perfide, weil der angebliche Fluchthelfer ein bezahlter Agent des MfS (IM „Robert Gerlach") war, den das „Organ" in die kommerzielle West-Berliner Fluchthilfeorganisation Schütz-Quasner eingeschleust hatte.[748]

Schon der geringste Verdacht, dass sich ein DDR-Bürger eventuell in den Westen absetzen wollte, genügte, um ihn hinter Gitter zu bringen. Diese Erfahrung machte auch der 19-jährige Wartungstechniker Rolf M.* aus Markleeberg bei Leipzig, der während seines Bulgarienurlaubs im Sommer 1981 drei junge Leute aus der ČSSR kennenlernte. Sie wollten legal in die Türkei reisen, wurden jedoch an der Grenzübergangsstelle Malko Tarnovo wieder zurückgeschickt, weil etwas mit ihren Papieren nicht stimmte. Daraufhin beschlossen die Tschechen, ihre Reise – nachdem sie sich in Sofia die notwendigen Transit-Visa beschafft hatten – über Jugoslawien und Griechenland anzutreten. Der ostdeutsche Teenager glaubte, er könne sie mit seinen Papieren legal nach Jugoslawien begleiten und trampte mit ihnen an die bulgarisch-jugoslawische Grenze. Zur Festnahme kam es, als die jungen Leute in einem kleinen Dorf unweit der Grenzübergang Stanke Lessitschevo abends gegen 21 Uhr auf dem Bürgersteig ihre Zigaretten rauchten. Während die drei Tschechen ihre Reise ungehindert fortsetzen durften, landete Rolf M.* in der Untersuchungshaftanstalt des Staatssicherheitsdienstes in Sofia. Major Setzepfandt schrieb in seinen Bericht, der Jugendliche habe geglaubt, man würde ihn mit den Tschechen gemeinsam „durchwinken".[749]

Zwar wurde Rolf M.* nach seiner Rückführung in die DDR mangels Tatverdachts wieder auf freien Fuß gesetzt und schließlich auch das Ermittlungsverfahren gegen ihn eingestellt. Aber das Erlebnis selbst war offenbar prägend genug. Drei Jahre später siedelte er legal in die Bundesrepublik über.[750]

Operativgruppenchef Major Lotter beobachtete 1981 in der Volksrepublik, dass das soziale Gefälle zwischen östlichen und westlichen Urlaubern an der bulgarischen Schwarzmeerküste weiter wuchs. Während westliche Urlauber mit ihren kostbaren Devisen 70 Prozent der Hotelbetten belegten, waren die – qualitativ

---

748   Allgemeine Personenablage: BStU MfS AP 15029/82, S. 21.
749   Archivierter Untersuchungsvorgang: BStU MfS BV Leipzig AU 1444/81, Bd. 1, S. 24.
750   Archivierte Akte einer Operativgruppe: BStU MfS BV Leipzig AOG 111/86.

weniger anspruchsvollen – Privatquartiere und insbesondere die Camping-Kapazitäten bis zu 90 Prozent in östlicher Hand. Wie schon in den Vorjahren wurden DDR-Urlauber oft aus Hotels in minderwertige Bungalows oder Privatquartiere verlegt, wenn zahlungsfähige Kundschaft aus dem Westen anreiste. Das führte in den Hotelanlagen am Goldstrand dazu, dass auf einen dort einquartierten DDR-Urlauber vier Urlauber aus der Bundesrepublik kamen. Sie wohnten zwar nicht mehr Tür an Tür, trafen sich aber tagtäglich am Strand. Um den östlichen Individualtourismus, der keine Devisen brachte, dafür aber besonders aufwendig zu überwachen war, zu reduzieren, beschloss der bulgarische Ministerrat zu Beginn der Hochsaison, dass individuelle Einreisen polnischer Feriengäste nur noch auf Einladung von bulgarischer Seite möglich sein sollten. Es war eine Verzweiflungsmaßnahme, die jedoch mit den improvisationsfreudigen Polen nicht funktionierte, da das staatliche polnische Reisebüro ORBIS, umgehend Möglichkeiten einführte, ihre Landsleute durch den Kauf von Vouchern für Unterkunft und Verpflegung als „organisierten" Tourismus zu etikettieren.[751] Da es in diesem Kontext auch teilweise zur Einquartierung von östlichen und westlichen Urlaubern im gleichen Hotel kam, forderte Lotter 1981, dass die Zahl der zuvor reduzierten Repräsentanten-IM wieder erhöht werden müsse.

Besondere Bauchschmerzen bereitete dem Stasi-Major aber das Ansteigen von blockübergreifenden Liebesverhältnissen. Wo immer junge Menschen aus Ost und West aufeinandertrafen, bestand das Risiko, dass sie sich in einander verliebten. Die östlichen Geheimdienste hatten keinerlei Handhabe, dagegen etwas zu tun. Unverändert oft kam es auch zu blockübergreifenden Verwandtentreffen, die häufig von westlicher Seite bezahlt wurden. Für Lotter handelte es sich bei diesen zwischenmenschlichen Dingen getreu dem DDR-Jargon um „politisch-ideologische Diversion", da seine Landsleute quasi mit dem Westen in Berührung kamen und infolge dessen Bedürfnisse entwickelten, deren Verwirklichung in der DDR vielfach als Staatsverbrechen eingestuft war. Es war ein gänzlich aussichtsloses Unternehmen, diese Problematik in den Griff zu bekommen. Das wäre nur dann möglich gewesen, hätte man den gesamten ostdeutschen Schwarzmeer-Urlaub auf die Krim umgeleitet und diese Region für westliche Touristen komplett geschlossen.

Als problematisch stufte das MfS aber auch den Umstand ein, dass Teilnehmer von Jugendtourist-Reisegruppen in Bulgarien teilweise derart heftig dem Alkohol zusprachen, dass es wiederholt zu Zusammenstößen mit der dortigen Miliz kam. Der Alkoholmissbrauch aber entzog sich ebenfalls jedweder staatlicher Kontrolle, hier hätte nur eine Prohibition geholfen.

---

751 Hauptabteilung VI (Grenzkontrollen/Reiseverkehr): BStU MfS HA VI 9931, S. 315.

Und so beschränkte sich die Arbeit der ostdeutschen Geheimdienstler auf Stichproben. Man beschattete gemeinsam mit dem bulgarischen Geheimdienst der Spionage oder der „Hetze" gegen die VRB verdächtigte Bundesbürger, Jugoslawen, die im Verdacht der nachrichtendienstlichen Tätigkeit für Belgrader Dienststellen standen, und konnte einige Festnahmen verzeichnen. Gänzlich unrealistisch allerdings war die Aufgabenstellung, jedwede Berührung oder Verbindung östlicher und westlicher Menschen „aufzuklären und zu bekämpfen", wie es in den „Schlussfolgerungen" des scheidenden Lotter für das Jahr 1982 hieß. Realistischer war da schon der Anspruch, die Aktivitäten der sogenannten KMHB, also kommerzieller westlicher Fluchthilfeunternehmen, zu bekämpfen. In diesem Bereich war die Staatssicherheit durch die jahrelange, systematische Einschleusung überwiegend westlicher IM und die Verhängung drakonischer Strafen einen großen Schritt nach vorne gekommen. Dabei dürfte allerdings auch eine Rolle gespielt haben, dass die Ostpolitik der Bundesregierung bei den westlichen Medien ebenfalls zu einem unübersehbaren Kurswechsel geführt hatte. Ob *Stern*, *Zeit* oder *Spiegel* – wichtige Leitmedien in der Bundesrepublik waren auf Verständigung zu den Machthabern im Osten eingestellt und berichteten schon seit Jahren kaum mehr kritisch über die gesellschaftliche Wirklichkeit und die totale Überwachung jenseits der Mauer. Der neue Blickwinkel des Westens bestand vor allem darin, die Errungenschaften des SED-Staates zu loben und die deutsch-deutsche Normalität zu betonen.

„Rechtswidrige" Ersuchen auf Übersiedlung in die Bundesrepublik

Mit Major Lothar Stritzke übernahm ein gelernter Dreher, der seit 1964 in Ost-Berlin und zwar überwiegend im Bereich der Passkontrolle und später der Zollabwehr für das MfS tätig war, die Leitung des Kommandos in Bulgarien. Stritzke, der zuvor noch einen Schnellkurs in „Völkerrecht und Diplomatenrecht" absolvieren musste, in dem neben den Grundprinzipien des Völkerrechts auch das Territorium und die UNO behandelt wurden, sollte zumindest grob den Anschein vermitteln, ein Diplomat zu sein, auch wenn die Mitarbeiter der DDR-Botschaft in Sofia vermutlich ahnten, um welche Art Diplomat es sich bei Stritzke wirklich handelte – zumal der Major lediglich an 15 von 33 Unterrichtsstunden auch wirklich teilgenommen hatte. Ihm zur Seite stand 1982 auch wieder Major Gerhard Gorklo, der die Funktion des ganzjährig in Bulgarien stationierten Verbindungsoffiziers von Oberleutnant Strauch übernahm, der nach nur drei Jahren wieder abgelöst wurde. Schneider, obwohl vom Dienstrang unter Gorklo liegend, behielt hingegen die Funktion des Stellvertretenden Leiters. Neu hinzu kam der 30-jährige Leutnant Randolf Ritscher[752], der nach seiner Kommandierung zur HA VI AT/3 bis dato für die Sicherheitsüberprüfungen zu Auslandskadern des Reisebüros der DDR zuständig gewesen war.

Schon vor Saisonbeginn, während sich die meisten Mitglieder der Operativgruppe noch in der DDR-Hauptstadt auf die neue Saison vorbereiteten, kam es an der griechischen Grenze zur Festnahme dreier junger Männer, die beschlossen hatten, ihr weiteres Leben unter keinen Umständen im Osten verbringen zu wollten. Die drei 20- und 21-jährigen Männer waren Mitglieder der Jungen Gemeinde der evangelischen St.-Andreas- und St.-Markus-Gemeinde im Ost-Berliner Friedrichshain und kannten sich schon seit ihrer Kindheit. Da ihnen die Einberufung zur Nationalen Volksarmee bevorstand, waren sie nach Bulgarien gereist, um einen Weg in den Westen zu finden, der vermeintlich weniger gefährlich war, als der an der innerdeutschen Grenze. Ein paar Monate zuvor hatten sie bei einer Mondfinsternis die Tunnel der Berliner U-Bahn in Augenschein genommen, jedoch sehr schnell festgestellt, dass diese nachts beleuchtet und auch bewacht waren.

Von ihrem Fluchtplan wusste nur ihr Pfarrer, bei dem sie vor ihrer Abreise etliche selbstgeschriebene Gedichte und Liedtexte deponierten, die sie nicht verlieren wollten. Nach ihrer Festnahme fielen diese jedoch dem Untersuchungsorgan des MfS in die Hände fielen. Darunter befand sich auch ein von zwei der Männer geschriebener Liedtext („0 Uhr Traum"), in dem es unter anderem hieß: „Ich ging durch die Straßen meiner Stadt / und träumte davon, wieder Mensch zu sein. / Mensch unter Menschen, geachtet, geschätzt / und frei zu sein // Fangt endlich wieder zu denken an. / Hört auf von falschen Illusionen zu leben / Fangt endlich wieder an Menschen zu werden / die die Kraft auch den anderen geben // Unter Marionetten, Wachsfiguren / jedes Bewusstsein langsam erstickt / Das größte Ziel, das alle haben / ist schon in so weite Ferne gerückt // Wann werden wir keine Verbannung mehr haben / Rassismus und Terror in unserem Geschlecht / Wann hört ihr auf mit Füßen zu treten / das sogenannte Menschen-Recht // Wann werden wir wieder zueinander finden / die Mauer einreißen die zwisch uns steht / Wann baun wir auf ein anderes Leben / weil es mit dem alten nicht mehr weiter geht // Wenn ich Politiker reden höre / große Worte, leeres Geschwätz / und dann an die Zukunft denke / Mein Gott, da wird mir schlecht."[753] Diese Art Träume waren in der DDR allerdings nicht gestattet, wie ein von Stasi-Oberst Gunter Liebewirth (HA IX/2) unterzeichnetes Dokument belegt, nachdem der

752 Kaderakte Randolf Ritscher: BStU MfS KS 8191/90.
753 Archivierter Untersuchungsvorgang: BStU MfS AU 11489/83, Bd. 1, S. 64.

Text gemäß dem Gesetz über die Aufgaben und Befugnisse der Deutschen Volkspolizei vom 11. Juni 1968 in der Fassung vom 24. Juni 1971 eingezogen worden
war, da er „seiner Beschaffenheit und Zweckbestimmung nach eine dauernde
Gefahr für die öffentliche Ordnung und Sicherheit" der DDR darstellte.[754]

Die drei jungen Männer waren mit dem Zug über Rousse nach Bulgarien gelangt und von Sofia aus zunächst mit einem Taxi etwa 30 Kilometer Richtung
Süden gefahren. Anschließend gelangten sie per Anhalter nach Sandanski. Von
hier aus wollten sie zu Fuß nach Griechenland gelangen. Der nächtliche Marsch
durch die Sperrzone in Richtung Süden gestaltete sich allerdings trotz mitgenom-
mener Verpflegung, Kompass und Fernglas zu einem Albtraum. Zwar wurde die
Gruppe nicht festgenommen, doch sie musste sich trennen, nachdem einer der
Männer wegen Blutblasen an den Füßen nicht mehr weitergehen konnte. Zwei
von ihnen wurden am Morgen des 20. April 1982 total erschöpft schlafend in unmittelbarer Nähe des Grenzbahnhofs Kulata vom Wachhabenden entdeckt: „Dem
Äußeren nach sahen die Grenzverletzer so aus, als ob sie sich auf eine Flucht nach
Griechenland vorbereitet hätten. Beschmutzt und durchnässt waren sie von der
Wanderung, während der ganzen Nacht in der Grenzsperrzone."[755] Die beiden
hatten zunächst geplant, auf einen fahrenden Zug aufzuspringen, was sich jedoch
als unmöglich erwies. Als man sie in der Nähe eines Pfirsichfeldes entdeckte,
hatten sie beschlossen, einfach entlang der Gleise in Richtung Griechenland zu
laufen, wobei sie eine gute Chance gehabt hätten, erschossen zu werden. Insoweit
war ihre Festnahme ihr größtes Glück.

Den dritten Jugendlichen stellten die Bulgaren wenig später versteckt im
Schuppen einer Veterinärstation bei Sandanski. Er war offensichtlich wieder zurück ins Landesinnere gegangen. Trotzdem wurden alle drei – nachdem die Generalstaatsanwaltschaft der DDR Haftbefehle gegen sie erlassen hatte – nach dem
Rücktransport von der Strafkammer des Stadtbezirksgerichts Berlin-Lichtenberg
wegen mehrfachen versuchten ungesetzlichen Grenzübertritts zu langjährigen
Haftstrafen verurteilt.

Dass DDR-Bürger, denen die Flucht über Bulgarien in den Westen gelang, in
Einzelfällen auch wieder in den Arbeiter- und Bauernstaat zurückkehrten, zeigt
der Fall eines 38-jährigen Diplom-Lehrers für Mathematik und Sport, der im Juli
1982 in die Volksrepublik flog, um seinen Vater wiederzusehen, der nach dem
Volksaufstand am 17. Juni 1953 in die Bundesrepublik geflohen war. Durch die
gezielte Beeinflussung des Karsten L.* durch die HA I, die sich seiner schwangeren

---

754 Ebd., S. 62.
755 Ebd., S. 78.

Freundin bediente, kehrte der Lehrer bereits nach wenigen Tagen reumütig in den Osten zurück. Dort eingetroffen, verfasste er mit inhaltlicher Unterstützung der HA I einen „Erlebnisbericht" über die „gewachsene Gefährlichkeit des wiedererstehenden Nationalsozialismus in der BRD, zum großen Teil versteckt in der CSU" und über die angeblich teilweise „große Bereitschaft Jugendlicher der BRD gegen die DDR und das sozialistische Lager loszuschlagen".[756] In diesem Bericht, in dem er sich selbst „Jan Wehnert" nennt, schildert der Lehrer, der in Bulgarien nicht wie erwartet seinen Vater, sondern einen Halbbruder und dessen Bekannten traf, wie er von diesen beiden angeblich unfreiwillig in einem präparierten Pkw an der scharf bewachten Straßenübergangsstelle „Kulata" nach Griechenland geschafft wurde. Eine höchst fragwürdige Darstellung, da präparierte Pkw-Rückbänke den Grenzern bereits seit Mitte der 1960er Jahre bekannt waren. Anschließend reiste er über Italien und Österreich in die Bundesrepublik. In seinem „Erlebnisbericht" schrieb L.*, er habe diesen Schritt – der möglicherweise in anderer Form realisiert wurde – bereits während der Flucht „bereut". Die Lebensauffassungen der meisten Menschen, mit denen er in der Bundesrepublik Kontakt hatte, habe ihn angeekelt: „Mit Hilfe der Genossen der Sicherheitsorgane der DDR [...] gelingt es, ‚Jan' wieder in die sozialistische Gesellschaft einzugliedern."[757]

Weniger dramatisch verlief der Fluchtversuch zweier 22-jähriger Männer aus Sondershausen und Naumburg, die Mitte Juni 1982 per Anhalter mit einem bulgarischen Lastwagen in Richtung türkische Grenze fuhren. Als der Lkw bei einer Personenkontrolle anhielt, wurde einer der beiden jungen Männer direkt verhaftet, dem anderen gelang es zu entkommen. Er wurde eine Stunde später in einem Dorf im Raum Malko Tarnovo ebenfalls verhaftet.[758]

Das gleiche Schicksal ereilte zwei 18-jährige Schüler der „EOS Karl Marx" aus Karl-Marx-Stadt, die ihrer bevorstehenden Musterung zur „Nationalen Volksarmee" entgehen wollten und ebenfalls zunächst geplant hatten, über die bulgarisch-türkische Grenze zu gehen. Nachdem sie von Bulgaren erfahren hatten, dass diese Grenze stark bewacht sei, ließen sie sich von einem Österreicher, den sie auf einem Campingplatz an der Südlichen Schwarzmeerküste kennengelernt hatten, mit dessen Auto zur bulgarisch-jugoslawischen Grenze transportieren. Ihre Festnahme erfolgte in unmittelbarer Nähe der Grenzübergangsstelle Kalotina, nachdem sie zuvor von bulgarischen Anwohnern des Sperrgebiets „gestellt" und verfolgt worden waren.[759]

---

756 Zentrale Auswertungs- und Informationsgruppe: BStU MfS ZAIG 26061, S. 3.
757 Zentrale Auswertungs- und Informationsgruppe: BStU MfS ZAIG 26061, S. 6.
758 Allgemeine Sachablage: BStU MfS AS 280/83.
759 Allgemeine Sachablage: BStU MfS AS 278/83.

Einige spezielle Komponenten enthält der Fall des 21-jährigen Markus B.*
aus Ost-Berlin, der am 26. August 1982 Mittags um 12:15 Uhr an der türkischen
Grenze im Raum Malko Tarnovo festgenommen wurde, nachdem er die Grenzsignalanlage überwunden und Alarm ausgelöst hatte. Der junge Mann, der angab,
seine Flucht bereits seit mehreren Jahren geplant zu haben, hatte im Bekanntenkreis erfahren, dass man via Bulgarien angeblich relativ einfach in den Westen
gelangen könne. Eine Flucht über die innerdeutsche Grenze erschien ihm zu
gefährlich, in der DDR wollte er aber auch nicht länger leben („Ich hatte es satt
[…] weiter in der DDR zu leben. Ich will damit ausdrücken, dass ich die in der
DDR herrschenden gesellschaftlichen Verhältnisse insgesamt ablehne"). Nachdem
ihn die Miliz bei der ersten Annäherung an das Grenzgebiet aufgegriffen und
mit der Belehrung ins Landesinnere zurückgeschickt hatte, dass der Aufenthalt
in einem Gebiet von 50 [!] Kilometern zur Grenze ohne Genehmigung verboten
sei, hatte er einen zweiten Anlauf genommen. Nachdem er zwei Tage querfeldein
in Richtung Süden gewandert war, erfolgte die Festnahme. Wobei B.* von Glück
sagen konnte, dass er dabei nicht verletzt oder getötet wurde.

Das Kreisgericht Cottbus-Stadt verurteilte Markus B.* nicht nur wegen des
Fluchtversuchs, sondern zusätzlich auch, weil er den Fluchtversuch zweier Freunde – obwohl man ihm Straffreiheit anbot – nicht denunziert hatte. Und so lautete
sein Urteil ein Jahr und acht Monate wegen versuchten ungesetzlichen Grenzübertritts „und wegen Unterlassung der Anzeige".[760] In seinem Schlusswort sagte
B.* vor Gericht: „Legal kam ich nicht in die BRD, deshalb die Straftat."[761] Obwohl
sein Stiefvater – ein „hochgradiger Staatsgeheimnisträger" – für den Fall eines
„rechtswidrigen Ersuchens auf Übersiedlung in die BRD" mit dem Abbruch jed-
weden Kontakts drohte („Ich würde […] alle Bindungen konsequent und sofort
abbrechen, wenn er seine Haltung gegenüber unserem Staat nicht ändert bzw.
sich nicht eindeutig für ein Leben in der DDR ausspricht und seine in dieser
Hinsicht begangenen Fehler einsieht"[762]) blieb B.* bei seinem Entschluss. Er gelangte – nachdem er seine Strafe mit den beiden Freunden, die an der tschechisch-
bayerischen Grenze festgenommen wurden, gemeinsam in Naumburg verbüßt
hatte – Anfang 1984 durch Freikauf in die Bundesrepublik.

Zwei Tage zuvor waren in der gleichen Gegend – also im Raum Malko Tarnovo – zwei 19-jährige Lehrlinge aus Sachsen bei einer Fahrzeugkontrolle festgenommen.[763] Sie waren, nachdem sie eine Weile in der Nähe von Varna gezeltet

---

760 Archivierter Untersuchungsvorgang: BStU MfS BV Cottbus AU 197/83, Bd. 1, S. 38 ff.
761 Archivierter Untersuchungsvorgang: BStU MfS BV Cottbus AU 197/83, Bd. 2, S. 25.
762 Archivierter Operativer Vorgang: BStU MfS BV Cottbus AOPK 36/83, S. 44.
763 Archivierter Untersuchungsvorgang: BStU MfS AU 3466/83.

hatten, in völliger Unkenntnis des brutalen bulgarischen Grenzregimes per Anhalter in Richtung Türkei gefahren und erlebten nach ihrer Festnahme mit je
einem Jahr und zehn Monaten vom Kreisgericht Dresden-Ost relativ hohe Strafen,
weil man ihnen im Schlussbericht des MfS vorgeworfen hatte, sie hätten angeblich
geplant, zwei mitgeführte Fleischermesser gegen bulgarische Grenzer zur Anwendung zu bringen, um sie „bewegungsunfähig" zu machen. Dass einer der
beiden Jugendlichen ein Fleischerlehrling war, der seine Messer mit in den Westen
nehmen wollte, dass es keinen derartigen Angriff gab und das die Festnahme weit
vor der eigentlichen Grenze stattfand – all das blieb im Urteil unbeachtet.

Erst 21 Jahre alt – dafür aber mit einem ausgewachsenen Schutzengel ausgestattet – war der Techniker Maik L.*, der als Techniker im „VEB Glaswerk
Döbern" arbeitete. Der junge Mann war als Individualtourist mit einem Rucksack, einem Zelt (Typ „Fichtelberg"), einem Schülerkompass und einem Fernglas
zum Campingurlaub nach Bulgarien gereist. Nachdem er eine Weile auf dem
Campingplatz Kavazite bei Sozopol verbracht hatte, reiste er, nachdem er vorher
seinen Pass und seine Reiseanlage in der Rezeption des Campingplatzes abgegeben hatte und unter Zurücklassung eines Teils seines Gepäcks, mit dem Zug
und verschiedenen Bussen über Bourgas, Plovdiv und Smolyan in die Rhodopen.
Nachdem er sich zunächst zur Umkehr entschlossen hatte und bereits wieder
auf dem Weg nach Plovdiv befand, reiste er dann doch kurzentschlossen mit
dem nächsten Bus ein weiteres Mal nach Smolyan. Nachdem er die Nacht in
einem Unterstand verbracht hatte, wanderte er am nächsten Tag stundenlang in
Richtung der griechischen Grenze. Die Dinge änderten sich erst, als Waldarbeiter
den Deutschen bemerkten und sofort bei den Grenztruppen denunzierten. Einige
Stunden später schoss ein bulgarischer Grenzer aus großer Entfernung auf ihn,
verfehlte ihn aber. Maik L.* konnte erneut entkommen. Mittlerweile hatte er die
Grenzsignalanlage bereits überquert und befand sich unmittelbar in der mehrere
Kilometer breiten Todeszone, als ihn bulgarische Grenzer am Morgen des 22. Juni
1982 unter einem Baum schlafend entdeckten. Vermutlich gingen sie davon aus,
dass er bereits tot war. Nach Angaben der Grenztruppen befand er sich in jenem
Moment, zum Zeitpunkt seiner Festnahme nur etwa 400 Meter von griechischem
Territorium entfernt.[764]

Dieser Umstand dürfte ihm, zumal er sich in der besonders gefährlichen
Gegend um Smolyan befand, sein Leben gerettet haben. Für die DDR-Sicher-
heitsorgane war der Fall besonders schwer zu bearbeiten, da es im bisherigen

---

764 Archivierter Untersuchungsvorgang: BStU MfS BV Cottbus AU 1366/82, Bd. 1,
     S. 74 f.

Werdegang des Maik L.* keinerlei Hinweise gab, „die auf eine negative oder ablehnende Haltung zur gesellschaftlichen Entwicklung in der DDR" hinwiesen. Der junge Mann lebte in geordneten Verhältnissen, war weder langhaarig noch rebellisch. Nach seiner Festnahme erklärte er, in der DDR für sein Geld nicht die Waren angeboten zu bekommen, die er kaufen möchte. Darüber hinaus sah er keine berufliche Perspektive für sich, bezeichnete seine Tätigkeit im „VEB Glaswerke Döbern" als zu „stupide".

Das Kreisgericht Forst (Lausitz) verurteilte Maik L.* bereits am 23. September 1982 zu einer Haftstrafe von lediglich einem Jahr. Erst nachdem der Kreisstaatsanwalt Conrad unter Hinweis auf die „besondere Gefährlichkeit und Schwere der Tat" Protest eingelegt hatte, wurde sie vom Bezirksgericht Cottbus auf ein Jahr und drei Monate angehoben. Alle Versuche, den jungen Mann zu „resozialisieren" schlugen fehl. Er bestand auf seine Ausreise in die Bundesrepublik, die bereits im Sommer 1983 erfolgte. Die staatlichen Organe bestätigten ihm abschließend eine „verfestigte negative Einstellung" zum SED-Staat.

Im Fall eines 19-jährigen Kraftfahrers aus dem Thüringischen Mühlhausen[765] lagen die Dinge noch etwas anders. Er stand seit seiner Kindheit mit den in Düsseldorf lebenden Enkelkindern der Vermieterin seiner Eltern in Briefkontakt. Der Jugendliche, der ein paar Jahre zuvor zu Gott gefunden hatte und sich in der Jungen Gemeinde engagierte, war mit den Lebensbedingungen in der DDR unzufrieden. Im Juli 1982 war er mit einem Arbeitskollegen zum Camping in den bulgarischen Badeort Kiten gefahren. Während dieses Ferienaufenthaltes hatte sein Brieffreund eine Bekannte nach Bulgarien geschickt, die sich heimlich mit ihm traf und ihn in die Bundesdeutsche Botschaft nach Sofia begleitete, wo ihm ein westdeutscher Reisepass ausgestellt wurde. Man sagte ihm allerdings auch, dass es gefährlich sei, die Volksrepublik mit diesem Pass zu verlassen, ohne ein bulgarisches Einreisevisum vorweisen zu können. In der Vergangenheit seien deshalb bereits „verschiedene" DDR-Bürger festgenommen worden. Allerdings sei es möglich, eine solche Person anschließend durch einen Freikauf in die Bundesrepublik zu holen. Vermutlich ging es bei diesem Fluchtversuch also um eine geplante Festnahme, denn als der junge Mann am Abend des 4. August 1982 mit einem Taxi an der bulgarisch-jugoslawischen Grenzübergangsstelle Stresimirovzi vorfuhr, wurde er selbstverständlich sofort verhaftet.

Vermutlich hatten das aber auch die DDR-Behörden verstanden. Und so wurde der 19-jährige Flüchtling von Oberrichter Ketzel (Bezirksgericht Erfurt) am 27. Januar 1983 wegen „landesverräterischer Agententätigkeit in Tateinheit mit ver-

---

765 Archivierter Untersuchungsvorgang: BStU MfS AU 3599/83.

suchtem ungesetzlichem Grenzübertritt in schwerem Fall" zu sage und schreibe drei Jahren und sechs Monaten Gefängnis verurteilt. Zuvor hatte das Ministerium für Staatssicherheit, wie in solchen Fällen üblich, am früheren Arbeitsplatz des Teenagers, dem Kreiskrankenhaus Mühlhausen, eine sogenannte „Kollektivaussprache" durchgeführt, an der alle leitenden Mitarbeiter einschließlich des ärztlichen Direktors teilnehmen mussten, um gemeinsam den Fluchtversuch des Jugendlichen zu verurteilen. Im Stasi-Jargon wurden diese „Aussprachen" „Maßnahmen der Öffentlichkeitsarbeit" genannt. Aus dem Kreis der Teilnehmer dieser als Abschreckung konzipierten „Einbeziehungsmaßnahme" wurde dann gemäß § 53 der DDR-Strafprozessordnung ein „Kollektivvertreter" gewählt, der als Zeuge an der Gerichtsverhandlung teilzunehmen hatte.

Obwohl die Zahl der DDR-Urlauber im Vergleich zum Vorjahr um etwa fünf Prozent niedriger ausfiel, verringerte sich das Arbeitsaufkommen für die Operativgruppe nicht, zumal in Major Stritzkes erstem Jahr als Chef auch ein „operativer" Mitarbeiter weniger zur Verfügung stand als im Vorjahr, weil eine Planstelle an der nördlichen Schwarzmeerküste vermutlich aus Kostengründen nicht besetzt werden konnte. An der Ausgangslage zur „Urlauberüberwachung" war neu, dass die Bulgaren eine Regelung einführten, nach der ausländische Individualtouristen in Sozopol und Primorsko Verpflegungstalons im Wert von 10 Leva kaufen mussten. Das war ein Betrag, den Individualtouristen aus der DDR unmöglich legal aufbringen konnten. Für Stritzke ein praktischer Umstand: „Dadurch besteht jetzt die Möglichkeit, operativ interessante Bürger der DDR bzw. [z. B. westdeutsche] Kontrollobjekte, die sich dort aufhalten, durch die Miliz legendiert unter Kontrolle zu halten bzw. an Orte zu verweisen, in denen sie durch IM operativ kontrolliert werden können."[766]

Major Stritzke erklärte sich den Rückgang der Urlauberzahlen, der auch westliche Urlauber betraf und besonders im Internationalen Jugendzentrum „Georgi Dimitrov" in Primorsko merkbar war, neben einem Anstieg der Arbeitslosigkeit und der Fußballweltmeisterschaft in Spanien auch mit einem anhaltenden Anstieg der Preise in der Volksrepublik, der nicht mit der Qualität des touristischen Service habe Schritt halten können, wie es im Abschlussbericht des MfS diplomatisch-freundlich formuliert war. Möglicherweise war es das Wissen um die Aussichtslosigkeit, die „politisch-ideologische Diversion" des „Klassenfeindes" verhindern zu wollen, die Stritzke 1982 dazu veranlasste, auch einen 49-jährigen Bundesbürger ins Visier zu nehmen, der sich mit „dicker" Brieftasche auf das Sammeln von Intimkontakten zu jungen Mädchen und Frauen aus der DDR

---

766 Hauptabteilung VI (Grenzkontrollen / Reiseverkehr): BStU MfS HA VI 9931, S. 295.

spezialisiert hatte und nach MfS-Erkenntnissen innerhalb von sechs Wochen auf 14 derartige Kontakte kam.

Dass in der Masse des Urlauberstromes, den die Operativgruppe des MfS zu überwachen hatte, Dinge geschahen, die nicht entdeckt wurden, war sozusagen zwangsläufig. Auf diese Weise gelangten unter der Sitzbank eines Kleinbusses, aus der Federwerk und Polsterung herausgesägt worden waren, Ende Juli 1982 ein 20-jähriges Mädchen und ein 23-jähriger Mann aus der DDR über die Grenz-übergangsstelle Kalotina via Jugoslawien in die Freiheit.[767] Vermutlich hatte hier eine kommerzielle Fluchthilfeorganisation ihre Finger im Spiel. Fast zur selben Stunde, am späten Abend des 31. Juli 1982 erfolgte auf der bulgarisch-griechischen Grenzübergangsstelle Kulata die Festnahme eines Ost-Berliner Ehepaares und ihrer Tochter.[768] Es war ein Fall, der von Major Setzepfandt ebenfalls als das Werk einer kommerziellen Fluchthilfeorganisation eingestuft wurde. Die Familie hatte drei Jahre zuvor bei einem Ferienaufenthalt auf der Krim ein Pärchen aus der Bundesrepublik kennengelernt und seither die Bekanntschaft aufrechterhalten. Mit diesem Pärchen war die Familie im Frühjahr 1982 in der Prager Botschaft der Bundesrepublik Deutschland vorstellig geworden, hatte Anträge auf Ausstellung bundesdeutscher Reisepässe ausgefüllt und Passfotos abgegeben. Als sie das Pärchen dann drei Monate später beim Ferienaufenthalt in Bulgarien wiedersah, erhielt die Familie nicht nur westdeutsche Reisepässe, sondern auch eine Tasche, in der fast alles enthalten war, um ihnen eine sichere Fluchtmöglichkeit nach Griechenland zu eröffnen.

Die Familie aus Ost-Berlin zählte zu den stolzen Besitzern eines VW „Golfs". Im Jahr 1978 waren 10 000 Exemplare dieses Westautos in die DDR exportiert worden. An diesem Golf hatte ihnen das Pärchen bereits im Frühjahr, um dem Wagen eine westliche Optik zu verschaffen, die östliche Pneumant-Bereifung gegen westliche „Continental"-Reifen ersetzt. In der Tasche, die ihnen ihr Bekannter gab, lagen zusätzlich westdeutsche Nummernschilder und ein „Westfalen"-Aufkleber. Außerdem eine Flasche Whisky, ein westdeutscher Kfz-Zulassungsschein, eine handgeschriebene Vollmacht der Zulassungsbesitzerin in englischer und deutscher Sprache, Büchsen mit Coca Cola und westdeutsche Kekse, die im Innenraum sichtbar ausgebreitet werden sollten. Außerdem händigte ihnen der Bekannte für 1 000 West-Mark Benzingutscheine für Italien und etwas griechisches Geld aus. Und ein Flugticket für deren 19-jährige Tochter, mit dem sie von Griechenland in die Bundesrepublik fliegen sollte. Neben den Pässen hatte die

767 DDR-Flucht, DPA, 30.07.1982.
768 Archivierter Untersuchungsvorgang: BStU MfS AU 3602/83.

Familie auch alle Reiseanlagen erhalten, ohne die DDR-Flüchtlinge normalerweise auf den ersten Blick zu erkennen waren.

Es war ein bis ins letzte Detail mit enormer Präzision vorbereiteter Fluchtplan, der – abgesehen von der langen Laufzeit – mit hohen Kosten und einem großen Aufwand verbunden war. Auf dem Weg zur Grenze fuhr ihnen das Pärchen aus der Bundesrepublik in deren Wagen voraus, es half ihnen dabei, die Schilder auszutauschen und setzte sich erst kurz vor der Grenze von ihnen ab. Das es dennoch zu einer Festnahme kam, bzw. dass die Bulgaren die vermeintlich westdeutsche Familie zur Überprüfung eines einem Passkontrolleur verdächtig erscheinenden Stempels der Grenzübergangsstelle Kalotina festhielten und die Ausreise durch „Maßnahmen zur Einschränkung der persönlichen Bewegungsfreiheit" verzögerten, war vermutlich nur ein Zufall. Tatsache ist, dass die westdeutschen Fluchthelfer nicht gefasst wurden und dass die ostdeutsche Familie nach ihrem Rücktransport in die DDR von Oberrichterin Gerda Klabuhn wegen „gemeinschaftlicher landesverräterischer Agententätigkeit in Tateinheit mit versuchtem ungesetzlichen Grenzübertritt in schwerem Fall" zu langjährigen Haftstrafen verurteilt wurde, jedenfalls soweit es die Eltern betrifft. Der Golf, ihr Schmuck und sogar das Zahngold des festgenommenen Familienvaters wurden von den DDR-Behörden konfisziert.

Doch zurück zu Stritzkes erstem Jahresbericht. Präzise Erkenntnisse über die Fluchtwege in Bulgarien verhafteter DDR-Bürger sucht man darin vergebens. Zwar erwähnt er, dass diese Menschen – fast ausschließlich Individualtouristen – versuchten, in die Türkei, nach Griechenland und Jugoslawien zu gelangen, Angaben über die wichtigsten Fluchtrouten sucht man jedoch vergebens. Unisono hätten die betreffenden Personen nach ihrer Festnahme erklärt, davon auszugehen, dass die bulgarischen Grenzen nicht so stark gesichert seien, wie die innerdeutsche Grenze und die Berliner Mauer. Häufig sei es zu Festnahmen in grenznahen Orten wie Mitschurin und Smolyan gekommen, die verkehrsgünstig zu erreichen waren: „Bei der globalen Bestimmung des Tatortes anhand von Kartenmaterial orientierten sich die Täter auf solche Grenzabschnitte, die in bergigen und bewaldetem Gelände liegen. Sie waren der Annahme, dort günstigere Möglichkeiten für das Eindringen in den grenznahen Raum vorzufinden."[769] Zu den in grenznahen Orten verhafteten DDR-Bürgern gehörten auch zwei 26- und 32-jährige Brüder aus Ost-Berlin, die mit ihrem Faltboot von einem Campingplatz in die Türkei zu gelangen hofften, um sich im Westen ein neues Le-

---

769 Hauptabteilung VI (Grenzkontrollen/Reiseverkehr): BStU MfS HA VI 9931, S. 298.

ben aufzubauen.[770] Nachdem sie etwa anderthalb Stunden lang in vier Kilometer Entfernung vor der Küste über das Schwarze Meer gepaddelt waren, wurden sie von einem Patrouillenboot des Küstenschutz aufgegriffen und nach Mitschurin transportiert, wo man sie in Haft nahm. Das Stadtbezirksgericht Berlin-Lichtenberg verurteilte sie wegen gemeinschaftlichen ungesetzlichen Grenzübertritts in schwerem Fall zu zwei bzw. drei Jahren Gefängnis.

In einem anderen Fall hatte die in der Bundesrepublik lebende Mutter eines am 16. Juni im Raum Smolyan festgenommenen jungen Mannes aus Leipzig ihrem Sohn mitgeteilt, dass das Überwinden der bulgarischen Staatsgrenze nach Griechenland „realisierbar" sei, hieß es in Stritzkes Bericht. In einem anderen Fall war einem jungen Mann aus dem Kreis Fürstenwalde, der am 2. Juni ebenfalls an der griechischen Grenze festgenommen worden war, bekannt, dass es einem seiner Kumpel gelungen war, die griechische Grenze zwei Jahre zuvor im Raum Haskovo erfolgreich zu überqueren.

Unter Stritzkes Regie ging das MfS offenbar wieder stärker in die Richtung zurück, die Repräsentantenkollektive der Saisonvertretungen des „Reisebüros der DDR" mit ihren inoffiziellen Mitarbeitern zu besetzen, und zwar sowohl an der Schwarzmeerküste als auch in Vertretungen von „Jugendtourist". Chefrepräsentanten waren gleichzeitig Führungs-IM, zu deren Kernaufgaben es gehörte, „die ihnen unterstellten Repräsentanten nach operativ interessanten Sachverhalten abzuschöpfen."[771]

Besondere Schwierigkeiten bereitete dem MfS die Anwerbung von in Bulgarien lebenden Frauen als IM aufgrund der dortigen patriarchalen Gesellschaftsform. Stritzke klagte, dass eine verheiratete Frau in Bulgarien der Kontrolle durch die gesamte Familie unterliege: „Selbst hinter zufälligen Begegnungen mit einem Mann oder sonstigem nicht normgerechten Verhalten (wozu auch das Betreten eines Hauses zählt, in dem keine Verwandten der Familie wohnen) wird eine zwielichtige Beziehung gesehen, für deren Klärung sich jeder Familienangehörige verantwortlich fühlt."[772] Wobei es ja tatsächlich auch in der DDR immer wieder zu unerlaubten intimen Beziehungen zwischen operativen Mitarbeitern und weiblichen IM kam, wie Stritzke nur zu genau wusste. Allerdings war unter solchen Umständen praktisch kein Treffen zwischen einem der durchweg männlichen operativen Mitarbeiter und einem weiblichen IM denkbar, weder in einer IMKW noch sonst wo. Was dazu führte, dass die Operativgruppe nur in seltenen

---

770 Archivierter Untersuchungsvorgang: BStU MfS AU 2496/84.
771 Hauptabteilung VI (Grenzkontrollen/Reiseverkehr): BStU MfS HA VI 9931, S. 300.
772 Ebd., S. 301.

Ausnahmen ostdeutsche Frauen anwerben konnte, die mit einem Bulgaren verheiratet waren und in Bulgarien lebten.

Um die Individualtouristen besser unter Kontrolle zu behalten, sorgte Stritzke dafür, dass mehr IMÜ auf Campingplätzen zum Einsatz kamen und forderte zugleich sein „Organ" in Ost-Berlin dazu auf, der Operativgruppe neben einer bereits zur Tarnung vorhandenen vollständigen Campingausrüstung zusätzlich auch einen passenden Dachgepäckträger zur Verfügung zu stellen. Darüber hinaus müsste angesichts der fortschreitenden Kommerzialisierung für die IMÜ im Bereich der südlichen Schwarzmeerküste auch ein genügender Leva-Betrag zur Beschaffung der obligatorischen Verpflegungstallons einkalkuliert werden. Schließlich hielt es Stritzke für unverzichtbar, bei jeder „Jugendtourist"-Reisegruppe, die nach Primorsko (Internationales Jugendlager „Georgi Dimitrov") ging, inoffizielle Mitarbeiter oder zumindest „gesellschaftliche Mitarbeiter" (GMS) der Staatssicherheit zum Einsatz zu bringen.

Versuchte ungesetzliche Nichtrückkehr

Nach dem konstruktiven Misstrauensvotum in Bonn und der Wahl von Helmut Kohl zum Bundeskanzler rätselten viele Beobachter, wie es in der Deutschlandpolitik weitergehen würde. Nachdem die sozialliberale Koalition einen auf Verständigung ausgerichteten Schmusekurs eingeschlagen hatte, den man auch in Sofia hinsichtlich eigener Freiräume über Jahre hinweg großzügig zu interpretieren verstand, gab es einen kurzen Moment der Unklarheit, bis man sowohl in Ost-Berlin als auch in Sofia verstand, dass die Entspannungspolitik fortgesetzt werden würde. Eine Rückkehr zum Konfrontationskurs der frühen 1960er Jahre war mit Kohl nicht zu machen und wohl noch weniger mit seinem Koalitionspartner. Alles würde auch mit einer von der Union geführten Bundesregierung so bleiben, wie es sich seit Anfang der 1970er eingespielt hatte.

Die Operativgruppe der HA VI in der Volksrepublik Bulgarien unter der Regie von Major Stritzke würde weiterhin die DDR-Urlauber getreu ihrem Auftrag vor „feindlichen Angriffen" schützen, wozu weiterhin in erster Linie auch die Verhinderung ihrer Fluchtversuche in den Westen zählte. Dazu würde Stritzke mit seiner Truppe neben „operativen Kontrollen", also der heimlichen Durchsuchung des Gepäcks verdächtiger DDR-Urlauber, auch den Anteil der fest an einem Ort stationierten Repräsentanten-IM sowohl aus dem „Reisebüro der DDR" als auch bei „Jugendtourist" wieder erhöhen. Zur Erreichung dieser Ziele stand ihm eine Operativgruppe zur Verfügung, die sich im Vergleich zum Vorjahr nur in einer Position verändert hatte. Anstelle von Oberleutnant Strauch, der seine Mission nach fünf Jahren fristgerecht beendete, kam der 30-jährige

Oberleutnant Klaus-Dieter Zamzow[773], der seit einigen Jahren in der HA VI im Bereich AT beschäftigt war.

Erheblich weitreichender waren die Veränderungen, die sich in der DDR-Botschaft in Sofia ankündigten. Major Krusch (OibE „Wolf") kehrte mit seiner Familie nach fünf Jahren in die DDR zurück. Und anstelle von Manfred Schmidt, der nach acht Jahren in Sofia als Botschafter nach Stockholm entsandt wurde, übernahm der gleichaltrige Egon Rommel die Position des Außerordentlichen und Bevollmächtigten Botschafters. Mit Rommel, der zuvor als Botschafter in der Mongolischen Volksrepublik und als Stellvertretender Leiter der Abteilung Südosteuropa im MfAA amtiert hatte, kam das Ehepaar Riechel. Während der bisherige Sektorleiter Bulgarien im MfAA, Ekkehard Riechel[774] (54), als Nachfolger des lange Jahre in dieser Funktion eingesetzten Erich Karl die Leitung der Politischen Abteilung übernahm und damit zugleich die Position des Stellvertretenden Botschafters inne hatte, war seine Frau Gertrud, ehemaliger Konsul in Bukarest und Sektorleiter „Pass und Visa" in der Hauptabteilung Konsularische Beziehungen, zum Konsul ernannt worden. Sie folgte auf Peter Rybarz[775]. Er hatte im Vorjahr die Nachfolge von Anton Richter angetreten und wurde nun als 2. Sekretär ins Generalkonsulat nach Varna geschickt.

Wie in den Vorjahren verzeichnete das MfS auch 1983 zahlreiche Fluchtversuche von DDR-Bürgern, die glaubten, über Bulgarien müsse es einfacher sein, in den Westen zu gelangen. Und in Einzelfällen hatten sie damit sogar recht, wie der Fall zweier 22-jähriger Männer aus dem sächsischen Radebeul belegt, die per Anhalter mit einem niederländischen Transit-Lkw in die Nähe der bulgarisch-türkischen Grenzübergangsstelle „Kapitan Andreevo" gelangten, nachdem sie sich an der ersten Kontrollstelle der Miliz in der Schlafkabine des Lastwagens versteckt hatten.[776] Einem der beiden jungen Männer gelang es am 10. Juni 1983 in unmittelbarer Nähe der GÜST unversehrt auf türkisches Territorium zu flüchten, wo der holländische Laster auf einem Parkplatz auf ihn wartete. Sein Freund hingegen wurde im letzten Moment von bulgarischen Grenzern festgenommen.[777] Der festgenommene junge Mann, ein gelernter Möbeltischler, erklärte, er rechne mit Krieg in Europa und wolle deshalb nach Übersee auswandern.

---

773   Kaderakte Klaus-Dieter Zamzow: BStU MfS KS 8995/90.

774   Ekkehard Riechel, Dynamische Entwicklung der Zusammenarbeit zwischen der DDR und der VRB. In: „Deutsche Außenpolitik" (Ost-Berlin), Nr. 1/1983, S. 46 ff.

775   BStU MfS KS 147/66, BStU MfS HA II 6781.

776   Archivierter Untersuchungsvorgang: BStU MfS BV Dresden AU 2660/83.

777   Allgemeine Sachablage: BStU MfS AS 137/75, Bd. 1.

Nur drei Tage später reisten zwei ebenfalls 22-jährige Männer mit der Bahn aus Ost-Berlin in die Volksrepublik. Beide fühlten sich in der DDR in ihrer persönlichen Freiheit eingeschränkt. Nachdem sie per Anhalter von Sandanski in die Nähe der bulgarisch-griechischen Grenzübergangsstelle Kulata gelangt waren, überwanden sie anschließend drei Grenzsicherungszäune, bevor sie in den frühen Morgenstunden des 22. Juni 1983 von einer Alarmgruppe der bulgarischen Grenztruppen festgenommen wurden.[778] Die beiden hatten sich an einer Hochspannungsleitung orientiert, die nach Griechenland führte.

Ihr Fall ist besonders, weil die in den Fluchtplan eingeweihte Lebensgefährtin eines der beiden Männer, die geschiedene Frau eines Bruders eines prominenten DDR-Juristen, vom Untersuchungsorgan des MfS wegen Nichtanzeige, Mitwisserschaft und Beihilfe ebenfalls festgenommen und angeklagt wurde. Wie wenig die Ostblock-Behörden die Motive des nicht abreißenden Flüchtlingsstroms verstanden, wird an zwei Details deutlich. Das Wort „Flucht" musste in Vernehmungsprotokollen des MfS stets in Gänsefüßchen geschrieben werden. Nicht weniger aufschlussreich war auch die Standardformulierung der bulgarischen Grenztruppen „Die Gründe des Grenzdurchbruchs sind im Abenteurertum zu suchen", die eindrucksvoll belegt, dass die Bulgaren nicht nachvollziehen konnten, warum Menschen aus der für Ostblockmaßstäbe wohlhabenden DDR in den Westen zu fliehen versuchten.

Ganz anders liegt der Fall des 38-jährigen Facharbeiters für Filmherstellung, Hermann G.*, aus Ost-Berlin, der am frühen Morgen des 18. August 1983 an der Schwarzmeerküste südwestlich Achtopol festgenommen wurde.[779] Der ledige junge Mann war bereits kurz nach dem Mauerbau wegen Staatsverleumdung inhaftiert worden.[780] G.* lehnte den „DDR-Kommunismus" entschieden ab. In Bulgarien hatte er zunächst das griechische Grenzgebiet im Raum Melnik besucht. Nachdem er erfahren hatte, dass dort bereits eine „größere Anzahl von DDR-Bürgern festgenommen" worden sei, entschloss er sich zur Reise an die Schwarzmeerküste. Hermann G.* wollte schon seit vielen Jahren die DDR verlassen. Geblieben war er nur, um seine alte und pflegebedürftige Mutter nicht im Stich zu lassen. Nachdem sie ein paar Monate zuvor gestorben war, stand seinem Vorhaben nun nichts mehr im Wege. Es war ihm nach längerem Fußmarsch durch das Sperrgebiet gelungen, unbemerkt bis an die Grenzsignalanlage zu gelangen. Nachdem er die Umgebung eine Weile von einem Baum aus beobachtet

---

778   Archivierter Untersuchungsvorgang: BStU MfS BV Schwerin AU 1092/83.
779   Archivierter Untersuchungsvorgang: BStU MfS AU 1349/84.
780   Archivierter Untersuchungsvorgang: BStU MfS AU 17114/64.

hatte, ohne Postentürme zu entdecken, näherte er sich vorsichtig dem Zaun. Als er am Zaun „eine Art Schwachstromsicherung" bemerkte, die Alarm auslösen würde, umwickelte er die entsprechenden Dräthe mit Hansaplast, verkantete sie mit Ästen und schlüpfte hindurch. Allerdings nur, um auf der anderen Seite des Zaunes von zwei bulgarischen Grenzsoldaten in Empfang genommen zu werden, die sofort das Feuer eröffneten und auf den Boden vor ihm schossen.

Nachdem sich G.* als Anhänger der „Wehrsportgruppe Hoffmann" und der in der Bundesrepublik bestehenden „Wiking-Jugend" zu erkennen gab, die er als „gute, mit militärischen Mitteln ausgerüstete Jugendorganisation"[781] einstufte, dürften sich seine Chancen zur Übersiedlung in die Bundesrepublik spürbar verbessert haben, denn das SED-Regime hatte kein Interesse daran, Anhänger rechtsextremistischen Gedankenguts im Lande zu halten. Möglicherweise fiel sein Urteil vom Stadtbezirksgericht Lichtenberg mit 22 Monaten Haft auch deshalb vergleichsweise niedrig aus, weil man seinen baldigen Freikauf durch die Bundesregierung bereits einkalkuliert hatte.

Dass sich das bulgarische Grenzregime zwischenzeitlich darauf eingestellt hatte, Flüchtlinge aus Jugoslawien nicht mehr wie früher postwendend zurückzuerhalten und die Grenze gründlicher zu überwachen, belegt der Fall des 27-jährigen Gerd Hortsch, einem Malereistudenten, der davon träumte, sich als Künstler zu etablieren, in der DDR dazu jedoch keine Chance sah. Der junge Mann war mit drei Bekannten, einer 23-jährigen Studentin für Violine, ihrem Mann und ihrem Bruder, Mitte August 1983 mit dem Auto-Reisezug über Bad Schandau nach Budapest gefahren. Nachdem sie zu der Überzeugung gekommen waren, dass ein Fluchtversuch über die ungarisch-jugoslawische Grenze zu gefährlich sei, waren die vier jungen Leute mit ihrem „Moskwitsch 408" über Rumänien nach Bulgarien gefahren. Nachdem sie ihren Wagen mit dem größten Teil ihres Gepäcks vor einem Motel im Raum Dragoman zurückgelassen hatten, waren sie zu Fuß – mit einer Touristenkarte und einem Kompass – ins Sperrgebiet aufgebrochen. Während die junge Frau ihre Violine, ein Erbstück, bei sich trug, waren die jungen Männer mit Rucksäcken bepackt. Nachdem sie stundenlang unbemerkt durch das bewaldete, sehr unwegsame Grenzgebiet gewandert waren, gelangten sie kurz nach Mitternacht an einen etwa zwei Meter hohen Maschendrahtzaun, auf dem sich oben – abgeschrägt – Stacheldraht befand. Es handelte sich um die Grenzsignalanlage „S-100".

Während die jungen Leute nach dem Überklettern des Zaunes glaubten, sich bereits in Jugoslawien zu befinden, hatten sie in Wahrheit erst jenen Abschnitt

---

781   Archivierter Untersuchungsvorgang: BStU MfS AU 1349/84, Bd. 2, S. 258.

des Grenzgebiets erreicht, der je nach Grenzabschnitt als die sogenannte Todeszone bezeichnet werden kann. Nachdem sie beim Überklettern des Zaunes Alarm ausgelöst hatten, wurden sie nämlich – ohne es zu ahnen – bereits wenig später von einer schwer bewaffneten Alarmgruppe der bulgarischen Grenztruppen und deren Spürhund verfolgt. Nachdem sie den Zaun bereits mehrere Stunden hinter sich gelassen hatten, hörten sie in den Morgenstunden zunächst Hundegebell und dann schließlich Schüsse hinter sich. Ob die Alarmgruppe sie noch auf bulgarischem oder – wie im Fall Dorgerloh – bereits auf jugoslawischem Territorium fasste, ist unklar. Im Untersuchungsbericht von Major Setzepfandt heißt es, es habe sich um bulgarisches Territorium gehandelt.[782] Die Glaubwürdigkeit dieser Standardformulierungen ist aber zweifelhaft. Die jungen Leute ließen sich, als sie die Schüsse hörten, sofort zu Boden fallen und standen dann, als die Soldaten sie schließlich erreichten, mit erhobenen Händen auf. Ihr Glück war, dass keiner von ihnen durch die Kugeln verletzt wurde. Ihre kostbare Violine, die ihr an jenem Morgen von den Grenzern abgenommen wurde, hat Dorothea Ebert[783] nie wieder gesehen.

Gerd Hortsch erklärte nach seiner Festnahme, er habe die Originale berühmter Maler im Westen studieren wollen. Das Kreisgericht Dresden-Ost verurteilte den Kunststudenten und seine Bekannten am 20. Januar 1984 wegen „versuchten ungesetzlichen Grenzübertritts im schweren Fall" zu zwei Jahren und zehn Monaten Gefängnis. Erst Anfang 1985 gelangte Gerd Hortsch über Freikauf in die Bundesrepublik. 1991, nachdem er einige wenige Gemälde erschaffen hatte, ist er an einer Krebserkrankung gestorben.

Der Schwerpunkt der Bulgarienfluchten ereignete sich 1983 weder an der türkischen noch an der jugoslawischen Grenze. Und das hing ganz offenbar damit zusammen, dass die „Panhellenische Sozialistische Bewegung" (PASOK) bei den griechischen Parlamentswahlen im Herbst 1981 erstmals die absolute Mehrheit errungen hatte und sich außenpolitisch betont offen gegenüber den Ostblockländern präsentierte. Das vermittelte jungen DDR-Bürgern offenbar den – falschen – Eindruck, dass Griechenland – trotz NATO-Zugehörigkeit – sozusagen ein befreundetes Land des Ostens und deshalb möglicherweise leichter zu erreichen sei.

Genauso sah es der 19-jährige gelernte Landvermesser Frank Meier aus Königs Wusterhausen bei Berlin. Er notierte nach seiner Festnahme in einer „Stellung-

782 Archivierter Untersuchungsvorgang: BStU MfS AU 014976/85, Bd. 1, S. 8 f.
783 Vgl.: http://www.dtv.de/autoren/dorothea_ebert_13796.html und http://www.zeitzeugenbuero.de/index.php?id=detail&zzp=226, abgerufen am 18.10.2015.

nahme zu seiner Straftat", dass er den Fluchtweg Bulgarien für weniger gefährlich hielt: „Ich vermutete, auf Grund der positiven Haltung Griechenlands, dass
diese Grenze nicht gesichert ist. Mir ist bekannt, dass Griechenland von einer
sozialistischen Regierung geführt wird, dass es gegen amerikanische Interessen
auftritt und dass bulgarische Staatsbürger nach Griechenland reisen dürfen. Ich
konnte mir nicht vorstellen, warum Bulgarien die Grenze zu Griechenland besonders sichern sollte."[784]

Frank Meier, der nach seiner Festnahme erklärte, er habe aus „Abenteuerlust"
in den Westen gewollt („Ich wusste, wenn ich im ‚Westen' sein würde, würde
ich mich eines Tages bestimmt ärgern, dass ich die DDR verlassen habe, aber
ich dachte auch in der DDR würde ich mich bestimmt irgendwann mal ärgern,
dass ich dageblieben bin"), hatte sich einen besonders gefährlichen Abschnitt der
bulgarisch-griechischen Grenze ausgewählt: Die Region Dospat, wo einige Jahre
zuvor Brigitte von Kistowski und Klaus Prautzsch „liquidiert" worden waren.
Meier versenkte zunächst seinen Rucksack in einem Stausee, um weniger auf-
zufallen und wanderte dann entlang an einem Flussufer in Richtung Süden. Dem
hochgewachsenen, blonden Jugendlichen war offenbar nicht bewusst, dass er den
Einheimischen auch ohne Rucksack noch fremd erscheinen musste. Nachdem ihn
zwei von der kommunistischen Propaganda aufgehetzte Jugendliche in seinen
kurzen Hosen gesehen und eine Weile heimlich verfolgt hatten, verständigten
sie sofort die Grenztruppen. Nur Minuten später wurde Frank Meier – der bis
zu den Oberschenkeln im Bachbett watete – von schwer bewaffneten Grenzsoldaten festgenommen. Er habe sofort die Arme hochgerissen, als er die Grenzer
sah, erinnert sich Meier, der 1983 in seiner „Stellungnahme" schrieb: „In recht-
licher Hinsicht muss ich natürlich sagen, dass ich mir keines strafbaren Handeln
bewusst bin. Ich habe nicht versucht die Grenze nach Griechenland zu übertreten
und ich habe auch keine Warn- oder Verbotsschilder gesehen und folglich auch
nicht missachtet. Ich habe auch keine Grenzanlagen gesehen und bin gegen 14
Uhr, also am hellen Tage, auf einem Weg laufend festgenommen worden und ich
muss sagen, hätte ich vorher gewusst, wie die Grenzanlagen aufgebaut sind, was
ich während des Marsches zur nächsten Kaserne teilweise sehen konnte, wäre ich
wieder umgekehrt."[785]

Ob er noch viel weiter gekommen wäre, ist nicht sicher, da sich offenbar –
nicht weit vom Ort seiner Festnahme entfernt – quer über den Fluss gespannt
eine Ton-Alarm-Installation befand. Darüber hinaus war in dieser Gegend nach

---

784 Archivierter Untersuchungsvorgang: BStU MfS BV Potsdam AU 488/84, Bd. 1, S. 88.
785 Archivierte Untersuchungsvorgang: BStU MfS BV Potsdam AU 488/84, Bd. 1, S. 90 f.

dem Bericht der MWR-Abteilung 56570 auch eine Elektrosignal-Installations-vorrichtung sowie Raketensignalfelder installiert.

Die Grenzer legten Frank Meier mit auf den Rücken gefesselten Händen zunächst in einer winzigen Holzhütte ab, bevor sie ihn in die nächstgelegene Zastava transportierten.[786] Ein paar Tage später wurde der Teenager dann mit sechs einheimischen Gefangenen, bei denen es sich vermutlich ebenfalls um Flüchtlinge handelte, ins Untersuchungsgefängnis der Staatssicherheit nach Sofia geschafft. Das Kreisgericht Königs Wusterhausen verurteilte Frank Meier am 14. Dezember 1983 wegen „versuchter ungesetzlicher Nichtrückkehr" in die DDR zu einem Jahr Gefängnis. Das war eine sehr milde Strafe, die offenbar neben seinem jugendlichen Alter damit zusammenhing, dass er zum Zeitpunkt der Festnahme weder Kompass noch Landkarte bei sich führte. Bereits vier Monate später wurde er in die Bundesrepublik freigekauft.

Nachdem sich Frank Meier bereits im Untersuchungsgefängnis des MfS in Potsdam befand, wurden im Raum Dospat erneut DDR-Flüchtlinge verhaftet. Ein 30-jähriger Ingenieur aus Erfurt und seine 29-jährige Lebensgefährtin, ebenfalls Ingenieurin von Beruf, hatten die Grenzsignalanlage bereits überwunden und befanden sich nur noch etwa einen Kilometer von griechischem Territorium entfernt.[787] Das Pärchen, das mit einem Kompass und einem Fernglas aufgegriffen wurde, erklärte nach seiner Festnahme, im Westfernsehen habe es geheißen, der Fluchtweg von Bulgarien nach Griechenland sei eine Art Geheimtipp. In Wahrheit war weder die griechische Grenze leicht zu überwinden, noch hatten sich die Haftbedingungen in der Volksrepublik verbessert.[788] Umso erstaunlicher ist der Fall zweier junger Männer, die im Frühjahr 1983 im Sofioter Zentralgefängnis einsaßen, weil man sie wegen Diebstählen verurteilt hatte. Sie lehnten eine Rückführung in die DDR ausdrücklich ab, weil sie annahmen, durch Arbeit im Strafvollzug in Bulgarien schneller wieder auf freiem Fuß zu sein, als in der DDR.[789] Was den mit dem Fall betrauten Oberstleutnant Pfütze nicht davon abhielt, sie trotzdem zu übernehmen und per Flugzeug ins Ost-Berliner Gefängnis Rummelsburg zu schaffen.

Zu den zahlreichen jungen DDR-Bürgern, die ihren Fluchtversuch im Sommer 1983 an der bulgarisch-griechischen Grenze unternahmen, zählten auch ein 22-jähriger Schriftsetzer und ein gleichaltriger Baufacharbeiter aus Ost-Berlin. Sie waren

---

786   E-Mail Frank Meier (Hamburg) vom 25.05.2006 an den Verfasser.

787   Allgemeine Sachablage: BStU MfS AS 179/86.

788   Im September 1984 berichtete der in Bulgarien im April 1983 wegen Militärspionage verurteilte Italiener Paolo Farsetti, er sei während der Haft „wiederholt misshandelt" worden. Vgl.: Italiener berichtet über Folter in Bulgarien, AFP, 22.09.1984.

789   Hauptabteilung IX (Untersuchungsabteilung): BStU MfS HA IX 1244 T 1, S. 244–250.

mit ihren Schlafsäcken und einigen Büchsen Verpflegung unter Zuhilfenahme eines Kompasses im Raum Petritsch in die Sperrzone gewandert. Es gelang ihnen, unbemerkt zwei Grenzzäune zu durchkriechen, ein Sumpfgebiet zu durchqueren und einen etwa siebzig Meter breiten Fluss zu durchschwimmen. Als sie sich anschließend völlig erschöpft schlafen legten, wurden die beiden Flüchtlinge erst kurz nach Sonnenaufgang geweckt – unglücklicherweise von bulgarischen Grenzern, die sie ins Untersuchungsgefängnis des Staatssicherheitsdienstes nach Sofia schafften.[790]

Ebenfalls mit einer Festnahme endete der Fluchtversuch zweier 23 und 24 Jahre alter Brüder aus dem Städtchen Wolmirstedt bei Magdeburg, die am 10. August 1983 morgens um 3:05 Uhr beim Unterklettern der Grenzsignalanlage im Raum Petritsch Alarm auslösten und einige Stunden später von einer Alarmgruppe, die die Gegend nach ihnen durchkämmt hatte, festgenommen wurden. Die beiden Männer aus katholischem Elternhaus, Uhrmacher und Monteur von Beruf, die zu ihrer Oma ins Emsland wollten, waren zwei Nächte zuvor von Melnik aus losgelaufen. Etwa eine Stunde, nachdem sie den Zaun hinter sich gelassen hatten, bemerkten sie, dass der fragliche Grenzabschnitt mit Scheinwerfern abgesucht wurde.[791] Als sie am nächsten Morgen in ihrem Versteck aufwachten, bemerkten sie, nur etwa 100 Meter von ihrem Versteck entfernt, einen Suchtrupp, der sie schließlich auch entdeckte. Dabei kamen die Schusswaffen der Grenzer zur Anwendung, angeblich hatte einer der beiden jungen Männer versucht einen Grenzer „hinterrücks" zu erstechen, wie es im Festnahmebericht von Oberleutnant Alexander Kamenov Alexandrov (MWR-Einheit 56440 Petritsch) hieß. Sehr glaubwürdig war diese Darstellung allerdings nicht – im Urteil des Kreisgericht Wolmirstedt, das je zwei Jahre gegen die beiden Brüder aussprach –, wurde der Vorfall nicht erwähnt. Dafür aber ein Protokollzusatz, aus dem hervorgeht, dass die bulgarischen Grenzer die beiden deutschen zwangen, die Protokolle ungelesen („Schreiben! Schnell!") zu unterschreiben.

Mehr Glück hatten zwei 20-jährige Lehrlinge aus Magdeburg, denen es eine Woche später, am 18. August 1983, glückte, die bulgarisch-griechische Grenze unbemerkt zu überwinden. Die beiden jungen Männer waren mit dem Zug in die ČSSR und von dort per Anhalter nach Bulgarien gelangt. Das besondere an ihrem Fall ist, dass sie in Griechenland auf Soldaten stießen, die sie zunächst zurück in die Volksrepublik schicken wollten[792], sich dann aber doch umstimmen ließen.

Möglicherweise war man sich mittlerweile in der Operativgruppe der HA VI über die Unmöglichkeit der Aufgabe klar geworden, die Fluchtversuche junger DDR-

---

790 Archivierter Untersuchungsvorgang: BStU MfS AU 1092/83.

791 Archivierter Untersuchungsvorgang: BStU MfS BV Magdeburg AU 679/84.

792 Zentrale Koordinierungsgruppe des MfS: BStU MfS ZKG 16450, S. 15–26.

Bürger über die grünen Grenzen Bulgariens zu unterbinden, zumal es sich – seit Jahren bereits – um Individualtouristen handelte, die sich in aller Regel unterhalb des Radarschirms des DDR-Geheimdienstes bewegten. Diesen Rückschluss lässt der Abschlussbericht der Operativgruppe für das Jahr 1983 zu. Während sich darin nämlich seitenlang Schilderungen über gemeinsame Beobachtungsaktionen mit dem bulgarischen Innenministerium gegen westdeutsche und verdächtige bulgarische Bürger finden, bei denen es um Wirtschaftskriminalität und Spionageverdacht ging und teilweise gleich mehrere ostdeutsche IM zum Einsatz kamen, ist ein eigenes Kapitel über die „republikflüchtigen" Landsleute zwar im Inhaltsverzeichnis vorgesehen, im Text fehlt es jedoch.[793] Möglicherweise hängt es auch damit zusammen, dass die Aktivitäten kommerzieller Fluchthilfeorganisationen durch den großflächigen Einsatz von Stasi-Spitzeln und drakonischer Strafen weitgehend zum Erliegen gekommen waren. Stattdessen widmete sich Stritzke in dem von ihm zu verantwortenden Papier ausgiebig der Bekämpfung der „feindlichen Kontaktpolitik", die sich, wenn schon nicht verhindern, so doch zumindest teilweise beobachten ließ. Wie hätte das MfS auch die als besonders gefährlich empfundene Verbreitung westlicher Presseerzeugnisse unter DDR-Bürgern verhindern sollen? Das hatte ja schon zehn Jahre zuvor, als man tagtäglich sämtliche Repräsentanten des „Reisebüros der DDR" und deren Mitarbeiter zum Einsammeln dieses Schriftguts aus den Urlauberzimmern, den Hotelrezeptionen, Frühstücksräumen und von den Stränden eingesetzt hatte, nicht funktioniert. Weil es sich als Kampf gegen Windmühlen erwies.

Stattdessen erfreute sich das MfS in Bulgarien 1983 bereits an Kleinigkeiten. Statt ungünstige Zahlen über einen nicht abbrechenden Flüchtlingsfluss zu liefern, der entgegen früherer ideologischer Analysen nicht durch westliche Helfer beeinflusst wurde und ausschließlich auf Unzufriedenheit mit den Lebensverhältnissen und Zukunftsperspektiven in der DDR zurückzuführen war, fand eine „operative Kombination" Eingang in den Jahresbericht, in dessen Verlauf ein bundesdeutscher Urlauber binnen 24 Stunden aus Bulgarien ausgewiesen wurde, der verbotenerweise eine Musikkassette mit Udo Lindenbergs kurz zuvor veröffentlichtem Hit „Sonderzug nach Pankow" unter DDR-Urlaubern in Umlauf gebracht hatte. Die Ausweisung war dem Einsatz der Chefrepräsentantin des „Reisebüros der DDR" in Albena, Renate Löwe[794] alias FIM „Gertrud Stern", zu verdanken, wie Stritzke in seiner Bilanz lobend erwähnte.[795]

Die geänderte Aufgabenstellung lässt sich auch aus Stritzkes „Schlussfolgerungen" für das Jahr 1984 ableiten. Zwar werden darin die Themen kommerzielle Flucht-

---

793   Hauptabteilung VI (Grenzkontrollen/Reiseverkehr): BStU MfS HA VI 9931, S. 260 ff.
794   Archivierter IM-Vorgang: BStU MfS AIM 12829/91.
795   Hauptabteilung VI (Grenzkontrollen/Reiseverkehr): BStU MfS HA VI 9931, S. 275.

hilfe („KMHB") und Fluchten über die grüne Grenze („Missbrauch des Reise- und Touristenverkehrs") noch erwähnt, aber es waren ganz offensichtlich keine vorrangigen Ziele mehr. Während sich das MfS bei der Verhinderung der Fluchtversuche auf die bulgarischen Grenztruppen verließ, forderte Stritzke sowohl die Zahl der Neuwerbungen von IM zu erhöhen, als auch alle Repräsentanten von „Reisebüro" und „Jugendtourist" aktuellen Sicherheitsüberprüfungen zu unterziehen – wofür mindestens zehn OibE in der Generaldirektion des „Reisebüros der DDR" im „Haus des Reisens" am Alexanderplatz verantwortlich waren.[796] Vermutlich ahnte Stritzke, dass ein in den Westen geflüchteter IM-Repräsentant, zumal wenn dieser in das dortige Sicherheitsnetz des DDR-Geheimdienstes integriert war, das „Organ" in größte Schwierigkeiten bringen könnte. Der Mann schien über hellseherische Fähigkeiten zu verfügen. Denn genau so ein Fall – nur schlimmer, als ihn sich Stritzke vermutlich ausmalen konnte – lag damals bereits in der Luft.

Eine Aufpasserin mit langjähriger MfS-Verbindung setzt sich ab

Eine langjährige Reisebüro-Repräsentantin, die zunächst in Rumänien und Bulgarien und seit 1980 als Chefrepräsentantin in Jugoslawien zum Einsatz kam, konnte sich im Mai 1984 – vermutlich mit westlicher Hilfe – in Luft auflösen und tauchte erst wieder in der Bundesrepublik auf. Den Verlust einer Repräsentantin hätte man seitens des Staatssicherheitsdienstes wohl verkraften können. Aber die 33-jährige Doris R.*[797] (IMS „Kurth") war bereits elf Jahre zuvor vom MfS angeworben worden. Sie kannte die Sicherungsnetze der HA VI in Rumänien, Bulgarien und Jugoslawien wie „aus der Westentasche", sie kannte etliche Führungsoffiziere, aber auch über 50 andere Repräsentanten-IM und mehr als ein halbes Dutzend Repräsentanten-FIM sowie den ihr als „Repräsentant" in Jugoslawien zum Schein „unterstellten" OibE Hauptmann Fritz Tholl mit ihren Klarnamen, ganz zu schweigen von mehreren konspirativen Wohnungen, die die HA VI in Ost-Berlin in bester Lage schon seit vielen Jahren im Winterhalbjahr für konspirative Treffen mit ihren Reisebüro-Repräsentanten nutzte. Der Fall war ein operativer „Super-GAU", der nicht nur die Führungsetage der HA VI aufschreckte. Mit der Untersuchung war Major Karl-Heinz Brichmann betraut, der noch immer als Stellvertretender Leiter der AT3 amtierte. Auch DDR-Verkehrsminister

---

796 Bisher bekannte OibE in der GD RB, Stand 1985: Hptm. Ulrich Bubke, Oltn. Ingrid Damm, Oltn. Barbara Fengl, Major Günter Hammer, Oltn. Gisela Kreysch, Oltn. Petra Leonhardt, Hptm. Dorothea Schenk, Hptm. Ulrich Schönborn, Hptm. Fritz Tholl, Genn. Fw. Völkel.
797 Archivierter IM-Vorgang: BStU MfS AIM 12599/84.

Otto Arndt und der „Reisebüro"-Generaldirektor Horst Dannat (Mitglied der Kaderreserve des ZK der SED) reagierten entsetzt.

Die geflüchtete IM hatte langjährige teils freundschaftliche, teils bekanntschaftliche Verbindungen mit zentralen Akteuren der geheimdienstlichen Urlauberüberwachung der DDR. In einem Brief schrieb sie ihrem ehemaligen Chef – pikanterweise handelte es sich um Stasi-Hauptmann Uli Bubke – an dessen Privatadresse, dass ihr der Beruf einer Repräsentantin nicht so gefallen habe, wie alle angenommen hätten. Zwischenzeitlich war Bubke persönlich zur Schadensbegrenzung an die jugoslawische Adria-Küste geflogen. Was er dort entdeckte, verstärkte die Katastrophe noch zusätzlich, denn auch das Spionageequipment der verschwundenen Genossin war weg: „Die ihr zur operativen Nutzung übergebene Schreibmappe Format A 5 aus braunem Leder (Container), Kamera Praktica PLC Nr. 1083642 mit Tisch-Stativ Rowi-Clip, Kamera Praktica LLC Nr. 227631 mit Objektiv Nr. 5919561, Pentacon K 16 Nr. 094129 wurde nicht vorgefunden. Im Hotelzimmer konnte lediglich das zu Praktica LLC gehörende Teleobjektiv Meyer-Optik Nr. 3706827 sichergestellt werden."[798] Es war, als hätte sie dem MfS noch nachträglich die lange Nase gezeigt, nachdem man ihr Verschwinden durch eine perfekte Wahl des Zeitpunkts überhaupt erst Tage nach der Flucht bemerkt hatte.

Alle Indizien deuten darauf hin, dass die junge Frau mit Hilfe eines westlichen Dienstes und eines falschen Passes in den Westen gelangt war – und zwar per Flugzeug. Es war eine Art professioneller Hilfe im Spiel, auf die andere junge Leute, die es auf eigenes Risiko an der grünen Grenze versuchten, in den Westen zu gelangen, nicht zählen konnten.

Ganz sicher muss die einwöchige Dienstreise von Frank Stieler, dem Abteilungsleiter „Aufnehmender Auslandstourismus Sozialistische Länder" (AAT) in der Generaldirektion des „Reisebüros der DDR", auch im Zusammenhang mit der verschwundenen Repräsentantin gesehen werden, zumal Stieler in Belgrad mit dem amtierenden DDR-Botschafter, Botschaftsrat Manfred Schünemann[799], einem SED-Kader, zusammenkam, der ihm vorschlug, die „Zielgebiete" zu ändern, in die jene handverlesenen und als zuverlässig eingestuften DDR-Urlauber damals reisen durften, und zwar mit der Begründung, dass die bisher genutzten Ferienobjekte „ein illegales Verlassen der DDR relativ leicht ermöglichen".[800] Statt die

---

798 Archivierter Operativer Vorgang: BStU MfS AOPK 4463/88, S. 35.
799 Hauptabteilung II (Spionageabwehr): BStU MfS HA II/10/85.
800 Stieler, Frank: Vermerk in Ergänzung zum Bericht über eine Dienstreise in die SFRJ vom 09.07.1984 (Vertrauliche Dienstsache). In: Bundesarchiv (Berlin), Bestand DM 102/761.

DDR-Urlauber an die Adria zu lassen, wäre eine Unterbringung in Montenegro und am abgelegenen Ochridsee zu bevorzugen.

Auf Probleme wurde Stieler auch im DDR-Generalkonsulat in Zagreb hingewiesen. Immer mehr jener privilegierten Genossen, die ihren Urlaub in Jugoslawien verbringen durften, reisten mit tragbaren Camping- oder Wanderausrüstungen an und meldeten sich während ihres genehmigten Aufenthalts für einige Tage zum Wandern ab. Konsul Schindler bat Stieler „dringend" darum, über die Reiseleiter und Repräsentanten – bei denen es sich ja überwiegend um Mitarbeiter der „staatlichen Organen" handelte – darauf hinzuweisen, solche Eigenmächtigkeiten zu unterbinden. Die betreffenden Urlauber müssten bei auftretenden Problemen mit „großen Unannehmlichkeiten" rechnen, erklärte der DDR-Konsul, zumal ihnen in ihren Personalausweisen zwecks Fluchtverhinderung weder Einreisestempel noch Visum verabreicht worden war. Offenbar mit Blick auf Doris R.s* Kollegin Elisabeth K.[801] (IMS „Annette"), die den Abgang als erste bemerkt und nach Ost-Berlin gemeldet hatte, ersuchte der Konsul den Abteilungsleiter auch darum, den Repräsentanten einzuschärfen, „Informationen über illegales Verlassen der DDR" nicht per Telefon nach Ost-Berlin zu übermitteln, da alle Telefonverbindungen aus Jugoslawien über die Bundesrepublik führten und „dort mitgeschnitten" würden.

Eine weitere Folge des überraschenden „Umzugs" der inoffiziellen Mitarbeiterin in den Westen bestand auch darin, dass man seitens des MfS eilends den OibE „Fritz" alias Hauptmann Fritz Tholl, der wegen eines vom Ministerium für Verkehrswesen angeordneten Austauschs der länger als fünf Jahre als Repräsentanten des Reisebüro der DDR in Jugoslawien eingesetzten Kader nach Rumänien geschickt worden war, an die jugoslawische Adria umdirigierte, wo er für die laufende Saison den Posten der „republikflüchtigen" Ex-Stasi-Zuträgerin zu übernehmen hatte.

In Bulgarien zeichnete sich indessen die Zuspitzung eines bereits seit Jahrzehnten bestehenden ethnischen Konflikts mit der türkischstämmigen Bevölkerungsminderheit ab. Das Shivkov-Regime plante die zwangsweise landesweite Abschaffung der türkischen Sprache aus dem öffentlichen Leben und die Änderung türkischer Namen in bulgarische Namen, um sich von dem verhassten Nachbarland stärker abzugrenzen. Da die in Sofia beschlossenen Maßnahmen rund eine Million Bulgaren betrafen, richtete man sich auch in der Operativgruppe des MfS auf ein erhöhtes Anschlagsrisiko ein. Operativgruppenchef Major Stritzke veranlasste deshalb bereits

---

801 Archivierter IM-Vorgang: BStU MfS AIM 12162/79, Archivierter IM-Vorgang: MfS AIM 12902/91.

1983, die von der Operativgruppe in Varna und Bourgas genutzten Dienstobjekte zusätzlich mit „geeigneten Selbstverteidigungsmitteln zugriffsbereit" auszustatten.[802] Ob er damit an Messer, Pfefferspray, Schlagstöcke oder sogar an Schusswaffen dachte, ist dem fraglichen Dokument nicht zu entnehmen. Ein Jahr später – nachdem es im Sommer 1984 trotz deutlich erhöhter Sicherheitsvorkehrungen zu einer Reihe von Bombenattentaten gekommen waren, die etliche Menschenleben kosteten – ging Stritzke dann „zur weiteren Erhöhung der Sicherheit" jedenfalls dazu über, sämtliche papierenen Unterlagen aus den Dienstobjekten in Varna und Bourgas durch den Reißwolf zu schicken, einschließlich Verbrennung der Aschenreste. Auf Stritzkes Befehl wurden kurzfristig sämtliche vom MfS in Bulgarien belegten Wohnung geräumt, Stritzke ließ sämtliche Telefonanschlüsse der Operativgruppe unterbrechen, übergab das MfS-eigene Mobiliar dem Bruderorgan und schaffte alles, was man zur Fortsetzung der operativen Arbeit weiterhin brauchte, vorübergehend in Blechcontainern in die DDR-Botschaft.

Unter den DDR-Flüchtlingen hatten sich die Vorzüge des Fluchtwegs von Bulgarien über Jugoslawien zu diesem Zeitpunkt noch immer nicht herumgesprochen. Auch 1984 ereigneten sich wieder zahlreiche Fluchtversuche an den besonders gefährlichen Grenzen zur Türkei und nach Griechenland. Eine 21-jährige Frau aus Ludwigslust reiste bereits im Mai 1984 mit einer Reisegruppe per Flugzeug nach Bulgarien. Sie wurde nur vier Tage nach ihrer Ankunft in der Volksrepublik im privaten Pkw eines bulgarischen Bürgers an einem Kontrollposten im türkischen Grenzgebiet festgenommen. Und zwar nachdem sie dem Milizionär 2 000 Mark geboten hatte, falls er sie entweder passieren oder zumindest zu ihrer Reisegruppe zurückfahren ließe.[803] Bei einer Durchsuchung ihres Gepäcks fanden sich Landkarten. Sie hatte die Flucht aus der DDR schon seit längerem geplant. Einige Monate später wurden im Bereich Sinemoritz – an der südlichen Schwarzmeerküste – ein 40-jähriger Betriebsteilleiter aus Plauen (Mitglied der SED) und seine 37-jährige, im selben Unternehmen beschäftigte Freundin (Mitglied der CDU) verhaftet. Beide hatten, wie die Untersuchung ergab, Schwierigkeiten mit ihren jeweiligen Ehepartnern und wollten deshalb einen gemeinsamen Neuanfang im Westen versuchen.[804] Beide Festnahmen fanden jeweils weit vor der Grenze statt und verliefen deshalb ohne den Einsatz von Schusswaffen.

Beziehungsprobleme waren von den staatlichen Organen grundsätzlich nicht kontrollierbar, wie nicht nur der Fall des SED-Betriebsteilleiters zeigt, sondern

---

802   Hauptabteilung II (Spionageabwehr): BStU MfS HA II 38291, S. 105.
803   Allgemeine Sachablage: BStU MfS AS 178/86.
804   Allgemeine Sachablage: BStU MfS AS 172/86.

auch der Umstand, dass der Chef der Operativgruppe, Major Stritzke, Ende September 1984 einen seiner operativen Mitarbeiter vorzeitig in die Heimat zurückschicken musste, nachdem er ein außereheliches Liebesverhältnis mit einer „unüberprüften DDR-Bürgerin im Operationsgebiet VRB" begonnen und dabei offensichtlich einige Geheimnisse ausgeplaudert hatte.[805]

Weitaus gefährlicher wurde es, wenn es Flüchtlingen gelang, in die Sperrgebiete einzudringen und sich den Grenzen nach Griechenland und zur Türkei zu nähern. Das musste der 20-jährige Gerd W.*, ein Student der TH Ilmenau, erleben, der am 17. August 1984 kurz vor Sonnenaufgang in unmittelbarer Nähe des griechischen Territoriums von bulgarischen Soldaten beschossen wurde.[806] Der Vorfall, der sich südlich von Petritsch ereignete, endete mit einer Schussverletzung, die in verschiedenen Übersichtsaktenstücken des MfS – offensichtlich ohne nähere Kenntnisse des Falls – wahlweise als „unterhalb des Knies", als „Streifschuss" (O-Ton Major Setzepfandt) und als „komplikationsloser Oberschenkeldurchschuss" klassifiziert wurde.[807] Der junge Mann wurde nach kurzem Krankenhausaufenthalt in Petritsch ins Haftkrankenhaus des MfS nach Berlin-Hohenschönhausen verlegt, was darauf hindeutet, dass seine Verletzung doch nicht ganz so „komplikationslos" war, wie in der Akte vermerkt.

Der Student hatte seit Jahren davon geträumt, Griechenland zu besuchen und am liebsten sogar ganz dort zu leben. Er war nach Bulgarien getrampt und hatte eine Weile auf einem Campingplatz bei Melnik gezeltet. Dann brach er, nur mit seinem Rucksack, per Anhalter nach Sandanski auf und lief dann zu Fuß in die Sperrzone. Am Abend des 15. August bemerkte er am Straßenrand ein Schild, auf dem es in deutscher Sprache hieß „Sperrgebiet – Betreten nur mit Sondererlaubnis gestattet". W.*, der sich seines Gepäcks am Wegesrand entledigt hatte, umging eine Straßenkontrolle und gelangte schließlich unbemerkt bis an die Grenzsignalanlage. Nicht weit entfernt befand sich auch ein bulgarischer Postenturm. Nachdem er den Zaun eine Weile beobachtet hatte, bog er die Drähte auseinander und kroch hindurch. Kaum auf der anderen Seite angekommen, hörte er Motorengeräusche, da er offensichtlich den Alarm ausgelöst hatte. Doch die Grenzer entdeckten ihn im dichten Gebüsch nicht. Als sie nach etwa zwei Stunden wieder verschwunden waren, setzte er seinen Weg in Richtung Griechenland fort. Später gelangte er an einen niedrigen Zaun am Rande eines Fahrwegs, der er ebenfalls überquerte. Kaum im Gebüsch auf der anderen Seite verschwunden, tauchte ein

805 Hauptabteilung VI (Grenzkontrollen/Reiseverkehr): BStU MfS HA VI 9931, S. 207.
806 Archivierter Untersuchungsvorgang: BStU MfS BV FFO AU 1904/84.
807 Allgemeine Sachablage: BStU MfS AS 176/86.

bulgarischer Jeep auf, der mit einem auf dem Wagen montierten Scheinwerfer das Areal, in dem er sich versteckte, ableuchtete. Doch auch diesmal entdeckten ihn die Bulgaren nicht. Erst nachdem er noch einen weiteren mannshohen Zaun überklettert hatte, standen plötzlich schwerbewaffnete Grenzer vor ihm, die ihn festnahmen. Wie es dabei zu der Schussverletzung kommen konnte, ist unklar, interessanterweise gibt es dazu in der Akte auch kein Vernehmungsprotokoll des Gerd W.*, so dass der Verdacht besteht, dass das Feuer auf einen Wehrlosen eröffnet wurde.

Nach seiner Festnahme erklärte W.*, er sei sicher gewesen, dass ihm die Flucht nach Griechenland gelingen würde. Er vermutete, dass bei einem so großen Sperrgebiet die Sicherungsanlagen – im Vergleich zur innerdeutschen Grenze – sehr leicht zu überwinden sein würden. Nachdem sich seine Kommilitonen der Sektion Gerätetechnik der TH Ilmenau im Beisein zweier Hochschullehrer über ihn auslassen und seinen Fluchtversuch gemeinsam „verurteilen" mussten, wurde Gerd W.* am 9. November 1984 von der Strafkammer des Kreisgerichts Frankfurt (Oder) zu einem Jahr und acht Monaten Gefängnis verurteilt. Seine Berufung gegen das Urteil – wegen „mangelhafter Beweisaufnahme – war bereits nach zwei Tagen vom Tisch.

Flucht eines IM

Operativ aus der Sicht des MfS höchst unerfreulich war der Fall eines 27-jährigen Elektromechanikers, der Ende April 1984 an der griechischen Grenze südlich Dospat verhaftet wurde, nachdem er die Grenzsignalanlage bereits mittels einer Drahtschere überwunden und Alarm ausgelöst hatte. Franz R.*, ein früherer Zeitsoldat der NVA und Chiffrierer in der NVA Dienststelle Bad Salzungen („Auf Kommandohöhe III für den Chiffrierdienst bestätigt"), hatte sich bereits 1977 mit dem Decknamen „Frank Bader" vom MfS für Spitzeldienste anwerben lassen. Der Mann, der im Sommer 1981 zu seiner bulgarischen Ehefrau nach Sofia umsiedelte, war im Sommer 1983 zu einem Gespräch zu einem Herrn Seidel in die DDR-Botschaft gebeten worden.

Es war eine in doppelter Hinsicht makabre Situation. Bei diesem vermeintlichen DDR-Diplomaten handelte es sich um den Stasi-Major Gerald Seidel, der als OibE „Harald" der HA II/14 die Nachfolge des in die DDR zurückgekehrten OibE „Wolf" angetreten hatte. „Harald" – der sich „Frank Bader" als Offizier des MfS zu erkennen gab – reaktivierte den AIM, um in der Sprache des ostdeutschen Geheimdienstes auszudrücken.

Nun hatte der IMS „Frank Bader" allerdings nach zwei Jahren Sofia innerlich mit dem Realsozialismus gebrochen und Pläne geschmiedet, in den Westen zu fliehen. Auslöser für diese Überlegungen waren die schlechten Lebensbedingungen. Es war ihm nämlich weder im heimischen Meiningen noch in Sofia gelungen, für sich und seine Familie eine eigene Wohnung zu finden. „Frank Bader" wohnte bereits seit zwei Jahren mit seiner Frau, zwei kleinen Kindern und den bulgarischen Schwiegereltern in einer Dreiraum-Plattenbauwohnung zusammen. Ein paar Monate zuvor war er deshalb in die Konsularabteilung der Botschaft der Bundesrepublik Deutschland gegangen und hatte um die Ausstellung eines westdeutschen Reisepasses gebeten. Der westdeutsche Konsul redete ihm dieses Vorhaben wieder aus, eine legale Ausreise sei mit dem Dokument nicht möglich („Damit kommen Sie hier nicht raus"[808]). Stattdessen empfahl ihm der Konsul, zunächst sein Studium zu beenden, da er mit einem Abschluss bessere Berufsperspektiven in der Bundesrepublik habe. Am einfachsten sei es, über die grüne Grenze nach Jugoslawien zu gehen. In Belgrad werde ihm dann die Botschaft der Bundesrepublik Deutschland weiterhelfen.[809]

Warum sich „Frank Bader" im Sommer 1983 ungeachtet seines bereits bestehenden Fluchtplans erneut und ohne zu zögern dem MfS als Spitzel zur Verfügung stellte? Vielleicht, weil er sich von dem „Diplomaten" Hilfe beim Finden einer eigenen Wohnung versprach. Vielleicht aber auch, weil er sich nicht verdächtig machen wollte. Major Seidel beauftragte ihn, Studenten am Sofioter Institut für Elektrotechnik und Maschinenbau zu bespitzeln, vor allem solche aus Syrien und dem Irak. Später kam dann die Überwachung von Arbeitskollegen hinzu.

Zum Fluchtversuch kam es, nachdem Franz R.* im Frühjahr 1984 kurzfristig seinen Arbeitsplatz gewechselt hatte, weil ihm der neue Arbeitgeber eine Wohnung versprochen hatte. Es war jedoch ein leeres Versprechen, wie sich sehr rasch herausstellte.

Franz R.* packte Kleidung, Verpflegung und einen Bolzenschneider ein und fuhr mit der Bahn nach Plovdiv. Nach Gotze Deltschev gelangte er mit dem Bus. Aus Landkarten wusste er, dass der Fluss Mesta nach Griechenland führte. Nachdem er eine Nacht im Wald verbracht hatte, erreichte er die Grenzsignalanlage. Er durchtrennte mit seinem Bolzenschneider etwa 50 Drähte und robbte durch den Zaun, nicht ahnend, dass er damit auf der benachbarten Zastava Alarm auslöste. Etwa 45 Minuten später wurde er von einer viertköpfigen Alarmgruppe der bulgarischen Grenztruppen festgenommen. Da wusste er schon, dass er sich noch nicht in Griechenland befand, nachdem er eine leere bulgarische Zigarettenschachtel und die Reste einer bulgarischen Keksverpackung im Unterholz sah. In

---

808 Archivierter Untersuchungsvorgang: BStU MfS AU 3848/85, Bd. 2, S. 33.
809 Archivierter Untersuchungsvorgang: BStU MfS AU 3848/85, Bd. 1, S. 34.

der Akte heißt es, bei seiner Festnahme seien „Warnschüsse" abgegeben worden. Franz R.* blieb unverletzt. Dem Untersuchungsführer des bulgarischen Staatssicherheitsdienst sagte R.*, er habe sich „aus politischen Gründen" zur Flucht entschlossen, weil es im Osten keine Übereinstimmung von Theorie und Praxis des Sozialismus gebe.

Nachdem Major Seidel von der Festnahme des von ihm geführten IM erfahren hatte, dürfte ihm klar gewesen sein, dass sein weiterer geheimdienstlicher Einsatz in der Volksrepublik auf der Kippe stand: „Kennt mich unter Klarnamen und als Mitarbeiter der Botschaft".[810] Um den verhafteten Flüchtling unter die Lupe zu nehmen, schickte der Stasi-Offizier in Absprache mit dem I. Sekretär der DDR-Vertretung, Joachim Pohl, den amtierenden Vertreter der DDR-Konsulin Riechel, den IMS „Egon Hoffmann" zu R.*, der sich im Gewahrsam der 4. Abteilung der Sofioter Volksmiliz befand. Der festgenommene IM erklärte dem Botschafts-IM, er würde seine Strafe wegen Frau und Kindern gerne in Bulgarien verbüßen, obwohl „Republikflucht" dort nach § 279 des bulgarischen Strafgesetzbuch mit bis zu fünf Jahren Gefängnis geahndet wurde. Womit das MfS keineswegs einverstanden sein konnte, schon aus Misstrauen gegenüber dem „Bruderorgan", dem man R.* bei seiner Übersiedlung in die Volksrepublik vorsichtshalber nicht als Chiffrierer, sondern als ehemaligen Angehörigen einer Spezialnachrichteneinheit[811] vorgestellt hatte.

Nach dem vom MfS veranlassten unverzüglichen Rücktransport in den „Arbeiter- und Bauernstaat" wurde R.* vom Kreisgericht Meiningen zu einem Jahr und acht Monaten Gefängnis verurteilt. Seine Frau hatte sich vermutlich auf Druck des bulgarischen Geheimdienstes von ihm getrennt. Umso bemerkenswerter, dass er nach der Haftentlassung versuchte, seine Spitzeldienste für das MfS fortsetzen zu dürfen, woran das „Organ" begreiflicherweise nicht interessiert war.[812] In den Westen ließ man den Ex-Chiffrierer allerdings auch nicht. Akten der Staatssicherheit belegen, dass er bis zum Mauerfall wegen weiterer Fluchtversuchen aus der „angeblich demokratischen Republik"[813] noch zweimal inhaftiert wurde.

Die Aufgabenstellung für die Mitglieder der Operativgruppe der HA VI bestand darin, in den touristischen Ballungszentren einen „wirksamen Schutz" der DDR-Urlauber vor „subversiven feindlichen Angriffen" zu gewährleisten, das heißt, die Mitglieder des Stasi-Kommandos sollten DDR-Touristen durch „zielgerichteten und effektiven Einsatz der operativen Kräfte" vor westlichen Einflüssen aller Art

---

810 Allgemeine Personenablage: BStU MfS AP 13184/85, S. 50.
811 Archivierter IM-Vorgang: BStU MfS BV Suhl AIM 633/81 T1, Bd. 1, S. 106.
812 Archivierter Untersuchungsvorgang: BStU MfS AU 3848/85, Bd. 1, S. 171–173.
813 Archivierter Untersuchungsvorgang: BStU MfS BV Suhl AU 706/89, Bd. 3, S. 58.

abschirmen.[814] Sehr realistisch war das nicht, denn zigtausend östliche und westliche Urlauber voneinander fernzuhalten oder zumindest in jedem Augenblick unter „operativer Kontrolle" zu halten, um entstehende Liebesbeziehungen zu beobachten, unerwünschte Geschäfte („Schiebergeschäfte") und mutmaßliche Spionage einzudämmen, ganz zu schweigen von der „politisch-ideologischen Diversion" konnte weder durch den Einsatz von IM noch durch die Unterstützung des bulgarischen Geheimdienstes flächendeckend erreicht werden. Zumal sich auch Mitarbeiter verschiedener westlicher Geheimdienste während der Feriensaison in den Urlaubergebieten aufhielten. Und so waren die geheimdienstlichen Aufgabenstellungen der Operativgruppe schon vor dem Hintergrund, dass sich Fluchtversuche so gut wie gar nicht mehr über Urlauberzentren entwickelten, auf die Bearbeitung von Kontrollersuchen anderer Diensteinheiten des MfS beschränkt. Also auf solche Fälle, in denen sich DDR-Bürger bereits in Ostdeutschland verdächtigt gemacht hatten und die nun während ihres Aufenthaltes in der Volksrepublik vom MfS beobachtet und oft auch abgehört wurden.

Mit dem 37-jährigen Hauptmann Bernd Bachmann und dem 48-jährigen Major Wolfgang Kaleita – die Hering und Schönebeck ablösten – hatte Major Stritzke 1984 gleich zwei neue operative Mitarbeiter einzuarbeiten. Sowohl Bachmann, der als Hauptsachbearbeiter aus der HA VI kam, als auch Kaleita, der ebenfalls zuvor in der HA VI AT gearbeitet hatte und der in Bulgarien zur Erledigung seiner „operativen" Aufgaben stets ein auffallend dickes Bündel Geldscheine bei sich trug, waren bereits mit der geheimdienstlichen Überwachung des ostdeutschen Auslandstourismus vertraut. Die Aufgabenstellung der Operativgruppe reichte allerdings auch diesmal wieder über die Urlauberüberwachung hinaus. Generalmajor Heinz Fiedler hatte mit dem Leiter der II. Hauptverwaltung des MWR, Generalleutnant Anatschkov, die gemeinsame „Bearbeitung" von insgesamt neun „Objekten" verabredet, bei denen es vorrangig um Spionageverdacht ging. Fluchthilfe – oder besser gesagt der Verdacht auf Fluchthilfe – spielte nur eine untergeordnete Rolle bei diesen bulgarisch-deutschen Kooperationen. In einem Fall ging es um einen bulgarischen Staatsbürger, der als Kraftfahrer in der Forstwirtschaft arbeitete (GO „Helfer"). Er lebte in Sandanski, also unweit der griechischen Grenze und hatte sich ebenso wie ein in der gleichen Gegend lebender Mönch (GO „Mönch") beim MWR verdächtig gemacht, DDR-Bürgern bei Fluchten nach Griechenland behilflich zu sein. Beide Männer wurden von einem IMÜ der Operativgruppe mit dem Decknamen „Riko" überprüft, ohne dass man allerdings Beweise gegen sie herausarbeiten konnte.

---

814 Hauptabteilung VI (Grenzkontrollen/Reiseverkehr): BStU MfS HA VI 9931, S. 204.

Beide Beobachtungen fanden im Auftrag des bulgarischen Innenministeriums statt, das das MfS auch bei der Überprüfung eines 34-jährigen Mitarbeiters des westdeutschen Touristikunternehmens „Tjaereborg" unterstützte, nachdem er seine von den Bulgaren verwanzte Unterkunft im Hotel „Kuban" am Sonnenstrand seinerseits mit Tontechnik überwacht hatte: „Er vergewissert sich ständig, ob er beobachtet wird. Weiterhin untersucht er sein Auto, ob daran Technik angebaut wurde."[815] Durch den Einsatz zweier weiblicher IMÜ der Operativgruppe konnte nachgewiesen werden, dass das „Objekt GO Vertreter" einer der beiden gut aussehenden jungen Damen – die von der Abt. XX der BV Berlin in die Volksrepublik geschickt worden waren – bei der Flucht in den Westen helfen wollte[816], nachdem ein „scheinbares Liebesverhältnis" zwischen beiden zustande gekommen war: „Dieses Angebot machte [er] jedoch erst, nachdem er den IM mit Hilfe eines bulgarischen Bürgers überprüft hatte."[817] Womit er nach Aktenlage vermutlich seine alsbaldige Ausweisung aus der Volksrepublik herbeiführte, denn die Operativgruppe lieferte ihre Beobachtungsberichte direkt an das „Bruderorgan" in Sofia.

Dagegen konnte das MfS gegen Ost-West-Liebesbeziehungen und die systematische Verbreitung westlicher Illustrierter in den Urlauberzentren an der Schwarzmeerküste nichts ausrichten. Interessant ist, dass das MfS 1984 erstmals in erheblichem Umfang Beschwerden von ostdeutschen Touristen beim staatlichen bulgarischen Reisebüro „Balkantourist" verzeichnete und diese „Diffamierungen" als „unbegründet" einstufte, obwohl Stritzke in seinem Abschlussbericht an anderen Stelle selbst einräumte, dass westliche Touristen in Bulgarien „überhöhte Preise für Serviceleistungen" zu entrichten hätten und dass die „Preispolitik" bestimmten Leistungen „nicht gerecht" werde.

Die meisten inoffiziellen Mitarbeiter der Operativgruppe des MfS – insgesamt zehn Personen – standen 1984 in Diensten des „Reisebüros der DDR" und bei „Jugendtourist". Hinzu kamen noch je drei ständig in Bulgarien lebende DDR-Bürger und in Bulgarien studierende DDR-Studenten. Hinzu kamen weitere 37 IMÜ, die überwiegend „hohe Einsatzbereitschaft" bewiesen und „operativ äußerst wertvolle Informationen" erarbeiteten, wie es in Stritzkes Bericht hieß: „Das bewährte Prinzip, IM mehrere Jahre aufgrund der guten Orts-, Regime- und operativen Kenntnisse am gleichen Ort einzusetzen, sollte auch in der Perspektive praktiziert werden."[818]

---

815   Hauptabteilung VI (Grenzkontrollen/Reiseverkehr): BStU MfS HA VI 9931, S. 229.
816   Ebd., S. 213.
817   Ebd., S. 230.
818   Ebd., S. 220.

Abbildungen, Teil 2

Abb.14. Eberhard Melichar. Bild: Appelius

*Abb. 15. DDR-Konsul Peter Krause.
Bild: MfAA*

*Abb. 16. Der spätere Oberst Peter
Pfütze. Bild: BStU*

Abb. 17. Brigitte von Kistowski.
Bild: Appelius

Abb. 18. Klaus Prautzsch.
Bild: Appelius

Abb. 19. Peter Nötzel.
Bild: Appelius

Abb. 20. Rudi Nettbohl. Bild: Appelius

Abb. 21. Bernd Schaffner. Bild: Appelius

Abb. 22. Ursula Gott bearbeitete die toten Flüchtlinge im MfAA. Bild: MfAA

Abb. 23. Detlef Heiner. Bild: Appelius

Abb. 24. Andreas Stützer. Bild: Appelius

Abb. 25. Carola Jordanow (links). Bild: Appelius

*Abb. 26. Grab des letzten in Bulgarien getöteten DDR-Flüchtlings
Michael Weber in Leipzig. Bild: Appelius*

Abb. 26. Frank Schachtschneider hatte einen Ausreiseantrag gestellt. Er wurde von einem bulgarischen Grenzer erschlagen. Bild: Appelius

8. Zwangstaufe mit Maschinengewehren – Die Unterdrückung der türkischen Minderheit und die Auswirkungen auf das Grenzregime

Im Arbeitsplan der Operativgruppe des MfS für das Jahr 1985 definierte Major Stritzke die Bekämpfung des staatsfeindlichen Menschenhandels und ungesetzlicher Grenzübertritte – nachdem man das Thema jahrelang nur am Rande behandelt hatte – wieder an herausgehobener Stelle als wichtigsten „Kampfauftrag".[819] Es handelte sich wohl vor allem um die Beschwörung alter Phrasen, denn die kommerzielle Fluchthilfe („geplante Schleusungsaktionen") über Bulgarien spielte – soweit es um DDR-Bürger geht – zu diesem Zeitpunkt schon längst keine Rolle mehr, selbst wenn man davon absieht, dass es einem Westdeutschen am 13. Mai 1985 gelang, eine junge Frau und ihre Tochter in seinem Pkw in die Türkei herauszubringen, wozu er die echten Reisedokumente der (den beiden ähnlich sehenden) Ehefrau und des Kindes eines bulgarischen Staatsbürgers nutzte, der daraufhin seinerseits festgenommen wurde.

Hinsichtlich der Bekämpfung von Fluchtversuchen von Individualtouristen über die grüne Grenze waren die staatlichen Organe der DDR weiterhin auf die bulgarischen Grenztruppen angewiesen. Zwar kamen auch weiterhin IMÜ des MfS in Bulgarien zum Einsatz, um Personen zu überwachen, bei denen „Verdachtshinweise nach §§ 105 und 213 StGB" vorlagen. Aber der Blick in die Akten der Fälle, die mit Festnahmen endeten, zeigt, dass das MfS im Normalfall keinerlei Kenntnisse über die geplanten Fluchtvorhaben hatte, da es sich um ganz junge Leute handelte, die sich sozusagen unterhalb des Radarschirms geheimdienstlicher Überwachung bewegten und im Normalfall vor ihren Fluchtversuchen nicht in Erscheinung getreten waren. Von daher war es erheblich realistischer von Stritzke, die Gewährleistung der „inneren Sicherheit" in den mit Spitzeln durchsetzten Vertretungen des „Reisebüros der DDR" in Bulgarien als „Aufgabe der politisch-operativen Arbeit" zu definieren.

Darüber hinaus war es eine der Hauptaufgaben des MfS, speziell in den touristischen Ballungszentren Begegnungen westlicher und östlicher Urlauber zu überwachen, wobei man besonders auf frühere DDR-Bürger achtete, die in den Westen geflohen, übergesiedelt oder freigekauft worden waren. Das MfS ging davon aus, die anhaltende Unzufriedenheit von jungen DDR-Bürgern mit ihrem

---

819 Ebd., S. 111.

Lebensalltag würde künstlich von westlichen Geheimdiensten geschürt, um eine „innere Opposition" in der DDR zu schaffen und Reisende zum „Verrat der DDR" zu verleiten. Ob die Geheimdienstler selbst an diese Aufgabenstellung glaubten, ist schwer zu sagen. Vermutlich ja, denn die geringste Abweichung von dem ihnen vorgegebenen Fanatismus führte unweigerlich dazu, dass die betreffende Person aus Nichteignung („fehlende Bindung zum MfS") aus dem Dienst des „Organs" entlassen wurde, wie es etwa der Sohn eines in Bulgarien eingesetzten Offiziers für Sonderaufgaben der HA II/10 erfahren musste.

Ab April 1985 war der 32-jährige Oberleutnant Fred Kempf als neuer Hauptsicherheitsbeauftragter an der DDR-Botschaft in Sofia eingesetzt. Kempf, der als OibE der HA II/21 (Außensicherung der MfS-Dienstobjekte) tätig war, hatte Kriminalistik an der Humboldt Universität studiert und arbeitete – etwa was die Führung bestimmter IM betraf – eng mit der personell im Vergleich zum Vorjahr kaum veränderten Operativgruppe zusammen. Ebenfalls über langjährige operative Erfahrung verfügte der neue DDR-Militärattaché in Sofia. Der 38-jährige Roland Wunder trat seine Stelle im Juli 1985 an. Wunder, der bis dato in der Verwaltung Aufklärung des Ministeriums für Nationale Verteidigung (MfNV) in Strausberg als Leiter des Bereichs Agenturaufklärung gearbeitet hatte, war unter dem Decknamen „Elmar"[820] jahrelang eine überaus ergiebige Quelle für die HA I des MfS zur „Aufklärung" seiner Kameraden beim ostdeutschen Militärnachrichtendienst gewesen.

Doch trotz beeindruckender Spitzelnetze hatte das MfS praktisch keine Möglichkeiten, Fluchtversuche junger DDR-Bürger an der grünen Grenze zu verhindern. Und zwar selbst dann nicht, wenn es doch noch einmal ein Mitglied einer Reisegruppe betraf, wie im Fall des 18-jährigen Uwe P.* aus Roßleben im Thüringischen Kyffhäuserkreis, der im August 1985 im Kurort Pamporovo gebucht hatte, in dem 19 Jahre zuvor Karl-Heinz Engelmann und Siegfried Gammisch zu ihrem Fluchtversuch aufgebrochen waren. Uwe P.* hatte an einem Seeufer in Smolyan seine Kleidung, ein Paar Sportschuhe und seinen DDR-Ausweis hinterlassen, um sein Ertrinken vorzutäuschen. Seine Festnahme erfolgte am 29. August 1985 in der Nähe des Dorfes Kremene südwestlich Smolyan – und zwar durch eine „Streife freiwilliger Milizhelfer", wie es in den Akten heißt.

Nur etwa einen Kilometer Luftlinie entfernt wurde genau eine Woche später, am 4. September 1985, der 33-jährige Maik G.* festgenommen. Der Technische Leiter für Betriebssicherheit im „Centrum"-Warenhaus am Berliner Ostbahnhof, der zehn Jahre lang Mitglied der SED war, hatte seine Flucht in den Westen bereits

---

820   Archivierter IM-Vorgang: BStU MfS AIM 17261/91; BStU MfS A 281/86.

seit Monaten minutiös geplant und seiner in der Bundesrepublik lebenden Tante bei einem Besuch seine Zeugnisse bereits mitgegeben. Maik G.* war aus Schönefeld nach Sofia geflogen und hatte sich von dort aus zur Vorbereitung seiner Flucht nach Smolyan begeben. Seine Festnahme erfolgte kurze Zeit, nachdem er die Grenzsignalanlage mit einem Baumstamm überwunden und dabei Alarm ausgelöst hatte.

Vier Wochen zuvor, am 5. August 1985, hatten bulgarische Grenzer ebenfalls im Bereich Smolyan den 44-jährigen Diplom-Chemiker Lothar W.* verhaftet, dessen Ehe im Vorjahr geschieden worden war. Weil es ihm trotz großer Anstrengungen nicht gelang, eine eigene Wohnung zu finden und weil auch sein Arbeitgeber, ein großer volkseigener Betrieb, dazu außer Stande war, hatte das SED-Mitglied beschlossen, einen Neuanfang im Westen zu versuchen. Von einem bulgarischen Anwohner denunziert („Das Äußere und das Verhalten der Person machte Herrn Nedev misstrauisch"[821]) wurde W.*, der sich nach nächtlicher Wanderung durchs Sperrgebiet – etliche Kilometer vor der Grenze – bei einer Felsnase schlafen gelegt hatte, von mehreren Arbeitern, die sich in Begleitung eines Milizionärs befanden, geweckt. Nach seiner Festnahme erklärte W.*, er sehe kein Fortkommen mehr in der DDR: „Ich will etwas leisten und ich will, dass meine Leistungen anerkannt werden." Vom MfS mit der Zahl der Arbeitslosen in der Bundesrepublik konfrontiert, entgegnete W.*, er sei weder faul noch zu blöd und deshalb zuversichtlich, in der Bundesrepublik auch beruflich erfolgreich zu sein: „Wenn die Berge nicht zu hoch und die Anstiege nicht zu steil gewesen wären, hätte ich auf jeden Fall mein Vorhaben des illegalen Grenzübertritts realisiert, wobei ich aber noch Angst davor hatte, erschossen zu werden."[822]

Da W.* die Silberlöffel seiner Eltern, eine goldene Taschenuhr und einige alte Münzen bei sich führte, wurde W.* am 3. Januar 1986 vom 1. Strafsenat des Bezirksgerichts Halle zusätzlich zum versuchten ungesetzlichen Grenzübertritt auch noch wegen Verstoßes gegen das Gesetz über das DDR-Zollwesen verurteilt – und zwar zu einer Haftstrafe von einem Jahr und neun Monaten.

Ebenfalls die griechische Grenze, allerdings im Gebiet zwischen der Grenzübergangsstelle Kulata und dem Städtchen Petritsch hatten sich zwei 20-jährige Schulfreunde aus dem Brandenburgischen Bad Freienwalde für ihren Fluchtversuch ausgesucht. Sie hatten sich unter einem Vorwand von ihrer Reisegruppe, die in Blagoevgrad untergebracht war und einen Wandertag veranstaltete, abgesetzt und waren per Anhalter zunächst in den Urlaubsort Melnik und von dort aus

---

821 Archivierter Untersuchungsvorgang: BStU MfS BV Halle AU 566/87, Bd. 1, S. 84.
822 Ebd., S. 124.

dann zu Fuß mit dem Kompass in die Sperrzone Richtung Griechenland gelaufen. In diesem Gebiet war die bulgarisch-griechische Grenze stärker als in anderen Abschnitten gesichert. Nachdem die beiden Jugendlichen – offensichtlich ohne die daran gekoppelte Signalraketen auszulösen – an zwei Stolperdrähten vorbeigekommen waren und einen etwa drei Meter breiten Bach überquert hatten, erreichten sie kurz nach Mitternacht die Grenzsignalanlage. Sie überkletterten den Zaun, liefen ein Stück und erreichten einen weiteren, etwa zwei Meter hohen Grenzzaun, den sie ebenfalls überkletterten. Knapp eine Viertelstunde später liefen sie dann der nach ihnen ausgeschickten Alarmgruppe direkt in die Arme, nach Aktenlage ohne dass das Feuer auf sie eröffnet wurde. Die beiden Jugendlichen, die durch den Brief eines Kumpels inspiriert worden waren, dem die Flucht über Ungarn geglückt war, wurden vom Kreisgericht Frankfurt (Oder) jeweils zu einem Jahr und acht Monaten Haft verurteilt.[823] Der Trabant mit dem sie von Bad Freienwalde nach Schönefeld gefahren waren, wurde von den DDR-Behörden „eingezogen".

Briefe von Flüchtlingen, denen es gelungen war, in den Westen zu kommen, haben vor allem in den 1980er Jahren in vielen Fällen dazu geführt, dass es häufig sogar kurzfristig zu Nachahmungsversuchen kam.

Was die beiden Jugendlichen nicht wussten, war, dass das MfS – genauer gesagt die Kreisdienststelle Bad Freienwalde – durch Spitzelberichte aus ihrem engsten Freundeskreis bereits mehrere Monate vor dem Fluchtversuch über alle Einzelheiten im Bilde war und im Rahmen des gegen sie eingeleiteten Operativvorgang „Berg" gleich mehrere jugendliche IM gegen sie zum Einsatz brachte. Sogar in ihrer Reisegruppe brachte die Stasi einen IMS „E. Funke" unter, der sich speziell ihrer Überwachung zu widmen hatte.[824] Vor allem der IMS „Harald" lieferte dem DDR-Geheimdienst nahezu jedes Detail über das mit dem Schulatlas notgedrungen recht dilettantisch geplante Unternehmen. Vermutlich waren sich die zuständigen Behörden sicher, dass die Festnahme ohne Einschaltung weiterer Kräfte erfolgen würde, denn die Operativgruppe in Bulgarien wurde mit dem Fall gar nicht erst behelligt. Zur Fahndung wurden die beiden Schulfreunde erst ausgeschrieben, nachdem sie am Tag ihres Verschwindens nicht wie angekündigt zum Abendessen zurückkehrten. Was dazu führte, dass die ostdeutsche Reiseleiterin ihre Zimmer durchsuchte, feststellte, dass die Bergschuhe fehlten und anschließend sofort die Miliz alarmierte.

---

823 Archivierter Untersuchungsvorgang: BStU MfS BV FFO AU 1697/85, Bd. 1, S. 206 ff.
824 Archivierter Operativer Vorgang: BStU MfS BV FFO AOP 1293/85.

Griechischer Sozialismus

Das sozialistisch regierte Griechenland hatte in den 1980er Jahren eine magische Anziehungskraft auf junge Leute in der DDR, die lieber im Westen leben wollten. So auch auf den erst 18-jährigen gelernten Fassbinder Maik L.* aus dem Thüringischen Rossleben. Der Jugendliche war mit einer Reisegruppe nach Pamporovo gefahren. Nachdem er Kleidungsstücke und seinen Pass gut sichtbar an einem Seeufer abgelegt hatte, um sein Ertrinken vorzutäuschen, war er zu Fuß über Smolyan ins Sperrgebiet zur griechischen Grenze gelaufen. Nachdem er anderthalb Tage durch das waldige Bergland gewandert war, stellte er sich völlig erschöpft und ausgehungert am Morgen des 29. August 1985 beim Dorf Kremene einem gleichaltrigen Jugendlichen, der den vermeintlichen Staatsfeind sogleich bei der Miliz ablieferte.[825] Obwohl er sich selbst stellte, erst 18 Jahre alt war und sich noch weit vom Grenzzaun entfernt befand, wurde der nicht vorbestrafte Maik L.* vom Kreisgericht Halle am 3. Dezember 1985 wegen versuchten ungesetzlichen Grenzübertritts zu einem Jahr und sieben Monaten Gefängnis verurteilt. Seine Revision wurde vom Bezirksgericht Halle (Oberrichter Galuschka) verworfen.

Zahlreiche Verhaftungen wurden aber auch an der bulgarisch-türkischen Grenze registriert, wo am 14. August 1985 gegen 20 Uhr südlich des Badeorts Achtopol ein 25 und 23 Jahre altes Ehepaar aus Cottbus festgenommen wurde, nachdem es sich bei Bulgaren „verdächtig" stark für die grenznahen Urlaubsorte Sinemoritz und Resovo interessiert hatte. Zwei Wochen später, am 2. September 1985, kam es im Bereich der Grenzübergangsstelle „Kapitan Andreevo" zur Festnahme eines 23 und 21 Jahre alten Pärchens aus Leipzig, das per Zug und Anhalter nach Bulgarien gereist war. Ein Türke hatte die beiden in seinem Pkw über zwei Kontrollposten bis kurz vor die Grenze gebracht. Er hatte ihnen gesagt, dass die Grenzübergangsstelle personell und technisch „kaum gesichert" sei. Die beiden hatten nach der Überwindung der Grenzsignalanlage Alarm ausgelöst und sich im Unterholz versteckt. Nach ihrer Festnahme erklärten die beiden, dass sie sich wegen der Nichtzulassung zum Studium zu dem Schritt entschieden hätten.

Dass DDR-Bürger mitunter mehr als zehn Jahre wegen Fluchtverdacht „operativ bearbeitet" wurden, belegt der Fall des 52-jährigen Gerhard E.*, der 1979 aus dem thüringischen Oberhof nach Bulgarien umzog, wo er als Fotograf in einem Betrieb arbeitete. E.*, der von 1959 bis 1972 SED-Mitglied und in zweiter Ehe mit einer Bulgarin verheiratet war, stand bereits seit Ende der 1960er Jahre im Rahmen des Operativ-Vorlaufs „Südländer" der BV Suhl jahrelang und erneut ab Anfang 1984 unter Fluchtverdacht, nachdem er sich in der Konsularabteilung

---

825 Archivierter Untersuchungsvorgang: BStU MfS BV Halle AU 1529/86.

der DDR-Botschaft beschwert hatte, dass er im Gegensatz zu bulgarischen Staatsbürgern keine Reisegenehmigung nach Jugoslawien erhielt. Der Fall Gerhard E.*
belegt, dass die Konsularabteilung der DDR-Botschaft in Sofia über die Postüber-
wachung von in Bulgarien lebenden DDR-Bürgern unterrichtet war und dass die
Konsularabteilung über in Bulgarien lebende DDR-Bürger Akten führte, in denen
„Republikfluchten" von deren Angehörigen auch aus der Zeit vor dem Mauerbau
verzeichnet waren.[826]

Zur Festnahme des Mannes kam es, nachdem der Verbindungsoffizier der
Operativgruppe, Major Gorklo, in Zusammenarbeit mit dem „operativ" auf E.*
angesetzten Oberleutnant Ritscher, bei einer „konspirativen Durchsuchung" in
Eʻs* Wohnung in Peschtera Schriften entdeckt hatte, die sich kritisch („aggressiv
und entstellend") mit der gesellschaftlichen Situation in der Volksrepublik („Bus-
ludscha. Traum und Wirklichkeit des Sozialismus in Bulgarien") und – politisch
höchst brisant – dem Umgang des Shivkov-Regimes mit der türkischstämmigen
Bevölkerungsgruppe befassten. In einer dieser Schriften hieß es unter der Überschrift „Zwangstaufe mit Maschinengewehren", dass sich das Regime in Sofia
mit einer inszenierten Umtauschaktion der Personalausweise die türkische Minderheit vom Halse schaffen wolle.[827] Die behandelten Dörfer würden zunächst
von schwer bewaffneten Polizei- und Armee-Einheiten umstellt, anschließend
würden die betreffenden Bewohner vorwiegend nachts in einen Raum geführt,
wo Funktionäre und Bewaffnete den „Taufakt" vollzögen, womit die Annahme
bulgarischer Namen gemeint war. In offiziellen Verlautbarungen – etwa in den
Sofioter Nachrichten – hieß es dagegen, die betreffenden Bürger könnten nach
„freier Entscheidung" einen neuen Namen annehmen. Die „Wiederherstellung
der Schreibweise bulgarischer Namen" betraf nämlich auch mit DDR-Bürgern
verheiratete türkischstämmige Bulgaren, die sich darüber auf heftigste Weise bei
Konsul Rybarz in Varna beklagten.[828]

Zwar ließen sich die ethnischen Konflikte in der Volksrepublik mittlerweile nicht
mehr völlig verheimlichen, nachdem das Shivkov-Regime im Sommer 1984 den
Absender einer Paketbombe hatte hinrichten lassen. Zwar ahnten westliche Medien
bereits, dass es einen Zusammenhang mit der türkischen Minderheit geben könnte, berichteten jedoch gleichzeitig, dass Shivkov eine „gewisse Popularität" unter
den in Sofia tätigen Diplomaten genieße, und das bulgarische Außenministerium
konnte abwiegeln, man wisse von nichts.[829] Noch waren so gut wie keine Einzel-

---

826   Allgemeine Personenablage: BStU MfS AP 6423/80, S. 46.
827   Archivierter Untersuchungsvorgang: BStU MfS AU 8918/87, Bd. 2, S. 254 ff.
828   Hauptabteilung II (Spionageabwehr): BStU MfS HA II 38365, S. 3–5.
829   Bulgarien-Attentate, AFP, 19.09.1984.

heiten über das wahre Ausmaß der Zwangsbulgarisierung und den Widerstand gegen diese Maßnahmen in den Westen gedrungen. Stattdessen hieß es seitens der staatlichen Nachrichtenagentur BTA stets, bei den Anschlägen habe es sich um „kriminelle Aktionen" gehandelt.[830] Erst Monate später, Anfang 1985, gab es auch in der Bundesrepublik Agenturmeldungen über die seit 1983 angelaufenen Zwangsbulgarisierungen[831], die in der bundesdeutschen Öffentlichkeit jedoch kaum auf Interesse stießen und von Sofioter Regierungsstellen umgehend dementiert[832] wurden. Das Interesse hätte durch die Berichte des Gerhard E.* erheblich größer sein können, hatte der abtrünnige Ex-Genosse doch seine auf einer Reiseschreibmaschine verfassten Schriften ganz gezielt der Botschaft der Bundesrepublik Deutschland in Sofia zur Verfügung gestellt. Dass daraufhin kein Protest gegen die massiven Menschenrechtsverletzungen in Bulgarien zu vernehmen war, war vermutlich darauf zurückzuführen, dass man in der Bundesregierung – ebenso wie bei der SPD-Opposition[833] – vorrangig am Ausbau der wirtschaftlichen Beziehungen mit der Volksrepublik interessiert war. Zumal Bonn – im Gegensatz zu Belgrad, das die „beispiellose Unterdrückung" der in Bulgarien lebenden türkischen Bevölkerungsgruppe scharf verurteilte – auch nicht auf den türkischen Vorwurf an das Shivkov-Regime reagierte, nachdem Ankara den Bulgaren den Tod „mehrerer hundert Mitglieder der türkischen Minderheit" vorgeworfen hatte.[834] Bonn hüllte sich in Schweigen, auch nachdem das Regime in Sofia nach monatelangem Versteckspiel im Sommer 1985 eingeräumt hatte, mit der „Wiederherstellung der bulgarischen Namen" würde ein „historischer Akt" vollzogen, jene „Brüder und Schwestern" in die „bulgarische Familie" zurückzuholen, deren nationales Bewusstsein „Jahrhunderte hindurch durch Fremdherrschaft gestört" worden sei, womit die 1878 beendete Besetzung Bulgariens durch das Osmanische Reich gemeint war. Bald darauf wurde im Westen bekannt, dass ein weiterer bulgarischer Attentäter zum

---

830 Bombenanschläge in Bulgarien, AP, 20.09.1984.

831 Sofia: Berichte über Unruhen, AP, 17.01.1985; Berichte über Unruhen in Bulgarien, AP, 17.01.1985; Bulgarien schließt Grenze für türkische Touristen, AFP, 23.01.1985; Deutsche Welle klagt über Störungen ihres türkischen Programms, DPA, 28.01.1985; Denktasch prangert bulgarischen „Völkermord" an, AFP, 31.01.1985; Ankara wirft Bulgarien erstmals Unterdrückung der türkischen Minderheit vor, AFP, 19.02.1985; Ankara verlangt Zugang zu türkischstämmigen Bulgaren, AP, 19.02.1985.

832 Bulgaren dementieren Türken-Zwangsassimillierung, AP, 07.02.1985; Streit um türkische Minderheit belastet amerikanisch-bulgarische Beziehungen, AFP, 10.05.1985.

833 Brandt sieht Bulgarien an gutem Verhältnis interessiert, DDP, 04.12.1984.

834 Nach türkischen Vorwürfen verschärft sich der Ton zwischen Ankara und Sofia, AFP, 19.02.1985. Am Bonner Schweigen änderte sich auch nichts, nachdem 30 000 Türken in Köln gegen die Zwangsbulgarisierung demonstriert hatten.

Tode verurteilt und hingerichtet worden war. Was den bayerischen Ministerpräsidenten und CSU-Vorsitzenden Franz-Josef Strauß nicht davon abhielt, dennoch einen Teil seines Sommerurlaubs in der Volksrepublik zu verbringen, wo er hinter verschlossenen Türen bereits seit Jahren Gespräche über eine Verbesserung der bilateralen Handelsbeziehungen führte.[835]

Die Schriften von Gerhard E.* blieben ebenfalls ungehört. Er wurde „im Rahmen der gemeinsamen Feindbekämpfung"[836] von den bulgarischen Sicherheitsorganen am 23. Oktober 1985 verhaftet und eine Woche später in die DDR ausgewiesen, wo ihn das MfS in Gewahrsam nahm.[837] Nachdem ihn zunächst das Stadtgericht von Berlin wegen „staatsfeindlicher Hetze" zu einer Strafe von drei Jahren und vier Monaten verurteilt hatte, hob das Oberste Gericht das Urteil der DDR das Urteil nach einem Protest des Generalstaatsanwalts von Berlin sogar noch auf vier Jahre an, wobei die Begründung jetzt auf „mehrfache, planmäßig begangene staatsfeindliche Hetze" lautete. Gerhard E.* musste seine Strafe in Bautzen verbüßen, nachdem im Rahmen der Beweismittelbeschaffung im Winter 1984/85 Delegationen hochrangiger MfS-Offiziere des Untersuchungsorgans tagelang mit Unterstützung der Operativgruppe der HA VI Ermittlungen in der Volksrepublik durchgeführt hatten. Dieser enorme Aufwand ging vermutlich darauf zurück, dass der Fall Gerhard E.* gleich in mehrerer Hinsicht den Schwerpunktsetzungen in Mielkes aktueller „Dienstanweisung" (Nr. 2/1985[838]) hinsichtlich der Bekämpfung politischer Untergrundtätigkeit entsprach.

Dass die Zwangsbulgarisierung – in westlichen Medien auch Zwangsassimilationskampagne genannt – auch den Blick der Weltöffentlichkeit auf das bulgarische Grenzregime lenkte, kann an einem anderen Beispiel illustriert werden. Im April 1985 war es drei jungen türkischstämmigen Bulgaren unter höchster Lebensgefahr gelungen, nach Griechenland zu fliehen. Sofia beantragte unverzüglich die Ausweisung der Flüchtlinge, und tatsächlich verkündete das Athener Landgericht wenig später einen Ausweisungsbeschluss gegen die Männer, denen die Bulgaren vorwarfen, Diebstähle und Brandstiftung in einer Kirche begangen zu haben. Die Auslieferung wurde erst in letzter Minute verhindert, nachdem das Oberste Gericht Griechenlands das Urteil unter Hinweis auf die Zwangsbulgarisierungen aufgehoben hatte und den Männern Asyl gewährte.[839]

---

835 Strauß macht Urlaub auf dem Balkan, AP, 09.08.1985; Strauß sprach in Bulgarien über engere Handelsbeziehungen, DDP, 11.08.1985.
836 Hauptabteilung VI (Grenzkontrollen/Reiseverkehr): BStU MfS HA VI 9931, S. 178.
837 Vgl. auch ebd., S. 172 f.
838 Büro der Leitung des MfS: BStU MfS BdL Dok. Nr. 005083.
839 Athen lehnt Auslieferung türkischstämmiger Bulgaren an Sofia ab, AFP, 10.12.1985.

Junge Flüchtlinge und alte Aufpasser

Auch bei den DDR-Bürgern, die unter höchstem Risiko versuchten, über Bulgarien in den Westen zu gelangen, handelte es sich fast ausschließlich um junge Männer. Sie kamen aus allen Teilen der Bevölkerung, teilweise handelte es sich auch um die Kinder der Nomenklatura und leitender Mitarbeiter staatlicher Organe. Im Normalfall waren es gut ausgebildete, intelligente junge Menschen, ohne Vorstrafen, die eine klare Vorstellung davon hatten, wie sie ihr Leben gestalten wollten. Also genau solche Leute, die eine Gesellschaft braucht, um sich weiterentwickeln zu können. Auf der anderen Seite standen die Mitarbeiter der staatlichen Organe, die sich durch das System definierten. Sie waren, wenn man die Zusammensetzung der Operativgruppe der HA VI in der Volksrepublik Bulgarien betrifft, ins gesetztere Alter gekommen, entsprechend der Mehrzahl der Pauschalurlauber und dem Bereich der mittleren Angestellten des Behördenapparats, durch den sie legendiert wurden. Wurde die Operativgruppe noch in den 1960er Jahren durch junge Oberleutnants geführt, waren es in den 1980er Jahren immer mehr Majore, die man zur Fluchtverhinderung entsandte. Älter hieß aber nicht nur erfahrener, sondern auch gesundheitlich labiler, wie Major Stritzke im August 1985 – also noch während der Hauptsaison – feststellen musste, als der ihm unterstellte Major Wolfgang Kaleita aus gesundheitlichen Gründen vorzeitig die Heimreise in den „Arbeiter- und Bauernstaat" antreten musste.

Zu den Aufgaben der Operativgruppe der HA VI gehörte auch die Absicherung „bedeutender gesellschaftlicher Höhepunkte", zu denen 1985 neben dem XI. Parteitag der SED auch der 40. Jahrestag des Kriegsendes, das XII. Parlament der FDJ und erstaunlicherweise die IOC-Vollversammlung in Ost-Berlin zählten. Darüber hinaus kam die Truppe unter Federführung des Zentralen Operativstabs des MfS auch bei Großereignissen in Bulgarien zum Einsatz, um „Zusammenrottungen und Provokationen" jugendlicher DDR-Bürger zu unterbinden. Selbstverständlich wurden auch die bulgarischen Mitarbeiter des „Reisebüros der DDR" nicht nur vom „Bruderorgan" MWR geprüft, wobei es vermutlich viele MWR-Spitzel unter ihnen gab, sondern auch – ebenso wie die Repräsentanten-IM – von der Operativgruppe durchleuchtet, was im MfS-Jargon „Maßnahmen zur Klärung der Frage ‚Wer ist wer?'" genannt wurde.

Um die Arbeit seiner Truppe zu straffen („im Kaderbestand eine Atmosphäre höchster Arbeitsbereitschaft zu schaffen"[840]), hatte Stritzke Monatsberichte eingeführt – die jeweils bis zum 25. des laufenden Monats abgeschlossen werden mussten – und gemäß der bestätigten Einsatzkonzeption bestimmte Aufgabe-

---

840 Hauptabteilung VI (Grenzkontrollen/Reiseverkehr): BStU MfS HA VI 9931, S. 118.

stellungen einzelnen Mitgliedern seines Kommandos zugewiesen. Für die meisten dieser Aufgaben trug er allerdings selbst die Verantwortung. Darüber hinaus erhielt jeder einzelne Mitarbeiter des Kommandos vor der Abreise nach Bulgarien jedes Jahr dezidierte Arbeitspläne, über die Vollzugsmeldungen an ihn zu erstellen waren. Wichtiger aber war, dass der Leiter der Operativgruppe ab 1985 auf Wunsch des „Bruderorgans" ebenso wie der Verbindungsoffizier ganzjährig in der Volksrepublik stationiert wurde. Während der Verbindungsoffizier Major Gorklo in Sofia residierte, bezog Major Stritzke sein Quartier in Varna.

Neben ausgewählten „operativ" erfahrenen Mitarbeitern des „Reisebüros der DDR" – wie dem Chefrepräsentanten Werner P. (IMS „Werner Sachse") am Sonnenstrand und die Chefrepräsentantin Renate L. (IMS „Gertrud Stern") in Albena – steuerten die Mitglieder der Operativgruppe unterschiedliche Personengruppen, darunter signifikant viele ostdeutsche Medizinstudenten und Doktoranden, die zeitweise in Bulgarien lebten, vorzugsweise in Plovdiv, Varna und Bourgas. Zum 19-köpfigen IM-Bestand zählten auch in Bulgarien lebende Kellner und Serviererinnen, die deutsche Ehefrau eines bulgarischen Taxivermieters am Sonnenstrand, eine mit einem Bulgaren verheiratete deutsche Mitarbeiterin des „Internationalen Jugendlagers Georgi Dimitrov" mit Wohnsitz in Primorsko, der Interflug-Repräsentant in Varna, Repräsentanten von „Jugendtourist" (FDJ) und deutsche Reiseleiter bei „Balkan-Tourist".

Das Spitzelnetz in Bulgarien

Die regelmäßige Überprüfung der Zuverlässigkeit und Glaubwürdigkeit der eigenen inoffiziellen Mitarbeiter – sowohl der IMÜ als auch der Repräsentanten-IM – gehörte zu den Kernaufgaben der Mitglieder der Operativgruppe. Darüber hinaus waren sie auch an einer Vielzahl sogenannter „Sicherheitsüberprüfungen" beteiligt, die an Personen durchzuführen waren, denen sicherheitspolitisch bedeutsame Aufgaben, Funktionen über Befugnisse bereits übertragen waren, oder denen derartige Erlaubnisse und Genehmigungen erteilt werden sollten, wie es in der Richtlinie Nr. 1/1982 des MfS zur Durchführung von Sicherheitsüberprüfungen[841] hieß. Nach Aktenlage führten die Mitglieder der Operativgruppe der HA VI in Bulgarien im Jahr 1986 insgesamt 23 Kontrollaufträge durch, bei denen es sich in etwas mehr als 50 Prozent der Fälle um sogenannte Sicherheitsüberprüfungen handelte. Davon waren neben mutmaßlich echten Geheimnis-

---

841 Die Richtlinie ist im Volltext im Internet veröffentlicht: http://www.bstu.bund.de/ DE/Wissen/MfS-Dokumente/Downloads/Grundsatzdokumente/richtlinie-1-82_ sicherheit.pdf?__blob=publicationFile, abgerufen am 01.11.2015.

trägern der unteren und mittleren Schiene (ein Volkspolizist, ein Mitarbeiter des MfAA, ein MfS-Kader, zwei Zollangehörige) auch Kellner und sogar ein EOS-Schüler betroffen, woraus ersichtlich wird, dass die staatlichen Organe der DDR Sicherheitsüberprüfungen sehr großzügig anordneten. Die Operativgruppe erhielt die betreffenden Kontrollaufträge – bei denen durch IM-Einsatz Kontakte zu Personen aus dem NSW geprüft wurden – sowohl von den verschiedenen Hauptabteilungen als auch von den regional zuständigen Bezirksverwaltungen des MfS, je nach Wohnort der auszuspähenden Person. Während Spionageverdacht, Verdacht auf Fluchthilfe und Verdacht auf Rauschgifthandel nur einen sehr marginalen Anteil der Kontrollaufträge ausmachten, lag der Anteil der aus der DDR beantragten Kontrollaufträge, bei denen der Verdacht auf Republikflucht bestand, immerhin bei 30 Prozent des Gesamtaufkommens.

Nachdem die Anzahl der Fluchtversuche von DDR-Bürgern über die verlängerte Mauer 1986 in Bulgarien kurzfristig im Vergleich zum Vorjahr spürbar zurückgegangen war („Sie bilden aber nach wie vor einen Schwerpunkt des ungesetzlichen Verlassens der DDR"[842]), hatten sich die Mitarbeiter der Operativgruppe 1986 neben ihren vielfältigen Kontrollaufgaben und der Beobachtung der „feindlichen Treff- und Kontakttätigkeit" – insbesondere unter Beteiligung in den Westen geflüchteter oder freigekaufter ehemaliger DDR-Bürger – verstärkt um die operative Absicherung von Großveranstaltungen zu kümmern, bei denen es keine „feindlich-negativen Aktivitäten" geben durfte. Neben diversen Autorennen betraf das in der Volksrepublik Bulgarien vor allem Fußballspiele, an denen Mannschaften aus der Bundesrepublik beteiligt waren. Dabei waren insgesamt rund 40 IMÜ für die HA VI im Einsatz[843], jeweils etwa zur Hälfte im Bereich der Urlauberzentren an der südlichen und der nördlichen Schwarzmeerküste. Dabei baute die Operativgruppe vor allem auf den durch Schneider geworbenen IMS „Heinz Sauer", einen aus Karl-Marx-Stadt stammenden Busfahrer bei „Balkan-Tourist", der mit seiner bulgarischen Ehefrau und den Kindern am Sonnenstrand lebte. Der 41-jährige Mann hatte sich nicht nur durch die Tatsache, dass er in den 1960er Jahren als Zeitsoldat im Wachregiment des MfS gedient hatte, ins Blickfeld des MfS gebracht, sondern weil er vorwiegend deutschsprachige Reisegruppen kutschierte.[844] Vor allem der Umstand, dass er von seinem Arbeitgeber

---

842 Zentrale Koordinierungsgruppe des MfS: BStU MfS ZKG 18545.

843 Neben der HA VI hatte das MfS auch IMÜ anderer HA (wie die HA II und die HV A) im Auslandseinsatz. Allein in der VR Bulgarien handelte es sich 1986 schätzungsweise um 120 weitere IMÜ. Vgl.: Hauptabteilung VI (Grenzkontrollen/Reiseverkehr): BStU MfS HA VI 9931, S. 39.

844 Archivierter IM-Vorgang: BStU MfS AIM 12914/91.

für den grenzüberschreitenden Verkehr in die Türkei vorgesehen war, machte ihn „operativ" hoch interessant, sollte er damit doch als Köder an eine kommerzielle Fluchthilfeorganisation herangeführt werden. Schnell an Bedeutung gewann aber auch IMS „Kondor"[845], eine seit Mitte der 1960er Jahre in Bulgarien lebende, ursprünglich aus Greifswald stammende Gastronomin in Nessebar, die seit Ende September 1985 für das „Organ" tätig war und die von Hauptmann Bachmann und dem Operativgruppenchef Major Stritzke geführt wurde.

Gemäß ihrer Führungsoffiziere sollte die Frau vor allem für die Feststellung von Vorbereitungs- und Versuchshandlungen von Personen im Zusammenhang mit Fluchthilfe und „Republikflucht" zum Einsatz kommen. Tatsächlich aber wirkte die Frau, die als Restaurantleiterin in der Speisegaststätte „Rot und Weiß" beschäftigt war, an der Informationsgewinnung über dauerhaft in Bulgarien lebende DDR-Bürger mit, offenbar auch mit dem Hintergrund, weitere IM anzuwerben.[846] Später durfte sie dann auch über westdeutsche Reisebüro-Mitarbeiter berichten, die sich in ihrem Lokal aufhielten.

Die Verhinderung von Fluchtversuchen von DDR-Bürgern blieb – soweit man die Jahresarbeitsplanung zugrunde legt – auch 1986 ein Schwerpunkt der Tätigkeit der Operativgruppe: „Bei der Festlegung und Durchsetzung von Maßnahmen zur Unterbindung dieser Straftaten durch Bürger der DDR sind die operativen Möglichkeiten der Operativgruppe voll auszuschöpfen [...]. Zur wirksamen Bekämpfung dieser Straftaten sind Kontrollersuchen intensiv zu bearbeiten."[847] Da die frühzeitige Verhinderung entsprechender Fluchtversuche allerdings so gut wie nie klappte, ging die Operativgruppe dazu über, zu gelungenen Fluchten („vollendete Straftaten") Handakten zu führen und gemeinsam mit dem bulgarischen Innenministerium „geeignete Maßnahmen" durchzuführen. Dabei handelte es sich je nach Fall und Umständen um die Einleitung „operativer" Vorgänge, die sowohl die Angehörigen und Freunde im Osten, als auch die Flüchtlinge im Westen betreffen konnten.

Waren Besuche von DDR-Bürgern in westlichen Botschaften schon in früheren Jahren durch das Regime in Ost-Berlin als Straftaten eingestuft worden, so wurde diese Handhabung durch eine Anweisung von General Mielke über die Verhinderung des Aufsuchens diplomatischer Einrichtungen nichtsozialistischer Staaten

---

845 Archivierter IM-Vorgang: BStU MfS AIM 12955/91.
846 Die Gastronomin, in deren Lokal überwiegend westliche Gäste verkehrten, wurde ihrerseits – ebenso wie ihre Gäste – durch den IMB „Jürgen" im Auge behalten, der ebenfalls durch die Operativgruppe des MfS geführt wurde. Hauptabteilung II (Spionageabwehr): BStU MfS HA II/10/903, S. 27.
847 Hauptabteilung VI (Grenzkontrollen/Reiseverkehr): BStU MfS HA VI 9931, S. 9.

in der VRB 1986 noch deutlich verschärft. Damit sollte die Erzwingung der Übersiedlung von Botschaftsbesuchern erreicht werden, die in früheren Jahren nicht
notwendig war, da die westlichen Botschaften DDR-Flüchtlinge kein Asyl gewährten. Das hatte sich 1984 in Ost-Berlin jedoch in zwei Fällen geändert, bei denen
es DDR-Bürgern nach Aufenthalten in der US-Botschaft und der Ständigen Vertretung der Bundesrepublik Deutschland gelang, in den Westen auszureisen. Nun
bestand die Befürchtung, ähnliche Fälle könnten sich in Bulgarien wiederholen:
„Der ständige aktuelle Informationsaustausch mit dem bulgarischen Bruderorgan
über Erkenntnisse zu ‚Botschaftsfällen‘ ist in Abstimmung mit der ZKG und der
Abteilung X durch die Operativgruppe zu gewährleisten."[848]
    Neu war aber nicht nur die Sorge vor „Botschaftsfällen", neu war auch, dass
das MfS seine operativen Mitarbeiter im Auslandseinsatz nach jahrelang stei-
genden Benzinpreisen dazu aufforderte, bei erhöhtem Kraftstoffverbrauch ihrer
Dienstwagen eine „gründliche Überprüfung der Ursachen" zu veranlassen und
grundsätzlich eine „kraftstoffsparende Fahrweise" zu praktizieren. Betriebswirt-
schaftliche Erwägungen hatten bis dahin im MfS keine Rolle gespielt, aber offenbar machte sich der Mangel an Devisen nun auch in der geheimdienstlichen
Arbeit bemerkbar. Eine fast schon westliche Herangehensweise praktizierte das
MfS in dieser Saison auch mit seinen „analytischen Betrachtungen" über das
Informationsaufkommen der Operativgruppen, wobei sich zeigte, dass einerseits
die Zahl der überörtlichen IM-Einsätze in Bulgarien im Vergleich zum Vorjahr
deutlich zurückgegangen war, während diese Art Einsätze in der ČSSR und Ungarn klar anstieg. Als ungünstig erwies sich auch, dass die IM-Treffs in Bulgarien
bei größerem Aufwand weniger „operative" Kenntnisse zeitigten, als in Ungarn
und der ČSSR. Allerdings sind die Berechnungsmaßstäbe des MfS für diese Art
Erhebungen nicht nachvollziehbar.
    Nachvollziehbarer ist, dass sich die Operativgruppe darüber beklagte, dass
der Anteil von rund 50 Prozent OPG-IM, die gleichzeitig SED-Mitglieder waren, als „zu hoch" eingeschätzt wurde. Dieser Anteil müsse schrittweise bis 1990
durch „vorwiegend parteilose Werbungskandidaten" aus dem Tourismus- und
Freizeitbereich gesenkt werden, hieß es in einem von Hauptmann Schönebeck
unterzeichneten Papier[849] – Stritzkes neuer Stellvertreter war ein alter Hase,
der schon unter Lotter der Operativgruppe angehört hatte. Er wusste, dass sich
SED-Mitglieder als Spitzel vor allem eigneten, um die Parteistrukturen zu überwachen, aber – von Einzelfällen abgesehen – aufgrund des für jedermann sicht-

---

848   Ebd., S. 10.
849   Hauptabteilung II (Spionageabwehr): BStU MfS HA II 38291, S. 141 ff.

baren „Bonbons", der Mitgliedsnadel, weniger geeignet waren, das Vertrauen von Menschen zu erschleichen, die nichts mit der Staatspartei zu tun hatten oder die sogar innerlich in Opposition zum Regime standen. Dagegen war der Anteil der IM unter den Repräsentanten des „Reisebüros der DDR" inzwischen planmäßig deutlich gesunken. Wo Mitte der 1970er Jahre noch jeder Repräsentant für den DDR-Geheimdienst gearbeitet hatte, waren es Mitte der 1980er Jahre – weil ihr operativer Wert gesunken war – jeweils weniger als 20 Prozent der Mitglieder der Reisebürokollektive in Albena, am Goldstrand und am Sonnenstrand.

Innerhalb der DDR-Botschaft in Sofia waren ab 1986 sogar mindestens zwei MfS-Offiziere stationiert. Zum Hauptsicherheitsbeauftragten Fred Kempf kam mit Oberstleutnant Günter Fiedler[850], einem Offizier für Sonderaufgaben, ganzjährig ein Vertreter der Linie Spionageabwehr der HA II/10 des MfS hinzu, der der Operativgruppe direkt angehörte. Fiedler war für die Zusammenarbeit mit Bruderorganen auf der Linie Spionageabwehr und zur Sicherung der DDR-Vertretungen in sozialistischen Staaten zuständig.[851] HSB Kempf hatte hingegen auch mit bodenständigeren Aufgaben zu tun, wozu unter anderem die Überführung beschlagnahmter Pkw in Bulgarien verhafteter Flüchtlinge gehörte, die Mitte Oktober 1986 als Konvoi nach Frankfurt an der Oder und Dresden transportiert wurden.[852]

Da die Zusammenarbeit mit dem MWR bereits durch den ebenfalls ganzjährig als Verbindungsoffizier zur Operativgruppe zurückgekehrten, mittlerweile zum Major aufgestiegenen Wolfgang Buck koordiniert wurde, muss es bei Fiedler – der Englisch und Russisch sprach – um die Zusammenarbeit mit den übrigen, ebenfalls in Bulgarien aktiven osteuropäischen Geheimdiensten gegangen sein – also unter anderem um die Zusammenarbeit mit dem KGB. Darauf deutet auch seine frühere Tätigkeit in der HA II/3 (Abwehr subversiver Angriffe durch Mitarbeiter der Botschaft der USA) hin.[853]

Ungeachtet der Reformpolitik in Moskau kam es auch 1986 zu zahlreichen Verhaftungen von jungen DDR-Bürgern, die man bezichtigte, ihre Flucht in den Westen über die Volksrepublik geplant zu haben. Ein typischer Fall betrifft die Festnahme zweier 24-jähriger Männer, die am 12. August 1986 an der griechischen Grenze unweit dem beliebten Urlauberort Melnik von einer schwer bewaffneten

---

850   Kaderakte Günter Fiedler: BStU MfS KS 26848/90.
851   BStU MfS Abt. Finanzen 3735.
852   Hauptabteilung II (Spionageabwehr): BStU MfS HA II/10/887, S. 196.
853   Zu den von Kempf und Fiedler in Sofia geführten IM gehörte der I. Sekretär der DDR-Botschaft, Peter Matschonschek (IMS „Michael"). Archivierter IM-Vorgang: BStU MfS AIM 15935/89.

Alarmgruppe der Grenztruppen verhaftet wurden. Im Festnahmeprotokoll eines Mitarbeiters des MWR hieß es: „Um 15:00 Uhr informierte ein Einwohner von Slatolist, Bez. Blagoevgrad, den Diensthabenden der Einheit Brjag, Stabsfeldwebel Iwan Iliev Karabaschev, dass er nördlich des Dorfes den Versuch unternommen habe, zwei Personen festzunehmen. Sie wären aber seiner Aufforderung nicht nachgekommen und hätten sich schnell in nordwestlicher Richtung entfernt." Die beiden jungen Männer waren von einem Bewohner der Sperrzone erst verfolgt und anschließend denunziert worden. Ihre Festnahme erfolgte weit vor der Grenzsignalanlage, nach bulgarischen Angaben etwa 13 Kilometer Luftlinie vor dem Grenzstein.

Ebenfalls mit der Festnahme endete am Nachmittag des 9. Juli 1986 der Fluchtversuch eines Ehepaares aus Königs Wusterhausen, das im Raum Mitschurin beim Versuch festgenommen wurde, über die grüne Grenze unbemerkt in die Türkei zu gelangen.[854] Der 25-jährige Facharbeiter für Holztechnik, Mitglied einer Holzeischlagbrigade, war selbst noch zwei Jahre zuvor Angehöriger der DDR-Grenztruppen gewesen und hatte schon damals den Wunsch verspürt, lieber in der Bundesrepublik leben zu wollen. Es hatte ihn lange Zeit gekostet, seine 23-jährige Frau, die als Köchin in einem Kindergarten arbeitete, zu überzeugen, mit ihm zu gehen.

Den seltenen Fall eines Fluchtversuchs, der trotz recht eindeutiger Beweise ohne Gefängnisstrafe, dafür aber mit einer völlig verunglückten Bulgarienreise endete, erlebten im Juni 1986 zwei 22 und 25 Jahre alte Männer aus der Lausitz, Instandsetzungsmechaniker und Zerspannungsfacharbeiter von Beruf.[855] Der Fluchtversuch der beiden endete in erster Instanz bereits am Flughafen Dresden, wo sich Sicherheitsbeamte am Abend des 2. Juni 1986 darüber wunderten, dass die beiden Männer neben Landkarten auch einen neuen Feldstecher und einen neuen Kompass im Gepäck hatten und darüber hinaus „nicht für die Reise benötigte persönliche Dokumente" mit sich führten. Was dazu führte, dass die beiden Männer nicht in dem von ihnen gebuchten Flugzeug, sondern „zur Klärung eines Sachverhalts" dem Stützpunkt der Untersuchungsabteilung des MfS an der Grenzübergangsstelle Bad Schandau zugeführt wurden, wo man sie ab 1:30 Uhr in der Nacht mehr als zehn Stunden lang in die Mangel nahm.

Dass sie anschließend wieder auf freien Fuß gesetzt wurden und ihre Reise fortsetzen durften, weil einer der beiden Männer glaubwürdig schilderte, dass er seine persönlichen Papiere in einer Mappe „stets" bei sich führe, war ein

854   Archivierter Untersuchungsvorgang: BStU MfS BV Potsdam AU 80/87.
855   Allgemeine Sachablage: BStU MfS AS 72/89.

echter Glücksfall. Kaum in Bulgarien eingetroffen wurden diese beiden jungen Männer nun am Abend 4. Juni 1986 bei einer Fahrzeugkontrolle der Miliz in einem privaten Kleinbus angetroffen, der sich im Sperrgebiet zur griechischen Grenze befand. Auch diesmal gelang es den beiden jungen Männern, sich aus der Sache herauszureden. Sie durften mit einer Ermahnung der Miliz wieder ins Landesinnere zurückkehren. Und brachen ihren Fluchtplan offensichtlich ab. Da die Miliz aber den Vorfall der Operativgruppe und die Operativgruppe ihrerseits der BV Cottbus meldete, wurde dort unverzüglich eine operative Personenkontrolle (OPK „Rila") gegen sie eingeleitet[856], die dazu führte, dass Cottbus einige Tage später die Festnahme der beiden Urlauber anordnete. Sie wurden an der Schwarzmeerküste verhaftet und mit einer Kuriermaschine in die DDR zurücktransportiert. Zwar wurde der Vorgang in der DDR nach einer weiteren Überprüfung eingestellt, aber die Einschüchterung dürfte nachhaltig gewesen sein.

Zur Gruppe der Oberschüler, die direkt nach dem Abschluss der kombinierten Schul- und Berufsausbildung in den Westen zu fliehen versuchten, gehörte auch ein 18-jähriger Absolvent der POS „Karl Marx" aus Leipzig, der mit Freunden erst am Rila-Kloster und dann in Melnik gezeltet hatte. Der blonde junge Mann mit den lockigen Haaren hatte einen Studienplatz für Theologie sicher, wollte jedoch lieber im Westen als im Osten leben. Er hatte, ohne seinen Freunden Bescheid zu sagen, zu später Stunde mit Taschenlampe und Kompass den Zeltplatz verlassen, um durch die Sperrzone in Richtung Griechenland zu laufen, wie es im Untersuchungsbericht von Major Setzepfandt heißt. Man nahm ihn am Morgen des 9. August 1986 fest, nachdem er bereits die Grenzsignalanlage überklettert und Alarm ausgelöst hatte. Nach der Festnahme erklärte er, dass er nicht die Flucht, wohl aber die Festnahme bedaure.[857]

Das Interessante am Fall dieses Oberschülers ist, dass seine beiden Freunde sein Verschwinden bereits um Mitternacht der Empfangssekretärin des „Hotel Melnik" meldeten, die ihrerseits sofort die Grenzabteilung in Petritsch verständigte. Nachdem die Bulgaren die Zeugen festgesetzt hatten, hieß es morgens zunächst, sie sollten eine unbekannte männliche Leiche identifizieren.[858] Erst mehrere Stunden später hieß es, man habe den Flüchtling verhaftet. Dieses Detail lässt die Vermutung zu, dass an jenem Tag an der bulgarisch-griechischen Grenze ein anderer Flüchtling ohne Ausweispapiere vermutlich erschossen wurde.

---

856 Archivierter Operativer Vorgang: BStU MfS BV Cottbus AOPK 1229/86.
857 Archivierter Untersuchungsvorgang: BStU MfS BV Leipzig AU 136/87, Bd. 3, S. 154.
858 Archivierter Untersuchungsvorgang: BStU MfS BV Leipzig AU 136/87, Bd. 1, S. 118b.

Während die Verhaftung eines jungen Ehepaares aus Dresden, die am 25. August 1986 beim Fluchtversuch im Raum Smolyan völlig unspektakulär verlief – das Pärchen, 18 und 21 Jahre alt, wurde bereits eine Stunde nach dem Verlassen von Smolyan etliche Kilometer von der griechischen Grenze entfernt festgenommen und anschließend zur Aburteilung in die DDR transportiert, ist hier – abgesehen von dem Umstand, dass die bulgarischen Grenzsoldaten ein japanisches Gemälde aus dem Rucksack des Pärchens mitgehen ließen – vor allem die weitere Haftgeschichte eine nähere Betrachtung wert. Der zuständige Untersuchungsführer, ein Stasi-Hauptmann Jäschke aus der BV Dresden, warb den 21-jährigen Mann als Zelleninformator (ZI) an, und ließ ihn – während der U-Haft – sieben andere U-Häftlinge ausspionieren.[859] Die Anwerbung des jungen Mannes, der zuletzt als Empfangssekretär der Dresdener Jugendherberge gearbeitet hatte, erfolgte bereits kurz nach der Einlieferung. Ob ihm als Gegenleistung ein niedrigeres Strafmaß versprochen wurde, geht aus der Akte nicht hervor. Es ist aber wahrscheinlich. Allerdings spiegelt sich dieses Versprechen nicht im Urteil des Kreisgericht Dresden-Ost, dass die beiden jungen Leute jeweils zu einem Jahr und zehn Monaten Haft verurteilte.[860] Hauptmann Jäschke hatte seinen „ZI" nach getaner Arbeit genau einen Tag vor Prozessbeginn wieder „entpflichtet". Diese Art Spitzeldienste lohnten sich offenbar nicht, denn das Pärchen wurde auch erst Ende November 1987 amnestiert – und zwar nicht, wie gewünscht, in die Bundesrepublik, sondern in die DDR, wo sie anschließend weiter unter geheimpolizeilicher Beobachtung standen.[861]

Spektakulär verlief die Verhaftung eines 24-jährigen Leutnants der NVA-Seestreitkräfte und seiner 22-jährigen Frau, die in den Mittagsstunden des 25. September 1986 auf dem Flughafen Sofia festgenommen wurden.[862] Sie waren für eine „Linienmaschine" von „Balkan Air" nach Schönefeld gebucht. Bei der Abfertigung entdeckten bulgarische Grenzer in einer am Gürtel seiner Hose befestigten Tasche zwei Knallkörper vom Typ „D" mit Reibzündung. Nachdem er sich bei der anschließenden Vernehmung in Widersprüche verwickelte, wurde das Pärchen wegen des Verdachts eines terroristischen Anschlags auf den Flugverkehr verhaftet. Die staatlichen Organe hielten es für denkbar, dass das Pärchen eine Entführung ins westliche Ausland plante. Verstärkt wurde dieser von Major Setzepfandt untersuchte Verdacht noch, nachdem die Bulgaren die Adressen

859   Archivierte Zelleninformatorenakte: BStU MfS BV Dresden AZI 3705/86.
860   Archivierter Untersuchungsvorgang: BStU MfS BV Dresden AU 743/87, Bd. 1, S. 158 ff.
861   Archivierter Operativer Vorgang: BStU MfS BV Dresden AOPK 316/89.
862   Archivierter Untersuchungsvorgang: BStU MfS AU 3718/87.

türkischstämmiger Bulgaren bei ihm gefunden hatten und eine Landkarte, auf der eine Wanderroute eingetragen war, die an zwei Orten vorbeiführte, in denen im Vorjahr im Zusammenhang mit anhaltenden ethnischen Unruhen im Zuge der „Zwangsbulgarisierung" der türkischstämmigen Minderheit Anschläge auf einen Personenzug verübt worden waren. Obwohl sich der junge Mann energisch als DDR-Sympathisant zu erkennen gab („Ich bin Offizier der NVA und stehe zu meinem Staat und meinem Beruf"), wurde die Angelegenheit erst im Oktober 1986 wegen „Nichtvorliegens von Straftaten" eingestellt.

Der Fall Carola Jordanow

Ende August 1986 versuchten zwei 18-jährige Zwillingsschwestern aus Potsdam über Bulgarien in die Türkei zu fliehen. Die beiden Teenager, die sich in ihrer Heimatstadt eine Straßenkarte von Rumänien und Bulgarien gekauft hatten, wollten ursprünglich versuchen, direkt an der Küste in die Türkei zu gelangen. Doch nachdem sie beim abendlichen Discobesuch im Kurort Düni einem 35-jährigen Bulgaren namens Ludmil von ihrem Fluchtplan erzählt hatten, erfuhren sie, dass die Dinge erheblich schwieriger waren, als sie angenommen hatten. Der junge Mann warnte sie, ab Achtopol würde ein besonderer Passierschein benötigt. Er warnte sie auch, dass die Grenzer auf sie schießen würden, Hunde hätten und dass es einen Signalzaun gebe, der bei Berührung Alarm auslöse. Ludmil, der recht gut Deutsch sprach, bot ihnen an, ihnen einen besseren Weg zu eröffnen. Er habe einen Bekannten in der bundesdeutschen Botschaft in Sofia, der ihnen vielleicht helfen könne. Und so fuhren die beiden Mädchen mit Ludmil in dessen weißem Lada nach Sofia, um den Mann zu treffen. Dieser Siegbert* tauchte tatsächlich bereits am selben Abend mit einer Kiste Schnaps und mehreren Stangen „Marlboro"-Zigaretten in Ludmils Sofioter Plattenbauwohnung auf. Allerdings lehnte Siegbert* jede Hilfestellung ab, erklärte nur, es sei ihm unmöglich, sie in den Westen zu bringen. Am nächsten Tag bot ihnen Ludmil daraufhin an, er könne ihnen für je 3 000 Ostmark durch „Leute aus dem Untergrund" falsche Pässe besorgen.[863] Er habe Kontakt zu einem höheren Milizangestellten in Sofia. Mit den von diesem Mann beschafften Pässen könne man angeblich unbehelligt mit dem Zug in die Türkei oder nach Jugoslawien fahren. Es war ein unrealistischer Vorschlag, denn keines der beiden Mädchen verfügte über eine entsprechende Summe. Bei Ludmil – der mit seinen Jeans, den weißen Turnschuhen und seinem „New York T-Shirt" im Visier von Oberst Jordanov, dem Leiter der „Abteilung 3"

---

863 Hauptabteilung II (Spionageabwehr): BStU MfS HA II 38362.

der II. Hauptverwaltung des MWR stand – handelte es sich offenbar um einen Kleinkriminellen, der seine Geschäfte mit einem westdeutschen Botschaftsmitarbeiter machte.

Nachdem die beiden Mädchen wieder zu ihrer Reisegruppe nach Sozopol zurückgekehrt waren, entschlossen sie sich, zu Fuß ins Grenzgebiet aufzubrechen. Nachdem sie eine Weile auf der Landstraße Richtung Sperrgebiet gelaufen waren und einige hundert Meter vor sich einen Kontrollposten bemerkten, schlugen sie sich in den Wald und landeten schon bald an der Grenzsignalanlage, an die sie sich, da es noch hell war, nicht heranteauten. Nicht viel später wurden sie von drei bulgarischen Zivilisten gestellt, von denen sich einer als „freiwilliger Helfer der Volksmiliz" zu erkennen gab. Bisher hatten die beiden Schwestern viel Glück gehabt. Es blieb ihnen auch an jenem Tage hold, denn sie konnten den Milizionären in Achtopol glaubhaft machen, dass sie sich nur verlaufen hatten. Tatsächlich aber unternahmen sie bereits am nächsten Abend einen weiteren Fluchtversuch, der allerdings relativ schnell in einem morastigen, kniehoch dicht mit Sträuchern bewachsenen Gelände endete, in dem sie nahes Hundegebell vernahmen. Ein paar Tage später flogen die beiden jungen Mädchen mit ihrer Reisegruppe unbehelligt zurück nach Berlin-Schönefeld, obwohl sich Oberst Jordanov in ihrer Sache bereits mit Oberstleutnant Fiedler von der Operativgruppe in Verbindung gesetzt hatte.

Noch hatten die beiden Schwestern ihren Fluchtplan aber nicht aufgegeben. Sie hatten nämlich kürzlich im Westfernsehen den Bericht eines DDR-Flüchtlings verfolgt, dem es gelungen war, eine Grenzübergangsstelle (GÜST) der DDR-Grenzposten zu überwinden. Und so beschlossen sie nur drei Tage nach ihrer Rückkehr aus der Volksrepublik, über die Ostberliner GÜST Heinrich-Heine-Straße nach Berlin-Kreuzberg abzuhauen. Und zwar durch schnelles Laufen, wobei sie eine kleine Tüte Mehl mit sich führten, um sie den Grenzern in die Augen zu streuen. Was natürlich nicht funktionierte und am Nachmittag des 12. September 1986 mit ihrer Festnahme endete.[864] Bei ihrer anschließenden Vernehmung erklärte eines der beiden Mädchen, sie sei so ziemlich mit allem in der DDR unzufrieden und wisse zudem, dass sie als Mitglied der evangelischen Kirche im „Arbeiter- und Bauernstaat" kaum mit Aufstiegschancen zu rechnen habe. Vermutlich hatten die beiden Mädchen ihren Fluchtplan auch deshalb so nachdrücklich verfolgt, weil der Verlobte eines der Mädchen nur einige Wochen zuvor legal in die Bundesrepublik ausreisen durfte.

Während die beiden Zwillingsschwestern wegen ihrer Fluchtversuche und „ungesetzlicher Verbindungsaufnahme" zwar jeweils mit mehr als zwei Jahren

---

864   Archivierter Untersuchungsvorgang: BStU MfS AU 3062/87.

Gefängnis bestraft wurden, endete der Fluchtversuch einer 20-jährigen Erfurterin im August 1986 auf schreckliche Weise. Das junge Mädchen, das mit einer Freundin ein paar Tage lang ihre in Varna lebende bulgarische Tante besucht hatte, wollte offensichtlich schon seit längerer Zeit in den Westen. Ein paar Jahre zuvor war ihre große Schwester geflüchtet. Und zwar von Bulgarien über Jugoslawien und Österreich in die Bundesrepublik.

Carola Jordanow war die Tochter eines bulgarischen Ingenieurs, der seit Anfang der 1960er Jahre mit seiner deutschen Frau in Erfurt lebte. Das lebenslustige, bildhübsche junge Mädchen, das leidenschaftlich gern tanzen ging und über einen sehr großen Freundes- und Bekanntenkreis verfügte, stand bereits 1985/86 – ohne es zu wissen – monatelang im Rahmen einer operativen Personenkontrolle (OPK „Schleuse"[865]) im Visier der Staatssicherheit, weil man im DDR-Geheimdienst vermutete, sie wolle ihrer Schwester folgen, nachdem man herausgefunden hatte, dass sich die beiden jungen Frauen – gemeinsam mit den Eltern – im Sommer 1984 ohne Erlaubnis der DDR-Behörden in Jugoslawien wiedergesehen hatten. Die OPK – in deren Rahmen drei inoffizielle Mitarbeiter zum Einsatz kamen – wurde allerdings Ende Mai 1986 eingestellt, weil das MfS bei der völlig unpolitischen jungen Frau, die nach Beendigung ihrer Lehre als Fachkraft für Schreibtechnik mittlerweile als Sekretärin bei der „VK Intex Erfurt" arbeitete, keine „operativ bedeutsamen Anhaltspunkte" fand.

Carola und ihre Freundin flogen Anfang August 1986 von Schönefeld nach Varna, wo sich zum damaligen Zeitpunkt – wie in jedem Jahr – auch Carolas Eltern aufhielten. Nachdem sie ein paar Tage am Strand verbracht hatten, fuhren die beiden jungen Frauen gemeinsam über Haskovo nach Rousse. Von hier aus reisten sie – nachdem Carolas Mutter nur widerwillig zugestimmt hatte – per Anhalter mit einem bulgarischen Lkw über Rumänien nach Budapest, wo sie die letzten Tage ihrer Ferienreise vor der Heimkehr in die DDR verbringen wollten. Ob Carola einen konkreten Fluchtplan hatte, scheint zweifelhaft.

Vieles deutet darauf hin, dass sich die beiden Mädchen spontan entschieden, einen Fluchtversuch nach Österreich zu unternehmen, genauso einfach, wie es ihrer Schwester ein paar Jahre zuvor gelungen war. Die Dinge nahmen ihren Lauf, nachdem sie auf dem Parkplatz vor einem Hotel die Bekanntschaft eines Lkw-Fahrers aus Lübeck machten. Der Mann war zwar nicht bereit, sie in seinem mit Containern bestückten Lastzug nach Österreich zu schmuggeln, weil er zunächst Waren nach Rumänien zu transportieren hatte. Durch ihn lernten sie aber noch am selben Tag einen 23-jährigen Niederländer kennen, der mit seinem Silo-

865   Archivierter Operativer Vorgang: BStU MfS BV Erfurt AOPK 1099/86.

Lastzug Tierfett transportierte. Dieser holländische Lkw-Fahrer war bereit, die beiden jungen Mädchen nach Österreich zu schmuggeln. Und zwar in einem der drei Tanks seines Wagens, der mit rund 800 Litern etwa 50 bis 60 Grad heißem tierischen Fett beladen war.

Es war eine irrsinnige Idee, durch die die beiden jungen Frauen zwangsläufig in höchste Lebensgefahr geraten mussten, da es keine Belüftung in dem Tank gab. Nachdem die beiden jungen Frauen an jenem 16. August 1986 gegen 18 Uhr mit ihrem niederländischen Bekannten in Budapest aufbrachen, saßen sie noch gemeinsam mit ihm im Führerhaus des Lkw. Das Unheil nahm seinen Lauf, als er den Lastzug gegen 21 Uhr – etwa fünf Kilometer vor der Grenze – auf einen Feldweg lenkte, den Deckel zum mittleren Tank öffnete, eine Strickleiter einhängte und die beiden jungen Frauen, nur mit Unterwäsche und Schuhen bekleidet, hineinstiegen, nebst ihren Ausweisen und den Rucksäcken. Zwar schloss er die Deckel nicht ganz, um ihnen die Luft nicht zu nehmen. Es sei „stickig und heiß" in dem dunklen Tank gewesen, erklärte Carolas Freundin später. Sie hätten versucht, sich gegenseitig festzuhalten. Als der Lkw nur wenige Minuten später noch einmal an einer ungarischen Tankstelle in der Ortschaft Hegyeshalom hielt, war die Lage im Tank bereits ernst: „Carola und mir ging es dreckig, wobei Carola noch größere Probleme als ich hatte. Sie fing an zu zittern. Wir konnten uns kaum noch auf der Leiter halten", sagte ihre Freundin nach der Festnahme aus. Nachdem sie um Hilfe gerufen hatten, ließ der Holländer sie noch einmal aus dem Tank heraus. Carola, die geklagt hatte, es nicht mehr auszuhalten, die an Atemnot, Übelkeit und Brechreiz litt, lag für ein paar Minuten oben auf dem Tank und schöpfte – ebenso wie ihre Freundin – Atem. Spätestens hier hätte die Aktion abgebrochen werden müssen. Doch der Fahrer ermutigte die beiden Mädchen, den Versuch zu unternehmen, es ginge gewiss alles ganz schnell. Ob Carola in jenem Moment noch bei Sinnen war, ist nicht feststellbar. Sie stieg jedenfalls mit ihrer Freundin tatsächlich wieder in den Tank hinein, wobei sie mehrfach erklärte, es gebe kein Zurück mehr, sie müssten es schaffen. Im Tank habe sie zu faseln begonnen, sagte ihre Freundin später aus. Dann habe sie sie plötzlich umklammert, laut aufgeschrien und sei gestürzt. Fatalerweise befand sich der Lkw-Fahrer in jenem Moment gerade nicht bei den beiden jungen Frauen, er war dabei, Wasser zu holen. Als er wieder oben auf dem Tank stand, versuchte er die beiden Frauen, die sich aneinanderklammerten, aus dem Tank zu ziehen. Als er die obenstehende Freundin gerade zur Hälfte aus dem Tank heraus geholt hatte, verlor Carola offenbar ihr Bewusstsein und stürzte erneut in das heiße Fett. Wie ernst die Lage war, lässt sich daran erkennen, dass die oben auf der Leiter – näher an der Frischluft – stehende Freundin nur Augenblicke später ebenfalls ihr Bewusstsein verlor und erst im Krankenhaus wieder erwachte. Zwar gelang es dem Fahrer mit einem herbeigeeilten österreichischen Lastwagenfahrer, auch Carola aus dem Tank zu ziehen. Doch für das junge Mädchen, das zu ihrer Schwester in die Bundesrepublik wollte, kam jede Hilfe zu spät.[866] Es war bereits tot, erstickt.

Nachdem sich Carolas Freundin, eine Kindergärtnerin, wieder erholt hatte, wurde sie wegen ihres Fluchtversuchs verhaftet und wenig später in die DDR, nach Erfurt, zurückgeführt, wo man sie wegen „versuchten ungesetzlichen Grenzübertritts" anklagte. Der Niederländer saß indessen in Ungarn ein, wo man ihm wegen fahrlässiger Tötung den Prozess machte. Währenddessen wurde der Todesfall des jungen Mädchens von den zuständigen DDR-Stellen abgewickelt. In Budapest amtierte zu diesem Zeitpunkt gerade der früher in Sofia und anschließend als Sektorleiter im MfAA tätig gewesene Dr. Peter Krause, der nach eigener Aussage „nie" etwas mit Todesfällen von DDR-Flüchtlingen zu tun hatte. Krause übernahm die Regie. Er telegrafierte sofort den beiden zuständigen Stasi-Offizieren im MfAA, nämlich dem Hauptabteilungsleiter Konsularische Angelegenheiten, OibE Hauptmann Hansjochen Vogl und dem für „Schutz und Sicherheit" zuständigen Oberstleutnant Wolfgang Burkert. Darin hieß es, dass Carola eine „ungesetzliche Handlung" begangen habe. Zwei Tage später verständigte dann der zuständige Sektorleiter im MfAA, Manfred Heynert, die Abteilung für Inneres beim Rat der Stadt Erfurt über den Unglücksfall, und zwar – wie hier positiv vermerkt werden muss – unter Fortlassung jedweder Hinweise auf das angebliche Verbrechen des jungen Mädchens.

Im MfS wurde der Fall durch die für das Ausland zuständige HA IX/10 bearbeitet. Die Untersuchungsabteilung kam ins Spiel, nachdem Carolas Mutter im MfAA bei Sektorleiter Heynert vorstellig geworden war und nicht nur die Todesursache ihrer Tochter anzweifelte, sondern auch eine Klage auf Schmerzensgeld und Schadenersatz ankündigte. Umgekehrt erfuhr sie allerdings nichts, was sie nicht schon wusste. Heynert verwies die Frau an die Staatsanwaltschaft in Erfurt. Eine Aktennotiz belegt, dass er sich anschließend – wie vorgeschrieben – telefonisch mit Oberstleutnant Walter Langhans ins Befinden setzte, der ihm mitteilte, dass Oberst Peter Pfütze angeordnet habe, es seien „Maßnahmen wie bei anderen Sterbefällen" einzuleiten, womit explizit die spezielle operative Absicherung der Beerdigung gemeint war. Woraufhin Heynerts Vorgesetzter, der Abteilungsleiter Hans-Jürgen Kunert aus dem MfAA – nach Absprache mit OibE Vogl und Oberst Pfütze – die Erfurter Abteilung für Inneres anwies, die Eltern über den Sachverhalt aufzuklären.

---

866 Vgl. auch: Vorverdichtungs-, Such- und Hinweiskartei des MfS: BStU MfS BV Erfurt KD Erfurt VSH 23402.

Die Beerdigung des Mädchens verzögerte sich allerdings erheblich, weil die Leiche bis Ende September von der ungarischen Polizei noch nicht zur Einäscherung freigegeben war, wie Kunert den Eltern in Absprache mit Oberstleutnant Langhans mitteilte. Erst am 3. Oktober 1986 gelangte die Urne schließlich in die DDR. Bis eine Beerdigung stattfinden konnte, vergingen allerdings noch einmal etliche Wochen – offensichtlich weil es im Zusammenhang mit der von Carolas Eltern geplanten Teilnahme westlicher Familienmitglieder – von der das MfS durch den IM „Andreas Weber" erfahren hatte – noch kein grünes Licht von der HA IX/10 gab. Das Mädchen wurde schließlich erst am 14. November 1986 im engsten Familienkreis auf dem Erfurter Hauptfriedhof beigesetzt, wie Carolas Chefin, die an der Beerdigung teilnahm, dem Verfasser berichtete. Eine Todesanzeige war nicht erschienen, westliche Gäste – in Ermangelung der dazu erforderlichen Reisegenehmigung – ebenso wenig. Drei Wochen später, am 8. Dezember 1986, verurteilte das Kreisgericht Erfurt-Mitte Carolas – durch die schrecklichen Geschehnisse schwer traumatisierte – Freundin wegen „versuchten ungesetzlichen Grenzübertritts im schweren Fall" zu einer Haftstrafe von einem Jahr und acht Monaten Gefängnis. Sie wurde – nachdem die Geschichte in der *Bild*-Zeitung[867] erschienen war – von der Bundesregierung aus dem Jugendhaus Hohenleuben freigekauft und durfte bereits Ende Mai 1987 in die Bundesrepublik ausreisen.[868] Nur am Rande vermerkt sei, dass die DDR-Behörden das Leid von Carolas Eltern noch dadurch vergrößerten, dass sie den Antrag auf Sprecherlaubnis mit der verhafteten Freundin rigoros ablehnten.

Wie im Fall Nettbohl wurden Pfütze und sein Stellvertreter nicht nur bei der „Absicherung" des Begräbnisses aktiv, sondern auch, als sich Carolas Eltern an die Staatliche Versicherung der DDR wandten. Oberstleutnant Langhans wies das MfAA an, mitzuteilen, dass „Fräulein J. nicht bei einem Verkehrsunfall, sondern beim Versuch der Begehung einer Straftat ums Leben kam" und: „Daraus ergeben sich keine Schadenersatzansprüche gegenüber der Versicherung."

Ob auch das MfAA – bzw. Konsul Krause in Budapest – Einsicht in das Obduktionsprotokoll[869] von Carola Jordanow erhielt, ist unklar. In der DDR-Generalstaatsanwaltschaft stand dieses Dokument Ende Februar 1987 immer noch aus. Peter Pfütze hatte den Fall jedenfalls in Erinnerung behalten. In seinen 2006 erschienen Memoiren wird der Vorfall angeschnitten. Nach seinen Angaben hatte er Carolas Freundin während der U-Haft vernommen und anschließend nach

867 Flucht im Tankwagen. DDR-Mädchen ertrunken. In: „Bild"-Zeitung vom 20.09.1986. In: BStU MfS HA IX 11450.

868 Hauptabteilung IX (Untersuchungsabteilung): BStU MfS HA IX 18568.

869 Archivierter Untersuchungsvorgang: BStU MfS BV Erfurt AU 1207/87, Bd. 1, S. 151.

Erfurt überführt. Laut Pfütze wurde der niederländische Lkw-Fahrer in Ungarn wegen fahrlässiger Tötung zu zweieinhalb Jahren Freiheitsentzug verurteilt, der Lastzug beschlagnahmt.

Im Herbst 1986 war die Macht der Staatssicherheit noch ungebrochen, Pfütze durfte noch auf eine Krönung seiner Geheimdienstkarriere als General hoffen. Trotzdem schien sich selbst unter linientreuen Genossen wenn nicht alles, so doch vieles um den Westen zu drehen. In jenem Herbst war die langjährig in Diensten des MfS stehende ehemalige Chefrepräsentantin Renate L. mit der „Medaille für treue Dienste der NVA" in Gold dekoriert wurden. Für sie schien sich ein Traum zu erfüllen, denn der höchst einflussreiche Kaderleiter in der Generaldirektion des „Reisebüros der DDR", OibE Ulrich Bubke, hatte ihr nämlich mitgeteilt, dass sie als „NSW-Reisekader" ab Oktober 1986 ein Jahr lang in einem Informations- und Verkaufsbüro des „Reisebüros der DDR" zur 750-Jahr-Feier im Westteil des Bahnhofs Friedrichstraße vorgesehen sei. Doch obwohl gegen die 53-jährige Löwe alias „Gertrud Stern", die bis Ende September 1986 in Sozopol eingesetzt war, tatsächlich nicht der geringste Fluchtverdacht bestand, kam die Freigabe im letzten Augenblick doch nicht zustande, wodurch ihr „Vertrauen ins MfS" heftig erschüttert wurde, wie es in einem Aktenstück heißt. Weil sich zwei Dienststellen des ostdeutschen Geheimdienstes mit ihren Kompetenzen in die Quere gekommen waren. Bubke war zwar Kaderleiter in der Generaldirektion des „Reisebüros der DDR", die Entscheidung über die Besetzung des West-Postens hätte jedoch in der HA VI erfolgen müssen.

In Bulgarien kam es derweil noch am 10. November zu einer weiteren Festnahme, die, nachdem sich die Mitglieder der Operativgruppe bereits wieder in der DDR befanden, durch die ganzjährig stationierten Stritzke und Buck bearbeitet wurde. Es handelte sich um zwei 25 und 29 Jahre alte Brüder aus Ost-Berlin, die bereits vier Monate zuvor von ihrem Vater in der Volkspolizei-Inspektion Berlin-Lichtenberg als vermisst gemeldet worden waren, nachdem sie von ihrem Bulgarienurlaub nicht zurückgekehrt waren. Der 29-jährige Olaf T.* und sein 25-jähriger Bruder Günter* waren Anfang Mai kurz nacheinander über Schönefeld nach Sofia geflogen, wo sie sich laut Aussage ihres Vaters miteinander verabredet hatten.[870] Es handelte sich rein ermittlungstechnisch um einen klaren Fall, zwei junge Männer, die nicht fristgerecht aus dem Auslandsurlaub zurückkehrten – das deutete eindeutig auf eine „Republikflucht" hin, zumal der Filmvorführer Olaf T.* nicht nur in Scheidung lebte und seine Wohnung vor der Abreise komplett aufgelöst hatte, sondern sich im Laufe der Ermittlungen auch noch als

---

870   Abteilung X (Internationale Verbindungen): BStU MfS Abt. X 477, S. 249 ff.

Leser des von dem tschechischen Wirtschaftswissenschaftler Ota Sik verfassten Buches *Argumente für den Dritten Weg* erwies, das vom Untersuchungsorgan des MfS als staatsgefährdend eingestuft, unverzüglich beschlagnahmt wurde („Rückgabe ausgeschlossen").[871] Dass man sie trotzdem nicht sofort beim bulgarischen Innenministerium zur Mitfahndung ausschrieb, sondern lediglich Überprüfungsmaßnahmen einleitete, hing offenbar damit zusammen, dass das MfS offenbar vermutete, dass ihnen die Flucht gelungen sei.

Und tatsächlich hatten die beiden Brüder bereits kurz nach ihrer Ankunft in Bulgarien einen Versuch unternommen, über die nahe gelegene grüne Grenze nach Jugoslawien zu gelangen. Auf dem angeblichen Weg zu einer Berghütte wurden die beiden jungen Männer bereits vor dem Erreichen des Grenzgebiets von Milizionären verhaftet und verhört. Nach einigen Stunden wurden sie wieder auf freien Fuß gesetzt, waren aber derart verunsichert, dass sie beschlossen, einen erneuten Versuch in einer anderen Gegend und erst nach Beendigung der Feriensaison zu unternehmen. Sie vermuteten, dass die Bulgaren ihre Grenzen nach der Saison weniger genau überwachen würden. Dass beide Männer auf keinen Fall in die DDR zurückkehren wollten, belegt der Umstand, dass sie mehrere Monate illegal in Sofia blieben und sich mehr schlecht als recht mit geliehenem Geld eines Bekannten des bulgarischen Ex-Mannes ihrer verstorbenen Mutter über Wasser hielten. Mitte Oktober – nachdem sie bereits mindestens zwei westdeutsche Geschäftsleute vergeblich um Hilfe gebeten hatten – beschlossen sie schließlich, ins südbulgarische Blagoevgrad zu fahren, kehrten aber, weil sie auf der Strecke zahlreiche Armeeangehörige registriert hatten, wieder um. Auch ein zweiter Versuch an der jugoslawischen Grenze im Raum Berkovica wurde vorzeitig von ihnen abgebrochen, weil ihnen die Gegend zu bergig erschien.

Anfang November 1986 gelangten sie per Anhalter in einem bulgarischen Lastwagen nach Petritsch. Von hier aus liefen sie in einem Nachtmarsch durch das Sperrgebiet in Richtung der griechischen Grenze. Sie überkletterten die Grenzsignalanlage und durchschnitten die dahinter aufgestellten drei Stacheldrahtbarrieren. Nachdem sie etwa drei Kilometer durch das unwegsame Gelände gelaufen waren, hörten sie Motorengeräusche und bemerkten, wie vor ihnen Grenzsoldaten von einem Jeep abgesetzt wurden. Es handelte sich um die schwer bewaffnete Alarmgruppe, die ihnen nach Auslösung des Alarms bereits seit Stunden auf der Spur gewesen war, nachdem sie zerschnittene Barrieren und Fußabdrücke auf dem umgepflügten Grenzstreifen entdeckt hatte. Die Grenzer nahmen die beiden jungen Männer, die sich in einem Graben versteckt hatten, laut Festnahmeprotokoll durch

---

871 Archivierter Untersuchungsvorgang: BStU MfS AU 2107/88, Bd. 1, S. 52.

„schnelles, kühnes und entschlossenes Handeln" fest. Ob dabei auch die mitgeführten Maschinengewehre zum Einsatz kamen, ist nicht bekannt.

Das Kreisgericht Neustrelitz verurteilte sie am 3. März 1987 zu je drei Jahren Gefängnis, wobei man ihnen – offensichtlich um sie auch anderweitig zu kriminalisieren und ihnen ihren weiteren Lebensweg in Westdeutschland zu erschweren – nicht nur den „ungesetzlichen Grenzübertritt in schwerem Fall" sondern zusätzlich auch „Rowdytum" ins Urteil schrieb, obwohl sich keiner der beiden nicht vorbestraften jungen Männer als Rowdy aufgeführt hatte. Wie dringend die DDR mittlerweile auf Devisen aus der Bundesrepublik angewiesen war, lässt sich auch daran erkennen, dass die beiden Brüder bereits Mitte August 1987 nach nur zehn Monaten durch Freikauf aus der Haft entlassen wurden – ein paar Jahre zuvor wären sie noch frühestens nach 18 Monaten wieder herausgekommen.

Wie viel die Bundesregierung über die Geschehnisse auf dem Fluchtweg Bulgarien wusste, kann aufgrund der verschwundenen Aktenüberlieferung der Deutschen Botschaft in Sofia nur vermutet werden. Nachweislich ist, dass man in Bonn wusste, dass sich ein junger Bundesbürger namens Bernd Ohnesorge, der in Sofia wegen angeblicher Spionage für die Amerikaner zu einer langjährigen Haftstrafe verurteilt worden war, im Gefängnis von Stara Zagora befand. Dort wurde er nämlich von einem Mitarbeiter der bundesdeutschen Botschaft in bestimmten Abständen aufgesucht. Auch als die Internationale Helsinki-Föderation für Menschenrechte im Herbst 1986 erklärte, in Bulgarien säßen angeblich 250 politische Gefangene überwiegend türkischer Abstammung ein, die meisten von ihnen in Stara Zagora[872], regte sich in Bonn nichts, zumal ein Besuch von Bundesaußenminister Genscher in Sofia unmittelbar bevorstand.[873] Der Fall wurde in der Bundesrepublik nicht publik gemacht, angeblich zum Schutz des betroffenen Häftlings. Dass man damit auch die politisch-wirtschaftlichen Beziehungen zur Volksrepublik nicht belastete, dürfte allerdings das gewichtigere Argument gewesen sein. Für Bernd Ohnesorge, der sich Ende 1987 im Gefängnis von Stara Zagora selbst verbrannte, nachdem er aus der Haft heraus zahlreiche Hilfeersuchen an bundesdeutsche Stellen gerichtet hatte, waren das Schweigen und die Untätigkeit der Bundesregierung wenig hilfreich. Es war nach dieser Logik auch nur folgerichtig, dass der Fall auch nach Ohnesorges Tod und der Überführung der Leiche nach Hamburg in der Bundesrepublik unbekannt blieb. Presseberichte hätten sich ungünstig auf die bilateralen Beziehungen ausgewirkt.

---

872 Angeblich rund 250 politische Gefangene in Bulgarien, AFP, 03.11.1986.

873 Thomas Brey, Bulgarien wird im Westen wieder salonfähig, DPA, 11.02.1987; Genscher nennt Beziehungen zu Bulgarien „beispielhaft", DDP, 16.07.1987.

Oberst Pfütze entscheidet

Vier Tage lang berieten Vertreter des MfS – unter Federführung der MfS-Generalmajore Willi Damm (Abt. X) und Gerhard Niebling (ZKG) – im Mai 1987 mit Vertretern des Bundessekretariats für Innere Angelegenheiten in Belgrad und Zagreb, wie man die Flucht von DDR-Bürgern via Jugoslawien im beiderseitigen Interesse eindämmen könnte. Dabei ging es zwar vorrangig um die Sicherung des Leistungssports, mit der die Flucht von ostdeutschen Spitzensportlern, Trainern und Sportmedizinern verhindert werden sollte, zumal der Westen gerne ostdeutsche Top-Athleten unverzüglich in den westdeutschen Leistungssport integrierte. Ihnen wurde in der Bundesrepublik nicht nur eine gesicherte berufliche Perspektive mit guten Verdienstmöglichkeiten, sondern in der Regel auch die sofortige Bereitstellung einer eigenen Wohnung und eines Autos zugesichert, also Dinge, von denen sie in der DDR durch Wohnungsmangel und Misswirtschaft nur träumen konnten. Dabei trat unter den westdeutschen Journalisten bereits seit den 1960er Jahren immer wieder der Leiter des Sport-Informations-Dienst (SID), Willi Knecht, in Erscheinung, der Pressesprecher des Nationalen Olympischen Komiteea (NOK) der Bundesrepublik und beste westdeutsche Kenner der DDR-Sportlandschaft. Anfang November 1983 hatten sich zwei Spieler des BFC Dynamo Ost-Berlin nach einem Europapokalspiel bei Partizan Belgrad in die Botschaft der Bundesrepublik abgesetzt, nicht weniger schmerzlich war auch der Verlust des Ruder-Goldmedaillengewinners Matthias Schumann, dem es 1982 gelang über Jugoslawien in die Bundesrepublik zu fliehen. 1987 befürchtete das MfS im Zuge der Sommer-Universiade in Zagreb weitere Abgänge.

Im Zuge der Verhandlungen erklärten die jugoslawischen Vertreter mehrfach, es bestünde ein großes Interesse an einer direkten Zusammenarbeit mit dem MfS, man habe eine große Hochachtung vor dem ostdeutschen Geheimdienst und namentlich vor Erich Mielke. Im Zuge der Gespräche verständigten sich beide Seiten darauf, in Belgrad zukünftig über den „MfS-Vertreter in der DDR-Botschaft" – bzw. bei der Universiade über einen Verbindungsoffizier des MfS in der DDR-Mannschaft – zu kommunizieren, womit der Hauptsicherheitsbeauftragte gemeint war. Allerdings ließen die Jugoslawen durchblicken, dass die Möglichkeit zur Verhinderung von „Republikfluchten" von DDR-Bürgern nur unterhalb der Schwelle des UN-Flüchtlingskommissars möglich sei: „Der Versuch einer Rückführung in die DDR wird nur dann vom SD [Sicherheitsdienst, jugoslawischer Geheimdienst] unterstützt, wenn der Fall noch nicht beim Flüchtlingskommissar bekannt ist."[874]

---

874   BStU MfS Sekretariat Mittig 87, S. 17.

Einerseits offerierten die Jugoslawen die Möglichkeit, es bestünde auch weiterhin die Chance, DDR-Flüchtlinge, die illegal über Bulgarien in die SFRJ gelangten, wieder nach Bulgarien zurückzusenden, also nach dem System zu verfahren, das bis 1978 galt. Man sei darüber hinaus auch bereit, DDR-Bürger am Betreten der BRD-Botschaft in Belgrad zu hindern, allerdings nur, wenn das MfS ein „rechtzeitiges Ersuchen" stelle, dem „Tatsachen" zugrunde lägen. Dass man beim MfS nach der Arztflucht im Sommer 1978 an einen solchen Sinneswandel nicht recht glaubte, geht aus einer Bemerkung im Gesprächsbericht von Damm hervor, in dem es heißt, diese Erklärungen müssten in der Praxis getestet werden.

Das Hauptinteresse der Jugoslawen – die der Interpol als Gründungsmitglied angehörten und auf dieser Ebene auch mit dem Bundeskriminalamt kooperierten – galt nicht der Verhinderung von DDR-Fluchten, sondern der Bekämpfung des politischen Exils, insbesondere der Ustascha-Emigration. Die Ustascha strebte die Unabhängigkeit Kroatiens an und hatte seit 1945 mehrere hundert Anschläge auf jugoslawische Auslandsvertretungen verübt, in die nach Erkenntnissen des jugoslawischen Sicherheitsdienstes auch die in West-Berlin ansässige „Internationale Gesellschaft für Menschenrechte" (IGfM) verwickelt sei.

Solange es möglich sei, Fluchten von DDR-Bürgern auf geheimdienstlicher Ebene durch „Profis" behandeln zu lassen, könne auch weiterhin mit der Unterstützung aus Belgrad gerechnet werden. Dann werde das von den Nachfolgern Titos geleitete Regime auch weiterhin DDR-Bürger bei Verdacht auf geplante Nichtrückkehr zurückführen lassen. Darüber hinaus verpflichtete sich der Sicherheitsdienst, dem MfS Einzelheiten über gelungene Fluchtversuche mitzuteilen und gegebenenfalls – also bei Fluchtverdacht – Kontrollmaßnahmen gegen Mitglieder ostdeutscher Reisegruppen in Jugoslawien zu veranlassen. Vermutlich war man darüber im MfS erfreut. Weniger erfreut war man allerdings, dass „Radio Zagreb" nach dem Abflug der Delegation eine Meldung verbreitete, dass eine MfS-Delegation unter Leitung von Generalmajor Damm vom Präsidenten des Exekutivkomitees der Universiade in Zagreb empfangen wurde.[875]

Im Mai 1987, kurze Zeit nachdem auch alle Mitglieder der Operativgruppe der HA VI wieder in die Volksrepublik zurückgekehrt waren, sah sich das MfS mit der Rückkehr des zwei Jahre zuvor verhafteten Gerhard E.* konfrontiert, den man – zu seiner Überraschung – nach der Entlassung aus der Haftanstalt Bautzen nicht in die Bundesrepublik abgeschoben hatte. Möglicherweise vermutete der DDR-Geheimdienst, das langjährige ehemalige SED-Mitglied, das in zweiter Ehe mit einer Bulgarin verheiratet war, würde ihnen von nun an keine Unannehmlich-

---

875 BStU MfS Sekretariat Mittig 87, S. 27.

keiten mehr bereiten. Damit, dass E.* nach knapp dreiwöchigem Aufenthalt in der Volksrepublik beim DDR-Botschafter Rommel einen Ausreiseantrag in die Bundesrepublik stellen würde, war von den Sicherheitsorganen offensichtlich nicht erwartet worden. Pikant war dieser Antrag vor allem auch deshalb, weil der Antragsteller darauf Bezug nahm, dass ihm Stasi-Offiziere der HA IX/10 nach seiner Festnahme im Herbst 1985 noch in Bulgarien zugesichert hatten, dass er nach Verbüßung der Strafe mit seiner Übersiedlung in die Bundesrepublik rechnen könne. Umso erstaunter war E.*, der von Rechtsanwalt Wolfgang Vogel vertreten wurde, stattdessen wieder in Bulgarien zu landen. Wo er, abgesehen von seinem Ausreiseantrag auch um die Verlängerung seines Passes bat, da er anderenfalls nicht in Bulgarien bleiben durfte.

Diese spezielle Angelegenheit überstieg die Entscheidungskompetenz des DDR-Botschafters Egon Rommel. Und so telegrafierte der DDR-Top-Diplomat das Anliegen an die Hauptabteilung Konsularische Angelegenheiten, die in solchen Fällen – wie schon seit vielen Jahren – direkt mit der HA IX/10 kommunizierte, in der die heiklen Auslandsfälle dann in letzter Instanz von Oberst Peter Pfütze entschieden wurden. Nicht einmal die Frage der Passverlängerung für den in Bulgarien lebenden DDR-Bürger konnte die DDR-Vertretung aus eigener Kompetenz entscheiden. Die DDR-Konsulin Riechel erbat beim Leiter der HA Konsularische Angelegenheiten, „telegrafische Nachricht, ob die Passverlängerung erfolgen soll".[876] Bei diesem Leiter handelte es sich um den Klobes-Nachfolger Hansjochen Vogl – ein OibE der HV A, der den Dienstrang eines Hauptmanns des MfS hatte.[877]

Abgewirtschaftet

Wer den sich abzeichnenden Niedergang des Ostblocks nachvollziehen möchte, kann auch die Spitzelberichte des IMS „Fritz Burg"[878], einem langjährigen Barmixer im Interhotel „Astoria" in Leipzig, nachlesen, der seit Anfang der 1980er Jahre regelmäßig in der Sommersaison zur Urlauberüberwachung in die Volksrepublik Bulgarien zum Einsatz kam. Darin ging es über Jahre hinweg fast nur um Probleme mit der Versorgungssituation, die sich nach Einschätzung des IMS in der Volksrepublik im Laufe der 1980er Jahre derart verschlechtert hatte, dass immer mehr westliche Urlauber die Nase voll hätten. „Keiner" der ihm bekannten

---

876   Hauptabteilung IX (Untersuchungsabteilung): BStU MfS HA IX 1244 1/2, S. 232.

877   Hauptabteilung II (Spionageabwehr): BStU MfS HA II 27201, BStU MfS HA XX 47 T 2/2.

878   Archivierter IM-Vorgang: BStU MfS BV Leipzig AIM 288/91.

„BRD-Touristen" wolle wieder nach Bulgarien kommen, obwohl der Aufenthalt in Spanien oder Italien deutlich teurer sei, hieß es 1987 in den Berichten des Barmannes, den seine Freunde nur „James" nannten.

Dass die Versorgungslage der sozialistischen Länder und damit einhergehend auch der Überwachungsapparat langsam aus dem Ruder liefen, wird auch durch zwei Ereignisse veranschaulicht, mit denen das MfS im August 1987 konfrontiert war. Mehrere bundesdeutsche Zeitungen veröffentlichten demnach eine kurze Agenturmeldung, in der es gleichlautend hieß: „Ein junger Landarbeiter aus der DDR ist am Montag über die bulgarisch-griechische Grenze geflüchtet und hat in Griechenland einen Asylantrag gestellt. Der 21 Jahre alte Deutsche habe die Grenze ohne jegliche Ausweispapiere bei dem Dorf Paranessi in der Nähe von Drama überschritten."[879] Davon abgesehen, dass der Text zwar keine Namen, dafür aber ungewöhnlich präzise Ortsangaben enthielt, ergaben Nachforschungen des MfS, dass man zwar die Identität des betreffenden jungen Mannes herausfinden konnte. Eine sofort eingeleitete Überprüfung des bulgarischen Innenministeriums ergab allerdings auch, dass die bulgarisch-griechische Grenze im betreffenden Abschnitt am fraglichen Zeitpunkt von niemandem überquert wurde („keine Verletzungen registriert"). Wenn es sich aber um eine bewusste Irreführung[880] handelte, so lässt sich über den Zweck dieses Täuschungsmanövers nur spekulieren. Entweder wollte man die Aufmerksamkeit der Grenztruppen auf die falsche Gegend konzentrieren, oder den Überwachungsaufwand an der gesamten bulgarisch-griechischen Grenze erhöhen. Indirekt wurden durch die betreffende Agenturmeldung allerdings auch junge DDR-Bürger dazu veranlasst, Fluchtversuche an der scheinbar weniger gefährlichen Grenze zwischen Bulgarien und Griechenland zu unternehmen.

Etwa zur selben Zeit, als man in der Abt. X des MfS in Ost-Berlin noch die Identität des „jungen Landarbeiters" herauszufinden versuchte, war eine DDR-Jugendgruppe mit dem Zug in der Volksrepublik eingetroffen, zu der auch ein 27-jähriger Mann aus Ost-Berlin gehörte, der bei der Deutschen Volkspolizei bereits wegen des Tragens staatsfeindlicher Aufnäher aktenkundig geworden war. Dieser junge Mann, ein Pazifist, der dem „Ökologie-Kreis" zugeordnet wurde und der als vermeintlicher Urheber selbst gefertigter Handzettel unter operativer Kontrolle des MfS stand, schaffte es, innerhalb kürzester Zeit auch das „Bruderorgan" in Sofia in Alarmbereitschaft zu versetzen, nachdem er Bodenproben in einem

---

879   Abteilung X (Internationale Verbindungen): BStU MfS Abt. X 275, S. 277.

880   Ende Juni 1987 hieß es in einer Agenturmeldung, eine 21-jährige Ost-Berliner Krankenschwester sei mit ihrem Freund 30 Kilometer durch den Fluss Maritza von Bulgarien nach Griechenland geschwommen. Die Schilderung ist ebenfalls wenig glaubwürdig. Ostberlinerin schwamm 30 Kilometer in die Freiheit, AP, 27.06.1987.

Gebiet entnommen hatte, in dem die Bulgaren Uran-Bergbau betrieben. Als nicht weniger brisant galt seine Kontaktaufnahme zu türkischstämmigen Bulgaren und seine Kritik an den Zwangsbulgarisierungen, mit denen das Regime in Sofia seit Jahren versuchte, sich die Gruppe der bulgarischen Moslems einzuverleiben, indem diese ihre türkischen Namen in bulgarische Namen ändern sollten – was bei vielen Betroffenen auf erbitterten Widerstand stieß. Wäre der junge Mann in früheren Jahren vom Fleck weg verhaftet und mindestens außer Landes verbracht, womöglich sogar in Bulgarien wegen Spionage vor Gericht gestellt worden, beschränkte sich das MfS auf seine Beobachtung, für die seitens der Operativgruppe Major Wolfgang Buck die Verantwortung trug.[881]

Möglicherweise hing die Zurückhaltung der Sicherheitsorgane aber auch damit zusammen, dass der Konflikt mit der türkischstämmigen Bevölkerung immer mehr aus dem Ruder lief. Anfang Juli hatten vier türkischstämmige Bulgaren durch eine Geiselnahme am Goldstrand ihre Ausreise in die Türkei erzwingen wollen und dabei auch zwei Brandsprengkörper vor einem Hotel zur Explosion gebracht, wie Oberstleutnant Fiedler der HA II/10 berichtete.[882] Dabei wurde unter anderem ein Urlauber aus der Bundesrepublik verletzt, bevor eine Sondereinheit des bulgarischen Innenministeriums die Geiselnehmer auf unbekannte Weise aus dem Verkehr zog. Das bulgarische Außenministerium hatte bereits zuvor verkündet, dass die Sperrgebiete in Richtung der „NATO-Grenze" künftig als militärisches Manövergebiet behandelt würden.[883]

Nachdem Ritscher und Zittlau aus Bulgarien abgezogen worden und wieder in der Hauptstadt des Arbeiter- und Bauernstaates geheimdienstlich tätig waren, verzeichnete das Kommando 1987 nur einen Neuzugang. Der 42-jährige Major Günter Paul[884] wurde aus der HA VI, wo er zuletzt als Hauptsachbearbeiter in der Abteilung 2 für die Verbesserung des IM-Netzes der Operativgruppe in der ČSSR zuständig war, nach Bulgarien geschickt, wo er als Offizier für Sonderaufgaben für die Urlauberüberwachung im Bereich der Südlichen Schwarzmeerküste zuständig war.

Der Fall Frank Schachtschneider

Wertvolles Zahlenmaterial über die Entwicklung des Fluchtwegs über die verlängerte Mauer – unter Berücksichtigung bulgarischer Zahlen – lässt sich einer Ende April 1988 an der Stasi-Hochschule in Golm veröffentlichten Diplomarbeit „Erste

---

881 Abteilung X (Internationale Verbindungen): BStU MfS Abt. X 275, S. 259–272.
882 Hauptabteilung II (Spionageabwehr): BStU MfS HA II/10/887, S. 290.
883 Hauptabteilung II (Spionageabwehr): BStU MfS HA II 38262, S. 30.
884 Kaderakte Günter Paul: BStU MfS KS 26263/90.

Erfahrungen beim Aufbau und Einsatz von IM-Netzen im sozialistischen Ausland zum rechtzeitigen Erkennen und vorbeugenden Verhindern von Straftaten gemäß §§ 105 und 213 StGB"[885] entnehmen. Der Rückgang in Bulgarien ging demnach mit einem deutlichen Anstieg solcher Fluchtversuche in der ČSSR und in Ungarn einher. Offenbar war dieser deutliche Anstieg der Gesamtzahl und das vorübergehende Absacken des bulgarischen Anteils darauf zurückzuführen, dass die von Michail Gorbatschow verkündete Perestroika einerseits Lockerungen im Bereich der Meinungsfreiheit mit sich brachte, wie der für DDR-Verhältnisse sehr „liberal" gehandhabte Fall des ostdeutschen Ökologie-Aktivisten belegt, der durch Major Buck „bearbeitet" wurde. Andererseits waren die Lockerungen zumindest für DDR-Bürger nicht auch mit einer Verbesserung ihrer von vielen als katastrophal empfundenen Lebenssituation verbunden. Legt man das von Hauptmann Grünert und Leutnant Jäschke verwendete Zahlenmaterial zugrunde, so stieg die Zahl von Festnahmen von DDR-Bürgern im Zeitraum von 1985 bis 1987 in der ČSSR und in der Ungarischen Volksrepublik deutlich an, wobei es vor allem von 1986 bis 1987 einen regelrechten Sprung gab. Während die demgegenüber vergleichsweise niedrige Zahl von Fluchtversuchen via Bulgarien von 1985 auf 1986 sogar fiel, verdoppelte sie sich von 1986 auf 1987 wieder. Die beiden Stasi-Offiziere Grünert und Jäschke führten das auf die Berichterstattung westlicher Medien zurück, die auf das angeblich und verglichen zur innerdeutschen Grenze vermutlich tatsächlich geringere Risiko in diesen Ländern hinwiesen. Wenn es aber laut westlichen Medienberichten einfach und ungefährlich schien, über die ČSSR und Ungarn in den Westen zu gelangen, waren die weiten Reisen in das – wie man bisher glaubte – weniger gefährliche Bulgarien nicht mehr länger nötig.

Fluchtweg Verlängerte Mauer			
Jahre	1985	1986	1987
ČSSR	219 verhaftete DDR-Flüchtlinge 20 geglückte Fluchten	254 verhaftete DDR-Flüchtlinge 20 geglückte Fluchten	406 verhaftete DDR-Flüchtlinge 29 geglückte Fluchten
UVR	105 verhaftete DDR-Flüchtlinge 46 geglückte Fluchten	143 verhaftete DDR-Flüchtlinge 46 geglückte Fluchten	231 verhaftete DDR-Flüchtlinge 81 geglückte Fluchten
VRB	34 verhaftete DDR-Flüchtlinge 7 geglückte Fluchten	18 verhaftete DDR-Flüchtlinge 10 geglückte Fluchten	47 verhaftete DDR-Flüchtlinge 22 geglückte Fluchten

---

885 Juristische Hochschule des MfS: BStU MfS JHS 21208.

Legt man dieses Zahlenmaterial zugrunde, stieg die Erfolgschance, über Bulgarien in den Westen zu gelangen, von 17,1 Prozent im Jahr 1985 auf 31,9 Prozent im Jahr 1987", während sie 1987 in der ČSSR nur 6,7 Prozent betrug und in Ungarn auch „nur" 26 Prozent.

Allerdings ist die Verwendung von Zahlenmaterial des MfS stets mit Vorsicht zu genießen, da Zahlenangaben häufig selbst innerhalb derselben Dienststelle in verhältnismäßig kurzen Zeiträumen ganz unterschiedlich ausfielen. Hinzu kommt, dass Mitarbeiter einer bestimmten Abteilung oder eines bestimmten Referats jeweils nur auf die Angaben zurückgreifen konnten, die dem betreffenden Referat zum fraglichen Zeitpunkt vorlagen. Wir haben es hier mit Zahlen zu tun, die aus der HA VI stammen. Es ist davon auszugehen, dass auch die HA II, die HA IX/10 (Untersuchungsorgan Ausland), die Abt. X (Internationale Beziehungen), die ZAIG und eventuell auch die HA XX über weitere Bulgarien betreffende Erkenntnisse verfügten, die jedoch nicht zusammengeführt wurden. Grundsätzlich sprechen wir also nicht von „den" Zahlen „des" MfS, sondern von den Zahlen, die einer bestimmten Organisationsstruktur des MfS zu einem bestimmten Zeitpunkt zur Verfügung standen, wobei Leiter wie Oberst Peter Pfütze und Generalmajor Willi Damm über mehr jeweiliges Übersichtswissen verfügten als untergeordnete Mitarbeiter.

Es waren also Ende der 1980er Jahre im Vergleich zu den Vorjahren deutlich weniger Fluchtversuche von DDR-Bürgern über Bulgarien zu verzeichnen als etwa über die ČSSR und Ungarn. Die gesellschaftlichen Veränderungen und die westliche Presseberichterstattung über die ČSSR und Ungarn bewirkte offenbar, dass es schon rein geografischnaheliegender und einfacher schien, über diese Länder in den Westen zu gelangen. Wer sich dennoch für einen Fluchtversuch über die Volksrepublik entschied, hatte – wie der Fall eines jungen Pärchens aus Ost-Berlin belegt, der sich Anfang Mai 1988 ereignete – mitunter sehr kreative Ideen.

Ein 32-jähriger Mann, der bereits Mitte der 1970er Jahre wegen eines Fluchtversuchs in der DDR inhaftiert war, reiste per Zug mit seiner 29-jährigen Lebensgefährtin nach Sofia, wo sie sich ein Zimmer in einem Privatquartier suchten.[886] Die beiden jungen Leute, die in der Ost-Berliner Künstlerszene arbeiteten, waren fest entschlossen, die DDR zu verlassen. Bekannte hatten ihnen erzählt, dass die Passkontrolle auf dem Sofioter Flughafen für Westler und Ostler gemeinsam stattfand. Daraus entstand der Plan, dass sie mit zwei in Sofia erworbenen Tickets als DDR-Bürger angeblich nach Budapest fliegen wollten. Die Idee bestand darin, dass sie sich von einem dänischen Freund zwei Flugtickets für einen bestimmten

---

886 Hauptabteilung IX (Untersuchungsabteilung): BStU MfS HA IX 17951 ½.

Flug von Sofia nach Frankfurt am Main schicken lassen wollten, mit denen sie dann vom Transitraum ohne Passkontrolle direkt in ein Flugzeug in den Westen einsteigen wollten. Und tatsächlich erreichte sie der Luftpostbrief mit den beiden Tickets gerade noch rechtzeitig, um das Vorhaben zu probieren. Sie passierten die Passkontrolle, gelangten durch „Tür 6" in den Transitraum nach Frankfurt am Main und stiegen mit ihren beiden per Post erhaltenen Bordkarten in die Maschine nach Westdeutschland. Doch die Bulgaren hatten bemerkt, dass etwas mit den Zahlen der kontrollierten Pässe nicht stimmte und führten unmittelbar vor dem Abflug noch eine weitere, ungeplante Passkontrolle in der Maschine durch. Im Anschluss an diese Passkontrolle mussten Olga W.* und Kai-Uwe S.* das Flugzeug wieder verlassen und sich zurück in den Transitraum begeben, von wo aus es ihnen noch gelang, einen Mitarbeiter der bundesdeutschen Botschaft kurz über ihre bevorstehende Verhaftung zu unterrichten.

Nach ihrer Festnahme erklärten die beiden jungen Leute, dass sie, wenn die Tickets nicht rechtzeitig angekommen wären, versucht hätten, über die grüne Grenze nach Griechenland zu gelangen. Das Stadtbezirksgericht Berlin-Lichtenberg verurteilte Kai-Uwe S.* zu einem Jahr und zehn Monaten Gefängnis und seine Partnerin Olga W.* zu einem Jahr und sechs Monaten Gefängnis.[887] Es war, unter Berücksichtigung des dänischen Helfers und des Anrufs bei dem bundesdeutschen Diplomaten ein für DDR-Verhältnisse ausgesprochen mildes „Republikflucht"-Urteil. Möglicherweise wollte man möglichst schnell an das Freikaufgeld der Bundesregierung gelangen. Da beide junge Leute selbständig waren, verzichtete das MfS auf die sonst üblichen „Maßnahmen zur Öffentlichkeitsarbeit."

Die Rolle der Abteilung I A der Generalstaatsanwaltschaft (GStA) der DDR bei diesen Verhaftungen bestand offenbar darin, dass das MfS über die Festnahmen informierte und anschließend ein für den betreffenden Fall eingesetzter „aufsichtsführender" Staatsanwalt der Generalstaatsanwaltschaft unmittelbar vor dem Eintreffen der Delinquenten in Schönefeld den Haftbefehl wegen „Fluchtgefahr" ausstellte. Dieser Staatsanwalt informierte dann per Vordruck die Eltern oder sonstige nahe Angehörige der „Staatsverbrecher" und war während der gesamten Untersuchungshaft – wobei es sich zuletzt nur noch um Zeiträume von teilweise weniger als drei Monaten handelte – zuständig für jedwede familiäre Kontaktaufnahme und Auskunftserteilung. Ein Besuchsrecht bestand während der U-Haft nicht. Diese Zuständigkeit endete erst, nachdem die verhafteten Flüchtlinge nach ihrer Verurteilung in den Regelvollzug verlegt wurden. In Einzelfällen – mögli-

---

887 Archivierter Untersuchungsvorgang: BStU MfS AU 10556/88, Bd. 5, S. 49 ff.

cherweise in Zeiten personeller Überlastung – kamen in diesem Prozedere auch Staatsanwälte der Abteilung I A der der GStA der DDR untergeordneten „Generalstaatsanwaltschaft von (Groß-) Berlin" zum Einsatz.

Staatliche Organe der DDR kamen auch im Fall eines 19-jährigen Bautischlers aus Schönebeck (Sachsen-Anhalt) zum Einsatz, der am 8. Juli 1988 mit der Bahn in Sofia eintraf und sich auf direktem Weg ins bulgarisch-türkische Grenzgebiet begab.[888] Drei Tage später, mittags um 12:30 Uhr, wurde er bei einer Personenkontrolle im Raum Malko Tarnovo verhaftet. Der junge Mann hatte großes Glück, dass er sich zu diesem Zeitpunkt noch etwa 13 Kilometer vom türkischen Staatsgebiet entfernt befand.[889] Durch die im Zusammenhang mit den Zwangsbulgarisierungen des Shivkov-Regimes stark angestiegene Zahl türkischstämmiger Flüchtlinge in die Türkei[890] waren die Kontrollen in diesem Bereich nicht nur verstärkt worden, sondern im unmittelbaren Grenzgebiet auch äußerst brutal. Der Jugendliche, der angab, in der Bundesrepublik freier als in der DDR leben zu können, wurde Ende Oktober vom Kreisgericht Magdeburg-Nord zu einem Jahr und sechs Monaten Gefängnis verurteilt. Zusätzlich hatte er sich während der Haft in Bulgarien aufgrund der katastrophalen hygienischen Bedingungen die Krätze geholt.[891]

Wie sehr Fluchtversuche ostdeutscher Urlauber mittlerweile zum Alltag in der Volksrepublik gehörten, ist auch am Fall zweier Jugendlicher aus Ost-Berlin nachvollziehbar, die am Bahnhof Sofia irrtümlich falsche Fahrkarten gelöst hatten und statt nach Melnik nach Petritsch fuhren, eine Ortschaft innerhalb der Sperrzone zur griechischen Grenze. Die beiden jungen Männer – bei denen es sich tatsächlich um Urlauber und nicht um Flüchtlinge handelte – wurden am 9. August 1988 auf dem Bahnhof der Station General Todorow festgenommen und ins Untersuchungsgefängnis der Staatssicherheit nach Sofia überführt.[892] Man verbot ihnen, Kontakt zur DDR-Botschaft aufzunehmen, um den Irrtum aufzuklären, und sperrte sie in einer 1,5 mal 2,5 Meter großen Zelle ein. Nachdem sie erst nach dreiwöchiger Haft dem MfS übergeben und anschließend wieder auf freien Fuß gelangten, beschwerten sie sich sowohl beim Bulgarischen Botschafter in Ost-Berlin als auch beim MfAA und machten überdies Schadenersatzansprüche und Entschädigungsforderungen wegen ihres verlorenen Urlaubs geltend: „Es ist nicht rechtmäßig, dass man zweiundzwanzig Tage inhaftiert werden kann, ohne dass

---

888 Hauptabteilung IX (Untersuchungsabteilung): BStU MfS HA IX 18793.
889 Zentrale Koordinierungsgruppe des MfS: BStU MfS ZKG 17353, S. 21.
890 Hauptabteilung II (Spionageabwehr): BStU MfS HA II / 10 / 213, S. 23.
891 Haftkrankenhaus des MfS: BStU MfS HKH 10392/88.
892 Bundesarchiv (Berlin), Bestand DP 3 Nr. 1461.

einem ein Grund genannt wird, und ohne dass einem ein Kontakt zur Botschaft der DDR ermöglicht wird. Des Weiteren muss es im Europa des 20. Jahrhunderts und erst recht in einem sozialistischen Staat möglich sein, sich selbst im Gefängnis jeden Tag die Zähne zu putzen."[893] Hochinteressant ist, wie die DDR-Behörden mit den Beschwerden umgingen.

In die Bearbeitung einbezogen waren Eleonore Heyer, die seit 1979 die Abteilung I A („Staatsverbrechen") in der Generalstaatsanwaltschaft der DDR leitete, die Abteilungsleiterin für „Internationale Verbindungen" in der Generalstaatsanwaltschaft, Kubiak, und Abteilungsleiter Hans-Jürgen Kunert im MfAA. Bevor man die Vorwürfe gegen die bulgarischen Behörden erwartungsgemäß als unbegründet ablehnte[894] und auch die Schadenersatzansprüche ablehnte[895], weil die Inhaftierung wegen des „Eindringens in das Grenzsperrgebiet" als gerechtfertigt eingestuft wurde, gab es tatsächlich eine kleine Selbstbesinnung. Dem zuständigen Sachbearbeiter in der Sofioter Konsularabteilung wurde erklärt, dass so nicht gearbeitet werden solle. Künftig sollte DDR-Häftlingen im Sofioter Untersuchungsgefängnis auf Wunsch die Möglichkeit zu einem Kontakt mit der Konsularabteilung zustehen, sofern deren Rückführung in die DDR nicht unmittelbar bevorstand.

Der Ostblock begann zu bröckeln, wie das MfS nicht nur am Bekanntwerden des Fluchtplans einer IM der KD Köpenick namens „Steffi Berg"[896] feststellen konnte, die sich – nachdem die 32-jährige noch kurz zuvor den eigenen Bruder als potentiellen Republikflüchtling denunziert hatte – nach Griechenland absetzen wollte.[897] Das System lief – bildlich gesprochen – nicht mehr rund, als sich Anfang September 1988 die Tochter, der Schwiegersohn und die beiden Enkelkinder eines der in Sofia stationierten Mitglieder der Operativgruppe kurzerhand in den Westen absetzten, wobei der besagte Schwiegersohn nicht nur die tatsächliche Aufgabe des vermeintlichen DDR-Diplomaten kannte, sondern sogar dessen Sofioter Dienstwohnung besucht hatte. In früheren Zeiten wäre der besagte Offizier sofort von seinem Einsatzort abgezogen und zurück in die DDR geholt,

893 Brief N.N.* (Ost-Berlin) vom 15.10.1988 an das MfAA. In: Bundesarchiv (Berlin), Bestand DP 3 / 1461.

894 „Herrn N.* wurde der Eingang seines Schreibens bestätigt […]. Außerdem wurde auf die Nichtzuständigkeit der bulgarischen Botschaft für sein Anliegen hingewiesen." Zitiert nach: Brief Hans-Jürgen Kunert (MfAA) an Staatsanwältin Kubiak (GStA DDR vom 29.11.1988. In: Bundesarchiv (Berlin), Bestand DP 3/1461).

895 Ebd.

896 Archivierter IM-Vorgang: BStU MfS BV Berlin AIM 1265/88.

897 Hauptabteilung II (Spionageabwehr): BStU MfS HA II/10/919 2/2, S. 409.

möglicherweise sogar gänzlich aus dem operativen Dienst entfernt worden. Für solche Manöver fehlte es dem von General Mielke geleiteten Ministerium aber inzwischen offensichtlich an genügend geeignetem Ersatzpersonal. Und so blieb der Mann, wo er war.

Mitte August 1988 war es an der Schwarzmeerküste zum Fluchtversuch eines 26-jährigen Zerspannungsfacharbeiters aus Berlin-Oberschöneweide gekommen, der auf tragische Weise endete. Der Fall ist gleich in mehrerer Hinsicht bedeutsam. Zum einen, weil er einen jungen Mann auf ebenso sinnlose wie grausame Weise das Leben kostete, weil er die Brutalität der bulgarischen Grenzer dokumentiert und weil einer der für die Überwachung der Südlichen Schwarzmeerküste eingesetzten Offiziere der Operativgruppe des MfS in die spätere Abwicklung und Vertuschung mit einbezogen war.

Der gebürtige Berliner Frank Schachtschneider fürchtete offenbar, wegen eines Ausreiseantrags zu einer langjährigen Haftstrafe verurteilt zu werden, als er sich, offensichtlich in einer Kurzschlussreaktion, in das bulgarisch-türkische Grenzgebiet begab. Aufgewachsen als einziges Kind einer Krankenschwester und eines Schlossermeisters, deren Ehe schon bald nach seiner Geburt zerbrach, hatte Schachtschneider sich nach der Schule drei Jahre bei der NVA verpflichtet, die er als Stabsfeldwebel der Reserve beendete. Ein unpolitischer, lebenslustiger junger Mann, der sich nach der Beendigung seines Militärdienstes eine eigene Zukunft in der DDR aufbauen wollte. Nicht aus Überzeugung, sondern weil es sein Zuhause war. Er hatte eine Schulfreundin geheiratet, war seit Ende 1982 Vater eines kleinen Sohnes.

Seit Anfang 1985 arbeitete Frank Schachtschneider in der Instandhaltung einer großen Wäscherei in Spindlersfeld (VEB Rewatex) und schloss dabei Bekanntschaft mit zwei Monteuren aus der Bundesrepublik, die dort eine Teppichreinigungsanlage montierten. Nachdem seine Ehe 1986 nicht zuletzt durch die akute Wohnungsnot in der DDR – die junge Familie fand keine eigene Wohnung – in die Brüche gegangen war, kam Frank Schachtschneider durch seine neue Freundin, eine Horterzieherin, mit der er sich Anfang 1987 verlobte, in Kontakt mit der evangelischen Kirche, wurde Mitglied der Jungen Gemeinde und ließ sich Anfang 1988 taufen. Es war eine enorme Entwicklung für den früheren FDJ-Gruppensekretär, der viele Jahre in der Gesellschaft für Sport und Technik (GST) der Sektion Fallschirmsport angehört hatte, bis ein Unfall zu Beginn seines Militärdienstes die von ihm angesteuerte Laufbahn als Fallschirmspringer beendete.

Seine Unzufriedenheit mit den Lebensbedingungen in der DDR führte im Juni 1988 dazu, dass Frank Schachtschneider in Berlin-Köpenick einen „Antrag auf Entlassung aus der Staatsbürgerschaft der Deutschen Demokratischen

Republik mit gleichzeitiger Übersiedlung in die Bundesrepublik Deutschland"
stellte, in dem es unter anderem hieß: „Ich will nicht mehr länger den Staat DDR
mittragen. Da ich für mein persönliches Leben in der DDR keine Perspektive
mehr sehe. Es gibt viele Gründe dafür, die mich dazu bewogen haben, diesen
für mich so lebensentscheidenden Schritt zu tun. Einer dafür ist, dass ich mit 26
Jahren immer noch nicht über eigenen Wohnraum verfüge und dieser Zustand
für mich mehr als deprimierend ist. Da nun mal Wohnraum eine der Voraussetzungen ist, um seine Persönlichkeit entfalten zu können. […] Ein anderer, weitaus
schwerwiegender ist, die soziale und politische Situation in dem Land. […] Ich
weiß nicht, wofür ich arbeiten gehe. Im Moment verdiene ich durchschnittlich
zwischen 1 100 und 1 200 Mark/Netto. Doch wofür soll ich das Geld ausgeben,
für Essen? Wer benötigt für sich allein 1 200 M. Für Urlaub? Die Möglichkeiten zu
reisen werden immer beschränkter. Für Kleidung?! Paar Schuhe 250,- M und nach
sechs Wochen zum Schuster und dann Wartezeiten von vier Wochen und länger,
modische Sachen in guter Qualität zu einem annehmbaren Preis sind kaum zu
haben. Für die Einrichtung einer Wohnung? Nicht vorhanden."[898]

Bereits einen Monat später, Ende Juli 1988, wurde der Antrag bei einem
Gespräch mit Frank Schachtschneider in der Abteilung für Inneres abgelehnt:
„Natürlich ohne Begründung. Man hat mir nur gesagt, dass es keine gesetzliche
Grundlage für die Bearbeitung gibt […] Seitdem bin ich verzweifelt, ich kann
mich mit dieser Entscheidung nicht abfinden, doch ich weiß nicht, was ich machen soll, doch ich bin fest entschlossen nicht länger hier weiterzuleben und ich
kann die Entscheidung, die ich für mich getroffen habe, nicht mehr rückgängig
machen, auch wenn ich diese Entscheidung teuer bezahlen muss"[899], schrieb Frank
Schachtschneider in einem in die Bundesrepublik geschmuggelten Brief.

Da er den Antrag durch einen der beiden westdeutschen Monteure auch nach
West-Berlin hatte schmuggeln lassen, und zwar mit einem persönlichen Begleit-
schreiben an die Bundesministerin für innerdeutsche Beziehungen, Dorothee
Wilms, in dem er die CDU-Politikerin bat, ihn „aktiv" bei seinem Versuch zu
unterstützen, die DDR verlassen zu können.[900] Zwar beschränkte sich die mi-

---

898 Schachtschneider, Frank: Antrag auf Entlassung aus der Staatsbürgerschaft der
Deutschen Demokratischen Republik mit gleichzeitiger Übersiedlung in die Bundes-
republik Deutschland, 13.06.1988, 2 Blatt, Original in NL Frank Schachtschneider
AdA.

899 Brief Frank Schachtschneider vom 01.08.1988 an Gerd Stehno, in NL Frank Schachtschneider AdA.

900 Brief Frank Schachtschneider an Bundesministerin D. Wilms, 25.06.1988, Kopie in
NL Frank Schachtschneider AdA.

nisterielle Unterstützung darauf, dass eine West-Berliner Rechtsanwältin mit
dem Fall beauftragt wurde, wobei Frank Schachtschneiders im Westen lebender
Bekannter ausdrücklich aufgefordert wurde, den fraglichen Schriftwechsel „auf
keinen Fall" – auch nicht auszugsweise – in die DDR weiterzuleiten.[901] Diese
direkte Kontaktaufnahme mit bundesdeutschen Behörden wurde in der DDR
streng bestraft, was Frank Schachtschneider auch wusste: „Es drohen mir acht
Jahre, ich habe mich informiert."

Zu diesem Zeitpunkt hatte sich die Beziehung zu seiner Verlobten, mit der
eine gemeinsame Urlaubsreise nach Bulgarien bevorstand, weit auseinander entwickelt. Während Frank Schachtschneider auf keinen Fall länger in der DDR
bleiben wollte, war seine Partnerin wegen ihrer „positiven" politischen Einstellung
zum SED-Regime als „Volksvertreterin" im Bereich Hellersdorf vorgesehen, wozu
sie sich kurz vor der Abreise an die Schwarzmeerküste auch „grundsätzlich einverstanden" erklärt hatte. Die junge Frau aus kirchlichem, aber gleichzeitig auch
linientreuem Elternhaus wäre nicht im Traum auf die Idee gekommen, in die
Bundesrepublik zu fliehen. Sie meint rückblickend, ein Pärchen aus der Biele-
felder Jungen Gemeinde, habe Frank mit ihrem Porsche und viel Geld „den Kopf
verdreht". Außerdem habe Frank während des Urlaubs in Sozopol mit einem
ostdeutschen Erdkundelehrer darüber gescherzt, wo man wohl am besten über
die Grenze käme. Sie selbst und auch der Lehrer seien „schockiert" gewesen, dass
Frank „diese Hirngespinste" ernst genommen hätte.[902]

Frank Schachtschneider war nicht das erste Mal in Bulgarien, er hatte – als
er Anfang August mit seiner Verlobten und deren Eltern im Badeort Sozopol
an der südlichen Schwarzmeerküste eintraf – bereits zwei andere Urlaubsreisen
dort verbracht. Seine Mitreisenden wussten nichts von seinem Ausreiseantrag,
dessen Ablehnung und der von ihm befürchteten langjährigen Haftstrafe. Die
Rekonstruktion der Ereignisse zeigt, dass Frank Schachtschneider kurz vor der
geplanten Rückreise in die DDR unter einem Vorwand allein in die Stadt fuhr.
Nach Lage der Dinge fuhr er mit dem Bus nach Achtopol, von wo aus unmittelbar
vor dem Fluchtversuch noch ein Telefonat mit dem mit ihm befreundeten westdeutschen Monteur führte. Anschließend begab er sich dann zu Fuß ins Sperrgebiet vor der türkischen Grenze.

Was genau am Abend des 19. August 1988 gegen 19:30 Uhr in der Gegend
von Rezovo geschah, nachdem die Grenzsignalanlage Alarm ausgelöst hatte, ist

---

901   Brief Der Bundesminister für innerdeutsche Beziehungen (Bonn) vom 19.07.1988
      an Gerd Stehno. In NL Frank Schachtschneider AdA.
902   Brief N.N. vom 19.02.2007 an den Verfasser. In NL Frank Schachtschneider AdA.

völlig unklar, da es sich komplett widersprechende Unterlagen der bulgarischen Grenztruppen gibt. Vermutlich haben die Grenzsoldaten auf den jungen Mann, der eine kurze Hose trug und eine Reisetasche bei sich führte, das Feuer eröffnet. Allerdings erlitt er, trotz gegenteiliger Darstellung in den Befragungsprotokollen der bulgarischen Grenzer, keine Schussverletzung. Vermutlich warf sich Frank Schachtschneider, nachdem das Feuer auf ihn eröffnet worden war, zu Boden. Der spätere Obduktionsbefund lässt den Schluss zu, dass ihm die Grenzsoldaten bei seiner Festnahme mit großer Wucht einen Hieb mit einem Kolben eines Kalaschnikow-Maschinengewehrs auf den Kopf versetzten. Das legt auch die Gerichtsmedizinische Expertise Nr. 370/1988 nahe, die von Dr. Kossjo Jankov, dem Chefarzt der Gerichtsmedizin im Bezirkskrankenhaus Bourgas, vorgelegt wurde, in der es heißt: „Die unmittelbare Ursache für den Tod von Frank Schacht-schneider ist das sich akut ausgelöste Gehirnödem, worauf die Dämpfung lebens-wichtiger Strukturen zurückzuführen ist."[903] Noch deutlicher wird der Fall auf einer Medizinischen Überweisung für Frank Schachtschneider, die am 2. September 1988 von Dr. Georgi Tomov ausgestellt wurde und in des es heißt, die Diagnose laute „Schädelbruch".[904]

Dagegen hieß es im „streng geheimen" Bericht des bulgarischen Innenminis-teriums vom 29. August 1988: „Zur Kenntnisnahme wird mitgeteilt, dass am 19.8.1988 gegen 19:30 Uhr im Grenzposten ‚Shupel' bei Resovo (Bezirk Bourgas) das Grenzsicherungssystem Alarm ausgelöst hat. Der Grenztrupp stellte fest, dass der Grenzverletzer springend die 2,50 m hohe elektrische Alarmanlage über-wunden hatte, nachdem er durch das untere Ende der 3-m-Sperranlage zerstört hatte, kroch er hindurch. Es wurde ebenfalls festgestellt, dass sich ein junger Mann mit kurzer Hose und einer Reisetasche über der Schulter der Grenze näherte, der auf den Befehl ‚Stehenbleiben' nicht reagierte. Daraufhin gaben die Grenzer aus ihren MP's Warnschüsse in die Luft ab. Anstatt stehenzubleiben, lief der Grenz-verletzer schneller und war bestrebt, sich in einer 50 m entfernten Schlucht zu verbergen, die in 80 bis 100 m Entfernung zur Türkei zum Meeresufer führt. Die Soldaten sahen, wie der Grenzverletzer plötzlich auf dem Streifenweg hinfiel, mit dem Kopf nach Norden und den Füßen nach Süden."[905]

Als man Frank Schachtschneider an jenem Abend ins Bezirkskrankenhaus der Hafenstadt Bourgas schaffte, lebte er noch. Er starb erst drei Wochen später in Bourgas. Vermutlich ohne das Bewusstsein wiedererlangt zu haben, obwohl

---

903 Gerichtsmedizinische Expertise Nr. 370/1988. In: NL Frank Schachtschneider AdA.
904 Dieses Dokument konnte der Verfasser 2008 in der bulgarischen Stasi-Unterlagen-behörde in Sofia einsehen.
905 Hauptabteilung IX (Untersuchungsabteilung): BStU MfS HA IX 10834, S. 15.

es auch dazu widersprüchliche Angaben des MfS gibt. Wäre der Fall nicht so tragisch, man könnte die Darstellungen der an der Festnahme beteiligten bulgarischen Grenzsoldaten und die am Ende vorgelegte offizielle Version fast für einen schlechten Scherz halten. Der angebliche Sprung über die Grenzsignalanlage ist immerhin unter bestimmten Umständen denkbar. Die Darstellung allerdings, dass sich der zur Verfolgung eingesetzte Spürhund durch die auf den Flüchtling mit ihren automatischen Waffen schießenden Soldaten „erschreckt" und sich daraufhin im Arm des Hundeführers verbissen habe, der daraufhin angeblich versehentlich einen Kopfschuss abgab, grenzt an eine Farce, wie auch Franks Mutter glaubt: „So ein Stuss".[906] Es reichte allerdings aus, um den ermittelnden bulgarischen Militärstaatsanwalt Hauptmann Pejtscho Chitov zu veranlassen, das Verfahren gegen die Grenzer (Hauptmann Schivatschev, Gefreiter Petko Bontschev Schavov, Soldat Petar Kolev Chrystev und Hundeführer Soldat Miroslav Nikolov Pantelejmonov) einzustellen.[907] Keiner dieser Männer ist in Bulgarien im Zusammenhang mit dem Tod von Frank Schachtschneider juristisch zur Rechenschaft gezogen worden.

Sie konnten sich sicher fühlen, zumal DDR-Behörden in solchen Fällen stets auf Seiten der Täter standen. Der Fall konnte noch so absurd begründet sein, die Flüchtlinge waren die „Verbrecher" und die Grenzer hatten „nur ihre Pflicht" getan. Der für die Bearbeitung des Falles in der Operativgruppe des MfS zuständige, in Bourgas stationierte Major Günter Paul steuerte in seinem Bericht gleich ein angebliches Beweisstück bei, das aus dem getöteten jungen Mann einen Angreifer machen sollte: „Schachtschneider hatte bei seiner Handlung eine Karte von Bulgarien, ein sehr großes Küchenmesser und einen Fotoapparat Canon (Autofocus) bei sich."[908] Ein „sehr großes Küchenmesser", mit dem unausgesprochen der Eindruck vermittelt werden sollte, als habe Schachtschneider geplant, die schwerbewaffneten Grenzer zu erstechen.

Nachdem Oberst Peter Pfütze, der Chef der HA IX/10, von Paul darüber unterrichtet worden war, dass der Zustand des jungen Mannes bedenklich sei, schickte er den ihm unterstellten Major Christoph Müller nach Sofia, der für die Überprüfung der Verlobten und der Eltern der Verlobten sowie der Mutter des Opfers verantwortlich war. Pfütze beauftragte Müller, sich „unverzüglich sachkundig"[909] zu machen, womit allerdings nicht die Aufklärung der tatsächlichen Tatumstände gemeint war.

---

906 Interview mit Bärbel Schachtschneider 20.01.2007.
907 Hauptabteilung IX (Untersuchungsabteilung): BStU MfS HA IX 10834, S. 60–62.
908 Hauptabteilung IX (Untersuchungsabteilung): BStU MfS HA IX 10834, S. 3.
909 Hauptabteilung IX (Untersuchungsabteilung): BStU MfS HA IX 10834, S. 10.

Wie eng die in die Bearbeitung eingeschalteten DDR-Dienststellen ohne Ausnahme mit dem MfS verbunden waren. und dass Oberst Pfütze als Chef der Auslandsabteilung der HA IX sozusagen die Regie führte, ist auch an einem Telegramm des in Varna stationierten DDR-Generalkonsuls Peter Rybarz, der am 23. August 1988 dem Leiter der Hauptabteilung Konsularische Angelegenheiten im MfAA, dem OibE Hauptmann Hansjochen Vogl telegrafisch die Geschichte des erschreckten Spürhunds berichtete. Auch dieses Telegramm landete, wie man an einer Abzeichnung erkennen kann, auf dem Schreibtisch von Oberst Pfütze.[910] Der Bericht über die viertägige Dienstreise des von Pfütze nach Sofia entsandten Major Müller über dessen Gespräche im bulgarischen Innenministerium wirft neben der lächerlichen Beschreibung des angeblichen Ablaufs der Ereignisse weitere Fragen auf. Demzufolge hielten die Mitarbeiter der Untersuchungsabteilung des MWR in Bourgas an der Version fest, der „lediglich mit einer Badehose bekleidete" junge Mann müsse aufgrund bestimmter anatomischer Umstände „Angehöriger einer moslemischen Konfession" sein[911], der auf „unbekannte Art" den Personalausweis des Schachtschneider an sich gebracht habe.[912] Womit unausgesprochen von den Bulgaren die Variante ins Spiel gebracht wurde, die Grenzer hätten irrtümlich vermutet, einem türkischstämmigen Dieb und nicht einem ostdeutschen Republikflüchtling den Schädel einzuschlagen.

Am Abend des 10. September 1988 erlag Frank Schachtschneider im Bezirkskrankenhaus Bourgas seiner schweren Verletzung. Dabei handelte es sich nach der durch Oberst Pfütze festgelegten Sprachregelung um einen „Kopfschuss". Pfütze war es auch, der den weiteren Ablauf des Falles dirigierte: „Mit dem MfAA der DDR, Hauptabteilung Konsularische Angelegenheiten wurde vereinbart, dass der Konsul der DDR in Varna [Rybarz] die Abteilung Inneres des Stadtbezirkes Berlin-Köpenick beauftragt, die Mutter über den Tod des Schachtschneider zu informieren. Auf gleichem Wege wird der weitere Verfahrensweg bezüglich der Leiche geregelt."[913] Und so geschah es. Oberst Pfütze regelte die Rückgabe des persönlichen Eigentums des Opfers, organisierte die Rückführung der Leiche und die Überwachung der Beerdigung, die am 9. November 1988 – genau ein Jahr vor dem Mauerfall – auf dem Evangelischen Friedhof in Berlin-Köpenick in

---

910 Ebd., S. 12
911 „Frank hatte als Kleinkind eine Pimose, das wurde operiert, als er etwa drei Jahre alt war. Er war ein dunkler Typ, immer braungebrannt." Interview mit Bärbel Schachtschneider (Berlin), 20.01.2007.
912 Hauptabteilung IX (Untersuchungsabteilung): BStU MfS HA IX 10834, S. 16.
913 Ebd., S. 37.

der Rudower Straße[914] stattfand. Dass ihn sein Pastor, der ihn getauft hatte und an jenem Tage auch beerdigte, rückblickend im Gespräch mit dem Verfasser für einen „Wirtschaftsflüchtling" hält („Er hat möglicherweise Sachen von Leuten von drüben gehört, dass es dort besser ist"), fühlt sich merkwürdig an.[915] Franks Vater, der an der Trauerfeier an jenem Novembertag teilnahm, erinnert sich mit Zorn und Schmerz, dass der Pfarrer seinen Sohn als Grenzverletzer tituliert habe, noch heute fällt es ihm schwer, das Grab seines Jungen zu besuchen.

Franks Mutter beauftragte Rechtsanwalt Lothar de Maizière, beim General-staatsanwalt von Berlin, Dr. Simon, Einzelheiten über die Todesumstände von Frank Schachtschneider in Erfahrung zu bringen und die Frage aufzuklären, warum ihr die staatlichen Organe der DDR mit keinem Wort von der Festnahme und lebensgefährlichen Verletzung ihres Sohnes berichtet hatten. Und dass, obwohl alle zuständigen DDR-Dienststellen spätestens durch ein am 21. August 1988 von Rybarz an Vogl gesandtes Telegramm über den Vorfall en Detail informiert waren.[916] Herausgekommen ist dabei allerdings erwartungsgemäß nichts. Monate später, Ende Dezember 1988, erfuhr auch der mit Frank befreundete Monteur durch einen Brief von Bärbel Schachtschneider von den schrecklichen Ereignissen: „Frank wurde in Bulgarien im Urlaub erschossen. […] Ich kann nicht glauben, dass mein Sohn bei Sonnenschein in Turnhose über die Grenze spaziert, schließlich war Frank drei Jahre bei den Fallschirmjägern."[917] Dass dem Schwerverletzten mutmaßlich durch die Grenzer ein Verlobungsring und eine Goldkette gestohlen wurden, sei an dieser Stelle nur am Rande erwähnt.

Speziell im türkischen Grenzgebiet mussten sich die Grenzsoldaten im Herbst 1988 kaum anstrengen, um Flüchtlinge festnehmen zu können. Die Flüchtlinge liefen ihn nämlich, wie die beiden folgenden Fälle belegen, sozusagen direkt in die Arme und brauchten nur noch eingesammelt zu werden. So geschah es einem 19-jährigen Tischler aus Schönebeck, der zu seiner Tante nach Düsseldorf wollte.[918] Der Teenager hatte keinen Ausreiseantrag gestellt, weil er befürchtete, anschließend sofort festgenommen zu werden. Stattdessen war er mit der Eisenbahn über Budapest per Sofia und dann per Anhalter an die südliche Schwarzmeerküste gereist, um auf einem, wie er glaubte, weniger gefährlichen Weg in den Westen zu gelangen. Nachdem er beim abendlichen Gaststättenbesuch von

914 Abt. 022, Reihe 038, Nr. 018.
915 Interview mit Pfarrer Eberhard Iskraut (Berlin), 24.08.2008.
916 Abteilung X (Internationale Verbindungen): BStU MfS Abt. X 1580, S. 51.
917 Brief Bärbel Schachtschneider vom 23.12.1988 an Gerd Stehno, in: NL Frank Schachtschneider AdA.
918 Archivierter Untersuchungsvorgang: BStU MfS BV Magdeburg AU 275/89.

Bulgaren erfahren hatte, dass das Gebiet um Achtopol wegen Streitigkeiten um den Grenzverlauf besonders scharf bewacht würde, dass es in der Gegend gefährliche Unterwasserströmungen und einen Flottenstützpunkt des Küstenschutzes gab, war er in Richtung Malko Tarnovo aufgebrochen. Nicht ahnend, dass sich Malko Tarnovo bereits im Sperrgebiet befand und ohne spezielle Genehmigung von DDR-Touristen nicht betreten werden durfte. Nachdem er per Anhalter von Primorsko nach Mitschurin gelangt war, wunderte sich der junge Mann, warum ihn niemand an der Fernverkehrsstraße nach Istanbul mitnehmen wollte. Schließlich hielt doch ein Moskwitsch, mit einem Uniformierten am Steuer. Nachdem er dem Fahrer gesagt hatte, dass er in die verbotene Stadt Malko Tarnovo wolle, war der Bulgare erst weitergefahren, denn er wusste natürlich, dass sich der junge Mann sozusagen auf dem direkten Weg ins Gefängnis befand. Warum er nach 100 Metern dann doch hielt und den Jugendlichen einsteigen ließ, kann wohl nur durch einen schlechten Charakter begründet werden. Er fuhr ihn jedenfalls bis etwa 100 Meter vor den nächsten Kontrollpunkt, an dem dann die Verhaftung des Jugendlichen erfolgte.

Unter ähnlich absurden Umständen wurden zwei 24-jährige Männer aus Sachsen-Anhalt im türkischen Grenzgebiet verhaftet.[919] Beide hatten ihren Militärdienst in der NVA bereits abgeleistet, einer von ihnen sogar bei den Grenztruppen. Sie waren mit einer Jugendgruppe in die Volksrepublik gereist. Die Festnahme der beiden jungen Männer erfolgte, nachdem sie von ihrem Urlaubsort per Taxi über Bourgas nach Mitschurin gelangt waren und sich wunderten, dass es keinen Bus ins Sperrgebiet nach Malko Tarnovo gab. Nachdem sie ihrer Festnahme mit viel Glück entgangen waren, wanderten sie entlang der Landstraße, um per Anhalter nach Malko Tarnovo zu kommen. Mitgenommen wurden sie schließlich vom Fahrer eines zivilen Kleinbusses, der sich als Transporter der bulgarischen Grenztruppen erwies, der sie am nächsten Kontrollpunkt der Grenzer ablieferte. Nachdem ein Bestechungsversuch mit Geld und einem pornografischen Foto misslungen war, erklärte der von ihnen wenig glaubhaft, er habe die Grenzanlagen „nur besichtigen" wollen, um anschließend zur Reisegruppe zurückzukehren, während der andere den Fluchtversuch in Gänze gestand. Am Strafmaß änderte das für beide nichts.

Die beiden jungen Männer saßen in Sofia mit einem 22-jährigen Schwimmmeister aus Meiningen (Thüringen) in U-Haft, den die Bulgaren am 6. Oktober 1988 nach tagelanger Verfolgungsjagd im Raum Smolyan verhaftet hatten.[920] Ralf

919 Abteilung IX (Untersuchungsabteilung): BStU MfS BV Halle Abt. IX VIII 247588.
920 Zentrale Koordinierungsgruppe des MfS: BStU MfS ZKG 1330, S. 129 ff.

D.* war mit einem Freund per Zug nach Bulgarien gereist, nachdem sie erfahren hatten, dass einem Bekannten die Flucht über die grüne Grenze nach Griechenland gelungen war. Ihr Ziel war Thessaloniki. Nachdem die beiden jungen Männer im Grenzgebiet durch einen Zufall getrennt worden waren, war der Freund von Ralf D.* sehr schnell verhaftet worden. Ralf D.* aber gelang es immer wieder, seinen Häschern zu entkommen. Geschlagene vier Tage spielte er Katz und Maus mit den Grenzsoldaten, wieder und wieder überlistete er seine schwer bewaffneten Verfolger, indem er zum Beispiel wieder in Richtung des Landesinneren lief. Nur Minuten nachdem er die Grenzsignalanlage das erste Mal überquert hatte, sei das ganze Tal von Scheinwerfern erleuchtet gewesen, erinnert sich D.* im Interview mit dem Verfasser. Mehrfach hätten die ihn verfolgenden Bulgaren auf ihn geschossen. Traumatisch aber waren seine Erfahrungen bei der Vernehmung in der nächstgelegenen Zastava, wo er von einem Offizier der Grenztruppen, mit Handschellen gefesselt, wiederholt mit großer Brutalität voll ins Gesicht geschlagen wurde. Diese Prügel habe es jedes Mal gegeben, wenn er in der Vernehmung beschrieb, wie er den Bulgaren entkommen war.

Am nächsten Tag habe er dann vor dem Gebäude der Grenzwache gefesselt in der Sonne stehen müssen, während Offiziere und Mannschaften auf dem Hof angetreten seien. Es sei ein Vortrag gehalten worden, in dem man ihn als „Feind des Sozialismus" bezeichnet habe. Nachdem ihn bereits die angetretenen Offiziere an jenem Morgen auf dem Hof geschlagen hätten, seien schließlich alle Soldaten dicht an ihm vorbei marschiert, um wieder abzurücken. Dabei erhielt er etwa von der Hälfte der Soldaten – und zwar, ohne dass es einen entsprechenden Befehl gegeben hätte, Schläge in Gesicht und Magen. Er wurde getreten, mehrere Soldaten spuckten ihn an. Ralf D.* schätzt, dass ihn etwa die Hälfte der dort an jenem Tag angetretenen Grenzsoldaten auf diese Weise aus Grausamkeit misshandelten. Noch heute wird er von Albträumen wach, in denen er sich an dieses Szenario erinnert.[921]

In Sofia, erinnert sich D.*, war er dann mehrere Tage mit einem älteren, vermutlich türkischstämmigen Bulgaren namens Ivan in einer Zelle inhaftiert, der versucht hatte, die bulgarische Botschaft in den Niederlanden in die Luft zu sprengen. Er bedaure bis heute, so D.*, dass er nach dem Mauerfall keine Strafanzeige gegen die bulgarischen Grenzsoldaten gestellt habe.

---

921   Telefonisches Interview mit Ralf D.* (NN) vom 23.11.2015.

Die Volksrepublik kollabiert

Auch wenn sich auf der politischen Bühne in Moskau und Ost-Berlin Veränderungen ankündigten, wenn sich Bürger im Schutz der Kirchen mehr trauten und infolge Glasnost und Perestroika nicht immer sofort in Haft genommen wurden, so schien die weitere Existenz des Ostblocks ebenso wie sein rigider und in Bulgarien höchst gewalttätiger Überwachungsapparat doch auch weiterhin unüberwindlich zu sein. An der Arbeit der Operativgruppe des MfS in der Volksrepublik Bulgarien waren keine Veränderungen vorgenommen worden. Major Lothar Stritzke, sein Verbindungsoffizier Major Buck und Oberstleutnant Fiedler wurden Anfang April 1989 wie gewohnt zwei Tage in Sofia von Oberstleutnant Horst Rückheim auf die bevorstehende Saison vorbereitet. Ob der Leiter der Abteilung 2 im Bereich Auslandstourismus damals schon davon wusste, dass Stasi-Chef General Mielke den gesamten Bereich der Operativgruppen zukünftig nicht mehr von der HA VI sondern wieder – wie bis 1963 – durch die Spionageabwehr koordinieren lassen wollte, kann nur vermutet werden. General Mielke hatte eine entsprechende Vereinbarung[922] – die eine verbesserte Zusammenarbeit der HA II des MfS mit der II. Hauptverwaltung des bulgarischen Innenministeriums betraf – bereits im Herbst 1988 unterzeichnet.

Offensichtlich hatte die Sicherung des entsendenden Tourismus – und damit die Verhinderung von Fluchtversuchen über die verlängerte Mauer – im Verhältnis zur Notwendigkeit der Abwehr geheimdienstlicher Angriffe auf die DDR an Bedeutung verloren, jedenfalls soweit man die Perspektive des Stasi-Chefs zugrunde legt. „Die Angehörigen der Operativgruppen bzw. Verbindungsoffiziere werden, soweit sie nicht aus dem Kaderbestand der HA II ausgewählt werden, für die Zeitdauer des Einsatzes zur HA II versetzt und nach Beendigung des Einsatzes in die delegierenden Diensteinheiten zurückversetzt."[923] Die ganzjährige Delegierung von Oberstleutnant Günter Fiedler zur Operativgruppe der HA VI war also gewissermaßen ein Vorlauf für die neue Aufstellung der in Bulgarien eingesetzten Truppe. Wobei Fiedler unter anderem darauf zu achten hatte, dass die DDR-Diplomaten größtmöglichen Abstand zu den jugoslawischen Diplomaten in der Volksrepublik hielten, nachdem das MfS in Erfahrung gebracht hatte, dass die jugoslawischen Diplomaten dazu übergegangen waren, Berichte über die Lage in der Volksrepublik an Diplomaten aus NATO-Staaten weiterzuleiten.[924] Gleichzeitig hatte der Oberstleutnant die Aktivitäten des türkischen Geheim-

---

922 Hauptabteilung II (Spionageabwehr): BStU MfS HA II/10/965.
923 Büro der Leitung des MfS: BStU MfS BdL 1019, S. 1.
924 Hauptabteilung II (Spionageabwehr): BStU MfS HA II/10/213, S. 22.

dienstes im Zusammenhang mit der „Ausschleusung bulgarischer Muselmanen"
unter Kontrolle zu halten, eine Problematik, die das Regime in Sofia als Folge der
Zwangsbulgarisierungen zunehmend instabilisierte und die Lage in den südlichen
Grenzgebieten durch den damit verbundenen Massenansturm türkischstämmiger
Bulgaren gleichermaßen verschärfte.[925]

Innerhalb der Operativgruppe stand ohnehin ein Wechsel bevor, denn Stritzke
und seine Frau sollten im Herbst 1989 in die DDR zurückkehren und die Leitung
der Operativgruppe an Oberstleutnant Gottfried Lipfert fallen, der mit seiner Frau
im Herbst 1989 der dauerhaften Versetzung in die Volksrepublik entgegenblickte.
Die meisten übrigen Mitglieder der Operativgruppe waren ebenfalls bereits so
lange im Auslandseinsatz, dass ihre Rückkehr in die DDR nicht mehr lange auf
sich warten lassen würde.[926]

In allen Standorten der Operativgruppe waren 1989 nicht nur die operativen
Mitglieder und die ihnen für die Erledigung der Schreibarbeiten zugeteilten
Damen, sondern – um zunächst die Außenstelle Varna zu benennen – auch für
bestimmte Zeiträume weitere hauptamtliche Mitarbeiter zur Realisierung tech-
nisch-operativer Aufgaben, zur jährlichen Anleitung und Überprüfung der Chif-
frierstelle der Operativgruppe bzw. zur Anleitung und Kontrolle des in Rumänien
eingesetzten FIM-Netzes des MfS delegiert, die der besseren geheimdienstlichen
Infrastruktur halber von Varna aus erfolgte, wo die beiden für Rumänien zuständigen Oberleutnants in einer IMKW der Operativgruppe logierten.

Auch Major Stritzke hatte sich in Sofia nicht nur um seine operativen Aufgaben,
also unter anderem um die „Steuerung" seiner IM, sondern auch um dienstliche
Besucher aus der Hauptstadt des „Arbeiter- und Bauernstaats" zu bemühen. Nicht
lange, nachdem er das Ehepaar Lipfert fast einen Monat lang auf ihre bevorstehende Geheimdienstmission vorbereitet und den zuständigen Genossen in der
DDR-Botschaft und vor allem auch im bulgarischen Innenministerium vorgestellt
hatte, reiste bereits ein Major aus der Hauptabteilung VI an, über dessen Mission
nur bekannt ist, dass er „operative Aufgaben" zu erledigen hatte.

Zu Beginn der Saison 1989 brodelte der vom Shivkov-Regime ausgelöste eth-
nische Konflikt in der Volksrepublik weiter, während sich hochrangige Vertreter
der Bundesregierung und der SPD-Opposition zwecks weiterer Verbesserung der

---

925 Bulgarische Abgeordnete floh in die Türkei, DPA, 23.09.1988; Bulgarien-Türkei-
Konflikt: Fluchtversuch endete tödlich, DPA, 12.07.1989.

926 Das Ehepaar Lipfert sollte, wie ein Aktenstück des MfS belegt, ab 1991 durch Major
Jürgen Rambaum verstärkt werden, der unbedingt nach Bulgarien zurückkehren
und erneut in der Operativgruppe des MfS wollte. Vgl.: Kaderakte Jürgen Rambaum,
BStU MfS BV Berlin KS 1058/91, S. 349.

bilateralen Wirtschaftsbeziehungen die Klinke buchstäblich in die Hand gaben. Es war eine fragile Situation: Während die Westdeutschen – allen voran Bundespräsident Richard von Weizsäcker (CDU), Außenminister Genscher (FDP) und der Vorsitzende der deutsch-bulgarischen Parlamentariergruppe, Gernot Erler[927] (SPD), – die angebliche Reformbereitschaft des Shivkov-Regimes priesen, gab es nicht die kleinsten Auflösungserscheinungen am „Bruderbund" mit dem DDR-Geheimdienst. Durch Spitzelberichte erfuhr das MfS, dass das Shivkov-Regime dazu übergegangen war, ganze Familien in die Türkei auszuweisen und deren gesamtes Hab und Gut zu beschlagnahmen. Dass man die Problematik auch in Moskau für brandgefährlich hielt, war an zahlreichen sowjetischen Soldaten erkennbar, die sich mit Panzern in der Volksrepublik aufhielten. Gleichzeitig verbreitete die bulgarische Propaganda, den Türken ginge es in der Volksrepublik ausgezeichnet, ihre Kinder hätten Schulunterricht, Kindergartenplätze und Schulspeisungen, alles Dinge, von denen sie in der Türkei nur träumen könnten. Legt man hingegen die Beobachtungen des MfS zugrunde, hatte sich die Versorgungslage weiter verschlechtert, selbst die ausländischen Urlauber in den Feriengebieten standen oft genug vor leeren Regalen.[928]

Im Vergleich zum Vorjahr war die Zahl der DDR-Flüchtlinge nach Erkenntnissen der HA II wieder angestiegen. Die Häscher der Hauptabteilung VI hatten ihre Positionen bezogen, und das durchweg seit Jahren erprobte Spitzelnetz stand zur Durchführung geheimdienstlicher Aufgaben zur Verfügung. So etwa der 35-jährige kontaktfreudige Industriekaufmann aus Karl-Marx-Stadt, der als IMB „Jürgen" seit 1985 alljährlich als IMÜ zumeist von Bachmann und mitunter auch von Stritzke am Sonnenstrand geführt wurde.[929] Und zwar alljährlich mit demselben Saisonauftaktritual. Der IM trägt sichtbar ein *Neues Deutschland* und ein Exemplar der *Freien Presse* sichtbar unter dem Arm, beim Wasserspender am Beginn der Mole der Insel Alt Nessebar. Losungswort: „Warten Sie auf Bernd? Nein ich warte auf Jürgen!" mit anschließendem Einweisungstreff in der nahe gelegenen IMKW „Nessebar". Dieses Losungswort wurde in Abwandlung – also jeweils mit dem IM Namen und dem Vornamen des Führungsoffiziers auch bei den von Günter Paul geführten IM der Operativgruppe verwendet. Die Spitzeltätigkeit für die Operativgruppe war durchaus lukrativ, denn das MfS erstattete

---

927 Laut AFP erklärte Erler im Sommer 1989 über die Vertreibung türkischstämmiger Bulgaren unter anderem: „Es ist nicht wahr, dass man die Leute aus dem Lande verbannt und dass man ihnen an der Grenze Geld und Gepäck abnimmt." SPD-Abgeordnete trafen in Bulgarien türkische Minderheit, AFP, 28.06.1989.
928 Hauptabteilung II (Spionageabwehr): BStU MfS HA II / 10 / 903, S. 233.
929 Abteilung XIV (Haftvollzug): BStU MfS BV KMS XIV 1944/78

nicht nur die An- und Abreisekosten zum Flughafen, sondern auch die Reiseanlage sowie zusätzlich pro Reise einen Betrag in Höhe von 1 200 Mark, der genügte, um auch die gesamten Reisekosten damit zu finanzieren.[930] Hinzu kamen je nach Qualität der Beobachtungsberichte „Zuschüsse" zu den Übernachtungskosten, die ebenfalls in Lewa gezahlt wurden.

In Sofia zählte der Chef des bekannten Restaurants „Berlin" zum Spitzelnetz des MfS, ein 40-jähriger Ost-Berliner mit dem Decknamen „Hans Moser"[931], dessen Vater, sozusagen aus dem SED-Uradel entstammend, als Erbauer der „Stalinallee" bekannt wurde. In der von der Operativgruppe in Sofia genutzten IMKW „Balkan" ging außer „Hans Moser" auch „Steffen Richter"[932] ein und aus, ein 37-jähriger Repräsentant von „Jugendtourist", der nach langjähriger IM-Erfahrung auch nicht davor zurückschreckte, leitende Genossen anzuschwärzen.

Anders als in den Vorjahren war dem Einweisungstreff 1989 ein paar Monate zuvor sogar noch ein Vorbereitungstreff mit dem als zuverlässig geltenden IMB "Jürgen" vorausgegangen, an dem in Karl-Marx-Stadt auch Oberstleutnant Lipfert, also der designierte neue Chef des Überwachungskommandos teilnahm. Wenn andere Dinge in der DDR – wie die Versorgung mit Wohnungen und Lebensmitteln – nicht funktionierten, weil es am Geld fehlte, am Aufwand für geheimdienstliche Überwachung wurde ganz offensichtlich bis zuletzt nicht gespart. Der große Aufwand stand allerdings trotzdem nicht unbedingt im Verhältnis zum Erfolg, wie gleich die erste Aktion belegt, bei der IMB „Jürgen" im Juni 1989 an der Schwarzmeerküste zum Einsatz kam. Dabei ging es um ein gemeinsam mit dem bulgarischen Innenministerium beobachtetes deutsch-deutsches Pärchen, das eine Ferienwohnung in Nessebar bewohnte. Nachdem der für seine präzisen Berichte („Sie trägt Bikini mit schwarz-weißen Querstreifen, er Badehose mit grau-grün-braunen Längsstreifen") geschätzte IMB "Jürgen" am ersten Abend seiner Beobachtermission den Fiat des Paares noch ordnungsgemäß vor dem „Objekt Rusalka" geparkt sah, war der Wagen am nächsten Abend bereits spurlos verschwunden. Und blieb es auch, weil den beiden nämlich trotz bulgarisch-ostdeutscher Bespitzelung die Flucht in die Türkei gelungen war, wie die Mitglieder der Operativgruppe allerdings erst einige Tage später erfuhren.

Die Mitglieder der Operativgruppe, namentlich Major Stritzke, dürften dem Verlust der beiden jungen Leute aber nicht allzu lange hinterhergetrauert haben, denn nur kurze Zeit später, genauer gesagt Anfang Juli 1989, ereignete sich im

---

930 Hauptabteilung II (Spionageabwehr): BStU MfS HA II/10/903, S. 44.
931 Archivierter IM-Vorgang: BStU MfS AIM 12865/91.
932 Archivierter IM-Vorgang: BStU MfS AIM 12842/91.

bulgarisch-griechischen Grenzgebiet ein Fluchtversuch eines Jugendlichen aus Leipzig, der sich sozusagen nahtlos in die Reihe der Fälle Engelmann, Gammisch, Pschera, Kühnle, Sandner, Kistowski, Prautzsch, Schaffner, Nettbohl, Stützer, Heiner und Schachtschneider einreiht, um jene bisher bereits bekannten Fälle zu nennen, in denen bulgarische Grenzer – bzw. im Fall Kühnle/Sandner möglicherweise auch Angehörige des MfS – für ihre Taten juristisch hätten zur Rechenschaft gezogen werden müssen.

Der Fall Michael Weber

Der Fall des 19-jährigen Abiturienten Michael Weber, der in einem Vorort (heute Stadtteil) von Leipzig lebte, spiegelt gleich in mehrerer Hinsicht die einerseits im Umbruch befindliche gesellschaftliche Situation der Ostblockländer wider, in der sich Kontinuität nur in der neuerlichen Gewalttat eines Angehörigen des bulgarischen Grenzregimes und deren anschließender energischer Vertuschung zeigte. Die Ehe der Eltern des blonden, sehr sportlichen Jugendlichen war in die Brüche gegangen. Möglicherweise war sein Fluchtmotiv ursprünglich in dieser häuslichen Situation begründet. Wenn sich Jugendliche zur Flucht in den Westen entschlossen, spielten Konflikte im Elternhaus sehr häufig eine entscheidende Rolle.

Michael Weber wollte in die Bundesrepublik. Der überdurchschnittlich intelligente junge Mann glaubte, im Westen bessere Zukunftsperspektiven zu haben, wollte in der Bundesrepublik Jura studieren und war bereit, die Brücken hinter sich abzubrechen. Michael Weber hatte ebenso wie vor ihm Karl-Heinz Engelmann, Siegfried Gammisch, Detlef Stützer und Andreas Heiner – die ebenfalls im griechischen Grenzgebiet umgebracht wurden – seinen Fluchtplan buchstäblich im Kinderzimmer entwickelt.

Die Recherche des Falles erwies sich als sehr schwierig, da nur wenige Akten über den Vorgang überliefert sind. Aus Interviews mit Zeitzeugen konnte rekonstruiert werden, dass Michael Weber im Sommer 1989 einige Wochen, nachdem das Regime in Budapest den Abbau der Grenzzäune nach Österreich angekündigt hatte, als Individualtourist („Privatreisender") mit seiner Freundin nach Bulgarien, und zwar in den bei Touristen beliebten Ferienort Melnik unweit der griechischen Grenze reiste. In der Volksrepublik gaben sich inzwischen bundesdeutsche Spitzenpolitiker buchstäblich die Klinke in die Hand. Am selben Tag, als Michael Weber mit seiner Freundin ins Grenzgebiet reiste, war Bundesumweltminister Klaus Töpfer zu Gesprächen mit Ministerpräsident Georgi Atanassov in Sofia eingetroffen. Im Interview mit „Radio Sofia" lobte er, dass sich die Volksrepublik

„sehr nachhaltig für den Umweltschutz einzusetzen bereit" sei. Die Menschenrechte sprach er aus guten Gründen nicht an.

Michael und seine Freundin, die erst am 3. Juli in Bulgarien eingetroffen waren, hatten sich in einem Hotel einquartiert. Ob die beiden ursprünglich gemeinsam über die grüne Grenze nach Griechenland wollten, kann ohne Akten des MfS nur vermutet werden. Eine Schulfreundin erinnert sich: „Er hat gesagt, wenn man die nur clever genug austrickst, und nachts an die richtigen Stellen geht, dann ist da halt keiner. Die Bedrohungssituation hat er nach meiner Meinung nicht gekannt."[933]

Michael Weber unternahm den Fluchtversuch ohne seine Freundin Ulrike M., gegen die vermutlich vom MfS wegen Beihilfe ermittelt wurde, deren Fall ohne genauere Angaben jedoch nicht zu rekonstruieren ist. Er soll, so der gegenwärtige Recherchestand, in Melnik einen gleichaltrigen bulgarischen Grenzsoldaten kennengelernt haben, dem er eine von ihm mitgebrachte Goldmünze versprach, wenn er ihn über die Demarkationslinie nach Griechenland brächte. Vermutlich in Begleitung dieses jungen Bulgaren brach Michael Weber am 6. Juli 1989 um 18:30 Uhr im Hotel „Melnik" auf. Warum er unbedingt nach Griechenland wollte, und wie er darauf kam, dass diese Grenze weniger gefährlich als beispielsweise die weiterhin bewachte ungarisch-österreichische Grenze sein würde, ließ sich nicht herausfinden.

Die offizielle Version des MfS lautete, Michael Weber, der nach Angaben des MfS am 6. Juli 1989 um 19:15 Uhr – also am helllichten Tage – erschossen wurde, habe die an ihn gerichtete Aufforderung stehenzubleiben nicht befolgt und versucht, sich der Festnahme durch Flucht zu entziehen.[934] Der Vorfall ereignete sich angeblich in der Nähe eines Dorfes, etwa einen Kilometer vor der Staatsgrenze[935], in unmittelbarer Nähe jener Stelle, an der im Frühjahr 1975 auch Peter Nötzel erschossen worden war. Die betreffende „Operative Information" ging an die ZKG sowie an den Mielke-Stellvertreter Generalleutnant Gerhard Neiber, an die Generalmajore Heinz Fiedler (HA VI) und Willi Damm (Abt. X) sowie an den mit der Bearbeitung des Untersuchungsvorgangs betrauten Oberst Peter Pfütze[936], den Chef der HA IX/10, der, nachdem er sich mit dem Genossen Jürgen Kunert aus der HA Konsularische Angelegenheiten des MfAA ins Benehmen gesetzt hatte[937], seinerseits am 11. Juli 1989 einen ihm unterstellten jungen Stasi-Offizier für die

---

933 Interview mit Ulrike Schulz (Leipzig), 11.11.2006.
934 Zentrale Koordinierungsgruppe des MfS: BStU MfS ZKG 11666, S. 1.
935 Abteilung X (Internationale Verbindungen): BStU MfS Abt. X 642, S. 194.
936 Hauptabteilung IX (Untersuchungsabteilung): BStU MfS HA IX 8539, S. 35.
937 Hauptabteilung IX (Untersuchungsabteilung): BStU MfS HA IX 8539, S. 37.

Angelegenheit einsetzte. Die Unterlagen aus Pfützes Abteilung sind allerdings im Zuge des Mauerfalls verschwunden, wurden also höchstwahrscheinlich im November 1989 vernichtet.

Zu den vielen Unklarheiten des Falles Michael Weber gehört die Frage, wie er innerhalb von 45 Minuten von Melnik nach Novo Hodzhovo gekommen sein soll. Zu Fuß, bei Umgehung der dortigen Ortschaften, also ohne ein Fahrzeug, wäre das vollkommen unmöglich gewesen. Ist der Todeszeitpunkt also falsch? Laut einer Note des bulgarischen Außenministeriums vom 11. Juli 1989 an die DDR-Botschaft in Sofia ist von einem Todeszeitpunkt am 7. Juli um 4 Uhr morgens die Rede, nachdem Michael Weber angeblich bereits den Zaun überwunden hatte.[938] In später ausgestellten Schriftstücken, insbesondere im Bericht des mit dem Fall betrauten DDR-Konsuls Anton Richter, der bereits seit 1987 wieder – und diesmal bis zuletzt – in Sofia residierte, ist gar kein Todesdatum mehr angegeben.

Konsul Richter erfuhr demnach am Nachmittag des 7. Juli, dass es „zwischen dem 6. und 7.7." einen Grenzzwischenfall mit einer „jungen Person" gegeben habe, deren Identität infolge des Fehlens von Reisedokumenten nicht „genau" habe festgestellt werden können. Wie die Bulgaren die Identität des blonden Jugendlichen klärten und warum sie die DDR-Botschaft informierten, bleibt unklar. Jedenfalls veranlasste Konsul Richter aufgrund der an jenem Tage herrschenden hohen Temperaturen sofort, dass die Leiche nach Sofia in die Gerichtsmedizin überführt werden müsse. Er wusste, dass die Bulgaren tote „Grenzverletzer" auch weiterhin direkt im Grenzgebiet verscharrten, soweit es sich nicht um DDR-Staatsbürger handelte, wie es etwas verklausuliert in seinem Bericht hieß.

Neben Konsul Richter kommunizierte auch Lothar Baader mit DDR-Stellen im Zusammenhang mit dem Tod von Michael Weber. Bader informierte am 10. Juli per Telegramm die Abteilung für „Innere Angelegenheiten" beim Rat des Kreises Leipzig über den toten Grenzverletzer und legte auch gleich das weitere Vorgehen fest: „Infolge besonderen Vorkommnisses, hoher Temperatur und Transportproblemen sollte nur Einäscherung und Urnenüberführung in Betracht gezogen werden."[939] Was Bader mit dem besonderen Vorkommnis meinte, ist unbekannt. Die angeblichen Transportprobleme waren eine Erfindung. Eine Rückführung wäre auch im Sarg möglich gewesen.

Neu war an der Situation, dass die Eltern von Michael Weber sofort nach Erhalt der Todesnachricht nach Bulgarien fliegen durften, wo sie bereits am Abend des 12. Juli 1989 eintrafen. Der neue bulgarische Militärstaatsanwalt Pavlov erlaubte

---

938 Abteilung X (Internationale Verbindungen): BStU MfS Abt. X 642, S. 49.
939 Hauptabteilung IX (Untersuchungsabteilung): BStU MfS HA IX 8539, S. 38.

ausdrücklich, dass sie von ihrem Sohn in der Pathologie der Militärmedizinischen Akademie Abschied nehmen durften. Er begrüße das Anliegen und werde jede von ihnen gewünschte Auskunft geben. Es war eine Entscheidung, die der zwischenzeitlich verstorbene frühere Militärstaatsanwalt Dimitar Kapitanov niemals zugelassen hätte.

Wenig später jedoch begann das Durcheinander. Pavlov bestand darauf, dass sie den Jungen identifizieren müssten. Zwischenzeitlich hatte allerdings der neue Sektorleiter in der HA Konsularische Angelegenheiten, Kunert – offenkundig auf Befehl von Pfütze – angewiesen, die Besichtigung der Leiche habe zu unterbleiben und Auskünfte seien auf die „Nennung der Straftat" zu beschränken. Konsul Richter bog die Angelegenheit gerade und erklärte den Eltern nach Rücksprache mit dem für die Obduktion verantwortlichen Oberstleutnant Dr. Zlatko Kolev, dem Leiter der Abteilung Gerichtsmedizinische Expertisen bei der bulgarischen Volksarmee, die Besichtigung könne wegen der „nicht ausreichenden Balsamierung" nicht stattfinden.

Wem es schließlich zu verdanken war, dass die beiden Eltern den toten Jungen am Morgen des 13. Juli direkt vor dessen Verbrennung im Sofioter Krematorium im Beisein von Konsul Richter im offenen Sarg hinter einer Glasvitrine doch noch einmal sehen durften, womit der Pfütze-Befehl ad absurdum geführt wurde, ist unklar. Sicher ist nur, dass die Leiche dafür noch einmal eingekleidet werden musste, da seine eigene Kleidung bereits in der Pathologie des Militärkrankenhauses verbrannt worden war. Möglicherweise nahm es der kurz vor der Altersgrenze stehende Konsul Richter auf seine Kappe. Ob Richter ihnen an jenem Morgen im Krematorium einen Vortrag hielt, der Junge habe „bei Außerachtlassung aller Anrufe zum Stehenbleiben und abgegebenen Warnschüsse" quasi aus Leichtsinn sterben müssen, und man habe Verständnis für die bulgarischen Grenzer im Zusammenhang mit der „antibulgarischen Kampagne der Türkei" haben müssen, kann vermutet werden. Beide Elternteile bedankten sich anschließend brav mehrmals bei ihm, dass sie ihr totes Kind noch einmal hatten sehen dürfen – während sich nur ein paar Kilometer entfernt Bundesjustizminister Hans Engelhard anhören durfte, wie der bulgarische Ministerpräsident Atanassov über die „konstruktive und friedliebende Balkanpolitik" der dem Untergang geweihten Volksrepublik schwadronierte.

Wie diese Balkanpolitik in der Realität aussah, war viel besser an einer kleinen Agenturmeldung abzulesen, demzufolge eine Alarmgruppe der bulgarischen Grenztruppen an der türkischen Grenze einen türkischstämmigen Bulgaren mit mehreren Schüssen getötet hatte, während einem 26-jährigen Mann aus

Dresden[940], der sie Ferien in Nessebar verbracht hatte, die Flucht in die Türkei glückte. Als NATO-Generalsekretär Manfred Wörner nach Bekanntwerden der Todesschüsse die Behandlung türkischstämmiger Bulgaren kritisierte, verbat sich das BKP-Regime die „Einmischung in innere Angelegenheiten eines fremden Landes". Die amtliche Nachrichtenagentur BTA veröffentlichte wenig später eine langatmige Erklärung, in der es hieß, die „Versuche einiger ausländischer Kräfte, Bulgarien auf die Anklagebank zu setzen" müssten scheitern.

Wie schwer diese Reise nach Sofia für die Eltern von Michael Weber gewesen sein muss, wird an einer E-Mail seiner Mutter an den Verfasser deutlich, in der es hieß: „Man hat mir Bilder gezeigt, wo mein Sohn tot im Gelände lag. Schon die Erinnerung daran ist furchtbar."[941] Auch Anton Richter konnte sich der Dramatik der Situation nicht entziehen, als er dem Genossen Kunert im MfAA berichtete: „Die Mutter sagte angesichts des Toten: ‚Du dummer Junge, warum hast Du Dir und uns das angetan?'"[942] Helga Thomas sah, dass ihr Sohn eine Schussverletzung im Gesicht hatte, durfte ihn aber nicht noch einmal berühren.[943]

Aufschlussreich wird Anton Richters Bericht, als es um das weitere Verhalten von Militärstaatsanwalt Pavlov ging, der Richter mehrmals erklärte, dass der Junge noch am Leben hätte sein können, wenn es nicht „so fatal" zu gegangen wäre. Die bulgarische Militärstaatsanwaltschaft ging allen Ernstes davon aus, es habe sich um „eine Art Selbstmord" gehandelt, weil der Junge, statt zu fliehen, angeblich „direkt in das abgegebene Feuer gelaufen" sei. Eine völlig absurde Erklärung, die allerdings auf ein wichtiges Detail hinweist: Michael Weber starb nämlich durch eine einzige Kugel, die sein linkes Auge schräg von oben traf, den Schädel zertrümmerte und im Rücken – im Bereich der achten Rippe wieder austrat. Hatte Michael Weber vor dem Schützen gekniet? War es – wie im Fall Kistowski und Prautzsch – eine Exekution? „Ins Feuer gelaufen" – wie Militärstaatsanwalt Pavlov behauptete – war Michael Weber jedenfalls nicht. Seine Verletzung wäre nämlich auch dann nicht möglich gewesen, wenn er gekrochen statt „gelaufen" wäre, wie es in einem internen Papier des MfAA vom 2. August 1990 hieß.

Die Leiche des Jungen wurde – unmittelbar nachdem seine Eltern das Krematorium verlassen hatten – verbrannt. Sie reisten am nächsten Vormittag mit dem Flugzeug zurück in die DDR. Wenige Tage später folgte auch die Urne. Die Beisetzung fand bereits am 19. Juli 1989 auf dem Leipziger Ostfriedhof statt –

---

940 Hauptabteilung II (Spionageabwehr): BStU MfS HA II 38365, S. 486.
941 E-Mail Helga Thomas vom 20.04.2006 an den Verfasser.
942 Hauptabteilung IX (Untersuchungsabteilung): BStU MfS HA IX 8539, S. 47.
943 E-Mail Helga Thomas vom 17.04.2006 an den Verfasser.

daran nahmen laut einem IM-Bericht lediglich die Eltern teil[944], eine Todesanzeige durfte – wie schon bei Carola Jordanow und Frank Schachtschneider – nicht veröffentlicht werden.

Hinsichtlich der „Republikflucht"-Problematik zeigten sich im Sommer 1989 auch in Bulgarien Erscheinungen, die in den Vorjahren komplett ausgeschlossen gewesen wären. Einen eigenen hauptamtlichen Mitarbeiter wegen Fluchtverdachts zur Fahndung auszuschreiben, wo es sich bei diesen Mitarbeitern doch um handverlesene, 100 Prozent zuverlässige Genossen handelte, war in Bulgarien jedenfalls bis dato noch nicht vorgekommen. Umso bemerkenswerter, dass der oberste Personalchef des MfS, Generalleutnant Günter Möller, Mitte September 1989 Generalmajor Willi Damm ersuchte, einen 25-jährigen MfS-Mann aus dem brandenburgischen Senftenberg nebst Freundin umgehend vom Zeltplatz Mitschurin – unweit der türkischen Grenze – in die DDR-Botschaft nach Sofia schaffen zu lassen.[945] Darüber hinaus empfehle es sich, so Möller, an der rumänischen Grenze Fahndungsmaßnahmen einzuleiten. Der junge Stasi-Mann kam bereits am nächsten Tag hinter Schloss und Riegel und wurde kurze Zeit später mit einer Kuriermaschine des MfS zurück in die DDR transportiert.

Nur in einem Punkt schien die Welt des ostdeutschen Geheimdienstes in der Volksrepublik im Sommer 1989 noch in Ordnung zu sein. Botschaftsflüchtlinge, also DDR-Bürger, die sich, wie in Prag, dauerhaft in der bundesdeutschen Botschaft einquartierten, um auf diesem Wege in den Westen zu gelangen, waren – wie schon in den Vorjahren – auch weiterhin kein Thema. Und zwar weil man seitens der Bundesrepublik offensichtlich nicht daran interessiert war, die Situation noch weiter zuzuspitzen, wie Günter Fiedler seinen Genossen nach Ost-Berlin telegrafierte. Der Oberstleutnant beobachtete zunächst, wie zwei DDR-Bürger, die in der bundesdeutschen Botschaft die – ihnen rechtlich zustehende! – Ausstellung von Reisepässen beantragt hatten, mit dem Hinweis abgewiesen wurden, diese Dokumente seien ohne bulgarische Visa- und Einreisevermerke für eine Ausreise in die Bundesrepublik „wertlos". Das war keine Neuigkeit, hatte die bundesdeutsche Konsularabteilung aber in all den Vorjahren nicht davon abgehalten, die Ausweise dennoch zur Verfügung zu stellen, obwohl die Empfänger damit fast immer ins Gefängnis kamen.

Nachdem die Tür der Konsularabteilung der bundesdeutschen Botschaft einen Tag gänzlich geschlossen blieb, hieß es anschließend, dass Einlass nur noch nach

---

944 Zentrale Materialablage: BStU MfS ZMA KD LPZ-Stadt, S. 23 (Bericht IMS Sonja Heinze).

945 Hauptabteilung II (Spionageabwehr): BStU MfS HA II/10/887, S. 3.

eingehender Klärung der Gründe gewährt würde, was auf eine Präventivmaß-
nahme der Bundesregierung gegen weitere Botschaftsflüchtlinge hindeutet.[946]
Ganz abwenden ließ sich das Phänomen jedoch auch auf diese Art nicht. Laut
Gesprächsnotizen von DDR-Konsul Richter gab es in der bundesdeutschen Vertretung in Sofia im Oktober 1989 zwei Botschaftsflüchtlinge[947], Anfang November – also nach dem Rücktritt von Erich Honecker, der einstweilen von Egon
Krenz ersetzt wurde – kamen noch drei weitere hinzu.[948] Und das, obwohl man
seitens der Bundesrepublik bemüht war, eine „Konzentration" wie in Prag zu
verhindern. Noch Mitte Oktober hatte man zwei weitere Botschaftsflüchtlinge
abgewiesen. Es war eine Linie, die sich offenbar durchaus mit einer gewissen
Stimmung in der bundesdeutschen Öffentlichkeit deckte, wie man in den IM-
Berichten des Ost-Berliner Spitzel-Ehepaares „Runge" nachlesen kann, denen
westdeutsche Urlauber im Sommer 1989 an der bulgarischen Schwarzmeerküste
erzählten, es gäbe schon genügend Aus- und Umsiedler in der Bundesrepublik,
deshalb wäre es schon wegen der knapper werdenden Arbeitsplätze am besten,
jeder bliebe in seinem Land.[949]

Am 1. September 1989 waren in Bulgarien Reiseerleichterungen in Kraft getreten, mit denen der Kollaps des Regimes angesichts der anhaltenden Massenflucht
türkischstämmiger Bulgaren abgewendet werden sollte, nachdem in bestimmten
bulgarischen Regionen bereits ein Rückgang der Einwohnerzahl um knapp zehn
Prozent zu verzeichnen war. Dieses Gesetz sah vor, dass künftig alle (also auch
die türkischstämmigen) Bulgaren „ohne Beschränkungen" ins Ausland reisen
und „jederzeit" nach Bulgarien zurückkehren durften. Obwohl auch weiterhin ein
Ausreisevisum erforderlich war, das vom MWR auch abgelehnt werden konnte,
und obwohl die Ausführungsbestimmungen des Gesetzes jeden Reisenden, der in
die Türkei wollte, mit 70 US-Dollar Zwangsumtausch belegte, verließen bis Mitte
Oktober 1989 mehr als 310 000 türkischstämmige Bulgaren ihre Heimat. Es waren
so viele, dass die Türkei sich im Sommer 1989 zeitweise gezwungen sah, die Grenze zur Volksrepublik zu schließen. Dass westdeutsche Urlauber diese Entwicklung
in Unkenntnis deren tatsächlicher Hintergründe mit Sympathie verfolgten, lässt
sich ebenfalls an Berichten des IM-Ehepaares „Runge" dokumentieren. Ein Ehepaar aus dem Kreis Nürnberg fand, man könne sich an den Bulgaren hinsicht-

---

946   Ebd., S. 10.
947   Es handelte sich um einen 19-jährigen Maler und einen 32-jährigen Lagerarbeiter
      aus Bad Langensalza. Hauptabteilung II (Spionageabwehr): BStU MfS HA II 38365,
      S. 540.
948   Hauptabteilung II (Spionageabwehr): BStU MfS HA II 38365.
949   Hauptabteilung II (Spionageabwehr): BStU MfS HA II/10/903, S. 282 f.

lich des Umgangs mit der türkischstämmigen Bevölkerungsgruppe ein Vorbild nehmen. Man müsse „diese Brut" „herausschmeißen", und zwar am besten so „intelligent", wie in der Volksrepublik, wo sie „einfach von selbst" gingen.[950] Noch funktionierten die Strukturen des DDR-Geheimdienstes – und noch immer lag die Priorität des Dienstes in der Verhinderung von Fluchtversuchen. Ende Oktober bis Anfang November 1989 installierten zwei Offiziere des MfS moderne Apparate der „Fernsehfahndungstechnik" auf dem Sofioter Flughafen, der damals gerade modernisiert wurde.[951] Die Inbetriebnahme der knapp 140 000 Mark teuren Anlage mit vier Fahndungsarbeitsplätzen und zwei Realisierungs-arbeitsplätzen in einem speziellen Fahndungsraum war für das zweite Quartal 1990 vorgesehen. Was der Mauerfall in den DDR-Strukturen in Sofia veränderte? Nach dem Abzug der nur während der Saison eingesetzten Mitglieder der Operativgruppe begannen sich Mitte November die ersten inoffiziellen Mitarbeiter zurückzuziehen, denen es wie Albert Hein (IMKW „Fichte"[952]), dem ehemaligen Leiter der Hauptverwaltung Fremdenverkehr im Ministerium für Verkehrswesen, in der „gegenwärtigen Situation" nicht länger „angeraten" schien, für das MfS zu arbeiten und deren Akten häufig gleich im Anschluss vernichtet wurden. Gegen Reformen immun zeigte sich auch das BKP-Regime. Zwar trat Todor Shivkov tatsächlich am 10. November 1989 zurück, nachdem es ihm nicht gelungen war, seinen Sohn Vladimir als Thronfolger im Politbüro zu installieren. Seine Nach-folge übernahm der langjährige Außenminister und Genscher-Vertraute Petar Mladenow, den westliche Medien offenbar durch Informationen des Auswärtigen Amtes als „gemäßigten Reformer"[953] titulierten.

Ansonsten wirkte sich der Mauerfall im fernen Berlin auf die Arbeit der ganz-jährig in der DDR-Botschaft angesiedelten Stasi-Offiziere nicht weiter aus. Der Hauptsicherheitsbeauftragte Fred Kempf, der noch im Oktober 1989 mit der Verdienstmedaille der NVA in Silber dekoriert wurde, machte ebenso weiter wie Oberstleutnant Günter Fiedler von der Spionageabwehr. Darüber was die Geheimdienstler im Laufe des Jahres 1990 alles machten, ob sie zum Beispiel weiterhin „Postkontrollen" und konspirative Durchsuchungen in Hotelzimmern westdeutscher Geschäftsleute durchführten, kann mangels Akten nur spekuliert werden. Die letzte Kurierpost der Operativgruppe des MfS nach Ost-Berlin datiert jedenfalls vom 21. November 1989. Darin befanden sich neben Gehaltslisten und

---

950 Ebd., S. 285.
951 Abteilung X (Internationale Verbindungen): BStU MfS Abt. X 898.
952 Archivierter IM-Vorgang: BStU MfS AIM 11959/91.
953 Überraschender Machtwechsel in Bulgarien, AP, 10.11.1989.

Ausweisen auch die Schlüssel zweier vom MfS genutzter Dienstwohnungen in Sofia und Varna.[954]

Für die ostdeutschen Angehörigen der Opfer des bulgarischen Grenzregimes interessierte sich allerdings auch weiterhin niemand. Deutschland war nach dem Mauerfall über viele Monate hinweg mit sich selbst beschäftigt. Medien, Opferverbände und Justizbehörden waren mit wichtigeren Themen beschäftigt, wie Olaf Schachtschneider erleben musste, der vergeblich das ZDF für den Fall seines Sohnes zu interessieren suchte. Herta Otto wandte sich im Sommer 1996 wegen des Schicksals ihres 1977 in Bulgarien erschossenen Sohnes an die Zentrale Ermittlungsstelle Regierungs- und Vereinigungskriminalität (ZERV) in Berlin. Zwei Monate später erhielt sie einen Brief der Staatsanwaltschaft beim Landgericht Berlin, in dem ihr mitgeteilt wurde, dass die bulgarische Regierung 1993 eine Liste mit einigen wenigen Namen ostdeutscher Opfer übermittelt hatte, auf der auch Rudi Nettbohl und Bernd Schaffner verzeichnet waren. Verfolgen könne man die Angelegenheit jedoch leider nicht, hieß es in dem dreiseitigen Schreiben, denn „Fälle dieser Art" könnten weder nach bundesdeutschem noch nach DDR-Strafrecht geahndet werden. Bundesdeutsche Strafverfolgungsbehörden hätten keine Kompetenz zur Verfolgung derartiger Gewaltakte an den Grenzen der ehemaligen sozialistischen „Bruderländer" der DDR, und zwar selbst dann nicht „wenn Opfer derartiger Gewaltakte Bürger der DDR waren".[955]

Doch nicht nur, dass die juristische Verfolgung dieser Fälle laut Bundesjustizministerium nicht möglich ist. Leider übersahen auch die Schöpfer des Einigungsvertrages, dass es neben der innerdeutschen Grenze auch die verlängerte Mauer gab. Und so gelten die Opfer der verlängerten Mauer bis heute nicht als Maueropfer, sie werden weder durch das Strafrechtsrehabilitierungsgesetz noch durch das Bundesgräbergesetz geschützt. DDR-Bürger, die in Bulgarien bei Fluchtversuchen ums Leben kamen, sind demzufolge „sonstige Tote". Ihre Gräber werden – im Gegensatz zu Mauertoten – nicht erhalten, ihre Angehörigen haben bis heute keinen Anspruch auf staatliche Unterstützung.

Davon, wie man in Bulgarien selbst über die Aufarbeitung der Verbrechen des dortigen Grenzregimes dachte, hatte sich zwischenzeitlich Helga Thomas, die Mutter von Michael Weber, ein Bild machen können. Sie hatte nicht auf deutsche Behörden gewartet, sondern gleich nach dem Mauerfall sowohl in Leipzig als auch

---

954 Hauptabteilung II (Spionageabwehr): BStU MfS HA II 38207.
955 Brief Staatsanwaltschaft II beim Landgericht Berlin vom 20.09.1996 an Herta Nettbohl, AdA.

416

in Sofia Anwälte engagiert, um die Todesumstände ihres Jungen herauszufinden und den Täter juristisch zur Verantwortung zu ziehen.

Die beiden Juristen erreichten tatsächlich, dass die Sofioter Militärstaatsanwaltschaft die Ermittlungen am Tod des Jungen wieder aufnahm. Ende Juni 1991 trafen sich die beiden Anwälte, die „haarsträubende Widersprüche" in den amtlichen Dokumenten entdeckt hatten, zweimal zu Gesprächen über das von ihnen angestrebte Wiederaufnahmeverfahren in Sofia. Helga Thomas war davon überzeugt, dass der zum Tatzeitpunkt 19-jährige Gefreite Georgi Tanev ihren Sohn durch einen gezielten Kopfschuss liquidiert hatte und erstattete Strafanzeige nach § 115 des bulgarischen Strafgesetzbuches wegen Mordes. Tanev gab sich in einer ersten Zeugenvernehmung betont selbstbewusst, erklärte, er habe „einen Grenzverletzer liquidiert". Wie die Untersuchung verlief wurde aber auch daran erkennbar, dass die Militärstaatsanwaltschaft als Beweisstück eine Jacke vorlegte, die ein Einschussloch und Blut im Rücken aufwies. Es war allerdings nicht Michael Webers Jacke, wie seine Mutter erkannte. Michaels Jacke war ja auch, ebenso wie seine übrigen Kleidungsstücke, im Juli 1989 bereits verbrannt worden.

Das Militärgericht in Sofia lehnte die Klage gegen Georgi Tanev am 11. September 1991 als unbegründet ab. Auf eine Beschwerde der beiden Anwälte vom 3. April 1992 beschloss das Sofioter Militärgericht am 8. Juni 1992, es werde angenommen, dass die Handlungen Tanevs „rechtmäßig" gewesen seien. „Er war sehr stolz, seinem Land diesen Dienst erwiesen zu haben", erinnert sich Helga Thomas, die erkennen musste, dass ihre Anstrengungen um eine juristische Aufklärung des Mordes an ihrem Sohn im damaligen Bulgarien völlig utopisch waren.

Auch ein Gespräch mit dem Arzt, der die Leichen der in Bulgarien erschossenen Deutschen in einer Reihe von Fällen obduzierte, bringt keinerlei Aufklärung.[956] Gleich zu Beginn des Gespräches in der „Wiener Konditorei" erklärte Dr. Zlatko Kolev dem Verfasser, er habe im Verlauf seiner Karriere „tausende" von Leichen obduziert, an Einzelfälle könne er sich deshalb nicht erinnern. An Michael Weber könne er sich nur deshalb erinnern, weil seine Eltern ihn noch einmal sehen durften. Welche Leichen zu ihm nach Sofia gebracht wurden, habe im Ermessen der zuständigen Armeeabteilung gelegen. Er selber habe nur in einem einzigen Fall eine Obduktion im Grenzgebiet vorgenommen. Diese Leiche sei anschließend an Ort und Stelle vergraben worden, weil es „gesetzlich" in der Volksrepublik so vorgeschrieben gewesen sei. Natürlich habe er gewusst, dass es sich um „Grenzverletzer" gehandelt habe. Es seien vor allem Männer gewesen, vor allem natürlich Bulgaren. Nach seiner Erinnerung habe es in der Volksrepublik

---

956 Interview mit Dr. Zlatko Kolev (Sofia), 20.05.2008.

ein Gesetz gegeben, nachdem es verboten gewesen sei, Leichen, die durch Schussverletzungen ums Leben gekommen waren, zu verbrennen. Er, Kolev, habe die
dafür notwendige spezielle Genehmigung „niemals" unterschrieben. Wer die
Genehmigung denn außer ihm für Michael Weber erteilt habe, daran kann sich
der pensionierte Oberst, der auch nach Erreichung des Ruhestands in besonderen
Fällen weiter für das MWR tätig war, nicht erinnern. Den von ihm obduzierten
Leichen sei üblicherweise deren Kleidung nach der Obduktion wieder angezogen
worden.

Nachwort

In diesem Buch wird die Geschichte des Fluchtwegs Bulgarien vom Mauerbau bis zum Mauerfall anhand der Geschichten und Schicksale ostdeutscher Flüchtlinge erzählt, die über die Türkei, Griechenland und das damalige Jugoslawien in den Westen zu fliehen versuchten. Diese Chronik versucht vorrangig, den Opfern der verlängerten Mauer ein Gesicht zu geben, ihre Motive zu rekonstruieren und an einen Abschnitt der deutsch-deutschen Geschichte zu erinnern, in der junge Menschen tausende von Kilometern reisen mussten, um mit sehr viel Glück und unter höchster Lebensgefahr von Dresden nach Köln oder von Ost-Berlin nach West-Berlin zu gelangen. Andererseits wird gezeigt, welche Strukturen die DDR entwickelte, um den Fluchtweg über das Drittland wirkungsvoll zu bekämpfen. Dabei spielte das Ministerium für Staatssicherheit eine zentrale Rolle. Aber es waren auch ganz normale SED-Mitglieder daran beteiligt, vor allem in der Konsularabteilung des DDR-Außenministeriums und in der DDR-Generalstaatsanwaltschaft.

Seit mehr als zehn Jahren hat der Verfasser über den Fluchtweg Bulgarien geforscht. Vor allem bei den Recherchen im Umfeld der Opfer erlebte der Verfasser bis in die Gegenwart erhebliche Ressentiments früherer DDR-Bürger. Erst kurz vor Fertigstellung des Buches meldete sich die frühere Chefin eines jungen Mädchens, das auf qualvolle Weise bei einem Fluchtversuch ums Leben gekommen war. Ihre Eltern seien doch privilegiert gewesen, deshalb habe das Mädchen „keinen Grund" zur Flucht gehabt. Statt sich für Einzelheiten des Falles zu interessieren, ging es der Anruferin, die ihren Namen nicht nennen wollte, vor allem um die Frage, ob die Eltern des getöteten Mädchens heute womöglich eine „Opferrente" beziehen würden, schließlich sei ihr Wohnhaus gerade renoviert worden.

Doch für die Erinnerung an die Opfer der verlängerten Mauer und die Unterstützung ihrer Angehörigen hat sich seit dem Mauerfall niemand interessiert. Der Gesetzgeber hat diese Gruppe sogar übersehen. Die Eltern und Kinder dieser Personen haben keinen Rechtsanspruch auf Unterstützung. Und während der „Volksbund Kriegsgräberfürsorge" die Gräber von tausenden im Ausland gefallener deutscher Soldaten pflegt und erhält, gelten die Gräber der im Ausland getöteten DDR-Flüchtlinge trotz des Gesetzes über die Erhaltung der Gräber der Opfer von Krieg und Gewaltherrschaft[957] als nicht erhaltenswert. Ob die wenigen im Inland noch bestehenden Gräber dieser Flüchtlinge in einigen Jahren noch existieren werden, ist mehr als fraglich. Zwar hatte

---

957 § 1 Absatz 2 Ziffer 5 des Bundesgräbergesetzes.

der Gesetzgeber angeblich Anfang der 1990er Jahre eine kurze Zeitspanne gesetzt, in denen sie – allerdings nur soweit sie sich auf dem Territorium der Bundesrepublik befinden – laut Bundesgräbergesetz auf Antrag der Angehörigen in staatliche Obhut hätten übergehen dürfen, wie dem Verfasser aus dem Bundesfamilienministerium mitgeteilt wurde.[958] Doch keine einzige hier betroffene Familie ist damals über diese Möglichkeit informiert worden. Abgesehen davon scheint das Bundesgräbergesetz in dieser Hinsicht über Interpretationsspielraum zu verfügen. In einer 2016 erteilten Rechtsauskunft des „Volksbundes" an die Union der Opferverbände kommunistischer Gewaltherrschaft (UOKG) hieß es, das Gesetz gelte „nicht" für die Opfer der verlängerten Mauer, die dauerhafte Erhaltung der wenigen bekannten Gräber in Deutschland könne man sinngemäß vergessen: „Die Gräber wurden nach Ihrer Aussage privat gepflegt. Das schließt eine Übernahme in die öffentliche Pflege vollends aus. Selbstverständlich könnte der Friedhofsträger – auf eigene Kosten – die Gräber erhalten. Eine rechtliche Verpflichtung besteht nicht. So ist die Gesetzeslage nun einmal."[959]

Es ist eine sehr tragische Begründung, wenn man weiß, gegen welche Widerstände des SED-Regimes die Mütter von Brigitte von Kistowski, Klaus Prautzsch, Bernd Schaffner und Rudi Nettbohl teilweise jahrelang um die Rückführung der sterblichen Überreste ihrer Kinder kämpften, welchen Preis Rudi Nettbohls Mutter und die Eltern von Siegfried Gammisch und Karl-Heinz Engelmann zu zahlen hatten. Die Tatsache, dass sie die Gräber ihrer Kinder selbst pflegten, weil es natürlich niemand anders getan hätte, schließt heute also juristisch gesehen eine Übernahme in die öffentliche Pflege „vollends" aus.

Und so verschwand im Laufe der Jahre ein Grab nach dem anderen. Noch gibt es die Gräber von Rolf Kühnle, Brigitte von Kistowski, Rudi Nettbohl, Karola Jordanow, Frank Schachtschneider und Michael Weber. Aber wie lange noch? Wenn die letzten Angehörigen der Grenzopfer nicht mehr da sind und die von ihnen bezahlten Laufzeiten erlöschen, drohen auch sie eingeebnet zu werden.

Verfolger und Verfolgte

Die Volksrepublik Bulgarien verfügte nach Erkenntnissen des MfS über ein „gut ausgebildetes und organisiertes System freiwilliger Helfer der Grenzsicherungsorgane". Festnahmen wurden belohnt, selbst Kinder und alte Leute waren an der

---

958   E-Mail Wolfgang Meincke (Bundesfamilienministerium) vom 21.01.2016 an den Verfasser.

959   E-Mail Wolfgang Held (Volksbund für Kriegsgräberfürsorge NRW) vom 23.02.2016 an Benjamin Baumgart (UOKG).

Jagd auf Flüchtlinge beteiligt. Vor allem im Bereich der türkischen und griechischen Grenze waren während des gesamten Untersuchungszeitraums Zivilisten durch Denunziationen und auch durch aktive Mitwirkung an den Festnahmen der Flüchtlinge beteiligt. In Einzelfällen eröffneten Zivilisten (Jäger) im Grenzgebiet auch selbst das Feuer auf Flüchtlinge.

Dagegen waren die Mitarbeiter des MfS und die vom MfS in Bulgarien eingesetzten inoffiziellen Mitarbeiter nur im Hinterland tätig. Ihre Aufgabe bestand darin, mögliche Fluchtversuche frühzeitig zu unterbinden. Fluchtverdächtige Personen wurden beobachtet, abgehört und mit allen zur Verfügung stehenden Methoden ausspioniert. Das galt insbesondere auch für die Ausstattung von Hotelzimmern an der Schwarzmeerküste. Nach außen hin waren die ostdeutschen Geheimdienstler in Bulgarien entweder als DDR-Diplomaten oder als Mitarbeiter des „Reisebüros der DDR" legendiert. Diese Tarnung wurde auch für die Sofioter Dienstwohnung der Operativgruppe genutzt, die sich während der 1980er Jahre in der 3. Etage eines Mehrfamilienhauses befand und die mit Prospektmaterial und Souvenirs des „Reisebüro der DDR" ausdekoriert war. In einem mit einem Holzschrank verkleideten Panzerschrank befanden sich darin neben dem Operativgeld, IM-Berichte, Chiffrier- und Dechiffrier-Unterlagen sowie operative Technik.

Neben den in Bulgarien tätigen Mitarbeitern (Repräsentanten) des „Reisebüros der DDR" waren in der Volksrepublik vor allem auch überregional eingesetzte IM des MfS im Einsatz. Diese IMÜ kamen in der Regel nacheinander an verschiedenen Urlaubsorten zum Einsatz und wurden durch die dort stationierten Mitarbeiter der Operativgruppe der HA VI geführt.

Die Reisebüro-IM (IMRB) hatten die Aufgabe, das „Gesamtverhalten" ostdeutscher Urlauber zu beobachten und darauf zu achten, ob diese größere Geldbeträge, Wertsachen, Papiere und persönliche Dokumente mit sich führten, was als ebenso verdächtig galt, wie mangelhafte oder abnorme Ausrüstung und – natürlich – besonderes Interesse für das Grenzregime. In der „Aufgabenstellung" für den Einsatz in Bulgarien wurde nach DDR-Urlaubern gefragt, die als Individualtouristen intensiven Kontakten zu Personen aus dem „nichtsozialistischen Wirtschaftsgebiet" (NSW) pflegten. Interessant waren grundsätzlich auch jene DDR-Bürger, die diplomatische Einrichtungen nichtsozialistischer Staaten aufzusuchen beabsichtigten. Jeder Reisebüro-IM erhielt am Anfang jeden Jahres eine „Einsatzrichtung", in der zum Beispiel notwendige Weiterbildungen des IM (z.B. „Grundkenntnisse im Fotografieren") aufgeführt wurden.

Zur Rolle von SED-Mitgliedern, die als Mitarbeiter der DDR-Botschaft bzw. des „Reisebüros der DDR" in offizieller Mission, also qua Amt, an der bulgarischen

Grenzsicherung beteiligt waren, ist zu sagen, dass sich diese Amtsträger nicht weniger feindselig gegenüber den Flüchtlingen verhielten, als die Angehörigen des DDR-Geheimdienstes. Das betraf sowohl DDR-Konsule, die sich in herablassender Weise gegenüber den Angehörigen getöteter Flüchtlinge verhielten oder Chefrepräsentanten des „Reisebüros der DDR", die das MfS nach der Besichtigung von Grenzanlagen aus eigenem Antrieb auf von ihnen entdeckte „Schwachstellen" des bulgarischen Grenzsicherungssystems aufmerksam machten.

Tausende von DDR-Bürgern haben im Verlauf der jahrzehntelangen deutsch-deutschen Teilung versucht, über Bulgarien in den Westen zu fliehen. Sie wählten diesen Weg, weil sie ihn für weniger gefährlich hielten, als über die gut bewachte innerdeutsche Grenze. Bulgarien hatte einerseits den Charme eines der wenigen für DDR-Urlauber legal erreichbaren, südlichen Ferienlandes und galt andererseits im Vergleich mit den übrigen Ostblockstaaten als rückständig. Diese Kombination lockte bis zum Mauerfall junge Leute aus der DDR an, die aus unterschiedlichen Motiven nicht länger in der DDR, sondern lieber im Westen leben wollten. Dabei ging es in den ersten Jahren nach dem Mauerbau zunächst oft um getrennte Familien, später – in dieser Zeit stieg der Anteil der Frauen unter den Flüchtlingen deutlich an – kamen auch Liebesbeziehungen hinzu.

Je länger der Eiserne Vorhang bestand und sich die beiden Teile Deutschlands gesellschaftlich und ökonomisch auseinanderentwickelten, stieg der Anteil jener jungen Leute, die auch explizit politische Motive für ihre Fluchtversuche geltend machten. Die fehlende Reisefreiheit, Mangelwirtschaft, Wohnungsnot und berufliche Perspektivlosigkeit führten dazu, dass sich in den 1970er und 1980er Jahren viele junge Leute entschieden, Fluchtversuche in den Westen zu unternehmen. Trotz der damit verbundenen Trennung von ihren Angehörigen und den drastischen Strafen, mit der „Republikflüchtlinge" in der DDR als „Staatsverbrecher" verfolgt wurden.

In der Regel sollten sich die in Bulgarien verhafteten Flüchtlinge lediglich zehn Tage in bulgarischer Haft befinden, bevor ihre Übergabe an das MfS und der Rücktransport per Flugzeug nach Ost-Berlin zu erfolgen hatte. Praktisch dauerte die Haft in Bulgarien allerdings in der Regel selbst in der Hochsaison, wenn die Flugzeuge der HA XIV regelmäßig die Gefängnisse anflogen, länger als vorgesehen. War es dann soweit, wurden die Flüchtlinge in Handschellen zurück nach Ostdeutschland geschafft. Das MfS erhielt vom bulgarischen „Bruderorgan" zusätzlich den jeweiligen Festnahmebericht, eine in der Regel nicht sehr aussagekräftige Festnahmeskizze, nach der angeblich fast jeder Flüchtling praktisch unmittelbar vor Überschreitung der Demarkationslinie verhaftet wurde, sowie Befragungsprotokolle und eine persönliche Niederschrift der verhafteten Flüchtlinge.

Nach dem Eintreffen in Ost-Berlin wurde gegen diese Personen dann wegen „Fluchtgefahr" Haftbefehl erlassen – teils von der Generalstaatsanwaltschaft der DDR, mit ansteigender Flüchtlingszahl aber auch von den Abteilungen I A der zuständigen Heimat-Staatsanwaltschaften der Flüchtlinge. Sonderregeln in diesem Prozedere gab es nur für schwangere Frauen (bis zur Entbindung) und für Frauen, die ihre Fluchtversuche mit kleinen Kindern unternommen hatten (bis zur anderweitigen Unterbringung der Kinder). Diese Personen wurden bis zu ihrer Ausweisung aus Bulgarien in Hotels untergebracht.

Statistische Ergebnisse

Im Rahmen dieses auf Bulgarien begrenzten Forschungsvorhabens wurden über 1 000 Fluchtversuche von DDR-Bürgern aus dem Zeitraum zwischen 1962 und 1989 durch Akten und Zeitzeugenberichte rekonstruiert. Dabei wurde das Geschlecht, das Alter, der Beruf, der Wohnort, Besonderheiten der Fluchtumstände, der Fluchtzeitpunkt und der jeweilige Fluchtweg katalogisiert. Das daraus gewonnene Datenmaterial erlaubt eine Reihe Schlussfolgerungen und zeigt zugleich auf, welche Faktoren sich im Untersuchungszeitraum änderten und welche konstant blieben. Weitgehend außerhalb der Berechnung blieben die geglückten Fluchten, und zwar insbesondere jene, an denen kommerzielle Fluchthelfer beteiligt waren. Hierzu gibt es kein belastbares Zahlenmaterial, zumal die Fluchtwege aus Sicherheitsgründen nachträglich verschleiert wurden. Ergänzt werden muss, dass die Angaben in den verschiedenen Sparten je nach Quellenmaterial unterschiedlich umfangreich waren.

1962 waren 73,8 Prozent Männer und 26,2 Prozent Frauen an den Fluchtversuchen beteiligt. Die meisten Fluchtversuche wurden 1962 an der türkischen Grenze (61,5 Prozent) unternommen, gefolgt von der jugoslawischen und griechischen Grenze. Ein erheblicher Anteil Festnahmen, der höher lag als die Gesamtsumme der Festnahmen im jugoslawischen und griechischen Grenzgebiet, fand im Hinterland (etwa an den Flughäfen und in den Häfen der Schwarzmeerküste) statt, teilweise sogar bereits bei der Abreise in der DDR.

1963 hat der Anteil der Frauen unter den DDR-Flüchtlingen im Vergleich zum Vorjahr deutlich zugenommen. Er lag bei 34,6 Prozent. Die meisten vom MfS registrierten Fluchtversuche wurden – wie im Vorjahr – an der türkischen Grenze unternommen (52,4 Prozent). Während die Zahl der Festnahmen im Hinterland sank, nahmen die Fluchtversuche insbesondere an der griechischen Grenze deutlich zu (plus 60 Prozent im Vergleich zum Vorjahr). Ein Anstieg ist auch bei den Festnahmen auf DDR-Territorium zu erkennen.

1964 sank der Anteil der Frauen unter den DDR-Flüchtlingen in Bulgarien wieder auf 21 Prozent. Die meisten Fluchtversuche wurden – wie in den beiden Vorjahren – an der türkischen Grenze (51,5 Prozent) unternommen. Der zweitwichtigste Fluchtweg mit einem Anteil von 30,3 Prozent führte nach Griechenland.

1965 stieg der Anteil der Frauen unter den DDR-Flüchtlingen mit 34,2 Prozent wieder fast bis aufs Komma genau auf den bisherigen Höchstwert aus dem Jahr 1963. Bei den Fluchtversuchen von Frauen waren bis auf Ausnahmen fast durchweg westliche Fluchthelfer, zumeist Familienangehörige und Beziehungspartner, beteiligt. Die wichtigsten Fluchtmotive der Frauen bestanden in dieser Phase in Familienzusammenführungen. Auch das Fluchtmotiv Liebe und Partnerschaft spielte bei Frauen mit einem Anteil von rund 70 Prozent (bezogen auf den gesamten Untersuchungszeitraum) eine deutlich wichtigere Rolle als bei Männern. Das wichtigste Fluchtziel blieb die Türkei mit 55,2 Prozent vor Griechenland (27,5 Prozent).

1966 erreicht die Türkei als Fluchtziel mit einem Anteil von 68 Prozent einen neuen Höchstwert. Auf Platz zwei der Fluchtziele von DDR-Bürgern liegt erstmals Jugoslawien (20,5 Prozent), während das Fluchtziel Griechenland stark an Bedeutung verloren hat. Gleichzeitig erreicht der Anteil der Frauen unter den DDR-Flüchtlingen mit 42,8 Prozent den Höchstwert im gesamten Untersuchungszeitraum. Es handelt sich bei den Frauen wie im Vorjahr in erster Linie um mauerbedingte Familien- und Beziehungsmotive, fast immer sind private westliche Fluchthelfer beteiligt. Der Anteil der kommerziellen Fluchthelfer ist noch nicht sehr ausgeprägt.

1967 lag der Anteil der Frauen unter den DDR-Flüchtlingen in Bulgarien immer noch bei 31,9 Prozent bei einer Marge, die bezogen auf den Gesamtzeitraum als überdurchschnittlich hoch bezeichnet werden kann. Das wichtigste Fluchtland blieb die Türkei (56,8 Prozent) vor Jugoslawien (25,5 Prozent). Fluchtversuche nach Griechenland, wo im Frühjahr 1967 das Militär die Macht ergriff, kamen nur verhältnismäßig selten vor. Möglicherweise hing das mit der ostdeutschen Medienberichterstattung über das Regime der Obristen zusammen. Ein signifikanter Anstieg war bei den Vorfeld-Festnahmen im Hinterland und auf DDR-Territorium zu verzeichnen, was auf eine Verbesserung der geheimdienstlichen Maßnahmen der DDR deutet. Hier gab es mehr Verhaftungen als bei Fluchtversuchen nach Jugoslawien.

1968 stabilisierten sich die bisherigen Ergebnisse. Die Türkei behielt ihren Platz als wichtigstes Fluchtziel (48,5 Prozent) knapp vor Jugoslawien (45,4 Prozent), während die Zahl der Hinterland-Festnahmen weiterhin deutlich über der noch weiter rückläufigen Zahl an Fluchtversuchen via Griechenland lag. Der Anteil der Frauen unter den DDR-Flüchtlingen in Bulgarien kletterte noch einmal auf knapp 35 Prozent.

1969 übernahm erstmals seit dem Mauerbau Jugoslawien (60,4 Prozent) vor der Türkei (35,4 Prozent) die Rolle als wichtigstes Fluchtziel. Während fast keine Fluchtversuche an der griechischen Grenze unternommen wurden, blieb der Anteil der Festnahmen im Hinterland konstant. Der bezogen auf den Gesamtzeitraum überdurchschnittlich hohe Anteil von Frauen unter den DDR-Flüchtlingen blieb mit 32,2 Prozent bestehen.

Sehr interessant ist die Auswertung der Zahlen für das Jahr 1970. Nachdem die Türkei wieder zum wichtigsten Ziel (60 Prozent) von DDR-Flüchtlingen wurde, stieg die Zahl der auf Geheimdienstaktivitäten zurückzuführenden Festnahmen im Hinterland erstmals auf einen Wert an, der deutlich über der Zahl der Fluchtversuche in Richtung Jugoslawien lag. Griechenland spielte hingegen als Fluchtziel keine nennenswerte Rolle. Der Frauenanteil unter den DDR-Flüchtlingen stieg noch einmal auf 40,8 Prozent, wobei (wie schon im Vorjahr) auffallend viele Kinder bei den betreffenden Fluchtversuchen mitgenommen wurden. In solchen Fällen handelte es sich häufig um Familienfluchten mit beiden Elternteilen, die nur in Ausnahmefällen an der grünen Grenze stattfanden, sondern oft schon im Hinterland endeten.

1971 hielt sich die Türkei mit 48,3 Prozent knapp auf dem ersten Rang als wichtigstes Fluchtziel vor Jugoslawien (45 Prozent). Signifikant hoch blieb der Anteil der Festnahmen im Hinterland mit geheimdienstlichen Erkenntnissen, wobei es sich teilweise auch um zurückgekehrte Urlauber handelte, die nach der Heimkehr in die DDR verhaftet wurden, weil man ihnen einen nicht durchgeführten Fluchtplan vorwarf. Der Frauenanteil unter den DDR-Flüchtlingen in Bulgarien betrug 39,5 Prozent, wobei es sich zu einem hohen Anteil um Pärchen-Fluchten über die grüne Grenze handelte.

1972 setzte sich zum zweiten Mal Jugoslawien (56,4 Prozent) als wichtigstes Zielland der DDR-Flüchtlinge in Bulgarien durch, während der Anteil der Fluchtversuche in Richtung Türkei bei 40,3 Prozent lag. Möglicherweise hatte sich zwischenzeitlich unter den Flüchtlingen herumgesprochen, dass die Grenzen des blockfreien Jugoslawien weniger stark gesichert waren. Allerdings hielt Jugoslawien auch weiterhin daran fest, dass DDR-Flüchtlinge umgehend nach Bulgarien zurückgeschafft wurden, wo sie nach kurzer Haft dem MfS übergeben wurden. Deutlich rückläufig im Vergleich zum Vorjahr war der Frauenanteil unter den DDR-Flüchtlingen. Er betrug 1972 nur noch 27,6 Prozent.

1973 setzte sich erneut die Türkei (55,1 Prozent) als das wichtigste Zielland der DDR-Flüchtlinge vor Jugoslawien (37,9 Prozent) durch, wobei auffällig viele

Fluchtversuche in die Türkei mittels Schlauchbooten über das Schwarze Meer unternommen wurden. Solche Fluchtversuche hatte es zwar schon zuvor gegeben, aber nicht in dieser Dichte. Der Frauenanteil unter den DDR-Flüchtlingen lag bei 28 Prozent.

Das vorliegende Zahlenmaterial für 1974 ist so schmal, dass eine Jahresbetrachtung nicht aussagekräftig scheint. Auf der Basis einer Stichprobe von lediglich 16 durch Akten belegten Fluchtversuchen lässt sich keine aussagekräftige Ableitung erstellen. 1975 rangiert Jugoslawien mit 50 Prozent der Fluchtversuche im Ranking erneut vor der Türkei (28,9 Prozent). Deutlich erkennbar ist ein Anstieg der Fluchtversuche in Richtung Griechenland. Im Vorjahr war das Militärregime in Athen gestürzt. Der Frauenanteil der DDR-Flüchtlinge betrug ausweislich der dem Verfasser vorliegenden Zahlen im Jahr 1975 wieder ein Drittel (33,3 Prozent) aller Fluchtversuche.

Während 1976 erneut die Türkei (61,7 Prozent) das wichtigste Ziel für DDR-Flüchtlinge war und nur eine einzige Flucht über Griechenland dokumentiert wurde, änderte sich das Bild 1977 noch einmal grundlegend. Erneut wurde Jugoslawien (37,8 Prozent) das wichtigste Ziel, gleichauf gefolgt von Griechenland und der Türkei mit je 31,1 Prozent. Nachweislich haben in den 1970er Jahren wiederholt Mitarbeiter der Botschaft der Bundesrepublik Deutschland DDR-Flüchtlingen empfohlen, die grüne Grenze in Richtung Jugoslawien zu überqueren. Gleichzeitig waren die Straßenkontrollen und Hinweistafeln im Grenzgebiet zur Türkei und nach Griechenland verstärkt worden. Interessanterweise zeigt die Stichprobe aus den Jahren 1976 und 1977 erneut eine deutliche Bewegung bei dem Anteil der Frauen unter den Flüchtlingen. Lag dieser Wert 1976 nur bei 21,8 Prozent, stieg er 1977 erneut auf 34,4 Prozent an.

Für das Jahr 1978 ist die Stichprobe für detaillierte Angaben zu schmal. Es lässt sich lediglich erkennen, dass Griechenland vor der Türkei erstmals zum wichtigsten Ziel der DDR-Flüchtlinge wurde. Die geringen Angaben zu Jugoslawien könnten allerdings damit zusammenhängen, dass Belgrad in diesem Jahr sein Verhalten gegenüber DDR-Flüchtlingen auf Druck des Flüchtlingskommissars der Vereinten Nationen änderte. Möglicherweise ist es also einer signifikanten Anzahl Flüchtlinge gelungen, nach Jugoslawien zu gelangen. Entgegen der früheren Praxis wurden sie nicht mehr ausgeliefert und dadurch auch nicht mehr vom MfS erfasst. Der Anteil der Frauen unter den DDR-Flüchtlingen betrug nur noch 25,7 Prozent. 1979 wird die Statistik wieder von Jugoslawien angeführt, gefolgt von Griechenland. Damit bestätigt sich, dass DDR-Flüchtlinge nach dem Sturz der Obristen verstärkt über Griechenland in den Westen zu gelangen suchten. Der

Frauenanteil unter den in der Stichprobe erfassten Fluchten betrug 25,5 Prozent und stabilisierte sich damit im Vergleich zum Vorjahr.

1980 blieb Jugoslawien (47,5 Prozent) das wichtigste Ziel von DDR-Flüchtlingen in Bulgarien, Griechenland behauptete die zweite Position unter den Zielländern mit 31,1 Prozent der Fluchtversuche. Der Frauenanteil reduzierte sich mit 20,3 Prozent auf den bisher tiefsten Wert im Untersuchungszeitraum. Vermutlich hängt diese Entwicklung damit zusammen, dass die Bedeutung des Individualtourismus stark zugenommen hatte. Fluchtversuche wurden ganz überwiegend von Männern unternommen, die versuchten, in teilweise tagelangen, sehr beschwerlichen Fußmärschen durch den Grenzen vorgelagerte militärische Sperrgebiete und unter Überwindung der Grenzanlagen unbemerkt ins Ausland zu gelangen. 1981 ereigneten sich die mit Abstand meisten Fluchtversuche (69,4 Prozent) an der griechischen Grenze, während die Türkei und Jugoslawien zumindest bei den Festnahmen (und das hier ausgewertete Zahlenmaterial bezieht sich vor allem auf Festnahmen) keine wichtige Rolle mehr spielten. Es schien ein Gerücht zu geben, dass es besonders einfach sei, nach Griechenland zu gelangen, wo die Sozialisten im Herbst 1981 die Parlamentswahl gewannen. DDR-Flüchtlinge vermuteten, wie Vernehmungsprotokolle belegen, dass die Hinwendung des griechischen Regierungschef Andreas Papandreou zu den sozialistischen Ländern mit einer weniger scharf bewachten Grenze zwischen Bulgarien und Griechenland einhergehen würde. 1982 stabilisierte sich der Wert für Griechenland, dass mit 60,9 Prozent nach dem Wahlsieg der Panhellenischen Befreiungsfront weiterhin das wichtigste Zielland für DDR-Flüchtlinge blieb. Der Frauenanteil unter den Flüchtlingen, der 1981 wieder auf über 30 Prozent geklettert war, sank auf einen Anteil von 26,5 Prozent.

Ab 1984 wird das vorliegende Zahlenmaterial wieder schlechter – das heißt, es gab in der Stasi-Unterlagebehörde für diesen Zeitraum nur vergleichsweise ungenaue Übersichten zu den Bulgarien-Festnahmen. Möglicherweise, weil das MfS Ende 1989 vor allem Dokumente aus den letzten Jahren seiner Arbeit vernichtete. Während Griechenland seine Position als bevorzugtes Fluchtziel behielt (69,5 Prozent), sank der Anteil der Frauen unter den Flüchtlingen erstmals auf einen Wert unter zwanzig Prozent (18,75 Prozent). Auch 1985 beobachtete das MfS die meisten Fluchtversuche an der bulgarisch-griechischen Grenze. Allerdings nahm gleichzeitig die Anzahl der Fluchtversuche in Richtung Türkei wieder zu. Obwohl das Politbüro des ZK der BKP durch die Entscheidung Nr. 9 im Jahr 1984 eine Verschärfung der Überwachung im Bereich der Staatsgrenze nach Jugoslawien beschloss, lassen sich entsprechende Auswirkungen in der Stichprobe für die Jahre 1984 und 1985 nicht feststellen.

Der Frauenanteil unter den Flüchtlingen blieb mit 18,4 Prozent auch 1985 deutlich unter den Durchschnittswerten des Gesamtzeitraums. Da die Stichprobe für die Jahre von 1986 bis 1989 zu klein ist, muss die nach Jahren differenzierte Betrachtung des Fluchtwegs Bulgarien hier beendet werden. Es lassen sich allerdings eine Reihe allgemeiner Feststellungen treffen. Die DDR-Flüchtlinge in Bulgarien waren überwiegend männlich und gehörten vor allem zwei Altersgruppen an Zum einen junge Leute um die 20, die gerade ihre Schul- und Berufsausbildung beendet hatten oder der Einberufung zur Nationalen Volksarmee entgehen wollten. Ein weiterer signifikanter Anteil der Flüchtlinge befand sich in der Altersgruppe zwischen 25 und 30 Jahren und hatte gerade sein Studium beendet. Über 35-Jährige waren unter den Flüchtlingen so gut wie nicht vertreten. Fluchtversuche ereigneten sich vor allem im Zeitraum zwischen März und Oktober. Die bulgarischen Grenztruppen reagierten darauf mit saisonalen „Maßnahmen zur Umgestaltung des Grenzschutzes", wie Verteidigungsminister Ludschev 1992 ohne nähere Erläuterungen im bulgarischen Parlament erklärte.

Am einfachsten und ungefährlichsten war es, den Fluchtversuch aus der Volksrepublik Bulgarien über die grüne Grenze nach Jugoslawien zu unternehmen, da das Grenzgebiet deutlich weniger bewacht war, als die Grenzen nach Griechenland und zur Türkei. Allerdings wurden fast alle Flüchtlinge, die diesen Weg wählten, gefasst. Und zwar zu einem signifikanten Teil auf jugoslawischem Staatsgebiet. Da Jugoslawien die betreffenden Personen bis 1978 wieder nach Bulgarien zurückschickte, wo deren Übernahme durch das MfS erfolgte. Mitte der 1980er Jahre hat Bulgarien die Bewachung der Grenze nach Jugoslawien verstärkt, obwohl es bulgarischen Staatsbürgern normalerweise gestattet war, in das blockfreie Nachbarland zu reisen.

Auffällig ist, dass die Personen, die über Bulgarien in den Westen zu fliehen versuchten, sozial unterschiedlich zusammengesetzt waren. Neben Schülern, Auszubildenden und jungen Arbeitern waren überproportional viele Akademiker, darunter insbesondere Ärzte und Architekten, unter den Flüchtlingen anzutreffen, die sich bessere Entwicklungsmöglichkeiten in der Bundesrepublik versprachen. Das Altersspektrum reichte von Kleinkindern bis zu Rentnern, die große Mehrzahl der Flüchtlinge war im Alter von Anfang bis Mitte 20. In etwa zehn Prozent der Fälle kamen falsche Pässe zum Einsatz. Die Flüchtlinge versuchten in der Regel, mit westlichen Papieren als Bundesbürger und mit anderen Tarnungen über Grenzübergangstellen auf Fernstraßen, in Zügen und in Flughäfen in den Westen zu gelangen. Überproportional viele ostdeutsche Bulgarienflüchtlinge stammten aus Sachsen und Thüringen.

Die juristische Seite

Bis heute ist kein einziger bulgarischer Mauerschütze juristisch zur Verantwortung gezogen worden. Formal konnten sich die bulgarischen Grenzsoldaten auf einen von Staatspräsident Georgi Damjanov erlassenen Schießbefehl und auf „Instruktionen zum Schutz der Staatsgrenze" berufen, deren genauer Text bis heute unbekannt ist.

Im Frühjahr 1993 begann sich die ZERV beim Berliner Polizeipräsidium für den Fluchtweg Bulgarien zu interessieren. Zuvor waren Presseartikel erschienen, nach denen DDR-Flüchtlinge in der Volksrepublik Bulgarien bei Fluchtversuchen nach Angaben früherer Angehöriger der Grenztruppen „wie die Hasen"[960] erschossen worden seien.

Um weitere Erkenntnisse in der Angelegenheit zu gewinnen, wandten sich deutsche Behörden auch an einen früheren hohen MfS-Offizier, der ihnen im Zusammenhang mit seiner Auslandtätigkeit von der Stasi-Unterlagenbehörde namhaft gemacht worden war. Er habe im Nachhinein von einigen dieser Fälle gehört, räumte dieser Ex-Offizier ein, Einzelheiten seien ihm nicht bekannt. Auch an die Namen von Botschafts- und Konsulatsangehörigen konnte er sich nicht erinnern – weder an die Mitarbeiter der in Bulgarien stationierten Operativgruppe des MfS noch an die OibE des MfS, die in der DDR-Botschaft tätig waren. Erst Jahre später, nachdem es die ZERV schon lange nicht mehr gab, kehrten seine Erinnerungen wieder zurück.

Oberst a. D. Peter Pfütze, der ehemalige Leiter der Arbeitsgruppe Ausland der Untersuchungsabteilung des MfS (HA IX/10), ein Mann der fast ein Vierteljahrhundert mit Fluchtversuchen von DDR-Bürgern an der verlängerten Mauer, der Bekämpfung von Fluchthilfe, der Rückführung festgenommener Flüchtlinge in die DDR und indirekt auch mit deren Aburteilung befasst war, veröffentlichte ein Buch über seine Arbeit als Offizier im DDR-Geheimdienst.[961]

Heute wissen wir, dass DDR-Behörden – und zwar neben dem MfS auch die Generalstaatsanwaltschaft der DDR und die DDR-Botschaft in Sofia – auf die Volksrepublik Bulgarien einwirkten, um Fluchtversuche von DDR-Bürgern über die verlängerte Mauer mit allen Mitteln zu verhindern. Für die dort verübten Verbrechen waren allerdings durchweg bulgarische Staatsbürger verantwortlich.

Dass in der Bundesrepublik in den 1990er Jahren keine strafrechtlichen Untersuchungen über die Frage eingeleitet wurden, welche ehemaligen Verantwortlichen des DDR-Staatsapparates den Tatbestand zur Anstiftung zum Mord bzw.

---

960   „Express" (Köln) vom 23.01.1993, S. 2; ADN, 24.01.1993.
961   Pfütze, Peter: Besuchszeit.

Totschlag an der verlängerten Mauer erfüllt haben könnten, ist darauf zurückzuführen, dass es kein politisches Interesse an der Verfolgung dieser Straftaten gab. Die Priorität lag wie schon in all den Jahren zuvor auf der Verbesserung der bilateralen wirtschaftlichen Beziehungen.

Es hing aber auch damit zusammen, dass man damals noch nicht genügend Erkenntnisse über die betreffenden Vorfälle besaß. Der Bundesbeauftragte für die Stasi-Unterlagen hatte seine Arbeit gerade erst aufgenommen, Aktenbestände waren noch nicht erschlossen. Außerdem schien ein bulgarisches Dokument das SED-Regime zu entlasten: Weil der 1952 vom bulgarischen Staatspräsidenten Georgi Damjanov unterzeichnete „Erlass über die Grenztruppen" die Anwendung der Schusswaffe generell gegenüber „allen" Personen vorsah, die die bulgarischen Grenzen illegal überschreiten wollten, vertrat man innerhalb der ZERV die Auffassung, es gebe keine zureichenden Anhaltspunkte dafür, dass jene Todesfälle in strafrechtlich relevanter Weise den Repräsentanten der ehemaligen DDR zugerechnet werden könnten.

Weder die ZERV noch die damals neu gegründete „Gauck-Behörde" verfügten in den 1990er Jahren über nennenswerte Erkenntnisse, die das Schicksal von DDR-Flüchtlingen an der verlängerten Mauer betrafen. Gewaltige Aktenbestände mussten erst erschlossen werden. Zwar erhielt die ZERV über das Sofioter Außenministerium tatsächlich die Namen von insgesamt 14 Personen, die nach dortigen Erkenntnissen bei Fluchtversuchen in Bulgarien ums Leben gekommen waren. Die entsprechenden Angaben stammten aus dem Archiv des bulgarischen Innenministeriums. Doch die deutschen Ermittler verzichteten darauf, weitere Namen aus Bulgarien zu erfragen. Damals befanden sich Akten mit entsprechenden Informationen im bulgarischen Verteidigungsministerium, der Militärstaatsanwaltschaft und im Militärarchiv in Veliko Tarnovo. Ob diese Akten heute noch existieren, ist unbekannt. Solange sich die Bundesregierung jedoch auch weiterhin nicht für das Thema interessiert, ist davon auszugehen, dass dieses Kapitel der Vergangenheitsbewältigung von bulgarischer Seite nicht unterstützt wird. Darüber können auch kümmerliche Aktenfunde in der vor etwa zehn Jahren neu gegründeten bulgarischen Stasi-Unterlagenbehörde nicht hinwegtäuschen.

Vorläufige Übersicht über die deutschen Opfer der verlängerten Mauer in Bulgarien

1. Werner Gambke (23.11.1936 – Anfang Juni 1965) Griechisches Grenzgebiet*
2. Karl-Heinz Engelmann (13.05.1947–10.04.1966) Griechisches Grenzgebiet*
3. Siegfried Gammisch (29.09.1946–10.04.1966) Griechisches Grenzgebiet*
4. Gudrun Lehmann (05.09.1938–04.08.1967) Nach Festnahme der Fluchthelfer an der jugoslawischen Grenze: Suizid in Bourgas
5. Gunter Pschera (01.02.1944–01.09.1967) Türkisches Grenzgebiet
6. Wolf Binias (09.09.1944–10.07.1971) Türkisches Grenzgebiet**
7. Rolf Kühnle (11.02.1940–23.08.1972) Jugoslawisches Grenzgebiet
8. Wera Sandner (01.03.1946–23.08.1972) Jugoslawisches Grenzgebiet
9. Jochen Kilian (10.04.1940–10.08.1973) Nach Festnahme an der türkischen Grenze: Suizid in U-Haft in Sofia
10. Reinhard Poser (15.06.1953–08.08.1974) Türkisches Grenzgebiet**
11. Eberhard Melichar (22.06.1953–03.09.1974) Jugoslawisches Grenzgebiet**
12. Peter Nötzel (20.01.1948–27.03.1975) Griechisches Grenzgebiet**
13. Brigitte von Kistowski (23.10.1947–13.08.1975) Griechisches Grenzgebiet
14. Klaus Dieter Prautzsch (02.12.1946–13.08.1975) Griechisches Grenzgebiet
15. Rudi Nettbohl (02.03.1956–13.08.1975) Griechisches Grenzgebiet
16. Bernd Schaffner (11.09.1950–27.08.1977) Griechisches Grenzgebiet
17. Detlef Heiner (29.05.1960–18.03.1980) Griechisches Grenzgebiet
18. Andreas Stützer (08.02.1961–18.03.1980) Griechisches Grenzgebiet
19. Frank Schachtschneider (13.04.1962–10.09.1988) Festnahme im türkischen Grenzgebiet, Tod in Bourgas
20. Michael Weber (05.12.1969–07.07.1989) Griechisches Grenzgebiet

Im Grenzgebiet verscharrt

**Grabstätte unbekannt*

Anmerkungen zur Quellenlage

Dieses Buch entstand als das Resultat jahrelanger Archivrecherchen, der Befragung von Zeitzeugen und im Zusammenhang mit mehreren Recherche-Aufenthalten des Verfassers in Bulgarien, in denen es unter anderem um die Auffindung von Gräbern in Bulgarien getöteter deutscher Flüchtlinge und um Kontakte zu bulgarischen Gerichtsmedizinern ging. Das Thema „Fluchtweg Bulgarien" war zum damaligen Zeitpunkt komplett unerforscht. Es gab lediglich Berichte von Flüchtlingen. Aus diesem Grund wird auf ein Literaturverzeichnis verzichtet.

Die Recherchen des Verfassers konzentrierten sich in dieser Phase auf Aktenbestände in der Stasi-Unterlagenbehörde (BStU) – hier insbesondere aus den Hauptabteilungen II, VI, IX, X, XIV und XX – und aus der Hauptabteilung Konsularische Beziehungen im Ministerium für Auswärtige Angelegenheiten (MfAA) der DDR, die sich im Politischen Archiv des Auswärtigen Amtes befinden. Weitere Recherchen fanden im Bundesarchiv Berlin statt, wo Akten der DDR-Generalstaatsanwaltschaft und des „Reisebüro der DDR" eingesehen wurden.

Erschwert wurde die Aktenrecherche besonders dadurch, dass es in der BStU grundsätzlich notwendig war, die Namen und Geburtsdaten möglicher Opfer bereits vorab zu kennen. Zum damaligen Zeitpunkt gab es noch keine Erfassung dieser Art Todesfälle in den Speichern der zuständigen Behördenmitarbeiter. Auch das MfS hatte keine entsprechenden Listen abgelegt. So gestaltete sich die Recherche nach den betreffenden Personen buchstäblich wie die Suche nach der Nadel im Heuhaufen. Diese Umstände wurden noch dadurch erschwert, dass offizielle Nachforschungen in Bulgarien grundsätzlich im Sande verliefen. Zentrale Archive waren entweder angeblich kurzfristig geschlossen oder durften nicht benutzt werden. Eine wichtige Zeitzeugin, die als Bulgarin jahrelang in der Konsularabteilung der DDR-Botschaft in Sofia gearbeitet hatte, zu deren Befragung der Verfasser eigens nach Sofia anreiste, lehnte das vereinbarte Gespräch nach dessen Ankunft ohne Begründung ab. Nach bulgarischen Medienberichten über seine Recherchen erhielt der Verfasser zahlreiche Morddrohungen früherer Angehöriger der bulgarischen Grenztruppen.

Durch Presseveröffentlichungen in der Bundesrepublik konnte der Verfasser zahlreiche Verbindungen mit Zeitzeugen aufnehmen und wertvolle Dokumente aus Privatbesitz vor der Vernichtung retten. Dieses Material wurde in diesem Buch ausgewertet.

Die Operativgruppe des MfS in der Volksrepublik Bulgarien (Übersicht)

Jahr	Operativgruppe OM	Operativgruppe SM	HA	OibE, Untersuchungsabteilung und HSB
1962	–	–		Oltn. Kurt Krüger (IX/1)* Major Horst Asbach (II/5)
1963	Major Horst Asbach (Ltr.) Oltn. Gerhard Kaulfuß Oltn. Rolf Meyer	–	II	
1964	Hptm. Herbert Grunert (Ltr.) Ltn. Heinz Müller	Herta Müller***	XX/5	
1965	Hptm. Herbert Grunert (Ltr.) Ltn. Dieter Koch	Fw. Anneliese Koch	XX/5	HIM Werner Grahl
1966	Oltn. Werner Fleischhauer (Ltr.) Ltn. Dieter Koch Ltn. Bodo Troschke	Fw. Anneliese Koch	XX/5	HIM Werner Grahl
1967	Oltn. Werner Fleischhauer (Ltr.) Oltn. Dieter Koch Ltn. Wolfgang Lampe	Fw. Anneliese Koch	XX/5	HIM Werner Grahl Hptm. Peter Pfütze (IX/9)*
1968	Oltn. Werner Fleischhauer (Ltr.) Hptm. Joachim Wiegand Ltn. Heinz-Peter Bogisch		XX/5	Hptm. Peter Pfütze (IX/9)*
1969	Oltn. Werner Fleischhauer (Ltr.) Hptm. Joachim Wiegand Ltn. Heinz-Peter Bogisch		XX/5	Hptm. Peter Pfütze (IX/9)*

Jahr	Operativgruppe OM	Operativgruppe SM	HA	OibE, Untersuchungsabteilung und HSB
1970	Oltn. Werner Fleischhauer (Ltr.) Hptm. Joachim Wiegand Oltn. Rudolf Meyer Ltn. Jürgen Rambaum Ltn. Klaus Detelmann Ltn. Heinz-Peter Bogisch		VI	Hptm. Peter Pfütze (IX/9)*
1971	Major Günter Herfurth (Ltr.) Ltn. Hans-Dieter Fischer Ltn. Jürgen Rambaum (VO) Ltn. Wolfgang Helfricht Südl. SK	Uffz. Christine Fischer	VI	Hptm. Joachim Bönisch (SCR Sonnenstrand) Hptm. Benno Schmidt (SCR Albena) Ltn. Manfred Oelsner (SCR Goldstrand) Hptm. Peter Pfütze (IX/9)*
1972	Hptm. Fred Beier (Ltr.) Oltn. Wolfgang Uhlig Oltn. Rudi Behrend Oltn. Jürgen Rambaum (VO) Oltn. Wolfgang Helfricht Südl. SK**** / Ltn. Walter Tietze Südl. SK (Nachrücker) Ltn. Hans-Dieter Fischer	Stabsfw. Brigitte Goldstein Gfr. Evelyne Bönisch ZA Christa Uhlig	VI	Hptm. Benno Schmidt (SCR Goldstrand) Ltn. Ulrich Bubke (SCR Sonnenstrand) Major Peter Pfütze (IX/9)*
1973	Major Fred Beier (Ltr.) Hptm. Wolfgang Uhlig (Stellv.) Oltn. Jürgen Rambaum (VO) Oltn. Rudi Behrend Ltn. Walter Tietze Südl. SK Ltn. Winfried Grüning Ltn. Wolfgang Buck	Stabsfw. Brigitte Goldstein Uffz. Evelyne Bönisch ZA Christa Uhlig	VI	Hptm. Benno Schmidt (SCR Goldstrand) Ltn. Ulrich Bubke (SCR Sonnenstrand) Major Peter Pfütze (IX/9)*

Jahr	Operativgruppe OM	Operativgruppe SM	HA	OibE, Untersuchungsabteilung und HSB
1974	Major Fred Beier (Ltr.) Hptm. Wolfgang Uhlig (Stellv.) Oltn. Jürgen Rambaum (KO) Ltn. Walter Tietze Südl. SK Ltn. Wolfgang Buck (VO) Ultn. Lutz Kögler (Nachrücker)	Stabsfw. Brigitte Goldstein ZA Christa Uhlig	VI	Ltn. Ulrich Bubke (SCR Sonnenstrand) Ltn. Erwin Süß (SCR Golstrand) Ultn. Barbara Fengl (SCR Albena)
1975	Oltn. Michael Joachimsthal (Ltr.) Hptm. Roland Becker (Stellv.) Oltn. Walter Tietze Südl. SK**** / Oltn. Detlef de Moy Südl. SK (Nachrücker) Ltn. Wolfgang Buck (VO) Ltn. Klaus Reschke Ultn. Matthias Urbanek Ultn. Lutz Kögler	Fw Karin Jäckel	VI	Ltn. Ulrich Bubke (SCR Albena) Ltn. Erwin Süß (SCR Goldstrand)**** Ultn. Barbara Fengl (SCR Sonnenstrand)
1976	Hptm. Roland Becker (Ltr.) Hptm. Wolfgang Lotter (Stellv.) Oltn. Detlef de Moy Oltn. Klemens Segieth Oltn. Wolfgang Buck (VO) Oltn. Klemens Segieth Ltn. Lutz Kögler Ultn. Matthias Urbanek	Fw. Karin Jäckel	VI	Ultn. Barbara Fengl (SCR Sonnenstrand)

Jahr	Operativgruppe OM	Operativgruppe SM	HA	OibE, Untersuchungsabteilung und HSB
1977	Major Karl-Heinz Brichmann (Ltr.) Hptm. Wolfgang Lotter (Stellv.) Oltn. Wolfgang Buck (KO) Oltn. Detlef de Moy Ltn. Burghard Arnold Ultn. Matthias Urbanek	Ofw. Karin Jäckel Gefr. Karin Arnold Uffz. Monika Meusel	VI	Oltn. Fritz Tholl (FH Varna)
1978	Major Wolfgang Lotter (Ltr.) Hptm. Gerhard Gorklo (Stellv.) Hptm. Dieter Schönebeck Oltn. Wolfgang Buck (KO) Oltn. Konrad Wengler Ltn. Dieter Strauch Ltn. Burghard Arnold	Ofw. Karin Jäckel Gefr. Karin Arnold Uffz. Monika Meusel	VI	Hptm. Fritz Tholl (FH Varna)
1979	Major Wolfgang Lotter (Ltr.) Hptm. Gerhard Gorklo (Stellv.) SK Hptm. Dieter Schönebeck Hptm. Konrad Wengler Oltn. Ekkehard Hering Varna Oltn. Burghard Arnold Ltn. Dieter Strauch (KO)	Ultn. Karin Jäckel Fw. Marlies Becken	VI	Hptm. Fritz Tholl (FH Varna) Major Wolfgang Krusch (OibE „Wolf") (II)

Jahr	Operativgruppe OM	Operativgruppe SM	HA	OibE, Untersuchungsabteilung und HSB
1980	Major Wolfgang Lotter (Ltr.) Hptm. Gerhard Gorklo (Stellv.) Hptm. Dieter Schönebeck Hptm. Konrad Wengler Oltn. Ekkehard Hering Oltn. Dieter Strauch (KO) Oltn. Burghard Arnold NN	Ultn. Karin Jäckel Gfr. Astrid Berndt	VI	Major Wolfgang Krusch (OibE „Wolf") (II)
1981	Major Wolfgang Lotter (Ltr.) Oltn. Rudolf Schneider (Stellv.) SSK Hptm. Dieter Schönebeck Hptm. Konrad Wengler Oltn. Ekkehard Hering Oltn. Dieter Strauch (KO) Oltn. Burghard Arnold NN	Ltn. Karin Jäckel NN	VI	Major Wolfgang Krusch (OibE „Wolf") (II) OibE „Neske"
1982	Major Lothar Stritzke Oltn. Rudolf Schneider (Stellv.) SSK Major Gerhard Gorklo (VO) Hptm. Dieter Schönebeck Hptm. Ekkehard Hering Oltn. Dieter Strauch (KO) Ltn. Randolf Ritscher	NN	VI	Major Wolfgang Krusch (OibE „Wolf") (II) OibE „Neske"

Jahr	Operativgruppe OM	Operativgruppe SM	HA	OibE, Untersuchungsabteilung und HSB
1983	Major Lothar Stritzke (Ltr.) Oltn. Rudolf Schneider (Stellv.) SSK Major Gerhard Gorklo (VO) Hptm. Dieter Schönebeck Hptm. Ekkehard Hering Oltn. Klaus-Dieter Zamzow Oltn. Randolf Ritscher	Ultn. Renate Stritzke Uffz. Mathias Traut	VI	Major Wolfgang Krusch (OibE „Wolf") (II) Major Gerald Seidel (OibE „Harald") (II)
1984	Major Lothar Stritzke (Ltr.) Hptm. Rudolf Schneider (Stellv.) SSK Major Gerhard Gorklo (VO) Major Wolfgang Kaleita OS Hptm. Bernd Bachmann Oltn. Randolf Ritscher Oltn. Klaus-Dieter Zamzow	Ultn. Renate Stritzke Fw. Mathias Traut	VI	Major Gerald Seidel (OibE „Harald") (II)
1985	Major Lothar Stritzke (Ltr.) Major Wolfgang Kaleita OS* Major Gerhard Gorklo (VO) Hptm. Dieter Schönebeck* Hptm. Bernd Bachmann Südl. SK Oltn. Randolf Ritscher Ltn. René-Burkhard Zittlau	Ltn. Renate Stritzke Uffz. Wolff Ltn. Karin Jäckel* Fw. Karin Arnold*	VI	Oltn. Fred Kempf (HA II) HSB

Jahr	Operativgruppe OM	Operativgruppe SM	HA	OibE, Untersuchungsabteilung und HSB
1986	Major Lothar Stritzke (Ltr.) Hptm. Dieter Schönebeck (Stellv.) Hptm. Bernd Bachmann Major Wolfgang Buck (VO) Oltn. Randolf Ritscher Südl. SK Oltn. René-Burkhard Zittlau OSL Günter Fiedler (HA II)	Ltn. Renate Stritzke	VI	Hptm. Fred Kempf (HA II)
1987	Major Lothar Stritzke (Ltr.) Major Dieter Schönebeck (Stellv.) Major Wolfgang Buck (VO) Major Günter Paul OS Südl. SK Major Bernd Bachmann OS OSL Günter Fiedler (HA II)	Ltn. Renate Stritzke	VI	Hptm. Fred Kempf (HA II)
1988	Major Lothar Stritzke (Ltr.) Major Dieter Schönebeck (Stellv.) Major Wolfgang Buck (VO) Major Gerhard Gorklo Major Günter Paul OS Südl. SK Major Bernd Bachmann OS OSL Günter Fiedler (HA II)	Oltn. Renate Stritzke	VI	Hptm. Fred Kempf (HA II)

Jahr	Operativgruppe OM	Operativgruppe SM	HA	OibE, Untersuchungsabteilung und HSB
1989	Major Lothar Stritzke (Ltr.) Major Dieter Schönebeck (Stellv.) Major Wolfgang Buck (VO) Major Gerhard Gorklo Major Günter Paul OS Südl. SK Major Bernd Bachmann SO OSL Günter Fiedler (HA II)	Oltn. Renate Stritzke	VI	Hptm. Fred Kempf (HA II)

*   *Kein OibE, nur temporär in Bulgarien*
**   *Weitere Angaben unbekannt*
*** *Status ungeklärt*
**** *Vorzeitig abberufen*

Abkürzungsverzeichnis

AA	Auswärtiges Amt
AAT	Aufnehmender Auslandstourismus Sozialistische Länder
Abt.	Abteilung
ABV	Abschnittsbevollmächtigter
AdA	Archiv des Autoren, Sammlung Appelius
AFP	Agence-France Presse
AIM	Archivierter IM-Vorgang (MfS)
AKK	Archiviertes Material zu einer KK-erfassten Person (siehe: KK)
Allg. P.	Allgemeine Personenablage (MfS)
AOP	Archivierter Operativer Vorgang
AOPK	Archivierte OPK-Akte (siehe: OPK)
AP	Archiviertes Personendossier (MfS)
ARD	Arbeitsgemeinschaft der öffentlich-rechtlichen Rundfunkanstalten
AS	Allgemeine Sachablage (MfS)
ASR	Arbeitsgruppe zur Sicherung des Reiseverkehrs (MfS)
AT	Auslandstourismus
AU	Archivierter Untersuchungsvorgang (MfS)
AV	Auslandsvertretung
Bd	Band
BdL	Büro der Leitung des MfS
BF	Abteilung Bildung und Forschung in der BStU
BKP	Bulgarische Kommunistische Partei
BND	Bundesnachrichtendienst
BRD	Bundesrepublik Deutschland
BStU	Bundesbeauftragter für die Unterlagen des Staatssicherheitsdienstes der ehemaligen DDR
BTA	Staatliche Bulgarische Nachrichtenagentur
BV	Bezirksverwaltung des MfS
CDU	Christlich Demokratische Union
CIA	Central Intelligence Agency
CKB	Chemiekombinat Bitterfeld
CSSR	Tschechoslowakische Sozialistische Republik
CSU	Christlich Soziale Union
DDR	Deutsche Demokratische Republik
Diszi	Disziplinarakte

DPA	Deutsche Presseagentur
DSF	Deutsch-Sowjetische Freundschaft
Ebd.	Ebenda
Ev.	Evangelisch
FDJ	Freie Deutsche Jugend
FDP	Freie Demokratische Partei
FIM	Führungs-IM des MfS
Fw	Feldwebel
GD	Generaldirektion
Gfr	Gefreiter
GH	Geheime Ablage
GMS	Gesellschaftlicher Mitarbeiter des MfS
GST	Gesellschaft für Sport und Technik
GSTA	Generalstaatsanwaltschaft der DDR
GÜST	Grenzübergangsstelle
HA	Hauptabteilung des MfS
HIM	Hauptamtlicher IM des MfS
Hptm.	Hauptmann
HSB	Hauptsicherheitsbeauftragter
HV	Hauptverwaltung
HV A	Hauptverwaltung Aufklärung des MfS
JHS	Juristische Hochschule (MfS)
IM	Inoffizieller Mitarbeiter
IMB	Inoffizieller Mitarbeiter zur Abwehr mit Feindverbindung
IME	Inoffizieller Mitarbeiter im besonderen Einsatz
IMKW	Konspirative Wohnung
IMS	Inoffieller Mitarbeiter zur Sicherung und Durchdringung eines Verantwortungsbereiches
IMÜ	Inoffizieller Mitarbeiter im überregionalen Einsatz
ISUL	Universitätskrankenhaus Sofia
KD	Kreisdienststelle des MfS
KfS	Komitee für Staatssicherheit (VRB)
KGB	Komitee für Staatssicherheit beim Ministerrat der UdSSR
KK	Kriminalpolizeilich erfasste Person
KMS(T)	Karl-Marx-Stadt (heute: Chemnitz)
KO	Koordinierungsoffizier MfS – MWR
KPD	Kommunistische Partei Deutschlands
KS	Kader und Schulung, Signatur für Kaderakten des MfS

KuS	siehe: KS
Ltn	Leutnant
Ltr	Leiter
MCD	Mitarbeiter des Chiffrierdienstes
MF	Mikrofilm
MfAA	Ministerium für Auswärtige Angelegenheiten
MfNV	Ministerium für Nationale Verteidigung
MfS	Ministerium für Staatssicherheit der DDR
MS / Ms	Manuskript
MWR	Innenministerium (Sofia)
NATO	Nordatlantikpakt
NDPD	Nationaldemokratische Partei
NL	Nachlass
NSW	Nichtsozialistisches Wirtschaftsgebiet
NVA	Nationale Volksarmee
OD	Objektdienststelle
Ofw	Oberfeldwebel
OibE	Offizier im besonderen Einsatz. Dauerhaft als Zivilist getarnter MfS-Offizier
o.J.	ohne Jahr
Oltn	Oberleutnant
o.O.	ohne Ort
OPK	Operative Personenkontrolle
OSL	Oberstleutnant
O-Ton	Originalton
OV	Operativvorgang
PA	Privatarchiv
PAA	Politisches Archiv des Auswärtigen Amtes (Berlin)
PASOK	Panhelenische Sozialistische Bewegung
Pfr.	Pfarrer
PIA	Archiv des Presse- und Informationsamt der Bundesregierung (Berlin)
RA	Rechtsanwalt
RB	Reisebüro
RIAS	Rundfunk im amerikanischen Sektor
SAD	Springer Auslandsdienst
SAL	Staatssekretariat für Arbeit und Löhne
SED	Sozialistische Einheitspartei Deutschlands
SFRJ	Sozialistische Föderative Republik Jugoslawien

SK	Schwarzmeerküste
SPD	Sozialdemokratische Partei Deutschlands
SRT	Sicherung des Reise- und Touristikverkehrs
SSK	Südliche Schwarzmeerküste
Stabsfw	Stabsfeldwebel
StGB	Strafgesetzbuch
StOp	Stellvertreter Operativ
SUA	Springer Unternehmensarchiv (Berlin)
TH	Technische Hochschule
TKO	Technische Kontrollorganisation
Uffz	Unteroffizier
UfJ	Untersuchungsausschuß freiheitlicher Juristen
Ultn	Unterleutnant
UNHCR	Hoher Flüchtlingskommissar der Vereinten Nationen
UVR	Ungarische Volksrepublik
VO	Verbindungsoffizier MfS – MWR
VP	Volkspolizei
VP/K	Kriminalpolizei der Volkspolizei
VRB	Volksrepublik Bulgarien
VRP	Volksrepublik Polen
VS	Verschlusssache
VVS	Vertrauliche Verschlusssache
WTsch	Abhörsicheres Telefonsondernetz
ZA	Zivilangestellte(r)
ZAIG	Zentrale Auswertungs- und Informationsgruppe des MfS
ZERV	Zentrale Ermittlungsstelle Regierungs- und Vereinigungskriminalität
ZI	Zelleninformator
ZK	Zentralkommitee
ZKG	Zentrale Koordinierungsgruppe des MfS
ZMA	Zentrale Materialablage

Abb. 27. Übersichtskarte

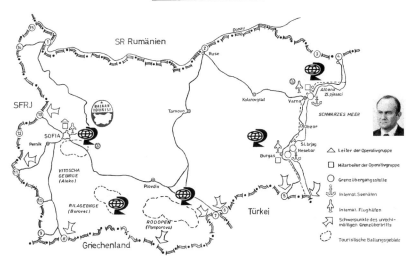

VOLKSREPUBLIK BULGARIEN

SR Rumänien

Donau

Ruse

SFRJ

BALKAN
TOURIST

Kolarovgrad

Tarnovo

SOFIA

Pernik

SCHWARZES MEER

Obzor

VITOSCHA
GEBIRGE
(Aleko)

Plovdiv

S.brjag
Nesebar

Burgas

RILAGEBIRGE
(Borovec)

RODOPEN
(Pamporovo)

Türkei

Albena
Zl. pjasaci

Varna

Griechenland

△ Leiter der Operativgruppe

☐ Mitarbeiter der Operativgruppe

○ Grenzübergangsstelle

⚓ Internat. Seehäfen

⚓ Internat. Flughäfen

Schwerpunkte des unrecht-
mäßigen Grenzübertritts

Touristische Ballungsgebiete

447

**Studien des Forschungsverbundes SED-Staat
an der Freien Universität Berlin**

Herausgegeben von Klaus Schroeder und Jochen Staadt

Die Bände 1-14 sind beim Akademie Verlag erschienen.

Band 15   Jochen Staadt (Hrsg.): „Die Eroberung der Kultur beginnt!" Die Staatliche Kommission für Kunstangelegenheiten der DDR (1951-1953) und die Kulturpolitik der SED. 2011.

Band 16   Benjamin Schröder / Jochen Staadt (Hrsg.): Unter Hammer und Zirkel. Repression, Opposition und Widerstand an den Hochschulen der SBZ/DDR. 2011.

Band 17   Klaus Schroeder/ Monika Deutz-Schroeder / Rita Quasten / Dagmar Schulze Heuling: Später Sieg der Diktaturen? Zeitgeschichtliche Kenntnisse und Urteile von Jugendlichen. 2012.

Band 18   Jochen Staadt (Hrsg.): Schwierige Dreierbeziehung. Österreich und die beiden deutschen Staaten. 2013.

Band 19   Beate Kaiser: Die Pionierorganisation *Ernst Thälmann*. Pädagogik, Ideologie und Politik. Eine Regionalstudie zu Dresden 1945-1957 und 1980-1990. 2013.

Band 20   Steffen Alisch: Strafvollzug im SED-Staat. Das Beispiel Cottbus. 2014.

Band 21   Klaus Schroeder / Jochen Staadt (Hrsg.): Feindwärts der Mauer. Das Ministerium für Staatssicherheit und die West-Berliner Polizei. 2014.

Band 22   Klaus Schroeder / Monika Deutz-Schroeder: Gegen Staat und Kapital – für die Revolution! Linksextremismus in Deutschland – eine empirische Studie. 2015.

Band 23   Monika Deutz-Schroeder / Klaus Schroeder: Linksextreme Einstellungen und Feindbilder. Befragungen, Statistiken und Analysen. 2016.

Band 24   Klaus Schroeder / Jochen Staadt (Hrsg.): Die Todesopfer des DDR-Grenzregimes an der innerdeutschen Grenze 1949–1989. Ein biografisches Handbuch. 2., bearbeitete Auflage. 2018.

Band 25   Klaus Schroeder / Jochen Staadt (Hrsg.): Die Grenze des Sozialismus in Deutschland. Alltag im Niemandsland. 2018.

Band 26   Stefan Appelius: Fluchtweg Bulgarien. Die verlängerte Mauer an den Grenzen zur Türkei, Jugoslawien und Griechenland. 2019.

Band 27   Matthias Dornfeldt / Enrico Seewald (Hrsg.): Kontinuitäten und Brüche. Albanien und die deutschen Staaten 1912–2016. 2019.

www.peterlang.com

Printed in Great Britain
by Amazon

fb97751e-7aa6-4139-be46-a314094ec34eR01